RELIGION ET CULTURE

RELIGION ET CULTURE

Actes du colloque international du
centenaire Paul Tillich
Université Laval, Québec
18-22 août 1986

sous la direction de
Michel DESPLAND, Jean-Claude PETIT et Jean RICHARD

LES PRESSES DE L'UNIVERSITÉ LAVAL
LES ÉDITIONS DU CERF
1987

Couverture: Madeleine Richard

© Les Presses de l'Université Laval 1987
Les Éditions du Cerf 1987
Tous droits réservés. Imprimé au Canada
Dépôt légal (Québec et Ottawa), 4e trimestre 1987
ISBN 2-7637-7132-7 (PUL)
ISBN 2-204-02898-3 (Cerf)

L'année 1986 a marqué le centenaire de la naissance de Paul Tillich (1886-1965). Parmi les nombreux colloques qui ont souligné l'anniversaire, celui de Québec, tenu à l'Université Laval du 18 au 22 août, a été tout particulièrement remarquable par son ampleur et son caractère international. Il a donné lieu à une première rencontre des chercheurs francophones et anglophones sur Tillich, grâce à la participation de représentants des trois associations Tillich : allemande, francophone, nord-américaine.

Le thème du colloque, « Religion et Culture », couvre un aspect central de l'œuvre de Tillich. Lui-même affirme, dans la préface de son recueil *Théologie de la culture*, que le problème des rapports entre religion et culture a toujours été au centre de ses préoccupations, que toute son œuvre cherche à définir la relation du christianisme à la culture séculière du monde moderne. C'est là d'ailleurs ce qui fait encore aujourd'hui sa pertinence et son actualité. Son problème est toujours le nôtre; les prophètes du monde post-religieux et post-chrétien sont toujours parmi nous. Plutôt que des solutions bien définies, Tillich a proposé de nouvelles voies pour la recherche, en montrant sur quels fondements on pouvait construire pour combler le fossé qui sépare le christianisme du monde moderne.

Les communications du colloque explorent les différents aspects du thème dans l'œuvre de Tillich. La première partie porte sur les questions concernant la religion et la culture en général, de même que sur la situation de la morale entre la religion et la culture. On trouvera là aussi des exposés sur la religion comme expérience de l'absolu, sur la révélation comme source de la religion et sur le symbole comme expression de la réalité religieuse.

La deuxième partie est centrée sur l'idée de « théologie de la culture ». Cette idée est passée à l'avant-plan des recherches sur Tillich au cours des dernières années. Elle se trouve traitée ici de façon approfondie dans une double direction : son contexte historique d'une part, sa pertinence actuelle d'autre part. L'apport du groupe Paul Tillich de l'Université Laval doit ici être signalé de façon spéciale. Ces jeunes chercheurs avaient déjà, à l'occasion de mémoires et de thèses, traduit et commenté plusieurs textes importants du premier Tillich (1919-1926), relatifs à la théologie de la culture. Ils ont fait rapport de leurs travaux dans les différentes sections du colloque.

Chez Tillich, la théologie de la culture ne s'arrête pas à la considération abstraite des rapports entre la religion et la culture en général. Elle inclut aussi la considération des différentes sphères de la culture pour montrer la dimension religieuse présente en chacune. Tel est précisément l'objet de la recherche dans les troisième et quatrième parties de l'ouvrage. Les rapports entre religion et politique ont reçu une attention toute spéciale. Les communications de cette section montrent bien la pertinence de la pensée de Tillich pour les questions actuelles de théologie de la libération et de théologie politique. La section suivante fait voir par ailleurs le vaste éventail des préoccupations de Tillich en matière de culture. Ses écrits sur la culture vont de l'art à la science, en passant par l'éducation, la médecine et la psychologie. Nous avons voulu ici ouvrir le plus large possible la participation hors du cercle des chercheurs sur Tillich, pour y inclure des représentants des différents champs culturels. Les collaborations obtenues de ce côté constituent un apport précieux à ce volume et témoignent à leur façon de l'intérêt que présente encore aujourd'hui la pensée de Tillich pour tous ceux et celles que préoccupe la question religieuse, quel que soit le domaine de leur activité professionnelle.

Avec la cinquième et dernière partie de l'ouvrage, on passe de la théologie de la culture à la théologie systématique. Le sens de ce passage dans l'œuvre de Tillich constitue déjà tout un problème. Il suffira de dire, comme entrée en matière, que la théologie systématique ne s'intéresse pas seulement à la religion en général mais plus concrètement au christianisme, et qu'elle traite explicitement des différents articles de la foi chrétienne, des différents dogmes du christianisme. Dans la perspective du thème général du colloque, on montre ici comment la théologie se trouve conditionnée par la culture. Et il doit en être ainsi, puisqu'elle a précisément pour fonction de relier le message chrétien à la culture contemporaine. On pourra voir des exemples typiques de ce travail théologique avec les dogmes trinitaire et christologique. La situation cependant est encore plus complexe aujourd'hui en raison du pluralisme religieux et culturel. Le problème n'est plus alors simplement de mettre en rapport une religion avec une culture. La question du jour en théologie est maintenant celle de la rencontre des religions dans un contexte pluriculturel. Et cette question se trouve ici largement traitée à la lumière des écrits de Tillich.

On pourra lire dans les pages liminaires les communications présentées au banquet du centenaire, le soir du 20 août 1986. On trouvera aussi dans cette même section les textes de la table ronde portant sur la réception de l'œuvre de Tillich en différents lieux de notre culture occidentale. Ce tour d'horizon permet de faire le point en un moment historique. Il donne une idée assez juste de l'actualité de la pensée de Tillich aujourd'hui.

La participation de si nombreux invités n'aurait pas été possible sans les subventions du Fonds FCAR du Québec et du Conseil de recherches en sciences humaines du Canada. Nos remerciements vont aussi à l'Université Laval qui a été l'hôte du colloque, et tout particulièrement à la Faculté de théologie qui a apporté un soutien financier à la publication des Actes. Nous sommes enfin très reconnaissants aux Presses de l'Université Laval pour avoir accueilli dans leur collection les Actes du colloque, avec une édition digne de la circonstance.

Jean Richard

ALLOCUTIONS PRÉSENTÉES AU BANQUET MARQUANT LE CENTENAIRE DE LA NAISSANCE DE PAUL TILLICH

MESSAGE DE MME HANNAH TILLICH

Dear president:

Professor Jean Richard asked me for a few words to celebrate with you Paulus birthday. His friends used to call him Paulus, and so will I for my short thanks. Paulus would have been very happy to be mentioned in Canada. He loved the French language and the French people, and the French metropolis, Paris. There exists a funny poem of his son René who wandered the streets of Paris with him, and so exist many memories of our going to Chartres, to Versailles and eating in the small not so touristy restaurants, which good friends who lived in Paris showed us.

What do you want me to say about him ? The one and wonderful thing in his life, that he shared with me was his world, which was so vast; he had an endless creative curiosity to know, to feel, to be. Our best times were on travels. During our first trip to Italy, for example, I could talk to him about art, a field I had studied, and he could talk to me about his tremendous knowledge in philosophy, the religious past of the country and the many lovely parks and sights we visited together.

And he had this strange genial gift to melt down his most personal experiences in an alchemic process of creating the gold coin of his philosophical and theological thought.

And I am honored with him and through him, that you permit me to thank this illustre gathering for celebrating his work.

Traduction

Monsieur le Président,

Le professeur Jean Richard m'a demandé de vous adresser quelques mots pour célébrer avec vous l'anniversaire de Paulus. Ses amis avaient l'habitude de l'appeler Paulus et c'est ce que je vais faire également dans ma brève adresse. Paulus aurait été très heureux d'être ainsi honoré au Canada. Il aimait la langue française et les Français et la métropole française, Paris. Il existe un petit poème drôle de son fils René qui avait parcouru les rues de Paris avec lui; de même survivent de nombreux souvenirs de nos excursions à Chartres, à Versailles, de nos incursions dans de petits restaurants pas trop touristiques que nous faisaient connaître de bons amis qui vivaient à Paris.

Que souhaitez-vous que je vous dise de lui ? Ce qui fut merveilleux et unique dans sa vie, et qu'il a partagé avec moi, ce fut son monde, qui était tellement vaste ; il possédait une curiosité créative infinie pour connaître, pour sentir, pour être. Nos meilleurs moments furent nos voyages. Ainsi, durant notre premier voyage en Italie, je pouvais lui parler de l'art que j'avais étudié, et lui pouvait me parler de son immense connaissance en philosophie, du passé religieux de ce pays et des nombreux jardins et points de vues que nous visitions ensemble.

Ensuite il avait ce talent génial tout à fait particulier de fondre ses expériences les plus personnelles dans un processus alchimique créant l'or de sa pensée philosophique et théologique.

Je me sens honorée avec lui et à travers lui que vous me permettiez de remercier cette illustre assemblée réunie pour la célébration de son œuvre.

ALLOCUTION DE M. MICHEL GERVAIS

VICE-RECTEUR À L'ENSEIGNEMENT ET À LA RECHERCHE
UNIVERSITÉ LAVAL

Monsieur le Président,
Distingués invités,
Mesdames et messieurs,

Ce n'est pas sans une certaine émotion, vous le comprendrez aisément, que je m'adresse à vous en ce jour même du centenaire de la naissance de Paul Tillich.

Mes premiers mots seront pour vous dire, au nom du recteur de l'Université Laval, monsieur Jean-Guy Paquet, combien notre université est heureuse et honorée de vous accueillir et d'être l'hôte de ce qui s'avérera sans doute l'un des événements les plus importants de ce centenaire Tillich.

J'ai été vivement impressionné par la richesse du programme de ce VIᵉ colloque de l'Association Paul Tillich d'expression française : cinq journées bien remplies, plus de cinquante communications livrées par des participants de huit pays différents. Votre colloque est vraiment une rencontre intellectuelle d'envergure et je tiens, au nom de l'Université Laval, à en féliciter et à en remercier les organisateurs, MM. Michel Despland, Jean-Claude Petit, Jean Richard, et le groupe de recherche Paul Tillich de l'Université Laval.

Même si la théologie systématique a été pendant plusieurs années mon champ d'enseignement et de recherche, je l'ai délaissée depuis trop longtemps déjà et vous connaissez trop bien vous-mêmes Paul Tillich pour que j'ose traiter devant vous quelque aspect de la pensée de cet auteur gigantesque. Je me bornerai à attirer l'attention sur un point auquel mes fonctions actuelles me rendent particulièrement sensible.

Quand on observe attentivement l'université moderne, on a beaucoup de peine à y déceler les traces du projet d'unité et de synthèse du savoir qui a animé pendant des siècles l'*universitas scientiarum*. Nombreux sont les observateurs qui décrivent l'université moderne comme une institution morcelée, comme une juxtaposition d'écoles et de départements, voire d'individus qui poursuivent leurs projets en parallèle, sans lien et sans contact entre eux. On a même utilisé l'expression « multiversité » pour désigner ce qu'est devenue aujourd'hui cette institution séculaire.

Même des disciplines à vocation intégratrice comme la théologie et la philosophie échappent difficilement à la tendance générale et sont tentées, elles aussi, de s'isoler derrière les cloisons départementales. Dans ce contexte, Paul Tillich, par toute sa vie et toute son œuvre, se révèle un modèle d'une extraordinaire actualité. Car il est aux antipodes de cette attitude de cloisonnement. Théologien et philosophe, il s'est intéressé à toutes les manifestations de la culture, de la politique à la psychanalyse, en passant par l'économique, l'histoire des religions et l'art sous toutes ses formes. Et cet intérêt n'avait rien du dilettantisme superficiel. Il tenait à un motif essentiel, nommément à la conception que Tillich se faisait des rapports entre la religion et la culture.

Toute sa vie durant, il a d'ailleurs tenté de combler des fossés, d'établir des liens — pensons à sa célèbre et féconde méthode de corrélation — et de montrer la profonde unité des diverses entreprises humaines qui se rejoignent en ce qui les sous-tend toutes : la préoccupation ultime, l'*ultimate concern* qui définit la religion.

> Cette préoccupation ultime, écrit-il dans *Théologie de la culture*, elle se manifeste dans toutes les fonctions créatrices de l'esprit humain. Elle se manifeste dans le domaine de la morale sous la forme du sérieux inconditionnel de l'exigence morale [...] Elle se manifeste dans le domaine de la connaissance sous la forme du désir passionné de la réalité ultime [...] Elle se manifeste dans la fonction esthétique de l'esprit humain sous la forme du désir illimité d'exprimer le sens ultime des choses.

Tillich décèle, dans toutes les manifestations de la vie spirituelle, la présence d'une même préoccupation profonde, celle de l'ultime et de l'inconditionnel. De sa première conférence publique donnée devant la section berlinoise de la Kant-Gesellschaft jusqu'à la fin de sa vie, il s'efforcera de montrer cette profonde unité des projets humains et, pour emprunter ses propres termes, de manifester « l'immanence mutuelle de la culture et de la religion ».

Son œuvre tout entière est une œuvre d'unité et de synthèse qui rejoint le projet et l'idéal qui ont animé l'institution universitaire depuis ses origines et qui devraient continuer de l'inspirer encore aujourd'hui.

De tous les théologiens de notre époque, Paul Tillich a en outre été celui qui a sans doute contribué le plus à donner à la théologie son statut universitaire, non pas seulement parce qu'il a été un *scholar* de grande classe et de grand renom, mais encore ici pour des raisons essentielles qui tiennent au contenu même de son enseignement.

Au premier rang de ces raisons, il y a, bien sûr, cette intégration originale de la culture et de la religion dont nous venons de parler. Mais il y a aussi le fait qu'en revenant sans cesse à la préoccupation ultime et à l'inconditionnel, Tillich remonte à ce qui constitue le fondement le plus radical de la pensée critique. En cela, il rejoint l'une des grandes fonctions de l'université dans la société.

Dans *Théologie de la culture*, Tillich a cette phrase dont on ne cesse de découvrir la profondeur :

> Le danger de toute incarnation, religieuse ou profane, de l'élément incon-
> ditionnel, c'est de porter jusqu'à l'absolu quelque chose de conditionnel,
> un symbole, une institution, un mouvement.

La préoccupation ultime ne peut manquer de s'incarner, de se con-
crétiser dans des entreprises ou des symboles quelconques. Le danger,
c'est d'absolutiser le relatif et de confondre l'inconditionnel et son incarnation concrète. N'est-ce pas à la seule lumière de cette considération
qu'on peut comprendre cette déclaration mystérieuse de Jésus : « Il vous
est bon que je parte ? »

Quoi qu'il en soit, cette considération montre bien ce que la religion, et partant la théologie, recèlent de potentiel critique. Si elles sont
authentiques, elles s'insurgeront toujours contre l'absolutisation du relatif
qu'elles considéreront comme une idolâtrie, qu'il s'agisse d'un mouvement politique, d'une institution sociale ou d'une conception scientifique.

Pour Tillich, ce regard critique s'exerce à l'égard de la religion et
de la théologie elles-mêmes. Car la religion s'incarne dans les croyances,
dans des rites et dans des symboles qui ne sont pas eux-mêmes l'inconditionnel. La théologie qui en dépend ne peut donc revendiquer pour
elle-même un caractère absolu. Comme toute autre manifestation de
l'esprit et comme toute autre discipline, elle est grevée de relativité. Tout
au plus peut-elle se présenter modestement comme un effort visant à maintenir vivante la préoccupation ultime. En cela, la théologie de Tillich se
présente comme une théologie essentiellement ouverte au dialogue et
à la critique, et c'est encore par là que Tillich a contribué à faire accepter
la théologie dans l'université séculière du XXe siècle.

Je ne m'aventure pas davantage dans cette voie et je constate que
j'ai déjà manqué à ma résolution initiale. Vous connaissez mieux que moi
l'actualité de Paul Tillich.

I will only repeat to you how pleased and honoured our university
is to be the host of this convention organized to celebrate the one hun-
dredth anniversary of Paul Tillich's birth. I wish you a very fruitful convention and a very pleasant dinner. Let me conclude on that subject by
quoting Paul Tillich himself, in his sermon on « The Meaning of Joy » :

> Does the Biblical demand for joy prohibit pleasure ? Do joy and pleasure
> exclude each other ? By no means ! The fulfillment of the center of our
> being does not exclude partial and peripheral fulfillments. And we must
> say this with the same emphasis with which we have contrasted joy and
> pleasure. We must challenge not only those who seek pleasure for pleasure's
> sake, but also those who reject pleasure because it is pleasure. Man enjoys

eating and drinking, beyond the mere animal need for them. It is a partial ever-repeated fulfillment of his striving for life; therefore it is pleasure and gives joy of life.

C'est ce que je souhaite pour vous tous ce soir.

PAUL TILLICH
HIS LIFE AND HIS PERSONALITY

Renate ALBRECHT
Düren, West Germany

Very often I have been asked by Americans : Why were so many Germans born in Poland ? The same holds true for Paul Tillich, who was born in a small village, which is in Poland of today. The answer is very simple : In the days when Tillich was born in Starzeddel, this village belonged to Germany and not only at that time, but for more than 700 years.

Tillich himself relates about his birthplace in his essay : « What am I ? » in his book *My Search for Absolutes* :

> My birthplace was a village with the Slavic name Starzeddel near Guben, a small industrial town in the Province Brandenburg at the Silesian border. After four years my father, a minister of the Prussian Territorial Church was called to the position of a superintendent of the diocese of Schönfließ... Schönfließ was a place of 3 000 inhabitants in Eastern Brandenburg. The town was medieval in character. Surrended by a wall, built around an old Gothic church, entered through gates with towers over them, administered from a medieval townhall, it gave the impression of a small, protected and self-contained world[1].

But I don't want to tell you Tillich's life in that way. Since my topic is « Tillich — his Life and his Personality », I will put greater weight on his personality and will speak of it with respect to the interdependence of life and personality. No one can enter into the deepest levels of a person, but you can show some characteristics ; this is what I want to do. Everything I am going to describe has a foundation in documents or in personal experiences.

With respect to Tillich's personality I would like to refer to five points : 1. his relationship to himself ; 2. his relationship to his work ; 3. his relationship to the other one ; 4. his ethical development ; 5. a cautious description of his personal religious convictions. These five

---

[1] Paul TILLICH, *My Search for Absolutes*, ed. by Ruth Nanda Anshen, New York, Simon and Schuster, 1967, p. 24.

aspects cannot be separated from each other, but they must be distinguished. So my paper will become a texture of the above-mentioned five points
woven into his life.

Tillich's earliest religious experiences were combined with the atmosphere of his chilhood. In the above-mentioned essay he writes :

> Two other points of biographical significance ought to be mentioned in
> connection with the years in Schönfließ [...] The first is the effect which
> my early life in a parish house had upon me, standing as I did with a con-
> fessional Lutheran school on the one side and on the other a beautiful Gothic
> church in which Father was a successful pastor. It is the experience of the
> « holy » which was given to me at that time as an indestructible good and
> as the foundation of all my religious and theological work[2].

There is another experience of those early years that has to be mentioned. Although later on Tillich liked to speak and to preach in front
of large audiences, to talk privately with hundreds and hundreds of people for hours ; although he liked parties and the « mysteries » of big cities,
for instance Berlin, Paris, London, New York ; although he was a man
of humor and wit and estimated social life highly, in some respects he
was shy. In private talks he urged his partner to tell of his life as much
as possible, but he himself mostly remained silent. Very rarely he spoke
of what was going on in himself. An example of this was when Tillich
lived in a boarding house with two elderly women in Königsberg, a small
town near Schönfließ, where he attended the high school : in all his letters written to his parents you cannot find any word about his
homesickness. Only 20 years later he opened his heart in a letter to his
wife referring to the pain he had to suffer when separated from his parents
and sisters.

In 1900 the Tillichs moved to Berlin. Tillich commented this event
with the words : « I felt great joy ! » After his finals at the Friedrich-
Wilhelms-Gymnasium in Berlin, Tillich began his studies in theology and
philosophy in Berlin. Then he went to Tübingen and Halle. Finally he
came back to Berlin to take his first theological examination. It was no
point of discussion, whether or not he should become a member of the
Korporation Wingolf. It is very difficult to explain in English what a *Korporation* — this is the German expression — is like. Perhaps the best
description would be « fraternity ». The Wingolf was a fraternity with
strict rules, so that one can say : in that time it was a mixture of a club
and a monastery, but this definition is very rough !

In any case the years Tillich spent as a member of the Wingolf proved extraordinarily fruitful both for his spiritual development and his
maturity as a human being. Here I have to mention the six articles he
wrote for the periodical *Wingolfs-Blätter*. I am sure they are unknown

---

[2] *Ibid.*, p. 28.

here in this country, because they were found later, when his bibliography had been compiled. In one of these articles Tillich gave a kind of statement about his ethical standpoint. The members of Wingolf were bound to a vow, the contents of it were : 1. not to drink excessively ; 2. not to solve personal problems by weapon ; 3. not to have any intimate relation whatsoever with a female person[3].

To illustrate this attitude of the Wingolf students of that time, I refer to a story that Frau Seeberger, Tillich's youngest sister, once reported. Being a girl of 16 years she had taken part in a Wingolf festival and one of her admirers took her home. Saying farewell he wanted to give her a kiss but she escaped, ran to her brother, who was working in his studyroom late in the night and told him about what she then considered the impudent behavior of this student. The only answer of Tillich was : «I will talk about this with father and I am sure, this student will be fired from the « Wingolf »[4]. »

When World War I began in 1914 Tillich applied as a war chaplain voluntarily and joined the army just two weeks after his first marriage. His wife Greti Wever was the daughter of a big and rich farmer living in the same village where Tillich's sister Johanna lived as a pastor's wife, married to Tillich's best friend Alfred Fritz. Many letters were written by Tillich during the war : to his father, his grandmother, his aunt and his sisters. His mother died from cancer in the year 1903, when Tillich was 17 years old.

In the letters to his relatives, Tillich wrote about the things of daily life, filled with the terrible events of the war, but very little about his inner feelings. In the letters to a female student, Maria Klein, he revealed more. On February 22, 1915, he first discusses Maria's problems, gives her advice in the complicated situations of her life. Only at the end of the letter does he add things about himself. He writes :

> You are asking about me. Well, I can only say : What I wrote to you is also true for me, namely, the very deep experiences begin, where the egocentric will to happiness has been broken. I am living here in the situation of complete grief — the spiritual loneliness, the inner isolation, the absolute absence of all I love. And the terror of the war, the own death, which is often quite near to me, the daily dying around me and the darkness of future. Further some insights of far reaching importance[5].

In this letter and also in others to Maria Klein, the pattern is always the same and reveals one of Tillich's characteristics toward the other one. He feels himself always as the second, the other one has priority. In a

---

[3] Paul TILLICH, « Die Bundeslage nach der Warburg 1909 und die Arbeit der nächsten Zeit mit besonderer Berücksichtigung der Verhandlungen des II Ch. C. », *Wingolfs-Blätter*, 1.11.1909.

[4] Report of Frau Elisabeth Seeberger, Paul-Tillich-Briefarchiv, Düren.

[5] Letter from Paul Tillich to Maria Klein, 22.2.1915, Paul TILLICH, *Ein Lebensbild in Dokumenten, Ergänzungs- und Nachlaßbände zu den G. W.*, V, p. 114.

letter to his sister Johanna of December 1917 he writes : « How much happiness you and Fred might have being the parents of such two beautiful children. Sometimes I envy you a bit, but perhaps my way shall be another one without this happiness, so that I can dedicate my full strength to my work[6]. » This was the first time that Tillich was reflecting upon his work. Four years later when he was assistant professor in Berlin, the relationship to his work became clearer to him.

A few words have to be said about Tillich's first marriage. His feelings about it being always in the second place is surprising to us, since Greti took the first place in his heart. Possibly at the end of the war he got more and more aware of Greti's moving away from him. She fell in love with Tillich's friend Richard Wegener. After his return in August 1918 Greti and Wegener revealed to Tillich their relationship. We don't know what this meant to Tillich. He never talked about it, and all the letters Tillich had written to Greti were burnt by her. Two children were born during Tillich's marriage, but the father of them was Richard Wegener. The marriage was divorced in the year 1922. These facts had to be mentioned. They must have deeply impressed and discouraged him and changed some of his former ethical ideals. In addition to these experiences there were other disappointments : his frequent poor state of health, the lack of money, his discouraging relations to women and the uncertainty of his professional future. Margot Hahl, a student of his in the Berlin years said in an interview : « He never was without suffering. » He himself felt a tremendous disruption about the complexity of his life ; only one point was clear to him : his work. In a letter he said : « They can take me all I have, only one thing must not be taken from me : my work[7]. »

There came some light into his life by getting to know Hannah Gottschow, his second wife. He met her at a fancy dress party about eight weeks after the tragic death of his beloved sister Johanna. He did not want to go, but he was urged by relatives and friends in order to forget his great grief at least for some hours. Some difficulties had to be overcome before Hannah and Paul could marry in March 1924. But already before the marriage Tillich's life had completely changed.

At the time of his marriage Tillich got a new position as associate professor in Marburg. He remained there only one and a half year. Dresden wanted to have him and offered him a full professorship. There, art played a great role in his life and the Tillichs made new friends among the artists, but also among their colleagues at the technical University. Tillich was not poor any more and could take part in the attractive social life of Dresden. And there was no great difference in his academic and social life after his moving to Frankfurt in 1929, where he became professor of philosophy.

---

[6] Letter from Paul Tillich to Johanna Fritz, 1917, Paul-Tillich-Briefarchiv, Düren.

[7] Paul-Tillich-Briefarchiv, Düren.

Tillich was well known in Germany as a religious socialist and he became a member of the socialist party. Furthermore he attacked nazism strongly. These three facts were the reason for his dismissal from his professorship in 1933. When he received an invitation as a guest professor from the Union Theological Seminary in New York, he accepted it. He did not want to conceal his convictions, and such a man was unbearable for the nazi government. He left his native country in the last days of October the same year.

The first years in America were hard for him, not knowing any word of English. He spent 22 years at the Union Theological Seminary. Although in the beginning of this period he wrote only short articles for newspapers and periodicals, later on the period at Union proved extremely fruitful. In the « Bibliography » *(G.W., XIV)* are listed 186 articles, books, and essays written between 1934 and 1955, not to forget amongst them the first volume of his *Systematic Theology*.

When he was 68 years old — an age when others normally retire — he was called to Harvard University as university professor, the highest position in an academic career. A university professor has to give up his position when he has reached the age of 75. But for Tillich it was not the end of his career ! His former student and then Dean of the Divinity School of the University of Chicago, Professor Jerald Brauer, offered him the possibility of becoming « John Nuveen Professor ». The conditions were very favorable for Tillich : he was freed from the duties of a full professorship, being able to dedicate his spiritual strength fully to the lectures and courses. Tillich accepted again. There was another attractive aspect : the seminars held together with Mircea Eliade, the famous historian of religion. These three years in Chicago proved to be as fruitful as the years in Harvard. In the last ten years of his life he published as much as in the 22 years at Union. Ten days before his death in 1965 he delivered with great applause his famous lecture « The Significance of the History of Religion for the Systematic Theologian ».

Let us now return to the year 1934. Most revealing to his situation is a letter to Lily Pincus in Germany. He writes :

> What I experience here, is the second death. The first death was unimaginable and most threatening, the second death is more refined and bitter. Althouth I don't have to suffer in any respect — a good beginning of my courses, kind colleagues, improving the English language, bearable financial conditions — the fact of standing in the death cannot be denied [...] this means to resuffer the past and the impossibility to find a new sense for me personally[8].

We would like to know more about Tillich's feeling of emptiness. By chance I discovered a small diary written in 1935 when he gave lectures in Chicago, being more often alone there than in New York. It was

---

[8] Paul TILLICH, *Ein Lebensbild* [...], p. 219.

published in the *Collected Essays*, Suppl. Vol. 5, and contains his thoughts about a variety of fields. Here we are interested in what he thought about his own ethical attitude. Perhaps we could say that here we are just in between his legalistic position of his student's period and the high level of his book *Morality and Beyond*. He writes :

> There is the ethical formation of life, which includes much self-restraint. And on the other side there is the « meta-ethical » mastery of life. Whoever is not able to achieve the second and does not want the first is broken and substantially unhappy. Such a person has more ekstasies than the Ethicist and he has more feeling of guilt than the great conqueror, more suffering in himself, but he will not reach fulfillment [...] He conquers, but at the same time he remains a prisoner. He shows possibilities, the Ethicist is afraid of, but the conqueror realises them [...] The moral experiment is the greatest of all dangers for becoming a full personality [...] The moral risk, the breaking through the empirical conscience gives us all claim to happiness. However the bad conscience remains, accuses and defends. To be sure in the court of justice nobody can be happy[9].

Such remarks expressed to others, even friends, are rare in Tillich's life. A good example for this statement is the report of Hildegard Behrmann, who got to know Tillich the last night before leaving Germany. She writes : « This was the famous theologian, whose native country wanted to get rid of him. You couldn't hear any angry words from him, he seemed to be almost cheerful, betraying his emotions. You got the impression he felt quite comfortable, not mentioning his bad situation[10]. »

But we should not forget that you could have had quite different experiences with him. Suddenly he could become upset, excited, very angry and without any control of his feelings and his behavior. When I first witnessed such an outbreak, I could not imagine it was the same person I had known before as wise, calm, full of kindness and understanding. But — and I have to point to it very seriously — his anger referred always to trifles. In German you have the word *Bagatelle*, which fits fully in what I wanted to characterize. And what were the reasons ? A key he could not find, or a suitcase that was still in the car and not beside his chair in the restaurant, or an envelope, he had opened although the letter was addressed to another person and so on and so forth. But the picture would not be complete if I did not tell the end of the story. In nearly all cases his anger did not last longer than 15 seconds and it was over the very moment something really serious happened. Then he was the Tillich we had known before without this estrangement from himself.

---

[9] *Ibid.*

[10] Report of Hildegard Behrmann, Paul-Tillich-Briefarchiv, Düren.

Now we have to come back to the relationship to his work. In 1917 he had written to his Wingolf friends — Wingolf was the fraternity I referred to earlier — in a circular letter :

> The humility of a wise man is his conviction of knowing very little. This is already wisdom. But the wise man wants to put his convictions into a system. Then his task is to go beyond his system and to go into the desert of thoughts. These thoughts are like beasts he has to fight with, perhaps being finally torn by them into pieces, perhaps to remain victorious, but even then he has to be humble in order to be wise[11].

Thirty years later his thoughts are very similar : in the « Personal Introduction to my Systematic Theology » which was found only two or three years ago and was published in *Modern Theology* (1985) since it was not printed as introduction to Volume I of his *Systematic Theology* in 1951, he writes :

> For at least 20 years it has been my passionate desire to develop and to write a Systematic Theology [...] But I have never dared to write the system itself [...] And I must confess that now, when I am making such an attempt, the responsibility, connected with it, falls heavier than ever on my conscience [...] the feeling of the personal and spiritual inadequacy for a task like a theological system, the almost blasphemous character of any attempt to give critical and constructive truth about that which transcends human possibilities infinitely[12].

Here let me make a critical remark. In the biography of Marion Pauck you can read very much about Tillich's pride concerning his fame. In Chapter VII, the word « Narcissus-like »[13] is used for his behavior. With respect to the two last quotations I must ask the question : « Is Tillich Narcissus-like ? » Some people might say that later on when he had become a famous man he became Narcissus-like. In opposing such a statement I refer to his dialogues with the students in Santa Barbara published under the title *Ultimate Concern*[14] two years before he died. Then he was really a famous man but as humble as he always was.

Two topics remain to be dealt with : Tillich's final ethical conception and his personal religious convictions. Tillich's ethical statements have their source in the « unconditional imperative » to treat the other one as a person. From there all other commandments are derived. I don't want to give here a full description of Tillich's *Morality and Beyond*[15].

---

[11] TILLICH, *Ein Lebensbild* [...], p. 106.

[12] *ID.*, « Personal Introduction to my Systematic Theology », *Modern Theology*, 1, 2 (1985), p. 83.

[13] Wilhelm and Marion PAUCK, *Paul Tillich, His Life and Thought*, vol. I : *Life*, New York, Harper and Row, 1976, p. 275.

[14] Paul TILLICH, *Ultimate Concern. Tillich in Dialogue, ed. by D. Mackenzie Brown, New York, Harper and Row, 1965.*

[15] *ID.*, *Morality and Beyond*, ed. by Ruth Nanda Anshen, New York, Harper and Row, 1963.

A profound interpretation of it will be found in the book *Paul Tillich. Sein Werk*[16]. What I want to do here is to support professor Jerald Brauer's conviction that there was no gap between Tillich's theory of ethics and his own attitude during his lifetime. His highest criterion was always love in the sense of the New Testament where it is called agape. It contains the other elements of love : eros, libido, philia, but these elements are judged by agape. Tillich was not the first who expressed this thought ; he referred to the picture of Jesus as the Christ handed down to posterity by the biblical texts. To substantiate it, I want to quote a letter written in 1951 to a female friend :

> You are right, I have many relations to people that are precious to me. In Germany mostly with women for understandable reasons through the lost war. These relations are both : gift and danger. I am fully aware of this ! My criterion is : All acting is wrong where agape is lacking. The temptation is not to do something or not, but to do it without agape. This is true for every relationship and is the only alternative to legal commandments, which I have given up, but often with 1 000 torments. But even with this criterion guilt is not avoidable[17].

I think nothing more had to be added to this. Tillich's ethical attitude is the result of high maturity. The essay *Morality and Beyond* is very condensed and therefore you have to read it again and again. For Tillich's friends who knew him personally, it is much easier to understand him, because they have experienced what it means to make agape the highest principle.

Generally one could say that Tillich has not written anything where personal experiences are not woven in. This is especially true for his *Systematic Theology*. When I was working with him in 1964 on the translation of the third volume of his *Systematic Theology* — reading to him word by word while he was comparing the translation with the English text — I suddenly got aware that in the chapter « Four Principles determining the New Being as Process[18] », his personal creed was involved. Let us briefly describe these four principles.

1. The principle of awareness. « Such awareness includes sensitivity toward the demands of one's own growth, toward the hidden hopes and disappointments within others, toward the voiceless voice of a concrete situation, toward the grades of authenticity in the life of the spirit in others and oneself. All this is not a matter of cultural education [...] but of growth under the impact of the *Spiritual* power. »

---

[16] *Paul Tillich : Sein Werk*, ed. by Renate Albrecht and Werner Schüßler, Patmos, Düsseldorf, 1986, pp. 151f.

[17] Paul-Tillich-Briefarchiv, Düren.

[18] Paul TILLICH, *Systematic Theology*, vol. 3, Chicago, University of Chicago Press, 1963, pp. 231-236.

2. The principle of increasing freedom is the « freedom from the commanding form of the law. But it is also freedom from its particular contents. Specific laws, expressing the experience and wisdom of the past, are not only helpful, they are also oppressive, because they cannot meet the ever concrete, ever new, ever unique situation. Freedom from the law is the power to judge the given situation in the light of the *Spiritual Presence*. »

3. The principle of increasing relatedness « implies the awareness of the other one and the freedom to relate to him by overcoming self-seclusion within oneself and within the other one. There are innumerable barriers to this process [...] Both freedom and relatedness, as well as awareness and self-transcendence are rooted in the *Spiritual* creations of faith and love. »

4. The principle of self-transcendence. « The aim of maturity under the impact of the *Spiritual Presence* comprises awareness, freedom and relatedness, but in each case [...] the aim cannot be reached without an act of self-transcendence [...] in other words without participation in the « holy ». This participation is usually described as the devotional life under the *Spiritual Presence*. » In the mature life, determined by the *Spiritual Presence*, participation in the devotional life of the congregation may be restricted or refused, prayer may be subordinated to meditation, religion in the narrower sense of the word may be denied in the name of religion in the larger sense of the word, but all this does not contradict the principle of self-transcendence. It may even happen that an increased experience of transcendence leads to an increase in criticism of religion as a special function. »

You might ask now : What is *Spiritual Presence* ? It refers to the third article of the apostolic creed, the « Holy Spirit ». Tillich himself has felt this interpretation as being too abstract. In the discussion with students he gives very concrete answers to what *Spiritual Presence* is like. To explain it, he refers to the moral act mentioning two aspects of it. The first is the concrete situation. He says : « How shall we act, if the power of agape is in us ? » And the answer to this most urgent question is : « Listening to the concrete situation which has a voiceless voice like our conscience. Sometimes the voiceless voice becomes very intensive, it cries out. The situation demands our attention, we cannot escape it, we must listen to it. In classical theology this element of the concrete situation and our listening to it has been described as the Presence of the Divine Spirit and that is what the *Spiritual Presence* in a human being means. This insight into the concrete situation and the power to listen to it liberates us from conventions and traditions which never fit into a concrete situation completely[19]. »

---

[19] Quotation from the lecture « Religion and Society », 1960, typescript, p. 25.

But this interpretation is not sufficient. In another dialogue with these students Tillich refers to the second aspect, the name of which is grace. he says : « I use that word only with fear and trembling, but I must use it until we have [...] a better word [...] Grace is present in all forms of love. He who is driven by eros did not sit down and says : Now I will have eros, I will love this woman or this man or this picture and so on. But it grasps him [...] The character of grace is : grasping [...] Nobody can produce eros and love, libido and philia. It is first of all something given [...] We cannot force ourselves to love [...] Grace is the power of ultimate reunion and this power can be called *Spiritual Presence*[20]. » Professor Sturm Wittschier has characterized Tillich's theology as a « theology of the Divine Spirit » and I think he is right, if we take Tillich's statements about the *Spiritual Presence* seriously. So I finish my paper with the assertion : Tillich has led us to a new understanding of the traditional concept of the « Holy Spirit ».

---

[20] *Ibid.*, pp. 48, 49.

LA RÉCEPTION ET L'ACTUALITÉ DE PAUL TILLICH

L'ÉCHO DE LA PENSÉE
DE PAUL TILLICH EN ITALIE

Renzo BERTALOT
Facolta Valdese di teologia, Roma

Introduction

L'influence de la pensée de Paul Tillich en Italie s'est fait sentir avec beaucoup de retard. Tillich était peu connu avant le Concile Vatican II. Sa théologie a suscité des intérêts nouveaux après le Concile, mais à ce moment-là, elle entra en concurrence avec d'autres développements qui ont surgi sur le plan œcuménique. Devant la diffusion rapide de nouvelles idées, les priorités de discussion et de recherche étaient absorbées et déterminées par d'autres facteurs urgents. Face à la quantité de documents produits pendant ces années, les théologiens ont été déroutés. L'œuvre de Tillich fut elle-même submergée dans la masse. Nous présenterons quatre moments de la réflexion italienne sur Paul Tillich. Dans leur ensemble, ils peuvent donner une idée de ce qu'a été l'écho de sa pensée dans notre pays. En annexe, nous indiquerons les livres et les publications qui sont parus en langue italienne, sans avoir la prétention d'en avoir fait une liste exhaustive.

Une voix laïque de l'université

L'œuvre théologique de Paul Tillich a été présentée avec beaucoup de soin et d'attention par le professeur Nynfa Bosco, enseignante en philosophie de la religion à l'Université de Turin. Son livre porte sur les trois volumes de la *Théologie systématique* qui rassemblent dans une solide structure synthétique toute la pensée de Tillich et, on peut bien le dire, toute sa vie de croyant.

Le livre de Mme Bosco présente une lecture sereine de Tillich, une lecture libre de préjugés qui ne place jamais Tillich dans des schémas préconstruits. On note une volonté nette de comprendre l'auteur, de l'écouter comme quelqu'un qui a un message à transmettre dans les temps difficiles que sont les nôtres. Cela ne veut pas dire négliger les critiques, mais plutôt faire continuellement dialoguer Tillich avec ses contemporains. La lecture terminée, on a le sentiment d'avoir été initié à la *Théologie systématique* de Tillich et d'avoir été presque en communication directe avec lui. Il s'agit d'un beau livre, riche d'une bibliographie abondante. On peut rapidement cerner la position de Mme Bosco en portant attention à certains thèmes classiques de la discussion théologique du XXᵉ siècle.

Mme Bosco montre bien comment l'intérêt de Tillich envers la situation concrète, sa volonté de diffuser l'Évangile aux hommes d'aujourd'hui, aliénés par leurs problèmes, et le devoir qu'il se fait de répondre aux interrogations de nos contemporains, ne font pas de lui un nouveau théoricien de la théologie naturelle. Tillich, en fait, ne s'éloigne pas du refus, typiquement protestant, de toute théologie naturelle et aussi de toute métaphysique qui souhaite se présenter comme un préambule ou un prélude de la théologie révélée. Une théologie rationnelle, soit une théologie qui repose sur la raison (même en partie), ne peut être une théologie chrétienne. La philosophie peut seulement recueillir la *demande* de l'homme mais elle n'a jamais de *réponse* à offrir. L'intelligence de la foi est au-delà des limites de la philosophie. Si l'univers entier a un sens pour le théologien, cela ne signifie pas que la source de la connaissance soit la nature, l'histoire ou la raison. La source est toujours et seulement le Logos qui devient *transparent* à la raison à travers la nature et l'histoire. Tillich ne fait rien d'autre que proposer, dans la situation actuelle, le principe protestant du *solus Deus*, *sola fide* et *sola gratia*.

Une fois cette prémisse posée, Mme Bosco note que Tillich n'hésite pas à se servir de l'*analogia entis*. Les plus grands noms de notre temps ont participé activement au vif de cette discussion théologique : K. Barth, E. Brunner, H. Bouillard, H. Urs von Balthazar et H. Kung. L'*analogia entis* consiste à se servir de paroles religieuses pour exprimer la parole révélée, d'utiliser le fini pour parler de l'infini auquel on renvoie. L'*analogia entis* ne permet pas, selon Mme Bosco, une théologie naturelle. La différence qui sépare Tillich du thomisme est nette à ce propos. Il n'y a pas d'autre théologie que la théologie révélée, même si la révélation nous rejoint à travers la nature et l'histoire.

Pour Mme Bosco, Tillich a réussi, malgré les critiques et les mésententes, dans son intention d'éviter que la théologie ne réduise la philosophie à une fonction ancillaire ou qu'on ne confonde la philosophie avec la révélation comme au temps du libéralisme des théologiens protestants. Il faut aussi reconnaître que Mme Bosco a souligné le souci constant de Tillich de faire évoluer sa pensée. Par exemple, le thème de la corrélation entre la philosophie et la théologie est passé en deuxième position à la fin de l'œuvre. Ce thème n'a pas été supprimé, mais d'autres expressions sont proposées, telles que transcendance « immanente » ou « infra-mondaine».

Ce changement ne signifie pas un éloignement de sa prémisse; en fin de compte, il constitue plutôt une réaffirmation de la théologie kérygmatique qui a réuni des théologiens fameux de notre siècle. La *Théologie systématique* de Tillich conserve le mérite — conclut Mme Bosco —

d'avoir voulu expliquer la foi, en des termes appropriés à la situation présente, en faisant la distinction entre l'élément provisoire du message chrétien et l'*unum necessarium*.

Un théologien catholique

Battista Mondin a été pendant trois ans disciple de Tillich à Havard, aux États-Unis, et il l'a suivi avec assiduité « assis au premier rang ». Pendant les années précédant le Concile Vatican II, Mondin, rentré des États-Unis en Italie, s'est désintéressé de Tillich. Mais après le Concile et l'engagement œcumémique, la situation a rapidement changé. Mondin s'est inséré dans le nouveau mouvement des idées en publiant un ouvrage sur la théologie de Paul Tillich. Tillich reste pour Mondin l'un des noms les plus prestigieux sinon le plus grand théologien protestant contemporain et même de tous les temps. Il s'agit d'un croyant sincère animé d'une foi « ardente » et missionnaire dans le Seigneur Jésus Christ. Mondin part de la constatation suivante : il faut constamment faire un choix quand on veut rapprocher la théologie et la philosophie ; ou l'on trouve une philosophie qui correspond aux vérités religieuses, ou l'on trouve une théologie qui correspond aux vérités des philosophes. Selon Mondin, Tillich a imaginé une troisième voie, celle de la corrélation entre la *demande* et la *réponse*. Il a cherché à rendre à nouveau intelligible le message chrétien aux laïques cultivés. Une telle tentative ne pouvait que susciter d'une part des enthousiastes et d'autre part des adversaires acharnés autant parmi les protestants que les catholiques.

Ceci dit, il faut noter que la présentation de l'œuvre de Tillich faite par Mondin se ressent lourdement d'une confrontation continuelle avec la théologie catholique. Cette confrontation est particulièrement évidente là où l'auteur parle de l'*analogia entis*. Il en souligne le rapprochement avec le thomisme même si l'on croit manquer d'arguments « pour prouver » que Tillich « aurait été en contact avec la philosophie de l'être de saint Thomas », et il n'y a donc pas de référence aux « distinctions » nécessaires pour confronter et évaluer les conséquences quant à la doctrine de l'analogie de l'être. Le rapprochement reste cependant discutable, voire négatif et cela pour de nombreuses raisons.

Si l'on peut constater des rapprochements, il existe par contre des points sur lesquels la doctrine de Tillich « ne concorde pas avec la doctrine catholique », et c'est pour cette raison que Mondin tient à mettre en garde le lecteur italien intéressé au discours de la *Théologie systématique*. Personne ne peut nier ce droit à Mondin ; il faudrait plutôt reconnaître son effort de confrontation. Plus complexe toutefois est le jugement qui en découle, par lequel Tillich se trouve évalué selon une unité de mesure qui lui est étrangère et qui risque de le disqualifier dans sa façon de s'exprimer. Sur la base de cette confrontation, certains points de la théologie de Tillich sont retenus comme étant « non valables » : ils compromettent sérieusement « la liberté de l'acte de foi ». Il s'agit parfois de doctrines « inadmissibles », de « profonds non-sens », et de « mensonges ».

Si les théologiens les plus prestigieux, vrais croyants en Jésus Christ — comme Mondin n'hésite pas à qualifier Tillich —, viennent à se trouver pris dans le filet d'un tel jugement, il sera difficile, en terre italienne, de les libérer de tels préjugés et de leur ouvrir les possibilités d'écoute pour les générations en voie de formation. Il ne sera pas facile d'arriver à les comprendre, surtout ceux qui travaillent aux frontières. La majorité des deux parties de chaque côté de la frontière tentera toujours de fermer la bouche à ceux qui, au-delà du dit et redit, chercheront dans l'Évangile une parole novatrice pour une époque bouleversée par les changements. Le respect du témoignage de l'autre fait partie du droit à la vie et du commandement : « Tu ne tueras point » (Mt 5, 22).

Un psychiatre

La réflexion de Stefano Mistura, psychiatre italien, qui a pris position contre le traitement traditionnel des maladies mentales, est de tout autre nature que celle de Mondin. Il a trouvé en Tillich, en particulier dans ses œuvres mineures et dans *le Courage d'être*, la suggestion d'une voie nouvelle correspondant aux analyses et aux recherches de notre époque. Pour Mistura, Tillich est « un maître » ou comme le dit le titre de son ouvrage, *le Théologien de la nouvelle psychiatrie.*

Dans ce livre, il semble que l'auteur se soit éloigné de la *Théologie systématique*, mais tous savent que l'angoisse fait partie de la structure fondamentale de la pensée de Tillich et en constitue un motif de fond. Tillich a eu le courage d'affronter la culture laïque au moment où la culture religieuse, autant catholique que protestante, s'enfermait en réaction contre les apports de nouvelles sciences. Il a su proposer la foi avec de nouvelles idées et contributions sur la compréhension de l'homme. Aujourd'hui, les psychiatres doivent tenir compte de la théorie de l'angoisse formulée par Tillich. Ce qu'il écrit sur l'angoisse, on l'observe aisément chez les malades vulnérables face à la réalité, à la menace du non-être et à l'effondrement des significations. L'angoisse pathologique n'est qu'un moment de l'angoisse existentielle, une façon d'éviter le non-être en renonçant à l'être et l'écroulement de l'auto-affirmation comme conséquence d'un désespoir sans fin. Nous sommes tous amenés à défendre nos sécurités sans différence qualitative, que nous les retrouvions dans un ordre constitué ou simplement dans notre imagination.

L'angoisse a donc une dimension politique et Tillich a raison d'appeler en jugement la société bourgeoise et de voir dans l'analyse marxiste une aide à l'élimination de notre aliénation. De plus, les découvertes de

Freud sur l'inconscient ont mis en question la sécurité de l'homme bourgeois ; l'homme n'est pas celui qu'il croit être à travers ses décisions conscientes.

La thérapie actuelle risque de réduire l'angoisse existentielle à l'angoisse névrotique et de vouloir l'éliminer avec les moyens à sa disposition. Tillich nous rappelle avec raison que le thérapeute est impuissant face à l'angoisse existentielle parce qu'elle exige un courage d'une nature bien différente. Mistura, de son côté, souligne que le processus de guérison n'est certes pas limité à l'individu, mais exige une prise de conscience collective. Il n'est pas question de héros, qui sont toujours une minorité, mais de l'ensemble des rapports sociaux capables de rompre l'isolement de l'individu. Dans ce sens, Tillich est d'une grande aide. Il est le théologien de la nouvelle psychiatrie. Malheureusement, on note que Tillich est peu connu en Italie et ses écrits sont encore un terrain vierge pour la recherche future.

Un protestant

Ayant moi-même travaillé sur l'anthropologie de K. Barth et de P. Tillich pendant mon séjour au Canada (1954-1961), j'ai cherché à diffuser la pensée de Tillich en Italie en publiant un résumé de la *Théologie systématique* et une série d'articles sur divers arguments.

Au-delà des contrastes apparents entre les deux théologiens majeurs (Barth et Tillich) et au-delà de la barrière linguistique qui les a divisés géographiquement après la montée au pouvoir du nazisme, il est peut-être possible d'insister davantage sur leurs références communes à la théologie kérygmatique. Dans cette perspective, autant Barth que Tillich, en ce qui concerne l'anthropologie générale, se limitent à décrire le phénomène humain, avec des croyants et des non-croyants, et sont bien conscients, l'un et l'autre, que la réalité de l'homme se trouve au-delà de la description qui en est faite. L'homme « tel qu'il est » (Tillich) ou « de facto » (Barth) est un symbole de l'homme réel. Il y a donc correspondance entre grâce et nature. Puisque nous avons été structurés en vue de la grâce, on peut se hasarder à reprendre l'expression antique : l'homme est naturellement chrétien. K. Barth écrivait déjà dans son commentaire sur la *Lettre aux Romains* (3,11) : « Nous ne proclamons rien de neuf, nous proclamons la vérité essentielle dans tout ce qui est vieux ; nous proclamons l'incorruptible duquel le corruptible est une parabole. » Dans ce sens, la *Théologie* de Tillich prend l'aspect d'un défi de répondre aux questions qui émergent de la situation. À la fin du processus, on verra clairement quel est le vainqueur, quel est celui qui s'est référé aux « dernières » significations, plutôt qu'aux « avant-dernières ». Pour Tillich, cela ne fait aucun doute. Dans cette rivalité, en dehors du Christ il n'y a pas de solution « adéquate », mais seulement « idolâtrie », « non-être » sans

« centre » et sans « critère ». Il s'agit donc d'un défi qui nous rappelle celui du prophète Élie avec les faux prophètes de Baal (I Rois 19).

Nous ne sommes donc pas loin de la thèse de Barth, selon laquelle une vision autonome de l'homme est un mythe, une grande illusion, un monstre né du désordre, de la fainéantise, de l'orgueil et du mensonge. Du rapport, par contre, que Dieu établit avec l'homme naît une ontologie de la réalité. Pour Barth « être » signifie : être l'objet de son alliance, être appelé, avoir l'Esprit, entendre la Parole, exister dans la grâce, être dans la rencontre avec Lui.

La théologie apologétique de Tillich veut s'insérer concrètement dans la situation de l'homme aliéné d'aujourd'hui. Cette insertion n'est pas une fin en elle-même, mais une attente du moment de la vérité. Quand les symboles que nous utilisons pour communiquer deviennent « transparents » (il s'agit toujours d'une réponse révélée donnée dans notre ambiguïté), c'est le Christ, et Lui seul, qui émerge avec toute la force de sa victoire.

Prenons comme exemples le salut et la guérison. Les deux termes, liés par la racine commune du latin et du grec, sont en rapport étroit. La récupération et la conservation de la santé sont comprises comme un témoignage silencieux de la restauration totale de notre être en Christ, exactement comme notre rationalité indique que l'homme est structuré de manière à connaître Dieu. La réalité qui se cache au-delà de la structure échappe à l'examen du médecin. Quand la guérison devient « transparente » dans sa signification (cela est toujours une action de Dieu), alors nous pouvons la vivre comme encouragement et espérance dans le contexte de l'action de Dieu qui guérit l'histoire et à laquelle il nous fait participer.

Je crois qu'à ce point de vue la recherche peut être relancée ; elle promet un enrichissement théologique notable pour le reste de notre siècle. Barth et Tillich continueront longtemps à être les points forts de référence dans l'évolution de la pensée théologique. Il ne sera pas facile de voir naître d'autres « étoiles » d'une telle envergure. Notre ère se présente comme une période d'apathie dans laquelle trop d'intérêts semblent s'éteindre à cause de l'agitation continuelle de la situation politique. Les pauvres deviennent toujours plus pauvres aussi du point de vue de la réflexion théologique.

Conclusion

Paul Tillich, dont nous commémorons le centième anniversaire de la naissance, nous a enseigné à travailler et à penser d'une nouvelle façon. Il a eu le courage de nous proposer un langage libre de toutes les conventions traditionnelles. Il a fait avant tout appel à de nouveaux horizons de recherche et de culture. Cette liberté et ce courage devraient éloi-

gner les craintes traditionnelles et améliorer la qualité du contexte théologique de notre temps. Nous n'avons probablement pas évolué assez
rapidement pour pouvoir suivre ses intuitions de pionnier. Nous nous
étions peut-être laissés distraire par d'autres urgences qui n'existent plus
aujourd'hui. Pourtant, l'œuvre de Tillich a été un beau printemps théologique dont les couleurs se sont estompées dans les chaleurs estivales.
L'automne et le moment des récoltes sont encore lointains. Peut-être Tillich nous attend-il vraiment là, pour voir si nous avons été courageux.

BIBLIOGRAPHIE

Œuvres de P. Tillich traduites en italien

Dinamica della Fede, Morale e Religione, Roma, 1967.
Il Coraggio di Esistere, Roma, Ubaldini, 1968.
Il Cristianesimo e le Religioni, Milano, Mursia, 1974.
Il Futuro delle Religioni, Brescia, Queriniana, 1970.
Il Nuovo Essere, Roma, Ubaldini, 1968.
La mia ricerca degli Assoluti, Roma, Ubaldini, 1968.
L'Era Protestante, Torino, Claudiana, 1972.
L'Eterno Presente, Roma, Ubaldini, 1968.
Lo Spirito Borghese e il Kairòs, Roma, Doxa, 1929.
« Religione », *Prospetti*, n. 15, 1956.
Religione Biblica e la Ricerca della Realtà Ultima, Fossano, Esperienze,
1972.
Si scuotono le Fondamenta, Brescia, Queriniana, 1970.
Storia del Pensiero Cristiano, Roma, Ubaldini, 1969.
Sulla Linea di Confine, Brescia, Queriniana, 1969.
Umanesimo Cristiano nel XIX e XX secolo, Roma, Ubaldini, 1969.

Ouvrages sur Paul Tillich

R. BERTALOT, *Una Teologia per il XX Secolo*, Roma, AVE, 1971.
N. BOSCO, *Paul Tillich tra Filosofia e Teologia*, Milano, Mursia, 1974.
T. MANFREDINI, *La Filosofia della Religione in Paul Tillich*, Bologna, Edi-
zioni Dehoniane (Bologna), 1977.
S. MISTURA, *Paul Tillich : Teologo della Nuova Psichiatria*, Torino, Clau-
diana, 1978.
B. MONDIN, *Paul Tillich, e la Transmitizzazione del Cristianesimo*,
Torino, Borla, 1967.
E. SCABINI, *Il Pensiero di Paul Tillich*, Milano, Vita e Pensiero, 1967.

Articles sur Paul Tillich

R. BERTALOT, « Paul Tillich : America ed Europa », *Protestantesimo*, 2 (1962).

R. BERTALOT, « Paul Tillich : apologeta moderno », *Protestantesimo*, 2 (1970).

R. BERTALOT, « Paul Tillich e Karl Barth : un confronto teologico sulla dottrina dell'uomo », *Protestantesimo*, 1 (1969).

R. BERTALOT, « Paul Tillich : fede e politica », *Protestantesimo*, 30, 3 (1975), pp. 152-158.

R. BERTALOT, « Paul Tillich : storia e kairòs », *Humanitas* (1971).

R. BERTALOT, « Teologia dell'esistenza e kairòs », *Rivelazione e Storia* (1971).

R. CANTORI, « Tillich e l'ateismo religioso », *Antropologia quotidiana*, Milano, Rizzoli (1975).

B. GHERARDINI, « L'ontologia teologica di Paul Tillich », *La Seconda Riforma*, II, Brescia, Morcelliana (1966).

B. GHERARDINI, « Paul Tillich », *Enciclopedia Filosofica*, VI, Firenze, Sansoni (1967).

P. JALLA, « Considerazioni sull'etica di Paul Tillich », *Protestantesimo*, 25, 4 (1970), pp. 241-245.

B. MONDIN, « Il kairòs nel pensiero di Paul Tillich », *Rivelazione e Storia*, Padova, CEDAM (1971).

B. MONDIN, « Il pensiero filosofico di Paul Tillich », *Rivista di Filosofia Neoscolastica*, 61, 2-3 (1969), pp. 298-307.

B. MONDIN, « Paul Tillich : via, fonti del suo pensiero e intuizione fondamentale del suo sistema », *Divus Thomas*, Piacenza, 40 (1963), pp. 219-234.

F. S. PIGNAGNOLI, « Cenni su speranza e kairòs nel pensiero di Paul Tillich », *Ethica* (1971).

F. RONCHI, « Paul Tillich 1886 — 1965 », *Protestantesimo*, 4 (1965).

F. SAVOLDI, « Paul Tillich », *Fenomenologia e Psicanalisi*, Cadmos (1974).

E. SCABINI, « Il metodoto teologico di Paul Tillich e i suoi rapporti con la filosofia », *Rivista di Filosofia Neoscolastica*, 56, 2 (1964), pp. 186-196.

ON THE HISTORY OF
PAUL TILLICH'S INFLUENCE IN GERMANY

Gert HUMMEL
Universität des Saarlandes, Saarbrücken, West Germany

« Asking for the importance of an historical character means desisting from him/her. Effectual history presupposes this distance[1]. » With these words Wolfgang Trillhaas started the last lecture of a series on Paul Tillich's theology about ten years ago. But what may be regarded as a general rule does not seem to be true with Paul Tillich. In his days as well as today remembering his 100th birthday — now more than two decades after Paul Tillich's death — Carl Heinz Ratschow's introductory words in the *Tillich-Auswahl*[2] are obviously still valid : « Paul Tillich's influence can only be explained through his personality and the impression he left behind personally » ; and some pages later Ratschow adds : « Tillich's works are to be interpreted aiming at his person. He is the centre of all the many publications and topics[3]. » Therefore one may ask what may become of Paul Tillich's effectual history when the generation of those will be dead who experienced the charisma of this unity of person and work, who became acquainted with the « genius of friendship », as Harald Pölchau mentioned in his obituary[4]. What would Paul Tillich's effectual history be like if only his writings lay the basis of all scientific efforts ? I will try to answer this question.

First of all, one reason becomes evident for the surprisingly late beginning of the influence of Paul Tillich in Germany : his absence for more than one and a half decade after his expulsion by the Nationalsocialists in 1933. What he said and wrote during that time remained unknown in Germany, except for a few fragments which were sent to some friends of his as long as it was possible, until his first journey to post-war Germany in 1948. In addition, his writings on cultural

---

[1] Wolfgang TRILLHAAS, « Paul Tillich im Lichte seiner Wirkungsgeschichte », *Zeitschrift für Theologie und Kirche*, 75, 1 (1978), pp. 82-98.

[2] Carl-Heinz RATSCHOW, *Einleitung zu : Tillich-Auswahl*, vol. 1 : *Das Neue Sein*, ed. by Manfred Baumotte, Stuttgart, 1980, p. 15.

[3] *Ibid.*, p. 22.

[4] Harald PÖLCHAU, *In Memoriam Paul Tillich*, Berlin, Kirchliche Hochschule, 20 nov. 1965.

theology, social and religious philosophy written before his emigration did not have any broad effect. There were different points of emphasis in the theological discussion during the twenties ; Tillich was heard and read by those he had personal contact with. As far as I know, only two dissertations on Tillich's cogitation were produced in Germany before World War II, surprisingly both philosophical ones : the first one by Gerhard Kuhlmann on « Brunstädt and Tillich on the Problem of a Theonomy of culture », 1928, Erlangen ; the second by Kurt Herberger on « Historicism and Cairos. Ernst Troeltsch's and Paul Tillich's Over-coming of Historicism », 1935, Leipzig. The first German theological disser-tation was written in 1954 (!) by Walter Hartmann in Göttigen on « Paul Tillich's Method of Correlation of Philosophical Questions and Theological Answers ». Then, of course, the view changes, which I want to point out exemplarily by means of the seismograph of first scholarly works. From 1955 up to Tillich's death in 1965, 12 dissertations on his thought were written in our country, half of them being philosophical ones ; topics on social philosophy predominate, besides these topics on Tillich's understanding of being and his concept of symbol are realized. Between 1966 and 1975 there was a real boom of dissertations on Tillich : I count 33 in our country, among which are the first to be published by foreigners ; three only had philosophical topics ; one third of the 30 theological ones were written by Catholics ; the topics are no longer assigned to a few subjects only but encompass Tillich's complete thought. During the last decade — between 1976 and 1985 — the number of publications went back approximately to that of the first decade : there were 14, again half of them philosophical works ; almost one third of the theological publications was written by Catholics ; besides some pro-found studies on Tillich's philosophical-theological method, the majori-ty of works are dedicated to questions on anthropology and ethics or practical theology.

That development — which by now can be documented by an almost immeasurable amount of literature on Tillich in monographs or essays, investigations and collected editions — originates from the fact that Paul Tillich's charismatical personality came to be known to a con-tinually increasing number of listeners and readers after 1948. This was due to the facts that after 1953 Tillich came to Europe and Germany for lectures almost annually and that numerous homages were paid to him, the climax of which undoubtedly was the award of the Peace Prize of the German Booktrade in 1962. Three years later (1965), at his death, nearly all German theological faculties as well as many ecclesiastical and non-ecclesiastical committees remembered him in commemorations, to say nothing of the obituaries in all important German journals and broad-casting corporations. Hence it was logical that there was a growing demand for the works he wrote in America, and also for those he had written in Germany before his emigration after the publication of this lecture series. Since 1952 the three volumes of his *Sermons* have been issued ; since 1953, some single editions (first *The Courage to Be* in 1953 and *Love, Power, and Justice* in 1955) ; under the committed auspices of Paul Collmer Tillich's main work, the three volumes of *Systematic Theology*, have been published by Evangelische Verlagsanstalt Stuttgart since 1955. After the preparatory talks in 1958 followed the 14 volumes of the *Collected Works* and 6 volumes of posthumous works and supplements between 1959 and 1983. In between, a number of thematically selected compilations were published, no less than three of them in the year he was awarded the Peace Prize (*On the Border, Symbol and Reality, The Lost Dimension in Religion*). Here it is also worth mentioning that in 1956 was constituted a lose alliance of Tillich's friends in Germany, which, in 1960, acquired the status of an association named Kreis der Freunde Paul Tillichs (Circle of Paul Tillich's friends), changed to Paul Tillich Gesellschaft in 1969 and in 1980 to Deutsche Paul Tillich Gesellschaft, since Paul Tillich Societies had been founded in Northern America and in the French-speaking region. At annual meetings and with the foundation and maintenance of the Paul Tillich archives in Marburg this society commits itself to continue Tillich's lifework.

If the personality of Paul Tillich is to be seen as the external reason for the late beginning of his influence, we must add an internal one in Tillich's lifework and literature. Unlike Karl Barth and Rudolf Bultmann and to a certain degree even Emil Brunner and Friedrich Gogarten, Tillich has not been the founder of a school, and this will certainly not change. There are no « Tillichians », as Harald Pölchau — and he is right — states in his obituary mentioned above[5], at least not in the scientific meaning of the word. The main reason for this is that he lacks a clearly central and consequently elaborated unambiguous theologic concept which provokes a decision. Tillich's scientific lifework rather resembles a conglomerate, and for a long time scientific research will not succeed in its attempt to separate hardstone and bonding-agent, or to puzzle about the number of historical periods during which it has been deposited and settled. Ratschow[6] talks about an « enormous diversity and dissipation of his plans », even about « miscellanies » and a « quantized » method of working ; in his book *The Ontology of Paul Tillich*, Adrian Thatcher[7] criticizes the eclecticism and confusion in concept formation and use, which already has given and will give rise to many a misinterpretation ; in his profound studies on *The Concept of Correlation*, John Clayton[8] worked out « a fairly coherent family of uses » even concerning the conceptually continuous,

---

[5] *Ibid.*, p. 16.

[6] RATSCHOW, *op. cit.*, pp. 14f.

[7] Adrian THATCHER, *The Ontology of Paul Tillich*, Oxford, Oxford University Press, 1978.

[8] John Powell CLAYTON, *The Concept of Correlation : Paul Tillich and the Possibility of a Mediating Theology*, New York, Walter de Gruyter, 1980.

correlative methodology in Tillich's thought. On top of that Wolfgang Trillhaas already stated in his lecture mentioned above « many deficits[9] » which were characteristic of Tillich's work, starting with the lack of any special achievements in research that cannot be ignored, including the evident deficit in exegetic reflection and foundation of his theology, up to Tillich's facility in carrying on the dialogue with historical positions or contemporary colleagues. But at the same time we have to add that this obviously is the essential *fascinans* in Tillich's thought from which scientific research can hardly escape. In other words, Tillich's thought is determined by the *Begriff der Grenze* (concept of the frontier) — as he already characterized it himself in 1936 — and thus this is the point or line where distinction and transition, separation and frankness meet without intermission. Posterity can cope with closed systems in an easier and faster way but they are also put aside as fast and as easily. He who draws up such a system of Tillich's scientific lifework, who wants to pick out approved solutions for the spiritual and materialistic problems of our present and future, does not only run counter to Tillich's own intentions but also blocks the real approach to a fruitful encounter with his work and thus at last undermines the continuation of the effectual history (*Wirkungsgeschichte*).

Here we have to hint at some current aspects of the effectual history in Germany. If I am not mistaken the current scientific discussion on Tillich's theology and philosophy is led on three different levels. First there are attempts to bring the variety and dissimilarity of models of thought into a line or at least to put them in a certain order ; on the one hand this is done by making his methodology intelligible, *e.g.* by means of a linguistic conceptual framework of Tillich's formation of theological theory (J. Track, 1975) or — as already mentioned above (Clayton, 1980) — with the help of the concept of correlation ; others try to do it by means of a theological principle, and in this attempt a pneumatologic reinterpretation of Tillich's theology has come to the fore (St. Wittschier, 1975 ; V. Di Chio, 1975 ; G. Wenz, 1979), replacing the christological attempts of the first post-Tillich decade (*e.g.* A. Seigfried, 1974) that can hardly be called successful. In the second place, there are studies that try to clarify Tillich's understanding of time (as the basic category of the finite), of history (as the highest dimension of actualized being) or of the ultimate meaning of history, *i.e.* Tillich's eschatology ; the answers to these questions comprise the demonstration of the lasting priority of elapsing time in Tillich's thought and thus his Greek thinking (I. Hengel, 1981), the antithetical view of a cairos-presence of the ultimate which in the end is a *Gestalt* of grace and hence a present eschatology (P. Annala, 1982 ; E. Rolinck, 1976), as well as the almost resigned statement of the ambiguous coexistence of an eternal unity and a lasting difference within

---

[9] TRILLHAAS, *op. cit.*, p. 86.

the ultimate meaning of history (J. Schipper, 1973). Third, there are publications that again deal with Tillich's idea of a theology of culture, a guideline formulated by himself as the intention of his theological thinking, which inevitably but in most different ways is associated with the questions asking for the character of religion and secularization, the view of sacrament or ethics, the « stepchild » (I. Hengel) in Tillich's writings ; here as well remarkable extremes result from the research work. Starting with the thesis that Tillich's outlines of a theology of culture, having been developed desolutorily and unsystematically, had their great moment in the « socialist decision » (1933) but ceded the real solution of the problem to an existential-abstract « ethics of love » (E. Amelung, 1972), up to the contrary position that Tillich's theology of culture had been fulfilled in the third volume of the *Systematic Theology* which opened up the way to a practical-reasonable « exodus » of religion into culture (M. Michel, 1982) ; in between these two there are rather mediating insights into a dialectic of *Gestalt* and transcendence of culture as a form of religion that becomes exemplary in the sacramental (K. Schedler, 1970), or a more dynamic relation of religion and culture in the sacramental aiming at the unity of form and import of meaning.

No doubt, « neither a peculiar focal point » can be seen in all this research nor even « a consensus on the bases of the Tillich interpretation » as Christoph Schwöbel[10] stated in his new contribution to « Tendenzen der Tillich-Forschung ». It also turns out that those future problems of Tillich's research that Peter Schwanz presumed only seven years ago[11], *i.e.* the justification or falsification of a purported origenistic gnosticism in Tillich's theology or the elimination of Tillich's christological « weakness », are of little importance today. The consequences of this are that on the one hand our snapshot of Tillich's effectual history can and according to my opinion will present itself very quickly in a different way, and on the other hand these forecasts on the future development of Tillich's research ought to be avoided. The reason for this is to be found in Tillich's work itself. And that is why it does not result in resignation on my part. For if we consciously direct our attention to this and consequently apply what we have learned, this insight into Paul Tillich's lifework and writing will show its fruitfulness, inherent in the « scandalon » (*i.e.* impetus and shockingness at the same time) of his heritage. It will only bear real fruit if many of us penetrate his work where there seem to be central problems and questions, applying the whole range of scientific

---

[10] Christoph SCHWÖBEL, « Tendenzen der Tillich-Forschung », *Theologische Rundschau*, 51 (1986), pp. 166-233.

[11] Peter SCHWANZ, « Zur neueren Deutschsprachigen Literatur über Paul Tillich », *Verkündigung und Forshung*, 24, 2 (1979), pp. 55-86.

methods, to overcome the many internal breaks and contradictions, thinking his thoughts through and going beyond them, thus helping Tillich to that « concreteness[12] » which assists us in solving our problems and at the same time reveals new fields for research. Only if we approach his work this way can we do him justice. In his obituary, Dolf Sternberger, in 1975, appropriately formulated that it had been Tillich's nature and inclination « to develop and improve ideas together ». I think this will be also true in a new way for the continuation of his effectual history. We need Paul Tillich and his work for the sake of the impetus of his theological and philosophical thinking ; but he and his work need us as critical partners so that his effectual history will not expire but will remain present and grow in the future.

---

[12] *Ibid.*, p. 85.

LA RÉCEPTION DE TILLICH ET DE SES ŒUVRES DANS LES PAYS D'EXPRESSION FRANÇAISE

Bernard REYMOND
Université de Lausanne

Le dossier Tillich en français

Si l'œuvre et la pensée de Karl Barth ont bénéficié dans les pays d'expression française d'un accueil et d'une audience presque sans précédent pour un théologien germanophone[1], on ne peut en dire autant, et de loin, de Paul Tillich, son contemporain.

À notre connaissance, Tillich ne s'est jamais exprimé en français, ni devant un cercle francophone, à l'exception d'une conférence, mais en allemand, lors d'une semaine internationale de théologie organisée par l'Université de Genève en 1937. Et le seul texte de lui, trop bref, publié en français avant la guerre, touchait non à sa pensée théologique proprement dite, mais à la situation ecclésiastique en Allemagne nazie[2]. Ensuite, il faut attendre 1949, puis 1954, pour voir son nom apparaître à titre d'auteur dans des publications qui n'ont d'ailleurs guère attiré sur lui l'attention des théologiens[3]. En 1955, enfin, deux revues théologiques d'expression française lui ont consacré un certain nombre de pages, mais de manière encore tout épisodique[4]. C'est seulement en 1960 que la pensée de Tillich a commencé de devenir réellement accessible en français, soit dans des traductions de ses propres textes, soit par le biais d'articles ou de livres consacrés à son œuvre.

---

[1] Nous avons examiné cet accueil dans *Théologien ou prophète ? Les francophones et Karl Barth jusqu'en 1945,* Lausanne, L'Âge d'homme, 1985.

[2] « Le Conflit au sein de l'Église en Allemagne », *le Christianisme au XX*^{e} *siècle* (Paris), 9. 8. 1935.

[3] « La Désintégration de la société dans les pays chrétiens », *Documents de l'Assemblée œcuménique d'Amsterdam* (Neuchâtel), 1949, pp. 77-94 ; « la Personne dans une société technique », *Profils* (Paris), 1954, pp. 72-91. Pour consulter une bibliographie en français, voir F. CHAPEY et A. GOUNELLE, « Tillich en français », *Études théologiques et religieuses* (Montpellier), 1978, pp. 227-241. Cette bibliographie est complète jusqu'à sa parution, à l'exception de l'article signalé ci-dessus en note 2 et d'un extrait de prédication publié par *Foi et Vie* (Paris) en 1962 sous le titre « Attente ».

[4] *Revue de théologie et de philosophie* (Lausanne), 1955, pp. 82-105 : traduction de deux extraits de *Religion biblique et ontologie* sous le titre « Religion biblique et réalité dernière », suivis d'une « Intervention du professeur Kraemer » ; *Revue d'histoire et de philosophie religieuses* (Strasbourg), 1955, pp. 454-477 : article de J.-P. GABUS, « la Théologie systématique de Paul Tillich ».

À l'heure actuelle, le lecteur francophone qui ne maîtriserait pas d'autres langues dispose d'un dossier qui, pour n'être pas complet (la traduction de la *Théologie systématique* est loin d'être achevée) et ne représenter *grosso modo* et quantitativement que le quart de celui de Barth en français, est déjà bien suffisant pour accéder à une connaissance relativement approfondie et sûre de sa pensée.

Mais disposer d'un dossier de publications d'un auteur ou sur lui est une chose. Mesurer son retentissement en est une autre. Or, de ce second point de vue, l'audience et l'influence de Tillich dans le périmètre francophone restent indubitablement limitées, tant du côté catholique que du côté protestant. Elles n'ont en tout cas pas de commune mesure avec ce qu'elles sont en Allemagne et surtout parmi les Anglo-Saxons. Mais en même temps, elles présentent quelques caractéristiques qui méritent un examen plus approfondi. Il constitue l'essentiel de notre propos.

La lecture catholique de Tillich

Tillich est à plus d'un égard un théologien typiquement protestant. On aurait donc pu s'attendre à ce que les protestants lui réservent bon accueil et que les catholiques se montrent plus réticents. Or, dans l'ensemble, les catholiques ont presque mieux contribué que les protestants, ou pour le moins autant qu'eux, à introduire son œuvre parmi les francophones ; les protestants, eux, n'ont pas manqué de montrer dans bien des cas de la méfiance envers sa pensée ou son influence. À la limite, en forçant un peu le trait, on pourrait dire que, souvent, les catholiques semblent avoir éprouvé beaucoup d'attirance pour la pensée de Tillich, mais ont néanmoins exprimé des réserves parce qu'ils ne pouvaient faire autrement, tandis que nombre de protestants ont éprouvé des réticences à son endroit, mais ont fait état d'un peu de sympathie pour lui, parce qu'eux également avaient l'impression de ne pouvoir adopter une autre attitude : on ne saurait dénigrer un coreligionnaire aussi visiblement protestant quand les catholiques semblent l'apprécier ! Précisons toutefois que certains protestants francophones, en général des représentants de la tendance libérale, se reconnaissent pleinement dans la pensée de Tillich.

L'intérêt de nombreux théologiens ou fidèles catholiques pour la pensée de Tillich est aisé à comprendre, surtout si l'on remarque que, à une exception près[5], toutes leurs traductions de Tillich, ou tous leurs

---

[5] Cette exception est G. Tavard qui a fait en 1959 une allusion à Tillich dans un article consacré au « Thème de la Cité de Dieu dans le Protestantisme américain », *Revue des études augustiniennes*, 1959, pp. 207-221, et lui a consacré un article en 1962, année d'ouverture du Concile : « le Principe protestant et le système théologique de Paul Tillich », *Revue des sciences philosophiques et théologiques*, 1962, pp. 224-253.

livres et articles sur lui, sont postérieurs au deuxième Concile du Vatican. Avant ce concile, et depuis la fin du XIXᵉ siècle, le thomisme s'imposait aux penseurs catholiques comme la philosophie officielle de leur Église. On sait quelle impasse intellectuelle ce fut pour nombre d'entre eux. Vatican II n'a pas aboli le thomisme, ni supprimé toute réflexion philosophique dans l'Église romaine. Il a levé l'obligation qu'avaient les théologiens d'y souscrire, à charge pour eux de relayer cette philosophie qui avait fait ses preuves par une autre qui soit tout aussi capable de les seconder dans leur réflexion proprement théologique.

Les théologiens de l'Église romaine n'ayant pas eu la possibilité, des décennies durant, d'explorer valablement d'autres itinéraires philosophiques que ceux du thomisme, à l'exception des écoles restées fidèles à la tradition bonaventurienne, le premier réflexe de ceux d'entre eux qui étaient les plus soucieux de contemporanéité fut d'examiner de plus près les sommes des théologiens protestants qui, eux, n'avaient été soumis ni aux mêmes contraintes ni aux mêmes limitations. D'où une floraison d'études sur ces divers théologiens, études qui se terminaient souvent par des jugements assez critiques ou même des rejets plutôt sévères, mais dont on se demandait toujours si leurs auteurs les avaient réellement écrites pour arriver à ces conclusions-là, ou s'ils ne les concluaient pas de manière visiblement critique pour mieux dédouaner du côté de la hiérarchie l'intérêt très positif qu'ils portaient en réalité à l'auteur étudié.

Barth et Cullmann figuraient évidemment au premier rang de ces auteurs protestants sur lesquels les théologiens commençaient à se pencher assidûment : la tonalité volontiers traditionnelle de leur conceptualité semblait diminuer d'autant certaines difficultés d'approche. Bultmann inspirait davantage de méfiance, soit en raison de ses thèses sur la démythologisation, soit parce que sa philosophie était décidément trop existentiale pour se prêter à une approche catholique classique. Mais un Barth ou un Cullmann avaient tous deux une caractéristique que leurs lecteurs catholiques ressentaient souvent comme un manque : l'un comme l'autre refusaient par principe de souscrire à quelque métaphysique que ce soit. Qu'il y ait eu à cet égard illusion de ces deux théologiens sur leur propre compte est une autre affaire. Il suffit à notre propos de relever que, sur ce point, ni un Barth ni un Cullmann ne pouvaient répondre vraiment à l'attente de théologiens formés dans le climat des exigences intellectuelles pré-conciliaires.

Les théologiens catholiques étaient en effet pleinement d'accord de fausser compagnie au thomisme en sa qualité de philosophie officielle et quasi obligatoire de leur Église. Le thomisme ne leur en avait pas moins appris à penser leur théologie sur un arrière-fond de métaphysique et d'ontologie. Si donc la théologie thomiste devait être relayée par une autre théologie, il fallait pour la plupart d'entre eux que cette autre théologie soit cependant porteuse elle aussi d'une métaphysique et d'une ontologie.

De ce point de vue, l'œuvre de Tillich répondait de toute évidence à leur attente. Ils retrouvaient chez lui une partie des termes clefs auxquels leur formation philosophique les avait habitués, mais situés précisément dans une nouvelle perspective et réinvestis dans un projet de dialogue avec la culture contemporaine que le thomisme, lui, n'était plus en mesure d'assumer.

Mais Tillich se prêtait-il (et se prête-t-il aujourd'hui) à ce projet de redéploiement apologétique catholique ? Toute une étude serait à faire sur la manière dont les auteurs catholiques ont présenté ou interprété les incidences ontologiques de sa pensée, ou sur la manière dont ils ont traduit ses pages touchant à l'ontologie. André Gounelle a par exemple pu noter qu'Armbruster « estompe l'aspect dynamique de la notion d'être » chez Tillich et ne met pas assez en évidence « le lien qui existe entre la théorie du symbole et le principe protestant[6] ».

Ou bien, quand A. Gounelle et moi discutons avec Fernand Chapey certains détails de sa traduction de l'Existence et le Christ, plus d'une fois nous avons dû convenir que nos options confessionnelles et la formation que nous avions reçue interféraient dans notre manière de restituer le texte de Tillich en français : le traducteur catholique se découvrait aimanté par la pérennité rassurante de l'ontologie thomiste, tandis que ses interlocuteurs protestants voulaient mettre beaucoup plus en évidence le caractère iconoclaste et perpétuellement réformant de l'ontologie tillichienne.

On ferait probablement des constatations toutes semblables si l'on examinait sous cet angle les dérapages de la traduction malheureusement peu fiable que Fernand Ouellet a donnée de la Théologie systématique I[7] : ses contresens les plus évidents touchent à l'ontologie et viennent d'une compréhension insuffisante du mouvement qui l'anime. Mais ces erreurs d'interprétation mises à part, on pourrait aussi se demander dans quelle mesure la langue française, quand elle touche précisément à l'ontologie, n'est pas si fortement marquée par l'héritage catholique qu'elle induit, comme à l'insu des traducteurs eux-mêmes, surtout s'ils sont catholiques, ces infléchissements de l'ontologie tillichienne.

---

[6] Compte rendu de « la Vision de Paul Tillich », *Études théologiques et religieuses,* 1972, p. 498.

[7] Deux volumes, Paris, Planète, 1970. Chapey et Gounelle (*Études théologiques et religieuses,* 1978, p. 229) ont signalé les défauts de cette traduction qu'il recommandent d'utiliser « avec méfiance ». Ils ont indiqué que Ouellet a travaillé sans tenir compte de la version allemande qui, selon Renate Albrecht qui l'a faite, a été supervisée par Tillich lui-même. Roger Munier, qui dirigeait la collection des éditions Planète où cette traduction est parue, tenait beaucoup à cette publication. Lui-même ancien prêtre, il était conscient des défauts de cette traduction et l'avait considérablement amendée, en particulier pour le deuxième volume (d'où sa fiabilité supérieure à celle du premier). La disparition des éditions Planète entraîna la fin de cette entreprise. La partie II de la *Systematic Theology* est parue chez un autre éditeur. La traduction de la partie III est en cours et paraîtra chez un autre éditeur encore, mais qui est décidé à reprendre le solde de l'édition de la partie II. Si l'ensemble de la traduction peut être mené à terme et édité, de l'avis général la traduction de la partie I devra être intégralement refaite.

Cela dit, tous les ouvrages ou articles d'origine catholique sur Paul Tillich ne dénotent pas les gauchissements que nous venons de dire. Nombre d'entre eux sont parfaitement fiables, en particulier quant à leur présentation de sa philosophie. C'est indubitablement le cas de Jean Rieunaud, avec son *Paul Tillich, philosophe et théologien*[8]. Ce l'est aussi de Marc Michel qui a fort bien mis en évidence la filiation de Tillich par rapport à Schleiermacher[9], ou de Jean-Claude Petit avec sa thèse sur la période allemande de Tillich[10].

Mais surtout, la part catholique à la diffusion et à l'étude de la pensée tillichienne dans la francophonie est quantitativement considérable. Sur neuf ouvrages répertoriés dans l'orientation bibliographique de Chapey-Gounelle, huit ont été écrits par des auteurs catholiques ou de formation catholique. Deux d'entre eux sont des travaux de doctorat proprement dits[11], trois des doctorats de troisième cycle[12]. L'un de ces ouvrages, celui de Georges Tavard, est évidemment peu favorable à la pensée de Tillich qu'il juge à l'aune de la doctrine catholique la plus traditionnelle. Quoi qu'il en soit, cet intérêt largement attesté des catholiques francophones pour Tillich laisse loin derrière lui l'unique thèse protestante de J.-P. Gabus, thèse de troisième cycle, qui est aussi jusqu'à maintenant le seul livre consacré tout entier à Tillich par un protestant francophone.

La pensée théologique et apologétique de Tillich aurait-elle alors influencé la pensée catholique francophone ? L'enseignement de F. Chapey, de la faculté catholique de Lyon, à qui la connaissance française de Tillich doit tant, celui de M. Michel à Strasbourg, ou encore ceux de Jean Richard à Québec et de Jean-Claude Petit à Montréal, ne peuvent raisonnablement pas rester sans conséquences, fussent-elles infimes, pour les étudiants qui les suivent. Mais dès le début de la présente décennie, l'impression se confirme que l'intérêt catholique pour la pensée de Tillich est en baisse. Il n'a en tout cas donné lieu, de ce côté-là, à aucune tentative marquante de synthèse doctrinale renouvelée.

Nous n'avons évidemment pas encore le recul nécessaire pour bien apprécier la situation. Mais les années passant, l'hypothèse suivante pourrait bien se vérifier : au lendemain de Vatican II, la découverte et la fréquentation de Tillich ont été pour un nombre non négligeable de

---

[8] RIEUNAUD, Jean, *Paul Tillich, philosophe et théologien*, Paris, Fleurus, 1969.

[9] *La Théologie aux prises avec la culture, de Schleiermacher à Tillich*, Paris, Éditions du Cerf, 1982. C'est la publication de la thèse annoncée par Chapey-Gounelle comme ayant été diffusée par le Service de reproduction des thèses de Lille en 1970. De l'un à l'autre, le texte a été repris et amélioré.

[10] *La Philosophie de la religion de Paul Tillich, genèse et évolution : la période allemande 1919-1933*, Montréal, Fides, 1974.

[11] J.-C. Petit, de Montréal, et M. Michel, de Strasbourg.

[12] L. Racine (sauf erreur), H. Arts et J. Dunphy.

catholiques une occasion bienvenue de se déprendre de l'impérialisme ontologique thomiste et de s'exercer à poser d'une manière renouvelée le problème métaphysique de la théologie. Mais une fois cet assouplissement philosophique acquis, Tillich a cessé de s'imposer comme une référence susceptible d'être nécessaire à longue échéance. Nous pouvons tenir pour vraisemblable que son ontologie est décidément trop protestante, dans son inspiration profonde, pour convenir longtemps à une théologie comme celle à laquelle pourrait donner lieu la réforme — mais une réforme qui, pour être profonde, n'en est pas moins éminemment « catholique » — issue de Vatican II.

Dès lors, la pensée de Tillich ne serait pas destinée à donner lieu à un réel mouvement de pensée au sein du catholicisme. L'intérêt pour lui de ce côté-là n'en persisterait pas moins, mais il serait essentiellement le fait d'individus, plus ou moins nombreux, ce qui n'est d'ailleurs jamais négligeable ni indigne d'intérêt. Mais encore une fois, il est bien trop tôt pour en juger et les travaux assidus de recherche et de traduction poursuivis à l'Université Laval de Québec sous la direction de Jean Richard pourraient entraîner de tout autres conclusions, surtout si l'on tient compte de l'audience persistante de Tillich en Amérique du Nord, et de son influence considérablement plus profonde qu'elle ne fut jamais en Europe en général, et parmi les francophones en particulier.

La lecture protestante

La situation est beaucoup plus déconcertante du côté protestant. Que des revues protestantes, celle de Strasbourg et celle de Lausanne, aient été les premières, en 1955 déjà, à publier des textes de Tillich ou sur lui n'a en première approche rien que de très normal. Normal aussi le fait que la revue de Strasbourg ait ouvert les feux avec un article destiné à présenter le premier volume de la *Systematic Theology*, l'*opus magnum* de notre théologien. On ne s'en interroge pas moins sur le bien-fondé du choix qui a conduit ces deux revues à opter pour la publication d'un texte comme *Religion biblique et ontologie* : il est par excellence le texte de Tillich qui était fait pour surprendre un public francophone dans lequel dominaient les thèses majeures et les simplifications doctrinales du « renouveau biblique », voire pour le prendre à rebrousse-poil ou l'effaroucher. On peut supposer que, dans l'ensemble, cette double publication a éveillé chez les lecteurs de la *Revue de théologie et de philosophie* (*RTP*) ou de la *Revue d'histoire et de philosophie religieuses* (*RHPR*) moins d'intérêt pour Tillich que de méfiance envers lui.

Tout aussi révélatrices d'un état d'esprit, ou du moins du climat qui dominait à ce moment-là, la facture du texte que Gabus donna à *RHPR* sur Tillich en 1955 et l'« intervention » de H. Kraemer, alors directeur de l'Institut œcuménique de Bossey, dont la rédaction de *RTP* accompagna cette même année les deux extraits de *Religion biblique et ontologie* que l'auteur prit l'initiative de livrer au public spécialisé : de part et d'autre, leur propos pouvait laisser sous-entendre que la réflexion de Tillich était incontestablement intéressante, mais qu'elle sentait le roussi, en particulier du fait de ses affinités avec Schleiermacher et avec la théologie naturelle. C'était dit avec beaucoup de prudence, mais bien des lecteurs ont dû le comprendre ainsi : en somme, Tillich avait le tort majeur de reconduire en plein après-guerre une théologie que l'avènement de l'influence barthienne avait frappée de péremption.

Cette méfiance d'inspiration barthienne se retrouve dans une bonne partie des comptes rendus consacrés à des ouvrages de Tillich publiés en français. C'est en particulier le cas de tous ceux qu'a publiés la *Revue de théologie et de philosophie*, qui est la seule revue spécialisée de cet ordre en Suisse romande, du côté protestant s'entend[13]. Très révélateur aussi le fait que le théologien français Jean Bosc, fortement marqué par la pensée barthienne, ait terminé par une longue citation de Barth la présentation qu'il faisait de Tillich dans *Foi et Vie*, l'une des revues théologiques et culturelles les plus lues du protestantisme français[14] ; nul doute que ses lecteurs en auront essentiellement retenu que Tillich, selon lui, élaborait une théologie paradisiaque ou angélique, sans aucun égard pour la condition pécheresse de l'homme. Dans le compte rendu relativement développé qu'il a donnée en 1969 de la traduction française du *Courage d'être*, qui reste à notre sens le meilleur livre de notre auteur, le Genevois H. Mottu a eu recours à cette même page de Barth pour mieux « bétonner » le refus que, à son avis et à celui de tous les barthiens, il convenait d'opposer à Tillich ; qu'on en juge à cette phrase : « Tout cela est intellectuellement peut-être merveilleux, mais rigoureusement *impraticable*. L'apologétique est le contraire de la praxis. » Et un peu plus loin : « Malgré son charme, la pensée de Tillich frise parfois la gnose, parce qu'elle est fondamentalement non eschatologique[15]. » Ce qui resterait évidemment à démontrer ! Même approche précautionneuse, voire réticente, dans *Verbum Caro*, revue aux origines barthiennes évidentes : les seules pages qu'elle ait consacrées à Tillich, écrites d'ailleurs par un franciscain polonais, Thaddée Mathura, se terminent par le mot « malaise » et contien-

---

[13] Nous tenons pour significatif que, sans être aucunement barthien, nous ayons nous-même donné dans cette revue un compte rendu assez mitigé de la traduction allemande de *Amour, Pouvoir, Justice* (*Revue de théologie et de philosophie*, 1961, pp. 85-86) : la lecture de Tillich, à ce moment-là, n'allait pas sans difficulté pour les protestants francophones, pour des raisons que nous allons encore analyser.

[14] « Paul Tillich : christianisme et culture », *Foi et Vie* (mai-juin 1966), pp. 59-75.

[15] *Revue de théologie et de philosophie*, 1969, pp. 133-135.

nent cette condamnation quasiment sans appel : « La plupart des interprétations que Tillich donne aux dogmes chrétiens semblent vider ceux-
ci de toute substance et de toute continuité[16]. »

Dans un tel concert de préventions, deux ou trois exceptions ne
font évidemment pas le poids, même si elles sont quasiment toutes le
fait de théologiens protestants qui, depuis lors, sont devenus des piliers
de l'association Paul Tillich d'expression française[17]. L'influence de K.
Barth ne saurait toutefois suffire à expliquer non seulement les réticences, mais surtout les difficultés auxquelles la pensée de Tillich a achoppé
au moment de commencer à pénétrer dans le monde francophone protestant. Car il faut bien le reconnaître, les théologiens d'obédience barthienne n'ont pas été les seuls à considérer l'apparition de textes de Tillich en français sinon avec méfiance, du moins avec surprise. Dans l'ensemble, les protestants francophones n'étaient tout simplement pas prêts à
aborder une pensée à la fois aussi systématiquement englobante et aussi
marquée par le vocabulaire de l'ontologie, aussi facilement suspecte, également, de retomber dans les travers de la « théologie naturelle » et du
« mysticisme romantique ».

Cette impréparation à lire Tillich n'est pas aussi fortuite qu'on pourrait l'imaginer. Elle tient au contraire à quelques-unes des grandes caractéristiques de la réflexion protestante et francophone des deux derniers
siècles. Ces traits distinctifs vont parfois mal ensemble et ne peuvent se
prêter à aucune synthèse logique. Leur existence simultanée dans la francophonie protestante n'en constitue pas moins l'arrière-fond sur lequel
doit se lire la réception de la pensée tillichienne en français.

La première grande caractéristique est que, depuis le XVIIIe siècle,
essentiellement sous l'influence du Neuchâtelois J.-F. Ostervald et, par
lui, du huguenot réfugié en Hollande Jean Le Clerc[18], le protestantisme
francophone s'est voulu de plus en plus anti-métaphysique. Cela apparaît clairement dans la manière dont le plus « kantien » des théologiens
protestants français, Auguste Sabatier, a fait date en se réclamant de la
théorie kantienne de la connaissance : pour lui, elle aboutit à refuser toute
problématique de la « chose en soi[19] ». En d'autres termes, Auguste Sabatier, pourtant complètement abandonné par les théologiens de la vague

---

[16] *Verbum Caro* (Neuchâtel), XXIII, 92, (1969), p. 99.

[17] Ce sont surtout A. Gounelle dans *Études théologiques et religieuses*, *Évangile et liberté* et
Dialogue (Bruxelles), G. Siegwalt dans *Revue d'histoire et de philosophie religieuses*, et le
soussigné dans *le Protestant* (Genève).

[18] P. Barthel vient de bien mettre cette filiation et cette attitude anti-métaphysique en évidence
dans « Quelques remarques concernant les Entretiens sur diverses matières de théologie (Amsterdam) 1985 », *Tricentenaire de la Révocation de l'Édit de Nantes — la Révocation et l'extérieur du Royaume*, Montpellier, 1985, pp. 219-271.

[19] Voir son *Esquisse d'une philosophie de la religion*, Paris, Sischbacher, 1897, rééditée en
1960, pp. 376-377. Selon Sabatier, la « chose en soi » est un problème que Kant aurait dû écarter
s'il avait été fidèle à la logique de son épistémologie. « C'est un reste de vieille métaphysique,
qu'il faut achever d'éliminer de la philosophie moderne. »

barthienne, aurait considéré que les préoccupations ontologiques de Tillich étaient irrecevables, presque par définition[20]. Or s'il est un théologien français dont la pensée, sous de très nombreux aspects, en particulier celui du symbole, s'apparente à celle de Tillich jusqu'à trouver parfois sous leurs plumes des expressions quasi semblables, c'est bien
Sabatier[21]. Mais chez ceux qu'elle aurait justement pu préparer à mieux
accueillir l'œuvre de Tillich, la lecture de Sabatier avait au contraire installé des réflexes intellectuels qui les préparaient à mal réagir à la tonalité
ontologique de son discours, voire à s'en trouver déconcertés.

Toujours sur ce thème de la référence ontologique, les protestants
francophones ont eu une seconde raison d'être un peu désarçonnés par
leur première lecture de Tillich. Elle est d'ordre confessionnel : en France,
les protestants ne représentent qu'une petite minorité, et les protestants
de Suisse romande, en situation pourtant solidement majoritaire, sont fortement influencés par ce statut de leurs coreligionnaires français. Les uns
et les autres s'inscrivent dans la continuité intellectuelle des positions affi-
chées par leurs devanciers du siècle passé. Sous cet angle, ils ont complètement perdu de vue le fait que l'orthodoxie réformée, au XVIIᵉ siècle, était aussi délibérément aristotélicienne (ou thomiste) que l'était la
théologie catholique. Ils ont plutôt retenu des controverses confessionnelles du siècle dernier cette certitude sommaire : la théologie catholique s'appuie sur une philosophie qui est œuvre humaine, tandis que la
théologie protestante n'a pas besoin d'un substratum aussi contestable
et n'entend relever que de la seule Révélation.

Fait curieux, ce préjugé issu des luttes confessionnelles s'est recon-
duit même chez les protestants du siècle dernier qui frayaient avec le rationalisme, voire s'inspiraient de lui. Leur version de cet antagonisme peut
se résumer ainsi : la théologie catholique s'empêtre dans les dédales de
l'ontologie scolastique et de tous ses problèmes artificieux, tandis que
la théologie protestante peut et doit se permettre d'être résolument pragmatique. Les entreprises théologiques qui se sont à cet égard montrées
les plus soucieuses de modernité ont pratiquement toutes repris cette
antienne : elles pouvaient se passer de la « pseudo-science » incarnée par
la métaphysique catholique, avec toutes ses arguties ontologiques, du
moment qu'elles pouvaient désormais souscrire aux démarches réellement fiables de la modernité scientifique. Là encore, les théologiens qui

---

[20] Sabatier aurait eu une autre raison de ne pas se reconnaître en Tillich : il considérait que
Schelling, dont Tillich se réclame si expressément, incarnait une philosophie de l'identité incompatible avec la doctrine chrétienne de Dieu.

[21] Nous l'avons montré dans « Tillich et Sabatier : une confrontation de leurs vues sur le
symbole », *Revue d'histoire et de philosophie religieuses*, 58, 1 (1978), pp. 19-25, et « Symbol
und Erkenntnis bei Tillich und Sabatier », *Neue Zeitschrift für Systematische Theologie und
Religionsphilosophie*, 22, 3 (1980), pp. 211-221.

auraient pu préparer le mieux les lecteurs protestants et francophones à bien comprendre Tillich sont en général ceux qui les ont dissuadés le plus de le prendre d'emblée pour bon argent[22].

Le troisième motif des francophones protestants d'aborder avec précaution la pensée de Tillich est étroitement corollaire des deux autres. Lui aussi prend naissance dans la controverse confessionnelle : on a craint de voir Tillich faire cause trop commune avec la culture ambiante. Le thème dominant de cette troisième réaction est une allergie aux velléités tillichiennes de donner lieu à une théologie naturelle, allergie renforcée par l'insistance avec laquelle, dès 1950, les barthiens ont prétendu faire du refus de toute théologie naturelle une caractéristique majeure de la pensée protestante. Dès lors, le soupçon (généralement inavoué) que la lecture de Tillich inspirait à bien des protestants était le suivant : malgré son attachement au principe protestant, Tillich ne souscrit-il pas à une option fondamentale susceptible d'aboutir malgré tout au catholicisme ? Il a fallu tout un travail de lecture de textes, voire de déchiffrage, pour que les protestants francophones comprennent que, sur ces points, Tillich était beaucoup plus du côté de ce qu'ils recherchaient eux-mêmes qu'ils ne l'avaient compris d'abord.

Reste le « mysticisme romantique » de Tillich. Sur ce point, les bons connaisseurs de sa pensée savent à quoi s'en tenir. Il n'empêche qu'après le matraquage théologique auquel la vague barthienne les a soumis, les protestants francophones étaient quasi conditionnés à réagir négativement à toute velléité ou toute apparence de mysticisme. Les antagonismes confessionnels n'étaient, là non plus, pas étrangers à ce réflexe de méfiance : la prédication morale, voire moralisatrice et mobilisatrice des protestants au XIXe siècle n'avait cessé de critiquer la manière catholique de s'évader dans la mystique, qu'elle soit celle des ordres contemplatifs ou celle des théologiens spéculatifs. Méconnaissant complètement la force et la grandeur de la mystique protestante allemande, les protestants francophones n'étaient pas du tout prêts à décoder sur ce point le discours théologique de Tillich.

On pourrait faire une suite de remarques toutes semblables à propos de l'emploi que Tillich fait du concept de « religion », de son allégeance directe à Schleiermacher, etc. On aboutirait toujours à la même constatation : le problème, pour les protestants francophones, n'était pas d'admettre ou de rejeter son ontologie, mais de saisir qu'ils devaient comencer par essayer de la comprendre. Quand ils s'y sont mis, ils ont rapidement vu — du moins ceux d'entre eux qui ont bien voulu consentir cet effort ou qui ont refusé de rester prisonniers des constantes barthiennes — qu'elle est animée d'un mouvement qui la rend bien différente de ce qu'ils avaient cru comprendre en première approche.

---

[22] C'est en particulier le cas de l'école genevoise de la psychologie religieuse (Frommel, Berguer, Durand-Pallot, etc.).

Germanité de Tillich

Reconnaissons toutefois que, sur ce point, la langue et le discours de Tillich ne se prêtent pas d'emblée à une approche francophone[23]. Un seul exemple suffira à le montrer. Chez lui, *ultimate concern* est une expression-pivot. Mais comment la traduire ? « Préoccupation ultime » ? C'est la solution à laquelle se sont rangés presque tous les traducteurs. Mais pour le lecteur francophone qui sait mal l'anglais et ignore tout de l'allemand, elle situe du côté de l'homme le centre de gravité de ce qui est désigné. À la limite, l'expression française pourrait confiner à dire qu'il y a religion au sens tillichien, donc théologique, du mot, quand l'homme *se* préoccupe *lui-même*, donc de son propre mouvement et de sa propre force, de manière ultime. De là au salut par les œuvres, il n'y aurait qu'un pas, et voilà Tillich suspect une fois de plus de fausser compagnie à la tradition protestante !

Or en allemand, l'expression se dit *Was uns unbedingt angeht : ce qui* nous concerne (ou nous atteint) de manière ultime, inconditionnelle, incontournable. Dans sa langue maternelle, Tillich a donc dit l'inverse de ce que ses lecteurs francophones seraient portés à comprendre en première approche de son texte mis en français : il a insisté sur l'initiative de Dieu (ou de l'absolu), et non d'abord sur l'attitude ou la quête de l'homme. Dès lors, si l'on voulait rendre dans un français correct la pensée réelle de Tillich sur ce point, il faudrait imaginer une tournure de phrase toute différente. Nous avouons n'avoir encore jamais trouvé la formule brève qui permettrait de restituer effectivement en français l'*ultimate concern* tillichien, sauf à dire « préoccupation ultime », mais en l'utilisant à titre de *terminus technicus* dont on précise d'entrée de jeu le sens, et en prévenant le lecteur que cette expression, sous la plume de Tillich, ne dit justement pas ce qu'elle induit dans l'esprit d'un lecteur francophone.

Cette remarque à propos d'une seule expression, nous pourrions la développer au sujet de l'œuvre de Tillich dans son ensemble. Ce serait toute une entreprise : quelques pages comme ici n'y suffiraient pas. Mais il saute aux yeux que jamais un penseur francophone n'aurait l'idée de bâtir une œuvre comme Tillich a construit et écrit la sienne. Toute marquée qu'elle ait été par son séjour américain, la démarche de son esprit est restée profondément germanique[24]. C'est tout particulièrement vrai de *Religion biblique et Ontologie* et de *Amour, Pouvoir, Justice*, ses deux premiers traités publiés en français. D'où un sentiment accru d'étrangeté, qui n'était pas fait pour faciliter son approche de la part d'un public potentiel aussi virtuellement prévenu que nous venons de le signaler.

---

[23] Ceux de Barth non plus, mais c'est une autre affaire !

[24] Cette remarque vaudrait tout autant à propos de Karl Barth !

Cela dit, on constate que la courbe des publications tillichiennes en français correspond *grosso modo* à celle des publications consacrées à la « théologie de la mort de Dieu ». Tillich d'un côté, les théologiens « de la mort de Dieu » de l'autre, répondaient à une même question d'actualité : comment l'Évangile parle-t-il dans la civilisation contemporaine ? Mais leurs réponses étaient opposées. Les lecteurs et épigones des uns et des autres se sont aussi répartis en deux groupes assez distincts, encore que les tillichiens aient été, de tous les théologiens de l'époque, ceux qui se sont le plus intéressés à ce mouvement. Ce n'est pas étonnant : en général, les théologiens de la mort de Dieu avaient tous été à l'école de Tillich. Mais dans la francophonie, l'intérêt pour la théologie de la mort de Dieu n'a pas entraîné en contrepartie un intérêt correspondant pour la pensée de Tillich. Là encore, le spectre de la théologie dialectique veillait comme une nouvelle statue du Commandeur, et c'est à travers Bonhoeffer, si différent de Tillich, que les francophones, comme les Européens en général, ont abordé et arraisonné la « mort de Dieu ».

Restaient, et restent heureusement encore, ceux qui ont trouvé chez Tillich l'occasion d'élargir leur horizon théologique ou de mieux asseoir leur réflexion systématique. De ce point de vue, c'est surtout du côté des théologiens d'obédience libérale que Tillich a trouvé audience. À bien des égards il les a incités à reprendre en termes considérablement plus contemporains ce qui leur venait déjà de Sabatier. Et puis, *last but not least*, les échos que lui-même avait rencontrés en Amérique du Nord les ont préparés à se montrer moins dépendants de la seule théologie germanique et à repérer ce qui était en train d'advenir de l'autre côté de l'Atlantique. Aussi n'est-ce par exemple pas un hasard si ce sont des lecteurs assidus de Tillich qui, comme André Gounelle, ont commencé d'initier les francophones à la *Process Theology*[25].

L'influence de Tillich parmi les protestants francophones ne se limite pas à cela seulement. Mais il faut reconnaître que, en Suisse romande, surtout du côté des facultés de théologie, elle se réduit à bien peu de chose. Les Français ont heureusement en A. Gounelle (Montpellier) et G. Siegwalt (Strasbourg) deux systématiciens qui savent lui devoir beaucoup et tiennent à le faire découvrir à leurs étudiants. Il est toutefois trop tôt pour en repérer déjà les fruits, s'il doit y en avoir.

Tillich hors les Églises

Cette remarque un peu mitigée n'est toutefois pas notre conclusion. Car si nous avons examiné jusqu'ici l'accueil que les théologiens ont réservé à notre penseur, sa grande chance est d'avoir rencontré rapidement des échos dans le public qui lui tenait le plus à cœur : non pas celui

---

[25] Voir surtout A. Gounelle, *le Dynamisme créateur de Dieu — Essai sur la théologie du process*, Montpellier, 1981, qui donne toutes les indications bibliographiques voulues.

des théologiens, mais celui des gens cultivés qui se posent des questions. On pourrait même prétendre que, sans l'attention que ce cercle-là de lecteurs a prêtée à Tillich, son œuvre n'aurait peut-être pas rencontré autant d'échos parmi les théologiens, en particulier parmi les théologiens catholiques.

Sans pouvoir alléguer d'indices bibliographiques suffisants en faveur de notre remarque, il semble pourtant que le premier ouvrage de Tillich à avoir reçu une large audience, c'est-à-dire une audience qui ne soit pas celle des milieux théologiques seulement, est son recueil de prédications intitulé *les Fondations sont ébranlées*[26]. Il a eu la bonne fortune de paraître un peu moins de trois ans après le livre à succès de J. A. T. Robinson, *Dieu sans Dieu*[27]. Or Robinson, on s'en souvient, avait présenté Tillich comme l'un des théologiens susceptibles d'aider le christianisme à sortir de son marasme doctrinal. C'était sommaire, mais son geste s'était avéré efficace. Surtout du côté scientifique, on se mit assidûment à la lecture des prédications de Tillich qui, comparées à ce qu'on entendait d'ordinaire, rendaient effectivement un son nouveau. D'où cet aboutissement un peu déconcertant : les textes de Tillich qui, en français, ont le mieux atteint leur but sont ceux qui ont le moins retenu l'attention des théologiens. Et l'indice de cette audience différente ne trompe pas : Tillich a eu accès en 1965 à une revue de large diffusion culturelle qui, à notre connaissance, n'était guère portée à s'intéresser à la théologie[28]. C'est que Tillich parlait à ses lecteurs de la religion et de la science d'une manière qui rejoignait leurs problèmes, mais qui était en même temps bien différente du discours qui prévalait encore, tant parmi les catholiques que parmi les protestants.

Mais ce discours-là est-il encore actuel ? Articulé comme il l'est à l'état de la recherche et des hypothèses scientifiques vers le milieu de notre siècle, l'évolution de ces disciplines impose qu'on le reprenne autrement. Il ne peut jamais être qu'un tremplin aidant les théologiens à mieux rejoindre leurs contemporains au cœur de leur préoccupations, mais sans les dispenser d'aucun effort personnel de pensée.

Reste un dernier aspect de Tillich qui, parmi les francophones, n'a pas encore reçu toute l'attention qu'il mérite : son approche des autres religions. Se mettant mieux à son école, les Européens d'expression française pourraient utilement apprendre auprès de lui comment sortir des jugements préconçus que d'autres théologiens les incitent trop volontiers à reprendre à leur compte.

---

[26] Éditions R. Morel, s.l., 1967.

[27] Paris, Éditions latines, 1964. Rappelons que ce titre provocant trahissait la pensée de Robinson. De plus, dans l'« Avertissement du traducteur au lecteur catholique » (!) Louis Salleron donnait clairement à entendre que la pensée de Robinson incarnait la déliquescence doctrinale à laquelle aboutit tout abandon du dogme catholique. Mais les lecteurs se sont en général montrés assez adultes pour ne tenir aucun compte de cet avertissement.

[28] *Réalités*, avril 1965. À l'époque, on entendit dans les rangs des théologiens (peut-être jaloux ?) des remarques acerbes sur ce pair américain qui acceptait de paraître « n'importe où » !

THE INFLUENCE OF TILLICH'S THOUGHT IN THE UNITED STATES
Some remarks

Robert SCHARLEMANN
Department of Religious Studies, University of Virginia

There are, of course, different ways in which one can try to assess the influence of a thinker. To make such an observation is to state the obvious, even when one is dealing with a person whom Hans-Georg Gadamer once described as *anima naturaliter americana* but whom, even late in his life, other Americans would have recognized unmistakably as a German « import ». (I can't resist making this play on the word *import*, which is often used to translate the word *Gehalt* in Tillich's theology of culture.) But stating the obvious is one way of getting started ; and, having gotten so started, I can go on to say that for purposes of our panel discussion I have thought it useful to select several major aspects of Tillich's thought in order to identify which part of each has been most influential and which part the least influential. This is simply to call attention to matters that are, perhaps, fairly noticeable to anyone who reads around in the literature. The purpose is not so much a matter of finding out and documenting something new as it is a matter of drawing together some generally known results under the several headings. I shall discuss five of them.

As to his *Systematic Theology*, what has been the most and the least influential aspects of this work ? I mean here specifically the three-volume work with that title, not the other things Tillich wrote or said that could be classed as systematic theological treatises. In this case, it seems fairly easy to identify the most influential aspect of it — the idea contained in the method of correlation. That religious symbols can be interpreted by the way in which they are to provide answers to existential questions, and that human existence can be analyzed from the point of view of how it asks the question of the unconditional (to which the symbols are to give answers) is an idea that, I think, just about anyone who knows anything at all of Tillich's theology understands. It is an idea that has provided a hermeneutical key for many to understand how religious symbols are to be appropriated, if one can no longer do so in a primitive supernaturalistic or metaphysical way. Despite the ways in which the method of correlation can be wrongly formulated — such as when one thinks of it as meaning that philosophers are over there in one building or department, as it were, figuring out what questions to ask, and that these questions are then brought over to theologians who wait around in another building or department waiting to give the answers to the questions that the philosophers ask — , despite misunderstandings of that sort, it seems to me that Tillich's method of correlation has been widely understood and implicitly adopted as well. Langdon Gilkey, of the University of Chicago, may be the only theologian who expressly identifies his approach as Tillichian in just this sense, but others who are concerned with interpreting religion in the modern world find some use for a variation of the method.

The least influential aspect of the *Systematic Theology* is, I think, its systematic character. This is partly due, no doubt, to the fact that systematic thinking in Tillich's mode, that is, a thinking in which « system » means a network of concepts whose aim is to grasp the *living* character of phenomena ; this sense of systematic, developed in the period after Kant, is represented by Schleiermacher's dogmatics — has never been cultivated in the United States, where what is written under the title of *Systematic Theology* is not systematic in that same sense.

*

*   *

One can distinguish Tillich's « religious thought » from his theology proper. By « religious thought » I mean here his understanding of what religion, or faith, is — he generally uses those terms interchangeably — and how it is related to the other functions of the human being. His books *The Dynamics of Faith* and *The Courage to Be* would fit into this category. Of the ideas that have been most fruitful, it seems clear that the preeminent one is Tillich's notion of faith as the state and object of ultimate concern, along with the supporting idea that doubt is a constituent element in faith so understood. The reason why doubt belongs to faith — namely, that every expression of the unconditional involves a risk — may not always be clearly appropriated ; but, even so, the conception of faith or religion as ultimate concern is perhaps the most widely disseminated one from his religious writings. By contrast, the *least* influential aspect of his religious thought is his conception of the divine and the demonic as two expressions of the holy ; or, to select a slightly . different aspect of the same matter, one might say that the least accepted is the idea that religion is an ambiguous phenomenon. Religion, at least as an idea, still has a fairly good reputation — something that in its best forms is basically a good thing. The conception that being ultimately-concerned-about is not an altogether good thing has not found much of an echo. Traditional critics of religion find it an unambiguously bad thing, whether on grounds of popular enlightenment or on grounds of the intrusion of church affairs into state affairs. Its proponents think of it as being, in its ideal form, a good thing : it is praiseworthy to be religious if one can manage it.

*

*   *

From Tillich's religious thought, we can pass over to his philosophy of religion. Here, too, matters seem to be clear : what has most attracted both critics and proponents is Tillich's theory of the religious symbol. An attestation of this fact is given by the New York University symposium on the topic, the papers from which were published under the editorship of Sidney Hook in 1961. Critical attacks on the theory are generally based on the question whether regarding religious expressions or things as symbols does not deprive them of their reality — symbols are less than the realities they symbolize — and, in epistemological terms, on the question of how it might ever be possible to ascertain the difference between true and false statements in religion if the whole is a matter of symbols. In recent years, the focus of attention has shifted among philosophers of religion, and some of the cruder misconceptions of religious symbols have vanished ; but the theory of symbols is probably still the aspect of Tillich's philosophy of religion that exerts the most influence.

Least influential from Tillich's philosophy of religion is, as it seems to me, the alternative that he proposed to what he called supranaturalism. His understanding of supranaturalism was not derived from medieval theology but from the late eighteenth- and nineteenth-century Protestant supranaturalists. Even so, it has enough similarities to the supernaturalism of contemporary philosophy of religion in English-speaking lands that his critique of it is implicitly a critique of the very framework of much of the discussion in the philosophy of religion. What he proposed as an alternative to it has been very little understood or adopted, or even adequately criticized. Along with this has gone the failure to see any way in which the self-debilitating, or self-transcending, that is done by the philosophical component in a philosophy of religion can lead to anything other than an unjustifiable fideism.

*

*   *

From the philosophy of religion, we can move to ecclesiastical circles and inquire what, from Tillich's thought, has been most influential there. Probably the answer is his notion of priestly or catholic substance and prophetic or protestant principle. This, it seems to me, is a conception that made possible a much more fruitful rationale for interecclesiastical work, theoretically and practically, than the more organizationally oriented interpretations. It awakened many Protestants to that aspect of religion of which they tended to lose sight ; but it also provided a basis for seeing how the priestly and the prophetic can be equally constitutive of a living religion, even if that religion is Christianity.

If Tillich's distinction between priestly and prophetic is the aspect of his ecclesiastical thought that has had the most influence, the other end of the line is represented by the radicalness of his interpretation of the symbol of the cross as the symbol in which religion transcends itself, even the Christian religion.

*

*   *

Finally, one can mention Tillich's philosophy itself. His thought has certainly been less appreciated, in the United States, for its contribution to philosophy than for its theology and its interpretation of religion. But his existentialist philosophy is clearly that aspect of the whole of this philosophy that has been most widely appreciated. Existential philosophy itself, of course, has not been a major voice among philosophers in the English-speaking world during the past decades ; but, as John Herman Randall noted in the Kegley-Bretall volume on Tillich's theology, Tillich was a philosophical thinker in his own right, and his existential philosophy is noteworthy as such, quite independently of its connection with theology. So one could say that the possibility of an existential analytical philosophy is one of Tillich's contributions to philosophy itself. By contrast, his efforts to mediate the post-Kantian philosophical tradition that one may call « speculative idealism » seems to me to have been, regrettably, almost a complete failure.

These remarks make a rather hasty and impressionistic survey of Tillich's influence in the United States. What is reflected in them may be as much the selectivity of my own reading as an accurate gauge of Tillich's effect, but I hope they can serve at least as the basis for discussion. For anyone in the field of philosophical theology, it is difficult even to think of twentieth-century thought without Tillich in it. In America he was that rare figure, an academician who, without false popularizing, was able to reach audiences with thoughts that could challenge the superficiality of their self-understanding ; he was even more rare in being a philosophical theologian whose philosophical theology made him a public figure as well.

PREMIÈRE PARTIE

RELIGION, MORALE ET CULTURE

RELIGION ET CULTURE
DANS L'ÉVOLUTION DE PAUL TILLICH

Jean RICHARD
Faculté de théologie, Université Laval

Introduction

Je me propose ici de suivre la trace du thème qui nous est proposé dans ce colloque, « Religion et culture », au cours de l'œuvre de Paul Tillich. L'intérêt de cette étude vient du fait qu'ici même, à Québec, nous avons plus ou moins identifié ce thème à la période du premier enseignement allemand de Tillich. Et les résultats actuels de nos travaux montrent au moins qu'il y a effectivement au cours de ces années 1919-1926 toute une série d'écrits qui portent directement sur cette problématique de la religion et de la culture. La question se pose alors : s'agit-il là du problème caractéristique d'une certaine période ? Ou n'est-ce pas là plutôt le problème fondamental au centre de toute l'œuvre de Tillich ?

Cette même question nous est posée d'une autre façon par les deux citations qui figurent au verso du programme du colloque. En 1959 d'abord, dans la préface de son volume intitulé *Théologie de la culture*, après avoir rappelé que ce titre provient de sa première conférence de Berlin, « Sur l'idée d'une théologie de la culture », Tillich poursuit avec cette réflexion pour le moins surprenante : « In spite of the fact that during most of my adult life I have been a teacher of Systematic Theology, the problem of religion and culture has always been in the center of my interest[1]. » Cette réflexion est surprenante en raison de la distance, sinon de l'opposition, qui semble mise ici entre la théologie systématique d'une part et le problème de la religion et de la culture d'autre part. En somme, Tillich semble bien affirmer ici que ce problème de la religion et de la culture est l'objet direct et immédiat d'une autre discipline, soit la philosophie de la religion ou la théologie de la culture, et non pas de la théologie systématique. Et comme il est toujours demeuré philosophe de la religion et théologien de la culture, même en faisant de la théologie systématique, le problème de la religion et de la culture serait toujours resté fondamental à l'arrière-plan de sa théologie systématique, même s'il n'apparaissait plus alors de façon aussi évidente.

---

[1] *Theology of Culture*, New York, Oxford University Press, 1959, p. V.

L'autre citation, datant de l'année suivante, va dans le même sens, en ajoutant cependant certains éléments biographiques. Tillich rappelle alors que son poste de *university professor* à Harvard lui offre certaines possibilités qu'il n'avait pas au Union Theological Seminary. On peut comprendre, je pense, que dans un séminaire théologique, son enseignement devait être centré sur la théologie systématique, enseignement qu'il n'est pas loin d'appeler ici, comme dans sa conférence de 1919, une «théologie d'Église » (*Kirchentheologie*). Dans son enseignement de Harvard au contraire, il a pu aborder toute la série de problèmes que recouvre le titre *Religion et Culture*. Ce fut là précisément le titre d'une série de cours qu'il a donnés à Harvard en 1955-1956. Peter John a eu le bonheur d'entendre ces cours et il a eu l'heureuse idée de les sténographier[2].

Vers la fin de ce même texte, il y a deux autres points que j'aimerais souligner. Tillich affirme d'abord que dans cette série de cours, comme dans son enseignement de Harvard en général, il a pu mener à terme une problématique et une ligne de pensée qui parcourent toute son œuvre : « This is somehow a fulfilment of a main trend in my whole life work. » On peut comprendre, je pense, que Harvard lui a donné l'occasion de remettre en tête de liste de ses cours les principaux thèmes qu'il abordait déjà lors de son premier enseignement à Berlin dans les années 20, où, selon son propre témoignage, il donnait « des cours sur des sujets qui incluaient la relation de la religion à la politique, à l'art, à la philosophie, à la psychologie des profondeurs et à la sociologie[3] ».

L'autre affirmation importante de Tillich, dans ce même texte de 1960, est que l'ouverture à tout cet ensemble de problèmes désignés par le titre *Religion et Culture* peut être d'un grand secours pour libérer la théologie de l'isolement dans lequel elle se trouve trop souvent confinée. En somme, la théologie ne peut plus se limiter aux frontières de l'Église ; elle doit s'ouvrir jusqu'aux frontières de la culture et du monde. Elle ne peut plus se contenter d'être une théologie d'Église (*Kirchentheologie*) ; elle doit devenir théologie de la culture (*Kulturtheologie*). La théologie

---

[2] « On The Boundary Line », *The Christian Century*, December 7, 1960, p. 1437 : « The demands arising from teaching in a great university like Harvard have strengthened my position « on the boundary line » of religion and culture. *Religion and Culture* is the title of a series of lectures I have given under the auspices of the humanities department of the college (open also to graduate students of the university and the divinity school). This was a teaching opportunity not possible in a seminary and one which was very satisfying because of the intellectual openness of the undergraduate students, where interests have not yet been narrowed by professional limits. But it is my impression that the emphasis on the whole complex of problems indicated by the title *Religion and Culture* is at the center of college work in religion all over the country. This is somehow a fulfillment of a main trend in my whole life work, and it may help to liberate theology from the isolation into which it was pushed partly by outside criticism, partly by its own self-restriction. It is my desire to work in this direction which the remainder of time and strength which is given to me ».

[3] *My Search for Absolutes*, New York, Simon and Schuster, 1967, p. 41.

ne peut plus se complaire uniquement dans les questions étroitement religieuses, strictement ecclésiastiques : qu'il s'agisse de questions de sacristie comme la différence entre l'aube et la chasuble, de questions institutionnelles comme la différence entre Rome et Genève, de questions sacramentelles comme la différence entre le baptême et la confirmation, ou même de questions dogmatiques comme la différence entre le Père et le Fils en Dieu. Ce sont là des symboles religieux qui doivent effectivement faire l'objet d'études théologiques. Mais la théologie ne peut plus se contenter de justifier et d'interpréter ces symboles selon la direction verticale, en montrant leur référent divin ; elle se doit aussi de les justifier et de les interpréter selon la direction horizontale, en montrant leur pertinence culturelle et sociale, en montrant leur rapport aux réalités de la culture et du monde, aux problèmes de la culture et du monde. Tillich soutient que c'est bien là ce qu'il a tenté de faire lui-même : « Most of my writing — including the two volumes of Systematic Theology — try to define the way in which Christianity is related to secular culture[4]. »

Ces deux citations m'ont amené à élargir la problématique presque aux dimensions de tout le programme du colloque. J'en reviens maintenant à mon propos initial, beaucoup plus modeste, qui est de montrer différentes formes qu'a pris le rapport religion-culture à différents moments de l'œuvre de Tillich. Il s'agit sans doute de comparer à ce point de vue la théologie de la culture des années 20 à la théologie systématique des années 50 et 60. Mais il faut d'abord jeter un premier coup d'œil sur la période antérieure, celle des premiers travaux sur Schelling, qui s'avère déterminante pour toute l'évolution qui va suivre.

La première dissertation sur Schelling (1910)

Pour illustrer cette influence de Schelling, je commence par une phrase de Dietrich Bonhoeffer, dans sa lettre du 8 juin 1944 : « Tillich entreprit d'interpréter religieusement l'évolution du monde, contre la volonté de ce dernier, et de lui donner sa forme par la religion[5]. » C'est là, il me semble, un jugement très perspicace, qui montre bien ce qu'a de particulier et de paradoxal la démarche de Tillich. Alors que le monde s'engage de plus en plus profondément dans la voie de la sécularisation, Tillich lui-même parle sans cesse de religion ; il ne cesse de rappeler la dimension perdue. Alors que toute le monde élabore des interprétations culturelles de la religion, Tillich propose lui-même une interprétation religieuse de la culture, une théologie de la culture. Alors qu'on considère

---

[4] *Theology of Culture*, p. V.

[5] Dietrich BONHOEFFER, *Résistance et soumission. Lettres et notes de captivité*, trad. Lore Jeanneret, 2ᵉ éd., Genève, Labor et Fides, 1967, p. 147.

habituellement la religion comme une étape dans l'évolution de la culture, Tillich voit plutôt la culture séculière de notre monde moderne comme une étape dans l'évolution de la religion.

Or c'est là précisément le point de vue de Schelling, tel que l'a fort bien exprimé Tillich dans sa première dissertation sur *la Construction de l'histoire de la religion dans la philosophie positive de Schelling*[6]. Je me contenterai de rappeler ici certains éléments principaux. Il faut bien voir d'abord que le point de vue de Schelling est typiquement théologique. Son point de départ est Dieu et non pas le monde ; il va de Dieu au monde, et non pas l'inverse. L'évolution du monde est alors considérée comme création de Dieu. Et le processus de la création n'est lui-même rien d'autre que l'extériorisation de Dieu, plus précisément la réalisation hors de Dieu de ces principes ou « puissances » qui constituent la dynamique de la vie divine elle-même. La genèse de l'univers s'explique ainsi par le jeu des deux premières puissances, par le conflit de l'irrationnel et du rationnel, du chaos et des formes, du désordre et des lois[7]. Et cette évolution de la nature aboutit finalement à l'apparition de l'esprit humain, et par là à la manifestation de la troisième puissance, qui est synthèse des deux premières, réconciliation de leur conflit[8]. Trois remarques s'imposent ici.

(i) D'abord, tout ce processus de cosmogénèse et d'anthropogénèse est considéré comme un processus de création divine, qui implique une sortie de Dieu et un retour à l'origine divine à travers la conscience humaine. Mais l'immanence de Dieu à sa création est beaucoup plus accentuée ici que dans la théologie classique de l'*exitus a Deo* et du *redditus ad Deum*. Car ici, Dieu ne se trouve pas seulement aux deux termes, il est le sujet même du processus. Ce qui signifie que dans le processus de la création, c'est Dieu qui sort de lui-même et qui revient à lui-même à travers la conscience humaine.

(ii) D'où la deuxième remarque concernant la conscience humaine elle-même. D'après Tillich, toute l'anthropologie de Schelling se résume dans cette thèse que la conscience humaine est, de par sa nature même, position, affirmation de Dieu. Cela s'explique par le fait qu'avec l'avènement de la conscience humaine se trouve réalisée la synthèse des puissances divines. La conscience est donc l'image de Dieu au sens fort

---

[6] *Die religionsgeschichtliche Konstruktion in Schellings positiver Philosophie, ihre Voraussetzungen und Principien*, Breslau, Buchdruckerei H. Fleischmann, 1910 (*The Construction of the History of Religion in Schelling's Positive Philosophy*, transl. by Victor Nuovo, Lewisburg, Bucknell University Press, 1974). Voir mon étude : « Les religions non chrétiennes et le christianisme dans la première dissertation de Tillich sur Schelling », dans *Sciences religieuses*, 14 (1985), pp. 415-434.

[7] *Die religionsgeschichtliche Konstruktion* [...], pp. 12-13 (transl., pp. 48-49).

[8] *Ibid.*, p. 22 (transl., pp. 55-56).

d'expression divine, au sens où, en elle, c'est Dieu lui-même qui s'exprime, c'est-à-dire qui se pose et s'affirme[9]. Et cela signifie finalement que la conscience humaine est essentiellement une conscience religieuse, c'est-à-dire qu'elle est simultanément et indivisiblement conscience de soi et du monde d'une part, conscience de Dieu d'autre part. À ce niveau, il n'y a donc aucune séparation, opposition ou conflit entre conscience religieuse et conscience profane ou séculière, par conséquent aucune opposition non plus entre religion et culture.

(iii) Mais justement, et c'est là ma troisième remarque, il s'agit là du niveau de la création, par opposition à l'ordre du salut. C'est dire qu'il s'agit de l'ordre idéal de l'essence humaine en tant qu'idée divine, en tant qu'objet de l'acte créateur de Dieu. Et l'on pourrait tout aussi bien dire qu'il s'agit de l'essence humaine idéale, telle qu'immanente à Dieu lui-même. Car l'immanence qu'implique la création s'exerce dans les deux sens : c'est l'immanence de Dieu dans le monde, et c'est tout aussi bien l'immanence du monde, et tout spécialement du monde humain, en Dieu[10].

Il nous faut donc passer maintenant à l'ordre du salut, qui est l'ordre de l'histoire proprement dite. Le point de départ ici, c'est le fait de la chute, qu'il faut comprendre comme rupture de l'unité idéale. C'est la séparation du réel et de l'idéal, pour autant que l'homme et son monde se retrouvent hors de Dieu, séparés de Dieu. Plus profondément encore, la chute est conçue comme la séparation des « puissances » en l'homme, et tout d'abord la séparation de la première et de la deuxième puissances ; la séparation du particulier et de l'universel. Ce qui signifie concrètement que la personne humaine se pose et s'affirme elle-même comme sujet individuel, sans se dépasser dans l'absolu divin. En d'autres termes, la personne humaine se pose et s'affirme elle-même sans en même temps poser et affirmer Dieu[11].

C'est là pour Schelling le privilège de l'esprit et de la liberté de pouvoir contredire sa propre essence. Et c'est ce qui arrive effectivement quand l'homme se pose lui-même en s'opposant à Dieu. Il s'oppose par le fait même à sa propre essence qui est substantiellement position de Dieu. Nous avons vu que le début de l'histoire est marqué par cette rupture de la chute. Le sens de tout le processus de l'histoire maintenant, en tant que distinct du processus cosmique de la création, sera précisément celui d'un retour à Dieu par-delà la rupture, ce qui signifie également un retour de la conscience à son essence authentique par-delà l'aliénation. Il faut lire ici ces quelques lignes de Tillich qui formulent au mieux la thèse de Schelling : « La conscience humaine, d'après sa substance même, est une conscience qui réalise Dieu. Mais par la chute

---

[9] *Ibid.*, pp. 43-44 ; *cf.* pp. 96-97 (transl., pp. 71-72 ; *cf.* pp. 119-120).

[10] *Ibid.*, p. 45 (transl., pp. 72-73).

[11] *Ibid.*, pp. 46-49 (transl., pp. 73-75).

l'immédiateté a été perdue. À travers l'histoire, une position consciente de Dieu doit advenir. L'histoire est le processus dans lequel la conscience devient médiatement ce qu'elle était immédiatement : religieuse au sens absolu[12]. » Ce devenir de la conscience à travers l'histoire signifie donc effectivement un processus de réconciliation et de salut, de sorte que l'histoire pourra elle-même être comprise essentiellement comme histoire du salut.

À la suite de Schelling, Tillich dira lui-même plus précisément et concrètement : « L'histoire est fondamentalement histoire de la religion[13]. » Nous retrouvons ici le terme « religion » pour désigner cette fois non plus la substance même de la conscience humaine, mais les différentes religions qui apparaissent au cours de l'histoire. Il nous faut faire encore ici trois remarques. (i) D'abord, le sens de la religion dans l'histoire, c'est de conduire la conscience humaine au salut, c'est-à-dire de lui faire retrouver sa substance religieuse. (ii) Ensuite, la religion apparaît dans l'histoire comme un phénomène particulier, distinct des autres phénomènes culturels. (iii) Enfin, dans cette distinction de la religion et de la culture, ou plus concrètement, des religions et des cultures, c'est la religion qui est l'élément premier et fondamental ; c'est par elle qu'il faut expliquer la culture, et non pas l'inverse.

Il faut souligner ce dernier point qui nous concerne plus directement ici. Pour l'illustrer, nous proposons deux exemples. Le premier porte sur le début du processus mythologique, marqué par l'apparition du polythéisme. Parallèlement à ce phénomène de l'histoire de la religion, l'histoire de la culture enregistre elle-même un fait qui n'est pas sans analogie avec le premier ; c'est la division des peuples et des cultures. Or pour Schelling, il ne fait pas de doute que le phénomène religieux du polythéisme est le plus fondamental ; c'est lui qui explique la diversité des nations et non pas l'inverse[14].

L'autre exemple se rapporte à la fin du processus mythologique, et il nous concerne de plus près encore ; il constitue même beaucoup plus qu'un simple exemple. Il s'agit maintenant du parallélisme entre le processus mythologique d'une part et le processus rationnel ou culturel d'autre part. Tillich affirme d'abord qu'avec l'avènement de la chute un nouveau processus se fait jour dans la conscience humaine : c'est le processus culturel. Tandis que le processus mythologique est l'histoire de la conscience de Dieu, le processus rationnel ou culturel est lui-même l'histoire de la conscience du monde. Les deux cependant sont substantiellement identiques, puisque ce sont les mêmes « puissances » qui sont actives dans le processus du monde et dans la conscience religieuse. Ainsi tout progrès de la religion, dans le sens de la libération par rapport à la

---

[12] *Ibid.*, p. 50 (transl., p. 77).

[13] *Ibid.*

[14] *Ibid.*, pp. 52-53 ; *cf.* pp. 104-107 (transl., pp. 78-79 ; *cf.* pp. 127-130).

première puissance, la puissance religieuse par excellence, tout progrès de ce genre constitue également un progrès pour le processus culturel. De même inversement, tout progrès de la culture, dans le sens d'une plus grande autonomie rationnelle, constitue également une libération par rapport à la première puissance sans son aspect asservissant et démonique[15].

Il faut bien reconnaître cependant, et Tillich le reconnaît lui-même avec Schelling, que si, à l'origine, le processus culturel ne fait qu'un avec le processus mythologique, il s'en sépare cependant de plus en plus, jusqu'à aboutir, à l'époque moderne, à un état de complète irréligiosité et d'athéisme. C'est là exactement le problème moderne de la religion et de la culture, le problème moderne de la sécularisation et de l'athéisme. Or la position schellingienne de Tillich ici est bien claire. Il s'en prend d'abord à la conception déiste, qui est aussi trop souvent celle de l'apologétique chrétienne et qui consiste à prendre comme point de départ la conscience séculière irréligieuse comme si c'était là l'état normal, l'essence même de la conscience humaine. Tout au contraire, il s'agit là d'un moment particulier dans l'évolution de la conscience religieuse, plus précisément dans l'évolution de la conscience humaine qui est substantiellement religieuse. C'est le moment de l'émergence de la seconde puissance, la puissance rationnelle ; c'est le moment de sa victoire sur la première puissance, la puissance « religieuse » au sens premier du terme, qui est en fait une puissance irrationnelle. Fondamentalement cependant, la seconde puissance est tout aussi religieuse, sacrée et divine que la première. Voilà pourquoi Tillich peut affirmer ici avec Schelling que le processus culturel n'est qu'un aspect du processus mythologique et que l'attitude séculière irréligieuse n'est qu'un moment dans l'histoire de la religion[16].

Il s'ensuit encore que ce moment critique de la raison n'est pas l'ultime étape dans la dynamique interne de la religion. Car ce moment négatif doit être lui-même dépassé, et il le sera effectivement avec l'avènement de la révélation. C'est que la raison est sans doute libératrice pour autant qu'elle secoue le joug de la religion. Mais elle entraîne avec elle une autre servitude, qui est celle de la loi. Il y a en effet dans l'exercice de la raison une tension profonde, qui est celle du particulier et de l'universel, de l'individuation et de la participation. Car d'une part la raison est le privilège de chaque personne humaine, et elle permet à tout individu de se libérer des déterminismes de la nature, ainsi que des contraintes du monde environnant. Mais d'autre part la raison impose toutes les exigences de l'universel, telles qu'elles sont exprimées dans la loi morale. Et cette loi s'impose d'abord de façon très concrète sous la forme du pouvoir de l'État séculier. Tillich décrit ici, dans les termes mêmes de Schelling, la situation de l'individu sous le joug de la loi : « Il devient

---

[15] *Ibid.*, p. 74 (transl., p. 98).

[16] *Ibid.*, pp. 102-103 (transl., pp. 125-126).

maintenant parfaitement clair où en arrive l'ego quand il se soustrait à Dieu [...] Son sentiment premier et naturel en est un de déplaisir et d'aversion contre la loi [...] Car en tant qu'universelle et impersonnelle celle-ci ne peut être que dure[17]. » Devant cette impasse du processus mythologique et du processus rationnel, la révélation se présente comme la seule solution valable : « L'ego ne trouve le salut que lorsqu'il possède Dieu en réalité et qu'il est uni, réconcilié avec lui. Or cela s'accomplit par la religion, par la religion libre, spirituelle et personnelle, qui met fin au monde passé[18]. » L'ultime étape et l'aboutissement final de l'histoire de la religion se trouve donc dans la religion spirituelle, qui s'identifie avec la révélation, au-delà de tout le processus mythologique, au-delà aussi de tout le processus rationnel et culturel.

La théologie de la culture (1919-1926)

J'aborde maintenant la période du premier enseignement, celle des années 1919-1926, qu'on peut appeler aussi période de la théologie de la culture, d'après la célèbre conférence de 1919, qui en trace déjà tout le programme. Il ne fait pas de doute que l'influence de Schelling est encore ici bien manifeste. Contentons-nous de signaler quelques points fondamentaux où la continuité avec la période précédente est évidente :

(i) Pour le Tillich des années 20 aussi, la conscience humaine est religieuse dans son essence même ; elle est substantiellement religieuse. C'est ce qu'il exprime maintenant par sa distinction entre le « substantiellement religieux » (*substantiell religiös*) et l'« intentionnellement religieux » (*intentional religiös*). Tout acte culturel est religieux quant à la substance, même s'il ne l'est pas quant à l'intention[19].

(ii) Par conséquent, le Tillich des années 20 s'oppose tout autant à la conception déiste, qui part d'une conscience irréligieuse et d'un monde séculier pour remonter jusqu'à Dieu. On ne peut pas faire reposer l'inconditionné sur le fondement du cogito cartésien. Et on ne peut poser Dieu à partir du monde, comme un simple complément du monde. L'inconditionné divin est au point de départ, à l'origine première de la conscience et du monde, ou il n'est pas[20].

(iii) L'histoire de la religion et de la culture est conçue alors de façon très schellingienne aussi. C'est au point de départ l'unité plus ou moins idéale, plus ou moins confuse, de la religion et de la culture. Avec l'émergence de la raison, la séparation apparaît entre les deux, pour aboutir

---

[17] *Ibid.*, pp. 74-76 (transl., pp. 98-100).

[18] *Ibid.*, p. 78 (transl., p. 102).

[19] « Religionsphilosophie », *G.W.*, I, p. 320 (*Philosophie de la religion*, trad. F. Ouellet, Genève, Labor et Fides, 1971, pp. 49-50).

[20] « Die Überwindung des Religionsbegriffs in der Religionsphilosophie », *G.W.*, I, pp. 368-369, 371-372 (*Religion et culture*, trad. Marc Dumas, à paraître aux Éditions du Cerf/Presses de l'Université Laval, 1987).

jusqu'à l'opposition et au conflit. Mais Tillich voit toujours cette opposition comme un conflit à l'intérieur même de la religion. C'est d'abord la protestation prophétique, au nom de la sainteté divine, au nom de la vérité et de la justice divines, c'est-à-dire contre les mensonges et les injustices sacrés. C'est ensuite la critique rationnelle et autonome qui prend la relève, cette fois au nom de la vérité et de la justice tout court. Et pourtant, il y a encore là quelque chose de fondamentalement religieux dans cette critique de la raison, puisqu'elle se fait toujours au nom de l'absolu des valeurs[21].

(iv) Finalement, chez le premier Tillich comme chez Schelling, l'histoire de la religion tend toujours à la réunification des deux perspectives, à l'unité idéale de la religion et de la culture. Mais là encore la réconciliation ne peut être l'effet d'un simple compromis. Elle provient d'une source supérieure aux deux points de vue opposés. Elle provient de la révélation divine, qui transcende elle-même toutes les oppositions entre la religion et la culture[22].

Cependant, en dépit de toutes ces continuités et points de convergence avec Schelling, la pensée de Tillich en ces années 20 demeure parfaitement personnelle et pleinement originale. Et sa première originalité consiste sans doute dans cette thématique même de la religion et de la culture. Le concept de culture n'intervient plus seulement à un moment précis du processus mythologique comme chez Schelling. Il est donné dès le départ avec celui de religion. Et ce point de départ est facile à marquer. C'est le deuxième point de la conférence de 1919, intitulé précisément « Culture et religion », qui constitue le point tournant de cette conférence, et qui va aboutir directement à l'idée d'une théologie de la culture[23]. Au cours des années suivantes, la thématique initiale se déploie et la corrélation principale, « religion-culture », en engendre d'autres construites sur le même modèle. C'est ainsi qu'en explorant le thème « Église et culture », qu'on lui a proposé en 1924, Tillich distingue et coordonne différents couples d'opposés : religion-culture, Dieu-monde, sacré-profane, société sacrée et société profane[24].

Dans le traité de philosophie de la religion de 1925, religion et culture sont définies l'une par rapport à l'autre. Plus précisément, l'une et l'autre sont définies par rapport aux termes d'un ensemble qu'on pourrait appeler avec Tillich une philosophie du sens. Dans cette théorie, le sens est composé de deux éléments : le contenu du sens (*Sinngehalt*) et la forme du sens (*Sinnform*). La religion se trouve alors définie comme

---

[21] « Kirche und Kultur », *G.W.*, IX, pp. 39-40 (*Religion et Culture*, trad. Jo Lessard).

[22] *Ibid.*, pp. 41-43.

[23] « Über die Idee einer Theologie der Kultur », *G.W.*, IX, pp. 15-19 (*Religion et Culture*, trad. Nicole Grondin).

[24] « Kirche und Kultur », *G.W.*, IX, p. 32 (trad., voir note 21).

l'orientation vers le contenu inconditionné du sens, tandis que la culture est elle-même orientée vers les formes conditionnées du sens[25].

Mais cette philosophie du sens repose elle-même sur un fondement encore plus large, qu'on pourrait appeler une philosophie de l'esprit, et qu'on trouve exposée dans *le Système des sciences* de 1923. Nous voyons là qu'à la triade de la forme, du contenu et du sens correspond la triade encore plus fondamentale de la pensée, de l'être et de l'esprit[26]. La culture englobe alors toutes les fonctions de l'esprit ; c'est le produit global de l'esprit. En revanche, la religion se situe à la racine, à la source créatrice de l'esprit ; c'est à proprement parler l'inspiration de la culture. Notons encore une fois que ce fondement philosophique confère un cadre théorique et systématique bien marqué aux définitions tillichiennes de la religion et de la culture en ces années 20. La pensée de Tillich se structure alors de façon de plus en plus personnelle. Son inspiration profonde dérive toujours de Schelling. Mais j'oserais dire, en termes de *Gehalt* et *Form*, qu'elle garde le contenu de la pensée de Schelling, tout en l'adaptant à une forme plus rationnelle, de type plutôt hégélien. C'est la même idée, je pense, qu'exprime Tillich lui-même en d'autres termes, en disant qu'il utilise la méthode « critique-intuitive[27] », ce qu'il appellera ensuite la méthode « métalogique[28] ».

Il ne suffit pas cependant d'examiner la conceptualisation et la méthodologie des rapports religion-culture à cette époque du premier enseignement. Il faut aussi et surtout voir au-delà de la théorie quels sont les problèmes réels et vitaux auxquels Tillich se heurte, quel est pour lui le véritable enjeu de toute cette question de la religion et de la culture. J'ai tenté ailleurs de préciser cette problématique, en montrant qu'il s'agissait alors pour lui de maintenir et de réconcilier deux principes, deux convictions aussi fondamentales l'une que l'autre : l'absolu de la religion et l'autonomie de la culture[29]. Dès qu'on perçoit l'absolu de Dieu, le caractère paradoxal de la religion apparaît aussitôt. Car celle-ci se présente d'abord comme un phénomène culturel parmi d'autres, comme une fonction de l'esprit parmi d'autres. Mais l'absolu ne peut pas être ainsi juxtaposé, ni même superposé à d'autres réalités de même ordre. Il faudra donc chercher l'essence même de la religion au-delà de toutes les

---

[25] « Religionsphilosophie », *G. W.*, I, pp. 318-320 (trad., pp. 45-50). *Cf. On the Boundary*, New York, Charles Scribner's Sons, 1966, p. 55 (où Tillich parle de sa philosophie des années 20 comme d'une philosophie du sens : *philosophy of meaning, Sinnphilosophie*).

[26] « Das System der Wissenschaften nach Gegenständen und Methoden », *G. W.*, I, pp. 117-120 (*The System of the Sciences According to Objects and Methods*, transl. by P. Wiebe, Lewisburg, Bucknell University Press, 1981, pp. 33-37).

[27] « Die Überwindung [...] », *G. W.*, I, pp. 385-386 (trad., voir note 20).

[28] « Das System [...] », *G. W.*, I, pp. 122-123 (transl., pp. 39-41).

[29] *Cf.* Jean RICHARD, « Religion et culture : problématique du premier Tillich », *Science et Esprit*, 37 (1985), pp. 45-68 (surtout pp. 47-51).

apparences phénoménales, au-delà de toutes les réalisations et expressions concrètes. Notons encore ici que cette conscience si vive de l'absolu, ou comme il dit lui-même « le oui inconditionnel à l'inconditionné », Tillich le doit sans doute à Schelling, mais il reconnaît aussi qu'il se trouve par là, sans influence réciproque, en parfaite harmonie avec le nouveau mouvement théologique lancé par Barth et Gogarten[30].

Quant à l'autre principe, l'autonomie de la culture, Tillich le défend avec tout autant de conviction et de force. C'est là pour lui l'héritage direct de la philosophie critique et de la théologie libérale, et c'est par là sans doute qu'il se distingue le plus visiblement de son illustre contemporain, Karl Barth. Barth comprend difficilement qu'on puisse consacrer encore beaucoup d'énergie pour défendre l'autonomie de la raison et de la culture. Cette lutte lui semble un combat d'arrière-garde. Tillich réplique vigoureusement : « Barth se demande non sans raison si le combat de défense contre le Grand Inquisiteur, avec ses insignes que sont l'hétéronomie et la loi, ne constitue pas un facteur déterminant essentiel dans ma position. Il en est bien ainsi, et il doit en être ainsi[31]. »

Cela ne signifie pas cependant que la culture peut désormais se complaire en elle-même, qu'elle se trouve désormais à l'abri de toute critique. Ce serait là exactement la conception bourgeoise de la culture. Or Tillich réagit tout aussi vigoureusement contre cette culture bourgeoise autosuffisante. Son ouvrage de 1926, sur *la Situation religieuse du temps présent*, constitue un excellent témoin de la critique antibourgeoise à laquelle il soumet tous les secteurs de la culture. Et cette critique, qui n'est en fait que l'envers de son socialisme religieux, provient elle-même d'une double source : elle vient sans doute de la raison critique, mais plus profondément encore elle s'inspire de ce qui transcende la religion et la culture, de ce que la théologie appelle la révélation, et que Tillich traduit ici philosophiquement comme l'irruption de l'inconditionné dans les formes de la culture. Il écrit à ce propos : « Ce n'est pas l'absence de forme, ni la domination d'une forme étrangère qui ont le droit de rompre la forme critique. [...] Mais par une entière affirmation de la forme autonome et critique, le contenu de l'inconditionné doit percer et briser, non pas de façon informe, mais de façon paradoxale[32]. »

Avec cette notion de paradoxe, nous atteignons vraiment le sommet de la pensée de Tillich à cette époque. Le paradoxe indique l'union de l'affirmation et de la négation, de l'auto-affirmation et de l'auto-négation. Le paradoxe marque ainsi la situation de la religion tout autant que de la culture devant l'événement de la révélation. Mais le paradoxe imprime aussi sa marque sur la philosophie de la religion tout autant que

---

[30] « Die Überwindung [...] », *G.W.*, I, pp. 367-368 (trad., voir note 20).

[31] « Antwort » (1923), *G.W.*, VII, p. 240.

[32] « Die Überwindung [...] », *G.W.*, I, p. 386 (trad., voir note 20).

sur la théologie de la culture à cette époque, comme j'ai tenté de le montrer au dernier colloque Tillich de Francfort[33]. Car la corrélation entre religion et culture sur le plan ontologique se reflète parfaitement dans la corrélation entre philosophie de la religion et théologie de la culture sur le plan épistémologique. Cela suffit pour faire entrevoir la grande perfection de la pensée de Tillich à cette époque du premier enseignement : une perfection de créativité, de profondeur et de synthèse, qui, il me semble, ne sera jamais dépassée par la suite.

La théologie systématique (1951-1963)

Nous passons maintenant à la troisième et dernière étape de notre itinéraire, celle de la *Théologie systématique*. Or dès l'abord, dès le début de l'introduction, nous constatons un changement important : c'est la corrélation message-situation qui remplace le rapport religion-culture. Le message doit s'entendre ici au sens bien précis du message chrétien : l'évangile, le kérygme. Il s'agit donc d'un terme beaucoup plus précis, beaucoup plus étroit aussi que la religion. Sans doute, le message chrétien ne doit-il pas être identifié à la lettre même de l'Écriture, mais il doit être redécouvert à l'intérieur de la Bible et de la tradition chrétienne (*within the Bible and tradition*), tandis que le contenu religieux dont on parlait tantôt peut être lui-même perçu à travers toutes les formes de la culture[34].

Si l'on se demande maintenant la raison de cette évolution, on peut immédiatement en signaler deux, qui sont évidentes ici. Il y a d'abord le fait qu'on est passé d'une théologie de la culture (*Kulturtheologie*) à une théologie d'Église (*Kirchentheologie*). Tel est bien en effet le type de théologie qu'annonce la *Théologie systématique* dès le début : « La théologie, en tant que fonction de l'Église chrétienne, doit servir les besoins de l'Église. » Or la mission première de l'Église est l'annonce du message chrétien. L'autre raison est tout aussi évidente : c'est l'influence de Karl Barth. Dans cette première section de l'introduction, Tillich se situe par rapport à Barth. Ce qui apparaît d'abord, c'est la différence, la distance qu'il prend par rapport à lui. Mais sous cette différence, il y a un fondement commun sur lequel Tillich se reconnaît de plus en plus d'accord avec Barth. Et ce fondement commun, qui prend de plus en plus d'importance pour Tillich, c'est le critère ultime de la révélation finale en Jésus le Christ. C'est ce que j'ai appelé ailleurs le tournant théologi-

---

[33] *Cf.* J. RICHARD, « Philosophy of Religion and Theology of Culture in Tillich's First German Teaching », Akademischen Zenternarfeirer für Paul Tillich, Frankfurt/Main, 23-25 mai 1986.

[34] *Systematic Theology*, I, pp. 3-5.

que de Tillich[35]. Or le message chrétien dont parle la *Théologie systématique* s'identifie précisément à cette révélation finale, à la réponse finale de Dieu, au-delà de toutes les réponses préliminaires contenues dans l'histoire de la religion et de la culture.

Passons maintenant à l'autre pôle de la corrélation, celui de la situation. Il faut bien voir d'abord que Tillich entend parler ici de la situation existentielle et non pas simplement de la situation objective. La situation objective est celle qui est décrite par le scientifique, qui est perçue par ses instruments de mesure : par exemple, le taux de pollution de l'atmosphère ou la quantité d'ogives nucléaires dans l'arsenal des grandes puissances militaires. Quant à la situation existentielle, elle est plutôt déterminée par la prise de conscience qui s'ensuit, par le nouveau sens ou non-sens que présente pour nous l'existence à la suite de ces constatations objectives. Tillich parle ici de l'interprétation de l'existence. Et il faut l'entendre encore une fois de façon existentielle et non pas purement objective. Cette interprétation n'est pas la simple perception d'un sens déjà là, déjà actualisé dans l'existence, dans le monde. Il s'agit plutôt d'une inteprétation créatrice, d'un sens que nous donnons, ou du moins que nous actualisons, dans l'existence. Voilà pourquoi toute interprétation de l'existence est d'abord une auto-interprétation, une interprétation de soi. Tillich dira donc ici que la situation qui intéresse la théologie est « la totalité de l'auto-interprétation humaine à une époque donnée ». Or cette interprétation de l'existence s'exprime elle-même dans « les formes scientifiques et artistiques, économiques, politiques et éthiques » d'une époque. Nous avons reconnu là les différents secteurs de la culture. Tillich en conclura effectivement que la situation à laquelle s'intéresse la théologie est constituée par «toutes les différentes formes culturelles qui expriment l'interprétation que l'homme moderne donne de son existence[36].»

On retrouve donc ici la notion de culture, et même celle de forme culturelle. Le contexte est cependant bien différent. Car ce qu'exprime maintenant la forme culturelle, ce n'est plus le contenu religieux (*Gehalt*), c'est l'interprétation créatrice de l'existence, c'est l'auto-interprétation humaine. Or il ne semble y avoir plus rien de religieux dans cette interprétation de l'existence. Dans la corrélation du message et de la situation, le pôle de la situation ne semble plus avoir qu'une valeur négative : c'est le pôle du vide, du manque, de la recherche et de la question. Par contre, le pôle du message est vraiment le pôle positif, celui de la réponse. Tillich pourra donc affirmer ici que la théologie « répond aux questions impliquées dans la situation avec le pouvoir du message éternel[37] ». Cette

---

[35] J. RICHARD, «Théologie et philosophie dans l'évolution de Paul Tillich », *Laval théologique et philosophique*, 42 (1986), pp. 206-213.

[36] *Systematic Theology*, I, Chicago, University of Chicago Press, 1951, pp. 3-5.

[37] *Ibid.*, p. 6 ; *cf.* p. 8.

interprétation se trouve d'ailleurs confirmée dans une étude sur « la signification théologique de l'existentialisme et de la psychanalyse », où il soutient que l'interprétation psychanalytique et existentialiste de la situation humaine n'est ni théiste ni athée, donc ni religieuse ni irréligieuse ; elle ne fait que soulever la question qu'implique l'existence humaine elle-même. Si le philosophe ou le psychologue propose aussi une réponse, il le fait à partir d'ailleurs, à partir d'une tradition religieuse ou humaniste[38].

La religion semble aussi presque totalement absente de l'horizon de la théologie systématique : elle ne se trouve pas encore dans la situation et elle est déjà dépassée par le message. Ce serait là l'effet de l'influence barthienne et de l'influence existentialiste sur le Tillich américain. Mais ce n'est là encore qu'un aspect de son œuvre aux États-Unis. On pourrait fort bien montrer aussi que, parallèlement à la théologie systématique, Tillich a élaboré tout au long de sa carrière la théologie de la culture qu'il avait commencée en Allemagne, comme en témoigne l'ouvrage publié sous ce titre en 1959. Or au centre de la théologie de la culture se tient précisément le rapport entre religion et culture[39]. Nous avons vu que c'était là le thème d'une série de cours donnée à Harvard en 1955-1956, et qu'en 1960 Tillich en parlait encore comme de la poursuite d'une idée qui traverse toute son œuvre[40]. On pourrait donc aller plus loin et suggérer que les deux lignes de pensée, celle de la théologie systématique centrée sur la polarité message-situation, et celle de la théologie de la culture centrée sur le rapport religion-culture, se rencontrent finalement dans le troisième volume de la *Théologie systématique*, qui traite à fond toute cette problématique de la religion et de la culture.

Cette explication ne manque pas de vraisemblance, et elle est sans doute valable jusqu'à un certain point. C'est même en ce sens que j'ai moi-même interprété plus haut les deux citations de 1959 et de 1960 qui figurent sur le programme du colloque. Mais au point où nous en sommes, cela ne me semble pas pleinement suffisant. Car l'explication proposée suppose que du moins la ligne de la théologie de la culture, la ligne de la corrélation religion-culture serait demeurée constante tout au cours de l'œuvre de Tillich. Or Tillich lui-même affirme tout le contraire dans une conférence donnée à l'Université de Chicago en 1946, intitulée justement : « Religion et culture séculière ».

Dans cette conférence, il rappelle d'abord l'enthousiasme avec lequel fut écrite et donnée à Berlin en 1919 la conférence « Sur l'idée d'une théologie de la culture ». On croyait alors à un nouveau commencement.

---

[38] « The Theological Signifiance of Existentialism and Psychoanalysis », *Theology of Culture*, p. 125.

[39] *Theology of Culture*, p. V.

[40] *Cf. supra*, note 2.

Le temps était mûr pour des transformations radicales. L'écroulement de la civilisation bourgeoise laissait le champ libre à une nouvelle culture construite sur un fondement religieux. Tout l'effort de cette théologie de la culture portait donc sur la réunion de la religion et de la culture. Et cette unité devait se réaliser par le principe de la théonomie, selon lequel « la religion est la substance de la culture et la culture la forme de la religion[41] ».

Mais Tillich poursuit aussitôt en disant que l'histoire a pris un autre chemin et que le problème de la religion et de la culture ne peut plus être résolu tout simplement en ces termes. Car la nouvelle expérience de l'après-guerre des années 40, c'est l'expérience de la fin. Après la Première Guerre mondiale, on faisait plutôt l'expérience d'un nouveau commencement ; maintenant, c'est le sentiment de la fin qui prédomine. La nouvelle théologie de la culture doit donc être une théologie de la fin de la culture. Or cela signifie que les analyses théologiques de la culture ne doivent plus porter désormais sur le contenu ou la substance religieuse, mais plutôt sur le vide intérieur de la plupart des expressions culturelles, sur leur vacuum, sur leur manque de caractère ultime et de pouvoir substantiel. D'après Tillich, il semble que seules alors peuvent avoir quelque grandeur les créations culturelles dans lesquelles se trouve exprimée cette expérience du vide. Car cela ne peut se faire que sur le fondement d'un *ultimate concern*, qui ne remplit pas artificiellement le vide, qui ne le cache pas non plus, mais qui en fait un « vide sacré[42] ». Tillich ajoute encore que ce vide est la destinée de notre époque. Nous ne pouvons donc pas l'éviter, mais nous pouvons l'accepter comme un vide sacré et nous pouvons aussi par là transformer notre pensée et notre agir[43].

La conférence s'achève alors sur cet aveu : « Je n'ai pas essayé de présenter une synthèse bien balancée entre la religion et la culture séculière. J'ai essayé de montrer leur commune racine théonome, le vide qui a nécessairement suivi leur séparation, et peut-être quelque chose de l'attente de notre temps pour une nouvelle théonomie, pour une préoccupation ultime (*ultimate concern*) dans toutes nos préoccupations[44]. » On est bien loin ici du projet de théologie de la culture élaboré en 1919. C'est plutôt l'envers de ce projet ; c'est une théologie de la culture au sens paradoxal. Dans cette ligne de pensée, la thématique religion-culture est vouée à l'éclatement et à la disparition. Là où Tillich est allé le plus loin dans ce même courant de pensée existentialiste, c'est sans doute dans la série de conférences données à Yale : *le Courage d'être*. Mais justement, il n'est plus question là de religion ni de culture ; ces deux termes

---

[41] « Religion and Secular Culture », *The Protestant Era* (Abridged Edition), Chicago, University of Chicago Press, 1957, pp. 56-57.

[42] *Ibid.*, pp. 59-60.

[43] *Ibid.*, p. 65.

[44] *Ibid.*

n'apparaissent même plus dans l'index des sujets traités. Et l'on pourrait peut-être dire qu'il en va de même pour la *Théologie systématique*, de sorte que la corrélation message-situation pourrait être vue aussi comme le résultat de l'éclatement de la polarité religion-culture. Il semble bien en tout cas que la notion d'*ultimate concern* soit le lien de cette nouvelle corrélation[45].

Nous venons de voir le grand contraste entre la théologie de la culture de la période allemande et de la période américaine de Tillich. Cela n'empêche pas cependant d'y reconnaître aussi une grande continuité. Cette continuité est d'abord manifeste dans la forme de la pensée, puisque Tillich parle maintenant du vide sacré de la même façon dont il parlait autrefois du *Gehalt*, du contenu religieux. Mais la continuité est bien réelle aussi jusque dans le contenu de la pensée. Car dès le premier enseignement, le *Gehalt* connaît aussi une valeur négative. L'inconditionné en effet n'est pas seulement fondement (*Grund*), il est en même temps abîme (*Abgrund*) du sens[46]. Cela explique sans doute pourquoi Tillich peut toujours faire référence, et parfois avec une certaine nostalgie, à la théologie de la culture de son premier enseignement allemand.

J'aimerais, en terminant, soulever une dernière question. Il ne fait pas de doute que le sentiment du vide soit vraiment l'état d'esprit de Tillich après la Seconde Guerre mondiale. Est-ce à dire cependant que c'était là aussi l'état d'esprit général en Amérique et même en Europe à ce moment-là ? Ce n'était certainement pas en tout cas l'état d'esprit de Reinhold Niebuhr à New York. Roger Shinn raconte justement que Tillich a étonné et renversé tout le monde quand il a parlé du vide lors d'une rencontre des socialistes chrétiens, organisée par Niebuhr en 1946 : « He stunned them when he spoke of the void[47]. »

Je crois bien qu'il en va de même pour nous aujourd'hui. Tous les combats pour les droits et libertés dans le monde, tous les mouvements pour la paix et pour la sauvegarde de l'environnement, toutes les révolutions et les réformes politiques de gauche et de droite, tout cela nous fait penser beaucoup plus à la situation de Tillich après la Première Guerre mondiale. Voilà pourquoi sans doute la philosophie de la religion et la théologie de la culture de ces premières années d'enseignement prennent pour nous aujourd'hui de plus en plus d'importance et qu'elles nous semblent de plus en plus actuelles.

---

[45] *Cf. Systematic Theology*, I, p. 10.

[46] « Kirche und Kultur », *G.W.*, IX, p. 34 (trad., voir note 21).

[47] Roger L. SHINN, « Tillich as Interpreter and Disturber of Contemporary Civilization », *The Thought of Paul Tillich*, ed. by J. L. Adams, W. Pauck, R. L. Shinn, San Francisco, Harper and Row, 1985, p. 59.

SACRÉ ET PROFANE, ÉGLISE ET SOCIÉTÉ, DANS « KIRCHE UND KULTUR » DE PAUL TILLICH

Jo Lessard
Faculté de théologie, Université Laval

Introduction

Nous avons axé ce colloque sur la question de la religion et de la culture chez Paul Tillich. Dans ses études de la période allemande, et surtout au cours des années 20, Tillich en traite de façon toute spéciale dans ce qu'il appellera d'abord « théologie de la culture ». Nous en aurons des échos tout au long de notre rencontre. L'idée fait son apparition en 1919 dans sa conférence intitulée « Sur l'idée d'une théologie de la culture ». Il tente alors de déterminer quelle place revient à la théologie parmi les diverses disciplines scientifiques. Il établit pour cela la fameuse distinction des trois divisions des sciences de l'esprit : la philosophie, l'histoire et la typologie qui s'y rapporte et enfin, la systématique normative. Lorsqu'il définit ensuite la religion, il la place comme absolue, au-delà de la religion concrète et de la culture.

Il poursuit cette recherche en 1922 au cours d'une autre grande conférence, qu'il intitule d'ailleurs « le Dépassement du concept de religion en philosophie de la religion ». Ce texte marque une nouvelle étape : tout comme il l'a fait pour la religion, Tillich pose Dieu comme absolu, au-delà de l'idée d'un Dieu juxtaposé au monde.

Deux ans plus tard, en 1924, survient un autre texte, beaucoup moins connu, mais marquant sous plusieurs aspects. Il s'agit de « Église et Culture ». Dans le cadre du projet « Paul Tillich » de l'Université Laval, j'ai poursuivi, pendant deux ans, une recherche portant spécifiquement sur la traduction et l'interprétation de ce texte ; je vous en livre ici les résultats.

Quel intérêt « Église et Culture » présente-t-il ? Il occupe une position charnière : tout en reprenant l'acquis des textes antérieurs, il marque un pas déterminant dans la pensée de l'auteur et annonce l'ouvrage systématique de l'année suivante *Philosophie de la religion*.

Dans « Église et Culture », le rapport religion/culture apparaît sous un jour nouveau. Il est traité selon deux dimensions : une plus fondamentale, le rapport sacré/profane (qui est la racine du rapport religion/culture) et une plus concrète qui en découle : le rapport Église/société (c'est-à-dire communauté sacrée/communauté profane).

J'en présenterai ici une analyse en trois points : d'abord, la théorie du sens, puis le sacré et le profane et enfin, l'Église et la société.

La théorie du sens

Alors que Tillich nous annonce qu'il traitera des rapports sacré/profane, il commence sa conférence par une analyse théorique du sens qui constitue le fondement philosophique de toute la réflexion ultérieure. Il avait déjà abordé cette question dans *le Système des sciences*, en 1923, mais nous en avons, dans le texte qui nous occupe, la première application théologique. Elle sera d'ailleurs reprise dans *Philosophie de la religion*.

Cette théorie du sens constitue la clé de compréhension de la totalité du texte. Elle s'inscrit dans le contexte d'une philosophie élaborée l'année précédente dans *le Système des sciences* : la philosophie de l'esprit. L'esprit y est alors défini par rapport au sens : il est essentiellement fonction, faculté du sens. On considère alors toutes les activités culturelles, théoriques et pratiques, comme des activités du sens, parce qu'elles sont des activités de l'esprit.

La théorie du sens s'énonce comme suit. Dans chacun de nos actes culturels, qu'ils relèvent du domaine scientifique, artistique, juridique ou social, on peut déceler un rapport au sens. Chaque action posée comporte d'abord un « sens concret ». D'une part, la personne actante lui attribue déjà un sens par le fait qu'elle pose l'action ; d'autre part, une action n'est jamais isolée ; elle s'inscrit dans un contexte de sens : les autres actions passées, présentes ou futures de l'actant, celles de son entourage immédiat ou non, etc. Ce contexte de sens, c'est aussi cet univers de sens qu'on cherche à créer autour de soi, cette unité parfaite de sens à laquelle on tend.

Mais ce sens concret et ce contexte de sens peuvent aussi s'écrouler : nos actions, notre monde, notre vie même perdent leurs sens ; ils nous semblent vides, inutiles, absurdes. On sent avec acuité l'urgence de trouver un sens qui puisse porter, soutenir tout cela. Tillich l'appelle « sens inconditionné ».

Quel rapport le sens concret et le sens inconditionné entretiennent-ils ? Le sens inconditionné est tout d'abord le *fondement du sens* : il porte chaque sens concret, de même que l'univers de sens et il y est exprimé. Un acte en soi n'est jamais inconditionné : c'est le sens profond qui s'y exprime qui l'est. Le sens inconditionné est par ailleurs l'*abîme du sens* : il transcende toujours le sens concret et même l'univers de sens, et n'y est jamais totalement exprimé. Tout sens particulier et concret s'y perd comme dans un gouffre. Cela est dû à ce que Tillich appelle le « caractère inépuisable » du fondement du sens. Le sens inconditionné consiste donc à la fois en un oui et un non au sens concret.

Cette affirmation de la présence d'un sens inconditionné dans les actes particuliers de sens, présence qui est objet de foi et non d'évidence, constitue le fondement de toute la conférence. La déconstruire, la nier, c'est jeter par terre toute l'argumentation ultérieure. Pour aborder ce qui suit, il faut donc accepter comme prérequis ce rapport sens concret/sens inconditionné.

Cette théorie du sens permet non seulement d'aborder la notion d'inconditionné sous un nouvel angle, mais aussi de redéfinir les principaux concepts utilisés antérieurement par Tillich dans sa théologie de la culture.

Par exemple, *monde* et *culture* seront définis en rapport à ce que nous avons appelé plus haut « univers de sens ». Le monde est le réseau de sens, l'ensemble cohérent de tous les sens particuliers, tel que nous pouvons l'observer objectivement. La culture est définie comme l'orientation de la conscience qui se tourne vers le monde, vers les sens particuliers. *Dieu* sera le fondement et l'abîme du sens, ce que nous avons appelé plus haut « sens inconditionné ». La *religion* désignera, quant à elle, l'orientation de la conscience vers Dieu, vers le sens inconditionné.

D'autre part, les « sphères de la culture » ou « provinces de l'esprit », comme on les nommait dans les textes précédents, portent désormais le nom de « fonctions du sens ». On retrouve encore la distinction entre le théorique et le pratique. Le sens inconditionné se montre à la fois comme fondement de l'être, dont la présence fondatrice peut être contemplée de façon théorique, mais aussi comme fondement du devoir être, qui comporte une exigence et donne l'absolu des grandes valeurs qu'on tente de réaliser pratiquement.

Par ailleurs, si l'on s'arrête au couple contenu et forme, présent dans la théologie tillichienne depuis 1919, on constate que le sens concret relève de la forme, de l'expression, alors que le sens inconditionné procède du *Gehalt*, du contenu profond, insondable, transcendant. Ce qui annonce leur position comme « éléments du sens » dans *Philosophie de la religion*, en 1925.

Le sens inconditionné n'est donc pas susceptible d'être considéré comme un sens plus fort ou plus haut que les autres dans une échelle de valeurs : il se situe au-delà d'une quelconque échelle de valeur, il en est le fondement, l'abîme.

Le sacré et le profane

Alors que les conférences de 1919 et de 1922 ne mentionnent presque jamais ce couple du sacré et du profane, c'est pourtant lui qui détermine le plan entier de « Église et Culture ». Il semble bien que l'intérêt

« soudain » de Tillich pour ce thème soit attribuable au fait qu'il a consacré, l'année précédente, une courte recension au livre d'Otto *Das Heilige*. Bien qu'il soit bref, il n'en est pas moins déterminant : il permet en effet à Tillich de se situer lui-même par rapport à Otto sur la question du sacré. Il accepte d'emblée, comme le suggère Otto, d'établir la place de l'irrationnel dans la définition du sacré. Il y voit une confirmation de sa propre valorisation du *Gehalt*, qui constitue justement le pôle du vital, de l'irrationnel, par opposition à celui de la forme, du rationnel. Là où il décèle une lacune dans la méthode adoptée par Otto, c'est lorsqu'il s'agit de déterminer le rapport du sacré au rationnel. La phénoménologie y trouve sa limite, que Tillich dépasse en définissant le sacré par rapport à l'inconditionné. Puisque celui-ci, en effet, n'est pas seulement le tout autre mystérieux et abyssal mais aussi le fondement de toute forme rationnelle, il entretient un solide rapport avec le rationnel.

Mais la recension sur *le Sacré* ne comporte que quelques pages. C'est ce qui amène Tillich à mettre cette question au centre même de cette nouvelle conférence : « Église et Culture ». Nous le constatons clairement lorsque Tillich en présente le plan :

> Nous voulons maintenant procéder comme suit : nous nous efforcerons d'abord de clarifier le rapport essentiel de sens entre profane et sacré ; puis nous jetterons un regard historique-spirituel sur les grandes lignes selon lesquelles ce rapport s'est réalisé ; enfin, nous proposerons la solution concrète appropriée, commandée sur la base de la considération de l'essence et de l'examen de la situation historique-spirituelle[1].

On constate par ailleurs que Tillich procède selon un schéma tripartite : rapport essentiel/réalisations historiques/solution concrète. Il s'agit en fait d'une analyse qui suit les trois dimensions des sciences de l'esprit et la définition des trois tâches de la théologie de la culture : analyse philosophique/histoire et typologie/systématisation normative concrète. Par son articulation même, « Église et Culture » constitue donc le premier véritable exemple de théologie de la culture.

Ces trois approches du rapport sacré/profane se retrouvent même dans la première section de la conférence (l'analyse essentielle) : très élaborée, pour la première, et en germe, pour l'histoire et le normatif. Cela donne lieu à trois conceptions ou états du sacré que j'appellerais le sacré « essentiel », le sacré « aliéné » et le sacré « chrétien ».

Le sacré essentiel

Tillich affirme d'abord l'unité essentielle du sacré et du profane. Ce sacré essentiel, quel est-il ? Tillich n'adopte pas la méthode phénoménologique, qui consisterait en une étude horizontale distinguant le sacré et

---

[1] « Kirche und Kultur », *G. W.*, IX, p. 33 (*Religion et Culture*, trad. Jo Lessard, à paraître aux Éditions du Cerf/Presses de l'Université Laval, 1987).

le profane comme deux entités juxtaposées. Il cherche l'essence au-delà du phénomène, comme il l'avait fait à propos de la religion et de Dieu dans les textes antérieurs. Son analyse du sacré pose une distinction verticale : le sacré est au profane ce que l'inconditionné est au conditionné. Dans la recension de 1923, il l'avait déjà d'ailleurs défini par l'inconditionné : « Le concept d'inconditionné [...] est un élément essentiel du sacré lui-même[2]. » Tillich propose donc une conception théonome du sacré ; il le définit d'ailleurs par rapport à tous les autres termes du système exprimant l'inconditionné : le *Gehalt*, le fondement et l'abîme du sens. Ces aspects du sacré se trouveront exprimés encore plus clairement dans la *Religionsphilosophie*[3].

Quant au profane, il concerne essentiellement l'expression conditionnée, la forme, le concret du sens. Le profane désigne les actes particuliers de sens alors que le sacré renvoie à la foi au sens inconditionné. Mais les deux sont théoriquement inséparables tout autant que la forme et le contenu : la foi se réalise concrètement dans des actes et ceux-ci expriment le fondement du sens. Selon l'essence, l'un ne va pas sans l'autre ; mais on peut, pour les définir, les considérer séparément.

Le sacré «aliéné»

Cette distinction déduite *in abstracto* devient une réelle divergence dans les rapports sacré/profane réalisés historiquement. Dans l'histoire concrète, la conscience individuelle entre en ligne de compte. Il arrive que, dans sa liberté, l'être humain nie l'une ou l'autre des deux dimensions qui lui sont essentielles, en choisissant l'une ou l'autre de façon exclusive. Il en résulte une attitude soit profane, soit sacrée. On adopte une attitude dite profane, mondaine si, en accomplissant le sens, on n'est conscient que de l'aspect particulier, formel du sens, en excluant de la conscience le sens inconditionné qui le fonde. C'est alors une position d'autonomie radicale par rapport au fondement du sens. Par contre, notre attitude est dite sacrée, religieuse si on tourne sa conscience exclusivement vers le fondement de sens en excluant les actes particuliers du sens ou en leur imposant de façon hétéronome certaines formes qui ont été absolutisées. Le spécifiquement sacré et le spécifiquement profane, comme sphères concrètes dans l'histoire, sont par conséquent de l'ordre du phénomène : ils sont l'expression de l'attitude prise par rapport au sens inconditionné.

Selon l'essence, donc, on est à la fois profane et sacré. Mais dans l'existence concrète, on peut être soit l'un, soit l'autre. Or, considérer exclusivement l'un ou l'autre, c'est aller à l'encontre de l'essence, la

---

[2] « Die Kategorie des « Heiligen » bei Rudolf Otto », *G.W.*, XII, p. 186. (trad., voir note 1).

[3] *Cf.* « Religionsphilosophie », *G.W.*, I, p. 335 (*Philosophie de la religion*, trad. F. Ouellet, Genève, Labor et Fides, 1971, p. 79).

contredire et, par conséquent, s'éloigner de Dieu. « La réalité, comme le notera Tillich, n'est pas dans l'état essentiel[4]. » Le sacré aliéné, celui du monde pécheur, c'est ce sacré tel qu'il est vécu et réalisé dans l'histoire, où on le retrouve juxtaposé et en opposition au profane.

Chacune des deux attitudes, profane ou sacrée, conduit au désespoir. L'orientation exclusive vers la forme du sens, l'attitude profane, conduit à la perte du lien conscient avec ce qui fonde le sens, avec le sens inconditionné, bien qu'elle y soit toujours reliée de par sa nature. Cela entraîne le désespoir du vide de sens. L'attitude sacrée, l'orientation exclusive vers le fondement de sens en rejetant les formes particulières conduit à considérer un sens inconditionné qui n'arrive jamais à l'expression. C'est l'attitude mystique radicale. Elle peut aussi provoquer l'absolutisation de certaines formes et le rejet de tout ce qui relève du profane. On a alors l'ascétisme radical. Cela entraîne le désespoir du vide de forme.

Par conséquent, un besoin de salut se fait sentir : il est urgent, pour sortir de ce désespoir de pécheur, de se réconcilier par rapport à l'essence et ainsi pouvoir réunir sacré et profane.

Le sacré chrétien

Qui peut sauver ? L'Église ne le peut pas : ce n'est pas par son activité cléricale qu'elle est en mesure de sortir le profane et elle-même du désespoir, car elle est en constante opposition à la société profane et se trouve donc elle-même aliénée ; la société n'y peut rien non plus : ses efforts pour produire des formes de sens, son activité critique, rationnelle et technologique ne peuvent apporter le salut. Tillich répondra que « c'est le sacré qui, n'étant réel dans aucune des deux sphères est en mesure de sauver les deux sphères[5] ».

Nous en arrivons par conséquent à une troisième acception du sacré : en effet, il relève maintenant, non pas de l'acte humain et de l'histoire humaine, mais de l'acte de Dieu et de la révélation. Il ne se réalise ni dans la sphère profane, ni dans la sphère sacrée : il se situe au-delà, il s'oppose à l'une et à l'autre et s'oppose aussi à leur opposition. Tillich l'énoncera comme suit :

> Le sacré dans la religion et dans l'Église reçoit un sens transcendant, et par là même un sens qui vaut en même temps pour le profane dans la culture et dans la société[6].

Pour Tillich, le sacré peut ainsi les sauver toutes les deux, les réconcilier. Sauver consistera alors à remplir les formes profanes avec le contenu du sacré et exprimer le contenu du sacré dans les formes profanes[7].

---

[4] « Kirche und Kultur », *G.W.*, IX, p. 36 (trad. voir note 1).

[5] *Ibid.*, p. 37 (trad., voir note 1).

[6] *Ibid.*, p. 131 (trad., voir note 1).

[7] *Ibid.*, p. 37 (trad., voir note 1).

Tout comme la conférence de 1919 nous présentait une religion au-dessus de la religion et celle de 1922 un Dieu au-dessus de Dieu, celle de 1924 pose un sacré au-dessus du sacré et du profane, un sacré entendu au sens transcendant, dialectique, paradoxal.

Pourquoi l'appeler chrétien ? C'est qu'il s'agit du sacré, fruit de la révélation et du salut, acte divin. On pourrait objecter que Tillich ne se réfère pas explicitement à la révélation réalisée en Jésus Christ. Mais il le fait de façon implicite : par exemple, en attribuant aux irruptions de la révélation les caractéristiques de la Croix (affirmation et autosuppression) et en renvoyant, dans la partie historique, à l'histoire sainte de l'Ancien Testament et à celle de l'Église chrétienne.

L'Église et la société

Comme l'annonce le titre de sa conférence, Tillich nous entretient finalement des rapports plus concrets de l'Église et de la culture. Dans son introduction, il retravaille cependant cette problématique de départ : il préfère laisser le concept « culture » comme corrélat de « religion » et traiter plutôt des rapports « Église » et « société », pour autant que celles-ci constituent deux communautés sociologiques, l'une sacrée, l'autre profane.

Nous l'avons vu, le concept transcendant et paradoxal de sacré relativise à la fois l'Église et la société. Elles ne peuvent ni l'une ni l'autre produire la réconciliation, apporter le salut. C'est dans le sacré transcendant que réside cette possibilité. Or celui-ci est objet, ou plutôt sujet de la révélation divine. La révélation ne consiste donc pas en une religion concrète qui viendrait supprimer ou convertir la culture profane. Elle se définit plutôt comme irruption du divin venant supprimer l'opposition Église/société, religion/culture, et donc les sauver, les réconcilier, les faire vivre. Le sacré surgit ainsi à travers l'Église et la société à la fois comme irruption et comme suppression. Voilà pourquoi nous le qualifions de paradoxal. Comme irruption il permet l'expression de l'inconditionné dans le conditionné et comme suppression, il critique toute forme ecclésiale ou sociale cherchant à s'absolutiser.

L'Église tombe par là sous le jugement du sacré transcendant pour autant qu'elle est portée à poser certaines de ses formes en lieu et place du véritable absolu et par là, imposer ses lois dans une hétéronomie démonique. Tillich s'attaque tant à l'Église catholique, qu'il définira comme « la religion qui se pose en absolu[8] », qu'à l'Église protestante, qui peut devenir une religion absolutisant le Christ, Jésus ou la Bible. La société tombe elle aussi sous le même jugement : sa recherche de la forme pour la forme, son rejet de l'absolu des valeurs qu'elle poursuit l'amènent à une autonomie radicale démonique, loin de Dieu.

---

[8] *Ibid.*, p. 43 (trad., voir note 1).

Quelles conséquences cela occasionne-t-il dans notre vie de croyant ? Il en résulte une libération. En relativisant de la sorte Église et société, la révélation du sacré nous libère de l'une et de l'autre. Aucune des deux communautés n'a le droit ni le pouvoir de s'ériger en absolu et de nous tenir en esclavage. On n'a plus à tenter de se libérer de la relativité de l'Église par un dévouement absolu à la société ou de se libérer de la relativité de la société par un renoncement de soi total à l'Église. On n'attend plus le salut ni de l'une, ni de l'autre

Tillich sera amené à poser, en opposition à ces deux types de communauté ce qu'il appellera la « communauté invisible » ou l'« Église invisible ». Celle-ci n'est ni société ni Église, mais peut se retrouver et dans l'une et dans l'autre. Elle peut en effet « être cherchée, sans pourtant être montrée avec évidence partout où l'inconditionnalité du divin fait irruption contre la religion et la culture[9] ». C'est la communauté de ceux et celles «qui écoutent la révélation et qui veulent la proclamer et la réaliser, peu importe que ce soit du côté religieux ou du côté culturel[10] ». Elle est créée par l'acte de Dieu lorsqu'il s'oppose tant à l'Église qu'à la société.

C'est dire qu'on peut proclamer la révélation par tous les symboles, même culturels, et non pas seulement les symboles chrétiens traditionnels de l'Église. Que nous nous situions davantage du côté de la culture ou du côté de la religion, nos actes peuvent laisser transparaître le contenu transcendant qui les porte et leur donne sens. La révélation ne se trouve pas seulement dans la « Parole » de l'Écriture ou de la tradition chrétienne, mais partout où elle est incarnée dans des actes qui l'expriment.

La situation actuelle de notre société et de notre Église semble bien loin de cette vision idéale d'« Église invisible ». Bien entendu, la révélation vient à l'expression dans l'Église à travers la Tradition et l'Écriture ; et elle s'exprime dans la société par la poursuite de la vérité et de la justice. Mais beaucoup trop faiblement. Notre Église n'arrive plus à renouveler les formulations de son message, à en transmettre le sens de façon pertinente. Et la société se perd dans un hyperformalisme qui l'éloigne de l'absolu des valeurs qu'elle véhicule. Aucune performance sociale ou ecclésiale ne peut plus nous sauver de cette situation désespérée.

S'en rendre compte, c'est déjà le premier signe du salut, et le plus important[11]. L'Église nouvelle ou la société nouvelle (l'« Église invisible ») à laquelle nous aspirons ne peut survenir que par l'irruption de la révélation, l'acte de Dieu. En termes théologiques, c'est une affaire de grâce.

---

[9] *Ibid.*, p. 42 (trad., voir note 1).

[10] *Ibid.*, p. 44 (trad., voir note 1).

[11] *Ibid.*, p. 45 (trad., voir note 1).

En effet, selon les propres termes de Tillich, la grâce est « le contenu vivant qui fait irruption à travers la loi[12] ». Nous ne pouvons produire nous-mêmes les effets de la grâce.

Tillich dira néanmoins : « Ce que nous pouvons faire, c'est préparer la voie[13]. » Si nous nous situons davantage du côté de l'Église, nous pouvons contribuer à ce qu'elle comprenne mieux qu'elle aussi doit s'exprimer à travers des formes concrètes ; qu'elle doit opérer un tri parmi les formes qu'elle utilise déjà comme symboles, en adopter de plus expressives et garder toujours en mémoire qu'elle n'est pas le Royaume de Dieu sur terre, mais une réalité concrète, relative. Si notre action s'effectue davantage dans le domaine social, nous pouvons contribuer à ce que la société prenne conscience du vide qui la menace, du fondement qui la porte, l'inviter à critiquer les valeurs qu'elle poursuit et à se soumettre à l'exigence qui la concerne aussi : devenir Royaume de Dieu.

---

[12] *Ibid.*, p. 46 (trad., voir note 1). Comparer à : « Seule l'irruption, à travers la forme autonome de la conscience, du fondement contenu dans la conscience du moi délivre de la contrainte de l'éloignement de Dieu ; la religion appelle cette irruption grâce. » « Die Überwindung des Religionsbegriffs in der Religionsphilosophie », *G. W.*, I, p. 379 (*Religion et Culture*, trad. Marc Dumas, à paraître aux Éditions du Cerf/Presses de l'Université Laval, 1987).

[13] *G. W.*, IX, p. 46 (trad., voir note 1).

MORALE ET RELIGION CHEZ PAUL TILLICH

Fernand CHAPEY
Facultés catholiques de Lyon

Cette communication se propose d'étudier les rapports de la morale et de la religion chez Paul Tillich. Elle s'appuiera principalement sur le texte des trois conférences que Tillich a données en 1959 et qui furent publiées en anglais en 1963 sous le titre *Morality and Beyond* (traduction française : *le Fondement religieux de la morale*), ainsi que sur la quatrième partie de la *Systematic Theology*, « Life and Spirit », publiée également en 1963.

Comment comprendre les rapports de la morale et de la religion ? Faut-il, comme le font volontiers certains théologiens, subordonner la morale à la religion ? Dans cette manière de voir très répandue, la morale est censée avoir pour fondement l'autorité divine telle qu'elle s'est manifestée dans la révélation. Mais alors les commandements moraux ne vont-ils pas apparaître comme le fait de quelque arbitraire divin ? Plus grave encore, si l'on admet avec Kierkegaard que la sphère du religieux est au-dessus de la sphère de l'éthique, il faudra accepter que la foi puisse demander ce que la morale réprouve : c'est ainsi qu'au nom de la foi Abraham est appelé à sacrifier son fils. Une telle morale qui reçoit ses règles du dehors doit être qualifiée d'hétéronome.

À l'encontre de cette manière de voir s'élève une tradition philosophique qui remonte à l'aurore de la pensée grecque et qui trouve son expression définitive chez Kant. La morale, c'est l'exigence à laquelle chaque individu est appelé à se conformer s'il veut vraiment être un homme, c'est-à-dire un être raisonnable. La raison, c'est avant tout ce pouvoir de reconnaître et d'approuver ce qui a une valeur pour tout homme et en toutes circonstances, c'est-à-dire en premier lieu la justice.

La loi de la raison ne provient pas d'une autorité extérieure à moi-même. Elle est la loi de mon propre être — de ma nature, au sens ancien du terme —, c'est la loi même de ma liberté, car être libre, c'est se conduire selon la raison. Cette loi, je ne peux pas faire autrement que de me la donner à moi-même et, ce faisant, j'affirme le plus haut niveau de ma liberté, d'une liberté que n'asservit aucune contrainte étrangère. C'est ce que Kant appellera l'autonomie de la conscience morale.

Cet acquis de la réflexion va dominer tout l'humanisme moderne. Mais certains sauront en tirer les conséquences. Puisque l'impératif moral peut être parfaitement fondé en dehors de toute relation avec la religion instituée, on sera tenté de ne voir dans la religion qu'une superstition nocive à éliminer. Ou bien, sans aller jusque là, on considérera que la religion peut être utile en ce qu'elle propose un ensemble de croyances et de pratiques qui contribuent à l'éducation des masses et leur permet d'accéder à cette sagesse morale à laquelle le philosophe est déjà parvenu par le moyen de sa raison : ce sera la position de Spinoza. On trouve un point de vue analogue chez Lessing. Ou bien encore à partir des exigences d'une morale rationnelle on cherchera à définir ce que doit être la religion : c'est ce que Kant entreprendra en écrivant *la Religion dans les limites de la simple raison* : être religieux n'est rien d'autre que de vivre moralement (on sait que pour Kant la prière est ridicule et inutile).

Devons-nous nous résigner à cette opposition irréductible ? N'avons-nous le choix qu'entre une religion qui se subordonne la morale, au risque de faire peu de cas des exigences de cette dernière, en particulier en ce qui concerne la justice, et une morale rationnelle qui ne tolère la religion que si celle-ci veut bien être à son service ? Tout l'effort de Tillich tendra à montrer que la morale comporte une dimension religieuse et que la religion n'est authentique que si elle sait accueillir l'exigence morale dans son intégralité.

La culture, la morale et la religion sont les trois grandes fonctions de l'esprit humain. Fonctions de l'esprit, Tillich y insistera souvent, ne veut pas dire fonctions intellectuelles. L'« esprit » (*Geist*) doit être compris comme l'unité dynamique du corps et de l'âme, des pulsions vitales et des facultés cognitives. Toute création spirituelle est affaire de dynamique et de forme. Dans les créations de l'esprit, c'est l'être tout entier qui entre en jeu, avec ses composantes biologiques, psychiques et intellectuelles.

Au commencement de sa première conférence de 1959, Tillich définit ainsi ces trois fonctions :

- la moralité est constitutive du support de l'esprit, du « soi » déterminé ou centré, c'est-à-dire de la personne ;
- la culture désigne la puissance créatrice de l'esprit, ainsi que la totalité de ses créations ;
- la religion enfin est la transcendance de soi de l'esprit humain en direction de ce qui est ultime dans l'être et dans le sens.

La religion dont il s'agit ici, ne l'oublions jamais, c'est ce que Tillich appelle la religion au sens large, ce que, pour notre part nous préférerions appeler la religion selon son essence ou religion essentielle. Cette religion au sens large est donc à distinguer des religions au sens étroit du terme — toujours pour parler comme Tillich — avec leur ensemble de doctrines, de rites et d'institutions et leur référence à une révélation particulière. Bien entendu cette religion comme fonction de transcendance doit être au cœur des religions au sens étroit du terme, des religions concrètes, qui d'ailleurs doivent une grande partie de leurs éléments aux créations de la culture.

Aucune de ces trois fonctions de l'esprit ne s'exerce sans les deux autres. Nous savons déjà qu'un des premiers soucis de Tillich a été de montrer que culture et religion ne peuvent être séparées. Dans la vie, la culture et la religion se recoupent comme deux dimensions — pensons aux dimensions de l'espace — et ne doivent pas être considérées comme deux niveaux superposés dont l'un serait nécessairement supérieur à l'autre et en droit de le dominer. C'est à juste titre que la culture refuse un régime d'hétéronomie et revendique l'autonomie dans la création de ses formes. Mais cette autonomie serait vaine si elle n'était pas animée sans être détruite par la dimension de transcendance. Le statut idéal qui définit les rapports de la religion et de la culture, c'est une théonomie qui n'est peut-être jamais réalisée mais à laquelle on ne doit pourtant pas renoncer. C'est ce qui est résumé dans la formule bien connue : la religion est la substance de la culture et la culture, la forme de la religion.

Trouverons-nous entre la morale et la religion des rapports comparables ? Tillich le pense et va s'efforcer de montrer qu'il y a une *dimension* religieuse dans l'impératif moral, que les commandements moraux ont une *source* religieuse et qu'enfin la *motivation* morale ne peut se passer de l'élément religieux.

*

* *

L'impératif moral est ce qui exige que nous devenions ce que nous sommes en puissance. Nous avons vu que pour la pensée antique cela voulait dire que nous avons à réaliser notre nature d'être raisonnable, ce qui implique nécessairement la justice. Tillich va donner à l'exigence morale une formulation plus conforme à la réflexion contemporaine. Pour elle, la notion de personne, avec tout ce qu'elle implique de dimensions relationnelles, vient au premier plan de ce qui définit la nature essentielle de l'homme, sans que pour autant la dignité de la raison soit oubliée.

L'être véritable de l'homme, c'est la personne et la personne se constitue dans une communauté de personnes. Ce qui m'est demandé de façon absolue, c'est de devenir une personne. Un acte moral est un acte par lequel le soi se constitue comme personne. C'est ce qui va s'expérimenter et se réaliser plus spécialement dans toute rencontre de personne à personne.

Un acte moral n'est donc pas un acte d'obéissance à une loi extérieure, qu'il s'agisse d'une loi humaine ou d'une loi divine, mais un acte qui est conforme à notre nature essentielle. En termes moins philosophiques, on peut dire qu'un acte moral est un acte qui nous humanise, moi-même et les autres.

Un acte antimoral, c'est un acte qui contredit la réalisation de soi comme personne, qui conduit à la désintégration de la personne en ce qu'il donne la suprématie à des pulsions, à des convoitises, à des craintes et des angoisses particulières. Alors le soi est divisé et la volonté réduite en esclavage.

Ce qui caractérise l'impératif moral, c'est qu'il est inconditionné. C'est ce que Tillich illustre par un exemple. Il y a dans la vie de nombreux impératifs, le plus souvent conditionnels. C'est ainsi qu'on peut dire à quelqu'un : « Si tu veux prendre l'avion, tu dois partir maintenant ». Mais après tout, il est possible que tu ne veuilles pas partir. Tandis que s'il s'agit d'un médecin qui doit prendre l'avion pour aller opérer un malade en danger, il s'agit d'un impératif inconditionné. Manquer l'avion par négligence serait un acte antimoral, un acte qui serait désintégrant pour la personne du médecin.

Un bon exemple aussi est celui que l'on peut tirer d'un récit de Camus : *la Chute*. Le personnage principal du récit est quelqu'un qui n'a pas fait un geste pour sauver une femme qui se noyait, alors qu'il l'aurait pu : ainsi s'amorce en lui une désintégration de sa personne qui le conduira de dégradation en dégradation.

Kant avait déjà souligné ce caractère inconditionné de l'impératif moral : c'est un « Tu dois » et non un « Si tu veux telle chose, alors... » C'est un impératif catégorique et non hypothétique.

On objectera que la décision morale est parfois difficile à prendre, qu'il peut y avoir conflit de devoirs, que l'on ait à choisir entre des valeurs, entre des personnes. À cela, il faut répondre que le caractère inconditionné n'appartient pas à la règle morale, c'est-à-dire à la norme, ni à ses conditions d'application, mais à l'impératif moral en tant que tel. C'est ce que l'on veut dire lorsque l'on parle du caractère formel de l'impératif moral. Autrement dit je peux hésiter sur le choix à faire, mais je ne peux pas douter du sérieux inconditionné avec lequel je dois faire ce choix.

C'est ce caractère inconditionné de l'impératif moral qui en constitue la dimension religieuse. Cet impératif que nous ressentons au plus intime de nous-mêmes et que nous n'avons pas le pouvoir d'éluder, bien que notre liberté puisse s'y soustraire, est une expression de notre être essentiel qui se refuse à être détruit. Tout homme, qu'il se réclame ou non d'une religion instituée, ne peut l'éviter.

Cette situation est bien reconnue par la religion elle-même puisque notre nature créée — c'est-à-dire notre être essentiel — est déclarée « bonne » par Dieu (Gen 1) et que la tradition chrétienne affirme sans ambiguïté la valeur absolue de la personne humaine. Mais cela ne veut pas dire que l'impératif moral devrait, si l'on peut dire, son existence et sa force d'obligation à des commandements attribués à la divinité par la Bible ou d'autres documents religieux.

Le caractère inconditionné de l'impératif moral est en lui-même exempt de toute ambiguïté. Mais l'ambiguïté apparaît vite dès lors que l'on cherche à donner à l'impératif une formulation qui dépasse le simple « Tu dois... ». Sans s'en rendre compte on cherche alors à transférer la qualité d'inconditionné à une règle morale. Cela peut être lourd de conséquences, même si cette règle est universellement acceptée.

C'est ce qui est arrivé à Kant qui, après avoir justement montré le caractère inconditionné de l'impératif moral, a cru que cela devait signifier le respect absolu des normes considérées comme courantes. C'est ainsi que dans une controverse célèbre avec Benjamin Constant il a soutenu qu'on n'avait pas le droit de mentir, même à un assassin qui cherche à savoir si celui qu'il veut tuer est dans la maison. À l'époque du nazisme on sait que cette doctrine du respect inconditionné de la loi — et des règlements — a parfois mené des fonctionnaires allemands à livrer « par devoir » des innocents aux bourreaux hitlériens.

*

* *

Il n'est pas nécessaire de considérer davantage l'impératif moral sous son aspect formel. Il faut maintenant se préoccuper de sa matière ou de son contenu : qu'est-ce qui en fait nous est demandé ?

Nous savons déjà quelle est la réponse de Tillich. L'impératif moral nous demande de devenir ce que nous sommes : une personne. C'est donc à ce devenir de la personne que nous allons devoir prêter attention.

Comme tous les êtres vivants, l'homme est un « organisme » en qui se recoupent des dimensions physico-chimiques, organiques, psychiques, et qui est en relation constante avec un environnement. Cela valait déjà pour l'animal qui répond aux sollicitations de son environnement selon les exigences de sa structure (*Gestalt*). À vrai dire son organisme et son environnement dans leurs réactions réciproques constituent eux-mêmes une structure.

En ce qui concerne l'homme, cette nécessité structurale n'est que partielle. Car par sa conscience il tient à distance ce qui l'environne. Il le peut parce qu'il a le pouvoir du langage. Le langage, en lui permettant de nommer des objets et d'accéder à l'universel, lui donne la possibilité de différer sa réaction envers ces objets, de la refuser, de la médiatiser, etc. Ainsi l'homme n'est pas lié à son environnement. Il n'a pas d'environnement mais il a un « monde ». Par ce terme il faut entendre non seulement ce qu'il perçoit actuellement, mais ce qu'il a perçu, les possibles, son propre « soi » comme faisant partie du monde, bref, tout ce qu'il se représente. Telle est la première condition de la liberté.

Mais cette liberté ne peut s'exercer que parce que l'homme a un « soi » déterminé ou « centré », autrement dit un centre de décision par lequel il unifie les composants de son « soi » (organiques, psychiques) — ce qui signifie déjà maîtrise de soi — et fait face avec son être tout entier aux sollicitations et aux demandes qu'il rencontre.

En effet, ce soi déterminé et centré est en continuel devenir. Son devenir sera fait de « rencontres ». Sa croissance, analogue aux autres processus de la vie, est, comme Hegel l'avait déjà vu, une succession de « sorties de soi » et de « retours en soi ». Chacune de mes rencontres est en quelque sorte une proposition qui m'est faite, que je dois négocier et intégrer.

Ouvert à tous les contenus que lui offre son monde, le soi peut croire à première vue qu'il peut les traiter à sa guise. Il n'en est plus de même lorsqu'il se trouve en face d'un autre « soi », c'est-à-dire d'une personne. Comme le dit Martin Buber, le « Je » peut faire tout ce qu'il veut de ce qui se donne à lui comme un « ça », mais il est arrêté lorsqu'il se trouve en face d'un « Tu ». L'autre, l'autre personne est précisément ce que je ne peux pas traiter purement et simplement comme un objet. Si je le fais, je porte atteinte à mon propre moi comme personne : toute atteinte à autrui est désintégrante pour le sujet qui s'y livre.

L'exigence morale est donc expérimentée dans la rencontre de l'autre. C'est l'expérience d'une exigence absolue : reconnaître l'autre comme personne, cela veut dire pratiquement lui laisser sa place, reconnaître son affirmation de soi, sa puissance d'être. C'est ce qu'on nomme habituellement la justice.

(Pour être tout à fait précis, il faudrait mentionner qu'à plusieurs reprises Tillich a indiqué qu'il conviendrait en quelque sorte d'attribuer une « subjectivité » non seulement aux personnes, mais aussi aux êtres vivants, voire à des choses : la présence de tout étant — pour parler comme Heidegger — est un appel à ce qu'on reconnaisse la puissance d'être qui est en lui et à ce qu'on lui rende justice. Tillich a dit une fois qu'il y avait une façon morale de cueillir — ou de ne pas cueillir — une fleur...)

Cette justice à entendre dans son sens originel, qui n'est pas sans rappeler le *Zedaqah* de l'Ancien Testament, est plus fondamentale que les formes qu'elle prend dans la vie sociale et qui en dérivent : justice distributive, commutative, rétributive. Elle est l'acceptation inconditionnelle de ce droit de l'autre à être reconnu dans son être.

La justice est donc impliquée dans toute rencontre. Mais en toute rencontre il y a un élément de participation. On a souvent remarqué qu'on ne pouvait être juste qu'avec des êtres avec qui on se sent avoir quelque chose en commun. La communauté est la condition de la justice. Ce qui le montre bien, c'est que, lorsqu'on ne veut reconnaître aucun droit à un ennemi, on le met au ban de l'humanité : pour les nazis, les non-Aryens n'étaient pas des hommes.

Mais il n'y a pas de communauté sans amour, du moins sans un amour latent. Cet amour latent et réciproque qui est à la base de toute communauté n'est pas déterminé par des particularités psychologiques, mais il s'adresse au centre même de l'autre, au principe même de son existence. C'est déjà une affirmation de l'autre au même titre que l'on s'affirme soi-même : « Aime ton prochain comme toi-même » pourra en être la maxime.

Ne reconnaissons-nous pas là l'amour sous sa forme d'*agapè* dans le sens que ce terme a dans le Nouveau Testament ? Un tel amour n'est pas en contradiction avec la justice : il l'implique nécessairement, car il veut que les êtres soient ce qu'ils ont à être. L'exigence inconditionnée de justice est impliquée dans l'amour. Bien plus, comme on vient de le voir, ce n'est que sur le fondement d'un amour qui unit les êtres que l'on peut vouloir la justice.

Cela implique que nous ne confondions pas l'amour avec le sentiment. Le sentiment peut accompagner l'amour, l'amour au sens d'*agapè*, mais il n'en est pas un élément essentiel. L'amour n'est pas non plus la compassion ou la pitié : c'est à tort que Nietzsche a condamné l'amour chrétien parce qu'il l'a confondu avec la pitié. L'amour est volonté de réunion.

Nous pouvons donc dire maintenant que l'amour — amour-*agapè* impliquant la justice — est la norme ultime de tous les commandements moraux. Et puisque nous avons reconnu qu'il n'est pas différent de l'*agapè* telle que l'entend la tradition religieuse, en particulier saint Paul, et qu'il comporte le caractère d'inconditionné, nous pouvons dire que la norme ultime des commandements moraux a bien une dimension religieuse.

*

*　*

Cette découverte de l'amour-*agapè* comme principe ultime de tous les commandements moraux nous permet de voir la limite de la théorie du relativisme éthique. Le relativisme éthique prend argument des différences, voire des contradictions, que l'on peut constater entre la morale des primitifs et la morale des modernes, entre les morales de l'Orient et celles de l'Occident, entre la morale de la féodalité et celle de la bourgeoisie, etc. En soulignant des oppositions terme à terme, le relativisme éthique conclut qu'il n'y a rien de commun entre ces différentes morales et qu'elles ne sont que de simples reflets de l'organisation sociale.

Mais aujourd'hui on sait mieux voir que par le passé que chaque culture est une totalité, une *Gestalt* : par conséquent il ne faut pas comparer des parties d'une de ces cultures avec celles d'une autre (par exemple, la façon de juger et de punir un meurtre), mais au contraire il faut dans chaque cas comprendre les parties en fonction de la totalité. Alors on se rend compte que cette totalité a été structurée en fonction d'un principe fondamental qui peut être très proche de ce que nous avons appelé l'amour impliquant la justice.

En second lieu nous sommes plus à même de comprendre la diversité des lois et des normes qui prétendent constituer le contenu de l'impératif moral. Celles-ci sont très nombreuses dans la Bible et nous en trouvons également un grand nombre dans d'autres cultures. Elles sont manifestement des créations culturelles, c'est-à-dire des normes auxquelles les hommes d'une communauté ont décidé de se tenir à la suite de l'expérience qu'ils ont faite de leur vie en commun. Elles dépendent donc des conditions sociales, économiques, géographiques et historiques dans lesquelles vivaient ces communautés. Les lois de l'Ancien Testament sont le code d'un peuple de nomades qui s'initie à la sédentarité. Les règles morales énoncées dans le Nouveau Testament lui-même sont relatives au cadre qui était celui de la première communauté chrétienne : une Palestine intégrée à un Empire romain où nulle préoccupation de nature sociale ou politique ne pouvait trouver place.

Mais ces règles sont néanmoins créées *aussi* sous l'influence du principe fondamental de l'amour impliquant la justice. En d'autres termes elles comportent à la fois un élément relatif et un élément absolu.

Quelle attitude prendre aujourd'hui devant ces normes ?

- Elles peuvent servir à nous guider, car elles représentent une expérience morale.
- Elles ont une grande « autorité », c'est-à-dire un pouvoir de susciter une conduite saine.
- Elles n'ont pas une validité inconditionnée.

*

* *

Que l'amour impliquant la justice soit le principe unificateur de toutes les conduites qui se veulent morales résulte d'une réflexion cohérente, que saint Paul d'ailleurs avait faite avant nous. C'est incontestablement « satisfaisant pour l'esprit » et en accord avec notre sens religieux. Mais pour autant les ambiguïtés inhérentes à la vie dans les conditions de l'existence n'en subsistent pas moins.

Signalons-en de deux sortes. La première concerne le « devoir envers soi-même ». En effet, la constitution du soi centré, qui dure toute la vie, ne comporte pas seulement la justice vis-à-vis de l'autre, mais également vis-à-vis de soi-même (Aime ton prochain *comme toi-même*). Cela veut dire que toute rencontre qui est une sortie de soi devra s'achever dans un retour à soi et donc s'intégrer au soi. Jusqu'à quel point je puis multiplier ces rencontres d'une façon qui ne soit point désintégrante pour le soi ? Jusqu'à quel point je dois multiplier les expériences, développer les potentialités de mon être ? N'y a-t-il pas des potentialités de mon être que je devrai sacrifier pour une meilleure intégration du soi ? Et, inversement, la décision de limiter ces rencontres ou même de les réduire au minimum pour mieux assurer l'intégration du soi ne risque-t-elle pas de m'enfermer dans un soi abusivement appauvri et vide ? Ces questions ne peuvent être éludées et toutes les décisions que l'on prendra comporteront inévitablement un risque.

La deuxième sorte d'ambiguïtés concerne celles que comporte la rencontre d'autrui. Reconnaître l'autre comme personne signifie que je l'accepte dans son centre personnel. Mais dans quelle mesure dois-je accepter ou refuser les particularités de sa personne ? La relation avec l'autre sera-t-elle du type de la collégialité, de la camaraderie, de l'amitié, de l'amour ? Et nos rencontres ne vont-elles pas dépendre d'orientations, de choix préalables ? Si tous nos choix doivent être inspirés par le principe absolu de l'amour impliquant la justice, ou du moins ne pas le contredire, ils comportent toujours le risque de l'erreur : risque d'une interprétation unilatérale de la situation, risque d'une surestimation de notre force personnelle, risque d'un insuffisant dévoilement des mobiles inconscients de nos choix. Cette énumération n'est pas exhaustive.

Ce qui est sûr, c'est que ni le principe unificateur inconditionné de toutes les conduites morales, ni les normes relatives que sont les divers commandements moraux ne peuvent enlever leur ambiguïté aux choix concrets de l'existence.

*

*   *

Il nous faut nous interroger maintenant sur la motivation morale. Ce terme de motivation est à prendre dans son sens étymologique : la motivation, c'est ce qui « meut », c'est-à-dire met en mouvement. Autrement dit qu'est-ce qui nous donne d'accomplir l'exigence morale ?

Une tradition qui remonte peut-être aux stoïciens et qui a trouvé son expression achevée chez Kant veut que ce soit le caractère sacré de la loi morale qui seul motive notre agir moral. Si notre agir moral est inspiré par des motifs en provenance de notre sensibilité, notre conduite est intéressée, elle n'est pas vraiment morale. Que ce respect de la loi puisse effectivement motiver l'agir moral, on peut en douter. Que nous interprétions la loi morale comme la loi de notre être essentiel ou que nous lui donnions la forme populaire d'un « Tu dois », elle nous apparaît inévitablement comme une loi qui commande et devant laquelle nous nous rebellons parce qu'elle nous contredit. La raison en est que nous sommes séparés de notre être essentiel, tout en continuant de lui appartenir, parce qu'il y a un fossé entre notre essence et notre existence. Le terme d'aliénation convient pour désigner cette situation qui est universelle et qui ne peut être justifiée par aucune explication rationnelle. C'est elle qui est décrite dans la philosophie antique comme dans les religions par le mythe de la « chute ».

Si l'amour déterminait intégralement notre être, nous ne ferions qu'un avec ce que nous avons à aimer : il n'y aurait pas le commandement d'aimer. Si nous expérimentons la loi comme une « loi qui commande », même quand il s'agit de la loi d'amour, c'est parce que nous sommes dans cette situation d'aliénation. Il est bien évident que ce n'est pas la loi qui peut nous donner la force de surmonter cette aliénation. C'est pourquoi l'ordre qui nous intime d'être bon ne nous rend pas bon : il nous pousserait plutôt au mal. C'est une situation que le psychanalyste connaît bien. À un homme qui est la proie d'une compulsion de destruction telle que l'alcoolisme, il ne servirait à rien de donner un ordre comme « Cessez enfin de boire ». Un tel commandement ne peut qu'engendrer la résistance du patient.

C'est cette situation que décrit saint Paul dans Romains 7 : «Le commandement est saint, juste et bon [...] Je prends plaisir à la loi de Dieu en tant qu'homme intérieur [...] Mais je n'ai connu le péché que par la loi [...] » Ce qui revient bien à dire que la loi est l'expression de ce que l'homme devrait être et lui révèle ce qu'il est en réalité. Mais saint Paul va encore plus loin : « Sans la loi, le péché est une chose morte [...] mais le commandement est venu, le péché a pris vie. » Saint Paul ne considère donc pas la loi comme une force qui nous met en mouvement pour agir moralement. Elle est incapable de nous aider à tuer nos mauvais désirs, elle ne peut réaliser l'union de notre vouloir actuel et de notre être essentiel : « Je ne fais pas ce que je veux, mais ce que je hais, je le fais. »

Placés dans cette situation qui est universelle, les hommes peuvent prendre différentes attitudes. Lorsque l'on interprète, comme cela arrive couramment, l'exigence morale comme la demande de se conformer à un certain nombre de normes, c'est-à-dire à un code, la loi donne l'impression qu'il est possible de l'accomplir. Le commandement peut exercer un certain attrait et s'y conformer valorise la conscience de soi. Ainsi naît une race de « justes » : pharisiens, puritains, piétistes, moralisateurs de tous bords, « hommes de bonne volonté », etc. Ils ont conscience de leur justice et sont l'objet d'une admiration qu'ils acceptent. Ils se sentent forts et sûrs d'eux-mêmes, mais sur une base restreinte : leur « soi » centré s'est volontairement limité. Que les circonstances les amènent à commettre une faute, ils s'effondreront, ne pouvant pas supporter la perte de leur image. Leur attitude par elle seule donne aux autres l'impression qu'ils sont jugés : c'est pour cela que la force qui émane d'eux est une force de désintégration.

Une attitude plus générale est celle de ceux qui, sans refuser de reconnaître la validité de la loi, acceptent comme un fait inévitable de n'accomplir la loi que de façon incomplète. C'est un système de compromis. Ils se conforment aux règles conventionnelles et cet accomplissement partiel de la loi qui est le leur rend possible la vie en société. Leur bonté morale est ambiguë et n'a pas grand-chose à voir avec le principe inconditionné de l'amour impliquant la justice.

D'autres enfin prennent conscience du sérieux inconditionné de l'impératif moral et de la contradiction profonde que représente leur vie. Leur effort pour accomplir la loi sans compromis échoue sans cesse à nouveau. Le « soi » centré est déchiré par le conflit entre le vouloir et le faire. En eux des motifs inconscients, plus ou moins rationalisés, plus ou moins orchestrés par les idéologies que véhicule la société, s'opposent à la force motivante de la loi. La force de la loi est brisée par ce que saint Paul appelle « la loi qui s'oppose dans nos membres ». Cela peut acculer au désespoir comme ce fut le cas pour un temps chez un saint Paul ou un Luther.

*

* *

Que toutes les lois soient ramenées à la loi unique de l'amour-*agapè*, cela ne change rien à la situation, car l'amour imposé en tant que loi — « Tu aimeras... » — ne peut pas davantage être accompli qu'une loi particulière. Constater que le commandement moral est impuissant nous invite à chercher ailleurs que dans les déterminations de la morale une motivation qui permettra au « soi » de réconcilier en lui-même l'être essentiel et l'existence.

Il est remarquable que la philosophie grecque avait été consciente du problème et avait tenté une solution. Socrate parle d'une connaissance du bien qui conduit à faire le bien. C'est incompréhensible s'il s'agit d'une simple connaissance théorique ou technique. Mais la parole de Socrate prend un sens riche et profond s'il entend par connaissance du bien une « intuition » (*insight*) du bien qui est en même temps participation au bien : connaître le bien, c'est en faire l'expérience, « être saisi par lui » et participer au bien en agissant moralement. Chez Platon, c'est l'amour du Bien qu'il appelle Éros qui élève l'âme au-dessus des biens sensibles et lui fait atteindre le royaume des essences. Mais cet Éros n'est pas le fruit d'un effort de l'homme. C'est une puissance divino-humaine qui arrache l'homme à son existence prisonnière des apparences sensibles. Cet Éros ne peut donc pas être produit à volonté : il a le caractère d'un don gratuit.

Ce que nous avons à découvrir, c'est un amour qui ne soit plus une loi, mais une *réalité* nouvelle en laquelle l'opposition est surmontée, l'union réalisée. C'est précisément ce qu'entend la théologie chrétienne par le terme de grâce. La grâce est la création d'un état de réunion de ce qui était séparé : notre être essentiel et notre être existentiel. C'est l'œuvre de l'Esprit Saint. Présence de l'Esprit de Dieu, amour, grâce : ces trois termes désignent la même réalité théologiquement parlant.

Telle est la source unique de la force motivante qui permet l'accomplissement de l'impératif moral. Elle est le troisième élément religieux impliqué dans la moralité. À vrai dire cet élément est demandé, car il est absent de l'état d'aliénation, alors que dans cet état le caractère inconditionné de l'impératif moral est perçu et que l'amour-*agapè* comme norme ultime est reconnu. Cette force de motivation, présence de l'Esprit, ne peut être qu'expérimentée, découverte là où elle est à l'œuvre. Elle est à l'œuvre dans la communauté ecclésiale, mais aussi en dehors, partout où l'union, la réconciliation s'opère entre ce qui était séparé.

*

* *

À plusieurs reprises nous avons dû signaler les ambiguïtés qui surgissent à l'occasion de la loi morale et de ses applications. Ces ambiguïtés seront levées, du moins de façon fragmentaire, par la présence de l'Esprit. En effet, cette présence de l'Esprit place le centre du « soi » au contact du centre transcendant de tout ce qui existe. Les perspectives fausses qui résultaient de l'aliénation vont donc pouvoir être éliminées.

1. Nous avons vu que l'impératif moral dans son formalisme risque de produire des effets pervers lorsqu'il est lié sans discernement à des règles morales déterminées. La présence de l'Esprit valide l'impératif moral en montrant qu'il est au-delà des lois : il n'avait d'autre sens que d'appeler à la réunion de l'existence aliénée avec son essence. Or c'est ce que réalise la présence de l'Esprit : on fait volontiers ce que la morale demande. L'impératif moral a perdu ainsi son caractère dominateur et tyrannique. Il est notre propre loi — ce que la philosophie avait découvert avec l'autonomie — tout en étant celle de l'Être-même auquel le « soi » est réuni : théonomie.

2. Les contenus de l'impératif moral dans leur application aux situations concrètes se sont avérés une source permanente d'ambiguïtés. Cela se manifeste déjà dans la croissance de la personne. La présence de l'Esprit en déplaçant le centre du « soi » délivre la personne de l'obsession de construire sa personnalité, c'est-à-dire de développer toutes ses potentialités. À ce sujet, on lira la critique de l'idéal de la personnalité par Tillich.

Dans la rencontre des situations concrètes, le « soi » est continuellement tiraillé entre les normes éthiques qui résultent de l'expérience morale du passé et que propose la sagesse traditionnelle, et la singularité du cas concret rencontré auquel elles ne s'appliquent jamais entièrement. Ces normes éthiques qui résultent de l'expérience morale du passé, liée elle-même à des expériences de révélation, ont une autorité considérable, mais elles n'ont pas une validité inconditionnée. Certaines de ces lois devront être modifiées ou même abrogées sous l'impact d'une critique prophétique. Si elles sont devenues incapables d'aider à la décision éthique dans des situations concrètes, elles sont désuètes et peuvent devenir destructrices. Elles devront être abandonnées « car elles sont devenues une lettre et l'Esprit les a quittées ».

On ne peut éviter l'expérience éthique, c'est-à-dire de se trouver devant des situations concrètes qui appellent à une décision. En elle-même la situation est muette, comme tout fait que n'accompagnent pas des concepts pour l'interpréter. Il faut donc lui appliquer une norme éthique.

Mais ces normes que propose la sagesse du passé sont abstraites et ne correspondent pas adéquatement à la situation avec laquelle elles sont en rapport d'extériorité. Seul l'amour le peut parce qu'il est capable de s'unir à la situation particulière qui demande une décision. L'amour utilise donc la sagesse du passé mais il la dépasse par le courage, qui est un des éléments de l'amour. Il s'agit ici du courage de juger d'un cas particulier sans le soumettre à une loi abstraite.

Le courage implique le risque et l'homme doit prendre le risque de se méprendre sur la situation et d'agir dans l'ambiguïté, peut-être même contre l'amour. Mais si l'amour créé par l'Esprit domine dans un être humain, la décision concrète sera sans ambiguïté, bien qu'elle ne puisse pas échapper au caractère fragmentaire que lui impose la finitude.

3. Nous avons déjà vu le rôle que jouait la présence de l'Esprit comme puissance de motivation. C'est une présence, un don gratuit qui nous est fait *en dépit de* tout ce qui semble y faire obstacle dans la personne (asservissement, désintégration, transgressions et erreurs). Le don de l'Esprit ne se sépare pas du pardon, comme on le voit dans le récit de la Pentecôte et les discours qui l'accompagnent. L'Esprit m'assure que je suis accepté par Dieu en dépit de mes fautes, par les autres que j'accepte moi-même en dépit de tout ce que je leur reproche et il m'appelle à m'accepter moi-même en dépit de tout ce que je leur reproche et Il m'appelle à m'accepter moi-même en dépit de tout ce que je sais de moi. L'Esprit me donne d'« accepter d'être accepté ». Seul l'Esprit peut faire cela : la loi ne peut pas pardonner.

La morale autonome comme la parole hétéronome sont absolument sans puissance de motivation. Elles sont inévitablement des éthiques de la loi et la loi travaille toujours à accroître l'alinéation. Tel est le jugement qui doit être porté sur les éthiques non théonomes : elles ne peuvent offrir ni puissance de motivation, ni principe de choix dans la situation concrète, ni validité inconditionnée de l'impératif moral. Seul l'amour le peut, cet amour qui est une création de la présence de l'Esprit. Lui seul également peut délivrer l'homme des ambiguïtés de la vie morale, du moins de façon fragmentaire tant qu'il est en cette vie. Telle sera donc la réponse fondamentale à la question des rapports de la morale et de la religion.

L'INCONDITIONNALITÉ DU SENS DANS LA PHILOSOPHIE PREMIÈRE DE TILLICH

Robert GARANT
Département de philosophie, Cégep Garneau, Québec

> *In jedem Sinnakt ist der schweigende Glaube an den unbedingten Sinn aufgedeckt.*
>
> « Dans tout acte de sens est dévoilée la foi tacite au sens in-conditionné ».
>
> G.W., IX, p. 35

Puisque Tillich souvent se réclame de Schelling et du romantisme allemand dans la formation de sa pensée, comment donc, à propos du thème central de l'inconditionnalité du sens peut se manifester cette influence ? Et quel éclairage projette-t-elle sur l'ambiguïté de cette notion ? Cet exposé a pour objectif de répondre à ces deux questions.

Que Tillich se réclame de Schelling, que longtemps après ses deux premières thèses[1] il en relève l'importance majeure dans l'évolution de sa pensée, sa préface au premier volume des *Œuvres complètes*[2] et ses trois autobiographies en témoignent constamment[3]. « Même aujourd'hui

---

[1] *Die religionsgeschichtliche Konstruktion in Schellings positiver Philosophie, ihre Voraussetzungen und Principien*, Breslau, Buchdruckrei H. Fleischmann, 1910 (*The Construction of the History of Religion in Schelling's Positive Philosophy*, transl. by Victor Nuovo, Lewisburg, Bucknell University Press, 1974, 178 p.). « Mystik und Schuldbewusstsein in Schellings Philosophischer Entwicklung », *Gesammelte Werke*, I, Stuttgart, Evangelisches Verlagswerk, 1959, pp. 11-108 (*Mysticism and Guilt-Consciousness in Schelling's Philosophical Development*, transl. by Victor Nuovo, London, Associated University Presses, 1974, 155 p.).

[2] *G. W.*, I, Vorwort, p. 9, transl. by Nuovo, *Mysticism and Guilt-Consciousness* [...], p. 9.

[3] *The Interpretation of History*, transl. by N. A. Rasetzki and Elsa L. Talmey, New York, Charles Scribner's Sons, Ltd., 1936, pp. 1-73 ; *The Protestant Era* (Abridged Edition), transl. by James Luther Adams, Chicago, Phoenix Books, The University of Chicago Press, 1948, Fourth Impression, 1962, pp. v-xxvi. *The Theology of Paul Tillich*, ed. by Kegley and Bretall, New York, Macmillan, 1952. *Autobiographical Reflexions* pp. 1-21, trad. Fernand Chapey : P. Tillich, *le Christianisme et les Religions*, précédé de *Réflexions autobiographiques*, Paris, Aubier-Montaigne, 1968, pp. 15-55. Repris dans *My Search for Absolutes*, ed. by Ruth Nanda Anshen, New York, Simon and Schuster, 1967.

j'admets (encore) trouver plus de « philosophie théonome » dans Schelling que dans nul autre des idéalistes allemands[4]. » « L'équilibre entre le
courant romantique et le courant révolutionnaire est resté le problème
fondamental de ma pensée et de ma vie[5]. » C'est dans ce courant que
Tillich peut définir la métaphysique « comme la tentative d'exprimer
l'Inconditionné en termes de symboles rationnels », et poser comme « fondement de toute la systématique des sciences la philosophie du sens
(*Sinnphilosophie*)[6] ».

Que d'excellents traducteurs et interprètes aient aussi étudié cette
influence et tiré des conclusions éclairantes confirme la nécessité de cette
approche et sa valeur herméneutique dans la compréhension de Tillich.
Dans son introduction à la traduction de la *Philosophie de la religion*,
James Luther Adams, ayant souligné l'influence de Schelling, déclare : « La
philosophie de la religion de Tillich (alors) est une philosophie du sens
et de la relation à l'inconditionnel en termes de sens[7]. » Notre exposé
enracine sa problématique dans cet énoncé capital. Fernand Chapey dans
une analyse approfondie de « l'impact de Schelling sur la formation de
la pensée de Paul Tillich » montre comment « la dimension d'inconditionné (ou de liberté divine créatrice) » est un héritage de la philsophie
de la nature de Schelling[8]. Il peut conclure son étude en écrivant « qu'il
semble que Tillich ne le quitte jamais[9] ».

Les deux thèses de 1910 et 1912 sur Schelling marquent l'influence
qui préside au départ de son œuvre. Victor Nuovo, leur éminent traducteur, souligne « qu'on ne peut mettre assez d'emphase sur l'importance
des dissertations de Tillich sur Schelling pour la compréhension de sa
pensée [...] qu'elles donnent le lien vital de son héritage intellectuel et
spirituel[10] ». Nous reprendrons ces thèses dont les références à Schelling
dépassent largement la *Spätsphilosophie*. Auparavant, rappelons quelques
énoncés plus généraux où l'inconditionnalité du sens est posée avec la
force et l'ambiguïté d'un départ.

*

*   *

---

[4] Paul TILLICH, *On the Boundary, An Autobiographical Sketch*, New York, Charles Scribner's
Sons, 1966. A revision, newly translated of Part I of *The Interpretation of History*, p. 52.

[5] *ID.*, *Réflexions autobiographiques*, trad. F. Chapey, p. 27.

[6] *ID.*, *On the Boundary*, p. 55.

[7] James Luther ADAMS, introduction to Paul TILLICH, *What is Religion ?*, New York, Harper and
Row, 1969, p. 19.

[8] Fernand CHAPEY, « l'Impact de Schelling sur la formation de la pensée de Paul Tillich », *Revue
d'histoire et de philosophie religieuse*, LVIII, 1978, pp. 5-18, citations, p. 11.

[9] *Ibid.*, p. 17.

[10] TILLICH, *The Construction of the History* [...], translator's Introduction, p. 12.

Voyons d'abord la conférence de 1919 sur la théologie de la culture, où la religion est définie comme « expérience de l'inconditionnel », entendu comme « réalité de sens » plutôt que « réalité d'être[11] ». L'introduction de la notion de *Gehalt* opposée à la forme, dans cette même conférence, gravite autour de l'inconditionnalité du sens qui permet à Tillich de saisir dans la culture la substance de la religion.

Le texte de 1922 sur le *Dépassement du concept de religion*[12] amorce la question centrale de la méthode qui conduit à cette expérience de l'inconditionné : elle doit être à la fois « critique et intuitive » ; elle ne s'impose ni à chacun, ni à chaque époque ; elle suppose une disposition ou un *kairos* de théonomie. L'analyse de Tillich est rigoureuse mais l'ambiguïté de l'inconditionnalité du sens persiste et revient dans le *Système des sciences*[13] sous forme « d'objet » de la métaphysique, et de « fonction d'inconditionnalité de l'esprit[14] ». Dans *Église et culture*[15], il sera constamment question des composantes du sens, de l'unité du sens et de son accomplissement, du *Gehalt* du sens et de son inconditionnalité dans chaque acte de signification. Dans *Masse et esprit*[16], un énoncé percutant affirme : «L'homme, de par sa nature, pose Dieu » (*Das Mensch ist natura sua Gott setzend*)[17]. *Setzen*, poser, ne peut manquer ici de faire écho à l'auto-position du Moi Absolu, se référant à l'action causale, libre et intemporelle, prémisse de la première *Doctrine de la science* (1794)[18], contemporaine des deux premiers essais de Schelling (1794 et 1795)[19].

---

[11] « Über die Idee einer Theologie der Kultur », *G. W.*, IX, p. 18 (*Religion et Culture*, trad. Nicole Grondin, à paraître aux Éditions du Cerf/Presses de l'Université Laval, 1987). Aussi traduit dans ADAMS, *What is Religion ?*, p. 162.

[12] « Die Überwindung des Religionsbegriffs in der Religionsphilosophie », *G. W.*, I, pp. 367-388 (*Religion et Culture*, trad. Marc Dumas).

[13] « Das System der Wissenschaften nach Gegenständen und Methoden », *G. W.*, I, pp. 111-193 (*The System of the Sciences According to Objects and Methods*, transl. by Paul Wiebe, Lewisburg, Bucknell University Press, 1981, 233 p.).

[14] *G. W.*, I, pp. 237-238, 253 (transl., pp. 155, 183-187).

[15] « Kirche und Kultur » (1924), *G. W.*, IX, pp. 32-47 (*Religion et Culture*, trad. Jo Lessard).

[16] « Masse und Geist » (1922), *G. W.*, II, pp. 35-90.

[17] *Ibid.*, p. 71.

[18] J. G. FICHTE, *The Science of Knowledge*, ed. and transl. by Peter Heath and John Lachs, Cambridge, Cambridge University Press, 1982. Preface p. xiii-xiv : « By *setzen* Fichte refers to a non temporal activity that can be performed only by minds. » Aussi traduit par A. Philonenko, J. G. FICHTE, *Œuvres choisies de philosophie première (1794-1797)*, Paris, Vrin, 1964, 316 p.

[19] F. W. J. SCHELLING, *Über die Möglichkeit einer Form der Philosophie* 1794, *S. W.*, I, pp. 85-112. *Von Ich als Prinzip der Philosophie*, 1795, *S. W.*, I, pp. 149-244, trad. Fritz Marti, *The Unconditional in Human Knowledge, Four Early Essays*, Lewisburg, Bucknell University Press, London, Associated Presses, 1980 ; « On the Possibility of a Form of All Philosophy (1974) » ; « On the I as Principle of philosophy, or On the Unconditional in Human Knowledge », pp. 38-159.

Face à cette coupe tracée dans les premiers essais de Tillich, le lecteur se trouve d'entrée en jeu en présence d'un nœud de difficultés que nous avons synthétisées sous le terme inconditionnalité du sens. Cette sorte de diagonale qu'on pourrait continuer a constitué une série de points limites dans notre première recherche sur Tillich[20]. Ces thèmes aussi lourds de tradition philosophique que *Gehalt*, « inconditionné », « sens », loin d'être gratuits, font constamment l'objet de nouvelles méthodes et approches jusqu'au « méta-logique » du *Système des sciences*[21]. C'est précisément cette première systématique laissée dans l'oubli qui révèle le mieux l'endurance de la pensée chez Tillich et la poursuite résolue de son objectif.

Deux voies s'ouvrent alors à l'herméneutique de ces thèmes. La première qui va de soi est celle de la compréhension de Tillich par lui-même dans la genèse, la structuration et le rapprochement des textes ; nous l'avions suivie lors d'une première recherche faite en 1970[22]. La seconde consiste à relire Tillich à la lumière de quelques écrits de Schelling, cités par Tillich, et de ceux du romantisme d'Iéna auquel Schelling, contrairement à Hegel, a participé pour un temps.

Si on entendait cette analyse au sens d'une genèse des filiations dans l'œuvre de Tillich, notre objectif serait totalement faussé ; les rapprochements iraient de Böhme à Heidegger et seraient aussi périlleux qu'inutiles. Notre but est celui d'une synthèse qui fait sienne les observations de Tillich reconsidérant sa philosophie première dans la perspective du romantisme allemand, et qu'exprime bien le titre donné à l'une de ses autobiographies : *My Search for Absolutes*[23]. C'est par cette lecture que nous découvrons un éclairage révélateur dans l'herméneutique de l'inconditionnalité du sens.

*

*   *

Nous abordons cette deuxième voie par une brève esquisse du romantisme allemand, en puisant dans les recherches fondamentales de Ayrault et Gusdorf, de Lacoue-Labarthe et Nancy[24].

---

[20] R GARANT, « *les Structures de sens dans l'œuvre de Paul Tillich* », Dissertation doctorale polycopiée, Paris, Sorbonne, 1969.

[21] *Das System der Wissenschaften* [...], *G. W.*, I, pp. 122, 235s. (transl., p. 164).

[22] GARANT, *op. cit.*

[23] *My Search for Absolutes, cf.* note 3.

[24] Roger AYRAULT, *la Genèse du romantisme allemand*, Paris, Aubier, 1961-1976. Georges GUSDORF, *les Sciences humaines et la pensée occidentale*, t. IX, *Fondements du savoir romantique*, Paris, Payot, 1982, 471 p. ; t. X, *Du néant à Dieu dans le savoir romantique*, Paris, Payot, 1983, 430 p. ; t. XI, *l'Homme romantique*, Paris, Payot, 1984, 368 p. P. LACOUE-LABARTHE et J. L. NANCY, *l'Absolu littéraire. Théorie de la littérature du romantisme allemand*, Paris, Seuil, 1978, 445 p. (Traduction des fragments de l'*Athenäeum*). Compléments : Daniel WILHEM, *les Romantiques allemands. Écrivains de toujours*, Paris, Seuil, 1980, 188 p. P. BOYER, *le Romantisme allemand*, Paris, Éditions MA, 1985, 270 p.

Le premier romantisme ou le romantisme d'Iéna est de courte durée : de mai 1798 à l'automne 1800. Durant cette période, une revue est créée, l'*Athenæum*, dirigée par les frères Schlegel et qui produira six numéros. Pour le dernier, en 1799, Schelling proposera à Friedrich Schlegel son poème : *Confession de foi épicurienne de Heinz Widerporst*[25], en réaction aux *Discours sur la religion* de Schleiermacher et à l'évolution religieuse de Novalis.

Schelling est introduit au groupe romantique à la rencontre de l'été 1798 : il a déjà publié plus de cinq ouvrages philosophiques qui lui apportent célébrité et controverses[26]. Le groupe est composé des frères Schlegel, August-Wilhem et Friedrich, Caroline Michaëlis-Böhme, qui deviendra Caroline Schlegel puis Caroline Schelling en 1803, Dorothea Mendelssohn, fille du philosophe juif, Schleiermacher et Novalis. Groupe restreint, plus ou moins accepté de Goethe et de Schiller, dont la durée sera aussi éphémère que celle de l'*Athenæum*, mais dont l'influence est telle qu'elle marquera une époque succédant au *Sturm und Drang* et comme elle, en réaction contre l'Aufklärung. Ce début ne prendra nom « romantisme » qu'en 1815 ; Gusdorf en parle comme d'une « nébuleuse[27] », mais ces deux années d'Iéna marquent le « solstice » du romantisme[28]. C'est un « nouvel espace ontologique[29] » qui est alors créé et qu'ouvre la confrérie, ou la *Hanse*, des sept. Les causes externes en sont données dans le fragment 216 de l'*Athenæum* : « La révolution française, la doctrine de la science de Fichte et le Meister de Goethe[30]. » De l'intérieur, c'est « la recherche de l'absolu[31] » qui le définit essentiellement, recherche qui se concrétise dans la « poursuite de la plénitude du sens[32] », dans une volonté d'unité et un rêve d'intimité avec la nature[33] et qui fait appel à une épistémologie de la totalité[34]. La nouvelle philosophie de Fichte, qui change d'appellation pour devenir « doctrine de la science » (la première, celle de 1794), joue un rôle capital chez les romantiques[35]. De même Schelling dans ses deux commentaires sur

---

[25] Lacoue-Labarthe et Nancy, *op. cit.*, p. 248.

[26] F. W. J. Schelling, *Lettres sur le dogmatisme et le criticisme*, trad. S. Jankelevitch, Paris, Aubier, bilingue, 1950. *New Deduction of Natural Right* (1796), trad. F. Marti, *The Unconditional* [...], pp. 221-252. *Von der Weltseele* [...], (1798), *S. W.*, II, pp. 345-584. *Ideen zu einer Philosophie der Natur* (1797), *S. W.*, II, pp. 75-343.

[27] Gusdorf, *op. cit.*, IX, p. 21.

[28] *Ibid.*, p. 24.

[29] *Ibid.*, X, chap. II, pp. 30-88.

[30] Lacoue-Labarthe et Nancy, *op. cit.*, p. 127 ; Ayrault, *op. cit.*, 1, p. 168.

[31] Gusdorf, *op. cit.*, X, pp. 89-114.

[32] *Ibid.*, X, p. 35.

[33] *Ibid.*, IX, p. 377.

[34] *Ibid.*, IX, p. 400.

[35] *Ibid.*, IX, p. 86.

Fichte, ses *Idées pour une philosophie de la nature*, son retour à Spinoza dans les *Lettres*, exercera-t-il une forte influence à un moment sur Novalis, von Baader et Schlegel[36]. Il se détachera très tôt du groupe romantique cependant, et l'*Introduction à la philosophie de l'art* faite à Iéna en hiver 1802[37] ne sera pas dépourvue d'ironie quant aux fragments de la revue[38] et quant à la religiosité romantique.

Cette recherche de l'absolu dans le romantisme se manifeste encore par une sensibilité particulière, un style de vie[39], « l'ouverture à la transcendance[40] » et la « tension intime » (*inner Spannung*[41]) d'une intelligibilité marquée par le sens de l'infini. Le projet d'une « symphilosophie », une philosophie faite ensemble et non isolée de la poésie, de la mythologie et de la révélation, des sciences et de l'art, marque aussi dans les fragments de l'*Athenäeum* la formation de cette nouvelle conscience.

*

*   *

Cette brève esquisse du premier romantisme est reprise par Tillich dans ses derniers cours d'histoire donnés deux ans avant sa mort[42]. La lecture qu'il en propose va au cœur de la problématique soulevée et pose comme principe la relation du fini et de l'infini[43]. Si l'analyse de ce rapport appartient au passé le plus lointain de la philosophie et de la théologie, Tillich précise qu'il est marqué dans le romantisme par une rupture d'équilibre que cause « l'irruption » du « pouvoir dynamique de l'infini[44] ». De façon étonnante ces cours reprennent les thèmes propres aux deux premières thèses de Tillich sur Schelling[45]. Le principe d'identité qui vient d'être posé pour analyser le romantisme est le fil conducteur ou l'angle de lecture qui permet la recherche pour l'histoire de la religion dans la thèse de 1910, et pour le développement des formes du mysticisme dans la thèse de 1912.

---

[36] A YRAULT, 4, p. 52.

[37] L ACOUE-LABARTHE et N ANCY, *op. cit.*, p. 372.

[38] A YRAULT, *op. cit.*, 4, pp. 55-61.

[39] G USDORF, *op. cit.*, IX, p. 24 ; pp. 17-56.

[40] *Ibid.*, X, p. 41.

[41] *Ibid.*, pp. 42, 89-114.

[42] P. T ILLICH, *Perspectives on 19th and 20th Century Protestant Theology*, ed. by Carl E. Braaten, New York, Harper and Row, 1967. *A History of Christian Thought*, ed. by Carl E Braaten, New York, Simon and Schuster, 1967, 1968.

[43] I D., *Perspectives on 19th and 20th Century* [...], pp. 76-90 ; *A History of Christian Throught*, pp. 372-386. N.B. : nous possédons aussi dans nos archives l'enregistrement de ces cours de 1962-1963 (copies des Archives Paul Tillich de Harvard).

[44] *Ibid.*, p. 376.

[45] *Cf.* note 1.

Ce dernier travail en effet se présente comme la recherche de la synthèse entre les formes du mysticisme et une conscience coupable : elle suit avec Schelling les moments du mysticisme éthique ou d'une conscience morale, celui de la nature et celui de l'art, et surtout celui de l'intuition intellectuelle[46]. Dans la troisième partie de cette deuxième thèse portant sur une solution de principe et une solution historico-religieuse[47], Tillich analyse la démarche de Schelling depuis les recherches de 1809 sur l'essence de la liberté humaine[48] jusqu'aux leçons de Berlin sur la « Philosophie de la mythologie et de la révélation ». Cette deuxième thèse renvoie constamment à la première dissertation comme si la même étude se poursuivait.

Quelles conséquences faut-il donc tirer de ce premier ensemble d'observations à propos de notre thème de l'inconditionnalité du sens ? D'abord une remarque d'importance qui est la permanence des deux premières thèses jusque dans les dernières leçons de Tillich pour analyser non seulement le romantisme, d'où est partie notre lecture, mais pour découvrir la clé qu'il en propose afin d'en pénétrer l'esprit : le principe d'identité. C'est donc dans cet éclairage historique que commencent à se révéler le sens et l'origine romantique profonde du thème que nous avons choisi et résumé dans le concept synthétique de l'inconditionnalité du sens.

*

* *

Nous arrivons ainsi au nœud des difficultés dont l'expression peut revêtir la forme suivante : si le romantisme est « la poursuite d'un savoir unitaire[49] », si le principe d'identité sous toutes les formes qu'il recevra dans l'algèbre de Schelling[50] et dans ses applications à la nature et à l'esprit, au sujet et à l'objet, au fini et à l'infini, à la liberté et à la nécessité, et si l'interprétation particulière qu'en reprend Tillich est au centre de cette conscience romantique, qui n'est pas celle d'un discours intellectuel[51], mais celle qui pose l'absolu inconditionné comme point

---

[46] TILLICH, *Mysticism and Guilt-Consciousness* [...], trad., pp. 45-88.

[47] *Ibid.*, pp. 89-125.

[48] F. W. J. SCHELLING, *Philosophische Untersuchungen über das Wesen der menschlichen Freiheit* [...], *S. W.*, VII, pp. 331-416, 1809, traduction dans *Œuvres philosophiques (1805-1821)*, J. F. Courtine, E. Martineau, « Recherches philosophiques sur l'essence de la liberté humaine et les sujets qui s'y rattachent », pp. 116-196, Paris, Gallimard, 1980.

[49] GUSDORF, *op. cit.*, XI, p. 41.

[50] X. TILLIETTE, *Schelling, une philosophie en devenir*, I, *le Système vivant*, Paris, Vrin, 1970, pp. 305-333, notamment pp. 331-333 ; aussi les tableaux des pp. 417-421 ; II. *la Dernière philosophie, 1821-1854*, Paris, Vrin, 1970, 547 p. Dans la traduction de Courtine et Martineau, *op. cit.*, les *Conférences de Stuttgart*, pp. 203-259 ; voir la note 1 des traducteurs, p. 387 (*S. W.*, VII, pp. 417-486).

[51] GUSDORF, *op. cit.*, X, p. 40.

de départ et point de fuite, et le sens comme débordement et surabon-
dance de la pensée[52], ne faudrait-il pas situer dans cet esprit et cet éclairage, pour le comprendre, l'inconditionnalité du sens et les diverses formulations que nous en avons données : expérience de l'inconditionné,
fonction d'inconditionnalité, *Gehalt* qui fait irruption, conscience qui pose
Dieu, accomplissement et unité du sens[53] ? C'est en effet dans cette
lumière ou dans cette épistémè que peuvent être situées les questions
qui constituent le nœud de l'inconditionnalité du sens : immanence et
transcendance, panthéisme et déisme, rationnel et irrationnel, foi chrétienne et pluralité des religions, théologie et philosophie. Autant de questions qui sillonnent l'œuvre de Tillich. C'est donc dans la différence partout présente qu'il faudra sans cesse retrouver comment l'identité se manifeste, et de là l'inconditionnalité du sens. Ce qui sera exigé avant tout
est la méthode qui justifie le principe de départ et place la dialectique
à l'abri de l'arbitraire ou du fidéisme.

L'argument ainsi centré doit donc démontrer la valeur de l'intuition
de départ comprise dans une double lecture : celle de Schelling et du
romantisme de l'époque, et celle que Tillich poursuit en filigrane dès ses
premières thèses

*

* *

L'ego cartésien se pose au fondement de la certitude et de l'évidence
comme idée première et innée, mais ce fondement reste aussi intellectuel que la preuve ontologique de l'existence de Dieu par le parfait. Seul
l'univers idéal est atteint, et il faudra, après l'hypothèse du malin génie
qui peut me tromper, que Dieu même se porte garant de mes certitudes.
L'ego fichtéen se pose comme Moi Absolu dès la première *Doctrine de
la science* de 1794[54], il est l'auto-position d'une liberté que seule atteint
l'intuition intellectuelle, reprise dans la première partie du *Système de
l'idéalisme transcendantal* de Schelling[55]. L'auto-position du Moi Absolu
remplace la pensée réflexive de l'ego empirique. La recherche du groupe
romantique d'Iéna et de l'*Athenæum* trouvait ici son fondement
philosophique.

Schelling reprendra Fichte dans ses thèses de Tübingen et s'en
éloignera particulièrement dans celle de 1795 : « Du Moi comme principe de la Philosophie ou de l'Inconditionné dans la connaissance
humaine[56] ». L'identité est le *Grundsatz*, le principe suprême, le Moi

---

[52] *Ibid.*, X, p. 337.

[53] *Cf. supra*, note 17.

[54] Fichte, *op. cit.*, note 18, et *supra* p. 5.

[55] F. W. J. Schelling, « *System des transcendentalen Idealismus* (1800) », *S. W.*, III,
pp. 327-634 ; trad. P. Heath, *System of Transcendental Idealism*, Charlottesville, University
Press of Virginia, 1981, pp. 15-33.

[56] Id., *Über die Möglichkeit* [...].

Absolu où l'inconditionné est trouvé. La déduction des formes subordonnées du Moi se fait selon les catégories de Kant. Ce qui sous-tend ces thèses et les *Lettres* nous place au cœur de l'idéalisme allemand : sans le principe de l'identité absolue et inconditionnée posée dans l'intuition de départ, aucun système n'est possible ; l'univers des significations serait voué à l'incohérence d'une multiplicité ou à l'absurde.

« L'absolu, écrit donc Schelling dans ce deuxième essai, ne peut être donné que par l'absolu[57] », absolu qui est posé dans la perspective de l'identité de l'être et du penser[58]. « Dès qu'une philosophie commence à être science, elle doit au moins assumer ce principe ultime, et, avec lui, quelque chose d'inconditionnel[59]. » En 1821, à Erlangen, l'introduction au cours que nous citerons à la fin de cet exposé, reprendra ce principe après tout le développement qu'il aura subi.

L'étymologie du concept qu'il a choisi — *bedingen* — retient Schelling qui écrit à propos de sa portée qu'il est tel « qu'il contient presque tout le trésor de la vérité philosophique[60] ». « *Unbedingt*, l'inconditionnel est ce qui n'a jamais été chose et ne peut le devenir[61]. »

La question resurgit ici à propos de l'identité de l'inconditionné, ni sujet, ni objet, mais auto-position absolue. La lecture parallèle que nous poursuivons nous ramène à Tillich qui, dans sa première thèse, reprend *das Unbedingte*, mais en précisant, dans la deuxième note de la troisième partie, qu'il est, pour Fichte et le jeune Schelling, « le principe du système, lequel n'est rien d'autre que la liberté, l'auto-position de l'acte libre comme commencement[62] ».

En résumant l'anthropologie de Schelling, Tillich le cite encore sur le même thème, mais cette fois dans le contexte de la dernière philosophie : « La pure substance de la conscience humaine est telle qu'en elle-même et de par sa nature elle pose Dieu[63]. » Son interprétation précise qu'il ne s'agit que de l'essence de la conscience humaine, que la relation à Dieu ici est immédiate, originelle et substantielle, et que Dieu est posé non seulement en tant que l'homme en est l'image, mais en tant qu'il réalise l'unité des trois puissances[64]. C'est encore Schelling que reprend Tillich pour renforcer la position de base : l'ego pose Dieu. « La raison n'a pas l'idée de Dieu ; mieux, elle est cette idée et rien de plus[65] »,

[57] *Ibid.*, trad. pp. 72 et 75.

[58] *Ibid.*, trad. p. 72.

[59] *Ibid.*, trad. p. 73.

[60] *Ibid.*, trad. p. 74.

[61] *Ibid.*, trad. p. 74.

[62] P. TILLICH, *The Construction of the History* [...], trad. 3ᵉ partie, note 2, p. 167.

[63] *Ibid.*, p. 71, citant Schelling, *S. W.*, XII, p. 119 (*Philosophie der Mythologie*).

[64] *Ibid.*, p. 72.

[65] *Ibid.*, p. 123, citant Schelling, *S. W.*, VIII, p. 149.

et la citation continue en montrant que cette union est aussi intime et indivisible que celle qui ne peut distinguer la lumière de sa brillance[66]. Toute l'interprétation que Tillich propose du concept de religion en général dans cette dernière partie de la thèse de 1910 reprend l'affirmation que « la substance de la conscience humaine de par sa nature pose Dieu », que cette « substance est le prius de toute fonction spécifique de la raison[67] », et que « le principe que la conscience pose Dieu concerne (finalement) la volonté ».

*

*   *

Ces thèmes trouvent un écho net et révélateur dans les articles postérieurs aux deux thèses et cités au début de notre exposé : Dieu n'est pas le Tout Autre là-bas, dans un ciel, et la religion ne peut authentiquement être une sphère exclue du socio-culturel. L'inconditionnalité du sens synthétise ces thèmes, mais leur persistance, jusque dans l'œuvre plus tardive de Tillich, offre la plus forte résistance au travail herméneutique. Il appert de plus en plus que pour comprendre l'inconditionnalité du sens il faut aller aux sources que sont les deux thèses de Tillich dans leur interprétation claire, pénétrante et rigoureusement structurée. Mais il faut aller plus loin aussi vers les lectures que fait Tillich de la *Doctrine de la science*, des *Recherches sur l'essence de la liberté humaine*, des *Âges du monde* et de « la dernière philosophie » qui rassemblent, dans les deux thèses, les références les plus nombreuses que Tillich emprunte à l'œuvre de Schelling.

Si la question de l'inconditionnalité du sens persiste et continue de faire appel à une méthode de compréhension, la réponse se révèle peu à peu dans cette lecture parallèle qui se veut attentive à l'origine des systèmes en jeu. Elle peut, parmi d'autres formulations, prendre celle du colloque, où l'antinomie « culture et religion » veut être dépassée, où toute cassure du sens laisse en mal d'identité, où toute nostalgie d'absolu entend ne plus être chimérique et devient volonté de savoir, où l'affirmation trop scandaleuse à notre époque d'une philosophie que Heidegger définit comme quête de l'absolu[68] trouve son point d'ancrage dans cette philosophie du romantisme succédant à l'Aufklärung. « Culture *et* religion » appartiennent à un champ d'application, mais le principe, qui est à leur fondement, continue de faire problème.

*

*   *

---

[66] *Ibid.*, p. 123.

[67] *Ibid.*, p. 126.

[68] M. Heidegger, *Schelling, traité de 1809 sur l'essence de la liberté humaine*, Paris, Gallimard, 1977, 349 p.

Si donc pour éclairer l'inconditionnalité du sens les grandes lignes de l'espace romantique furent esquissées d'abord, et si, pour découvrir la source, une lecture parallèle du premier Schelling et du premier Tillich fut amorcée, si un centre est aussi apparu qui est le principe d'identité inconditionné, en même temps un nouveau départ s'est découvert pour la recherche ultérieure : ses deux principaux axes deviennent 1) la théorie des Puissances, et 2) les voies d'accès à l'inconditionnalité. Celles-ci furent déjà signalées à propos du mysticisme[69] : l'éthique de la conscience, à laquelle s'oppose le romantisme, surtout dans l'approche kantienne ; l'esthétique qui, en atteignant l'universel dans le particulier de l'œuvre d'art, n'atteint pas le Dieu personnel et vivant, le « Seigneur de l'Être » ; l'intuition intellectuelle qui, dans l'union du concept et de l'intuition, ne se rend pas jusqu'à l'existence déchirée et libre. Ces approches de l'inconditionnalité du sens ont pris d'autres noms chez Tillich : « réalisme croyant[70] », « méthode critique et intuitive[71] », « métalogique[72] », « corrélation[73] », comme si elles ne cessaient de fuir devant une manifestation qui leur échappe toujours. Au-delà de ces approches cognitives, la recherche dans l'inconditionnalié du sens s'est ouvert une autre voie dans la mouvance et la dynamique de la liberté et de l'histoire. C'est dans cette coupe ou dans cette diagonale d'approches et de thèmes les plus communs à Tillich et à Schelling que nous atteignons ce nœud qui maintient l'unité systémique toujours poursuivie et que nous avons posé sous le terme inconditionnalité du sens.

*

* *

C'est d'abord la théorie des Puissances qui permettra à Schelling une profonde et tenace incursion — parfois algébriquement bizarre — dans le principe d'identité, et une possibilité d'expliquer la dynamique de l'inconditionné dans l'histoire. Cette théorie s'élabore dans les *Recherches sur l'essence de la liberté* de 1809, dans les « Conférences de Stuttgart » de 1811, dans *l'Introduction à la philosophie de la mythologie*, et dans ces quelque 2 000 pages posthumes de la « dernière philosophie[74] ».

---

[69] *Cf. supra*, note 46.

[70] P. TILLICH, « Gläubiger Realismus » (1927), *G.W.*, IV, pp. 77-87 ; « Über gläubigen Realismus », *G. W.*, IV, pp. 88-106.

[71] ID., *Religionsphilosophie* (1925), *G. W.*, pp. 297-364. Traduction dans *What is Religion ?*, pp. 41-50.

[72] *Ibid.*, pp. 50-56.

[73] P. TILLICH, *Systematic Theology*, I, pp. 59-66.

[74] SCHELLING, *S. W.*, XI, XII, XIII, XIV.

Quand on réalise l'évolution complexe des premières approches des *Potenzen* à l'époque de la philosophie de l'identité telle qu'elle est analysée dans l'œuvre colossale de Tilliette[75], on recule devant une impossible synthèse que Tillich eut le courage de risquer. Ce qu'il faut cependant relever, c'est que la théorie des Puissances permet à Tillich de reconstruire l'histoire des religions dans sa première thèse d'abord[76] et dans la troisième partie de la deuxième thèse qui la reprend sous le thème de la solution historico-religieuse[77]. « Si la conscience est d'abord religieuse[78] », si « l'histoire aussi est d'abord religieuse[79] », c'est parce que l'identité doit être comprise non pas en tant que « tout se vaut », ou que le « pire et le meilleur sont pareils[80] », mais en tant que les Puissances sont en Dieu des pouvoirs réels et unis (et non des choses : de là leur nom symbolique d'exposant mathématique), et que, dans la nature organique, dans l'histoire et dans l'homme, ces mêmes pouvoirs peuvent être désunis et apparaître séparés à différents moments. Si, dans la nature, gravité et lumière sont unies, il n'en va pas ainsi pour la nature organique de l'homme, quand le mal se révèle sous forme de maladie, en tant, pourrions-nous dire, que soulèvement ou désordre d'une puissance du mal. De même dans l'histoire, ce sont les Puissances qui s'expriment tour à tour depuis les formes premières des religions panthéistes et polythéistes jusqu'à l'avènement du Christ et de l'Esprit, union des deux puissances en Dieu, de la ténèbre et de la lumière, et qui sera définie plus tard comme « unité de sens et de puissance ». Les Puissances tentant de rendre compte de la liberté en Dieu iront jusqu'à poser les « deux volontés d'amour et de fond[81] ». C'est donc par les Puissances que l'inconditionnalité du sens posée au départ laisse voir sa dynamique réelle dans la conscience libre et dans l'histoire. L'inconditionnalité du sens dévoile, au-delà d'un principe d'identité statique, ce qui est sa vraie nature : rester, par le jeu des Puissances, l'inconditionnalité du sens dans les différences de l'histoire, des mythologies et des cultures.

N'étant ni sujet, ni objet, ni un absolu isolé, l'inconditionnalité du sens ne se laisse pas plus former dans une signification inconditionnelle. Le *Gehalt* du sens fait irruption ou n'est pas. Le principe d'identité ne s'approche, en suivant Schelling, que dans le jeu des Puissances, et par celles-ci, loin de se limiter à un absolu isolé, il est, à la manière des étoiles, mais libre, toujours mouvement. D'intellectuelle et abstraite que

---

[75] Tilliette, *op. cit.* ; *Cf. supra*, note 50.

[76] Tillich, *The Construction of the History* [...], pp. 50-54 ; trad. pp. 77-115.

[77] Id., *Mysticism and Guilt-Consciousness* [...], trad. pp. 114-125.

[78] *Ibid.*, p. 117.

[79] Id., *The Construction of the History* [...], p. 146.

[80] Schelling, *Recherches philosophiques sur l'essence* [...], p. 129.

[81] *Ibid.*, p. 160.

pouvait apparaître la notion d'inconditionnalité du sens, elle se révèle au contraire comme fondement toujours en devenir, principe universel mais à la fois personnel et vivant à partir duquel Tillich pourra parler de « paradoxe », de « théonomie », du *Gehalt* qui fait irruption ou du « pouvoir de l'Être ». De là aussi la puissance et le courage de son interprétation plaçant au cœur de ses deux thèses sur Schelling le principe et la théorie des Puissances. De là encore, dans l'inconditionnalité du sens comme auto-position d'une liberté dont le sens même est de ne pas déterminer son secret, le caractère inépuisablement fécond que prendront, à partir de ses premières thèses, les travaux ultérieurs de Tillich. *Biblical Religion and the Search for Ultimate Reality*[82] en sera un exemple d'une fulgurante audace.

*

* *

Mais c'est encore à ce point de notre recherche, où se laisse mieux cerner l'inconditionnalité du sens et ses points d'application en philosophie, en théologie et en histoire des religions, que se referme ce noyau originel ou que se resserre ce nœud herméneutique. Les voies d'accès ou le comment de l'expérience de l'inconditionné et du sens échappent toujours à une saisie définitive.

Dans la réflexion même de cet exposé, le principe de l'inconditionnalité du sens joue à la fois le rôle de centre gravitationnel par rapport à tout ce qu'il engendre, et celui de point de fuite, puisque, laissant toujours l'empreinte de sa présence, il reste l'absent de toutes les orbites qu'il trace. De là, chez Schelling, ces grands moments d'arrêt, ce virage de 1809, ce silence jusqu'à la reprise des cours, en 1821, à Erlangen, ce refus de publier cette philosophie dite positive. De là aussi chez Tillich, l'avance qui, sans reprendre la spéculation schellingienne, se poursuit pleine d'allusions constantes à cette même dynamique du départ toujours en quête d'une méthode qui en explique le comment.

Ce qu'il faut donc paradoxalement ouvrir pour terminer cet exposé, c'est de nouveau les chemins de l'inconditionnalité du sens dans le devenir des Puissances et les différences de l'histoire. L'objectif à atteindre ne peut se rencontrer qu'à l'intérieur de cette recherche. Si en effet l'inconditionnalité du sens veut échapper à l'arbitraire d'un fidéisme ou d'un romantisme facile, ou aux accusations de Schopenhauer et de Nietzsche, si le principe d'identité peut se maintenir à travers les cassures du temps, c'est qu'il est lui-même une dynamique telle, qu'une fois posée comme liberté, elle constitue le mouvement même du système. C'est à cette dernière difficulté que nous nous attarderons.

---

[82] P. TILLICH, *Biblical Religion and the Search for Ultimate Reality*, Chicago, Phoenix Books, The University of Chicago Press, 1965, 85 p.

L'inconditionnalité comme foyer ou fondement de l'unité du sens
où se rencontrent les opposés, où se nouent les alliances est donc l'auto-
position d'une liberté au-delà des dualités du sujet et de l'objet, du fini
et de l'infini, du moi et du non-moi, de la liberté et de la nécessité. Mais
ce départ dans un système n'est pas celui du point commençant une droite.
Il ne cesse d'être présent à son devenir ; il est une naissance continuée,
une « philosophie en devenir », une source devenant fleuve. Les *Recherches* de 1809 ont posé ce départ comme volonté : « vouloir est l'être originaire », *Wollen ist Ursein*[83], posant ainsi au principe du savoir, non pas
un acte de connaissance, mais l'acte d'un vouloir et la vie d'une liberté
inconditionnée. La théorie des Puissances reste la clé qui ouvre le devenir de cette liberté[84]. Ces trois Puissances, dans la dernière philosophie,
sont la dialectique ou le « dosage d'une totalité en mouvement » ; ce sont
« les trois personnages d'un drame » théogonique d'abord et ensuite repris
dans la conscience humaine[85]. Les *Recherches* de 1809 auront donc bien
marqué un puissant revirement introduisant dans ce drame une volonté
d'amour et une volonté de fond[86], et définissant « le concept vivant et
réel de liberté comme pouvoir du bien et du mal[87] ». Le mal est
l'*Urgrund*[88], et la faute transcendante, le péché comme mal radical, commence l'histoire de cette liberté qui a chuté, ou « l'odyssée de la conscience ». En 1811, *les Âges du monde* tenteront sans y parvenir de reconstruire cette histoire[89]. Les leçons de Berlin en 1841 la reprendront dans
la philosophie de la révélation[90].

L'inconditionnalité du sens n'est pas un seul principe intellectuel
de départ épistémologique, mais elle est cette dynamique présente
jusque dans la relativité fragile de l'existence coupable. La fin de cet exposé
tentera de laisser dire cette présence.

L'histoire complexe de la philosophie que Schelling ne fait que
reprendre et qui revient encore dans les leçons de 1827 à Munich[91] est
« l'histoire de la conscience religieuse de l'humanité[92] », conscience qui

[83] F. W. J. SCHELLING, *Recherches philosophiques sur l'essence* [...], VII, 350, traduction in *Œuvres métaphysiques*, p. 137.

[84] Vladimir JANKELEVITCH, *l'Odyssée de la conscience dans la dernière philosophie de Schelling*,
Paris, Alcan, 1933, 357 p.

[85] *Ibid.*, pp. 80, 180.

[86] SCHELLING, *Recherches philosophiques sur l'essence* [...], p. 160.

[87] *Ibid.*, p. 139.

[88] *Ibid.*, p. 162.

[89] F. W. J. SCHELLING, *les Âges du monde*, trad. S. Jankélévitch, Paris, Aubier, 1949.

[90] ID., *S. W.*, XIII, XIV.

[91] ID., *Contribution à l'histoire de la philosophie moderne. Leçons de Munich*, trad. J. F. Marquet, Paris, Presses Universitaires de France, 1983, 276 p.

[92] JANKELEVITCH, *op. cit.*, p. 182.

s'est d'abord approfondie en Dieu pour se poser en « esprit d'amour[93] », dans l'unité de l'*Ungrund* et l'*Urgrund*, faisant de l'absolue identité de ses puissances « l'absolue indifférence » de ses principes[94].

Ces développements chez Schelling inspirent ceux de Tillich. L'inconditionnalité du sens appartient à cette dynamique, d'abord approfondie en Dieu avant de se manifester comme irruption et décision écrira Tillich, comme extase et liberté dira Schelling à Erlangen.

*

*   *

L'impasse cependant persiste : ou bien l'inconditionné, dans l'expérience de l'identité pensée jusqu'au bout, absorbe le moi ou le sujet de la réflexion, ou bien le moi, en pensant la subjectivité de la liberté jusqu'au bout résorbe l'absolu. L'identité posée en soi l'est toujours pour moi, qui suis alors en elle ou habité par elle ; les leçons d'Erlangen le rappellent en citant ce quatrain de Goethe :

> Si l'œil n'était pas solaire
> Comment pourrait-il voir la lumière ?
> Si la force propre au Dieu ne vivait pas en nous
> Comment pourrions-nous être transformés par le divin[95] ?

Cette impasse avait rapproché Schelling de Spinoza dans les *Lettres* de 1796, au point qu'il se soit un moment dit spinoziste ; elle l'aura conduit vers un savoir positif déjà à partir de 1801[96]. Dans l'échec de la puissante méditation des *Âges du monde* qui rendra intolérable à Schelling l'aspiration (*Sehnen*) ou la nostalgie d'absolu des romantiques[97] et leur religiosité, l'ultime tentative de la *Spätsphilosophie* ne pourra se faire que dans l'ouverture à l'histoire. C'est ce que Schelling explique dans sa dernière leçon de l'*Introduction à la philosophie de la mythologie ou Exposé de philosophie rationnelle pure* : « Quant à la question de savoir quelle est la volonté qui donne le signal de l'interversion et, en conséquence de l'instauration de la philosophie positive, aucun doute n'est possible quant à la réponse qu'elle comporte. C'est le Moi dont nous avons pris congé au moment où il a dû renoncer à la vie contemplative et où il s'est trouvé envahi par le dernier désespoir... c'est à ce point maintenant qu'il

---

[93] SCHELLING, *Recherches philosophiques sur l'essence* [...], p. 190.

[94] *Ibid.*, p. 188.

[95] ID., « Leçons d'Erlangen (1821) », *Œuvres métaphysiques*, p. 282 ; *S. W.*, IX, pp. 207-252.

[96] J. F. MARQUET, *Liberté et Existence. Étude sur la formation de la philosophie de Schelling*, Paris, Gallimard, 1973, citation, p. 236.

[97] AYRAULT, *op. cit.*, I, pp. 229-230.

se rend compte de l'abîme qui le sépare de Dieu[98]. » Et Schelling de continuer ici en développant la naissance de la religion philosophique[99]. Si la philosophie négative conduit à la révélation, et de celle-ci à la religion de l'esprit, l'identité reste toujours cherchée : elle n'est ni étrangère à la mythologie et aux révélations, ni subordonnée à celle-ci.

Le rappel de quelques affirmations centrales du premier Tillich ne peut, dans cette épistémè, que confirmer encore notre hypothèse et notre double lecture. L'inconditionné ou l'indérivable, ce qui ultimement et sans condition me concerne (*ultimate concern*[100]) est une « saisie » (*to be grasped*) ou une « irruption » (*durchbrechen*). « L'homme pose Dieu », *Der Mesch ist Gott Setzend*[101], qui est « le donné primordial » *das Urgegeben Selbst*[102], le *Urständlichen*, le « présupposé du sens et de toute question*[103]* »; le concept de religion est dépassé dans la fonction d'inconditionnalité du sens et d'expérience de l'inconditionné[104]. La métaphysique est une *Sinnmetaphysik* différente de la philosophie qui est la « science des fonctions du sens », et d'une théologie qui est « l'étude des normes du sens[105] ». La dialectique de l'Église et de la culture se comprend par l'inconditionnalité du sens, dans l'univers des significations[106]. Depuis la conférence de 1919, jusqu'à la « décision socialiste » de 1933[107], il est toujours question de la « saisie » ou de l'« irruption » du *Gehalt* du « sens » dans des « théonomies » et des *kairoi* de l'histoire[108], dans l'esprit des masses[109]. Par là même s'expliquent aussi ces typologies des religions souvent reprises pour ultimement se poser dans « la religion de l'Esprit concret ».

---

[98] F. W. J. SCHELLING, *Introduction à la philosophie de la mythologie*, ou *Exposé de la philosophie rationnelle pure*, t. II, trad. S. Jankélévitch, Paris, Aubier, 1946, 374 p. ; *S. W.*, XI, pp. 253-572, citation, p. 351.

[99] *Ibid.*, p. 354.

[100] TILLICH, *History of Christian Thought*, p. 112.

[101] ID., *Die religionsgeschichtliche Konstruktion* [...], pp. 43-44.

[102] ID., « Die Überwindung [...] », *G. W.*, I, p. 373.

[103] ID., « Masse und Geist », *G. W.*, II, p. 71.

[104] ID., *The System of the Sciences*, trad., pp. 156, 157, 183, 205 ; « The Philosophy of Religion », *What is Religion ?*, pp. 41, 56, 62-69. Pour la synthèse de ces notions, *cf.* GARANT, *op. cit.*, pp. 55-82.

[105] *Ibid.*, pp. 70, 71.

[106] TILLICH, « Kirche und Kultur » (1924) ; *cf.* note 15.

[107] ID., « Die sozialistische Entscheidung (1933) », *G. W.*, II, pp. 219-365, trad. F. Sherman, *The Socialist Decision*, New York, Harper and Row, 1977, 185 p. ; *cf.* Part One : « Political Romanticism, its principle and its contradiction », pp. 13-44.

[108] ID., « Kairos » (1922), *G. W.*, VI, pp. 9-28, transl. by J. L. Adams, *The Protestant Era*, pp. 32-51. « Kairos und Logos » (1926), *G. W.*, IV, pp. 43-76.

[109] ID., « Masse und Geist », *loc. cit.*

Le départ de Tillich est toujours présent dans cette avance des travaux de sa première période. C'est bien par après, comme il l'a écrit[110], qu'il aura eu profondément raison de se rendre compte de l'influence de ses deux premiers et puissants travaux sur Schelling dans le développement ultérieur de sa pensée. L'inconditionnalité du sens est le premier posé de la systématique du sens, et de l'historicité du sens : tel était l'objectif de notre exposé.

Dans cette épistémè globale, dans ce premier espace parcouru par Tillich, un dernier texte de Schelling pourra projeter une fulgurante lumière sur l'inconditionnalité du sens.

En effet, parallèlement à la question toujours lancinante du « comment se laisse saisir ou saisit l'inconditionnalité du sens ? » chez Tillich, nous trouvons une question toute avoisinante chez Schelling qui, méditant profondément la liberté en Dieu, en arrive à poser « comment pouvons-nous expérimenter cette liberté éternelle, ce sujet absolu ? » Formulée aux leçons d'Erlangen, c'est dans cette introduction de janvier 1821 que nous nous introduisons une dernière fois dans la pensée du premier Tillich selon l'herméneutique et l'hypothèse de lecture que nous avons décidées. Cette question peut se formuler ainsi dans ses termes les plus simples : comment l'inconditionné absolu pénètre-t-il la liberté de ma conscience posant l'inconditionnalité du sens ? En « corrélation », la réponse peut aussi prendre la netteté d'un seul mot : *Er-innerrung*, concept central du romantisme allemand, rappel, re-connaissance, intériorisation qui engage une décision, co-réponse où la dialectique temps-éternité cerne l'abîme du problème soulevé. Il en ressortira que Tillich avait raison de nous rappeler sans cesse l'importance décisive de Schelling dans sa propre aventure spirituelle, face à l'absence de sens et de fondement chez Schopenhauer, Nietzsche ou Deleuze.

« Mais comment pouvons-nous expérimenter cette liberté éternelle [...] ce mouvement [...] ce sujet absolu ? [...] il doit nécessairement y avoir en nous-mêmes quelque chose de semblable et d'apparenté à cette éternelle liberté [...] elle doit elle-même être en nous, être ce qui en nous vient à se connaître. » Un duel, une crise s'établit alors entre le sujet absolu et la conscience humaine. Il faut aller jusqu'à cette profondeur abyssale où notre conscience est une auto-conscience de l'éternelle liberté.

« La philosophie (alors) n'est pas une science démonstrative [...] son premier pas n'est point un savoir [...] mais [...] un abandon de tout ce qui est savoir [...] Aussi longtemps que (l'homme) veut encore savoir, ce sujet absolu lui sera objet. »

« On a cherché naguère à exprimer cette relation tout à fait spécifique par le terme d'intuition intellectuelle [...] on utilisera (ici) de préférence le terme d'extase. Notre moi y est en effet exposé hors de soi [...]

---

[110] *ID.*, *G. W.*, I, p. 9.

il faut qu'il délaisse son lieu [...] C'est seulement par ce sacrifice de soi-même que le sujet absolu peut s'ouvrir à lui [...] Ce qui est urgent pour l'homme, ce n'est pas de rentrer en soi, mais d'être exposé hors de soi [...] rentrer en soi-même [...] (c'est) s'enfoncer toujours plus avant en son propre être borné. »

Mais comment l'homme peut-il être porté à cette « ekstase » ? Il résulte de son effort inutile de savoir, un tourment, une tension intime, une inquiétude jusqu'à devenir nescient. « Mais cette crise [...] est la condition du véritable procès. » Schelling le décrit ici en Dieu et en l'homme utilisant le jeu souvent repris des rapports A et B. Après la crise (ou la chute) (?), la nescience revenue du savoir [...] est « nescience savante », « intime » « qui s'est réintériorisée l'éternelle liberté [...] qui la rappelle à soi dans l'intériorité mémoriale ». « En ce désaisissement de soi, en cette « ekstase » où je me reconnais, en tant que Moi, comme complète nescience, ce sujet absolu devient immédiatement pour moi suprême réalité. Par ma nescience (en cette « ekstase ») je pose le sujet absolu [...] le sujet absolu comme tel me pose dans le non-savoir, et, inversement, en tant que nescient, je pose le sujet absolu. » « C'est donc seulement du dedans et en profondeur que s'ouvre le savoir. » « Donc en voulant attirer à soi cette pure conscience l'homme la détruit. [...] Penser, c'est renoncer au savoir ; le savoir est lié, le penser est en pleine liberté [...] C'est uniquement comme tel, en tant que corrélat de mon savoir nescient, in-objectif, que le sujet absolu peut être posé [...] C'est là un grand moment, c'est la véritable heure de naissance de la philosophie. »

« Tout exige donc de l'homme qu'il abandonne son savoir, tout l'engage à cette scission, grâce à laquelle il s'aperçoit pour la première fois en totale liberté, en apercevant aussi en face de lui la liberté précédente en son éclat primordial. » Schelling conclut cette introduction pathétique par l'amour de la sagesse : « celui qui la recherche la rencontre partout... celui qui la trouve possède un trésor... Mais elle ne se donne qu'aux âmes pures. Car le pur ne se révèle qu'aux purs[111]. »

C'est dans cet espace défini que nous terminons l'herméneutique de l'inconditionnalité du sens dans la philosophie première de Paul Tillich.

---

[111] *ID.*, *Erlanger Vorträge* (*Über die Natur der Philosophie als Wissenschaft*), *S. W.*, IX, pp. 207-252. Trad. J. F. Courtine et E. Martineau, *op. cit.*, *Leçons d'Erlangen*, pp. 263-304. Notes, pp. 393-404. Commentaires du texte cité : TILLIETTE, *op. cit.*, II, pp. 145-150. MARQUET, *op. cit.*, pp. 508-519. J. RIVELAYGUES, « le Phénomène romantique en philosophie », *Études des philosophiques*, 1969, pp. 187-198.

L'EXPÉRIENCE DU RIEN
DANS LA COMPRÉHENSION TILLICHIENNE
DE LA RELIGION

Un aspect important
de la relation entre religion et culture
dans l'œuvre de Paul Tillich

Jean-Claude PETIT
Faculté de théologie, Université de Montréal

Dans un de ses tout premiers textes, Tillich propose une définition de la religion qui, à première vue du moins, peut paraître étonnante. Dans l'article de 1919 sur l'idée d'une théologie de la culture, nous lisons en effet : « La religion est expérience de l'absolu, et ceci veut dire expérience de la réalité absolue sur la base de l'expérience du rien absolu[1]. » Cette expérience du rien constitue un élément tout à fait fondamental de la pensée de Tillich sur la religion, celui par lequel il rejoint ce que Bernhard Welte appelle « l'expérience fondamentale », *die Grunderfahrung* de la modernité[2].

Or cet aspect de la compréhension tillichienne de la religion n'a pas toujours retenu, me semble-t-il, toute l'attention qu'il mérite de la part des lecteurs de Tillich. Il va de soi qu'un traitement adéquat de cette question exigerait plus d'espace que n'en offre le cadre de cette intervention. Il devrait être possible cependant de prendre le risque de quelques raccourcis, d'éclairer un peu cette définition tillichienne, tout d'abord en la situant à l'intérieur d'une interprétation globale de l'expérience religieuse moderne, qui paraît précisément s'exprimer dans l'expérience du rien, puis en en suivant les principales expressions dans l'ensemble de l'œuvre de Tillich.

Il devrait ainsi apparaître que Paul Tillich est à sa manière un témoin important de l'expérience moderne, et que la pensée de celui dont nous célébrons cette année le centième anniversaire de naissance peut, aujourd'hui encore, donner à ce qui nous arrive une expression qui nous aide à mieux nous comprendre.

---

[1] P. TILLICH, « Über die Idee einer Theologie der Kultur », *Gesammelte Werke* (*G. W.*), Band IX, Stuttgart, Evangelische Verlagswerk, 1967, p. 18.

[2] B. WELTE, *Das Licht des Nichts. Von der Möglichkeit neuer religiöser Erfahrung.* (La Lumière du rien. La possibilité d'une nouvelle expérience religieuse), Freiburg, 1980, p. 22.

Si nous considérons notre époque dans son ensemble, nous ne pouvons certes pas parler d'une manifestation en elle de Dieu ou de la divinité, manifestation qui la toucherait d'une manière immédiate et englobante. Il semble plutôt qu'il faille y reconnaître une « absence », ou un « retrait » ou encore un « manque de Dieu ». L'expérience religieuse, au sens des siècles précédents de notre tradition, semble s'être retirée. Notre époque ne vit plus non seulement *en présence* de la divinité mais même *en relation*, si ténue soit-elle, avec elle. L'athéisme contemporain a pris une figure différente de celui, militant et argumentateur, du siècle précédent, qui avait presque besoin de la divinité qu'il combattait pour arriver à s'imposer. En art et en littérature, dans le développement des sciences et des techniques et dans la structuration nouvelle de la vie quotidienne qui en est issue, des indices nombreux nous amènent à penser que ce qui caractérise finalement notre époque, c'est précisément de ne pas faire l'expérience de Dieu, mais plutôt l'expérience du rien.

On interpréterait mal ce qui se trouve ici en question si l'on comprenait par là que notre époque, en ce qui regarde cette question de l'expérience religieuse, ferait l'expérience de rien du tout, et ainsi ne ferait pas d'expérience. Ce qui paraît plutôt s'imposer c'est que cette expérience du rien est précisément une expérience, qui bouleverse et transforme, comme toute véritable expérience, celui qui la fait.

Que le retrait de l'expérience religieuse, au sens de notre tradition, soit l'objet d'une expérience fondamentale, on peut le voir chez plusieurs penseurs et poètes prophétiques de notre époque. Dans son livre *Das Licht des Nichts* auquel nous venons de faire allusion, Bernhard Welte mentionne plusieurs de ces témoins de l'expérience moderne du rien et dégage le sens de leur témoignage. Comme une traduction française de ce petit livre paraîtra bientôt qui le rendra encore plus accessible, il peut suffire à notre propos d'en évoquer brièvement quelques-uns.

On pense tout d'abord à Bertolt Brecht. Dans le dernier poème des *Hauspostille*, intitulé *Gegen Verführung*, *Contre la séduction*, nous lisons dans la dernière strophe :

> Ne vous laissez pas séduire
> par ceux qui voudraient vous rendre
>   esclaves ou vous affamer
> En quoi la peur pourrait-elle vous toucher :
> vous mourrez comme tous les animaux,
> après, il n'y a rien.

Comme le note Welte : « Ce qui est le plus remarquable dans ces lignes impressionnantes c'est que la séduction et l'angoisse sont expressément repoussées et qu'à la fin se trouve exprimée une négation explicite et précise : « Après il ne viendra rien ». » La strophe se trouve ainsi un témoin

important du retrait de l'expérience religieuse et du fait que ce retrait
est lui-même une expérience, quelque chose, donc, que le poète réfléchit explicitement, qu'il doit exprimer, quelque chose qu'il ne peut tout
simplement pas éviter[3]. »

Il y a aussi T. S. Eliot : dans ses *Four Quartets*, les lignes qui commencent par : « O dark, dark, dark. They all go into the dark. » Capitai-
nes, banquiers, éminents hommes de lettres, généreux supporteurs des
arts, hommes d'État, seigneurs de l'industrie, tous descendent dans l'obscurité profonde, et nous aussi avec eux, marchant aux funérailles silen-
cieuses, « funérailles de personne, poursuit le poète, car il n'y a personne
à mettre en terre[4] ».

Évoquons encore un autre poète, Paul Celan cette fois, dans son
recueil intitulé *Die Niemandsrose, la Rose de personne*. Dans le poème
qui porte le titre « Mandorla » [« l'Amande »], nous pouvons lire :

Dans l'amande — qu'y a-t-il dans l'amande ?
Le rien.
Se tient le rien dans l'amande.
Il se tient et se tient.

En iconographie et en sculpture religieuses, l'amande est le lieu
d'apparition de Dieu et du divin. La figure en forme d'amande entoure
Dieu et met sa présence en évidence. C'est vers elle que regarde le poète.
Mais il n'y voit que le rien. Là où jadis se tenait Dieu, se tient maintenant
le rien.

Nietzsche est aussi un témoin important de cette expérience. Heidegger, également, qui a proposé dans son livre *Sein und Zeit* des analyses décisives de l'expérience du rien.

Un dernier témoignage, celui, tout à fait impressionnant, de Günter
Grass, dans son roman qui vient tout juste de paraître et qui est intitulé
Die Rättin, la Rate. L'écrivain raconte la fin de l'espèce humaine, le triomphe de la bêtise, de l'inculture, sur le fragile espoir que la fin, justement,
n'est pas encore venue. Le livre s'achève sur le dernier dialogue entre
le narrateur et la rate de ses rêves :

— Mais indépendamment de tout cela, il y a bien encore assez d'espoir que
ce ne soit pas vous, rats de mes rêves mais bien en réalité nous...
— Nous les rats sommes plus réels que tu ne pourrais le rêver.
— Mais il doit pourtant, malgré tout...
— Il n'y a plus rien qui doive, rien.
— Mais je veux, veux de nouveau...
— Quoi encore ? Quoi ?

---

[3] *Ibid.*
[4] *Ibid.*, p. 41.

Ici aussi, c'est sur le rien que s'achève le récit du poète. Sa possibilité avait été pour ainsi dire tenue à distance par les entrelacs magnifiques de l'imagination, de l'écriture et des forces vives et fragiles de la mémoire ; mais il vient un temps où la bêtise est plus forte ; alors, comme ici, le rien l'emporte et tout se retire. Mais ce retrait lui-même devient, pour celui qui ne l'esquive pas, une expérience décisive.

Cette expérience, pour laquelle il serait possible de faire intervenir d'autres témoins, s'impose comme une expérience marquante de notre époque. Or il me semble que Paul Tillich en est également un témoin important. Il peut être intéressant d'essayer de le montrer, au moment où nous célébrons le centième anniversaire de sa naissance et au moment où nous nous proposons de rappeler les possibilités actuelles de sa pensée.

*

* *

Nous lisons donc dans le texte de 1919, *Über die Idee einer Theologie der Kultur*, la définition suivante de la religion : « Religion ist Erfahrung des Unbedingten und daß heißt Erfahrung schlechthinniger Realität auf Grund der Erfahrung schlechthinniger Nichtigkeit. » Ce que nous pouvons traduire de la manière suivante : « [La] religion est [l'] expérience de l'absolu, et ceci veut dire expérience de la réalité absolue sur la base de l'expérience du rien absolu. » Ou encore, « expérience de ce qui est réalité tout simplement sur la base de ce qui est rien tout court ».

Il s'agit donc tout d'abord d'une *expérience* (*Erfahrung*), c'est-à-dire non pas d'un comportement théorique à l'égard de soi et du monde, dans lequel l'être humain conserverait l'initiative, ni d'un ensemble d'attitudes ou de conduites qui pourraient être distinguées d'autres attitudes ou d'autres conduites et ainsi caractériser une sphère particulière de l'activité humaine à côté d'une autre sphère, mais d'une expérience, de quelque chose, donc, qui nous arrive, dont nous ne sommes pas maîtres, et qui nous transforme au point de nous laisser, au terme, autres que ce que nous étions auparavant[5].

Il y a ensuite l'idée d'une expérience de ce que Tillich appelle *das Unbedingte*, « l'absolu », « ce qui ne connaît pas de limitation ». Nous connaissons la lutte que Tillich a menée toute sa vie durant contre toute espèce d'objectivation de cet absolu, qui ne doit en aucune manière être pensé comme quelque chose à côté ou au-dessus des autres choses de notre monde. Tillich en parlera comme étant « dimension », ou « fondement du sens » (*Sinngrund*), « fondement » qui est en même temps un abîme (*Abgrund*). On peut estimer que même ces formulations sont problématiques, mais une chose est certaine : jamais, pour Tillich, cet absolu ne

---

[5] Sur le concept d'expérience voir, par exemple, B. WELTE, *op. cit.*, et J.-C. PETIT, « Théologie et expérience », *l'Expérience comme lieu théologique*, Montréal, Fides, 1985, pp. 13-30.

doit être conçu comme objet. On peut le lire avec toute la clarté souhaitable dans le texte de 1925 sur la *Philosophie de la religion* : « Nun aber kann niemals das Unbedingte als solches Gegenstand sein[6]. »

Cette expérience, poursuit Tillich, se réalise « sur la base de l'expérience de ce qui est simplement rien ». Voilà une autre chose qui, dans cette définition, me paraît remarquable. C'est par là que Tillich me semble rejoindre l'expérience spirituelle caractéristique de notre époque.

Le rien dont il est maintenant question ne doit pas être compris lui non plus comme quelque chose à côté ou au-dessus des autres choses de notre monde et dont il serait possible de faire de la sorte l'expérience. Il s'agit ici aussi de quelque chose qui nous échappe tout à fait, en englobant toutes les choses de notre monde et notre monde dans son ensemble : « Die Nichtigkeit des Seienden, die Nichtigkeit der Werte, die Nichtigkeit des persönlichen Lebens[7].» Cette expérience peut conduire à ce que Tillich appelle alors un « non radical ».

Malgré toute l'importance que revêt ici cette idée, Tillich n'y reviendra plus dans ce texte. En fait, elle ne refera que rarement surface dans la suite de son œuvre, du moins sous les mots « rien » ou « nihilisme ». Elle ne cessera pas pour autant, cependant, d'y tenir une place tout à fait décisive, que le changement de vocabulaire a peut-être masquée mais qu'il nous faut savoir redécouvrir pour bien comprendre ce que Tillich entend finalement par « religion ».

Le texte *Über die Idee einer Theologie der Kultur* date, nous l'avons noté, de l'année 1919, au lendemain, donc, de l'épreuve décisive que fut pour Tillich la Première Guerre mondiale. Il est remarquable de retrouver une évocation précise de la même expérience du rien dans un texte de 1948, consacré finalement au même thème que celui de 1919 et écrit, comme lui, à l'ombre d'une autre terrible catastrophe, celle de la Deuxième Guerre mondiale. Il s'agit du texte intitulé *Religion and Culture* paru à Chicago en 1948[8]. Tillich y parle de « l'expérience de la fin » (*die Erfahrung des Endes*) comme d'un élément déterminant dans le cours de l'histoire ; cette expérience de la fin prend alors la figure de « l'expérience du vide », *die Erfahrung der Leere*.

---

[6] *G. W.*, I, p. 331. Évidemment, une difficulté supplémentaire surgit, qui peut être formulée ainsi : comment peut-il être possible de faire l'expérience de « ce qui jamais ne peut être un objet » ? Je ne peux faire plus ici que de poser la question sans m'y engager davantage. Je signale seulement que le problème qu'elle soulève ne me paraît pas éloigné de celui que nous rencontrons chez Ignace de Loyola par exemple, commenté si judicieusement naguère par Karl Rahner. Il est en effet question dans les *Exercices*, d'une expérience « sans objet » de Dieu. *Cf.* K. RAHNER, « la Logique de la connaissance existentielle chez Ignace de Loyola », *Éléments dynamiques dans l'Église*, Bruges, Desclée de Brouwer, 1967, pp. 75-133, surtout 105s.

[7] *G. W.*, IX, p. 18.

[8] *Ibid.*, pp. 82-93.

Cette expérience, ici non plus, ne renvoie pas à une attitude théorique à l'égard du monde, ou à une conclusion abstraite à la fin d'une analyse savante, mais à une « épreuve »de l'histoire, à une rencontre en quelque sorte avec ce qui vient vers nous et nous interpelle, que nous ne maîtrisons ni ne pouvons maîtriser, mais qui nous arrive et nous domine et à quoi finalement nous appartenons. Qu'il s'agisse bien, pour Tillich, d'une figure de notre temps, cela aussi nous pouvons le lire avec toute la clarté souhaitable dans son texte. N'oublions pas, en le lisant, ce que nous avons cité plus haut du texte de 1919. Dans celui de 1948, nous pouvons lire :

> Un nouvel élément est apparu dans le paysage — l'expérience de la fin. Quelque chose de cela se manifesta déjà après la Première Guerre mondiale, mais nous ne l'éprouvions pas encore dans toute son épouvantable profondeur et nous ne soupçonnions pas son caractère absolu. Nous regardions plutôt vers le commencement du nouveau que vers la fin de l'ancien. Nous n'avions pas idée du prix que l'humanité aurait à payer pour l'arrivée d'une nouvelle autonomie ; nous croyions encore à des transitions sans catastrophes. Nous ne voyions pas la possibilité de catastrophes finales, comme l'annonçaient les vrais prophètes, les prophètes de malheurs. C'est bien pourquoi notre interprétation théonome de l'histoire avait un léger relent de romantisme, même si elle cherchait à éviter toute visée utopique. Elle aboutit à sa fin, parce que la fin elle-même, comme un coup de l'éclair, apparut devant nos yeux, et pas seulement dans les ruines de l'Europe centrale et de l'Europe de l'Est mais on la vit aussi dans la surabondance de ce pays[9].

Cette expérience caractérise pour Tillich la situation de toute une époque. Elle n'est pas en notre pouvoir. Elle s'annonce, s'étend, à l'instar de celle qu'annonce l'insensé de Nietzsche dans le *Gai Savoir*. Il est remarquable que cette expérience de la fin et du vide se voit attribuer des qualificatifs que notre tradition réservait habituellement à la divinité : elle possède, écrit Tillich, une *ungeahnte Absolutheit*, « un caractère d'absolu insoupçonné ». Le vide dont il est fait expérience est même un *heilige Leere* : elle est *Erfahrung der heiligen Leere*, « expérience du vide sacré »[10].

De même dans le texte de 1919 : le « non » dont il est fait expérience est un « non » absolu, donc un « non » qui ne laisse absolument rien hors de son atteinte et qui, en concernant tout, concerne tout d'une manière radicale.

Mais c'est alors que se produit ce que Tillich appelle un retournement : « Wo diese Erfahrung zum absoluten, radikalen Nein geführt hat, da schlägt sie um in eine ebenso absolute Erfahrung der Realität, in ein radikales Ja » ; « là où cette expérience a conduit à un « non » absolu,

---

[9] *Ibid.*, p. 87.
[10] *Ibid.*, p. 88.

radical, voilà qu'elle se retourne subitement en une expérience tout aussi absolue de la réalité, en un « oui » radical[11]. » Mais attention : il ne s'agit pas du tout de la découverte d'une autre réalité, à côté ou au-dessus des réalités du monde, distincte du rien de ce qui aurait été une « première » expérience ; il ne s'agit pas même de deux expériences. L'expérience du rien n'est pas un point de départ, un premier moment, qui permettrait à l'homme d'accéder *ensuite* à une rencontre avec l'« absolu ».

Le texte fameux et très important de 1924 intitulé *Rechtfertigung und Zweifel (Justification et doute)*[12] pourrait peut-être accréditer cette interprétation. Il est assez clair, tout d'abord, que ce texte est largement porté par cette même expérience que celle dont l'article de 1919 avait parlé. Il est clair également que cette expérience, qui s'exprime maintenant dans le vocabulaire du « doute radical », n'est pas le fait d'une histoire individuelle, à mettre au compte d'initiatives personnelles particulières, mais qu'elle tient à la structure même de l'époque moderne, voire à ce qu'est la religion elle-même. Ce n'est pas tel ou tel individu qui aurait perdu, à cause de décisions personnelles, les bases d'une foi solide, c'est notre temps lui-même qui a vu se retirer les présupposés à la foi qu'avaient en commun le Moyen Âge et la Réforme. Cette situation demeure pour Tillich incontournable et il est assez évident que, pour lui, il est tout à fait hors de question que l'homme puisse, de sa propre initiative, que ce soit dans l'abandon mystique ou dans la reprise intellectuelle, se redonner ces présupposés perdus. Ceci, toutefois, peut être le fait de Dieu et de Lui seul, dont l'irruption dans le doute radical du douteur, irruption qui ne devra ni ne pourra jamais être objectivée en savoir ou maîtrisée en œuvre d'ascèse ou en silencieux objet de contemplation, pourra dissoudre son doute et créer ainsi le présupposé à toute révélation salvifique future. C'est le fameux concept tillichien de *Grund-offenbarung*, de « révélation fontale ». Cette irruption ne peut pas se faire, certes, s'il s'agit bien là de la « justification de celui qui doute » au sens que nous avons dit, sans un chambardement radical des éléments escomptés. Tillich écrit à ce propos :

> La justification de celui qui doute n'est possible uniquement comme irruption de la certitude absolue à travers la sphère des incertitudes et des méprises : il s'agit de l'irruption de la certitude que la vérité que cherche le douteur, que le sens de la vie pour lequel il se débat désespérément, ne sont pas le but mais le présupposé de tout doute jusqu'au désespoir. Il s'agit de la saisie de la vérité comme tribunal de toute connaissance de la vérité[13].

---

[11] *Ibid.*, p. 18.

[12] *G. W.*, VIII, pp. 85-100.

[13] *Ibid.*, pp. 91-92.

Si celui qui doute, ou qui fait, pour reprendre l'expression plus ancienne, l'expérience du « non » radical, ne peut s'y arracher de lui-même, l'irruption de la grâce peut le faire, en lui enlevant, comme l'exprime Tillich, « toute position à partir de laquelle il pourrait douter[14] ». Il semble donc qu'on doive concevoir ce doute radical comme une position qui peut et qui doit être en quelque manière dépassée. C'est du moins l'interprétation qui me paraît s'imposer à la suite du texte *Rechtfertigung und Zweifel*.

Cette expérience du doute radical sera évoquée à nouveau par Tillich une trentaine d'années plus tard dans un petit livre important pour notre propos. Il s'agit du livre intitulé *The Courage to be*, qui paraît pour la première fois en 1952. Or il me semble qu'ici Tillich a mieux vu le caractère radical de cette expérience, dans la mesure précisément où elle tient non pas (ni d'abord ni surtout) à des faiblesses personnelles mais à des possibilités que j'appellerais « épochales », ne permet pas précisément que ce doute soit dissout, mais exige plutôt qu'il soit pour ainsi dire regardé bien en face et traversé jusqu'au bout. En d'autres termes, il me semble qu'ici Tillich a mieux compris que l'expérience qui avait commencé de le solliciter voilà déjà plus d'une trentaine d'années ne se jouait pas tant à l'intérieur du monde structuré par la représentation et l'expérience de Dieu communes au Moyen Âge et à la Réforme, mais qu'elle annonçait une transformation de ce monde qui allait rendre de plus en plus problématique cette représentation et exiger, peut-être contre nous, que s'élabore une nouvelle représentation de ce que nous nommons Dieu.

Je ne peux que prendre ici aussi le risque de quelques raccourcis. Il me semble, toutefois, que les formulations du petit livre de 1952 sont suffisamment précises pour que je puisse en rappeler l'une ou l'autre sans plus. Soulignons tout d'abord qu'une des idées forces du livre est celle de l'expérience de ce que Tillich appelle « la puissance de l'être lui-même », *the power of being itself*, qui définit précisément la religion : « Religion is the state of being grasped by the power of being itself », lisons-nous dans *The Courage to be*[15]. Mais la question se pose de savoir si cette expérience exige que soit surmonté le doute. Si tel était le cas, on devrait en conclure qu'il n'est pas si radical qu'on veut bien l'affirmer mais surtout qu'il serait bien davantage un obstacle qu'il faudrait surmonter que le lieu même de l'expérience du « oui » radical dont il a été question plus tôt.

Tillich se demande donc s'il existe un courage capable de vaincre l'angoisse du non-sens et du doute. Ou, en d'autres termes, si la foi qui accepte l'acceptation par Dieu peut résister à la puissance du non-être

[14] *Ibid.*, p. 100.

[15] P. TILLICH, *The Courage to be*, 4th ed., London, The Fontana Library, 1967, p. 153. *Cf.* aussi pp. 167, 169, où cet état définit de façon équivalente la foi.

dans ses formes les plus radicales. La foi peut-elle résister au non-sens ? Y a-t-il une espèce de foi capable de coexister avec le doute et le non-sens ? Comment le courage d'être peut-il être possible si tous les chemins qui pourraient y conduire sont barrés par l'expérience de leur ultime insuffisance ?

Nous pourrions être tentés, poursuit Tillich, de dire que le message chrétien est la réponse aux questions soulevées par l'analyse de l'existence humaine, mais ceci ne serait en aucune manière une solution au problème du doute radical. Elle ne donne le courage d'être qu'à ceux qui sont déjà convertis. La réponse doit accepter comme sa condition préalable l'état de non-sens. Elle n'est en aucune manière une réponse pertinente si elle exige que cet état soit écarté, car c'est précisément ce qui ne peut pas être fait[16]. En d'autres termes, le « retournement » dont il a été question ne peut être pensé comme dépassement ou arrachement à un « non » qu'il faudrait laisser en arrière. Il ne peut se réaliser que dans l'acceptation, comme dit Tillich[17], du doute radical.

L'expérience du rien n'est donc pas une expérience « préalable », qui demanderait d'être dépassée. Elle est plutôt pour Tillich la forme que prend, à une époque donnée, l'expérience de l'absolu. Faire cette expérience du rien, ce n'est pas faire l'expérience de rien du tout. Pour qui ne l'esquive pas, elle est au contraire l'expérience la plus radicale, qui ouvre sur la présence de l'absolu.

De ce « retournement » nous trouvons une expression particulière dans le même poème de Paul Celan cité plus haut. Il n'y a pas lieu ici d'en faire ici une interprétation[18]. Peut-être peut-il suffire de le lire simplement. Dans l'espace sacré de l'amande, souvenons-nous, se tient le rien. Puis le poème continue :

> Dans le rien — qui se tient là ? Le roi.
> Là se tient le roi, le roi.
> Il se tient là, et se tient.
>   Boucle de juifs, tu ne grisonneras pas
> Et ton regard — où est-il tourné, ton regard ?
> Ton regard fait face à l'amande.
> Ton regard, il se tient devant le rien.
> Il se tient tourné vers le roi, c'est ainsi qu'il
>   se tient et se tient.
>   Boucle d'hommes, tu ne grisonneras pas
>   Amande vide, bleu royal.

---

[16] *Ibid.*, pp. 169-170.
[17] *Ibid.*, p. 171.
[18] *Cf.* B. WELTE, *op. cit.*, pp. 53-54.

L'expérience du rien paraît liée chez Tillich à la proximité de certaines catastrophes historiques dont il a su percevoir la signification pour le destin de son époque. Leur éloignement progressif dans le temps explique peut-être le retrait de ce vocabulaire dans l'interprétation qu'il poursuit de la religion. L'expression qui prendra peu à peu le dessus sera celle de la religion comme « ce qui nous concerne de manière absolue[19] ». Cette expression a donné lieu à différentes interprétations. La plus facile paraît celle qui y voit la référence à quelque objet ou réalité de notre monde qui, en pratique, agirait comme quelque chose qui solliciterait chacun d'une manière absolue : l'argent, l'honneur, le pouvoir, etc. Il me semble plutôt qu'il faut comprendre cet *ultimate concern* dans la ligne de l'expérience du rien et de son retournement dont il vient d'être question.

Lorsque Tillich parle de « ce qui nous concerne d'une manière absolue », il ne parle pas d'une réalité à côté d'une autre réalité, mais de ce qui seul finalement peut nous conduire à l'extrême limite de nous-mêmes, parce que limite extrême de tout, de ce qui est seul capable de nous concerner d'une manière absolue : le rien, le « vide sacré », et l'expérience de son retournement.

---

[19] *G. W.*, V, pp. 40-41.

UNE ANALYSE RÉFLEXIVE DE L'ABSOLU
Influence dans la religion et la culture

Andrée MARCIL
Faculté de philosophie, Université Laval

Introduction

Le problème qui se pose aujourd'hui à la conscience philosophique qui prétend réfléchir sur l'affirmation de l'Absolu, c'est qu'elle s'insère dans le contexte planétaire du relativisme. Le sentiment profond et quasi invincible qui se maintient, c'est celui d'une incapacité foncière et radicale d'articuler sa pensée hors un fond de négativité qui demeure rebelle, et d'une opacité qui se fait irréductible. Pourtant, en dépit de tout ce qui surgit, en soi et hors de soi, pour confirmer la primauté du relatif compris comme ce qui, en soi et par soi, est dépourvu de toute signification, l'esprit peut tenter de vaincre ce qui cherche à l'emporter dans le courant de ce qui passe avec le temps et ne se fixe jamais dans l'histoire. Entre le relativisme pur et la position d'un Absolu qui existerait hors la contigence d'un monde en incessant devenir, on peut se demander s'il n'y a pas un lieu pour situer une réflexion où, sans nier la relativité des choses et des êtres, l'Absolu pourrait prendre forme dans la durée des hommes, en eux et par eux, et faire contrepoids à la contingence, à la finitude, à la temporalité, à l'historicité d'une conscience particulière. Or, il s'avère que déjà, dans l'effort même que nous faisons pour essayer de comprendre et de réduire notre opacité d'être, nous nous acheminons vers notre être propre. L'homme sait la faille originelle qui l'aspire vers le bas. Son espoir serait-il vain de vouloir ressaisir l'acte originaire qui l'a conçu pour la beauté, la vérité, la bonté, le commerce des consciences, le sublime, la transparence à soi ? Le désir de délivrance de soi-même, de justification, de régénération de son être est-il illusion dans un monde où il n'y a de succès que précaire, où l'écart entre ce que nous aspirons à être et ce que nous sommes en réalité ne cesse de se creuser, où la solitude dans la communication la plus intense ne cesse de s'approfondir, où le sublime perd en intensité à cause de « l'oubli de l'être » ?

Quelle méthode serait la mieux appropriée pour essayer de retrouver dans l'histoire de l'humanité les traces de ce que nous nommerons l'Absolu et qu'on pourrait nommer *sens*, absoluité du sens ? Si, au fond, l'ultime question de la philosophie à laquelle se greffe toute autre question, même lorsque nous nous demandons « Pourquoi y a-t-il quelque chose plutôt que rien ? », c'est de comprendre le sens du sujet de l'existence, c'est-à-dire la signification qui lui est immanente, il importe alors au plus haut point de recourir à une méthode qui permette en quelque sorte de reprendre, de s'approprier les moments de l'itinéraire de la conscience humaine qui sont aussi moments de l'existence; une méthode telle que la conscience philosophique ne fasse que dévoiler ce qui se passe dans l'intimité de toute conscience.

La méthode que nous privilégions ici est celle qui est propre aux philosophies de la réflexion, à savoir la méthode réflexive. On pourra consulter à ce sujet un article remarquable tant par sa précision que par sa vigueur, de Jean Nabert, dans le tome XIX de l'*Encyclopédie française* sous la rubrique « Philosophie et religion ».

Après avoir précisé la nature et le but de la méthode réflexive comprise comme analyse réflexive, nous essaierons de préciser la nature de l'acte réflexif pour dégager la structure de la conscience. Puis nous verrons comment l'analyse réflexive s'emploie à retrouver les conditions de possibilité de l'affirmation de l'Absolu. Enfin, nous nous demanderons comment se manifeste ou s'exprime l'Absolu dans la religion et la culture.

Nature et but de la méthode réflexive

En un certain sens, on peut affirmer que la méthode réflexive est propre à toute philosophie, à tout système philosophique : il n'est pas de philosophie en effet qui n'ait fait usage de la réflexion, à quelque degré que ce soit, dans sa tentative de comprendre le monde, la nature, l'homme, dans tout ce qui est quête de vérité, recherche de sens. Ce qui distingue les philosophies, c'est le rôle conféré à la réflexion et sa nature. Relativement au problème qui nous préoccupe, à savoir les conditions de possibilité d'une affirmation de l'Absolu, deux orientations se sont dessinées : celle d'une philosophie de la réflexion où c'est l'absolu qui se réfléchit dans une conscience particulière et que nous nommons philosophie de l'*être*, et celle d'une philosophie de la réflexion qui est « constituante » en ce qu'elle constitue d'abord le *sujet* et, par la suite, cette constitution du sujet, s'efforce de ressaisir les lois et les normes de l'activité spirituelle dans toutes ses expressions ou manifestations et qui sont intérieures aux opérations ou activités du sujet. Cette philosophie est une philosophie de l'*acte*.

L'acte réflexif

Nous considérons que seule une philosophie de l'acte peut soutenir une interrogation sur l'Absolu, non par choix arbitraire, mais bien parce que seule elle permet d'avancer dans ce qu'il y a d'insondable dans l'existence humaine animée et soutenue par le désir d'être qui se définit par un double rapport : rapport à soi-même et rapport au monde. L'acte réflexif exprime ce rapport de soi à soi non pas comme dans une sorte de repli stérile, mais bien comme reprise en soi de soi-même. Ce que découvre la réflexion, c'est que l'acte même de la conscience est de soutenir un « commerce » avec soi-même, c'est-à-dire un rapport intérieur, une relation dans l'immanence. Cette relation est aussi promesse de liberté en ce qu'elle donne l'espace nécessaire à l'exercice d'une causalité toute spirituelle : aussi la quête de l'Absolu peut devenir conquête de la spiritualité intérieure au sujet. Cette relation de la conscience à son être même qui est *acte* est déjà préfigurée dans ce que la philosophie de l'acte nomme conscience préréflexive.

Nous sommes loin ici de toute théologie traditionnelle ou d'une philosophie des essences où la conscience ne tient son être que par sa participation à l'Être. La dialectique du fini et de l'infini, de la finitude et de l'infinitude, du contingent et du nécessaire, du relatif et de l'absolu, du limité et de l'illimité, du désir d'être et du désir de Dieu, prend un tout autre sens lorsque la conscience constituante ne s'oppose plus à une conscience particulière selon les catégories de l'intériorité et de l'extériorité mais bien selon un rapport éminemment intrinsèque en ce sens que la transcendance ne se comprend que *dans* l'immanence. Cette transcendance intérieure à la conscience particulière assure l'avènement de l'intériorité dans et par le sujet. C'est l'affirmation même de la conscience pure dans une conscience particulière. Ce n'est pas sans raison que Brunschvic a pu écrire dans le *Progrès de la conscience dans la philosophie occidentale* que « l'événement décisif de la période contemporaine est la constitution d'une philosophie de la conscience pure ». C'est ainsi que la philosophie peut s'avancer aussi loin que possible dans l'analyse de l'âme humaine, non point en se substituant à la psychanalyse pour se constituer comme une nouvelle psychologie des profondeurs, mais bien pour essayer de retracer ou dévoiler quelque consentement de la conscience jusque dans l'élément passionnel pur. Il n'y a pas de contradiction à affirmer simultanément, pour un acte donné, l'acte d'une conscience, au sens strict de ce terme, et l'exercice d'une incroyable passion poussée à la limite : on peut conjuguer dans un même acte la démence et la raison. Au fond, l'homme n'est jamais raison pure ni démence pure. Il est finitude et infinitude, misère et grandeur, tristesse et enchantement, désolation et espérance, désespoir et confiance illimitée. La religion et la culture nous renvoient ce diptyque de notre humanité à travers maintes figures, à travers maints symboles et langages, comme nous le verrons plus loin.

L'homme n'est jamais la conscience pure qu'il doit être, ni la conscience individuelle qu'il croit être. Il est le lieu, ou mieux le sanctuaire de leur rencontre en ce qu'il en est le lieu sacré : sujet éthique, il est aussi sujet transéthique. L'analyse réflexive, en mettant au jour l'être même de la conscience en tant que relation à soi, peut aspirer à l'appropriation des expériences concrètes dont le moi est solidaire. Il y a « appropriation » des expériences propres aux différentes fonctions de la conscience, lorsque l'écart qui existe, pour la pensée objective, entre l'acte et la signification dans laquelle l'acte s'investit, est annulé par la reprise en soi du rapport intime qui les lie. Ce que l'analyse réflexive doit chercher à rejoindre, c'est le moment où l'acte spirituel qui est acte de la conscience pure s'incarne dans un signe, une parole, une œuvre ; cette exigence requiert, outre le détachement de tout ce qu'incluent la contingence et les aspérités existentielles, une attention intérieure et toute spirituelle, une ascèse, sans quoi le signe se substitue à l'intemporalité et non seulement fait figure d'éternité mais aussi prend place dans l'histoire au lieu et temps d'une conscience : en détachant de l'opération qui l'a produite l'œuvre qui peut être parole, prière, dévouement, en lui conférant une vie propre, on dissimule derrière l'œuvre, l'activité d'une causalité spirituelle qui est celle de la conscience constituante d'un sujet à qui est donnée une liberté. Toutes les significations réalisées à travers l'histoire de l'humanité et toujours solidaires de nos dimensions spatio-temporelles, d'un langage, doivent permettre une avance de l'existence. L'itinéraire de la conscience se déroule non seulement lorsque l'homme effectue des choix décisifs : il peut transparaître au terme d'une réflexion qui reprend à son propre compte toute opération, toute réalisation qui porte la marque de l'intériorité. C'est ce que nous disons lorsque nous affirmons que le but premier de la méthode réflexive est la conquête de l'intériorité. À la limite nous devons reconnaître que la méthode est progrès de la conscience et que l'acte réflexif est déjà régénérateur de l'être.

L'acte réflexif et l'affirmation originaire

Lorsque nous mentionnions plus haut la nécessité d'une attention de la conscience à la vie même de la conscience, nous évoquions, en d'autres termes, cette disposition intérieure requise pour renouer le lien essentiel de toute intention signifiante propre à la causalité d'une conscience à tout mode signifiant, toujours solidaire de ce qui fait le monde dans lequel il prend forme. L'analyse réflexive cherche à rejoindre dans toute sa pureté originaire l'acte pur d'un moi pur. Ce *moi pur*, les philosophes de la réflexion le nomment affirmation originaire, car il est toujours position d'un sujet ; il est l'impératif suprême qui meut la conscience vers son être profond et abyssal. C'est en lui et par lui que se fonde l'unité des consciences et que la communication trouve un sens spirituel. C'est la négation de ce principe qui engendre la sécession des consciences qui est le mal essentiel et fait que nous pouvons éprouver un incroyable délaissement au sein de la rencontre ; c'est le refus de s'égaler au moi pur qui, plus loin que la précarité du succès, suscite l'échec dans le succès ; c'est

« l'oubli » de l'affirmation originaire qui nous sépare de notre être propre et fait que nous sommes à la fois, dans le même instant, moi pur et faute, conscience pure et conscience aliénée, intériorité et perte dans l'extériorité.

C'est par cette dialectique incessante de l'intériorité et de l'extériorité que la conscience réflexive vise l'appropriation du principe qui soutient et anime le désir d'être immanent à notre être même, c'est-à-dire au moi individuel. Or, s'il nous faut avouer la radicale impuissance de l'existence à rejoindre le principe intérieur ou moi pur, il nous faut aussi avouer la misère d'une réflexion qui prétendrait le réaliser. Si l'acte réflexif est déjà progrès intérieur, il demeure stérile hors l'engagement du sujet dans les tâches concrètes de la vie, hors l'action qui l'exprime dans tout ce qui fait une vie humaine. C'est par l'acte réflexif dominant tout acte intérieur à toute signification que l'esprit vérifie pour ainsi dire son inégalité à soi et son inconditionnalité.

L'analyse réflexive et l'affirmation de l'absolu

Ces considérations nous apparaissent essentielles pour dégager les conditions de possibilité de l'affirmation de l'Absolu. Lorsque l'esprit s'assure de soi, c'est-à-dire de son *inconditionnalité*, par la reprise en soi de l'intériorité de la conscience qui s'exprime toujours par un acte qui est acte de la conscience pure, c'est bien au cœur de celle-ci qu'il nous faut chercher l'Absolu. Ainsi la transcendance est intériorisée et le moi pur exprime la forme de l'absolu spirituel présent dans toute conscience individuelle. Cet absolu immanent à la conscience, nous le nommons le *deus interior* ou le divin de Dieu en nous. Dans cette perspective, les rapports du transhistorique et de l'historique, du méta-moral et du moral, du transcendant et de l'immanent, du méta-physique et du physique prennent une tout autre dimension.

Si tous, tant que nous sommes, aspirons à une régénération totale de notre être, à une justification que nous voulons absolue, si le désir de l'Absolu ne fait qu'un avec le désir d'être, il faut que la pensée de l'inconditionné ou de l'Absolu soit aussi intérieure au désir de compréhension de soi dans l'acte même par lequel nous l'affirmons. Car comment pourrons-nous affirmer l'Absolu, ou la spiritualité pure si nous n'en avons pas déjà l'idée en nous. Dans l'approfondissement du sens de l'existence et de tout ce qui la constitue et y advient, dans la quête de l'absolu, on retrouve deux orientations: l'une s'effectue par la recherche de l'intelligibilité du monde et l'autre par la demande d'une présence absolue, pour laquelle les catégories de l'identité, de la différence et de la causalité valables pour une philosophie ou une théologie qui évacue la transcendance dans l'ordre des réalités inaccessibles n'ont plus de sens, ni de poids, ni de consistance. En se situant dans le prolongement des philosophies de l'acte pur, ce que nous nommons la forme de l'absolu spirituel en nous et qui est l'idée d'une causalité pure, d'une liberté pure, peut nous introduire aux « approches de la justification ».

Il nous faut donc intérioriser la différence qui devient alors inégalité de soi à soi, d'un moi empirique au moi pur qu'il est ; il nous faut intérioriser la causalité qui n'est plus le privilège de l'Être de qui la conscience agissante tiendrait tout son être mais bien une causalité qui pourrait devenir transparente, si seulement nous étions capables d'effectuer le détachement qu'elle exige pour se manifester. Le moi doit se distancier de tout ce qui le retient collé à l'immédiateté, à l'urgence de la vie pour retrouver dans la profondeur de la réflexion ce que Fichte nommait « tendance absolue à l'absolu ». Car, dans l'effort de compréhension de soi, les exigences de la conscience pure surgissent. Mais celles-ci ne le pourraient avec force si les données de l'expérience ne venaient confirmer l'idée de l'absolu qui s'exprime en nous par un appel au dépassement, par l'exigence de la spiritualité qui est le fond même de notre être. La philosophie de la réflexion découvre que l'idée de l'inconditionné, l'idée de l'Absolu, existe en nous comme *a priori* normatif. C'est le rôle de la philosophie de retrouver l'acte qui rend possible l'affirmation de l'Absolu dans le monde, l'acte de la parole d'un Dieu, l'acte de l'incarnation de la spiritualité pure. L'Absolu ainsi compris ne peut qu'être intérieur à l'acte même par lequel nous l'affirmons. On n'a que faire alors, pour le salut de la conscience, d'un Absolu qui serait la manifestation dans le temps d'un être éternel, objet de contemplation d'un être intemporel qui ne saurait donner aucune épaisseur à une liberté engagée dans l'histoire. Ce qui est éternel, c'est ce qui sauve, c'est une fidélité inconditionnée à la spiritualité et qui ne se sert du temps que pour s'éterniser en quelque sorte.

Lorsqu'une certaine théologie prône un Dieu-Absolu omniscient et omnipuissant, on peut se demander qui peut s'affirmer témoin de l'Absolu et médiateur entre les consciences. L'omniscience est peut-être plus exactement un tel pouvoir de pénétration des consciences humaines qu'il rejoint le moi pur des êtres, et sans pour autant les aspirer comme dans un lointain brouillard, les redonne à eux-mêmes en ce qu'ils sont le plus profondément. L'omnipuissance est peut-être cette force de persuasion qui invite à la véritable conversion qui est conversion à l'intériorité : il n'y a ici ni séduction, ni leurre, ni faux mysticisme, ni fuite des impératifs des devoirs moraux et de l'engagement dans un monde où il n'est d'accomplissement spirituel que fragile et tenu de se reprendre constamment sur soi. Rien n'est jamais acquis dans les sphères de la pureté intérieure. L'existence est dialectique continue. La vie intérieure est aussi dialectique incessante : elle se joue à la fois entre ce qui, en nous et par nous, est aspiration et décrépitude, entre ce qui est l'idée de l'absolu qui s'affirme dans et par la conscience et le fond de négativité qui est notre moi propre. La dialectique spirituelle s'articule encore entre l'*a priori* normatif et sa réalisation à un moment privilégié de l'histoire, en un lieu de grâce et par la causalité spirituelle d'une conscience particulière. Le témoignage devient alors le mode signifiant d'une intention derrière laquelle se dissimule le pouvoir de l'esprit créateur. On ne part plus d'un Dieu lointain pour en chercher les traces dans l'histoire. La démarche que nous privilégions est exactement à l'inverse. On part du divin pour aller vers l'Absolu qui n'a de sens pour une personne que s'il est lui-même personne, liberté. Or l'attribution du prédicat divin à un être qui serait l'Absolu comme sujet n'est possible que par une sorte de transfert à l'être « divinisé » en quelque sorte, de tout ce que nous nommons divin et qui est vie, lumière, amour, unité, transparence, *acte*. L'Absolu est ce qui n'a pas d'existence intérieure séparée ou séparable de la vie et qui est saisi à même l'humanité.

Le Divin et l'Absolu

L'Absolu s'exprime par un médiateur et ce dernier en est l'expression vivante par un acte spirituel. Mais c'est l'acte de l'Absolu qui fonde le divin qui l'exprime. Cet acte, s'il a un sens pour la conscience humaine, passe par la conscience que l'Absolu prend de soi dans une conscience et coïncide avec celle que la conscience prend de l'Absolu dans le même instant. Si les actes dont les prédicats sont la manifestation de la forme de l'absolu immanente à la conscience sont divins, le moi pur (ou l'affirmation originaire en ce qu'elle est constitutive de notre être et nous régénère) est bien le divin de l'Absolu en soi, la loi spirituelle de l'être qui est l'impératif auquel tous les autres impératifs sont soumis et subordonnés. Le témoin de l'Absolu dont l'acte ne serait plus que causalité spirituelle ferait éclater tout le système des règles et normes ainsi que tout ce qui régit l'activité de la conscience, qu'elle soit esthétique, éthique ou intellectuelle. La rencontre du divin de Dieu dans l'histoire ou du témoin de l'Absolu relève d'une expérience méta-morale, car elle excède les limites de l'éthique.

Ce qui s'exprime dans ces actes divins, c'est une exigence d'absoluité, le sens de l'intériorité pure, ce que nous sommes en vérité. L'expérience de l'Absolu passe par l'expérience du divin qui est contingente. C'est par le discernement des témoignages qui sont l'indice de l'affirmation de l'absolu spirituel dans l'histoire que l'idée du divin se précise en nous. Inversement, l'interprétation des signes porteurs de l'Absolu serait illusoire s'il n'y avait déjà au creux de notre être l'*a priori* par lequel nous pouvons reconnaître, dans les moments privilégiés de nos vies, le passage de l'Absolu dans la relativité de nos existences. Ainsi, par l'acte réflexif, la conscience s'approprie des expériences qui sont condition de salut et affirmation d'un acte pur. L'attestation du témoin de la conscience de l'Absolu n'est possible que parce que nous sommes à la fois conscience pure et conscience étrangère à soi, que parce que nous pouvons et devons être l'Absolu intérieur qui nous habite. Il n'y a donc de condition de possibilité d'une affirmation de l'Absolu que dans la mesure où l'on situe la transcendance dans l'immanence. Seule une philosophie de la conscience pure autorise une telle affirmation. Le désir de Dieu s'identifie alors au désir d'être en tant que mouvement même d'une conscience qui va du désir de compréhension de soi à la détermination des critères permettant la reconnaissance du divin qui excède le temps mais s'actualise dans le temps, jusqu'à la personnalisation de l'absolu du témoignage. Le transhistorique est impliqué dans l'historique : il en fait éclater l'étonnante relativité et l'incroyable promesse de rédemption.

Le divin peut donc intégrer l'ineffable à la finitude de nos consciences par le témoin absolu de l'Absolu, témoin qui n'est plus que tendance pure. Le divin de l'Absolu ne se reconnaît qu'à partir de l'idée de l'Absolu qui donne un sens à la vérité d'une présence absolue mais qui s'affirme d'abord en nous par le sentiment du vide créé par une absence. *Deus interior meus absconditus*. C'est le divin impliqué dans l'acte fondateur de la conscience qui se fait notre propre juge, car il ne cesse de nous révéler à nous-mêmes l'écart entre ce que nous aspirons à être et ce qu'est l'histoire de nos vies respectives. L'intériorisation de cette différence nous met déjà aux abords de la délivrance de soi. Sans l'idée d'un acte totalement transparent à soi, sans l'actualisation de cet acte dans le temps, le monde ne connaîtrait ni angoisse, ni tourment intérieur, ni inquiétude spirituelle, ni déréliction, ni insatisfaction qui se nomment absence de l'Absolu. Soumis au devenir historique, à l'intérieur du temps et de l'espace où nous prenons place dans l'humanité, l'intériorité de l'absolu en nous peut faire contrepoids à la dissolution de notre être dans l'extériorité : le sentiment de l'absence absolue n'est pas le dernier mot de l'existence. Il ne saurait être soutenu si nous n'avions la certitude de la possibilité d'une présence absolue malgré la contingence de son médiateur. L'Absolu n'est ni intemporel, ni le noyau du mystère d'un au-delà : il est à l'œuvre en nous, par nous et pour nous, parce qu'il est notre être même en ce qu'il a de meilleur. En ce sens, « le royaume est déjà en nous ».

L'éthique ne suffit donc pas à justifier l'existence humaine. Elle ne peut tout au plus que servir de point d'appui pour retrouver un point d'ancrage. Si l'acte de l'Absolu peut s'identifier à l'acte d'une conscience, on peut affirmer que la vie intérieure de l'Absolu passe par la vie intérieure des consciences. Ces actes qui témoignent de l'Absolu immanent à la conscience sont ce que Gourd nommait « l'incoordonnable » en raison même de leur absoluité, de leur intensité et de l'impuissance de la conscience éthique à vouloir les convertir en règles universalisables. La religion et la culture peuvent être le « lieu » en quelque sorte de tels actes où l'affirmation de l'Absolu, par et dans une conscience particulière, s'enracine dans cette reconnaissance immédiate d'une pureté originaire qui témoigne pour la conscience pure. Jusqu'à ce point de notre réflexion, au-delà de l'intentionnalité d'une volonté créatrice s'exprimant toujours dans des œuvres qui se figent comme un en soi par l'inattention de l'esprit, on retrouve l'inconditionnalité de la conscience, c'est-à-dire son absoluité. Ces considérations permettent d'affirmer que la forme de l'Absolu, qui est toute intériorité, est le fondement, c'est-à-dire l'acte fondateur de la conscience. La pensée de l'inconditionné ou pensée de l'Absolu s'affirme dans l'effort de compréhension de soi qui est tout à la fois désir d'être et désir d'un Dieu intérieur à l'existence et immanent à la conscience. Mais cet effort serait stérile s'il ne s'incarnait dans le monde où s'accomplit la manifestation de l'Absolu. Si la conscience en trouve les traces, c'est à partir de l'idée *a priori* de la conscience même de l'Absolu. Ainsi le témoin du divin de Dieu, qui est l'*absolu*, vient à la rencontre de l'acte de l'Absolu s'affirmant par et dans la conscience.

Enfin, le désir d'une présence absolue ne cesse d'être avivé par le sentiment profond de ce qui s'exprime d'abord dans la forme d'une absence. Ce sentiment serait impossible s'il n'était corrélatif du désir de régénération de notre être, si nous n'avions pas cette certitude que nous sommes tout à la fois affirmation originaire et conscience aliénée. L'Absolu s'est manifesté et se manifeste encore dans l'histoire : le mal essentiel qu'est la division des consciences en est la négation et ne peut exister que par l'œuvre d'une conscience par laquelle s'amorce la néantisation, l'essentielle destruction d'un univers spirituel. L'absolu n'est accessible que par l'Absolu et à l'Absolu : là est l'intériorité spirituelle que nous sommes appelés à être. Ayant posé les conditions de possibilité de l'affirmation de l'absolu conçue comme transcendance dans l'immanence, nous allons tenter maintenant de vérifier comment une telle conception est compatible avec la religion et la culture et comment l'une et l'autre peuvent être des lieux privilégiés de notre soif d'absolu.

L'Absolu dans la religion

Pour qu'un passage puisse s'effectuer de l'Absolu à la religion, ou mieux à l'expérience religieuse, il faut que l'acte qui soutient la réflexion dans sa quête de l'absolu compris comme l'inconditionnalité de l'esprit ne soit pas foncièrement différent de l'acte d'adhésion inhérent à toute conscience religieuse. En d'autres termes, le problème qui se pose dans le rapport de l'absolu et de la religion est celui non seulement de la compatibilité mais aussi de l'identification et de l'alliance profonde de l'acte d'une conscience qui découvre, immanente à cet acte, l'affirmation de l'absolu *et* de l'acte qui sollicite la compréhension des signes exprimant l'Absolu. C'est la même problématique qui surgira au cours des réflexions qui porteront sur le rapport de l'Absolu et de la culture.

Aussi convient-il d'abord d'expliciter les concepts de « religion », de « conscience religieuse » et d'« expérience religieuse » pour pénétrer plus avant dans notre analyse.

Sur le concept de religion

S'il n'est pas de notre ressort d'approfondir les analyses de Tillich sur le concept de religion, nous retenons toutefois la définition qu'il nous propose. C'est à partir de l'idée de l'inconditionné comprise comme fondement du sens que se dégagent l'idée de « Dieu » et l'idée de « religion », l'une se présentant comme abîme et fondatrice du sens, l'autre indiquant « la direction de l'esprit » qui se porte vers lui. Dans cette visée, la religion renvoie immédiatement au sujet à la fois porteur de sens et recherche de sens. Dieu non seulement ne saurait être déduit de la religion, mais il est en quelque sorte l'acte intérieur à l'intention significatrice que véhicule toute religion. Le rapport de la religion et d'un Dieu compris comme forme de l'absolu spirituel intérieur à la conscience pure, renvoie au rapport existant entre le signe, le symbole ou l'œuvre et l'acte d'une conscience dont la causalité s'investit à une époque et en un lieu, au sein de tout ce qui fait une vie. De même que l'Absolu n'a de sens pour une conscience particulière que s'il est immanent à l'acte qui l'affirme, de même la conscience de l'Absolu qui passe par et dans l'histoire ne saurait être atteinte par les seules forces de la raison : car, en se limitant aux forces d'une raison purement spéculative, on amasse des données dont le caractère abstrait ne garantit pas les exigences de notre conscience, ni les demandes du cœur de notre cœur concernant le fond de l'expérience humaine. La recherche du sens du désir de l'Absolu ne se distingue pas de la recherche du sens du sujet de l'existence. L'approfondissement de la religion peut nous aider à vérifier l'irruption de l'Absolu dans l'histoire. En indiquant « la direction de l'esprit » qui se porte vers la transcendance, la religion peut reprendre sa juste fonction et sa juste place dans ce monde où il n'est pas de finalité qui ne soit contrariée par des forces antagonistes, où il n'est pas de spiritualité qui ne soit menacée par l'impureté d'une causalité.

Selon l'acception retenue plus haut, le concept de religion, en tant que subordonné à celui de l'inconditionné, s'oppose au sens communément reçu et selon lequel la religion exprime le lieu d'une relation entre une transcendance extérieure et la conscience particulière. À la dialectique qui, selon la philosophie et la théologie traditionnelles, s'articule en conformité avec les catégories valables pour tout ce qui est de l'ordre de l'étant, on substitue une dialectique intérieure à la conscience religieuse qui inclut dans son affirmation même, c'est-à-dire dans son acte même, la thèse et l'antithèse, au même titre par exemple que le sentiment d'absence n'est possible que par l'acte d'une certitude première qui est certitude d'une présence. La conscience athée n'est telle que parce qu'elle est en même temps conscience religieuse. Le « a » en tant que privatif indique la négation intérieur à l'affirmation. Si on a pu affirmer qu'il n'est point de religion concevable sans irréligion, c'est parce que la dilatation ou la « direction de l'esprit » vers le fondement de sens qu'est l'Absolu, porte l'empreinte d'une inattention spirituelle, d'une absence de vigilance intérieure à la vie du divin qui est le fond même de notre être.

Nous sommes évidemment encore loin ici d'une conception de la religion désignant un système cohérent de prescriptions, un ensemble de rites, et imposant du dehors un modèle à suivre. La conscience religieuse ne se réduit pas à un acte d'adhésion à une série de dogmes. La loi de la conscience religieuse est la loi de son être même. Le normatif doit être redonné à l'intériorité sans quoi nous ne saurions invoquer la causalité d'une liberté.

S'il nous faut distinguer le religieux du profane comme deux ordres de réalité distincts, rien ne nous autorise par ailleurs à reléguer dans l'intemporalité ou à scléroser dans une institution ce qui appartient à la conscience. À quelles chances de salut pourrait aspirer une conscience contrainte seulement de répondre à l'urgence des devoirs, au respect du règne des fins, à un code et un ensemble de rites, si son désir de justification ne trouvait aucune manifestation du désir de l'Absolu à travers son existence ? Les religions et les sectes proliférantes de notre époque ne manquent pas de nous fournir, sinon des exutoires de tout acabit, du moins des réponses aussi diversifiées que contradictoires et, nous devons bien l'avouer, inadéquates à notre désir d'être conscience pure.

Tillich distingue la religion au sens large, en tant qu'expérience indirecte de l'Absolu et dont la profondeur serait présente dans les structures dites séculières, et la religion au sens strict, en tant qu'expérience directe de l'Absolu. Ce dernier sens se retrouve dans l'Église par exemple. Mais jamais la religion n'est posée comme fin en soi : c'est là un mal de notre siècle qui, par une sorte de déviation, confère à ce qui n'est qu'un lieu de rencontre les caractères mêmes du divin. La religion doit se dépasser elle-même comme toute expérience humaine authentique et vaincre cette tendance facile qui nous fait attribuer à une puissance supranaturelle ce qui semble excéder les forces de l'homme. Celui-ci ne sera jamais si fidèle à ce qu'il est en vérité que dans l'au-delà de lui même. Il nous faut dénoncer l'imposture de toute religion qui s'érige en Absolu. On doit en dire autant de toute institution ecclésiastique qui absolutise ses canons et expulse de son sanctuaire celui qui, dans sa recherche de l'intériorité, retrouve le fondement de son être, en creux, dans l'*a priori* normatif qu'est l'idée du divin, et dans les signes qui lui viennent par le médiateur de l'Absolu. Ce qui garantit l'authenticité d'une religion, c'est cette transparence qui ouvre à la profondeur du sens ; c'est cette acceptation véritable de n'être que révélation partielle ; c'est le refus d'être autre chose que la sphère d'éclosion de ce qui est tout à la fois vie, spiritualité, lumière intérieure ; c'est la reconnaissance que l'orientation de l'esprit, dans une fidélité totale à l'Absolu, peut trouver sa forme et son fondement dans un signe ou une religion qui n'est pas nécessairement celui ou celle qu'elle a élus ; c'est encore la capacité de disparaître derrière ce qu'elle doit favoriser éminemment, à savoir la réciprocité des consciences. Inversement, il faut redouter l'intransigeance d'une religion, son opacité, son esprit de rivalité qui la referment sur elle-même et la situent à l'extrême opposé de ce qu'elle doit être. Une telle religion se transforme, parfois avec lenteur, parfois avec violence, en aire de combat d'où surgit l'opposition des consciences. L'histoire nous a raconté de tous temps la triste aventure de l'humanité engagée dans les guerres de religion. Cette dernière expression désigne plus que la contre-façon de la manifestation de l'Absolu ; elle en est l'exacte contradiction, la radicale négation opérée par la perversion des volontés. L'événement religieux, toujours précaire même dans sa force de persuasion, le témoin de l'Absolu, les actes où transparaissent la vie de la conscience de l'Absolu et qui répondent dans l'en-deçà à la pensée de l'inconditionné, sollicitent la conscience pour la rencontre, la communion toujours en attente d'une purification indéfinie.

Sur l'expérience religieuse et la conscience religieuse

Lorsque, dans une même foi, une même croyance, des consciences sont sollicitées par *un* témoin du divin et que par lui et en lui l'absolu spirituel se manifeste comme l'Absolu, alors un sujet devient, pour une religion, le symbole d'une concentration qui n'est que spirituelle. L'unicité de l'être absolu est au cœur même de la croyance ; elle est le sens immanent à l'expérience religieuse et donne la possibilité d'une prière vraie parce qu'elle prend appui sur l'idée normative présente en elle et sur sa parfaite correspondance dans le signe qui l'exprime. C'est d'une causalité impure donc que procède la désintégration de ce qui fait une croyance en la posant comme rivale à d'autres croyances. Lorsque, prisonnières d'un contexte social et de règles inopérantes, les significations portées par un symbole, qu'il soit acte ou être, sont objectivées par un certain esprit dit religieux, nous assistons au déchirement des consciences. La difficulté pour la conscience, c'est la vérification constante par la dialectique de l'idée et du signe, de l'accomplissement d'une marche vers son unité intérieure et de la vie unitive des consciences.

Ce qui est au fondement de la croyance, c'est cette personnalisation de l'Absolu élu librement par une conscience. Ce qui fait l'expérience religieuse, c'est le passage du sentiment de l'absence à celui d'une présence capable de répondre au désir de justification : c'est ici que l'incarnation et la rédemption prennent tout leur sens. Car ce que demande la conscience par son désir d'être conscience pure, c'est une présence absolue qui soit le gage d'une justification possible de son être. D'ailleurs, l'étymologie du mot « absolu » implique déjà l'idée d'un médiateur absolu : *absolutus* vient de *absolvere* qui signifie absoudre. Seul peut accorder l'absolution au sens de justification de l'être celui en qui s'accomplit le détachement de tout ce qui le fait dans sa particularité pour n'être plus

qu'éclatement de la spiritualité de l'Absolu. Cela demande un tel dépouil-
lement, une telle désappropriation du moi propre, une telle sublimité de
l'acte, une telle transparence, que la conscience religieuse fidèle au moi
pur qui l'habite ne peut pas ne pas y adhérer dans une totale liberté. Le
pardon, le sacrifice au sens de perte de soi, le don de soi indiquent déjà
dans ce monde que l'Absolu est advenu et qu'il advient encore, car le
monde intérieur est fidélité, réciprocité des consciences, au-delà de ce
qu'il est. L'humanité est ce monde. L'homme est cette humanité.

Si nous pouvons affirmer ce qui précède, c'est que l'histoire nous
a donné le témoignage de libertés engagées, indissolublement liées au
divin de Dieu en elles, et dont toute la causalité portait l'empreinte d'une
fidélité inconditionnée à l'Absolu. La foi au témoin de l'Absolu qui juge
et condamne la foi en un autre témoin se juge et se condamne elle-même.
La religion qui en permet l'expression devient alors un fait, un événement, un épisode parmi d'autres : l'extériorité a supplanté l'intériorité
et la relativité fait corps avec elle. La croyance se fait incroyance par la
négation même du principe qui la soutenait et la fondait.

Il serait important peut-être de prolonger la réflexion sur la nature,
la fonction et la signification du sacré dans la perspective du rapport de
l'Absolu et de la religion. Nous nous contenterons de suggérer un texte
important de Tillich, intitulé : *My Search for Absolutes*.

En conclusion de ces considérations sur les conséquences pour la
religion, d'une analyse réflexive de l'Absolu, nous tenons à souligner avec
force que la concentration d'une conscience sur l'unique médiateur de
l'Absolu, qui devient alors le seul porteur de la vie de la conscience absolue, n'exclut point la pluralité des témoins de l'Absolu. De même il ne
faut pas rejeter l'idée qu'à un moment de son avancement dans l'existence, une conscience adhère à un témoignage de l'Absolu qui soit différent de celui auquel elle avait donné son adhésion jusqu'à ce moment.
Ce qui est demandé, dans la pureté d'un cœur, c'est la rencontre de la
réalisation de la plus haute et de la plus forte adéquation concevable de
la conscience pure *et* d'un symbole qui soit témoin absolu de l'Absolu.

L'Absolu et la culture

Dans les perspectives d'une analyse réflexive qui redonne à la conscience la transcendance qui lui revient, par la position de l'affirmation
originaire qui est moi pur et forme de la spiritualité absolue par lui et
en lui, on peut se demander si cet Absolu qui se manifeste dans l'humanité entretient d'autres rapports que celui que nous venons de voir, à
savoir le rapport de l'Absolu et de la religion. En d'autres termes, l'Absolu
peut-il passer dans la culture et, si oui, quelle en est l'expression la plus
adéquate ? Avant toute tentative de réponse, affirmative ou négative, il
importe de préciser ce que nous entendons par culture, conscience culturelle, fait ou événement culturel.

Sur le concept de « culture »

Sur l'idée de culture, on peut souligner deux textes importants dans le cadre de ce colloque, tous deux de Jean Richard : le premier a paru dans la revue *Science et Esprit*, volume XXXVII/1, en 1985, et s'intitule « Religion et culture : problématique du premier Tillich ». Le titre du deuxième texte, encore inédit, est « le Concept de culture dans la première philosophie de Paul Tillich ».

Dans ce dernier texte, l'auteur explicite trois concepts fondamentaux de la première philosophie de Tillich : les concepts de pensée, d'être et d'esprit. Le concept d'*esprit* y est affirmé comme étant la synthèse de l'être et de la *pensée* elle-même comprise comme acte orienté vers l'*être*, ce dernier étant ce qui est visé par la pensée. Le rapport de la pensée et de l'être est celui de la « forme » au « contenu » (en tant que « substance »), et l'esprit s'identifie à la conscience de soi où s'effectue la synthèse de la forme et du contenu. Trois caractères fondamentaux de l'esprit ainsi défini s'expriment dans la liberté, le sens et la créativité. Si le concept d'esprit permet la déduction du concept de culture en tant que « création de l'esprit », nous retiendrons, pour l'exploration annoncée au début de cette dernière partie, les trois caractères de l'esprit qui nous paraissent avoir une importance décisive dans le cadre d'une analyse réflexive sur l'Absolu dans la culture, car pour nous la *culture* est essentiellement œuvre de l'esprit en tant que fusion de la pensée et de l'être.

Une des acceptions reconnue au mot « culture » dans *le Robert*, qui est aussi une signification communément reçue, c'est de désigner l'« ensemble des connaissances acquises qui permettent de développer le sens critique, le goût, le jugement ». Cette définition nous paraît médiane entre la signification que nous visons et ce que nous pouvons nommer « culture de masse », ou culture populaire, laquelle s'apparente étrangement et de plus en plus à l'inculture. Lorsqu'on préfère l'esprit d'immédiateté à la profondeur ; lorsqu'on troque la productivité contre la créativité ; lorsqu'on s'installe dans la médiocrité d'un présent sans consistance parce que sans passé ni avenir, que l'acte n'a d'épaisseur que celle de la matière et que l'être humain se fait observateur et guetteur des choses plutôt que contemplatif, comme il s'en trouve de plus en plus dans notre civilisation qui a de moins en moins l'idée d'avoir une idée qui serait comme la respiration même de l'âme ; lorsque l'homme se prive, dans une sorte de positivisme, de son être même en lui donnant les seules garanties artificielles de l'avoir, on peut se demander ce qu'il reste de culture dans la parcellisation, la dispersion et l'émiettement de ce qui fait la vie intérieure. Ce n'est alors pas sans étonnement que la culture fait place à l'inculture qui s'enracine toujours dans l'absence de métaphysique, d'éthique et de spiritualité. L'inculte, c'est l'homme absent de lui-même parce que vidé de toute conscience et incapable d'être infléchi par quelque courant de profondeur. La médiocrité va de pair avec la superficialité : elle évacue le sens immanent à l'existence et fait que l'absoluité de l'esprit se transforme en agrégat d'idées inertes. L'inertie, voilà l'inculture dans laquelle il serait vain de se mettre à la recherche de quelque mouvement émanant d'une intériorité. À la limite, on n'observe plus que le vide dans l'incapacité de maintenir la réflexion à une certaine altitude. Nous n'évoquerons pas ici les multiples contrefaçons de la nouvelle culture qui substitue les choses du faire aux choses de l'âme et la simplification à outrance ou un réductionnisme asséchant à la complexité de l'existence. À trop fuir les réalités proprement spirituelles, on en arrive bientôt à considérer la pensée comme un événement parmi tant d'autres. Arrive hélas un point où l'extrême appauvrissement de tout ce qui est liberté, sens et créativité de soi coïncide avec l'extrême aliénation qui est extrême enfermement. Fermeture à la pensée, à l'être, à l'esprit, qui est amnésie à l'état pur.

Or ce qui est le propre de la culture, comme l'a évoqué Vadeboncœur dans ses *Trois essais sur l'insignifiance*, c'est « le culte de l'âme », en ce sens que l'âme est le lieu sacré, le lieu saint de l'existence.

Lorsque Tillich souligne dans ses écrits sur ce concept de culture que celui-ci peut se déduire de l'idée de totalité de sens en ce que la culture désignerait « l'ensemble de toute connexion possible de sens » sous l'aspect subjectif (le « monde » étant cet ensemble sous l'aspect objectif) et affirme l'identité du sens, de la connexion du sens et de la culture, qu'affirme-t-il sinon que la culture implique la complexité, l'orientation de l'esprit par rapport à la totalité de sens (comme la religion exprime la « direction de l'esprit » qui se porte vers un Dieu qui est lui-même « fondement de sens ») ? Qu'affirme-t-il sinon que la culture est peut-être l'immatériel même en tant que liberté ? Si l'on doit admettre que tout sens vient par l'attention spirituelle et l'acte de l'esprit, la culture est intérieure, et position, par la conscience pure, d'un sens qui s'investit dans l'histoire. La culture est essentiellement créatrice du sens de l'existence, du sens de la vie, et elle ne peut y atteindre que dans la mesure où par l'acte réflexif l'esprit s'assure de soi dans son inconditionnalité. La culture peut et doit traduire dans l'histoire, la forme de l'Absolu spirituel intérieur à la conscience. Elle en est l'expression dans la mesure où, dans une fidélité soutenue, une causalité spirituelle imprime à l'être, à l'existence, aux rapports que les hommes soutiennent entre eux, l'empreinte de l'Absolu qui passe toute culture mais sans laquelle la culture se vouerait à la dégradation, comme il arrive par exemple d'une œuvre toute spirituelle par son message de lumière, lorsque la conscience objectivise l'idée de spiritualité « façonnée » dans l'œuvre même.

Sur la conscience culturelle et le fait culturel

La conscience culturelle trouve sa signification profonde en étant à la fois liberté, réalisation du sens et source de créativité : liberté de l'esprit qui est lui-même acte de l'affirmation originaire ; sens spirituel immanent à une œuvre toute de spiritualité ; source de création qui est création d'une liberté engagée dans l'histoire. C'est à ces conditions que, par l'acte de la conscience culturelle, l'homme peut aspirer à la totalité du sens de sa vie. On est aux antipodes ici d'une certaine culture contemporaine faite de juxtaposition, d'agglomérats, de successions d'images, de faits, d'avoirs, de vides. Si cette fausse culture s'apparente à une sorte de néantisation de l'être, à sa dissolution dans l'absurde, la culture authentique manifeste l'appropriation de l'ineffable et fait que la transcendance apparaît dans l'existence non pas sous la force de quelque réalité intemporelle, mais bien par une conscience capable de se rassembler en elle-même pour retrouver, immanente à son activité, ce qui la fait conscience pure. L'inculture est le produit de la conscience aliénée.

Il nous est donc possible de définir le « fait culturel » comme étant la manifestation, le *signe* d'un acte totalement transparent à soi. La reconnaissance de ces faits suppose la vigilance critique ; elle demande à l'âme de demeurer « la gardienne de l'âme » et, selon les termes mêmes de Vadeboncœur, d'être « la source de toute sollicitude pour elle-même ». Il faut que l'esprit, comme pensée qui ne se déprend d'elle-même que pour se retrouver comme pensée, soit assez dégagé de la temporalité pour retrouver son lieu propre : l'éternité. Ce n'est donc pas « le sens critique, le goût, le jugement » auquel s'ordonne l'authentique culture, en admettant même qu'une certaine synthèse de connaissances puisse donner accès à tout cela. Mais bien au-delà, c'est l'accomplissement, selon Tillich, « d'une forme universelle qui est elle-même valeur absolue ».

Si la recherche du sens implique la recherche de la vérité, et inversement, il nous faut admettre que chaque fois qu'une conscience lutte pour la vérité, chaque fois elle accomplit le sens qui n'est jamais donné une fois pour toutes. Aussi la quête de la vérité qui est quête du sens est un défi lancé à la mort. On pourrait en dire autant pour ce qui est de l'ordre de la justice, de la beauté, et même du tragique pur. Car, chaque fois que triomphe la justice, chaque fois le sens s'accomplit et l'Absolu se manifeste. À l'inverse, lorsque la laideur et le mensonge viennent accroître les maux de l'humanité, celle-ci s'enlise dans le non-sens qui est perversion d'une causalité spirituelle comme l'est le démoniaque pour la religion. À ce moment de notre réflexion, il nous faut avouer que l'inculture est plus que l'absence de sens ou la perte de sens : elle est la négation absolue du sens, donc de l'esprit.

Il nous faut aussi faire surgir l'espace de l'âme pour vérifier comment le rapport de l'Absolu et de la culture pose à nouveau le rapport de l'acte et du signe. Tout ce qui précède nous y achemine. En d'autres termes, la culture comprise comme connexion du sens fait-elle éclater, comme la religion et sur d'autres registres, l'Absolu dans l'histoire ? Elle le peut en autant qu'elle signifie, dans une forme universelle, tout ce que contient d'Absolu une forme particulière, et qu'elle individualise l'absolu de la forme universelle. Cette dialectique de l'universel et du particulier que nous retrouvons dans la philosophie de Tillich rejoint les données que nous fournit l'analyse réflexive. En effet, il y a une parenté profonde entre l'appropriation du moi pur que visent les philosophies de la réflexion, et la conquête de la totalité du sens qu'on retrouve dans l'étude de Tillich sur le concept de culture. Dans les deux cas, c'est l'inconditionnalité de l'esprit que découvre l'acte réflexif originaire. Si l'acte réflexif est progrès, avance de l'existence, il ne peut être qu'accomplissement du sens. La conscience culturelle est avènement de la conscience pure puisque la forme de l'Absolu intérieure à la conscience est la conscience de la vie de l'Absolu en soi qui est le sens même de l'existence. La culture est le signe de l'acte absolu de l'Absolu et la rencontre du sens dans le signifiant.

Dans toute expression culturelle, on retrouve le sens intérieur au monde. L'homme se doit d'être le cénacle qui préserve le sens de la perte même du sens. Toute expérience culturelle authentique est donc expérience de l'essentiel qui peut aussi se nommer lumière, vie, amour, éternité. C'est l'expérience de l'Absolu.

Conclusion

Au terme de cette communication qui a tenté de pénétrer plus avant dans la recherche de l'Absolu en empruntant la méthode qui nous semblait la plus adéquate, à savoir la méthode propre aux philosophes de la réflexion, il ne saurait être question de condenser en quelques énoncés ce qui est au fond l'amorce d'une réflexion ordonnée au progrès de l'existence elle-même, dans un effort de compréhension de la structure de la conscience. Nous nous contenterons de rappeler quelques aspects essentiels de ce qui s'est présenté comme une analyse réflexive de l'Absolu dans son rapport à la religion et à la culture.

En admettant que la philosophie ne concerne l'existence que de façon indirecte, puisqu'elle vise l'appropriation du sujet de l'existence qui s'exprime dans le « je » du « je suis » ; en rappelant que la séparation de soi qu'elle exige est la condition de toute compréhension de soi indissolublement liée au progrès de l'existence ; en dénonçant toute philosophie qui s'apparenterait de près ou de loin à une psychanalyse ou à une psychologie qui inventorie la subjectivité, on peut s'appliquer à retrouver, par l'acte réflexif originaire, immanent à cet acte et le soutenant dans son effort, l'acte d'une conscience pure qui est affirmation du moi pur.

Ce qui distingue les philosophies de la réflexion, c'est l'expérience initiale sur laquelle s'appuie la réflexion. Cette expérience peut être l'acte de la conscience religieuse, ou l'acte de la conscience culturelle, ou encore celui de la conscience éthique, ou esthétique ou politique, par exemple.

Ainsi comprise, la philosophie est elle-même avance de l'existence, conquête de l'intériorité parce qu'au terme de sa réflexion, elle retrouve, immanente à l'acte réflexif, la forme de l'Absolu qui soutient la réflexion et s'exprime en elle comme un appel au dépassement, comme exigences spirituelles. Ces exigences sont elles-mêmes la forme du moi pur et sollicitent la conscience pour l'action dans le monde. Cette action dans laquelle s'investit la conscience qui est elle-même activité, s'affirme comme l'expression d'une causalité spirituelle à la fois liberté, totalité de sens, inconditionnalité, créativité, prière, contemplation. Mais parce que le « je » est conscience pure et conscience aliénée, aucune subjectivité ne peut prétendre se soustraire à l'inquiétude fondamentale que traduit le désir de régénération de son être. Si la réflexion est impuissante à opérer la conversion du moi, c'est que non seulement toute conscience ne s'exerce que sur le fond d'une négativité essentielle — qui est mal essentiel — et que nous avons nommée sécession des consciences, mais aussi parce que l'agir de l'homme s'accomplit dans un monde qui ne cesse de contrarier, de contredire l'être spirituel que nous sommes.

La philosophie réflexive refuse d'attribuer les activités de la conscience qui la dépassent elle-même à un être transcendant et extérieur à ce qu'elle est. Si de tous temps la quête de l'Absolu a alimenté la réflexion philosophique, c'est que « l'activité » philosophique n'est possible que dans la reconnaissance de la vie même de l'Absolu, fondement et sens de toute activité spirituelle. Non pas que la philosophie soit garantie de salut. Mais on peut la considérer comme l'un des lieux privilégiés du progrès de l'être vers son être profond.

Ce que l'analyse réflexive a permis de découvrir dans son interrogation sur le rapport de l'Absolu immanent à la conscience, à l'expérience religieuse ou à l'expérience culturelle, c'est que l'une et l'autre ne sont possibles que par le mouvement même de l'Absolu qui s'accomplit dans le mouvement qui conduit une conscience à faire transparaître dans ses actes le divin du Divin dans un cas, et la « connexion du sens » dans l'autre cas. Si une liberté peut s'affirmer dans nos vies, si la rencontre des consciences est possible dans ce monde, si quelque chose ou quelqu'un « fait sens » dans l'existence, c'est que l'histoire de l'humanité n'a d'intensité, de profondeur, d'absoluité que par le transhistorique.

La conscience religieuse et la conscience culturelle comprises comme activités et non comme êtres nous offrent l'espérance d'un salut qui toujours nous vient par un sauveur et qui n'est tel que dans la mesure où il ne conserve de sa subjectivité tout juste ce qu'il faut pour se manifester, afin que par lui l'Absolu éclate et fasse que la conscience se rende libre pour l'adoration qui est l'acte ultime de l'accomplissement du sens.

Cependant, ce que la philosophie de la réflexion ne saurait mettre en oubli dans sa recherche des conditions de possibilité de l'affirmation de l'Absolu, c'est que le « je » est possible, non seulement parce qu'il est indissolublement nature et liberté, mais aussi nœud infrangible et inextricable d'un rapport au mal qui est péché en tant que rupture avec soi et rupture avec les autres.

La religion et la culture sont donc ordonnées à la promotion de la spiritualité au sein même d'un univers où des forces hostiles ne cessent pourtant de l'étouffer. Elles n'ont de signification que comme lieux de la manifestation de ce qui pour nous est l'Absolu qui est donné à toute conscience qui s'en approche par une purification incessante, une conversion de tous les instants. Dans notre impuissance à aspirer à la justification de notre existence par le seul respect des règles morales, des lois et des devoirs, dans l'insatisfaction fondamentale où nous laissent la pente de la nature et les démences de l'histoire, il nous faut créer l'espérance de s'égaler à l'inconditionnalité de l'esprit et à l'absoluité de sens en approfondissant dans la réflexion l'idée normative du divin et en cherchant dans les événements, dans les êtres, ce qui concentre en soi l'intériorité pure, ce qui est témoin de l'Absolu.

Cette conclusion pourrait se résumer dans le titre d'un livre de Pierre Emmanuel, *le Monde est intérieur*.

LA CORRÉLATION RELIGION-CULTURE
DANS LA THÉORIE DU SYMBOLE
CHEZ PAUL TILLICH

Olivier ABEL
Faculté de théologie protestante de Paris

Ce que je vais présenter ici n'est pas très original, puisqu'il s'agit simplement de poursuivre sur certains détails un travail commencé à Montpellier au colloque Tillich de 1985. En examinant les formes de la rationalité chez Tillich, une raison critique parce qu'elle se sait finie, une raison intuitive parce que désirant l'infini, j'avais ensuite tenté de montrer que la compréhensibilité du symbole est dialogique, conforme à la logique des questions et des réponses. À partir de là, nous allons poursuivre deux enquêtes. La première, plutôt historique, voudrait mettre en relief dans la théorie tillichienne des rapports religion-culture le glissement d'une articulation force (religieuse) — forme (culturelle) à une articulation question (culturelle) — réponse (religieuse). On passe ainsi d'un paysage intellectuel germanique à un autre, plus anglo-saxon. Le symbole est le lieu où ces deux articulations se chevauchent. La seconde enquête est plus actuelle : en reprenant la méthode de corrélation selon « la logique des questions et des réponses » (ou logique des mondes possibles) de Hintikka, on applique cette méthode à la dialectique angoisses — courages (dans *le Courage d'être*). Il s'agit, pour nous-mêmes et aujourd'hui, de continuer la méditation de Tillich sur les conditions de communication du message chrétien et la possibilité de répondre à l'absurde et à la crise du sens : pourquoi la « dernière réponse » est-elle forcément symbolique ?

Le symbole, langage spécifique

De bout en bout, la théorie tillichienne du symbole est tenue en haleine par la même et inlassable question : quelle est la nature du langage religieux, quel est le langage spécifique de la religion, de la communication du message chrétien ? La crise du sens, la dévaluation des langages ont attiré l'attention des penseurs sur l'usage du langage ; mais les positivistes logiques ont réduit ce dernier à quelque chose de trop exigu, qui exclut trop de tout autres niveaux de réalité pour lesquels il faudrait des « langages différents[1] ». La démarche de Tillich est alors très proche de celle de Wittgenstein : il doit y avoir différents « jeux de langage », et il n'y a pas une seule règle du jeu, une seule logique applicable à tous ces langages. Le symbole « ouvre des niveaux de réalité qui sinon demeureraient cachés et ne peuvent être saisis d'aucune autre façon. Tout symbole ouvre un niveau de réalité où le langage non-symbolique est inadéquat[2] ». Et avec le symbole religieux on a affaire à ce niveau de profondeur absolue, le sacré, le rapport à la puissance d'être elle-même.

Le symbole est donc ce langage spécifique du religieux, un langage qui n'est pas d'abord cognitif (descriptif), ni moral (prescriptif), ni même sentimental (expressif ou poétique)[3], mais quelque chose à la charnière entre l'expérience de la puissance de l'être et la manifestation de cette puissance dans un contexte culturel donné[4]. C'est cette situation charnière du symbole entre la force et la forme qui explique ses deux caractères principaux. D'une part les symboles, à la différence des signes, participent au sens et à la puissance de ce qu'ils symbolisent : le symbole n'est pas remplaçable par un signe quelconque qui, par convention, pourrait s'y substituer[5]. Mais d'autre part les symboles comme les signes renvoient à autre chose qu'à eux-mêmes[6] : ils ne sont que la représentation de quelque chose d'autre, qu'ils signifient au sens figuré[7].

Généalogie de la notion de symbole

Cette articulation de la puissance de l'être et de la forme culturelle dans le symbole est caractéristique de la problématique religion-culture du premier Tillich. On y retrouve la vieille idée de Schleiermacher que

---

[1] Cf. *la Dimension oubliée*, Bruges, Desclée de Brouwer, 1969, p. 80 (j'abrégerai désormais cette référence en *D.O.*). On retrouve la même chose dans « la Nature du langage religieux », *Théologie de la culture*, Paris, Gonthier Méditations, 1972, p. 68 (référence abrégée en *T.C.*).

[2] Cf. *D.O*, p. 84 ; *T,C,*, p. 71. On retrouve cette idée de l'ouverture d'un « autre » réel par le symbole dans *la Dynamique de la foi*, Paris, Casterman, 1968, p. 58 (référence abrégée en *D.F.*) ; et ce caractère du symbole est corollaire d'un autre : ouvrant des dimensions du réel, le symbole ouvre des dimensions de notre âme qui y correspondent. Le symbole ouvre de nouvelles possibilités d'être.

[3] Cf. *D.O.*, chap. 2. Par là Tillich s'oppose explicitement à Hegel, à Kant et à Schleiermacher. Mais la seconde critique me semble caricaturale et fallacieuse, car le lieu de la religion chez Kant est autant le « que m'est-il permis d'espérer ? » que le « que dois-je faire ? ». D'ailleurs la distinction des facultés du connaître, de l'agir, et du sentiment, est kantienne.

[4] En langage heideggerien, on dirait que le symbole est la représentation ontique d'une sorte d'absence ontologique, mais absence plus présente que tout ce qui est là.

[5] *T.C.*, pp. 69-70.

[6] *Ibid.*, p. 68.

[7] Cf. dans *Aux frontières de la religion et de la science*, Paris-Lausanne, Le Centurion-Delachaux et Niestlé, 1970 (référence abrégée en *Front.*), pp. 145s.

les révélations sont les expressions diverses de la relation avec Dieu : par
là Schleiermacher rompait avec le piétisme pour lequel la révélation tom-
bait du ciel, et avec les Lumières pour lesquelles la révélation était un
phénomène purement culturel[8]. Mais y on retrouve toute la généalogie
de la pensée de Tillich. Contre une pensée religieuse démoniaque, qui
prend l'Écriture à la lettre, qui identifie le symbole au sacré, qui idolâtre
le moyen comme s'il était lui-même l'ultime, et qui interdit ainsi toute
critique des formes et toute transformation historique, il faut avoir recours
à la raison critique. La raison critique, c'est la philosophie kantienne des
limites, qui maintient la distance et l'altérité : le symbole n'est pas le
sacré[9]. Mais par ailleurs contre une culture qui a exclu toute autre dimension du réel que la rationalité technique et positive, et qui prétend tout
traduire dans ce seul langage[10], il faut redire avec Schelling que le
symbole est intraduisible en concepts et que son interprétation est tautégorique : le symbole seul interprète le symbole. Cette raison intuitive
s'insurge contre une rationalité formelle et vide : elle fait appel au sentiment et à la profondeur du vécu, et c'est dans le langage symbolique

---

[8] Comme on le voit, ce débat sur l'aspect culturel de la religion ne date pas de Tillich. Le thème
en apparaît, sur le mode critique, avec les Lumières. Pour Kant, une révélation, « en tant qu'historique (encore que répandue au loin par l'Écriture et assurée ainsi à la postérité la plus lointaine) n'est cependant pas susceptible d'une communication universellement convaincante »
(*la Religion dans les limites de la simple raison*, Paris, Vrin, 1965, p. 146). En effet, les Écritures sont liées à des langues et à des contextes culturels donnés : « L'exégète, qui connaît
aussi la langue originale, doit posséder de plus une connaissance et une critique historique
étendue pour emprunter à la condition, aux mœurs et aux opinions de l'époque les moyens
d'éclairer la compréhension (*ibid.*, p. 150). » Toutefois, Kant n'est pas seulement un représentant de l'Aufklärung : il y a eu Rousseau, et Kant voit dans la conscience morale une lumière
intérieure apparentée à l'illumination par laquelle la créature se retourne vers la volonté divine
(« La volonté de Dieu est inscrite primitivement en notre cœur (*ibid.*, p. 140) » : c'est donc
un Bien Radical voulu par Dieu que l'homme ait été créé autonome et libre, et Tillich lui-
même a très bien noté que chez Kant l'autonomie est quelque chose « comme le souvenir
que l'homme garde de sa bonté originelle » (*la Naissance de l'esprit moderne et la théologie
protestante*, Paris, Éditions du Cerf, 1972, p. 35 ; référence abrégée en *Naiss.*).

[9] S'il y a symbole, c'est précisément parce qu'il n'y a pas de présentation directe du sacré, mais
seulement une présentation indirecte, c'est-à-dire analogique. Kant explique notamment qu'il
n'y a de Dieu qu'une connaissance symbolique, que sans le symbole il n'y a plus de relation
avec Dieu (c'est le vague déisme des Lumières), mais qu'à l'inverse, c'est tomber dans les super-
stitions (et l'anthropomorphisme, c'est-à-dire un orgueil par rapport à Dieu) que de prendre
nos symboles pour des qualités objectives de Dieu. La critique kantienne insiste sur cette altérité : le symbole n'est pas ce qu'il désigne. Il faut bien remarquer toutefois que Kant est le
premier à introduire ce thème du symbolique (voir tout cela dans la *Critique de la faculté
de juger*, paragraphe 59).

[10] « La langue scientifique ne communique pas la même chose que la langue poétique (*D.O.*,
p. 85). »

qu'affleure le vital dans le rationnel[11] ; la raison intuitive est symbolique, métaphorique, parce qu'elle désigne toujours quelque chose qui précède la rationalité[12].

La force et la forme

S'il y a tension entre ces deux dimensions du symbole, c'est une tension circulaire : c'est parce que l'homme, à la différence de Dieu, a une intuition finie, qu'il doit recourir à une pensée rationnelle et discursive[13] ; mais c'est parce que la raison critique nous rappelle nos limites et notre finitude qu'elle restaure la possibilité du « mythe » par lequel notre raison finie désigne l'infini : notre raison ne transcende la finitude de l'existence temporelle que symboliquement. Aussi la condition du symbole est-elle existentielle en deux sens : le symbole nous met en rapport avec la puissance de l'être et il permet la critique de ce qui est. Le symbole est vivant précisément par cette tension entre la proximité et la distance, entre l'identité et l'altérité : un symbole vivant est affirmation d'une force et négation d'une forme[14]. Cette conception « tensive » de la vérité symbolique évoque les analyses de la vérité métaphorique par Ricœur[15], et l'idée que le symbole est à la charnière entre la force et la forme, le vital et le rationnel, a été souvent développée par Ricœur[16]. La fécondité de cette articulation a été d'autant plus grande qu'elle a permis d'accueillir la pensée psychanalytique comme une interprétation prise elle-même entre la force (les pulsions, les modèles énergétiques, etc.) et le sens (les représentants de pulsions, les modèles sémiotiques, etc.). La psychanalyse dont Tillich fut le plus proche est sans doute

---

[11] Schelling écrit que les langues ordinaires, « la langue elle-même n'est qu'une mythologie privée de sa vitalité, une mythologie pour ainsi dire exsangue ». Je ne crois pas néanmoins que l'on puisse légitimer par une telle référence le procédé qui consiste à mythologiser un vocabulaire conceptuel, celui de Tillich par exemple, comme si la vérité était enclose dans la substance des mots. Tillich lui-même a changé assez souvent de vocabulaire, en fonction des sujets traités et de ceux à qui il s'adressait, pour que l'on ne tente pas de faire de son langage une symbolique (ce ne sont pas les individus qui inventent les symboles !).

[12] Cf. *Théologie systématique*, Paris, Planète, 1970, tome 1, p. 158 (référence abrégée en *T.S.* ; sans autre indication, il s'agira toujours du seul tome 1). Ici, le symbole est quelque chose comme le rêve et l'image d'une réminiscence, d'où la « participation » (au sens platonicien) du symbole à la puissance de ce qu'il désigne (*Naiss.*, p. 42). On pourrait dire que le symbole est à la charnière entre le rationnel et l'irrationnel, mais l'irrationnel est ici comme souvent un « autre » rationnel : ce n'est pas pour rien que Tillich parle de « raison » intuitive.

[13] *T.C.*, p. 114.

[14] *Ibid.*, p. 151. On sait que, pour Tillich, c'est ce qui fait la prégnance symbolique du Christ comme Parole de Dieu venue dans le monde et crucifiée : « Celui qui incarne lui-même toute la plénitude de la présence du divin se sacrifie afin de ne pas devenir une idole (*ibid.*, p. 82). »

[15] *Cf. la Métaphore vive*, Paris, Seuil, 1975, 7e étude.

[16] *Cf.* l'introduction à la « symbolique du mal » (*Philosophie de la volonté*, tome 3, Paris, Aubier-Montaigne, 1949). *Cf.* également « Parole et symbole », *Revue des sciences religieuses*, 1-2 (1975).

celle de Jung. Par exemple, les symboles ne sont pas conscients et viennent de l'inconscient, et ils ne sont pas individuels, car personne ne peut en inventer[17] : ils expriment donc bien l'« inconscient collectif », et Tillich n'hésite pas à appeler les grands symboles religieux des « archétypes ». Tout cela permet de « dater » la théorie tillichienne du symbole comme rapport force-forme, non seulement comme une époque de la pensée de Tillich mais aussi comme une époque dans la pensée européenne[18], et comme une aire de la géographie spirituelle du continent. Ce qui est daté aussi par cette articulation force-forme, c'est la première grande corrélation tillichienne entre la religion et la culture ; elle se fait donc dans le symbolique.

Le déplacement de problématique

Cette articulation n'a jamais été abandonnée par Tillich, elle se retrouve dans des démonstrations très tardives, mais elle passe peu à peu au second plan, derrière la corrélation question-réponse qui devient « la » méthode théologique (et une méthode n'est pas un instrument neutre, elle est homogène à son champ[19]). Pourquoi ce déplacement de problématique ? Personnellement j'aurais souhaité que ce soit sous la pression d'une contradiction qui me gêne chez Tillich : comment peut-on parler de la lutte entre le temps (dimension du salut) et l'espace (dimension du démoniaque) comme de la lutte même entre christianisme et paganisme[20], et par ailleurs parler si tranquillement de la « puissance » de l'être ? Il me semble que les métaphores « dynamiques », les formes et le contenu, les forces et le vital, auraient dû conduire Tillich à être plus indulgent avec l'espace. Dans l'introduction à *The Protestant Era*, il cite Jung parlant de cet iconoclasme protestant, qui les sépare et qui les prive des archétypes universellement partagés ; et Tillich approuve en faisant remarquer que les protestants remplacent les symboles sacramentels par des concepts rationnels[21]. Mais quelques pages plus loin Tillich affirme que le choix entre le temps et l'espace est un choix pour ou

---

[17] *Cf. la Dynamique de la foi*, Paris, Casterman, 1968, p. 58s., les cinquième et sixième caractéristiques du symbole.

[18] L'influence de Cassirer et du néo-kantisme sur la formation du concept de symbole est capitale (*Cf.* J. DUMPHY, « le Symbolique dans l'œuvre de Tillich », *Études théologiques et religieuses*, 2 (1978)), mais elle est déjà critiquée comme idéaliste (*Front.*, pp. 154-155).

[19] *Cf. T.S.*, p. 124.

[20] « Nous vivons dans un temps où, plus que jamais depuis la victoire du Christianisme sur le paganisme, les dieux de l'espace exercent leur pouvoir sur les âmes et sur les peuples. Mais s'il arrivait que tous ceux qui combattent pour le Seigneur de l'histoire, pour Sa justice et Sa vérité, demeurassent ensemble même devant la persécution et le martyre, alors la victoire éternelle dans la lutte entre le temps et l'espace se manifesterait à nouveau comme la victoire du temps et du Dieu unique qui est le Seigneur de l'histoire (*T.C.*, p. 50). »

[21] *The Protestant Era*, Chicago, University of Chicago Press, 1948, p. XXIII.

contre le christianisme[22]. Je pense donc que c'est plutôt à propos de la vie et de la mort des symboles que Tillich introduit cette nouvelle problématique. La genèse et le déclin d'un symbole peuvent certes correspondre à la manière dont la puissance de l'être s'en empare et l'abandonne, mais c'est pour un groupe d'hommes donné, dans une situation historique donnée, qu'un symbole prend un sens vivant ou le perd : « Au moment où cette situation intérieure du groupe par rapport au symbole a cessé d'être réelle, ce symbole meurt[23]. » Nous retrouvons ainsi, à un niveau plus aigu, la question initiale : comment communiquer les symboles religieux ? À quelles conditions peuvent-ils être compris par les hommes contemporains ? Cette question est de nouveau une question de langage, mais cette fois-ci le problème du symbolique va être saisi autrement : il s'agit moins de chercher ce qui fait sa spécificité (un langage extraordinaire) que ce qui fait sa communicabilité (en langage ordinaire)[24].

Symbole et situation

Le symbole répond (ou correspond) à une situation. C'est par là qu'il satisfait au critère de vérifiabilité. Cette caractéristique est importante parce que la critique historique (appelée nous l'avons vu par la raison critique) reste sinon une cérémonie vaine. Tant que le symbole est seul interprète du symbole, on a le sentiment d'un cercle herméneutique vicieux, invérifiable. Par ailleurs, si la puissance qui s'y exprime est inaccessible autrement, comme la pulsion dans ses représentants, les critères positifs de la connaissance sont sans effet. Avec le symbolique, on a affaire à des propositions invérifiables : « La critique empirique ne peut porter atteinte aux symboles. On ne peut détruire un symbole en le critiquant avec des catégories qui relèvent du domaine des sciences naturelles ou des études historiques[25]. » C'est le reproche qu'exprimait H. Arts : « Tillich reste toujours à l'abri de ce que Karl Popper a appelé le principe de falsification[26]. » Cette situation est d'autant plus grave que Tillich accorde au positivisme la nécessité d'une vérifiabilité[27], et qu'il consacre une dizaine de pages à ce problème, à la fin de la première partie de sa *Théologie systématique*. Tout son travail consiste à montrer que, de la même

---

[22] *Ibid.*, pp. 16-17.

[23] *T.C.*, p. 73 ; voir aussi p. 80.

[24] D'ailleurs, si le symbolique est inconscient et collectif (on ne peut ni l'inventer, ni le changer, ni le supprimer par décision), il est comme le langage le plus ordinaire, sans qu'il soit nécessaire d'y adjoindre quelque surcharge mythologique...

[25] Et c'est alors qu'il continue : « Comme on l'a déjà expliqué, les symboles ne peuvent mourir que quand la situation qui les a fait naître n'existe plus (*D.O.*, p. 96). »

[26] *Cf.* article dans *Études théologiques et religieuses* (1984).

[27] *T.S.*, p. 202.

manière qu'il y a des jeux de langage différents, il y a des types de vérification différents, selon que la connaissance est contrôlée par l'expérimentation régulière, répétable sur l'objet en général, ou selon que la connaissance est reçue par une expérience toujours quelque peu irrégulière, personnelle, et portant sur des singularités. C'est la proportion entre ces différents procédés qui explique la différence entre vérification mécanique, vérification biologique, ou vérification historique. Or le type de vérification propre au langage symbolique réside précisément dans la réponse ou la correspondance à la situation énoncée plus haut. Lorsqu'on leur parle de l'amour de Dieu, les soldats de Verdun ne comprennent pas : ils ne peuvent ni accepter ni rejeter car ils ne comprennent pas[28]. La vérifiabilité du symbole, c'est sa compréhensibilité (un symbole incompréhensible est invérifiable !). Il faut entendre ici « compréhension » au sens fort de cohérence dans un monde possible, dans une forme de vie possible comme totalité : le symbole doit être compréhensible sans faire éclater le monde (ni la tête !) de celui qui le comprend en « régions » juxtaposées, bien étanches parce qu'incompatibles. Le caractère tautégorique de l'interprétation du symbole ne signifie pas qu'il tombe du ciel dans une hiérophanie intemporelle, inaccessible à la vérification, mais qu'au contraire le symbole n'est compréhensible que dans son rapport avec un contexte auquel il doit être adéquat[29]. Le symbole répond à une situation hors laquelle il n'a pas de sens. Et la vérité du symbole est tautégorique parce qu'elle ne peut pas être traduite dans un autre langage, dans un métalangage conceptuel[30] : comme écrit Wittgenstein, il n'y a « rien de caché derrière » le langage ; la vérité du symbole ne doit pas être cherchée derrière lui, dans un sens caché, mais rapportée à la vivacité de la question à laquelle il répond. Il faut remarquer ici que le paysage intellectuel a changé : il était germanique, il est devenu anglo-saxon. C'est pourquoi le mot « situation » est l'occasion d'une formidable contrebande, puisqu'il permet le passage d'une terminologie existentialiste (l'existence en situation) à une terminologie pragmatique (la réponse à une situation). La méthode de corrélation question-réponse apparaît quand Tillich est déjà aux États-Unis, vers la fin des années 30. Le philosophe allemand H. G. Gadamer raconte que s'il a adopté cette méthode selon laquelle

---

[28] Ici, comme en de multiples autres endroits, on aimerait connaître l'influence exacte de E. Husserl sur Tillich : ce dernier emprunte en effet une description husserlienne de la déception d'une attente (*Cf. Expérience et Jugement*, Paris, P.U.F., 1970, paragraphe 21, p. 103) pour y fonder la possibilité d'une vérification : le vrai et le faux « est le résultat d'attentes déçues dans notre rencontre avec la réalité (*T.S.*, p. 201) ».

[29] La vérité des symboles « est leur adéquation à la situation religieuse où ils sont nés ; leur inadéquation à une situation nouvelle est leur non-vérité (*T.C.*, p. 81) ». Voir le superbe exemple de la disparition du symbole de la Vierge dans le protestantisme (*ibid.*, p. 80).

[30] *D.O.*, p. 85.

« on ne peut comprendre une proposition que si on la comprend comme réponse à une question[31] », ce fut aux alentours de la Seconde Guerre mondiale, à la lecture de l'historien britannique Collingwood. Tillich a-t-il eu connaissance des écrits de Collingwood[32] ? Peu importe en fait : c'est dans ce paysage intellectuel qu'il faut comprendre la corrélation question-réponse comme articulation essentielle des rapports culture-religion.

La méthode de corrélation

Tillich adopte la méthode de corrélation pour ne perdre ni la dimension existentielle de la question (situation), ni la dimension « kérygmatique » de la réponse (message) :

> Le système qui suit tente d'utiliser la « méthode de corrélation » comme moyen d'unir message et situation. Il cherche à établir une corrélation entre les questions sous-jacentes à la situation et les réponses implicites du message. Il ne tire pas les réponses des questions comme le fait une théologie apologétique qui veut se suffire à elle-même. Mais il n'élabore pas des réponses sans les relier aux questions comme le fait une théologie kérygmatique qui veut se suffire à elle-même. Il établit une corrélation entre questions et réponses, situation et message, existence humaine et manifestation divine[33].

Cette méthode assure la « consistance » du système, même s'il reste fragmentaire : les propositions doivent être compatibles entre elles et constituer un monde possible. La « cohérence des assertions cognitives[34] » est la condition sous laquelle la théologie peut transmettre une réponse compréhensible pour ceux qui interrogent, parce qu'une réponse, c'est toujours déjà un monde, une forme de vie possible comme totalité : « Le système s'occupe d'un groupe de problèmes réels qui exigent une solu-

---

[31] *Das Erbe Hegels*, Frankfurt am Main, Suhrkamp, 1979, p. 49 (Trad. française dans *Critique* (octobre 1981), p. 888).

[32] Les écrits majeurs de Collingwood furent réunis par Clarendon Press et édités en 1946 sous le titre *The Idea of History*, mais certains datent de 1925, 1926, 1929. Les passages qui concernent cette méthode se trouvent dans l'édition actuelle (Oxford University Press), pp. 269-282. Collingwood est très marqué par Hegel et Croce, mais la dialectique prend chez lui un tour plus platonicien que hégélien ; de plus l'influence de Toynbee, avec l'idée (typiquement américaine) que les grands phénomènes de l'histoire sont des réponses à des défis (*challenges*), me semble certaine.

[33] *T.S.*, p. 28. *Cf.* également p. 71, sur la théologie comme réponse aux questions sous-jacentes à la situation humaine en général (enquête transcendantale et existentielle), et à la situation historique particulière (enquête historique et pragmatique). *Cf.* également p. 113 : tant que nous ne sommes pas dans le Royaume de Dieu, la théologie est une entreprise problématique parce qu'elle est soumise aux contradictions de la situation existentielle de l'homme. *Cf.* également p. 124 : « La méthode de corrélation explique les contenus de la foi chrétienne dans une mutuelle interdépendance des questions existentielles et des réponses théologiques. »

[34] *Ibid.*, p. 120.

tion dans une situation particulière[35] », et « Le moindre problème me conduisait à tous les autres problèmes et à l'anticipation d'un ensemble où ils pourraient trouver leur solution[36]. » Il s'agit donc d'établir la corrélation entre le monde de l'existence et un monde qui réponde à ces « problèmes réels ». En outre, cette corrélation ne s'établit qu'aux frontières entre plusieurs mondes possibles, à ces confins où « chaque possibilité discutée ici, je l'ai discutée en relation avec une autre possibilité avec laquelle elle est en opposition ou en corrélation[37] ». C'est cette correspondance qui assure la compréhensibilité du message symbolique : il y a alors du « sens » qui passe entre l'« interrogeant » et le « répondant[38]. » La corrélation question-réponse est l'articulation vitale du symbole, comme des rapports culture-religion.

La logique des questions et des réponses

Pour aller plus loin maintenant, il faudra repartir d'ailleurs, et je vais utiliser la «logique des questions et des réponses » (ou logique des mondes possibles) du Finlandais J. Hintikka. La méthode des questions et des réponses est ici formalisée (c'est-à-dire simplifiée) à un point tel qu'elle permet de résoudre et de poser de nombreux problèmes. Le problème de la référence, jalonné par les travaux de Frege et de Wittgenstein, est traité de la manière suivante : une proposition p représente un état de choses possible ; on aura beau dire et répéter que p est vraie, cela ne la rend pas plus vraie pour autant, et ce qui la rend vraie se situe hors d'elle. Par elle-même, p est simplement la description d'un état de choses possible. Hintikka reprend la théorie leibnizienne des mondes possibles (qui chez Leibniz concerne Dieu) à l'intérieur du rapport langagier qu'a l'homme avec le réel : une proposition p décrit un monde possible, et le monde réel est donc un monde parmi ces mondes possibles. Évidemment, p est vraie ou non-p est vraie, et il n'y a pas de monde possible dans lequel p et non-p soient vraies ensemble. Si deux propositions ne sont pas contradictoires, alors elles sont compatibles dans le même monde[39]. La référence ne s'établit donc pas au niveau d'un terme (nom

---

[35] *Ibid.*, p. 123.

[36] *Ibid.*, p. 13.

[37] *Aux confins*, Paris, Planète, 1971, p. 123.

[38] On sait que c'est le sens exact de la notion hébraïque de prophète : le « répondant ».

[39] « Dire qu'il n'y a pas de contradiction entre p et une autre proposition revient donc à dire qu'elles ne forment pas deux mondes mais un seul : la consistance, la compatibilité, est le critère d'un monde » (Michel MEYER, *Logique, Langage et Argumentation*, Paris, Hachette, 1982, p. 90).

propre ou même locution qui pourrait désigner de façon rigide et univoque un individu isolé), mais au niveau d'un monde. L'individu n'est identifié qu'à travers (je dirai dans la tension entre) les mondes possibles qui
servent à le décrire. Par exemple, la fonction « vainqueur d'Austerlitz »
est un descriptif possible d'un x tel que f(x) ; mais pour le même x (Napoléon), d'autres descriptifs restent possibles : un individu est un x que l'on
retrouve dans plusieurs mondes possibles. La référence répond ainsi toujours à une question du genre « quoi », « qui » : « qui est le vaincu de
Waterloo ? » Le rôle des interrogatifs est un rôle de quantification, de sélec-
tion individualisante : l'interrogation produit la référence.

Ainsi faut-il considérer les propositions comme des réponses possibles à des questions, et chaque réponse appartient à un monde possible,
à un ensemble de propositions possibles en même temps dans le même
monde : si notre intuition était infinie, nous pourrions déchiffrer dans
le moindre énoncé, dans le moindre fragment de langage, le monde possible auquel il appartient[40].

Chaque réponse fait corps avec un monde total, avec une forme de
vie totale. Mais cette visée de monde total reste une visée de monde possible, et ce qui la réalise ou la vérifie se situe hors d'elle : le monde « réel »
est un de ces mondes « possibles », celui où la question trouve sa réponse.
On devine aisément mon propos : il suffit de rabattre cette logique sur
la méthode de corrélation chez Tillich pour constater une isomorphie
assez complète. Notre problème est maintenant et de nouveau le suivant :
est-il possible de répondre à la crise du sens ? À quelles conditions peut-
on communiquer notre ou nos message(s) ?

La différence problématologique

Dans l'ouvrage cité, M. Meyer fait remarquer à la lumière de la
méthode de Hintikka que n'importe quelle proposition peut être considérée comme question ou comme réponse : toute question peut se décla-
rer assertoriquement, et toute assertion peut se formuler sur le mode inter-
rogatif. Cela pose immédiatement le problème de la différence entre
expression « apocritique » (ce qui dans la proposition caractérise une
réponse), et expression « problématologique » (ce qui dans la même proposition est expressif d'une question). En effet, la réponse à une question n'est pas la répétition assertorique ou plutôt apocritique de la
question[41]. Et Meyer conclut : « La question à laquelle la question renvoie (problématologiquement) diffère de celle qu'elle résout (apocritique-
ment)[42]. » Ainsi la réponse (proposition apocritique « et » problématolo-

---

[40] L'herméneutique des symboles repose bien sur un postulat de ce genre.
[41] *Cf.* chez Tillich, *T.S.*, p. 134.
[42] *Ibid.*, p. 125.

gique) définit deux questions au moins : l'une en amont et l'autre en aval, et par là se trouve fondée la possibilité dialogique du langage. Voici un exemple : « Ceci est une musique de Roland de Lassus » répond à la question « De qui est cette musique ? », mais renvoie à « Qui est donc ce Roland de Lassus ? » Et ce qui est remarquable c'est que le même énoncé paraîtra comme une réponse pour le premier questionneur et que, pour le second, cet énoncé précisément fera problème. Le second questionneur problématise la réponse et il semble se situer sur un tout autre plan que le premier plan question-réponse. Selon le plan où l'on se situe, le même énoncé ne sera pas compris de la même manière !

Cette différence permet de comprendre qu'une réponse puisse poser une nouvelle question, devenir problématique. Ainsi les réponses s'autonomisent-elles par rapport aux questions qui les ont fait naître, et cette vitalité propre de la réponse marque en même temps sa mortalité. Vitalité parce que le sens de la réponse réside en ce qu'elle se trouve prise en charge par un autre que par celui qui l'a proposée ; ainsi le texte ouvre-t-il d'autres possibles et prend-il d'autres sens dans d'autres contextes que dans son contexte d'origine (Tillich le dit souvent du symbole). Mortalité parce qu'une réponse ne peut être comprise véritablement, reçue comme réponse, que si l'on peut la rapporter à la question qui lui a donné naissance : la disparition de la question entraîne celle de la réponse sous la nouvelle question par elle engendrée. Tillich critique ainsi fréquemment l'examen d'une assertion théologique en dehors de son contexte problématique[43].

Or ce jeu « questions-réponses » n'est pas un petit jeu formel ou théorique où l'on pourrait échanger les réponses et les questions comme on change de chemise (quelque hygiénique que soit cette pratique, comme disait M. Despland !) . Comme jeu théorique, on pourrait en trouver de nombreux exemples dans *la Naissance de l'esprit moderne et la théologie protestante*, où la suite des doctrines est présentée de manière très dialogique (l'esprit analytique des Lumières, les grandes synthèses romantiques, l'effondrement des synthèses et les philosophies de l'existence). Mais il y a une épaisseur contextuelle qui « ralentit » ce jeu, parce qu'une proposition, qu'elle soit question ou réponse, fait corps avec un monde. Il faut changer de monde si l'on veut problématiser une réponse : c'est le contexte qui fait qu'une réponse devient problème, c'est le contexte qui fait qu'une question trouve une réponse, une forme de vie totale qui

---

[43] « On peut encore comprendre ce que signifie l'« omnipotence » par les paroles que saint Paul (Rom 8) adresse à ces quelques chrétiens rassemblés dans les taudis des grandes villes, lorsqu'il déclare qu'aucune puissance naturelle ou politique, aucune force terrestre ne peut nous séparer de l'« amour de Dieu ». Mais, lorsqu'on isole l'idée d'omnipotence de son contexte et qu'on se met à la décrire comme une forme particulière de causalité, cette idée ne devient pas seulement contradictoire — comme Einstein l'a bien vu —, mais encore absurde et irréligieuse (*T.C.*, p. 148). »

réponde à la question[44]. C'est pourquoi les grandes questions, les grandes réponses sont symboliques ; elles ne sont pas arbitraires, on ne peut ni les inventer ni les supprimer. Et c'est pourquoi nous allons prendre comme exemple de corrélation question-réponse chez Tillich la grande dialectique existentielle des angoisses et des courages dans *le Courage d'être*[45].

La « dialogique » angoisses-courages

Le jeu des questions et des réponses et la différence problématologique apparaissent très clairement dans cette application de la méthode de corrélation que constitue le deuxième chapitre du *Courage d'être*[46]. Je vais adopter l'ordre chronologique entre les angoisses (voir la périodisation à la fin du chapitre) et non pas l'ordre d'exposition[47]. Nous allons voir en même temps que ce que je disais tout à l'heure pour la musique de Roland de Lassus est exactement ce qui s'est passé pour la prédication du message chrétien.

L'Antiquité est hantée par l'angoisse de la mort ; face à cette angoisse, la réponse ultime va se fonder dans une prédication de la Résurrection. La « résurrection » est la réponse apocritique à la question de la mort. Mais en même temps la « résurrection » peut être considérée comme une proposition problématologique ; elle fait problème, et renvoie à une tout autre question qui est celle de la damnation. C'est parce qu'il y a résurrection que nous pouvons être damnés. Et plus on répétait l'antique réponse, plus l'angoisse augmentait ; c'est cette angoisse que Luther a affronté courageusement et à laquelle il a répondu par la prédication de la « grâce ». Avec la Réforme, on sort du cercle mort-résurrection pour entrer dans le cercle culpabilité-grâce ; on change de mondes de langage, d'univers symbolique. Mais la « grâce » n'a de sens qu'en regard de la culpabilité ; or en y répondant, elle soulève une tout autre question qui est celle du vide et de l'absurde : le vide parce qu'elle désenchante le monde

---

[44] « Le contexte comporte nécessairement deux questionneurs au moins. L'un pour lequel la réponse est réponse, sans plus, l'autre pour lequel elle fait problème » (MEYER, *op. cit.*, p. 126).

[45] On pourrait aussi tirer exemple de l'espèce de dynamique (ou de typologie) qui gouverne l'histoire des religions selon Tillich : la suite Mythe/Monothéisme anti-mythique/Esprit scientifique, dont l'interrogation éthique semble le moteur (dans « Mythe et Mythologie », *Front.* pp. 131s.). Cette démonstration est nietzschéenne, c'est le sens de l'idéal ascétique dans *la Généalogie de la morale*.

[46] Paris, Casterman, 1968.

[47] Dans son étude intitulée « Vraie et Fausse Angoisse » (*Histoire et Vérité*, Paris, Seuil, 1955), Ricœur reprend cette « dialogique », mais en modifiant certaines articulations. *Le Courage d'être* est antérieur d'une année à cette étude (1952 et 1953), et Ricœur est probablement lecteur de Tillich, là encore. Le « en dépit de » est chez lui aussi une catégorie principale.

naturel, l'absurde parce que la « grâce » me sépare de ma nature, elle sépare mon existence de toute essence : elle fait de mon existence une pure « facticité », quelque chose de gratuit ; à la limite je suis superflu. Plus nous répéterons, sous quelque forme que ce soit, l'énoncé de la « grâce », et plus augmentera la question de l'absurde, la dévaluation du sens et l'absence des valeurs. Cela ne veut pas dire que la « résurrection » ou la « grâce » soient fausses, mais bien que leur énonciation est comprise en aval non comme réponse mais comme question.

À quoi sert de répondre dans le langage de la culpabilité et de la grâce si la question s'énonce dans le langage de l'absurde et du nihilisme ? Bien sûr, il reste possible de perpétuer les questions dont nous avons déjà les réponses, de même qu'il est possible de faire peur aux gens pour leur proposer la sécurité ; cela fait penser à ces charlatans dont parle Nietzsche, qui provoquent les maladies dont ils ont les remèdes ! Nousmêmes ne comprenons plus la prédication chrétienne de la « grâce » qu'en commémorant, dans la liturgie de la confession des péchés, une question certes familière mais qui n'est plus le lieu de notre angoisse essentielle. Comme si la vraie question était ailleurs... Tillich n'a peut-être pas trouvé la solution, mais il a posé le problème avec une étonnante clarté, fixant ainsi les conditions d'une réponse à la crise du sens.

La débâcle du sens

Cette crise n'est pas seulement une crise esthétique ou éthique, comme le mot « absurde » pourrait le laisser croire. C'est une crise politique, une crise de société. À Camus il faudrait joindre ici J. Habermas et son analyse de la « crise de légitimation[48] » : prolifération des moyens et perte des fins, des valeurs, c'est là un problème que Tillich avait bien repéré. L'efficacité technique se justifie elle-même et s'absolutise[49]. Crise globale : Tillich signale lui-même que les périodes d'angoisse et de courage ont pour charnières des périodes de désintégration et d'intégration sociale.

Appelons le mouvement par lequel une réponse devient interrogative « axe problématique », et celui par lequel une question trouve sa réponse « axe assertorique ». L'axe problématique est sociologiquement

---

[48] En anglais : *Legitimation Crisis*, Boston, Beacon Press, 1975 ; en français : *Raison et Légitimité*, Paris, Payot, 1978.

[49] On est ici au terme de la généalogie nietzschéenne signalée plus haut (note 45) : une science pour laquelle la vérité ontologique ne compte plus, qui sait (après la « mort de Dieu ») qu'il n'y a « rien derrière », est une science livrée à la pure volonté de dominer (qui n'est pas la puissance de l'être).

centrifuge, le langage s'y défait, les individus s'isolent ; l'axe assertorique est centripète, entraînant, un monde de langage commun s'y constitue et les sociétés s'intègrent[50]. La forme de courage qui prédomine dans le premier moment est « le courage d'être soi-même » (par excellence le courage stoïcien) ; et, dans le deuxième moment, « le courage d'être en participant » (Tillich donne l'exemple des grandes gnoses).

La prédication chrétienne de la « grâce » ne répond plus, parce qu'elle n'est pas assez cosmique (gnostique) pour entraîner et faire cortège : la nature, mais aussi l'histoire humaine, sont désenchantées. De plus, cette prédication n'est pas assez éthique et stoïcienne pour subsister et résister dans la débâcle ; c'est ce que lui reprochait Kant[51], qui trouvait nécessaire d'« accepter d'être aidé[52] », mais qui trouvait servile cette façon d'abandonner l'exigence éthique pour rechercher les « faveurs » du souverain[53]. Ni carrément cosmique ni seulement éthique[54], la solution chrétienne fut longtemps intermédiaire, dans une dimension historique du sens et du salut. Mais c'est précisément ce grand Discours du sens de l'Histoire que la prédication de la « grâce » a finalement fait voler en morceaux ; et il faut bien maintenant affronter cette débâcle du sens sans faux-fuyant.

Le dernier cercle

Pour cela il nous faut faire une dernière louange à Tillich. On a vu que la différence problématologique interdisait de déduire la future réponse de la question (la seule réponse qu'on puisse déduire de la « damnation » est antérieure : c'est la résurrection), comme d'ailleurs de déduire la future question de la réponse (la seule question qu'on puisse déduire de la « grâce », c'est la culpabilité). Nous sommes ici au lieu précis de la rigueur de Tillich. Dans la corrélation culture-religion, il faut respecter la dignité de la question et celle de la réponse ; il faut respecter leur caractère non technique mais ultime. La question n'est pas seulement un moyen de la réponse, puisque « l'homme est la question qu'il se pose sur lui-même[55] » ; (remarquez le ton heideggerien de cette formule), et que la forme de son existence est le questionnement. La corrélation question-réponse écarte donc la méthode que Tillich appelle « surnaturaliste », pour

---

[50] *Le Courage d'être*, pp. 71-72.

[51] *Cf.* E. KANT, *la Religion dans les limites de la simple raison*, Paris, Vrin, 1979.

[52] *Ibid.*, p. 67.

[53] *Ibid.*, p. 75.

[54] On retrouve exactement ces pôles chez Ricœur, dans les étapes « stoïcienne » et « orphique » du « chemin du consentement » (*le Volontaire et l'Involontaire*, Paris, Aubier-Montaigne, 1948). L'espérance chrétienne est la position finale (comme chez Tillich, mais ici le texte de Ricœur est antérieur).

[55] *T.S.*, p. 127.

laquelle les questions sont secondaires, déduites d'une réponse dont la révélation est préalable à toute question, à toute situation. Mais du même mouvement la réponse n'est pas seulement un moyen ou un faire-valoir de la question, et on ne saurait, comme dans une théologie que Tillich qualifie d'« humaniste », établir la possibilité de la réponse au même niveau existentiel que la question ; ce serait déduire la réponse de la question : « Le contenu des réponses ne peut venir des questions, c'est-à-dire d'une analyse de l'existence humaine [...] Autrement elles ne seraient pas des réponses, car la question est l'existence elle-même[56]. » La circularité question-réponse doit être prise dans toute son ampleur, en spécifiant clairement les deux exercices. Tillich le répète sans cesse : les preuves de l'existence de Dieu sont fausses « pour autant qu'elles tirent une réponse de la forme de la question[57] ». Dans la *Théologie de la culture* il rapporte une conversation avec Eliot où lui-même disait à l'écrivain : « Je ne pense pas que vous puissiez répondre à la question que vous développez dans vos pièces de théâtre et vos poèmes en vous fondant sur ces pièces et sur ces poèmes, car ils ne font que développer la question. Mais s'il y a une réponse, elle ne peut venir que d'ailleurs[58]. » Cette règle est incontournable.

Or ses effets sont de premier ordre, car elle veut dire : la culture interroge, mais la réponse vient d'ailleurs ; la raison interroge, non pour savoir si l'autre sait, mais pour savoir. Cette activité critique et interrogatrice de la raison est autonome. Mais la réponse est hétéronome, elle vient d'ailleurs. La « théonomie » tillichienne est bien malgré tout une sorte d'hétéronomie, mais indissociable d'une autonomie ; elle est leur vivante circularité. C'est sur ce paradoxe que s'arrête la pensée de Tillich. On le retrouve sur le plan du courage : le courage qui s'enfonce dans la question sans réponse est le courage du stoïcien, pour qui il n'y a pas de réponse, mais qui continue quand même. Il y a une « suffisance » formidable chez tous ceux que Tillich appelle stoïciens[59]. Mais c'est cette suffisance qu'il distingue de l'autonomie et qu'il met en cause en disant que la réponse vient d'ailleurs et qu'il faut accepter d'être accepté. Le courage chrétien répond à l'angoisse par quelque chose comme la confiance en une promesse (résurrection, grâce, espérance, etc.). Tillich a raison de mettre en cause la résignation hautaine des stoïciens, mais Kant a raison de blâmer l'hétéronomie servile de ceux qui attendent tout et ne font rien. La réponse à l'absurde se trouve dans une symbolique qui tiendrait ensemble la négation stoïque du sens et l'affirmation chrétienne de l'espérance, quelque chose comme : il y a un sens, mais nous ne savons pas lequel.

---

[56] *Ibid.*, p. 131.

[57] *Ibid.*, p. 134.

[58] *Ibid.*, p. 144.

[59] *Cf.* le chapitre 1 du *Courage d'être*, où Tillich parle aussi de Spinoza et de Nietzsche.

La question (de l') ultime

Cette articulation symbolique se produit lorsque la question ultime est la « métaphorisation » de la dernière réponse. Je m'explique : il y a un moment dialogique où ce qui était considéré comme réponse commence à renvoyer à une nouvelle question. C'est ce moment transversal de « problématologisation » d'une réponse qui concerne la métaphore. En effet, entre le stade où la réponse est pleinement l'assertion d'un monde possible où la question première trouvait sa réponse, et le stade où la nouvelle question est formulée clairement et demande une réponse qui vise un autre monde possible, il y a une sorte de « travail » considérable pendant lequel la proposition est en même temps réponse et question. Déjà la réponse n'est plus considérée littéralement comme une réponse ; elle n'est réponse que dans un sens figuré. La prédication de la Résurrection au temps de Luther est une réponse à la question de la mort ; mais c'est une réponse figurée, métaphorique, car derrière se profile la question de la damnation. C'est ce moment d'incertitude, de montée d'une nouvelle question à travers l'ancienne réponse, qui nous intéresse : en effet, il n'y a pas de substitution sémantique[60], c'est le même « sème » qui est dans le premier énoncé le lieu de la réponse et dans le second celui de la question ; la résurrection et la damnation sont l'énonciation apocritique et problématologique de la même proposition. Il y a donc comme une tension entre deux mondes, mais dans le moment métaphorique ces deux mondes se télescopent et on ne sait pas s'ils sont ou non compatibles ; mais ils sont énoncés en même temps. On peut dire que la réponse, dans ce travail de métaphorisation et de tension, est grosse d'une question. Ce moment est sensible chaque fois que nous jugeons qu'une réponse est seulement métaphorique. À ce moment, la réponse, qui était une forme de langage et même de vie, devient la matière d'une autre forme de langage, et le moment métaphorique est le moment où les deux formes de langage sont encore tenues ensemble.

C'est ainsi que je comprends l'affirmation de Tillich que « la préoccupation ultime de l'homme exige une expression symbolique[61] ». Non pas seulement parce que l'Inconditionné n'apparaît au monde que dans le conditionné d'une forme culturelle située, etc., mais parce que l'Inconditionné n'apparaît vraiment que dans ces confins entre plusieurs langages, qu'à la frontière entre ces mondes possibles, que dans cette tension entre la négation et l'affirmation qui fait le symbole. Ainsi une réponse est symbolique ensemble parce qu'elle est livrée à la critique et parce qu'elle est indice de quelque chose qu'on espère et que l'on ne sait pas.

---

[60] Voir les travaux de Ricœur sur le passage d'une théorie de la substitution à une théorie de la tension, dans *la Métaphore vive*, Paris, Seuil, 1975.

[61] *D.F.*, p. 59.

Comme la parabole, le symbole est un langage dans le travail de l'enfantement du sens. La seule réponse possible à l'absurde est bien métaphore : elle a un sens, mais nous ne savons pas lequel. Cela pourrait aussi être une définition de la beauté.

Culture-religion ?

Je terminerai par une observation critique. En effet, on peut aisément aplatir la discipline extrême que j'ai tenté de mettre en relief, et se borner à un cercle situation culturelle – réponse théologique un peu massif. Cela donne presque un circuit réflexe (stimulus-réponse), ou bien une sorte de loi du marché entre la demande culturelle et l'offre théologique. Mais nous savons bien que l'offre est une demande de demande ! Les théologiens devraient alors faire un peu de marketing. Or ce qui caractérise le contexte culturel me semble être précisément une saturation de réponses toutes prêtes à des questions à peine formulées ; il y a inflation non seulement d'informations mais de solutions.

Par ailleurs, je suis frappé de ce que Jésus échappe à ce point aux cercles préétablis de questions-réponses où ses interlocuteurs veulent l'enfermer. Jésus est disciple de Socrate au moins sur ce point qu'il est un « maître » (ou un total « serviteur ») du dialogue. Il questionne le questionneur qui sait déjà la réponse ; il défait ce savoir ou le tourne vers ailleurs ; il brise la clôture du cercle et du langage. En ce sens, ses réponses comptent moins par leur objet que par l'amour dont elles sont le signe : elles tiennent le dialogue ouvert en désignant un autre monde de langage, une question à laquelle il n'y a pas de réponse préétablie. L'interlocuteur est alors placé dans une position de « responsabilité », à ces confins où son propre langage ne permet plus de formuler des réponses suffisantes, à ce point où ses propres mots lui échappent. La communauté chrétienne est une communauté précisément là où il n'y plus le code d'un univers de langage bien clos ; elle est communauté dans l'absence même d'une communauté de langage.

Il faut enfin remarquer en souriant que si l'on glisse, dans la théorie tillichienne du symbole, d'une articulation force-forme à une articulation question-réponse, on glisse du même coup d'une corrélation religion-culture à une corrélation culture-religion. Mais ce n'est pas une raison pour mettre en cause le titre du colloque (comme trop « daté » dans l'évolution de Tillich) ; bien au contraire : la religion aussi est question.

WHERE DOES RELIGION COME FROM ?
PAUL TILLICH'S CONCEPT OF *GRUNDOFFENBARUNG*

Werner SCHÜßLER,
Catholic Theological Faculty, Trier, West Germany

Where does religion come from according to Paul Tillich ? What is the origin of religion in man ? Is it the revelation in nature and history ? Is it the universal revelation or the *Uroffenbarung* ? Is it the final revelation ? Or is it the subjection to authorities like the church and the bible ? Tillich's answer to this problem has not been discussed satisfactorily until today. Why not ? Because this question is not a central one for the *theologian* Paul Tillich. Theology, he says in his article « The Problem of Theological Method », deals with a concrete concern[1]. Concrete concern expresses itself in symbols. But according to Tillich symbols are not able to produce in man what we call religion or faith. We can read in Tillich explicitly : «A sentence like this that we would be atheists without Jesus is a contradiction in itself. Because we can only qualify Jesus as a revelation of God if we have the ability in ourselves to judge a reality to be a revelation. If we were atheists without Jesus, then Jesus would not be able to liberate us from atheism because we would not have the ability to receive him[2]. » If there is not any point of identity between God and man the question remains unanswered : in which way can God appear to man ? In the following statements we want to show that Tillich's concept of *Grundoffenbarung* is the answer to this problem.

---

[1] *The Journal of Religion*, 27, 1 (1947), pp. 16-26, 23 (*Ergänzungs — und Nachlaßbände zu den Gesammelten Werken von Paul Tillich* (EW), Stuttgart, 1971, IV, pp. 19-35, 29).

[2] *Gesammelte Werke* (*G. W.*), Stuttgart, Evangelische Verlagswerk, 1959, VIII, p. 93 : « Ein Satz wie der, daß wir ohne Jesus Atheisten wären, ist in sich widerspruchsvoll, weil die Qualifizierung Jesu als Offenbarung Gottes nur möglich ist auf Grund eines entgegenkommenen Vermögens, eine Wirklichkeit als Offenbarung zu werten. Wären wir ohne Jesus Atheisten, so würde uns auch Jesus nicht vom Atheismus befreien können, denn es würde das Organ fehlen, ihn zu empfangen. »

Tillich's concept of *Grundoffenbarung*[3]

Two preliminary remarks : (1) At the meeting of the German Paul-Tillich Society in Hofgeismar in 1983, Professor Walter Braune, who was a friend of Paul Tillich and who is an expert on his writings, told me that Tillich once said to him that one could burn all his writings except the ones about the demonic and his article « Rechtfertigung und Zweifel » (Justification and Doubt) of 1924 where we find the term *Grundoffenbarung* for the first time. (2) In Tillich research, only a few references are found about the term *Grundoffenbarung*. Yet the meaning of *Grundoffenbarung* does not really become clear[4]. Some authors attempt the intepretation by identifying it with what Tillich understands by universal revelation[5].

Let me point out two important things : firstly that *Grundoffenbarung* is not identical with universal revelation, secondly that *Grundoffenbarung* plays a very important role in Tillich's writings because according to Tillich the immediate awareness of the Unconditional which is given by the *Grundoffenbarung* is always presupposed by theology. We find the term *Grundoffenbarung* in Tillich's writings only in three places : (1) in his article « Justification and Doubt[6] » of 1924 ; (2) in the *Dogmatics*[7] of 1925 and (3) in the small wellknown book *The Religious Situation*[8] of 1926. We shall first have a look at these three writings.

In the last mentioned book *The Religious Situation*, we only find one sentence that refers to the *Grundoffenbarung*. Here we can read that the « divine *Grundoffenbarung* (Niebuhr translates : « fundamental, divine

---

[3] *Cf.* W. SCHÜßLER, *Der philosophische Gottesgedanke im Frühwerk Paul Tillichs (1910-1933). Darstellung und Interpretation seiner Gedanken und Quellen*, Würzburg, 1986, pp. 120-124 ; W. SCHÜßLER, « Die Berliner Jahre (1919-1924) », ed. by R. Albrecht and W. Schüßler, *Paul Tillich. Sein Werk*, Düsseldorf, Patmos, 1986, pp. 38-54, 43.

[4] *Cf.* J. SCHMITZ, *Die apologetische Theologie Paul Tillichs*, Mainz, 1966, pp. 50f., 270 ; C. RHEIN, *Paul Tillich, Philosoph und Theologe. Eine Einführung in sein Denken*, Stuttgart, 1957, pp. 30f. ; K. SCHEDLER, *Natur und Gnade. Das sakramentale Denken in der frühen Theologie Paul Tillichs (1919-1935)*, Stuttgart, 1970, pp. 68-70, 98-101 ; J.-P. PETIT, *la Philosophie de la religion de Paul Tillich. Genèse et évolution. La période allemande 1919-1933*, Montréal, Fides, 1974, pp. 160-169 ; G. WENZ, *Subjekt und Sein. Die Entwicklung der Theologie Paul Tillichs*, München, Kaiser, 1979, p. 309 ; M. REPP, *Die Transzendierung des Theismus in der Religionsphilosophie Paul Tillichs*, Frankfurt a.M., 1986, pp. 83-87.

[5] *Cf.* T. ULRICH, *Ontologie, Theologie, gesellschaftliche Praxis. Studien zum religiösen Sozialismus Paul Tillichs und Carl Mennickes*, Zürich, 1971, pp. 139-140 ; H. FÖRSTER, *Die Kritik Paul Tillichs an der Theologie Karl Barths*, Diss. Göttingen, 1965, pp. 143f. ; E. ROLINCK, *Geschichte und Reich Gottes. Philosophie und Theologie der Geschichte bei Paul Tillichs*, München, Schöningh, 1976, p. 207, note 18 ; O. SCHNÜBBE, *Paul Tillichs und seine Bedeutung für den Protestantismus heute. Das Prinzip der Rechtfertigung im theologischen, philosophischen und politischen Denken Paul Tillichs*, Hannover, 1985, pp. 17-23, 286.

[6] *G. W.*, VIII, pp. 85-100.

[7] W. SCHÜßLER, édit., Düsseldorf, 1986.

[8] Transl. by H. R. Niebuhr, 5th ed., New York, 1960 (*G. W.*, X, pp. 9-93).

revelation ») lies at a deeper level than every concrete revelation[9]. » This sentence can be interpreted in different ways : (1) The *Grundoffenbarung* is the basis for every concrete revelation. (2) The *Grundoffenbarung* reveals the *Grund* (ground) and *Abgrund* (abyss). (3) When the *Grundoffenbarung* lies at a deeper level than every concrete revelation it can be distinguished from the « revelation » because it has no form, because it is not being expressed by symbols. This view can be confirmed by looking at the early article « Justification and Doubt » (1924). Here I don't want to deal with the problem of justification of the one who doubts. I only want to show the structure of *Grundoffenbarung*.

Within the *Grundoffenbarung* — we can read in this article — God is unconditionaly certain to me. The *Grundoffenbarung* reveals the presence of God prior to any knowledge of God. «The moment of the breakthrough is altogether indifferent with regard to its content. Man has no knowledge, no content to show. The divine is the ground and the abyss of meaning, the beginning and the end of every possible content... This is the hour of birth of religion in every man[10]. » The last sentence of the quotation is very important : « This is the hour of birth of religion in man. » That means : this is the basis of religion or faith in man.

In this article of 1924, Tillich speaks also of the « immediacy of the religious » which is « the basis for every breakthrough towards an objectivity towards a name and a form[11] ». That means that the *Grundoffenbarung* gives us the divine in an immediate way which has no name and no form, which is non-symbolical and which is not mediated through symbols. According to Tillich, the immediate way of apprehension of the divine is the basis for every breakthrough towards a name and a form, *i.e.* this is the basis for every symbolical apprehension of the divine. Symbolical apprehension of the divine is based on an immediate grasping of the divine which we receive within the *Grundoffenbarung*.

Tillich explicitly says : « To understand God from the concept of *Grundoffenbarung* means « to strive for a non-objective composure of the idea of God »[12]. » Within the *Grundoffenbarung* we have no names or categories[13]. Yet all divine things, even Jesus, are defined by names and categories[14]. The immediate grasping of the divine which is given

---

[9] *Ibid.*, p. 215 (*G. W.*, X, p. 91).

[10] *G. W.*, VII, p. 92 : « Der Moment des Durchbruchs ist in bezug auf Inhalte völlig indifferent. Der Mensch hat kein Werk des Erkennens, keinen Gedankeninhalt vorzuweisen. Das Göttliche ist der Sinnabgrund und-grund, das Ende und der Anfang jedes möglichen Inhaltes [...] Es ist die Geburtsstunde der Religion in jedem Menschen. »

[11] *Ibid.*

[12] *Ibid.*, p. 93.

[13] *Ibid.*, p. 94.

[14] *Ibid.*

to us by the *Grundoffenbarung* is different from what Tillich generally calls revelation. Otherwise Tillich could not compare it with the principle of identity[15]. The *Grundoffenbarung* is the beginning of the revelation. But we cannot separate it from the revelation. The distinction we make here is an abstraction. In every actual revelation *Grundoffenbarung* and revelation are combined in *one act* : « Every actual revelation has a form and a name[16]. » Here we see that Tillich uses the term « revelation » in a double sense : in a narrower sense of the word « revelation » is the breakthrough of the Unconditional into the conditional. This revelation has a form and a name. It is a symbolical one. In a larger sense of the word, « revelation » covers *Grundoffenbarung* as well as revelation in the smaller sense of the word.

The third writing of Tillich where we find the term *Grundoffenbarung* is the *Dogmatics* of 1925. Here in § 8 Tillich distinguishes between *Grundoffenbarung* and *Heilsoffenbarung*. *Heilsoffenbarung* falls under the revelation in the smaller sense of the word because it has a form and a name. The characteristics of *Grundoffenbarung* are : (1) it reveals simply the Unconditional[17] ; (2) it is the constant element of the revelation[18] (in the larger sense of the word) ; (3) the self is the form of the revelation[19] ; (4) the *Grundoffenbarung* has no symbol[20]. The characteristics of the revelation (in the smaller sense of the word) are : (1) it is the breakthrough of the Unconditional in a definite way[21] ; (2) it is the concrete and variable element of the revelation[22] (in the larger sense of the word) ; (3) it expresses itself in a definite symbol[23].

Now it becomes clear that *Grundoffenbarung* gives us an immediate non-symbolical apprehension of the Unconditional. The revelation (in the smaller sense of the word) gives us a symbolical apprehension of the Unconditional. These three writings of Tillich where we have the term *Grundoffenbarung* are specifically religious writings. Yet the immediate apprehension of the divine which corresponds to the *Grundoffenbarung* in man can also be found in Tillich's philosophical writings. We now want to turn to these to confirm our interpretation of *Grundoffenbarung*.

---

[15] *Cf. ibid.*, p. 95 : « Das Prinzip der Identität ist die logisch gesetzliche und darum ungläubige Formulierung der Paradoxie, die im gläubigen Erfassen der Grundoffenbarung vorliegt. » (*Cf. ibid.*, p. 93).

[16] *Ibid.*, pp. 97f. *Cf.* P. Tillich, *Dogmatik* (see note 7), p. 8.

[17] *Ibid.*, p. 55.

[18] *Ibid.*, pp. 56-57.

[19] *Ibid.*, p. 58.

[20] *Ibid.*, p. 321.

[21] *Ibid.*, pp. 56-57.

[22] *Ibid.*, p. 55.

[23] *Ibid.*, p. 56.

The immediate apprehension of the divine which is given by *Grundoffenbarung*

In Tillich, we cannot distinguish between the theologian and the philosopher. What Tillich says as a theologian, he also can say as a philosopher and vice versa, although special terms are changing. We can also observe this fact in our problem. In a philosophical context, we don't find the term *Grundoffenbarung*. This is a special religious or theological term. But in Tillich's philosophical writings, we find the immediate apprehension of the Unconditional which is given by *Grundoffenbarung*. We now want to discuss the most important of these writings.

In his article « Estrangement and Reconciliation in Modern Thought[24] » (1944), Tillich distinguishes two types of philosophy of religion : « For the one type, God is an alien to me, as I am a stranger to him... In the other type of philosophy of religion, man meets himself and not a stranger. But in himself, he meets something which is more himself than *he* is and which, at the same time, infinitely transcends himself. What he meets is, so to speak, the *prius* of himself, and consequently, it is present even in the most radical self-estrangement and enmity against oneself and God. That basic certainty cannot be lost[25]. » Within this quotation, two things are important : (1) the proximity to the article « Justification and Doubt » (1924) is expressed in the sentence : « What he meets is, so to speak, the *prius* of himself, and consequently, it is present even in the most radical self-estrangement and enmity against oneself and God. » (2) If we read the word « basic certainty » (in the German translation : *Grundgewißheit*), we immediately think of the word *Grundoffenbarung*.

Two years later, Tillich takes up these ideas in his famous article « The Two Types of Philosophy of Religion[26] ». Here we can see that Tillich belongs to the « ontological type of philosophy of religion » which is based on an immediate awareness of the Unconditional. This immediate awareness of the Unconditional — as we can read in this article — occurs within the Ego or the self. In this respect no doubt is possible because the Unconditional which I experience as being present in my self is not an object to me. Doubt only is possible if objectivity and subjectivity are separated. Yet the immediate awareness of the Unconditional within one's self (or consciousness) has « absolute certainty[27] ». This Unconditional of which we have an immediate awareness can be recognized in

---

[24] *The Review of religion*, 9, 1 (1944), pp. 5-19 (*G. W.*, IV, pp. 183-199).

[25] *Ibid.*, p. 7 (*G. W.*, IV, pp.185f.).

[26] *Union Seminary Quarterly Review*, 1, 4 (1946), pp. 3-13 (*G. W.*, V, pp. 122-137).

[27] *Ibid.*, p. 5 (*G. W.*, V, p. 126).

the cultural and natural universe[28]. Re-cognition means an apprehension of the divine in an object. Apprehension of the divine in an object is always a symbolical apprehension of the divine.

For the ontological type of philosophy of religion — we said — an immediate awareness of the Unconditional is characteristic. The term « ontological type » refers us back to the article « Justification and Doubt » (1924). In one of the two handwritten manuscripts of this article, Tillich speaks of the *ontologische Glaubenshaltung* (ontological attitude of faith) and the *ontologische Grundoffenbarung* (ontological *Grundoffenbarung*). « Ontological » in this context stands for the immediate apprehension of the divine[29].

In his book *Dynamics of Faith*[30] of 1957, Tillichs repeats these ideas again very distinctly by saying : « Only certain is the ultimacy as ultimacy, the infinite passion as infinite passion. This is a reality given to the self with his own nature. It is as immediate and as much beyond doubt as the self is to the self. It *is* the self in its self-transcending quality. But there is not certainty of this kind about the content of our ultimate concern, be it nation, success, a god, or the God of the Bible : They all are contents without immediate awareness[31]. »

Faith, the human answer to the divine revelation, contains — like the revelation in the larger sense of the word — two elements : (1) it refers to the ultimacy as ultimacy ; (2) it refers to a concrete element. The Unconditional as Unconditional is beyond doubt. Doubt is only possible with regard to the concrete element. « God as the ultimate in man's ultimate concern is more certain than any other certainty, even that of oneself. God as symbolized in a divine figure is a matter of daring faith, of courage and risk[32]. »

Analogous to Tillich's idea of revelation, we also have to distinguish between faith in a smaller sense and faith in a larger sense of the word. Faith in the smaller sense of the word is related to a concrete element

---

[28] *Ibid.*, p. 12 (*G. W.*, V, pp. 134-135).

[29] In the Paul-Tillich-Archives at Harvard University, we have three different articles entitled « Rechtfertigung und Zweifel » and a translation of Tillich's published article « Rechtfertigung und Zweifel » (1924) into English. One of the three handwritten articles is found in four notebooks. It is also found in the form of a typed manuscript of 45 pages. This article seems to be a first version because here we don't have the term *Grundoffenbarung*. A comparison of the two other articles which we find in a black notebook with the published article of 1924 (*cf.* VIII, pp. 85-100) shows that the published article is composed of these two handwritten articles. The introduction and part one of the published article are identical with the smaller one of the handwritten articles which has seven pages. The second part until the end of the published article is identical with part I, b until the end of the larger one of the handwritten articles which has 28 pages. Here on page 16 we have the term *ontologische Glaubenshaltung* ; on page 19, we have the term *ontologische Grundoffenbarung*.

[30] New York, Harper and Row, 1957 (*G. W.*, VIII, pp. 111-196).

[31] *Ibid.*, p. 17 (*G. W.*, VIII, p. 123).

[32] *Ibid.*, p. 47 (*G. W.*, VIII, p. 143).

which is a matter of doubt and contains courage and risk. Faith in the larger sense of the word covers two elements : a constant one and a concrete one, an element of certainty and an element of doubt.

We have seen that the immediate apprehension of the divine happens within the Ego, within the self. We have also seen that this apprehension gives us a basic certainty that cannot be doubted. These ideas are similar to those that Tillich presents in his early article « The Conquest of the Concept of Religion in the Philosophy of Religion[33] » of 1922. Here Tillich also speaks of the « certainty of God » like we have seen in the article « Justification and Doubt » (1924) : « The certainty of the Unconditional is unconditional[34]. » The question now is : Which way leads us to this certainty ? Tillich answers : « The conditioned is the medium in and through which the Unconditional is apprehended. To this medium belongs, likewise, the perceiving subject. It, too, never appears as something that provides the ground, but rather as the place where the Unconditional becomes manifest within the conditioned[35]. » Within the self-certainty of the Ego, the certainty of God is experienced. The Ego apprehends in itself the Unconditional as the fundament of its self-certainty : « God-certainty is the certainty of the Unconditional contained in and grounding the self-certainty of the ego[36]. »

Tillich's theory of symbols presupposes that the Unconditional can be apprehended in the conditioned. But this conditioned stands opposite the perceiving subject. It is an object for it. That means that an immediate certainty is impossible. An immediate certainty is possible only within the ego, because only the ego is absolutely certain for oneself. Therefore the certainty of the Unconditional is « unconditional », only within the ego but only for the ego.

Let us sum up the facts we developed until now. When Tillich speaks of *Grundoffenbarung* or the immediate apprehension (or awareness) of the Unconditional, we find the following terms and notions : (1) certainty (of God) ; (2) doubt is impossible ; (3) there is no distinction of subject and object ; (4) Tillich speaks of the ego or the self ; (5) we have no content, no name, no form ; (6) Tillich speaks of the « ontological type » or of the principle of identity.

This leads us to the wellknown book *The Courage to Be* of 1952[37]. In part VI of the book titled *Courage and transcendence*, the theme is « justification ». Here Tillich asks : « Is there a kind of faith which can exist together with doubt and meaninglessness[38] ? » (This question

---

[33] *What is Religion ?* Transl. by J. L. Adams, New York, Harper and Row, 1973, pp. 122-154 (*G. W.*, pp. 367-388).

[34] *Ibid.*, p. 124 (*G. W.*, I, p. 368).

[35] *Ibid.*, pp. 137-138 (*G. W.*, p. 377).

[36] *Ibid.*, p. 139 (*G. W.*, I, p. 378).

[37] New Haven, Yale University Press, 1952 (*G. W.*, XI, pp. 13-139).

[38] *Ibid.*, p. 174 (*G. W.*, XI, p. 129).

reminds us of the article « Justification and Doubt ».) And we can read here too : « The faith which creates the courage to take them [doubt and meaninglessness] into itself has no special content. It is simply faith, un-directed, absolute[39]. » This absolute faith transcends the subject-object structure. But only where we have the distinction of subject and object can doubt be possible[40]. Absolute faith is « without a *special* content, yet it is not without content. The content of absolute faith is the « God above God »[41] ».

Here we find again the same notions we have in the other mention-ed writings of Tillich and that we listed up before : no doubt ; above sub-ject and object ; no content, no name. And the « God above God » is the content of absolute faith. This reminds us of the book *Dynamics of Faith* (1957), where Tillich says : « Only certain is the Ultimacy as ultimacy[42]. » That means that absolute faith is the answer of *Grundoffenbarung* which gives us the God above God who has no name, no form. But also ab-solute faith — like *Grundoffenbarung* — cannot exist on its own : « It is not a place where one can live[43]. » Like the *Grundoffenbarung* which is connected to the revelation in the smaller sense of the word, absolute faith also is connected to the faith in the smaller sense of the word.

Now it becomes also clear what Tillich's statement means : « God is symbol for God. » In the notion of God we have to distinguish two elements : « the element of ultimacy, which is a matter of immediate ex-perience and not symbolic in itself, and the element of concreteness, which is taken from our ordinary experience and symbolically applied to God[44] ». Theology — Tillich explicitly says — deals with the concrete concern but presupposes the immediate awareness of the Unconditional which is given by the *Grundoffenbarung*[45]. That means that theology deals with the revelation (in the smaller sense of the word) and the faith (in the smaller sense of the word) which refers to « God ». The following scheme is an attempt to sum up the results of our interpretation .

---

[39] *Ibid.*, p. 176 (*G. W.*, XI, p. 130).

[40] *Ibid.*, p. 178 (*G. W.*, XI, P. 131).

[41] *Ibid.*, p. 182 (*G. W.*, XI, p. 134).

[42] *Cf.* note 30, p. 17 (*G. W.*, VIII, p. 123).

[43] P. TILLICH, *The Courage to Be*, see note 37, p. 189 (*G. W.*, XI, p. 139).

[44] ID., *Dynamics of Faith*, see note 30, p. 46 (*G. W.*, VIII, p. 142).

[45] *Cf.* ID., *The Problem of Theological Method*, see note 1, p. 23 (*E. W.*, IV, p. 29).

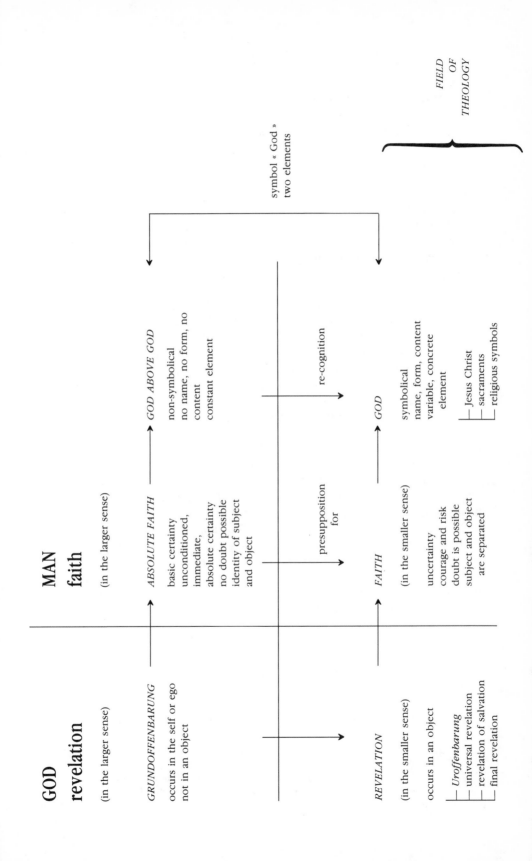

GOD
revelation
(in the larger sense)

MAN
faith
(in the larger sense)

GRUNDOFFENBARUNG

occurs in the self or ego
not in an object

ABSOLUTE FAITH

basic certainty
unconditioned,
immediate,
absolute certainty
no doubt possible
identity of subject
and object

→ *GOD ABOVE GOD*

non-symbolical
no name, no form, no
content
constant element

symbol « God »
two elements

presupposition
for

re-cognition

REVELATION

(in the smaller sense)

occurs in an object

├─ *Uroffenbarung*
├─ universal revelation
├─ revelation of salvation
└─ final revelation

FAITH

(in the smaller sense)

uncertainty
courage and risk
doubt is possible
subject and object
are separated

→ *GOD*

symbolical
name, form, content
variable, concrete
element

├─ Jesus Christ
├─ sacraments
└─ religious symbols

FIELD
OF
THEOLOGY

Tillich and the tradition

In this last step, we want to confirm our interpretation of *Grundof-fenbarung* by comparing it (1) with mysticism and (2) with ideas of Tillich's theological teacher Martin Kähler.

In the important article « Justification and Doubt » (1924), we can read the revealing sentences : « This is not mysticism because mysticism is the end, but this is the beginning[46]. » What does this mean ? For one who is quite at home in the mystical tradition it is not difficult to realize the meaning of this statement. For Tillich, the immediate apprehension of the divine which is given by the *Grundoffenbarung* is the beginning of religion. For the mystic on the other hand the immediate apprehension of the divine is — as Tillich rightly says — the end. Let us have a look at the structure of mysticism. As an example I want to present Plotinus whose mysticism is fundamental also for the Christian mysticism : the mystic doesn't know about the reality of God from the mystical experience, the *unio mystica*. His knowledge of God's reality is based on metaphysical reflections. Hereupon the mystical way is built which has to run through different stages. At the end of this long way we have the *unio mystica* which tries to overcome the split between subject and object. It is decisive that mysticism is the *end* of a long way which begins with the knowledge of God's reality that we don't have from the *unio mystica*, but it is its presupposition[47].

Now we can understand the meaning of Tillich's statement : « This is not mysticism, because mysticism is the end, but this is the beginning[48]. » That means that mysticism and *Grundoffenbarung* must have something in common. Otherwise Tillich would not need to make a distinction here. What mysticism and *Grundoffenbarung* have in common is (1) the attempt to overcome the split between subject and object ; (2) the immediacy of the apprehension of God. The distinction between them is clearly expressed : *Grundoffenbarung* is the beginning, mysticism is the end. The immediate apprehension of the divine which is given by *Grundoffenbarung* is the beginning of religion. That means it is also the beginning of the language of religion, the symbolical language.

In his article « The Problem of Theological Method » (1947), Tillich says : « Whenever we speak of religious experience, it is important to distinguish these (inseparable) elements : (1) the « point » of immediate

---

[46] *G. W.*, VIII, p. 92.

[47] *Cf.* the excellent article of K. KREMER, « Selbsterkenntnis als Gotteserkenntnis nach Plotin (204-270) », *International Studies in Philosophy*, XIII, 2 (1981), pp. 41-68.

[48] *G. W.*, VIII, p. 92.

awareness of the unconditional which *is* empty but unconditionally certain ; and (2) the « breadth » of a concrete concern which is full of content but has the conditioned certainty of venturing faith[49]. » « Which *is* empty » means that as in Plotinus we here have a kind of experience which we can call « pre-rational[50] ». It is a kind of experience that has no content in the way of a conception of God. But it is a kind of experience that only brushes the divine with an intellectual power that transcends both *ratio* and *intellectus*. Plotinus calls this intellectual power the νοῦς ἐρῶν. Rudolf Otto also means such an experience when he speaks of *Gefühl* (which is totally different from the psychological emotion)[51].

We find another support for our interpretation in Tillich's theological teacher Martin Kähler. From Kähler, Tillich learned to apply the doctrine of justification also to intellectual life. If we look at Kälher's writings, it soon becomes clear what that means. In his chief work *Die Wissenschaft der christlichen Lehre*[52], we can read that it is not the revelation of grace that is the basis of religion (in Tillich : revelation of salvation) but the *Gottesbewußtsein* (awareness of God)[53]. *Gottesbewußtsein* in Kähler means an immediate kind of apprehension of the divine. Kähler — like Tillich — distinguishes between the final revelation (*vollkommene Offenbarung*) and the *vorbereitende offenbarende Geschichte*[54]. But in Kähler *both* presuppose the *Gottesbewußtsein*. For Kähler the *Gottesbewußtsein* is the « source of religion » (*Grund der Religion*)[55]. We can also read this in Tillich : the « consciousness of the unconditional » is the « basis of religion »[56].

Now we can understand a sentence like this : « God is the presupposition of the question of God[57]. » It is trivial to say that God as creator is the source of our existence and in this way the cause of the possibility that we can put the question about Him. What this sentence really means is that the immediate awareness of the unconditional is the presupposition of the revelation which necessarily is of symbolical nature. « If God

---

[49] See note 1, p. 23 (*E. W.*, IV, p. 29). *Cf.* P. TILLICH, *The Courage to Be*, (note 37), p. 189 (*G. W.*, XI, p. 139) ; Absolute faith « is without the safety of words and concepts, it is without a name ».

[50] *Cf.* K. KREMER, *loc. cit.* (note 47), pp. 54-55.

[51] *Cf.* R. OTTO, *Das Gefühl des Überweltlichen*, München, 1932, pp. 327f. ; *ID.*, *West-Östliche Mystik. Vergleich und Unterscheidung zur Wesensdeutung*, Gotha, 1926, pp. 384f. *Cf.* W. SCHÜßLER, *op. cit.* (note 3), pp. 178-180.

[52] 3rd ed., Leipzig, 1905.

[53] *Ibid.*, pp. 83, 87, 109, 111, 114-118.

[54] *Ibid.*, p. 202 ; *cf.* pp. 93, 211.

[55] *Ibid.*, p. 183.

[56] *G. W.*, II, p. 78.

[57] P. TILLICH, « The Two Types of Philosophy of Religion », *loc. cit.* (note 26), p. 4 (*G. W.*, V, p. 124).

were not also in man... », we can read in Tillich's *Systematic Theology*[58], « God's speaking to man could not be perceived by man. » In this way the sentence « God is the presupposition of the question of God », is the philosophical expression of the application of the doctrine of justification to the field of thinking.

We have said that theology deals with the second element, the concrete element. Because of this, the first element, the immediate awareness of the unconditional is not the central problem for Tillich. This may be the reason why in Tillich's research, this problem has not been discussed satisfactorily until now. But theology presupposes the second element. For this reason it will always have its importance for the understanding of Tillich's philosophical and theological thinking.

Now we can answer our question we put in the beginning : Where does religion come from ? For Tillich the origin of religion in man is neither identical with the revelation in nature or history, nor with the *Uroffenbarung*, nor with the universal revelation, nor with the final revelation, nor with the subjection under authorities like the church or the bible. But for Tillich the origin of religion is identical with an immediate apprehension of God within the self.

In this way, Tillich reverses the relationship between religion and metaphysics, like Luther did between religion and ethics : We cannot know God without being united with Him. « *Impossibile est, sine deo — discere deum*. God is known only through God[59]. » Our interpretation not only tried to explain what *Grundoffenbarung* in Tillich means, but also showed that beside « the antisupranaturalistic attitude[60] », it is the doctrine of justification applied to the field of thinking that is « fundamental » to all of Tillich's thinking, both his philosophical and theological thinking.

But finally these two foundations of Tillich's thinking cannot be separated. They are actually *one* foundation, and they culminate in his fight for the « God above God ». For the positive turn of Tillich's antisupranaturalism is the principle of identity. Here we have the connexion with the principle of justification applied to the field of thinking. This *one* foundation, Tillich had already formulated it in his *Habilitationsschrift* : « Der Begriff des Übernatürlichen, sein dialektischer

---

[58] Vol. III, Chicago, University of Chicago Press, 1963, p. 127.

[59] P. TILLICH, *What is Religion ?, op. cit.* (note 33), p. 154 (*G. W.*, I, p. 388).

[60] *Cf.* D. M. BROWN, édit., *Ultimate Concern. Tillich in Dialogue*, London, Harper and Row, 1965, p. 158.

Charakter und das Prinzip der Identität, dargestellt an der supra-
naturalistischen Theologie vor Schleiermacher » of 1915, where he insists on the principle of identity over against the contradictions of
supranaturalism as the foundations of systematic theological thinking[61].

Epilogue

After the Colloque international du centenaire Paul Tillich, I did some
research in the American Paul Tillich Archives at Harvard University (Cambridge, Mass.). And by chance, I found in a handwritten lecture of Tillich
entitled « Philosophy of Religion » from the time he was at the Union
Theological Seminary in New York, a confirmation of my interpretation.
In this manuscript, Tillich deals with the method that the philosophy
of religion has to apply. He rejects to prove God in examining the world
outside ourselves. But he demands by quoting Augustine to return into
one's own soul and to transcend it. Then we can return to the world
we left in order to seek in it the ground of religion in the same way that
we did in the inner man. Tillich here rejects the method of the proofs
of God because it remains in the uncertainty that charaterizes all thoughts
about things outside of us. Because the surrounding world is separated
from our own mind by a gulf, we have certainty only about what we
are ourselves. In this context « ourselves » means our deepest being which
cannot become the subject of any science or arguments. It can be a subject only for inner intuition. But it cannot be doubted because it doesn't
lie outside of us. According to Tillich this idea — which is common to
Augustine and Descartes — is more important for the philosophy of
religion than for all other parts of philosophy. For the certainty of God
must be absolute, otherwise it is not certainty of *God*. Tillich stresses here
that there is no possibility of separating the two, God and the soul. And
in this inseparable union, he says, the philosophy of religion must find
its certain ground[62].

---

[61] Part 1 : Königsberg/Neumark 1915, VII, 58 p. Part 2 : unpublished, pp. 56-191, Paul-Tillich-
Archives, Marburg. *Cf.* Part 1, III ; *cf.* W. Schüßler, « Die Jahre bis zur Habilitation
(1886-1916) », *Paul Tillich. Sein Werk, op. cit.* (note 3), pp. 22-27.

[62] Two notebooks, I, pp. 46-49.

THE RELIGION OF THE CONCRETE SPIRIT
A possible key to understanding
the relation between religion and culture
in Paul Tillich's definition of religion

Terence THOMAS
The Open University in Wales, U.K.

In this paper I shall attempt to resolve the tension inherent in Tillich's definition of religion by an examination of the state (or concept) which Tillich identified as « the Religion of the Concrete Spirit ». The tension is present in the defining of religion as the state of being grasped by an ultimate concern. Tillich applied this definition to both religious and cultural spheres as generally understood. In his late lectures on the encounter of world religions, the definition plays a crucial role and the spheres referred to are identified as religion and quasi-religion. It is in Tillich's ideas on encounter and dialogue between religions and quasi-religions that the tension referred to is at its most acute for it is at this point that theory faces the implications of practical application.

The Religion of the Concrete Spirit

The Religion of the Concrete Spirit is one of those peculiarly Tillichian entities which hovers between being a real state and a speculative concept. As a state, it has mostly potential existence and only tentative actual existence. As a concept, it has considerable symbolic value. It was introduced very tentatively under that name by Tillich in the last lecture he delivered[1]. Its existence in Tillich's thought, however, goes back quite a long way.

In the final lecture, the Religion of the Concrete Spirit is explained as the *telos* of the history of religions. In fact, it is one of two *tele* of the history of religions, the other being the state of theonomy. The Religion of the Concrete Spirit is the unity of what are described as « elements » in the experience of the Holy, or elements in religion. These elements are, first, the sacramental basis of religion, the experience of the Holy « here and now ». The second element is one of the critical movements

---

[1] « The Significance of the History of Religions for the Systematic Theologian », *The Future of Religions,* ed. by Gerald C. Brauer, New York, Harper and Row, 1966.

against « the demonization of the sacramental », against the idolatrous tendency, the mystical element. The third element and the other form of critical movement is the « ought to be », the ethical or prophetic element. These elements are not coterminous with any particular religion. United in one entity, they make up the Religion of the Concrete Spirit which itself cannot be identified with any actual religion. On this occasion, Tillich says that not even Christianity is to be thus identified, though in an earlier lecture, one of a series which dealt with the same topic in one form or other, he does suggest that Christianity is the only religion which combines all these elements[2].

In the late lectures which remain unpublished, the elements are referred to as types of religion. The types vary in number on different occasions from three, as in the final lecture, to five. But whatever the number, they are all seen to achieve their culmination in some kind of union. That union sometimes remains unnamed, sometimes it is named the Spiritual Religion. These typological/historical exercises are a basic ingredient of most of his lectures on the encounter of religions. I refer to these exercises as typological/historical for they do not neatly conform to the kind of activity engaged in by Max Weber, for instance, though Tillich confessed his debt to Weber. The types are seen not merely as descriptive categories but also as historical movements, culminating in a historical, or perhaps supra-historical « event ».

This aspect of Tillich's thought can be traced back much further. It can be traced back to the publication of *Dynamics of faith* in 1957. There the reference is again to types and there are three. Further back again we find the same pattern of thought in an essay, first published in 1925 and since translated and published in *What is Religion ?,* under the title « The Philosophy of Religion ». In this earlier version the types are referred to as tendencies but they are unmistakeably the « types » of the later period and the « elements » of the final lecture. The tendencies consist of similar categories, the « sacramental » basis at one pole and the « theocratic » tendency at the other. (Theocratic is not used with its usual meaning. Here it means the sovereignty of God over against the deification of sacramental realities.) The third category, « radical mysticism » occupies a peculiar position, rather vaguely defined but definitely denied the status of a type. The outcome is still very similar to the picture in the final lecture :

> The goal of the whole movement[...]is the union of the theocratic demand and mystical negativity with the sacramental sanctification of some *one* concrete thing. Now, since this unity of the present Holy and the demanded

---

[2] Unpublished ms., Paul Tillich Archives, Andover-Harvard Library.

Holy cannot be deliberately brought about, but rather can be experienced only as a breakthrough, we describe it as « a religion of grace » *or* « a religion of paradox »[3].

This passage is substantially linked to the final lecture. It points to the meaning of the word « concrete » in the final lecture. In a later passage in the same essay the « religion of paradox » is explained in terms of the Pauline doctrine of the Spirit[4], a reference which is repeated in the final lecture[5]. In both contexts the Spirit is concretized in the person of the Christ, whether as « the theocratically exclusive symbol » or as « Christus Victor ». The concretization of this Religion is evident from the name given by Tillich finally. This is no abstract concept for Tillich but a concrete, partially fulfilled, but future event. In both contexts also this completion of religion, as it might be called, is viewed in terms of *agape* and *gnosis,* a state of ecstasy which does not degenerate into disorder and chaos. Indeed, in the final lecture the notion of *telos* as the goal of religion is seen not merely as the goal of religions but also as that which brings order out of the seeming chaos of the history of religions. We see the combination of typology and history in this completion of religion, in the appearance of the Religion of the Concrete Spirit. It is the heir to Tillich's earliest thoughts on the subject, the « Absolute Religion » and its related « Ideal Kingdom », which appeared in the skeleton of a systematic theology in 1913, and which remain significant for our own discussion[6].

If we ask when will this happen the answer comes back : « It has happened and will happen. » It has happened fragmentarily in many religious contexts, contexts which do not necessarily have any historical or cultural relationship. Nowhere are these occurrences, these experiences of « breakthrough » identified by Tillich. We have one identified example in that it happened fragmentarily in the New Being experienced as Jesus who is Christ. We also know that these occurrences are experiences of « the Holy within the finite ». We can, therefore, fairly deduce that such events as the life of Muhammad, or of the Buddha, are other examples. Their events are measured by the sole criterion of Jesus the Christ, a criterion based on the sacrifice of the finite for the sake of the infinite without losing finitude. Their culmination is also seen as a culmination in the Spirit of the sole criterion. Therefore, although Christianity is not

---

[3] P. Tillich, *What is Religion ?*, transl. by J. L. Adams, New York and London, Harper and Row, 1969, p. 93.

[4] *Ibid.,* p. 107.

[5] *Ibid.,* p. 88.

[6] John P. Clayton, *The Concept of Correlation,* Berlin and New York, Walter De Gruyter, 1980, Appendix 1, Section 14.

to be equated with the Religion of the Concrete Spirit, the event that initiated Christianity and which gave it its name is, nevertheless, the event which gives final meaning to it. Its fulfilment is eschatological and the sign, for Christians, is to be the Christus Victor.

That it is eschatological is important for my argument. The Religion of the Concrete Spirit is a manifestation of theonomy, the second *telos* already referred to, the fulfilment of which is eschatological. Theonomy is, according to Tillich, an element in the structure of the Religion of the Concrete Spirit. The relationship between the Religion and theonomy is not quite clear. Tillich seems to suggest an organic relationship between them. If so then it could be said that while the Religion of the Concrete Spirit is the concrete expression of the *telos* of the history of religions, theonomy as *telos* is the meaning content and hence the power of the Religion. Here again Tillich harks back to the earlier treatment of the subject in the 1920s. He goes on to say concerning theonomy that : « its end is expectation which goes beyond time to eternity. » Further it is the « theonomous element in the relation of the sacred and the secular, which is an element in the structure of the Religion of the Concrete Spirit[7] ». The Religion is eschatological in the literal sense. It belongs literally to the last event since, as Tillich points out elsewhere religion has no place in eternity. In some ways the Religion of the Concrete Spirit is a description of the eschaton. As such the whole of Tillich's idea of religion is bound up with it. As an « ideal religion », to conflate the earlier concepts of « absolute religion » and « ideal kingdom », it determines what Tillich thinks of religion *per se*.

Tillich's definition of religion

Tillich's definition of religion is so well known as to hardly warrant repeating :

> Religion is the state of being grasped by an ultimate concern, a concern which qualifies all other concerns as preliminary and which itself contains the answer to the question of the meaning of life[8].

The context of this particular version of the definition is the encounter and dialogue between religions. It is put forward as the basis for the encounter and dialogue between religions as normally perceived and also of other world views based on secular philosophies, which have no transcendental point of reference, which Tillich consistently refers to in the lecture of his final years as « quasi-religions ».

---

[7] TILLICH, *What is Religion ?*, pp. 87-90.

[8] *Christianity and the Encounter of the World Religions,* New York and London, Columbia University Press, 1964, p. 4.

I suggested at the beginning that there was a tension inherent in Tillich's definition of religion. The reference to quasi-religions is one aspect of the tension. Another is the meaning attached to « ultimate concern ».

Tillich does not say that « religion is ultimate concern ». He does speak like that occasionally but it is really shorthand for saying « the state of *being grasped by* an ultimate concern ». Thus religion has to do with some condition in which we find ourselves being grasped by something outside ourselves which evokes in us a response of « ultimate concern ». I don't wish to discuss the import of the word « concern ». It is, however, worth noting Wilhelm Pauck's comment on the definition and the insight he gives into what Tillich might have meant by the language used[9]. We are more concerned here with the import of the word « ultimate ».

« Ultimate concern » stands alone in the ranking of concerns. Compared with it all other concerns are preliminary. Ultimate thus means something like « that with which nothing else compares in importance and seriousness ». Anything which competes with it for our attention must be sacrificed. Can we give a name to this ultimate ? Yes, many have given it the name « God – a god or gods[10] ». Presumably, there can be nothing more ultimate than God by definition. If we say, as I think we can, that talk of God or gods suggests a transcendental point of reference for our language, then we are saying that religion is a state which has a transcendental point of reference. Speaking this way may also take us beyond language about God or gods since we know that there are manifestations of the kind of thing we are now calling religion which do not, in fact, talk of God or gods, but nevertheless exhibit what might be said to be a transcendental point of reference. Thus Tillich in many of the lectures of the later period speaks of his desire to have a broad rather than a narrow definition of religion so that phenomena such as Theravada Buddhism and Taoism can be accommodated within it. Thus far it could be said that religion as defined by Tillich, in the context of his use of the definition, matches our understanding of what we think religion to be.

A tension arises, however, when Tillich goes on to suggest that the term « ultimate concern » can apply to situations in which the experience of being grasped produces responses which do not have a transcendental point of reference, as commonly understood. Cultural movements which would not ordinarily be categorized as religions are brought into an organic relationship with religions proper. Ultimate concern according to this use refers to almost anything which grasps you, to the extent that you are prepared to sacrifice every other concern to it. It is not illegitimate to use the term ultimate concern for such a situation if one

---

[9] Wilhelm PAUCK, « To Be or Not to Be : Paul Tillich on the Meaning of life », *Bulletin of the American Academy of Arts and Sciences,* XXXIII, 2 (November 1979), p. 21.

[10] *Christianity and the Encounter* [...], p. 5.

so desires. It is obvious that there are those who regard what they believe in, the success of a political party for instance, as ultimate concern. They cannot conceive of anything more important than the success of the party in giving meaning to life. But ultimate concern now has the meaning of whatever is ultimate for the individual or the group. It does not have the peculiar meaning that believers and theologians wish to give the term ultimate within the context of what is normally regarded as religious belief.

Religious believers can conceive of an ultimate which is beyond any ultimate claimed within but not extending beyond the merely cultural. They can conceive of *the* ultimate beyond which there is no other ultimate. We might say that words are used in such a way that we find an intensity of meaning on a scale which ranges from very strong to very weak. Using ultimate in the religious sense, it could be claimed, points to the strongest measurement on the scale. A statement like : « That suit was the ultimate in fashion » rates, I suggest, very weakly on the scale. Using the term ultimate concern in a cultural context, let us say in the context of politics or art, would, according to this argument, rate very strongly on the scale, probably just below the religious sense. Tillich would, presumably, rate it equal. And that is where the tension lies.

Examples of objects of concern in the cultural sphere are given by Tillich. They include « nation, science, a particular form or stage of society, or a highest ideal of humanity, which are then considered divine[11] ». But though they may be considered divine, they can only be thus considered if the term « divine » is given some associational import rather than actually describing an attribute of God or gods. If the term is given any real deep significance then we would have to say that what we now have is a form of idolatry, speaking theologically. One meaning of the term « quasi-religions » must be that though they appear to be grasped by something ultimate, that is, in observing their behaviour we see them responding in a fashion similar to those who claim to be responding to the truly divine or to that which appertains to God or gods, nevertheless the behaviour is misleading because their « ultimate » is described as something less than that which pertains to God or gods or to any transcendental point of reference. (It could perhaps be argued that with some of the objects suggested by Tillich, those which he refers to as « vocational ideas », such as justice or freedom, there is a quality inherent in them which might suggest a « transcendental » point of reference. According to Tillich it is the vocational idea which is « a matter of ultimate concern », and not such objects as the state, or science themselves. These vocational ideas exist within these objects and are elements alongside others such as power. But even described thus they still do not seem to rank with such objects as the Kingdom of God or Nirvana

---

[11] *Ibid.*

as objects that grasp and evoke truly ultimate concern.) If we now take into account the fact that when challenged as to what he meant by the « ultimate », Tillich stated that it meant nothing that was conditioned or finite[12]. This brings me to the second tension in Tillich's definition of religion.

The term « quasi-religion » is one that Tillich had already acquired before he came to America. He was pleased to find that it was already in use in his new intellectual environment. It is not clear where he first acquired the term but it is almost certainly a borrowing from the language of the sociologist. In the sociologist's vocabulary it is fairly easy to determine what it means. It refers to movements or world views which have internal structures similar to those of religions and command the loyalty of adherents in ways which are very similar to the loyalty given to religions. Alternate terms for such phenomena are substitutes for religion or surrogate religion. It is not difficult, therefore, to understand why Tillich uses the term. He uses it to refer to the same phenomena as identified by the sociologist. That is where the similarity ends in the case of the majority of sociologists whether they adopt a functionalist or substantive view of religion. Even the functionalists who regard religions just like other human institutions designed to provide benefits for the adherents, for the most part will distinguish between religions proper and surrogates for religion. One notable exception is Thomas Luckmann who defined religion not merely in functionalist terms but also in a totally inclusive way[13]. Luckmann's inclusivity, however, is without internal distinction.

Tillich's use of the term « quasi-religion » points to inclusivity with internal distinction. Peter Berger has pointed out that Luckmann's definition of religion leaves us with the problem of separating one set of phenomena from another, the religions proper from such phenomena as science[14]. Tillich, on the other hand, does point to the internal distinction. If religion is the state of being grasped by an ultimate concern and if all religions and other human phenomena are to be included, why are we then told that one set of phenomena which seem to have been identified as religions already are nevertheless to be distinguished as quasi-religions ? Surely this points to an intolerable tension in Tillich's definition. The neat inclusion of religion and culture in the one definition all of a sudden seems to be threatened.

If my analysis is accurate then there is a problem which needs an explanation. One solution to the problem is to look again at the sociological basis of Tillich's approach to the definition of religion. Tillich

---

[12] *Ultimate Concern,* London, Harper and Row, 1965, p. 24.

[13] Thomas LUCKMANN, *The Invisible Religion,* New York, Macmillan, 1967.

[14] Peter L. BERGER, *The Social Reality of Religion,* Harmondsworth, Middlesex, 1973, p. 180.

adopted a sociological approach to the typology of religions and then applied it historically. He unified two methods. It could be argued that he has done the same thing with his definition of religion. He has taken a descriptive method, the sociology of religion, and combined it with a normative method, philosophy of religion. It has been argued by Troeltsch that sociology is a science ancillary to history and the philosophy of culture and should not be combined with or confused with these normative disciplines. Apparently this combination of methods was the approach of early German sociology, based on the view that « all reality is accessible to a single method » and was condemned by Troeltsch[15]. This seems to be Tillich's approach also and therefore is to be criticized on the same grounds.

The area in which Tillich is operating is fairly clearly defined and not at all difficult to understand. There are world phenomena which conform to a generally recognizable and common pattern such that they are called religions. The phenomena, collectively, resist easy, simple definition. Many have tried to define the phenomena and been found wanting. Some, like Max Weber and John Hick in our time, would go so far as to say that the phenomenon, *in toto* is totally resistant to definition. Definitions end up being either too restrictive to include all the phenomena to be included or so inclusive as to be virtually useless for all practical purposes. Tillich's definition is perfectly useable at one level but not, I would suggest, if forced to include that which should not be included. Now, a major question remains and I have to put it in a rather presumptuous way. If we can see this so clearly why could Tillich not ? The answer is that Tillich did see it, as is witnessed by many of his statements and replies to questions but he persisted to the end with an inclusive definition of religion. He did not resolve the tension which, as I have suggested, resides in the definition and in the relationship he suggests between religion and culture.

Religion and culture, and eschatology

I question the organic relationship between religions and cultural movements in the definition of religion proposed by Tillich. I am not suggesting that there is no organic relationship between religion as such and culture as such, or a particular religion and a particular culture. To quote the familiar Tillich formula again : « Religion is the substance of culture, culture is the form of religion[16]. » I accept the second half of the formula as a statement of fact in the way that Tillich interprets it. By that I mean that I accept that religions only exist as concrete, culturally

---

[15] James Luther ADAMS, *On Being Human Religiously*, Boston, 1976, pp. 213-214.

[16] TILLICH, *Theology of Culture*, New York, Oxford University Press, 1964, p. 42.

conditioned forms. The first half of the statement, I suggest, is not a statement of fact, and in a sense this acceptance and rejection on my part expresses again the tension I have referred to earlier. If the first half of the
statement is not fact then what kind of a statement is it ? To seek an answer
we need to look again at the basis of Tillich's statement on the relationship between religion and culture.

James Luther Adams has pointed to Tillich's rejection of the normally accepted role of the philosophy of religion seen as « a detached
systematic study of the concepts or categories of religion toward the end
of achieving clarity regarding the character, the structure and the dynamics
of the phenomena of religion[17] ». Tillich rather leaned on his origins in
the German classical philosophical tradition in which the « philosophy
of religion promoted a constructive task, namely, that of presenting a
rationale as well as a definition of religion[18] ». We have already seen that
approach in his merging of philosophy and sociology and the criticisms
offered by Troeltsch of that approach. Elsewhere, Adams has pointed to
a further motivation behind Tillich's method, namely the desire for a
unitive approach to existence. This approach adopted by German idealism
was a reaction against Enlightenment secularizing scepticism and traditional Christian supernaturalism, both of which drove a wedge between
the two aspects of existence. « In the effort to overcome the debilitating
disjunction between religion and culture the German classical school attempts to take into account and to give a religious interpretation of all
spheres of culture — the sciences, the arts, politics and even play[19]. »

We are all familiar with Tillich's own insistence on the task of the
philosophical theologian to achieve a synthesis between the two realms
of religion and culture. In one of his late lectures he deals with this in
a slightly amusing fashion. He compares three cultural environments and
the way in which they face up this dichotomy.

> In Germany one tried with all one's heart to bring humanism and Chris-
> tianity together in philosophy as well as in theology[...] The danger is of
> losing in this synthesis both genuine Christianity and genuine humanism.
> And so it is not astonishing that in the history of German philosophy and
> theology one breakdown of this synthesis, this reunion, follows another
> all the time. My own existence is an example of it. We always try again
> and cannot stop it. We must either have a united consciousness or we feel
> schizophrenically split between humanism and Christianity and that's a feel-
> ing our English friends do not have, to my great astonishment. In America,
> there is not such a split nor such coexistence but a good fight going on
> all the time. On the one hand there is the Bible belt and other sections of
> this country with their fundamentalistic primitivism and on the other hand

---

[17] ID., *What is Religion ?*, p. 16.

[18] *Ibid.*

[19] James Luther ADAMS, *Paul Tillich's Philosophy of Culture, Science, and Religion*, New York,
Harper and Row, 1965, p. 5.

a very radical liberal theology. Nobody feels that he has a split consciousness about it because one takes either one side or the other and fights. This is the third solution and a very vivifying solution but I don't know how fertile it will be in the long run. The question is, is there a way to achieve an alternative ? Can theology do it ? I try but perhaps that is only because I come from Germany. Perhaps I should take one side or the other and fight, but I cannot[20].

Here in a somewhat informal conversation with his audience Tillich points to the problem we are engaged with and in his final self-questioning he points to what I have referred to as the tension inherent in his attempt at synthesis which underlies his definition of religion and the relationship between religion and culture.

The thrust here is to promote the abstract goal of synthesis between the two realms. We can refer back to the definition of religion which is itself an abstraction according to Tillich's own confession. The definition of religion is an abstraction of the First Great Commandment. « Utmost concern » is synonymous with loving God « with all your heart and with all your soul and with all your might[21] ». In the desire to achieve synthesis it would seem that Tillich is not merely acting in accordance with German classical idealism, but as he often did, perhaps as he always did, acting in accordance with the Biblical message. Although Tillich appeared to move from the abstract to the concrete, according to his own confession the reverse was the case. In much of what he says in the abstract the basis is always the Biblical message. The relevant statement again comes in one of his later lectures in which he deals with the definition of religion.

> In every religion there is certainly the state of being ultimately concerned about the ultimate, but there is something else. There is the concreteness of concern and concern needs concreteness. We cannot be concerned about something that remains abstract. We can be concerned and then make it abstract as I did with my treatment of the Bible itself at first. Concern in reality needs something which is concrete[22].

If we apply this method to the quest for synthesis, then it would seem to be fairly clear that what Tillich is seeking in his definition of religion which incorporates both religion and culture is some primary state in which the two were united. The state would be that in which essence and existence are united. In other words he is projecting into his contemporary world the world as it was « pre-Fall ». When we say « as it was pre-Fall », we do not imply a chronological Fall. We shall see shortly that he does explicitly link the Fall with this alienation between religion and

---

[20] *Matchette Lectures,* transcript of tape, 1958.

[21] *Theology of Culture,* p. 40.

[22] *Matchette Lectures,* transcript of tape, 1958.

culture. The urge to synthesis is thus something more than a mere philosophical or theological urge. It is experiencing the split of the Fall and the desire to return to « the essential realm from which [man] fell into existence[23] ». The urge to work for synthesis in spite of repeated failure, then, is more than being German ; it is participation in existence, it is standing « out of potentiality », it is experiencing « the loss of true essentiality. It is not a complete loss, for man still stands in his potential or essential being. He remembers it, and through his remembrance, he participates in the true and the good. He stands in and out of the essential realm[24]. » In other words, as Tillich said rather tiredly towards the end : « Perhaps I should take one side or the other and fight, but I cannot. »

Here, then, we see the basic motivation for the definition of religion and the organic fusion of religion and culture. But is it the basic motivation ? Is the theological task geared to a return to innocence, to an attempt to return to the security of the Garden ? Surely not. Theology, Christian theology, is geared towards the end, the goal of existence rather than its origin. The innocence of Creation is lost for ever. Theology now looks for new creation. If the experience of and the desire to overcome the power of the Fall is one pole motivating — the union of religion and culture — then the other pole must be the eschaton. It is for this reason that I have introduced the notion of the Religion of the Concrete Spirit, the eschatological symbol. To what extent does this symbol affect Tillich's notion of the relationship between religion and culture ? Does the eschatological have any influence on Tillich's definition of religion and the union of religion and culture ?

The answer is given in one short passage in a lecture delivered in 1946 entitled « Religion and Secular Culture ». The passage concerned both recognizes the tension and proposes the programme which Tillich follows thereafter, indeed had always followed without the explanation given here. He speaks in the context of theonomy and theonomous analysis of history. He expresses again the need to bridge the gap between religion and culture, describing secular, even anti-religious and anti-Christian movements, in terms of ultimate concern, in terms of absolute seriousness and therefore holy. He goes on to describe the situation after World War I when both the revolutionary movements on the one hand and the Luther churches on the other, albeit separately, expressed « an ultimate concern, a religious principle », hidden in the revolutionary movements, manifest in the churches. « Both are religious and both are cultural at the same time. » Then comes the key passage :

---

[23] *Systematic Theology*, 2, p. 22.

[24] *Ibid.* The masculinist language cannot be avoided since it is the language of Tillich himself.

Why, then, the difference ? The answer can only be that *the kingdom of God has not yet come,* that God is not yet all in all, whatever this « not yet » may mean [Emphasis added][25].

That is the way things are in the world. It is the result of the Fall. Indeed he suggests that the proof of the Fall is the very separation of religion and culture, « a temple beside a town hall, a Lord's Supper beside a daily supper, prayer beside work, meditation beside research, *caritas* beside *eros* ». What then should we do ? Give in to the situation or strive to change it, knowing fully well that this is to be our lot on this earth ? Tillich's answer gives the clue to all future use of the definition of religion and the incorporation of both religion and culture within the definition :

Although this duality can never be overcome in time, space, and history, it makes a difference whether the duality is deepened into a bridgeless gap, as in periods in which autonomy and heteronomy fight with each other, or whether the duality is recognized as something which should not be and which is overcome fragmentarily by anticipation, so to speak, in a theonomous period[26].

Here is the clear statement of the status of Tillich's definition of religion. To say that religion is the state of being grasped by an ultimate concern and to claim that it embraces both religions as we know them ordinarily and cultural movements not normally recognized as religions is to point to the way it will be at the eschaton. Then, and only then, will this definition be true of religion. Until then the true facts of the case are other than the definition claims. What we really have is a definition which operates on two levels of reality. These two levels of reality are the narrower and broader concepts of religion, and the narrower and broader concepts of culture. In one reference he admits that the broader, more abstract — the eschatologically determined — concept of religion grows out of the narrower concept which has to do with « the relation of men to divine powers ». Any definition of religion, he says has to do justice to this ordinary concept. If there is to be a broader concept of religion « it must be developed out of the actual life of the concrete historical religions and then applied positively and negatively » to other phenomena[27]. Tillich does not go on to spell out the positive and negative applications but it is clear that the positive application is to non-theistic religions such as Theravada Buddhism and Taoism, while the negative application is to secular world-views such as Communism.

The method used by Tillich here is analogous to his doctrine of God which also operates on two levels of reality. For what it is worth, this is one of the points of similarity between Tillich and the Hindu monist

---

[25] *The Protestant Era,* London, James Nisbet, 1951, pp. 65-66.

[26] *Ibid.*

[27] *Matchette Lectures,* transcript of tape, 1958.

philosopher Sankara Acharya. Religion and culture are only contained within the one definition potentially, not actually. That is the higher level of reality. Actually there is a gap between them, the gap enforced by existence separated from essence. Tillich, under the demands of eschatology, as a Christian theologian, proposes that although religion as we know it does not exist according to the definition, although religion and culture are in fact separated by a gap, although they actually operate on a lower level of reality, we should act as if the definition were true, because it is true in essence. There is a tenuous analogy to this situation in the tension between the twin poles of law and grace. The rule of grace is already established in Jesus the Christ, nevertheless we still live much of life according to the law, and it cannot be otherwise. Let us recall that in an early expression of the Religion of the Concrete Spirit it was referred to as « the religion of grace ». The alternative title was « the religion of paradox ». What is this paradox ? Is it that while we live as if the religion of the eschaton had come, we nevertheless still actually live in the religion which exists before the final religion ? We live in « the now » and in « the not yet ». The tension in the definition of religion and in the unity of religion and culture which is « not yet » is fine when the definition is seen to be a theological statement, a statement of what hope prescribes. We ought to be able to live with that tension. However, we have a programme to fulfil in the search for understanding the interaction and dialogue between religions.

The programme is a complex one. We need on the one hand some means of delineating the boundaries of dialogue, the ground rules for mutual communication. We need similar guidelines for the encounter with secular world views. The need is urgent. We have reached the point where if the conflict between nation states does not result in the final Armageddon the world's religions will take over and do it all by themselves. The simple form of definition, the description of things as they are, the lower level of reality, is what we need for the task. Let religions be clearly seen as religions. Let the secular world views be seen clearly as secular world views. Insistence that the parties be first converted to a complex definition of religion can only be a hindrance. Such an action will only create an unnecessary tension. We start from where we are, divided, alienated, inhabitants of the gap. We have to accept the other persons as they are. Acceptance of ourselves and of each other for what we are is the first step. That is enough. Afterwards we may achieve much. Where have we heard something like that before ? Let us acknowledge each other's seriousness. Let us acknowledge each other's ultimate concern. More, let us accept the other's ultimate concern. Let us try to understand it. Let us stand on the border between their concern and ours. Here Tillich's language is rich in its inspiration, provided we let it speak to our situation, provided we are aware of the dynamics of the lower level of reality. But what of the higher level ?

Tillich was aware that the definition was not immediately applicable though he acts as if it is. He is not unaware of the gap, of the paradox of trying to live the « not yet » in the « now ». He admits this in the passage we last quoted. He says : « This duality can never be overcome in time, space, and history. » Nevertheless, he goes on, it makes a difference whether the gap is made permanent. It makes a difference whether we leave the middle ground and retreat in the face of powerful autonomies or heteronomies. It makes a difference whether we fight to hold the middle ground, to realize, if only in the minutest fragments of existence, the theonomy that, symbolically speaking, will be. It makes a difference whether we give in to law and cease to be open to the grasp of grace. I sometimes liken human existence to the operation of a suspension bridge. The gap is bridged by the maintenance of the opposing tensions ; in the material bridge, by materials in tension ; in life by the tension between law and grace. Chaos ensues when the law is over-exerted or the grasp of grace is shrugged off. In the same way in the programme for interaction and dialogue we must operate on the lower level of reality and engage in the grim realities it imposes on us. We will only do it successfully if we are at the same time grasped by the vision of what will be. The Religion of the Concrete Spirit was, for Tillich, both goal and hope. Tillich in the last ten years of his life recognized a new *kairos* in the newly-found confrontation between the religions of the world and between them and the secular powers of the world. The powerful symbolism of the Religion of the Concrete Spirit as it relates to religion and culture remains as vital today as when Tillich expressed it on his final public appearance, and recognition of it is, if anything, more urgent than even Tillich imagined.

THE PRESENCE OF SCHELLING
IN THE THIRD VOLUME OF PAUL TILLICH'S
SYSTEMATIC THEOLOGY

Thomas F. O'MEARA,
Department of Theology, University of Notre Dame, Indiana

When I was first invited to contribute to this conference a study concerning the relationship of Tillich to Schelling, I intended to look at the two early dissertations. As I turned again to the book of Reinhold Mokrosch, studied the extensive panorama of Gunther Wenz's *Subjekt und Sein* and read a third treatment of precisely this area by Werner Schüßler (recalling as well the writings of Victor Nuovo and Jean Richard)[1], I decided to forego that topic and enter into a relatively unexplored world. If it is proverbial that Tillich was influenced by Schelling, it is also now assumed that the third volume of the *Systematic Theology* (*S.T.*) has been rather neglected. The following remarks present an initial scouting of the presence, or absence, of Schelling in the final volume of the *S.T.* I will look briefly at the structure of the third volume (*S.T.* III) rather that at particular topics which would imply an affinity such as *ecstasy, life, culture* (reflecting Schelling's realization of his early systems in a philosophy of art), *religion, revelation,* and the dialectic of the real and ideal in the *latent church.* In the broader structure we will find dissimilarity as well as similarity.

Schelling in Tillich's last decade

If we can trust the composers of the « Index » of the entire *Systematic Theology*, the name « Schelling » does not appear in volume three. Should we conclude that in the milieu of post-war Protestantism in the United States, popular existentialism, and the influence from the world religions on Tillich in the early 1960s, the theologian at Harvard and Chicago had

---

[1] R. MOKROSCH, *Theologische Freiheitsphilosophie*, Frankfurt, Klostermann, 1977 ; G. WENZ, *Subjekt und Sein*, Munich, Kaiser, 1979 ; W. SCHÜßLER, *Der philosophische Gottesgedanke im Frühwerk Paul Tillichs (1910-1933)*, Würzburg, Königshausen und Neumann, 1986.

outgrown his « grossen Lehrer in Philosophie und Theologie »[2] ? Nevertheless, autobiographical remarks from this time mention Schelling. Tillich lectured on Schelling in Chicago and at the University of Indiana for the 100th anniversary of the Swabian philosopher's death in 1954[3]. In the years shortly before his death, Zen painting in Japan reminded him of « Schelling's concept of « essentialisation »[4] ». More important is the remark Tillich made to Clark Williamson who helped him assemble the *S. T.* III, that « the opening section, « Life and the Spirit » contained a philosophy of life of which Schelling was the teacher and he merely the student[5] ».

The structure of *S. T.* III

This last observation invites us to look at the structure of *S. T.* III[6]. We are looking not at Tillich summarizing Schelling's thought (which is what we have mainly in the dissertations) but at Schelling's influences on the final large-scale work Tillich published. If Tillich's intellectual life began with Schelling, did it conclude with him ?

Volume one of the *S. T.* includes Parts I and II ; volume two, Part III ; volume three has two parts, IV and V. The « Introduction » to volume three offers us little guidance to the structure of that volume : some orientation comes at the end of the first section where Tillich presented « Spirit of God », « Kingdom of God », and « Eternal Life » as the « three main symbols for unambiguous life »[7] (p. 107). Spiritual presence represents the conquest of the ambiguities of life under the dimension of the spirit ; Kingdom of God is selected for a second aspect of the conquest, the ambiguities of life within the dimension of history, while Eternal Life overcomes the ambiguities of life beyond history. In Part IV, after major sections on Life and Spirit, there is a third synthetic section on how the « Divine Spirit » is active in the varied forms of life : as a process and as the media of the interaction of Spirit and spirit. These lengthy segments conclude with a section on the Trinity. Tillich wrote that Part V was « an expansion of the fourth part » (p. 341) as it treats the history of the Kingdom of God in three sections : history as the *locus* for the Kingdom, the Kingdom in History, the Kingdom and the end of history.

---

[2] P. TILLICH, « Schelling und die Anfänge des existentialistischen Protestes », *Zeitschrift für philosophische Forschung*, 9 (1955), p. 197.

[3] Wilhelm and Marion PAUCK, *Paul Tillich, His Life and Thought*, New York, Harper and Row, 1976, p. 241.

[4] *Ibid.*, p. 260. Tillich requested that near his final resting place birches be planted, « because under birch trees I read Schelling's philosophy of nature » (p. 277).

[5] *Ibid.*, p. 236.

[6] There are few studies on *S. T.* III ; Wenz's, Schüßler's and Mokrosch's books intentionally do not go beyond the early Tillich.

[7] References to *S. T.* III will be in text.

Schelling and idealist forms

As Schelling's philosophical career indicates, these four large themes of *S. T.* III — Life, Spirit, History and Kingdom — are certainly grand structural motifs of German idealism.

The early Schelling preferred to name Christianity as the *Kingdom of God* (or as Incarnation) rather than as Bible and Church. « In the ideal world, above all in history, the divine removes the veil, becomes the clear mystery of the Kingdom of God[8]. »

History too was a major contribution of Schelling to Western thought, as in the *Academic Lectures* of 1802 history replaced art and nature as the concretization of the life of the absolute. Was not history the unique contribution of Christianity to religion ?

> The absolute relationship (of Christianity to theology) is that in Christianity the universe is seen as history, as a moral kingdom [...] The primal symbol of God is history [...] Hence Christianity's leading idea is God become incarnate[9].

The central position of « life » (even more so than that of « spirit » treated at greater length), an analysis of levels of *life* opening *S. T.* III, and the positive factor of ambiguity in life — these recall the profound shift of Schelling's thought in 1809. With the *Essay on Freedom*, Schelling moved his thought (and Western philosophy) from transcendental forms of knowing to a phenomenology of a divine being whose will to exist and to be realized in other beings is grounded in life. All will flow from a primal godhead which is a surging ocean of forces of potential contradiction and of vast power : « In the divine understanding there is a system but God itself is not system, but a life[10]. »

Spirit, from the early Fichtean works to the final system, is the place enabling the infinite and the finite, the ideal and the real to be present to each other[11]. Through spirit indeterminate ground can proceed to an existence both knowing and loving[12]. The third potency is called spirit, Schelling observed, because it has the highest potentiality for union in diversity, for freedom, for individuality.

---

[8] F. W. J. SHELLING, « *Lectures on Academic Studies* », *Werke*, 5, p. 289 (references to Schelling's according to the Cotta edition).

[9] *Ibid.*, pp. 287, 292, 293 ; *cf.* T. O'MEARA, « Revelation in Schelling's *Lectures on Academic Studies* », *Comienzos Filosoficos de Schelling*, Malaga, Universidad, 1987.

[10] F. W. J. SCHELLING, « Essay on Freedom », *Werke*, 7, p. 399.

[11] *ID.*, « Abhandlungen zur Erläuterungen des Idealismus der Wissenschaftslehre », *Werke*, 1, p. 367.

[12] *ID.*, « Essay on Freedom », *Werke*, 7, p. 408.

Perfect spirit is above all the modes of being [...] With the third form (potency) spirit is complete, but in the most simply and (I hope) perfectly lucid way developed into the highest idea of philosophy[13].

Unlike Hegel, Schelling struggled for years to find the precise format for his final system which he presented in lecture form (but never published) for almost two decades after 1827. Moreover, he enclosed himself and his philosophical concerns within the realm of religion[14]. In the tripartite system, first comes the « Great Introduction » which ordinarily consisted of three sections : Schelling's explanations of *Wissenschaft*, philosophy and his positive philosophy ; a survey of philosophers from Descartes to Hegel ; and a development of the divine being whose birth (theogony) unfolded through Trinity in creation and history. Next is the lengthy history of the myth-systems ending in the clearer disclosure of reality in the *Philosophy of Revelation*. There insight into the divine being's theogonic process (becoming existent, becoming alive, becoming God) encounters a Trinitarian dialectic not only in the objectification of the cosmos but in human life, history and consciousness.

Tillich's system and Schelling's idealism

To turn to Tillich, great idealist motifs seem to arrange the broad structure of *S.T.* III, but analysis shows a different approach. Life and spirit do not appear here as *a priori* forms of the divine, nor as a construction where both ideal and real (or finite and infinite) come together. Each section begins and unfolds within a phenomenology of being, life, spirit, and historical existence in the human person. The movement towards divine facets of each (fulfillment, continuity) passes into various kinds of ambiguity, not only limitation but failure and the demonic. Confronted by finite spirit and fallenness, the presence of the divine spirit is present transitorily in life, spirit and history, in individuals and movements. In this Tillich was consistent with the previous two volumes of the *S.T.* and with his idea of correlation which does not begin with the divine but with the situation.

Both systems are an exploration of life and spirit in a history, but structurally there is a considerable difference between them. In fact, we will next look not at two points of similarity but at aspects that lead to

---

[13] *ID.*, « Philosophy of Revelation II », *Werke*, 13, p. 257.

[14] « Schelling's late philosophy in fact concentrated upon the tripartite thematic of the positive philosophy : God, creation, mythology and revelation. Other topics, through all those years, are not treated. This is very much in distinction to Hegel who, section by section, builds up his system by drawing in new areas into the system's totality (law, history, art, religion). Schelling remains within the limited world of religion. » H. FUHRMANS, « Schellings Grosse Einleitung », F. W. J. SCHELLING, *Grundlegung der Positiven Philosophie*, Turin, Bottega d'Erasmo, 1972), p. 49.

contrast. Schelling's perspective remained idealist ; Tillich's was an-thropological. This difference is seen not only in the point of departure and analysis of the milieu where the divine Spirit acts but in the weak position in the *S. T.* III of the Trinity.

The primacy of the absolute

Schelling remained an idealist. Although after his return to Munich to be part of the new university in 1827 Schelling began his lectures pro-claiming grandly how his new « positive philosophy » was one of reality and freedom, it still began with an identity of knowing and being in the absolute. Done inevitably with Hegel as the unseen intellectual opponent, this philosophy was of history not logic, of freedom not necessity, of existence not concept. Nevertheless, it was definitely a transcendental exploration of the absolute (of its life and process rather than, as earlier, of its identity and structures), and it was not an anthropology. In a sense, the entire final system is about humanity but only as a participant in theogony ; specifically the human being is analyzed there only in two lectures within the general philosophy of revelation[15].

Schelling did explain the difference between negative and positive philosophy as one between concept and existence, but the highlighting of existence is one of *emphasis*, not of *procedure*.

> For the negative is concerned only with the possibility (the What) because it knows all as totally independent from every existence in pure thought ; certainly existing things are deduced [...] but what is not deduced is that the things exist ; what has act [...] has it only in concept. The positive pro-ceeds from existence, from the *existence, i.e.* from the act-being *actu* of that which is found in first science as necessarily existing in the concept (as act being *natura*)[16].

Schelling's widely cited view that positive philosophy begins with a « pure That » is a beginning which subsequently proceeds to its unfolding in natures. God is not posited as a solitary existent but the existence of the « Lord of Being » is affirmed « from which initial « That » eveything else is derived (*abgeleitet*), interpreted in its existence[17] ». Positive philosophy does present the absolute (not human consciousness) as existing, while human knowing and being touch that absolute because the Lord of Be-ing's revelation of its life is not only experienced but participated in by finite consciousness. In the collective consciousness of humanity, God

---

[15] Lectures 16 and 17.

[16] F. W. J. SHELLING, « Introduction to the Philosophy of Mythology II », *Werke*, 11, p. 563.

[17] *Ibid.*, p. 564. Tillich cited this passage in his first dissertation ; *The Construction of the History of Religion in Schelling's Positive Philosophy*, transl. by V. Nuovo, Lewisburg, Bucknell University Press, 1974, p. 64, and seemed to refer to it in « Schelling und die Anfange [...] », p. 205.

shows (*Erweis*) the history of reality, divine and human[18]. Moreover Schelling goes on to explain the harmonious aspects existing between negative and positive philosophy : this development passes from one to the other, the philosophies of Fichte and Hegel providing the object and approach of thought for the second[19].

As the 1830s passed, Schelling agonized over the precise relationship between negative and positive philosophies. He struggled to show how what was a lasting idealist perspective could lead to a new philosophy which was more than a logic of universal necessity publicly exemplified in Hegel. After surveying various drafts of Schelling's later philosophy from 1827 to 1846, Horst Fuhrmans concluded :

> The later Schelling gave up nothing from the pathos of the former philosophy of identity and nothing from that of the *Ages of the World*. True philosophy must begin with the *Absolute* because finite being is only intelligible from divine as its *explicatio*, as its manifestation, its « breadth »[20].

Wissenschaft had long been concerned with a structure valid for all of reality, with system.

> What remains is, totally, the necessity for authentic philosophy to be *system*, which means for Schelling that it had to begin with the absolute, to derive all from it as from its documented origins [...] Accordingly, true philosophy begins essentially with God. There alone can be found the « key » to being[21].

Less through reason than through *Anschauung*, philosophy could grasp the absolute because of a participated similarity in being and knowing and being in the absolute. « As the being of a human person, so the consciousness and the relationship which humanity has to God in consciousness rests upon the similarity of being (with the divine)[22]. » It belonged to positive philosophy to illumine the essence of God ; this it could do only by proceeding from, partaking in the life of the absolute. At the end of the introductory presentation and history of a « philosophical empiricism », Schelling moved without hindrance into the positive philosophy's treatment of God and creation. If the opening lectures on idealist science were an *ascent* to God, they were also — by positing a

---

[18] SHELLING, « Introduction to the Philosophy of Mythology II », *Werke*, 11, p. 571.

[19] Interestingly Schelling concluded the theory of mythology's discussion of negative and positive philosophy so : « Such is the task of the second philosophy : its transition is like that from the Old to the New Testament, from law to Gospel, from nature to spirit » (*Ibid.*, p. 571).

[20] FURHRMANS, « Schellings Grosse Einleitung », p. 16.

[21] *Ibid.*, p. 17. So Schelling never fully abandoned his conviction of 1801 : « There is no philosophy except from the standpoint of the absolute » (« Darstellung meines Systems der Philosophie », *Werke*, 4, p. 115).

[22] SHELLING, « Introduction to the Philosophy of Mythology », *Werke*, 11, p. 142.

ground of knowing and being, of spirit and nature — a *descent* of God, from absolute being to finite being, to destiny and history. Theogony included creation and history.

Tillich struggled with the meaning of Schelling's « philosophical empiricism[23] ». At times he saw Schelling's acceptance of the absolute within the structures of nature and spirit as a kind of faith, a view Schelling's bitter argument with Jacobi shows is incorrect. Precisely in his quest for the seeds of existentialism, Tillich did not do justice to Schelling's understanding of science as seeing and showing the structure of reality (which affirms not simply essence but existence) but a science which eschews proving the existence of the absolute or offering a thought which is *a posteriori* or empirical in a twentieth-century sense.

Tillich, on the other hand, began his theological system with analyses of life and spirit, primarily in the finite and created. « In all life processes an essential and an existential element, created goodness and estrangement, are merged in such a way that neither one nor the other is exclusively effective [...] this is the root of its ambiguity » (p. 107). The properly theological material, « is taken from the categorical structure of finitude » (p. 109).

> The quest for such unambiguous life is possible because life has the character of self-transcendence. Under all dimensions life moves beyond itself in the vertical dimension. But under no dimension does it reach that toward which it moves, the unconditional (p. 109).

With the second, larger section on spirit and the « Spiritual presence », an experience and a power of God amid life and religion draws close. « Spirit » is being used for « the human person actualized [...] second, in order to provide the symbolic material which is used in the symbols, « divine Spirit » or « Spiritual Presence » [...] This shows again that no doctrine of the divine Spirit is possible without an understanding of spirit as a dimension of life. » (p. 111). Prior to the longer analysis of the « media » of the interplay (occupying the first two sections) Tillich looks at the process.

> If the divine Spirit breaks into the human spirit, this does not mean that it rests there, but that it drives the human spirit out of itself. The « in » of the divine Spirit is an « out » for the human spirit. The spirit, a dimension of finite life, is driven into a successful self-transcendence ; it is grasped by something ultimate and unconditional (p. 112).

Sacrament, word, inner word are the media of the spirit's content in faith and love. These means seem to find their greatest possibility of presence in human consciousness and meet the greatest risks in the

---

[23] P. TILLICH, « Existential Philosophy », *Journal of the History of Ideas*, 5 (1944), pp. 52f.

external world. The manifestation of the Spirit will meet ambiguity in life, fragmentation in history and symbolic existence in consciousness[24].

The trinity of potencies

The role of the Trinity is an example of the contrast between Tillich and Schelling, between anthropological and divine points of departure. For Schelling, the life of God and the efficient archetypes of all finite being are a triad of potencies designated *Sein-müssen, Sein-können* and their synthesis ; or, Father, Son and Spirit. They are the active ground of all forms of being.

Tillich began with the finite not with the divine life. Viewing God more as a concept or charism than as a universally present and forceful ground, he gave the « Trinitarian symbols » (despite a major section number in *S.T.* III) only a few pages and a markedly unimportant role. They come as a bridge to the final section, a kind of coda from divine Spirit to the Kingdom of God in history[25].

Tillich implied that in the Trinity ecstatic human spirit reached « reflections of something real in the nature of the divine » (p. 283) and observed in the triadic facets within the divine life « the eternal process of the divine ground of being » (p. 284). It would not be presumptive to think he has Schelling in mind but Tillich then counters with the opinion that the German philosophers' systems failed to safeguard the mystery of God.

These philosophical speculations lead on to Jesus the Christ as a pointer towards trinitarian structure. Trinity and Christology are inseparable but the latter is given prominence ; the Trinity should end, not begin, theology. If this section permits Tillich to give an interpretative history of the dogma, the Trinity remains largely projections of « the subjective side of man's experience » (p. 283). In the last analysis the Trinity arises out of finitude and ambiguity and is a response to these in symbols. Neither idealist speculations nor the theology of the Eastern Church should compromise a strict monotheism. The section ends with a rather banal exploration of the number of persons and some observations (borrowed from Jung ?) on quaternity and Mary ; its impact is as forceful as one considers Tillich's theology of symbol to be. Wolfhart Pannenberg writes :

---

[24] On Tillich's theology of grace as breakthrough into a world of ambiguities in the writings prior to 1935, *cf.* K. SCHEDLER, *Natur und Gnade*, Stuttgart, Evangelisches Verlagswerk, 1970.

[25] Authors treating *S.T.* III usually omit any mention of the section ; *e. g.* E. ROLINCK, *Geschichte und Reich Gottes*, Munich, Schöningh, 1976).

In the third volume he gives more attention than in the first to the relationship of the doctrine of the trinity to the historical appearance of Jesus Christ and to the question of his divinity. Still, even now he does not see the real basis of the doctrine of the trinity in this appearance, but rather seeks it in general deliberations about the significance of the triad in the structures of life and being[26].

Schelling, on the other hand, might consider Christianity to be purified and preserved by his interpretative system, but his positive philosophy was not interested in a phenomenology of religious ideas and symbols. The Trinity existed not because human consciousness and life had intellectually fabricated it, but vice versa ; consciousness, nature and history were themselves triadically caused and formed. These powers emerge in human consciousness as soon as it appears. Three divine powers is an idea « from the religious depictions of all [...] significant peoples [...], an idea grown up with human consciousness itself[27] ». Their work and content are not just religion but the process of divine and created being. The philosophy which in 1802 could perceive the « construction » of the ideal and real in the absolute after 1809 saw a godhead becoming god through a *necessary structure of triune powers* through creation by the productive activity (and mutual tension) of all three. Objectified in the history of religions, revelation is « a real becoming of God in divine consciousness », while subjectively it is a « process which really brings form and emerges in (human) consciousness[28] ». Theogony not only realizes God but proceeds from and realizes humanity's individual and collective relationship to God. The Trinity is not a dogma of Christianity ; Christianity is a product of this idea[29]. Schelling wrote :

> The concept of monotheism gives us the entrance into specifically Christian teaching ; it is the point where philosophy first enters into the highest Christian idea. *The concept of the all-oneness finds its more specific expression in the triune God*[30].

---

[26] Review of *S.T.* III in *Dialog*, 4 (1965), p. 231.

[27] SHELLING, « *Philosophy of Revelation II* », *Werke*, 13, p. 313.

[28] *ID.*, « Introduction to the Philosophy of Mythology I », *Werke*, II, p. 198.

[29] *ID.*, « Philosophy of Revelation II », *Werke*, 13, p. 312. Tillich spoke of « Schelling's one-sided characterization of « that vacuous absolutely impotent theism or deism, that is capable of nothing at all, which is the unique content of our so-called purely moralistic and inflated doctrine of religion. » TILLICH, *The Construction of the History of Religion*, p. 53 (the reference to Schelling is to « Philosophy of Mythology I », *Werke*, 12, p. 41). In fact, Schelling intended his system to avoid « a relative monotheism » (« Introduction to the Philosophy of Mythology I », *Werke*, 11, p. 143).

[30] *ID.*, « Philosophy of Mythology I », *Werke*, p. 12, p. 79. Tillich wrote : « The polemic against Schelling's positive philosophy, which compares it with mythology, gnosticism or theosophy, is directed primarily against the concept of trinitarian history [...], the trinitarian relationship in a historical development. » *The Construction of the History of Religion* [...], p. 151. Tillich observed that theogony was applied indiscriminately to nature, religious history, human life but continued : « The doctrine of the trinity is only an application of the general notion of the relationship of God and world to the special trinitarian relationship. Whoever would dispute this application must first of all clarify his position concerning its presuppostion. » (p. 152).

Absolute and finite formats

Schelling's final system remained idealist, centered in the absolute, in God. He says repeatedly that his thought is an exploration of the absolute ; it is « empirical » in that we intuit the three powers really at work in consciousness, nature and history. The hoped-for revolution of a « positive philosophy » of freedom over Hegelian necessity, of reality over logic, should not be understood in terms of the world after Nietzsche and Heidegger.

Tillich, however, begins unabashedly and thoroughly with finite life. He is analyzing the *locus* of the divine presence, showing the conditions for the beneficial but transitory gift, word and presence of the divine. The third part of his system, like the first two, does not begin with « Spiritual Presence » or the « New Being » but with the human person.

In an insightful study, Fulk Wagner has observed our topic of the relationship of the infinite and the finite, the presence of divine spirit in finite spirit. He sees it not only in *Das System der Wissenschaften nach Gegenständen und Methoden* of 1923 but as the *Grundthema* running through the entire *S.T.*

> Since theology formulates questions in the direction of the answers and vice-versa, there must be a point in which question and answer converge. This « point » consists in what Tillich calls the essential being of the human person, namely the unity of finitude and infinity, the expression of the being-created of the human person. Tillich's *Systematic Theology* is totally an analysis of the human person as it finds itself. The explication of the finitude of the human person goes ahead of the question of God and makes it possible [31].

An independent self-producing and transcending subjectivity in the divine would imply autonomy, while in the human sphere it means heteronomy. So human subjectivity (in *S.T.* III, life and spirit) is a positing of the human personality whose potential includes openness and power but also a finite subject faced in any self-realization with negation in every freedom, meaning, object and person. « With each realization of its own self consciousness producing an overcoming of alienation, this (dialectical) overcoming perdures precisely as alienation and immediate self-realization coincide[32]. »

---

[31] Fulk WAGNER, « Absolute Positivität. Das Grundthema der Theologie Paul Tillichs », *Neue Zeitschrift für Systematische Theologie*, 15 (1973), p. 185.

[32] *Ibid.*, p. 188. « The modern theory of self-consciousness joins with the concept of alienation [...] (and) moves towards the negation of self-identity which presents itself as a consequence of the objective realisation of self-consciousness. Tillich, however, identifies the condition of alienation with the very constitution of self-identity in self-consciousness. Thereby he critiques modern subjectivity in a fundamental way. »

Gunther Wenz agrees with Wagner's analysis. Tillich's theological enterprise was an attempt to thematicize the unconditional realization of real self-activity. It separated from Schelling's final system in that it inserts into the identity of the subjectivity the potentiality for autonomy and heteronomy and posits, as dialectical theology intended, an independent God not simply flowing from the activity of the self. Here Tillich drew inspiration from Heidegger, and perhaps from Barth, and critiqued modern subjectivity in a fundamental way[33].

Implications

These two areas — the human or divine point of departure, and the Trinity — touch the structure and expanse of Tillich's and Schelling's systems, and have implications not only for Tillich's employment of Schelling but for the attraction and relevance of the *Systematic Theology* in interpreting Christianity.

Tillich and Schelling

Tillich's relationship to Schelling is that of one career in philosophy and theology consciously and subconsciously in conversation with a second life of reflection. His analysis of Schelling in his dissertations did not misrepresent the idealist format of the positive philosophy : « The pure substance of human consciousness is by nature God-positing. Schelling's anthropology culminated in this principle, and in it lies the seed of his entire philosophy of religion. » God is not the object of proofs or theologies but the ground of all thinking and being. « Because being, which has become itself in man, is the being of God, man is absolutely bound to God. Thus he is God-positing[34]. » But Tillich's language and approach already forecasted his own interpretation and employment of Schelling. There was an emphasis upon the non-rational in God and history even as the issue of whether theogony is mythological and gnostic was

---

[33] WENZ, *op. cit.*, pp. 105f. More and more the influence of Karl Barth is proposed, particularly in an area important in *S.T.* III : the apparent replacement of revelation by various meanings of religion ; *cf. ibid.*, p. 106 ; E. ALMEN, *Glaube und geschichtliche Verantwortlichkeit. Die Geschichtlichkeit des menschlichen Denkens als theologisches Problem von den Positionen Karl Barths und Paul Tillichs herbeleuchtet*, Lund, Gleerup, 1974 ; SCHÜßLER, *op. cit.*, pp. 203f. ; J. RICHARD, « Theologie et philosophie dans l'évolution de Paul Tillich », *Laval théologique et philosophique*, 42 (1986), pp. 207f., p. 216.

[34] TILLICH, *The Construction of the History of Religion* [...], p. 122. « This is certain : Tillich locates even the late Schelling in transcendental idealism. » WENZ, *op. cit.*, p. 67.

discussed[35]. The survey of the « epistemological and metaphysical principles » ended with topics like « Man as the Central Idea » and the « Fall » and so forecasted that Tillich would modify the idealism of Schelling with existential and Protestant directions[36].

The most perduring Schellingian influence upon Paul Tillich apparently comes from the *Essay on Freedom*. The essay on « Existential Philosophy » sees this work establishing deeper links between the absolute and human existence, ideas extended into the discussions of process and temporality in the *Weltaler*. One can question whether the study on freedom, despite its new emphasis upon the non-rational and the will in the ground of reality, is really presenting a philosophy of « disrupted unity [...] fragments and ruins[37] ». While there are interesting discussions of a kind of existential psychology in Schelling's writings of the middle period, Tillich is mistaken in emphasizing the role of the ontological fall which is not significant in Schelling's final system. The importance of the writings around 1810 is supported by a look at the second dissertation where Tillich returned to earlier themes but with a different stance. He announced that Schelling « overthrew the system of identity » by a concept of freedom. That principle as well as the subsequent exploration of rather un-Schellingian motifs of conflict, contradiction, guilt and solitary religious insight are generally supported by citation not from the final system but from the book on freedom[38]. A sharp dialectic fashions contradictions between religion and revelation, between revelation and reason, while a dimmed presence of theogony in human consciousness frames the fallen, the non-rational. For Tillich, Schelling's thought ends in a *Kenosis*, rather Lutheran (or Barthian) overcoming the negative aspects of religion. But his is not exactly the serene process where Schelling explains why a rather sanitized cross completes the process of objectification and the history of religion for the Second Potency. Tillich said Schelling's final system was « based on his development of the position achieved in the *Philosophy of Freedom* in 1809, and the *Weltalter* in 1811 », works

---

[35] TILLICH, *The Construction of the History of Religion* [...], pp. 147f., 151f.

[36] *Ibid.*, p. 71f. Tillich's concluding critique of Schelling's thought was that « within Schelling's system, an empirical incarnation of the second potency is untenable » (p. 157), and that external history is only mirroring internal process. In the *Systematic Theology*, Tillich had the opposite problem : how does Christ and New Being have more than an existential, momentary presence ?

[37] TILLICH, « Existential Philosophy », *loc. cit.*, p. 63. « After the teaching on freedom in the year 1809 the existential elements of the earlier periods break through the essentialist framework which held them. TILLICH, « Schelling und die Anfänge [...] » *loc. cit.*, p. 200. Also, Tillich gave an existentialist emphasis to the perspective of conflict and evil in the essay on freedom while Schelling's system of a decade later hid the sharpness of the dialectic in metaphysics and mythologies ; *cf. ibid.*, p. 204.

[38] *Cf. ibid.*, *Mysticism and Guilt-Consciousness in Schelling's Philosophical Development*, Lewisburg, Bucknell University Press, 1974, pp. 90-102. Mokrosch's study focuses upon this work as does T. WERNSDORFER, *Die entfremdete Welt*, Zurich, Zwingli, 1968, pp. 179f.

marked by a healthy « South-German, biblical realism », as well as by a strain of mysticism entering idealism[39]. The role of the will, the mystical intuition into structures (negative as well as positive) of the divine, the levels of life within the deity beyond God, the emphasis upon divine and human freedom — these contributions from a work of Schelling's middle period remain catalytic throughout the *S.T.* While the sections in *S.T.* III on divine and human spirit are the longest, their integrating motif is the dialectic of life.

Furthermore, it is too simple to say that the introductory chapters of Schelling's *Philosophy of Mythology* and *Philosophy of Revelation* are existentialist formulations[40]. Tillich spoke of the « existential turn and attitude » in the early lectures of the final system, but this « turn », as research into Schelling's struggles and lecture-drafts show, remained a facet of a resolutely idealist system. As the decades passed, the twentieth-century theologian confused Schelling's « real » for this century's « existential », and he read a post-Freudian view of experience into Schelling's exaltation of *Erfahrung*. Guther Wenz is of the opinion that the meeting with Heidegger in Marburg, as *S.T.* was first being conceived, led to a distancing « from the abstract subjectivity of transcendental philosophy[41] ». Tillich observed that « Schelling was too much the heir of the idealist tradition » and that one cannot answers « the questions of human existence with its conflicts with what is essential in the human[42] ». Finally, while the presence of Schelling may have diminished in the *S.T.* III, there are signs that Hegel is active there[43].

God and language

Both Schelling and Tillich were involved in a process of « demythologizing » Christianity. Schelling considered the ontological distillation of Christianity by his philosophy to highlight well the realms of real and ideal to which religion, and Christianity (as religion's higher revelation) pointed. Schelling's God produces, grounds and objectifies our life. Certainly this ultimate philosophy can appear not only excessively

---

[39] P. TILLICH, « Christentum und Idealismus » *Gesammelte Werke*, 12, Stuttgart, Evangelisches Verlagswerk, 1971, p. 234. The selection of these two works for translation (and not the final system) owed something to Tillich, as their American prefaces indicate (*cf. ID.*, « Schelling und die Anfänge [...] », p. 198).

[40] *Ibid.*, p. 205.

[41] WENZ, *op. cit.*, p. 235.

[42] TILLICH, « Schelling und die Anfänge [...] », p. 208.

[43] On Hegel in *S.T.* III, cf. WENZ, *op. cit.*, pp. 265f. From the point of view of East German Marxism, Tillich changed Schelling's pre-existentialism into a theory of social and cosmic contradiction, directing « an experience of crisis in bourgeois life's situation into a religious preparation and waiting ». W. FÖRSTER, « Schelling in der westdeutschen Gegenwartsphilosophie », *Deutsche Zeitschrift für Philosophie*, 16 (1968), p. 862.

speculative but even quaint. Contrary to what we think is an interioriza-
tion of the Trinity, Schelling was in fact trying to externalize « revelation » by finding it in the deepest structures of all knowing and being.
Tillich, of course, would find this approach a « magic-materialistic perversion » (p. 115).

Tillich's demythologizing goes further. The historical series of ambiguities challenges not only easy access to the divine but the emergence
of authentic subjectivity. Every human act deals with ambiguity ; all sen-
sation and knowledge ends in symbol.

> The relation of the finite to that which is infinite [...] is incommensurable
> and cannot adequately be expressed by the same metaphor which expresses
> the relations between finite realms. On the other hand, there is no way
> to express any relation to the divine ground of being other than by using
> finite material and the language of symbols [...] reflecting the human situa-
> tion itself (p. 113).

What breaks through as revelation or grace in religion cannot break
through symbol, symbol protecting the occasional bestowal of the unconditional in concrete situations. This God is saved from idolatry but
at the price of appearing transitory and abstract. Tillich said his
phenomenology of the divine Spirit breaking into human spirit must avoid
a « dualistic-supranatural element » (p. 113). In the movement from a finite
reality through the ambiguities of life, is God more than a speculative
concept ? Is the God behind « the spiritual presence » truly a power (a
Potenz) capable of acting more forcefully than a mental symbol can ?
« Dimensions », « spacial metaphors », « levels » — these symbols govern
the entire conversation of Spirit and spirit in the *S. T.* III. Consequently,
the Divine Presence seems monoform, unknown in itself, manifest to us
only in glimpses as it struggles with a hydra of « ambiguities ». The problem of a deity withdrawn and protected by symbols becomes more
challenging now that it is clear that Tillich's system is not Christology
but pneumatology and so must deal realistically with the on-going interplay between the divine and human.

Movement

History implies movement. Do Tillich's symbols — God, Christ, New
Being — lack movement in history ? For traditional Christian theologies,
the Trinity provides motive power for special presences and purposes.
To say that the Trinity represents a God without boundaries or with the
polarity of life[44] is still to exempt God from what for us is the Trinitarian
meaning, relations *ad extra* of being and of grace. The Trinity is not

---

[44] WENZ, *op. cit.*, pp. 310f.

speculation but precisely confrontation in an ambiguous world. Tillich's theology of divine presence does not enhance the Trinity, and the Trinitarian question is more prominent now that the underlying momentum of *S.T.* is seen to be pneumatology.

Motive power in religion means eschatology. For Tillich, the future is not a future condition of things but is always present. « Past and future meet in the present, and both are included in the eternal « now » (p. 395). » The eschatology of the end of *S.T.* III is a summary of past sections, not a new expansion. The theological problem of eschatology lies not in the future « imaginatively described » but in the present possibility of overcoming ambiguity, a rather goal-less chain which will nevertheless have a dramatic, fulfilling *cesura* at the end of time corresponding to the fall from essence to existence. The achievements of people surrounded by ambiguities and the breakthroughs of the divine presence seem to be a series of exchanges but not history or eschatology in the traditional sense. Thus the « presence of divine spirit » can appear to be timeless and unhistorical, uninvolved, implying a withdrawn God. After reading *S.T.* III, one is not convinced of what Tillich had said in *The Protestant Era* : « History became the central problem of my theology and philosophy because of the historical reality as I found it when I returned from the first World War[45]. » The emphasis in *S.T.* III lies very much with an existential survival in history. Rapidly succeeding epochs in the twentieth century may have left Tillich, at the end of his life, dismayed at their variety, and seeking meaning for existence against a background of history and time. The theologian had reservations about the Kingdom of God *in* history, about a salvation-history, and a consequence of the role of *kairos* : the epochal idea, turn or point in the span of history.

The lack of teleological movement in the final segments of *S.T.* III is linked to the withdrawal of the divine Spirit behind symbols. The meaning of the Trinity and Incarnation may be to provide a motive power for people's religious lives even if it is easily turned into idols by the churches. The decline of interest and value in Tillich's Christology and the recognition of a certain vagueness in New Being render the role of reality in a temporal presence of the divine Spirit more crucial. Pneumatology and the interplay between the divine and human in large social movements, rather than personal quest between consciousness, freedom and faith, are the agenda for the coming turn of the millenium.

The future of Tillich's theology of life, spirit and history

The cultural situation formative of theology and of theology's employment of philosophy was different when Schelling was professor in Berlin in 1841 and when Tillich was there in 1919. Tillich lived in the

---

[45] P. Tillich, *The Protestant Era*, Chicago, University of Chicago Press, 1957, p. xiii.

midst of a world which was suffering great shocks and wounds ; questioning not the form but the very existence of church and state ; faced with radical alterations in art and philosophy. He described the cultural and religious situation of the 1920s when he was beginning to formulate the *S. T.*, an era which had experienced shocks too powerful either to dismiss or overcome[46].

Tillich's method in *S. T.* III retains the critique of Schelling already present in the early writings of the decade prior to 1925 but obviously enhanced by general existential motifs and approaches drawn not only from contemporary philosophers and theologians but from Tillich's experience and the *Zeitgeist* of the period between the wars. Tillich's system is a theology expressed in nineteenth century and idealist categories given a post-idealist, existentialist perspective[47]. As our temporal distance from it lengthens, it appears to be more and more not a metaphysics or a speculative theology but a religious psychology using Christian motifs. What began as an ontological and transcendental style of analysis at Marburg has at Chicago become in *S. T.* III more psychological in tone. Not only Tillich's interest in psychiatry but in art and literature as well as the union of existentialism and the American climate preferring the therapeutic to the political or metaphysical, and where the transcendental became the psychological.

The presence of Schelling is more faint in *S. T.* III because of the reasons given above, reflections from Tillich's intellectual history. In the last analysis, what remained from Schelling was not the vast unfolding of the final system but words and a few leitmotifs. Added to this were human ambiguity and freedom before a mysterious godhead whose own dialectical life somehow grounded and touched the histories of the finite.

At Harvard, Tillich remarked to his colleague Paul Lehmann : « In ten years, no one will be interested in my theology any more[48]. » As this anniversary year shows, such has hardly been the case. Our comparison of Tillich with Schelling may explain something of the lack of response of the final part of the *Systematic Theology* : it is a theology of large universals — life, consciousness, history — and of existential anthropology ; it

---

[46] *ID.*, « Die religiöse Lage der Gegenwart », *Gesammelte Werke*, 10, Stuttgart, Evangelisches Verlagswerk, 1968, pp. 9f.

[47] Jean Richard's view that existentialism enters Schelling's thought as a complement to the positive philosophy may be true in terms of how *Tillich interpreted and absorbed* Schelling's development, but it is not true that the positive philosophy itself is formally or broadly existential. Richard's view that Tillich's theology after 1936 corresponds (in its relationship to philosophy) to the passage from negative to positive philosophy is perhaps illumined and supported by the relationship Schelling sees between the two philosophies of the one *Wissenschaft*. J. RICHARD, *loc. cit.*, pp. 192, 199.

[48] PAUCK, *op. cit.*, p. 236. Paul Van Buren observed that the work was irrelevant and useless to American scholarship ; *Christian Century* (Feb. 5, 1964), pp. 177f.

is limited by the present and lacks concreteness. This lack of particularity (a hallmark of an incarnational revelation) outside of ambiguous subjectivity may explain why the volume has not attracted greater interest. Tillich died just as some new concretizations were appearing : theologies of social liberation, the great schools of spirituality in Christianity, the world religions.

Nonetheless, S. T. III describes, apart from its Christian content, a moment in the appropriation in the West of modernity ; it is an example of our epoch reaching from the early nineteenth to the late twentieth century ; and, it is a lengthy exercise in the extension of idealism and existentialism into psychology. Curiously, few have seen it as something of a Protestant theoretical counterpart to Karl Rahner and Teilhard de Chardin (figures unknown when Tillich began his work)[49]. While the world has moved from existentialism to wider salvation-historical and political theologies, Tillich's system is such that it is not thereby rendered obsolete, but awaits the appreciative summons to continue to speak of things old and new.

---

[49] It is surprising that few works have studied the relationship of Rahner to Tillich since they have many similarities ; for Teilhard there is S. DAECKE, *Teilhard de Chardin und die evangelische Theologie*, Göttingen, Vandehoeck und Ruprecht, 1967.

DEUXIÈME PARTIE

LA THÉOLOGIE DE LA CULTURE

GENÈSE DE L'IDÉE
D'UNE THÉOLOGIE DE LA CULTURE

Nicole GRONDIN
Faculté de théologie, Université Laval

Introduction

La conférence « Sur l'idée d'une théologie de la culture », prononcée en 1919 à Berlin devant la Kant Gesellschaft, constitue le vrai point de départ du premier enseignement de Paul Tillich. Il s'agit là d'un texte fondamental, où Tillich expose sa conception de la théologie de la culture et auquel il se réfère par la suite, chaque fois qu'il parle de théologie de la culture[1].

Je me propose ici de montrer la genèse de cette idée d'une théologie de la culture, telle qu'elle apparaît dans cette conférence. Il ne s'agit pas de se reporter ici aux sources historiques de Tillich : de voir par exemple comment son idée d'une théologie de la culture pourrait se retrouver en germe chez Fichte, Hegel ou Schelling. Il s'agit plutôt de reconnaître ici la genèse spéculative de cette idée, de voir comment, chez Tillich lui-même, elle s'engendre à partir de ses conceptions philosophiques et théologiques fondamentales.

Or celles-ci se trouvent exprimées largement, à l'époque du premier enseignement, dans un ouvrage capital de 1923, *le Système des sciences*. C'est donc à la lumière de ce premier « système » de Tillich que nous exposerons la genèse de son idée d'une théologie de la culture : à partir des notions fondamentales d'esprit et de culture, de sciences de l'esprit ou de la culture, de religion comme attitude théonome de l'esprit. Il pourrait sembler contre-indiqué d'interpréter un texte de 1919 par un autre plus tardif datant de 1923, tout comme il serait sûrement contre-indiqué de l'interpréter par la *Théologie systématique* des années 50 et 60. Par contre, *le Système des sciences* appartient à la période du premier enseignement allemand, qui s'étend de 1919 à 1926. Or, les travaux de notre

---

[1] *Cf.* « Religiöser Stil und religiöser Stoff in der bildenden Kunst », *G. W.*, IX, pp. 318-319 (*Religion et Culture*, trad. Nicole Grondin, à paraître aux Éditions du Cerf/Presses de l'Université Laval, 1987) ; *The Protestant Era* (Abridged Edition), Chicago, Phoenix Books, The University of Chicago Press, 1957, pp. XI-XII, p. 56 ; *cf.* Jean RICHARD, « Nouvelles perspectives sur le premier Tillich », *Laval théologique et philosophique*, 40 (1984), pp. 147-160.

équipe ont déjà montré une parfaite homogénéité de la pensée de Tillich dans tous ces textes. Quant au *Système des sciences*, il faut noter de plus que Tillich y travaillait dès 1916, comme il l'écrit lui-même dans une lettre à Maria Klein[2]. On peut donc supposer qu'il était déjà présent à l'esprit de Tillich au moins dans ses grandes lignes, quand il rédigeait sa conférence de 1919.

C'est d'abord la division du texte de 1919 qui s'éclaire à la lumière de celui de 1923. Les trois premiers points de la conférence « Sur l'idée d'une théologie de la culture » marquent en effet trois étapes capitales dans la « dérivation » (*Ableitung*) du concept de théologie de la culture. Et ce sont précisément ces trois étapes qui constituent les trois points de notre exposé. Or le lien essentiel entre ces trois étapes apparaît clairement dans *le Système des sciences*[3]. La théologie apparaît d'abord comme la science systématique d'un secteur particulier de la culture, soit la religion, à la suite de la division des sciences de l'esprit selon les éléments (c'est-à-dire les niveaux philosophique, historique et systématique) et selon les objets (c'est-à-dire les différents secteurs de la culture). Arrive alors dans notre conférence de 1919 une section sur la religion et la culture, qui propose le dépassement du concept de religion comme simple secteur particulier de la culture. Or cette section correspond exactement à la troisième division des sciences de l'esprit dans *le Système des sciences*, celle qui s'opère selon la distinction des attitudes de l'esprit : l'attitude autonome et l'attitude théonome. Notre conférence aboutit finalement, dans un troisième point, à la notion spécifique de théologie de la culture. Et celle-ci correspond encore exactement à la notion de la théologie comme « systématique théonome » dans *le Système des sciences*.

La théologie comme science de l'esprit

Dans un premier point, Tillich présuppose donc la notion courante de la religion comme une fonction de l'esprit, comme une sphère de la culture. C'est bien ainsi effectivement qu'on considère généralement la religion, comme un secteur de la culture à côté des autres. Et en présentant ainsi la religion comme un domaine reconnu de la culture, Tillich légitime la théologie qui s'y rapporte ; il justifie sa place dans le grand tout de la connaissance. Car la religion a tout aussi droit à une considération appropriée que la science, l'art, le droit, la morale, la politique. Et

---

[2] Lettre à Maria Klein (27 novembre 1916) conservée aux archives Paul Tillich de la Harvard Divinity School ; *cf.* Wilhelm and Marion Pauck, *Paul Tillich, His Life and Thought*, vol. 1 : *Life*, New York, Harper and Row, 1976, pp. 51 et 297.

[3] *Cf.* « Das System der Wissenschaften nach Gegenständen und Methoden, *G. W.*, pp. 230s., 246s., 271s. (*The System of the Sciences*, trad. P. Wiebe, Lewisburg, Bucknell University Press, 1981, pp. 158s., 175s., 203s.).

puisque chaque secteur de la culture possède sa propre science normative et systématique, la religion aura aussi la sienne. Or c'est la théologie qui constitue cette science systématique et normative de la religion. Par là, son statut comme science se trouve affirmé et légitimé.

C'est donc comme science systématique et normative de la religion que la théologie est d'abord considérée. Elle part d'une révélation particulière, d'une religion concrète, qui est la sienne, et elle en fait une présentation systématique.

Maintenant, si nous voulons connaître plus précisément le code épistémologique de cette première conception de la théologie chez Tillich, il faut nous reporter au *Système des sciences*. Car en présentant ainsi la théologie comme une science de la religion, Tillich la considère effectivement dans la perspective des sciences de l'esprit ou de la culture. Elle s'inscrit donc dans le cadre de ces sciences qui se distinguent à la fois des sciences expérimentales ou empiriques et des sciences de la pensée ou logiques : d'une part, elles ne se limitent pas à l'étude objective et exacte du donné immédiat, mais elles créent plutôt quelque chose d'original et font valoir l'exigence des normes idéales ; d'autre part, elles ne sont pas purement universelles et logiques, mais elles dépassent ce niveau des concepts larges et ouverts pour prendre en considération l'élément concret de toute réalité, ainsi que la manière dont le sujet individuel perçoit la réalité, participe à la réalité qu'il observe.

En conséquence, les sciences de l'esprit sont caractérisées par une division interne qui leur est propre : il s'agit de la division selon les éléments ; on pourrait tout aussi bien dire selon les niveaux ou selon les dimensions philosophique, historique et systématique[4]. La dimension philosophique des sciences de l'esprit est le niveau le plus universel, le plus vaste. C'est la doctrine des principes du sens. Elle s'occupe de la forme éternellement valide, des principes immuables, universels, ayant valeur absolue, des essences idéales qui se trouvent derrière toute réalité changeante et individuelle. Son objet est l'*a priori* de toute culture[5]. Elle présente la vue d'ensemble, l'horizon plus vaste des idées, des valeurs, des formes idéales vers lesquelles tendra la réalité, en vue des différentes réalisations culturelles : la vérité pour la science, la beauté pour l'art, la justice pour le droit, etc.

Quant à la dimension historique, c'est le niveau le plus concret, c'est la présentation du matériel du sens, comme dit Tillich, c'est-à-dire la présentation des réalisations, des créations historiques particulières, concrètes. Elle s'occupe, par exemple, des formes scientifiques qu'a épousées la vérité dans sa réalisation au cours de l'histoire, des différents styles de créations artistiques qu'a assumés l'esthétique aux différentes époques.

---

[4] *Ibid.*, pp. 230s. (trad. pp. 158-175).

[5] « Über die Idee einer Theologie der Kultur », *G. W.*, IX, p. 14 (*Religion et Culture*, trad. Nicole Grondin, à paraître aux Éditions du Cerf/Presses de l'Université Laval, 1987).

Enfin, la dimension systématique est la partie productive, proprement créatrice, des sciences de l'esprit. Elle constitue une synthèse des deux autres dimensions, philosophique et historique. C'est l'élaboration d'un système concret de sens, à partir d'une option personnelle et communautaire. Par exemple, pour le domaine de l'art, c'est la création d'un système d'esthétique, c'est-à-dire de ce qui doit être considéré comme beau et qui est effectivement considéré tel par un groupe ou une école.

Cette division des sciences de l'esprit peut s'appliquer maintenant dans toutes les sphères de la culture, qu'elles soient théoriques ou pratiques. Aussi, dans le domaine théorique de la science, nous pourrons distinguer une philosophie de la science ou épistémologie, une histoire des différentes sciences et un système des sciences[6]. De même, dans le secteur du droit, il y aura une philosophie du droit, une histoire du droit et une systématique du droit[7].

On comprend dès lors comment pourra se situer la théologie dans le système des sciences de l'esprit. Car Tillich applique finalement cette division des sciences de l'esprit au domaine de la religion. On devra donc là aussi faire la distinction entre une branche philosophique, une branche historique et une systématique. La philosophie de la religion est l'étude la plus vaste et générale, qui présente les formes universelles de la religion. On y traite des notions de religion, révélation, foi, culte, Église, etc. L'histoire de la religion considère pour sa part les diverses formes qu'a empruntées la religion à travers les siècles. Et cette étude aboutit à une typologie des réalisations concrètes de la religion.

Finalement, la religion fait elle-même l'objet d'une science systématique normative. Et c'est ici que la théologie trouve sa place et son sens. Comme toute science normative d'un secteur particulier de la culture, elle a pour tâche de dire ce qui « devrait être » en matière de religion, de proposer de façon systématique les principes d'une religion considérée comme vraie. Voilà donc la première conception de la théologie que présente Tillich. À partir des catégories élaborées par la philosophie de la religion et avec l'ancrage de son point de vue dans l'histoire des religions, elle propose un système normatif de religion.

Religion et culture

Dans le deuxième point de sa conférence, Tillich se propose de dépasser la notion étroite de religion. Il ne la verra plus alors comme un secteur particulier de la culture, mais plutôt comme une attitude qui peut

---

[6] *Cf.* « Das System   [...] », pp. 246-248 (transl., pp. 176-177).
[7] *Ibid.*, pp. 257-262 (transl., pp. 188-193).

être présente dans tous les secteurs culturels. C'est le deuxième pas vers la théologie de la culture, car la remise en question du concept de religion ne se fera pas sans affecter la signification de la théologie. D'abord, Tillich critique la conception qui juxtapose la religion aux autres fonctions culturelles. Elle ne tient pas, d'une part, à cause des conséquences négatives qu'elle entraîne pour la religion elle-même : elle la relativise et empêche la reconnaissance de son caractère absolu, inconditionné. D'autre part, cette conception crée aussi une difficulté pour la culture. En effet, la conséquence directe de la juxtaposition de la religion aux autres fonctions culturelles, c'est le conflit au sein de la culture. On se retrouve alors, dans chaque sphère culturelle, avec une entité religieuse et une entité séculière qui s'opposent[8].

Pour illustrer ce dualisme, prenons, dans le domaine théorique de la culture, le conflit entre le dogme et la science au sujet de la doctrine de la création. Le créationnisme affirme, au nom de la Bible ou de la vérité révélée, que toutes les espèces ont été créées au début du monde, s'opposant par là à la théorie de l'évolutionnisme que propose la science. Et l'opposition apparaît de façon plus blessante encore dans le domaine pratique de la culture, par exemple dans la morale, quand on retrouve une morale religieuse et une morale séculière l'une à côté de l'autre. Tillich constate que la religion se sent trop souvent apte à définir « ce qu'il faut faire », ce qui est permis et ce qui ne l'est pas, ce qui est moral et immoral. Mais de quel droit la religion, et plus concrètement l'Église, peut-elle imposer son point de vue ? La communauté culturelle n'exprime-t-elle pas aussi un point de vue normatif ? Dirons-nous alors que, pour les catholiques, par exemple, le divorce est interdit, alors qu'il est permis pour les autres, pour ceux qui ne sont pas de l'Église ? Si la religion prétend indiquer ce qui doit être considéré comme vrai, beau, bon, juste dans la culture, n'est-ce pas une ingérence indue pour autant qu'elle cherche à imposer certaines formes culturelles déterminées au nom de l'absolu divin ? En absolutisant indûment le fini, elle menace l'autonomie de la culture. Tillich peut donc conclure ici : « Il résulte de cela une double moralité, un double droit, dont l'un est né non pas de la légitimité de la fonction culturelle concernée, mais d'une légalité étrangère que donne la religion[9]. »

Tillich veut lui-même dépasser cette dualité insoutenable et parvenir à une conception où religion et culture sont unies de façon vivante, essentielle. Il effectuera donc un dépassement du concept de religion, au nom de l'essence et de la profondeur de la religion. Et ce dépassement se fera lui-même dans la forme du paradoxe, c'est-à-dire qu'il consistera en la négation et l'affirmation de la religion. Celle-ci sera d'abord

---

[8] *Cf.* « Über die Idee [...] », p. 17 (trad., voir note 5) ; *cf.* Jean RICHARD, *loc. cit.*, p. 153.

[9] « Über die Idee [...] », pp. 17-18 (trad., voir note 5).

niée comme fonction particulière à côté des autres, pour pouvoir être affirmée ensuite dans son essence, comme « puissance religieuse » qui s'actualise dans toutes les provinces de l'esprit[10]. Il s'agit là de l'expérience de l'inconditionné : de cette expérience qui peut se faire dans l'exercice de chaque fonction culturelle ; de cet inconditionné qui constitue en même temps le fondement et l'abîme de chacune.

C'est donc l'expérience de l'inconditionné qui est au fondement du nouveau concept de religion. Cette nouvelle conception se trouve alors élaborée à la lumière du rapport *Gehalt-Form*. La religion est conçue comme le contenu (*Gehalt*), alors que la culture représente la forme. La religion se trouve alors comprise non plus comme forme, comme phénomène culturel particulier, mais comme contenu, vie, inspiration, au cœur même de la culture. Et c'est là sa place essentielle : non pas comme loi extérieure qui s'impose à la culture, mais comme son inspiration profonde[11]. Ainsi, par exemple dans le domaine de l'agir, la religion n'existera plus comme juxtaposée à la morale, pour lui imposer ses règles, ses normes, mais bien comme inspiration nouvelle. Au lieu de se situer au niveau de la forme, elle sera là comme contenu, c'est-à-dire finalement comme grâce plutôt que loi.

Ce nouveau concept de religion laisse donc entrevoir la résolution du conflit du religieux et du séculier. Si la religion n'est plus pensée comme une forme qui tente de se maintenir, à côté ou au-dessus de la culture, si elle constitue vraiment la dimension profonde, absolue, de la culture, elle peut alors habiter toutes les formes de la culture, qu'elles soient d'apparence religieuse ou profane.

Cette solution au conflit de la religion et de la culture, Tillich en parle maintenant en termes de théonomie et d'autonomie. Dans le rapport idéal, dans l'état d'unité essentielle de la religion et de la culture, celle-ci maintient en effet sa pleine autonomie. Elle n'est d'aucune façon réduite en servitude par la religion, qui ne s'impose pas à elle de façon extérieure, hétéronome, à la façon d'une loi étrangère. Par ailleurs, dans cet état idéal, essentiel, la culture ne s'enferme pas dans une autonomie autosuffisante, réfractaire à toute influence transcendante. Au contraire, elle s'ouvre alors au contenu infini qui la remplit de toutes parts, et elle prend par là même un nouveau caractère, celui de théonomie. La « théonomie », on pourrait dire que c'est le nouveau nom de la religion dans la nouvelle conception de Tillich. Car la religion n'est plus alors un acte parmi les autres, ni même une fonction parmi les autres, mais une qualité particulière qui peut affecter tout acte et toute fonction. Or la « théonomie » désigne précisément cette qualité particulière. Et tout comme

---

[10] *Ibid.*, p. 17.

[11] *Cf.* J. RICHARD, *loc. cit.*, p. 154.

l'autonomie se définit par la forme rationnelle, la théonomie se définira elle-même par le contenu (*Gehalt*) vivant et divin qui tend à remplir toute forme culturelle[12].

La théologie de la culture

Dans un troisième point, voyons maintenant ce qui advient de la théologie, une fois qu'on a opéré ce dépassement du concept de religion. Celle-ci constitue toujours l'objet, la tâche de la théologie. Mais puisque la religion n'et plus considérée d'abord comme un secteur particulier de la culture, mais plutôt comme sa substance, son inspiration, son fondement et son abîme, tel sera aussi désormais le nouvel objet d'étude de la nouvelle théologie : le contenu religieux de toute la culture. Ainsi, la théologie aura pour tâche de rechercher et de rendre explicite ce contenu qui se trouve implicitement présent dans tous les grands phénomènes culturels[13].

Tillich reconnaît qu'il y a déjà eu des essais dans cette direction : essais d'analyse de la signification religieuse de la culture, mais cela ne s'est pas fait de façon méthodique et scientifique[14]. Il entend donc proposer lui-même une méthode pour ce travail de la théologie[15]. En fait, Tillich discerne ici une triple tâche de la théologie de la culture : l'analyse religieuse des créations culturelles, la classification typologique selon la substance religieuse réalisée dans les créations de l'histoire culturelle et la systématisation religieuse concrète de la culture. La nouvelle méthode qu'il propose pour la théologie consiste précisément dans la coordination de ces trois fonctions.

L'analyse religieuse des créations culturelles

C'est d'abord, pour chaque création culturelle, l'analyse de la relation entre religion et culture, qui se fait de façon méthodique par l'étude du rapport entre le contenu et la forme. Cette analyse étudie et reconnaît les marques du contenu religieux dans les créations culturelles. Elle note surtout son rapport plus ou moins important à la forme[16]. Car des expériences « culturelles » quant à leur forme peuvent être « religieuses » quant à leur contenu. Et c'est à la théologie de la culture qu'il revient de reconnaître ces manifestations du contenu dans les différents phénomènes culturels.

---

[12] *Cf.* « Über die Idee [...] », p. 19 (trad., voir note 5).

[13] *Ibid.*

[14] *Ibid.*, pp. 22-23.

[15] *Ibid.*, pp. 19-20.

[16] *Ibid.*, p. 19.

Cette tâche fait intervenir de façon spéciale l'analyse du rapport du oui et du non. Car le *Gehalt* est en même temps fondement et abîme de la réalité existante, culturellement formée[17]. D'une part, le *Gehalt* peut apparaître dans les créations culturelles comme le oui, c'est-à-dire comme le fondement, l'inspiration, la splendeur de la forme. Ainsi, par exemple dans le Moïse de Michel-Ange, où c'est une forme parfaite, splendide et puissante qui révèle le contenu. Tillich mentionne lui-même les mosaïques de Ravenne comme un exemple intéressant pour la révélation du contenu[18]. Mais, d'autre part, le *Gehalt* peut être là comme le non à la forme des choses. Il fait alors éclater la forme en faisant irruption en elle. Car le *Gehalt* peut aussi jaillir de façon saisissante à travers une forme brisée, comme dans certains tableaux de Picasso. Pour Tillich, en effet, le non du contenu à la forme se trouve manifesté tout spécialement dans l'art expressionniste, là où la forme s'évanouit pour laisser transparaître le contenu, la profondeur, le fondement, la vie pleine de signification, la vie de l'intérieur[19]. Notons cependant que Tillich ne se limite pas à l'analyse de l'art : dans le quatrième point de sa conférence, il effectue pareillement d'autres analyses portant sur la science, l'éthique, la politique. Car la tâche analytique doit être poursuivie dans tous les domaines de la culture, pour y découvrir les relations religion-culture, l'inspiration religieuse à la source des différentes expériences culturelles, l'inconditionné présent, mais souvent inexprimé, dans toutes les créations de l'esprit. On aura donc, au terme de la première tâche de la théologie de la culture, une série d'analyses des divers phénomènes cuturels.

La classification typologique

Dans un deuxième temps, la théologie de la culture procédera alors à la classification de ces résultats de l'analyse, selon la distinction des différents types de créations culturelles[20]. Encore là, c'est d'après la polarité *Gehalt-Form* que se fera cette classification. Il y aura donc un premier type de création où se fera sentir la prédominance du contenu sur la forme : la création où la forme devient insuffisante et où le contenu, dans sa plénitude débordante, fait éclater la forme qui doit le retenir[21]. C'est ce que Tillich appelle la création culturelle typiquement religieuse.

---

[17] *Ibid.*, pp. 20-21.

[18] *Cf.* Paul TILLICH, *On the boundary, an autobiographical sketch*, New York, Charles Scribner's Sons, 1936, pp. 68-69 (*Aux confins, Esquisse autobiographique*, trad. Jean-Marc Saint, Paris, Planète, 1971, p. 85).

[19] *Cf.* « Über die Idee [...] », pp. 22-23 (trad., voir note 5).

[20] *Cf. ibid.*, p. 21.

[21] *Ibid.*

À l'extrême opposé se trouve la création typiquement profane, où prédomine la forme rationnelle. On peut penser ici à ces œuvres d'art parfaitement bien réalisées, selon toute la discipline et toutes les lois du métier. Enfin, il y aura la création bien équilibrée, où le contenu et la forme seront également présents et manifestes. Cela constitue d'après Tillich la caractéristique des grands maîtres classiques.

La systématisation religieuse concrète

Quant à la systématisation religieuse de la culture, elle se tient à l'opposé de la tâche analytique de la théologie de la culture. Il ne s'agit plus maintenant de faire l'analyse de ce qui est déjà donné dans la culture, soit des créations du présent et du passé, mais bien d'opérer la synthèse créatrice de ce qui doit être dans le futur, de former le « projet d'une culture théonome », c'est-à-dire toute pénétrée de religion.

Évidemment, la théologie ne peut pas par elle-même créer de toutes pièces une nouvelle culture. Ce serait là la pire hétéronomie, celle où la religion imposerait ses propres formes, ses propres normes à la culture. La théologie peut cependant influencer les sphères de la culture, elle peut favoriser une culture théonome, en montrant quelles attitudes de la science et de l'art sont théonomes, quels concepts et quelles intuitions sont appropriées pour la formation théonome de symboles[22]. Elle part alors du matériel existant ; elle peut critiquer les créations culturelles présentes et passées, et indiquer ce qui « devrait être » dans le futur, donner des indications pour les attitudes envers l'inconditionné[23].

Il importe donc que cette construction d'une nouvelle culture théonome, cette synthèse créatrice, soit effectuée par la théologie à partir du contenu, et non de la forme[24]. Un théologien n'aura donc pas à juger de la valeur esthétique, scientifique ou autre, des formes culturelles, car il n'est pas spécialiste de ces différents domaines de la culture, mais il peut juger de leur profondeur religieuse, car il est théologien. Par exemple, face au problème social, le théologien de la culture pourra bien apprécier le contenu religieux respectif du capitalisme et du socialisme, mais il n'a pas comme tel à « faire de la politique ». Il ne doit pas imposer son point de vue politique, car alors il se situerait au niveau de la forme, limitant l'autonomie de la culture, y faisant une ingérence. On a souvent reproché à Tillich de ne pas s'être engagé politiquement, de ne pas avoir pris fait et cause pour l'un ou l'autre parti politique. On pourrait voir ici la justification de son attitude. Selon lui, l'engagement du théologien se situe sur le plan du contenu religieux plutôt que de la forme théorique ou pratique[25].

---

[22] *Ibid.*, pp. 21-22 ; *cf.* « Das System [...] », p. 280 (transl., p. 212).

[23] *Ibid.*, pp. 220-222 (transl, pp. 147-149).

[24] *Cf.* « Über die Idee [...] », p. 21 (trad., voir note 5).

[25] *Cf. ibid.*, p. 22.

Conclusion

Nous pourrions, en terminant, soulever la question : la solution appropriée pour l'unité théonome de la religion et de la culture sera-t-elle trouvée de façon purement rationnelle par des analyses, des classifications et des synthèses ? L'orientation pour l'avenir ne sera-t-elle pas plutôt déterminée par le *durchbrechen* du contenu religieux ? En d'autres termes, l'élaboration de la théologie de la culture sera-t-elle seulement l'œuvre de la réflexion ? La révélation ne doit-elle pas y jouer un rôle prépondérant ? Dans la conférence de 1919, donnée devant un cercle philosophique, le point de vue spécifiquement théologique de la révélation a été à vrai dire atténué, au profit de la réflexion. Tillich est davantage préoccupé par les rapports théoriques entre la religion et la culture. Mais les textes suivants viendront remettre en lumière le rôle que doit jouer la révélation dans l'ébauche d'une nouvelle culture théonome. Dans la conférence théologique « Kirche und Kultur » de 1924, Tillich l'exprime de façon catégorique : « Au-delà de toutes ces tensions et de tous ces combats, et les faisant éclater (*durchbrechend*), se tient l'acte de Dieu, qui s'attaque pareillement à l'Église et à la société et qui crée la communauté (*Gemeinde*) invisible. Son agir est l'élément créateur et porteur au plus profond de l'histoire de la culture et de la religion[26]. » Ainsi, ce qui n'est qu'implicite en 1919 sera de plus en plus souligné par la suite : l'action divine de la révélation et du Salut par laquelle s'accomplit la véritable réconciliation théonome entre la religion et la culture.

---

[26] « Kirche und Kultur », *G. W.*, IX, pp. 42-43 (*Religion et Culture*, trad. Jo Lessard, à paraître aux Éditions du Cerf/Presses de l'Université Laval, 1987).

STRUCTURE DE L'IDÉE
D'UNE THÉOLOGIE DE LA CULTURE

Jean-Pierre BÉLAND
Faculté de théologie, Université Laval

Introduction

La question du rapport entre religion et culture a toujours été au centre des préoccupations du théologien-philosophe Paul Tillich. Les écrits du premier enseignement, de 1919 à 1926, que l'on peut désigner sous le titre englobant de « Théologie de la culture », ont été consacrés tout spécialement à cette question. Nous nous proposons d'expliciter ici les principes qui soutiennent cette idée d'une théologie de la culture. Et nous verrons tout spécialement comment Tillich s'y prend pour résoudre le problème complexe des rapports entre religion et culture.

La dialectique de la forme et du contenu

Un parcours rapide des principaux travaux de la théologie de la culture montre bien qu'une compréhension préliminaire des éléments du sens — la forme et le contenu — est nécessaire pour saisir la valeur exacte de la solution que Tillich apporte au problème de la relation entre la religion et la culture. On se souvient qu'il nous propose une solution philosophique à ce problème à partir précisément du principe de l'unité essentielle de la forme et du contenu. La culture se trouve alors définie par la forme et la religion par le contenu (*Gehalt*). L'idée d'une théologie de la culture culmine donc en ce point, où l'on perçoit d'une manière profonde l'interdépendance réciproque de la culture et de la religion, où la culture est définie par rapport à la religion et la religion par rapport à la culture. Cette interrelation est fort bien exprimée dans cette formule abrégée de Tillich : « La culture est la forme d'expression de la religion et la religion est le contenu de la culture[1]. »

Il s'ensuit que la forme et le contenu sont aussi les éléments à partir desquels Tillich projette de construire une théologie de la culture, qui aura pour tâche d'exprimer systématiquement le contenu religieux des

---

[1] « Religionsphilosophie » (1925), *G. W.*, I, p. 329 (*Philosophie de la religion*, trad. F. Ouellet, Genève, Labor et Fides, 1971, p. 68).

formes culturelles. Cette démarche se manifeste clairement dans la conférence-programme de 1919, où il définit la tâche de la théologie de la culture. Celle-ci doit s'entendre fondamentalement comme la poursuite et l'expression de la relation entre la forme et le contenu dans la construction de l'univers du sens. En d'autres termes, le théologien doit mettre en relief, à partir de son point de vue religieux concret, le contenu qui sous-tend toutes les grandes manifestations de la culture, pour pouvoir ensuite le porter à l'expression systématique[2]. C'est donc ainsi que Tillich entend résoudre le problème de la religion et de la culture.

Somme toute, les éléments que sont la forme et le contenu apparaissent au centre même de l'idée d'une théologie de la culture chez Tillich. Une compréhension adéquate de ces deux éléments du sens devrait donc nous aider à mieux voir la solution apportée au problème de la religion et de la culture. C'est ce que nous tenterons de faire immédiatement.

Avant de risquer toute définition, il faut dire d'abord que la distinction entre « forme » et « contenu » est une distinction de principe. Les deux ne se trouvent pas séparés dans la réalité, comme deux objets que l'on regarde. Tillich insiste sur ce point : « La forme et le contenu sont inséparables ; il est absurde de poser l'une sans l'autre[3]. » En fait, sans la forme, le contenu disparaîtrait dans le vide, puisqu'elle est elle-même la structure de l'être ; et sans le contenu, la forme serait morte, une structure sans signification. La forme et le contenu sont donc deux éléments d'un même objet, d'une même création culturelle[4].

Mais cela ne veut pas dire que la distinction des deux principes n'est pas réelle. C'est ce qu'il nous faut essayer de montrer maintenant. Voyons d'abord ce que signifie la forme. À la différence du contenu, qui s'ouvre à l'intuition, la forme est l'objet d'une investigation rationnelle et critique. Elle constitue l'objet immédiat des différentes activités culturelles autonomes, théoriques et pratiques, telles la science, l'art, le droit, l'éthique, etc. Elle est le produit de l'activité rationnelle dans les différentes dimensions que nous venons d'énumérer. De façon générale, la forme renvoie aux catégories qui définissent les différentes sphères de la culture[5].

Par contre, le contenu n'est plus affaire de critique-logique, mais d'intuition[6]. Le contenu ne renvoie donc pas spécifiquement à une signification rationnelle. Il a un sens transcendant qui pourrait être qualifié de religieux ou de profondeur spirituelle. Tillich le considère comme

---

[2] *Cf.* « Über die Idee einer Theologie der Kultur », *G. W.*, IX, pp. 19-20 (*What is religion ?*, transl. by J. L. Adams, New York, Harper and Row, 1969, p. 165).

[3] « Religionsphilosophie », p. 320 (trad., p. 49).

[4] « Über die Idee [...] », p. 20 (transl., p. 165).

[5] *Cf.* « Das System der Wissenschaften nach Gegenständen und Methoden » (1923), *G. W.*, I, pp. 122-123 et 233 ; 238 et 271-272 (*The System of the Sciences*, transl. by P. Wiebe, London and Toronto, Associated University Presses, 1981, pp. 39-40 et 162 ; 167 et 203).

[6] *Cf. Ibid.*, p. 123 (transl., p. 40).

le fondement du sens[7]. C'est la substantialité spirituelle ou l'inconditionné qui donne d'abord à la forme sa réalité et son sens[8]. C'est donc
l'objet d'une foi implicite au fondement du sens de chaque forme particulière, ainsi qu'au sens de la totalité des formes. Dans « Masse und Geist »
(1922), Tillich devient plus explicite sur cette question du contenu comme
réalité religieuse. Il affirme que le contenu est l'objet d'expérience. Or
cette expérience n'est pas caractérisée par la rencontre d'un objet particulier à côté d'un autre objet, c'est plutôt une attitude nouvelle en face
de la réalité qui laisse apparaître le fondement de tout ce qui existe :

> Le contenu (*Gehalt*) est un ajustement profond à la réalité, un sens immé-
> diat de la vie et du monde, une expérience de la réalité absolue qui donne
> à tout sens fondement, soutien, mais qui n'est pas pour autant « quelque
> chose », qui n'est pas une forme à côté d'une autre, mais bien plutôt le sens,
> la « force » de chaque chose[9].

Tillich nous livre ainsi un aspect essentiel de cette expérience. Elle est
immédiate. L'être humain n'a pas besoin d'une démarche réflexive spéciale pour discerner l'absolu du sens. Le contenu se révèle de lui-même.
Il est à la source de la propre conscience que nous en avons. C'est le sens
profond qui émane de tout l'être. Pour bien souligner la particularité de
cette expérience, Tillich ira même jusqu'à dire qu'elle appartient à la sphère
de l'inconscient : « Le contenu est l'immédiat irréfléchi, inconscient ; il
peut être présent dans la plus petite préformation, et peut presque manquer (mais jamais tout à fait) dans la forme la plus élevée[10]. » Ce qui signifie que le contenu est l'expression d'une expérience fondamentale et
profonde.

À propos de cette expérience du contenu religieux, il nous faut signaler encore son double aspect, positif et négatif. Tillich attribue en effet
au contenu religieux de la réalité et du sens une double relation à la forme.
La première est positive, en ce sens que le contenu est le fondement de
la forme du sens. C'est la substance spirituelle qui procure aux objets
leur sens. Grâce au contenu, les objets gardent leur validité de sens ; et
cela nous empêche de les considérer rationnellement comme de pures
choses ou de pures abstractions sans valeur. Mais le contenu de l'inconditionné, paradoxalement, fait aussi éclater la forme du sens. En tant qu'il
est le fondement inépuisable, l'abysse du sens, il transcende toute forme
et il représente l'exigence d'un accomplissement inconditionné de la forme
du sens. C'est l'aspect négatif de la relation. Effectivement, face à ce fondement inépuisable, la forme est toujours insuffisante, ou si l'on peut dire,

---

[7] *Cf.* « Religionsphilosophie », p. 319 (trad., p. 47).

[8] *Cf.* « Über die Idee [...] », p. 20 (transl., p. 165) ; « Die Überwindung der Religionsbegriffs
in der Religionsphilosophie », (1922), *G. W.*, I, pp. 385-386 (*What is religion ?*, p. 150).

[9] « Masse und Geist. Studien zur Philosophie der Masse » (1922), *G. W.*, II, p. 42.

[10] *Ibid.*

l'inconditionné lui échappe. Elle ne parvient pas à exprimer parfaitement le contenu absolu de l'être, pour autant qu'elle peut être brisée par lui, et elle peut même finalement apparaître comme non-sens[11].

Ce rapport dialectique, positif et négatif, du contenu à la forme, dans la construction de l'univers du sens, est ce par quoi Tillich tente de nous faire comprendre la relation essentielle et immédiate qui doit exister entre la religion et la culture. Il détermine ainsi l'essence de la religion et de la culture. Pour lui, « la religion est l'orientation vers l'inconditionné » (le contenu du sens), et « la culture est l'orientation vers les formes conditionnées et leur unité ». Et puisque la forme et le contenu sont inséparables, il en est de même pour la religion et la culture[12]. Voilà donc une première description de l'idée d'une théologie de la culture, car elle n'est rien d'autre en fait que l'idée de l'unité de la religion et de la culture.

La dialectique de l'esprit

Poursuivons maintenant plus avant notre analyse avec le concept d'esprit. Comme nous l'avons vu antérieurement, la tâche fondamentale du théologien de la culture est de poursuivre et d'exprimer le processus de relation entre la forme et le contenu dans la construction de l'univers du sens. Or il existe chez Tillich un lien étroit entre le couple « forme » et « contenu » d'une part et le couple « pensée » et « être » d'autre part. En effet, grâce à une méthode qu'il qualifie de « métalogique », il identifie la pensée à la forme et l'être au contenu. Les connotations de la forme deviennent ainsi celles de la pensée et les connotations du contenu celles de l'être. Tel est bien ce qui apparaît dans ce court texte du *Système des sciences* :

> L'essence de la méthode métalogique est qu'elle projette l'élément irrationnel de ces fonctions (intuition et foi) à l'intérieur de ce qui est logique. De cette manière, les concepts « pensée » et « être » reçoivent un ton métalogique : la pensée s'identifie à la forme et l'être s'identifie au contenu (*Gehalt*). La pensée exprime l'élément rationnel, structurant et formel, tandis que l'être exprime l'élément irrationnel, vital et infini, qui constitue la profondeur et la force créatrice de toute réalité[13].

Cette proximité sémantique entre ces deux couples d'oppositions, nous permet d'entrevoir le type de problème particulier auquel doit faire face le théologien de la culture. Il s'agit du problème fondamental d'une philosophie de l'essence, le conflit entre la pensée et l'être. Être capable

---

[11] *Cf.* « Über die Idee [...] », pp. 21-22 (transl., pp. 20-21) ; « Religionsphilosophie », pp. 308, 318 et 319 (trad., pp. 27, 46 et 47).

[12] *Cf.* « Religionsphilosophie », p. 320 (trad., p. 49).

[13] « Das system [...] », p. 123 (transl., p. 66).

de poursuivre et d'exprimer la relation entre la forme et le contenu suppose en effet qu'un tel conflit ait été surmonté. Dans le cas contraire, il serait absurde de croire que le théologien puisse percevoir une substantialité spirituelle, ou un soi-disant contenu religieux, au-delà des formes de la pensée et le porter à l'expression systématique. Cette première considération nous amène à reconnaître en outre que Tillich ne partage pas l'agnosticisme ontologique de Kant. En fait, l'idée d'une théologie de la culture repose sur une conviction fondamentale : la pensée peut dépasser les formes logiques du sens, elle peut toucher la profondeur infinie du contenu religieux de l'être.

Dans un de ses ouvrages philosophiques les plus importants, *le Système des sciences* (1923), qui constitue en quelque sorte le fondement épistémologique de sa théologie de la culture, Tillich apporte une réponse à la question du conflit entre la pensée et l'être, et c'est l'esprit. L'esprit se trouve conçu alors, dans la ligne de l'idéalisme allemand, comme l'unité vivante de la pensée et de l'être. Tillich en parle comme de la pensée devenue elle-même existante, réalisée concrètement et individuellement, dans la conscience de soi[14]. Cette notion de l'esprit ne doit pas s'entendre cependant dans un sens purement logique et formel, comme simple dialectique rationnelle ; elle semble plutôt chez Tillich un héritage de la philosophie schellingienne. Cela apparaît dans le fait que les éléments fondamentaux de la connaissance, la pensée et l'être, sont saisis métalogiquement, comme dialectique vivante des éléments du sens, la forme et le contenu. Tillich utilise tout spécialement cette expression « métalogique » pour montrer que la « vie spirituelle » dépend de la méthode dialectique-critique développée d'une manière intuitive[15]. Ainsi, la dialectique de l'esprit conserve l'orientation vers la pure forme rationnelle ; mais, en même temps, elle dépasse le pur formalisme en un double sens : d'une part, elle saisit le contenu religieux dans la forme ; d'autre part, elle donne une norme d'une manière individuelle et créatrice. La vie spirituelle se transforme donc en une tension infinie entre le rationnel et l'irrationnel.

Cette notion de l'esprit chez Tillich se trouve donc au centre même de l'idée d'une théologie de la culture. Cela s'explique par le fait que nous pouvons comprendre la tâche du théologien de la culture comme dialectique de l'esprit. En effet, en raison du lien étroit qui existe entre le couple pensée-être d'une part et le couple forme-contenu d'autre part, la tâche du théologien de la culture, qui est d'exprimer le rapport idéal entre la forme et le contenu, correspond à une perception critique et intuitive de la pensée et de l'être en tant qu'esprit. Dans cette perspective,

---

[14] *Cf. Ibid.*, pp. 118-119 (transl., p. 35).

[15] *Cf.* « Religionsphilosophie », pp. 306-317 (trad., pp. 25-44).

l'idée d'une théologie de la culture pourrait être définie comme « théologie de l'esprit ». D'ailleurs, Tillich nous conduit dans cette direction. Voilà un point qu'il nous faut voir maintenant de plus près.

Dès le départ, dans la conférence-programme de 1919, la théologie s'inscrit comme science de l'esprit. En effet, après avoir distingué substantiellement les sciences empiriques des sciences de la culture ou de l'esprit, Tillich trouve une place à la théologie dans ces dernières. De ce point de vue, la théologie se voit conférer la dimension créatrice qui est le propre de l'esprit. Sa théologie se trouve donc inscrite dans une logique de l'esprit. Cela est d'ailleurs explicité dans la suite du même texte. En effet, le point de vue des sciences de l'esprit est beaucoup plus alors que le simple point de vue arbitraire d'un individu. Pour autant qu'il demeure fermement enraciné dans le sol de l'esprit objectif, la terre maternelle de toute création culturelle, il constitue alors une nouvelle et incomparable synthèse individuelle d'une forme générale et d'un contenu concret[16].

Cette même classification se retrouve encore mieux explicitée dans *le Système des sciences* (1923). Wiebe rappelle que l'ultime motivation de Tillich en formulant ce système était de trouver une place pour la théologie dans le vaste champ des sciences[17]. Mais cette fois-ci Tillich le fait en élargissant les horizons de sa problématique, en distinguant trois formes principales de sciences et en organisant les différentes sciences selon leurs objets et leurs méthodes. Dans ce contexte, la théologie correspond à une exigence fondamentale des sciences de l'esprit ; elle est présentée comme science normative de la religion, et comme systématique théonome. Il est intéressant de noter ici comment la théologie s'inscrit dans une théorie du sens. Comme « systématique », elle répond à la loi de la forme, elle évite tout isolement particulier du sens, elle vise l'interconnexion générale du sens ; comme « science théonome », elle repose sur la conscience du contenu de l'être, qui est à la fois conscience du fondement (*Sinngrund*) et de l'abîme (*Abgrund*) du sens. Si l'on perçoit bien ici le sens de cette expression « systématique théonome », on comprendra que la théologie fonctionne exactement comme dialectique de l'esprit : elle constitue une unité vivante de l'attitude autonome, tournée vers les formes de la pensée (la systématique), et de l'attitude théonome, tournée vers le contenu religieux de l'être. Tel est, si l'on peut dire, le sens général de ce que Tillich appelle « théologie » :

> La théologie est la doctrine théonome des normes du sens. C'est seulement de cette manière qu'elle devient valide. La vérité de la théologie dépend du degré selon lequel elle parvient à se nier elle-même comme discipline

---

16 *Cf.* « Über die Idee [...] », pp. 13-14 (transl., pp. 155-156).

17 *Cf.* P. WIEBE, « Translator's Introduction », *The System of the Sciences*, pp. 21-22.

indépendante ; en union avec la systématique autonome, elle devient la science humaine normative en général[18].

Il faut préciser cependant que cette idée d'une théologie de la culture comme science de l'esprit ne doit pas être comprise dans le sens d'une théologie essentialiste, qui nie dialectiquement l'existence historique et concrète et qui laisse ainsi croire que l'existence est réconciliée avec elle-même. En effet, la dialectique de l'esprit chez Tillich ne peut pas s'entendre dans le même sens que chez Hegel, comme une victoire sur l'aliénation existentielle. Elle est tout au plus une solution partielle au problème que la finitude présente pour la pensée. Elle résout donc spécifiquement le problème d'une philosophie de l'essence. Car, sur le fondement de cette dialectique de l'esprit, Tillich cherche à nous faire voir la relation essentielle de la religion et de la culture. C'est pourquoi il nous présente le projet idéal d'une culture toute pénétrée de religion. Il nous apporte ainsi un message de lumière qui nous fait prendre conscience de la contradiction (aliénation) existentielle, en ce qui concerne l'état concret de la religion et la culture dans le cours de l'histoire.

Précisons néanmoins que Tillich nous propose trois dimensions d'une théologie de la culture qui correspondent au triple caractère des sciences de l'esprit : l'analyse philosophique, l'analyse historique et la construction systématique[19]. Or il y a un parallélisme entre ces trois caractéristiques des sciences de l'esprit, d'une part, et, d'autre part, entre les trois niveaux de toute théologie : la théologie de la création, la théologie de l'existence aliénée ou du péché et la théologie du salut. Ces deux aspects de la division tripartite dans la théologie de la culture se retrouvent sous la forme suivante : une théologie du rapport essentiel entre religion et culture, une théologie historique des rapports déformés entre religion et culture, entre hétéronomie et autonomie autosuffisante, et enfin une théologie de la réconciliation, soit une théologie de la théonomie qui dépasse l'opposition autonomie et hétéronomie. Voilà bien le sens général de ce que Tillich appelle une théologie de la culture, dans le cadre des sciences de l'esprit.

Conclusion

L'idée d'une théologie de la culture doit donc s'entendre d'abord comme celle du rapport idéal entre religion et culture. Ce qui soutient une telle idée chez Tillich, c'est l'unité vivante de la forme et du contenu, comme dialectique de l'esprit. La théologie est alors définie comme systématique théonome ou comme science normative de la religion : elle

---

[18] « Das system [...] », pp. 275-276 (transl., pp. 207-208).
[19] *Cf.* « Über die Idee [...] », p. 20 (transl., p. 165).

a pour tâche de maintenir le caractère absolu (théonome) de la religion et le caractère autonome de la culture dans une même relation essentielle. Dans cette perspective, la religion aussi bien que la culture gardent leur sens et leur valeur propre ; ni la religion ni la culture ne sont subordonnées l'une à l'autre. Ainsi, il ne peut pas s'établir de conflit entre la religion et la culture.

Mais même si alors Tillich nous propose le projet idéal d'une culture toute pénétrée de religion, son idée d'une théologie de la culture ne vient pas contredire l'analyse existentielle de la religion et de la culture dans leurs rapports historiques concrets. En effet, elle ne cherche pas à nous faire croire que l'existence historique et concrète est l'expression de la bonté essentielle. Il y a toujours au fond cette conviction que la situation existentielle est contradiction de l'essence. Cela apparaît nettement dans *Église et culture* (1924). Tillich marque là clairement la distinction entre l'ordre de l'essence et la réalité historique[20].

En nous faisant découvrir son idée d'une théologie de la culture, le rapport essentiel entre religion et culture, Tillich illumine donc notre conscience d'une lumière de vérité spirituelle : il nous donne ainsi une norme pour juger notre existence aliénée et il nous ouvre à la question d'un salut possible. Cela nous permet de mieux voir la situation d'aliénation dans laquelle se trouvent, dans notre propre existence, la religion et la culture ; mais cela nous fait découvrir aussi que l'homme seul, sans l'aide de Dieu, est dans l'incapacité de s'en sortir. Tel est finalement le point où nous conduit l'étude de l'idée d'une théologie de la culture chez Tillich.

---

[20] « Kirche und Kultur » (1924), *G. W.*, IX, p. 42 (*The Interpretation of History*, transl. by Elsa Talmey, New York, Charles Scribner's Sons, 1936, p. 235).

LA NOTION MODERNE DE CULTURE
SON ÉMERGENCE À L'ÈRE DES ROMANTISMES
ET SES ENJEUX SELON PAUL TILLICH

Michel DESPLAND
Université Concordia, Montréal

Il est possible de faire remonter la notion moderne de culture jusqu'aux propos des pédagogues de la Renaissance : ils lançaient en effet un nouveau discours sur l'enfance et l'adolescence en comparant les parents et surtout les précepteurs à des jardiniers. Il s'agissait de former les enfants, de les nourrir et les discipliner, pour qu'ils croissent comme une plante dans un jardin ensoleillé, bien cultivé et où les mauvaises herbes sont tenues en respect[1]. Au cours du XVIIe siècle, la métaphore agricole s'étendit à d'autres activités humaines qui furent à leur tour conçues comme devant relever d'une politique consciente de développement, d'une pratique soigneusement orientée vers la réalisation d'un objectif; les bons rois, par exemple, encourageaient la culture des lettres et la culture des sciences. Au XVIIIe, cette métaphore cesse d'être vivante : les réalités du jardinage s'estompent. On se met à parler de culture dans le sens général de formation de l'esprit et on le fait sans visualiser des tuteurs et des sécateurs[2].

Au cours du XVIIIe siècle, l'usage de ce mot devient de plus en plus riche et complexe, et cela particulièrement en Allemagne. En fait, la notion de *Kultur* nous offre un thème privilégié pour observer les péripéties de la vie intellectuelle, sociale et même politique dans ce pays.

Un dictionnaire de 1793 y définit la culture comme « l'annoblissement et l'affinement de toutes les forces spirituelles et corporelles d'un homme et d'un peuple ». L'état de culture correspond donc à l'état d'un

---

[1] Voir par exemple T. ELYOT, *Book of the Governor*. La métaphore agricole remonte à CICÉRON, *Tusculanes* II, 13.

[2] Voir l'exemple de Voltaire, cité par E. TONNELET, « *Kultur*, histoire du mot, évolution du sens », CENTRE INTERNATIONAL DE SYNTHÈSE, *Civilisation. Le mot et l'idée*, Paris, Alcan, 1929, p. 73.

individu ou d'une nation une fois qu'ils ont été améliorés. Une telle définition relève bien de l'idéal des Lumières, ce qui devient explicite dans
la deuxième moitié de la définition qui parle d'élévation de l'intelligence
par la libération des préjugés, ainsi que de politesse des mœurs[3].

Herder, puis Kant élaborèrent une vision de la culture étroitement
rattachée au devenir de l'humanité. Pour Herder, qui fut l'un des premiers à concevoir ce que les Allemands appellent une *Kulturgeschichte*,
la culture s'oppose à la barbarie. Les hommes sont perfectibles, mais leurs
efforts sont isolés et répartis à travers le globe ; les peuples se façonnent
des cultures différentes et chacun accomplit ainsi à sa manière les différentes étapes du progrès[4]. Répliquant à Herder, Kant commence par souligner que l'homme a fait beaucoup moins de chemin que celui-ci ne semble le croire. Lecteur de Rousseau et marqué par la sensibilité de ce dernier, Kant donne au mot *Kultur* des résonances particulièrement com-
plexes. Il oppose culture et nature. La nature nous force à acquérir les
arts et les sciences, mais nous devons les acquérir par nous-mêmes, les
inventer, les bâtir nous-mêmes. L'état de culture est imposé à l'homme
par une Nature qui peut sembler peu généreuse. La culture est donc marquée du sceau de l'artificiel. Kant fait ensuite de la culture une réalité
moralement équivoque. En tant que seconde étape d'un cheminement,
elle s'inscrit dans le cadre d'un progrès vers un mieux, mais sans être
pour autant un progrès moral, loin de là. En fait, Kant affirme que les
hommes n'ont pas besoin d'être vertueux pour être cultivés; la culture,
écrit-il, s'établit plutôt dans la rivalité et la discorde. La culture et l'art
ne sont que les fruits de l'insociabilité forcée de se discipliner. Kant s'arrête
quand même sur la pente d'un regard tout à fait désabusé et dépréciatif.
Il emploie le mot *civilisation* pour désigner tout développement social
purement matériel et mécanique, sans portée morale, voire moralement
dangereux. À l'encontre de la civilisation, qui, au mieux, est un processus de polissage purement extérieur, la culture est une activité qui trouve
son origine dans la personne et inclut l'idée de moralité. La culture ne
réalise pas la moralité, loin de là, mais elle y pense, pourrait-on dire. La
civilisation, par contre, se satisfait des apparences de la moralité. Kant
ajoute que les Français, plus évolués en apparence, ne font que perfec-
tionner la civilisation, alors que les Allemands se soucient de *Kultur*[5].

---

[3] Voir *ibid.*, p. 62 ; voir aussi Lucien FÈBVRE, « Civilisation. Évolution d'un mot et d'un groupe
d'idées », CENTRE INTERNATIONAL DE SYNTHÈSE, *op. cit.*.

[4] E. TONNELET, *loc. cit.*, pp. 63-64. Isaiah Berlin souligne que l'accent chez Herder est anti-
impérialiste : les diverses cultures régionales, même celles qui sont éloignées des « centres de
civilisation », ont une dignité et une valeur absolue. Herder rejette donc vigoureusement l'idée
d'une diffusion de la civilisation à partir de Paris.

[5] Voir la septième proposition dans « Idée d'une histoire universelle », *la Philosophie de
l'histoire*, Paris, Aubier-Montaigne, 1947.

Ces deux discours sur la culture lancent une problématique dynamique. La culture est désirable ; elle est aussi inachevée : c'est une entreprise qu'il faut poursuivre. Pour se réaliser l'homme doit sans cesse se prendre en main. Certes Kant souligne qu'en un sens la culture se développe automatiquement, mais il ajoute que l'homme « amélioré » par un tel processus n'est pas vraiment meilleur au point de vue moral. La brutalité même de ses propos sur l'état de culture rend perplexe, force à réfléchir. Cet état équivoque qu'il décrit rend la prise en charge de notre destinée et la poursuite consciente du processus culturel encore plus impératives. Kant, après Rousseau, place l'homme dans une histoire qu'il ne maîtrise pas et le somme de mieux faire[6].

Par ailleurs, on voit apparaître à l'ère du Romantisme allemand deux autres discours sur la culture qui orientent les esprits dans des directions bien différentes. De retour d'Italie, Goethe propose de voir la culture comme un état de fait. La *Kultur*, c'est « les façons de vivre et de penser collectives, qu'un peuple s'est formées durant un long contact avec la nature, au cours de luttes qu'il a menées contre elle. [C'est] aussi les transformations qu'il a fait subir à la nature qui l'entoure[7]. » Y voyant un fait acquis, Goethe pose sur la culture un regard admiratif qui n'est ni moralement ni socialement dynamisant. La culture pour lui est un style de vie qui donne de l'unité à un ensemble d'activités. Il s'agit pour ainsi dire d'une réussite esthétique qu'il faut savoir apprécier. Il y a lieu donc de goûter la culture, de la célébrer, dans une attitude poétique et lyrique. Politiquement, il faudra la conserver. Dans un subtil glissement de sens, la culture cesse ainsi d'être un phénomène humain général, pour devenir quelque chose de noble, de plus noble que le reste des activités humaines. En second lieu, Goethe, encore lui, relance la métaphore jardinière sous un nouvel avatar, avec l'idéal de la *Bildung*. Mais il s'agit là d'une formation avant tout intérieure, et d'une autoformation, c'est-à-dire d'une culture des capacités de l'âme entreprise par le sujet lui-même, sur lui-même. Le *Bildungsroman* est l'aventure du jeune homme autonome, qui voyage et fait l'expérience du monde, et parvient ainsi à faire de sa propre personne une œuvre d'art.

L'activisme de la célébration culturelle et celui de la formation personnelle tels qu'on les trouve chez Goethe sont bien atténués par rapport aux perspectives exaltantes ouvertes par Herder et à celles, si exigeantes, de Kant. En fait, il n'y a probablement plus lieu de parler d'activisme. Norbert Elias me semble avoir écrit des pages valables et fortes sur ce nouveau tournant pris par l'idée de culture en Allemagne. « La

---

[6] Voir George Armstrong KELLY, *Idealism, Politics and History. Sources of hegelian thought*, Cambridge, Cambridge University Press, 1969.

[7] E. TONNELET, *loc. cit.*, p. 67.

notion de culture reflète la conscience d'une nation obligée à se demander continuellement en quoi consiste son caractère spécifique, à chercher et à consolider sans cesse ses frontières politiques et spirituelles. » Sur la défensive, l'Allemagne revendique comme sienne la *Kultur* et lui donne une saveur d'intériorité profonde qui échappe aux regards des étrangers. Ce discours ignore les catégories politiques : la *Kultur* est le point d'honneur d'une classe écartée de toute activité politique. Et surtout, ce discours permet de formuler la grande revendication anti-française dont la conscience nationale avait besoin après l'époque des Lumières et l'épopée napoléonienne : celle d'un état de développement spirituel supérieur et sans pareil au milieu même du sous-développement social et politique[8]. Certes, avec leur *Zivilisation*, les Français ont des mœurs d'un brillant superficiel, une certaine organisation sociale et un indéniable pouvoir matériel. Mais les Allemands ont l'avantage d'une possession spirituelle : la *Kultur*, qui pour eux est un acquis.

Il nous semble donc que l'ère romantique allemande soit la période où l'on doive situer l'apparition de la notion spécifiquement moderne de culture et que cette notion est liée à une prise de conscience exceptionnellement vive de la situation précaire de l'individu et des groupes au sein d'une histoire mouvementée. Avec cette prise de conscience surgit aussi un grand choix de sensibilité, une grande alternative face aux réalités ainsi mises en lumière. On peut se placer dans la lignée de Rousseau et de Kant, et le mot *culture* sert à découvrir l'homme acculturé, hors de la nature, voire aliéné par rapport à la nature, et pas encore installé dans la moralité. Les lois de la nature ne s'appliquent plus, et les lois de la morale, bien qu'elles soient connues, sont sans cesse défiées, peu ou mal appliquées. Par la découverte de la culture, état instable, transitoire, insatisfaisant, équivoque, l'homme se sent en devenir, pris dans une histoire qui marche, ou plutôt qui boîte, au sein de laquelle il se sait appelé à agir mais où il se trouve entravé. Ou alors on se place dans la lignée de Goethe, et le mot *culture* sert à nommer un acquis historique dont on jouit, que l'on possède et que l'on garde au milieu des vicissitudes et des combats de la société et de l'histoire. Par cette célébration de sa culture conçue comme plus noble, plus élevée que ses autres activités (en général plus matérielles), l'homme entre alors dans ce que j'appellerai la dérive idéaliste, si marquée en Allemagne dès 1800 avec la montée du nouvel idéal de *Bildung*.

Le premier de ces deux cheminements mérite qu'on s'y attarde un peu, étant donné la riche tradition de pensée qui s'est promptement élancée sur cette voie. Schelling, par exemple, élabore une théorie de la culture qui fait du processus culturel une nécessité postlapsaire, un travail pénible, voire une entreprise tragique, vu qu'elle vise à recréer une unité

---

[8] Norbert ELIAS, *la Civilisation des mœurs*, Paris, Pluriel, 1977, pp. 15, 19, 24.

irrémédiablement perdue[9]. Dans toute cette tradition, la culture apparaît à la sensibilité comme le carcan d'un lieu et d'un moment donnés : l'homme est ce qu'il s'est fait, ce qu'il a été fait, et il possède les forces qu'il a ; mais la culture est aussi sentie comme une force vive grâce à laquelle l'homme réagit aux conditions imposées. (L'homme est ainsi conçu comme jouissant d'une puissance d'expression et d'autoréalisation qui lui permet de mettre en branle un mouvement historique de libération ou de redressement, et cela même au sein des fatalités les plus adverses.) La découverte de la culture nous laisse ainsi entendre que l'homme peut se refaire ; du mal a été fait qui a blessé l'homme, mais l'homme peut réagir, se défendre et lutter. Entre l'optimisme et le désespoir, les hommes luttent pour renouveler leurs pouvoirs et transformer les rapports qu'ils entretiennent entre eux. La culture apparaît ainsi à la fois comme un milieu englobant, qui a formé les hommes et les forme encore, et comme un tout que l'homme moral est appelé à transformer grâce à un levier et un point d'Archimède qui restent encore à préciser.

La prise de conscience de l'existence humaine en tant que conditionnée par des milieux spécifiques et des moments historiques précis est très largement répandue dès la fin du XVIIIᵉ siècle. Le plus grand philosophe de cette génération, Kant, écrit en 1784 *Was ist Aufklärung ?*, texte où la philosophie pose enfin la question du présent : « Qu'est-ce qui se passe maintenant ? » Comme l'a bien montré Michel Foucault dans la leçon qu'il a donnée sur ce texte, pour la première fois dans son histoire la philosophie s'arrête sur la question : où en est l'humanité aujourd'hui ? Parmi tous les possibles qui sont en principe accessibles à l'homme, seuls certains sont en fait possibles dans les conditions du présent. (Pour Kant un grand événement domine la scène contemporaine et élargit le champ des possibles : il s'agit de la Révolution française.) Ainsi, comme l'écrit Foucault, la philosophie prend conscience de sa condition historique, de sa situation au sein d'« un ensemble culturel caractéristique de sa propre actualité[10] ». Ce contexte culturel précis conditionne sa tâche elle-même. Pour sa part, la jeune génération romantique prend conscience de sa condition humaine non pas par le biais d'une sagesse intemporelle, mais par celui d'une autobiographie individuelle. Chacun « s'attribue un destin », croit avoir vécu, au cours de sa propre vie, des crises, des souffrances ou des guérisons exemplaires[11]. Le jeune romantique a le devoir de raconter sa destinée, et il y trouve une voie vers l'apaisement. En se penchant sur sa biographie, l'homme découvre que ce qui

---

[9] Sur la notion schellingienne, voir l'article de Jean RICHARD, « Religion et culture dans l'évolution de Paul Tillich », publié dans cet ouvrage ainsi que son article « les Religions non-chrétiennes et le christianisme dans la première dissertation de Tillich sur Schelling », *Sciences religieuses*, 14 (1985), p. 423.

[10] Le texte du cours a été recueilli et publié avec une introduction dans *Magazine littéraire*, 207 (mai 1984), pp. 35-39.

[11] Voir Émile CIORAN, *la Tentation d'exister*, Paris, Gallimard, 1986, p. 140. Cioran ajoute que les esprits commencent à croire que la psychologie révèle notre essence.

pour lui est dorénavant possible dépend des expériences qui ont caractérisé son enfance, son adolescence, sa jeunesse. Lui aussi découvre que sa vie est façonnée par une culture, encadrée dans un état de fait historique.

Il faut bien comprendre ici que la prise de conscience signalée par cette mise en avant de ce concept de culture et l'habitude d'y avoir recours à la fin du XVIIIᵉ siècle représente la promotion d'un outil intellectuel spécifiquement moderne qui, à mon avis, n'a pas d'antécédents proprement bibliques et devrait donc être perçu comme théologiquement neutre[12]. En attirant l'attention des hommes sur leur environnement historique et social comme environnement global et transformable bien que conditionnant tout, y compris la mentalité, le concept de culture offre aux esprits modernes comme un décalque de ce que la théologie appelait « le monde », « ce bas-monde » ou « ce monde qui passe », pour ne signaler que trois des nombreux avatars du *aiôn houtos* néotestamentaire. À la suite de Rousseau, la culture est perçue comme le lieu d'un conflit, aux vastes enjeux moraux et spirituels[13]. Ce conflit spirituel et moral intrahistorique risque d'être confondu avec le conflit dont parlaient les chrétiens entre « ce monde qui passe » et « le monde à venir ». Et dans cette confusion une eschatologie intrahistorique risque de se substituer inconsciemment à l'ancienne eschatologie de l'orthodoxie chrétienne. Les processus de chute, de captivité dolente, et ensuite de rédemption et de libération qui se situent au centre de la conception chrétienne cessent d'être avant tout ou exclusivement les moments d'un drame suprahistorique[14]. À l'ère romantique, ces processus deviennent les faits successifs d'un drame entièrement historique. Ainsi, des Européens qui sont sûrs qu'ils ne croient plus ni à Dieu, ni au diable, ni au Paradis continueront néanmoins à se sentir expulsés d'un paradis. Les éléments du drame chrétien qui continuent de permettre à certains de narrer l'histoire des rapports entre Dieu et les hommes, dorénavant servent aussi à faire le récit, l'histoire des rapports que les hommes entretiennent avec leur milieu géographique et historique et de ceux qu'ils entretiennent entre eux. La notion spécifiquement moderne d'aliénation commence à s'insinuer dans

---

[12] Notre article porte avant tout sur l'histoire allemande de la notion de culture ; celle-ci me semble particulièrement significative et elle a obtenu une diffusion européenne par le truchement du romantisme, de l'hégélianisme puis du marxisme. Mais il faut bien noter ici qu'en Angleterre et en France la notion moins dramatique, plus simplement progressive, du devenir de l'humanité a fait preuve d'une vitalité soutenue. Le progrès y est conçu comme résultant d'une évolution et non d'une conversion. Voir par exemple l'héritage de Voltaire et les ouvrages de Guizot. À ce sujet, le lecteur trouvera d'utiles informations dans Karl J. WEINTRAUB, *Visions of Culture*, Chicago, University of Chicago Press, 1966.

[13] Nous nous attardons sur ce sujet dans notre article « A key to 19ᵗʰ century critical attitudes toward religion ? The work of Jean-Jacques Rousseau », *Truth and Compassion*, H. Jospeh, J. Lightstone et M. Oppenheim, édit., Waterloo (Ont.), Wilfrid Laurier University Press, 1983.

[14] Voir à ce sujet notre article « Christian Religion under the Conditions of Modernity : Aspects of the 19ᵗʰ Century Quest for Redemption », *Sciences religieuses*, 13 (1984), pp. 151-152.

les esprits : elle renvoie à une espèce de « chute », un fourvoiement dans l'histoire qui, à partir d'un certain moment, se met à grever toutes les entreprises des hommes. Ce fourvoiement est une fatalité qui pèse sur l'humanité bien plus lourdement que le sort permanent d'imperfection et de faiblesse dont parlaient les philosophes de l'Antiquité ; il s'agit d'une chute. Mais cette chute n'est plus une transgression religieuse ; ce n'est plus un péché devant un Dieu susceptible de le pardonner et de le réparer[15].

Penser que les hommes puissent être ainsi collectivement des victimes marquées par un mauvais tournant pris par l'humanité eût paru bien pessimiste (et bien superstitieux) aux philosophes du siècle des Lumières. Penser que les hommes puissent aussi se reprendre en main dans l'histoire et changer, collectivement, leur culture, eût paru bien téméraire avant le siècle des Lumières et même pour beaucoup encore au cours de ce siècle. Mais la notion d'histoire de la conscience rend ce projet légitime et cet avenir crédible. Il est notoire que les Romantiques allemands se sont efforcés d'écrire l'histoire de la conscience humaine et ont cherché à percevoir les lois de son devenir. L'approche de ce problème a été facilitée par la montée d'une nouvelle théorie de l'art, qui plaçait l'artiste au-dessus de toutes les règles sociales et esthétiques. Cette théorie mettait en valeur la capacité qu'a l'esprit humain de créer des formes, de se livrer à une activité gratuite, à de purs jeux de l'esprit. Dans les activités de l'art, l'esprit se donne à lui-même sa propre matière et semble devenir véritablement créateur. L'art ainsi conçu n'a rien à voir avec les réalités qui, d'ordinaire, préoccupent les hommes : il n'aide pas l'homme à gagner son pain ni à entrer au ciel. Néanmoins l'art apparaît comme l'activité la plus noble, la plus précieuse dont les hommes soient capables[16].

---

[15] Le lecteur connaît bien les péripéties du thème de l'aliénation et du retour dans la pensée de Hegel et ses séquelles dans l'hégélianisme de gauche. Le thème reçoit aussi de riches développements dans la filière romantique de la littérature française : là aussi histoire et société sont conçues comme ayant mal tourné. La possibilité de réunion y est par contre souvent l'objet de doutes. Voir par exemple la lecture de Chateaubriand, en particulier de *René* mise en avant par René Barbéris, *Chateaubriand. Une réaction au monde moderne*, Paris, Larousse, 1976. Voir aussi les deux « consultations » de Vigny, *Stello* et *Daphné*.

[16] Cette théorie de l'art permet aussi toutes les échappées dans l'esthétisme qui renonce à agir sur le monde social et politique. Comme le montre Benjamin, les Romantiques allemands ont aussi élaboré une théorie du langage qui insiste sur le fait que celui-ci n'est pas un moyen d'influencer le monde éthique. P. Lacoue-Labarthe et J. L. Nancy parlent d'une œuvre littéraire entièrement close. Voir leur ouvrage *l'Absolu littéraire. Théorie de la littérature du romantisme allemand*, Paris, Seuil, 1978.

Cette théorie attire l'attention sur une activité par laquelle l'homme se crée un monde intérieur. Elle laisse donc entendre qu'il aurait peut-être, ensuite, dans un effort de volonté, le pouvoir de refaire « le » monde[17].

Quoi qu'il en soit, à partir de la fin du XVIIIᵉ, les Européens ont cessé de voir dans l'histoire la répétition de l'identique ou un drame guidé par Dieu, pour en faire un devenir agencé par les hommes ou un drame écrit par eux. Pour certains, le drame de l'errance et de la réascension historique s'ajoute au drame chrétien, à un niveau en quelque sorte inférieur. Pour d'autres, il se confond avec lui, et le drame chrétien commence à perdre sa dimension surnaturelle[18]. Pour éviter toute confusion, formulons bien les distinctions que l'histoire de la théologie chrétienne nous amène à marquer avec soin : 1. « Ce monde » de la culture en évolution, à l'encontre du monde qui passe dont parlaient les chrétiens, n'est pas défini par rapport à un au-delà (le ciel ou le monde à venir) dont Dieu seul a le secret et que Dieu seul peut faire advenir, mais par rapport à un nouveau monde qui surgira dans l'histoire. 2. « Ce monde » d'une culture en évolution est peut-être refaçonnable par une entreprise humaine, historique, individuelle et collective. On y entend un certain impératif, qui ne nous demande pas un effort au-delà de nos forces[19]. En contraste, dans l'eschatologie chrétienne, ce monde est le lieu d'un devoir moral fait de patience, de persévérance dans l'épreuve, plutôt que d'un effort pour faire plier l'histoire à notre volonté. En d'autres termes, la notion de culture nous fait parler d'un monde à venir qui, mystérieusement, relève de l'agir humain plutôt que d'une rédemption surnaturelle.

---

[17] Sur l'essor de la nouvelle théorie de l'art, voir les textes traduits et présentés par LACOUE-LABARTHE et NANCY, *op. cit.* Notons aussi la rapidité avec laquelle la hardiesse politique et sociale des romantiques cède le pas à l'évasion vers le monde intérieur. Dorothée Schlegel s'exprime ainsi dans une lettre à ses fils : « Puisqu'il est décidément contraire à l'ordre bourgeois et absolument interdit d'introduire la pensée romantique dans la vie, que l'on fasse plutôt passer la vie dans la pensée romantique ; aucune police et aucune institution d'éducation ne peut s'y opposer. » (*L'Absolu littéraire* [...], p. 14). Voir aussi Walter BENJAMIN, *le Concept de critique esthétique dans le romantisme allemand*, Paris, Flammarion, 1986, qui présente la théorie de l'art mise en avant par les Romantiques allemands.

[18] La signification que nous attribuons à l'emprunt fait par les Romantiques de catégories chrétiennes pour narrer le drame historique humain laisse entendre que ceux-ci allaient plutôt dans le sens d'une sécularisation des mentalités. Nous savons que beaucoup ont plutôt trouvé chez eux une rethéologisation du devenir historique, ce devenir qui était en passe d'être interprété uniquement à partir de catégories naturalistes. Nous accordons que le langage littéraire et même l'imagination historique ont été mâtinés de christianisme au cours du XIXᵉ siècle, mais ce recours aux catégories religieuses ne s'est pas accompagné d'un ferme engagement vers un cheminement chrétien individuel et communautaire. Nous hésitons donc à y voir les marques d'un authentique renouveau chrétien.

[19] Comme le montre notre article « la Civilisation moderne et la morale. Les périls de l'idéalisme selon Nietzsche » (à publier dans les Actes du Colloque d'éthique de Rimouski, 1986), les penseurs découvriront au cours du XIXᵉ siècle que réorienter toute une culture vers des fins plus morales n'est pas une entreprise aussi facile qu'on pourrait le croire au premier abord.

Quand Tillich publie en 1919 son article « Sur une idée de la théologie de la culture[20] », il renoue avec tout l'héritage kantien et rompt avec toute la dérive idéaliste, renforcée par un siècle de culture bourgeoise allemande et de robuste optimisme protestant (les protestants se trouvent plus à l'aise dans le XIXe siècle que leurs vieux rivaux catholiques) et par l'imposant édifice idéologique bismarckien (où la *Kultur* rassemble tout ce qu'il y a de bon depuis la religiosité des classes moyennes protestantes et la liberté des cultes jusqu'à la solidité de l'État)[21]. La culture n'y est pas objet d'étude, de contemplation ou de jouissance autosuffisante ; c'est une réalité au sein de laquelle l'auteur et ses lecteurs vivent[22]. « Le point de vue du penseur » est « au cœur du problème »[23]. Kant a donc profondément raison : parler de culture, c'est se situer dans un espace où quelque chose de très vaste et de très intime, quelque chose d'à la fois historique et moral, est en train de se passer, dans un lieu où un devoir nous interpelle et exige son actualisation sans qu'apparaisse clairement le comportement précis ainsi exigé. (En d'autres termes, les priorités de l'action dans l'histoire ne se déduisent pas aisément de l'urgence existentielle.) La culture, encore une fois, est un entre-deux instable, entre le fait naturel déterminé et le devoir-être sciemment formulé. Ce monde ne peut être stabilisé, ni dans le fait de la possession spirituelle acquise, individuelle ou collective, ni dans le pur impératif moral ; c'est un monde équivoque, en transition, qu'il faut orienter dans un sens moral.

Ce monde, si englobant, possède, globalement, son autonomie. Ses activités ne sont pas susceptibles d'être contrôlées par une autorité qui, de l'intérieur de la culture pour ainsi dire, pourrait être habilitée à juger d'elle[24]. En 1919, Tillich installe aussi une relation dynamique entre religion et culture. Il s'éloigne de toute la tradition issue de Schleiermacher qui mettait en valeur la spécificité de la religion pour renouer avec une tradition plus prophétique et souligner l'absoluité de la religion[25]. La religion est un inconditionné qui est présent — et qui juge — dans tout ce qui est conditionné. Le principe religieux, loin ainsi de présider à la création d'une culture religieuse, s'actualise dans toutes les sphères de la vie

---

[20] *Gesammelte Werke*, IX, Stuttgart, Evangelischer Verlagswerk, *What is Religion ?*, trad. J. L. Adams, New York, Harper and Row, 1969.

[21] Voir Michael Pflaum, *Die Kultur-Zivilisations Antithese im Deutschen*. Voir aussi sur le *Kulturkampf* et son messianisme l'article de B. Reymond dans le présent ouvrage.

[22] Je transpose ici le contraste entre civilisation, objet d'étude et réalité au sein de laquelle on vit, qui est formulé par L. Febvre « Civilisation [...] », p. 44. Je note aussi les problèmes de terminologie. Les auteurs qui se mettent à l'école des Allemands et les milieux théologiques en général parlent volontiers de culture, ou des rapports entre religion et culture, alors qu'en général le XIXe siècle francophone réfléchit sur les problèmes de la civilisation et les rapports entre la religion et la civilisation.

[23] Voir l'article « On the Idea of a Theology of Culture », *What is Religion ?*, p. 155.

[24] Voir Jean Richard, « Religion et culture. Problématique du premier Tillich », *Science et Esprit*, XXXVII-1 (1985), p. 49.

[25] *Ibid.*, p. 48.

culturelle. La théologie de la culture, nouveau chapitre que Tillich souhaite voir entrer dans le corpus théologique, a pour tâche de produire l'esquisse idéale d'une culture pénétrée par la religion. Mais, loin de défendre les privilèges immérités d'une culture prétendument religieuse qui voudrait s'opposer à une culture profane ou athée, cette théologie de la culture doit, pour aider à créer la culture théonome, relativiser les prétentions de la culture religieuse qui coexiste parallèlement au reste de la culture. Il ne faut pas s'attendre pour autant à ce que le théologien devienne un artiste ou un créateur culturel au plein sens du terme. Son attitude est intellectuelle, critique, c'est-à-dire négative et affirmative à la fois, mêlée aux combats d'une culture en train de se faire, se défaire et se refaire[26]. Par rapport aux conceptions qui dominaient dans l'Allemagne philosophique et religieuse en pleine dérive idéaliste, Tillich élabore donc une notion équilibrée de la culture ; cette notion comporte des facteurs matériels autant que spirituels ; c'est une réalité extérieure autant qu'intérieure ; c'est un héritage reçu et un environnement subi, mais c'est aussi une situation à modifier dynamiquement. Dans la foulée de cette affirmation, Tillich signale son ralliement à la perspective socialiste[27].

Ce texte de 1919 me semble poser les bases (hélas trop souvent ignorées) d'une saine appréciation des nombreuses révolutions culturelles au sein desquelles les théologiens du XXᵉ siècle ont dû apprendre à évoluer. Il faut néanmoins reconnaître que les pages sur la théologie de la culture écrites aux États-Unis durant les années 50 et pendant longtemps les mieux connues, ne font pas entendre aussi clairement la riche promesse d'une immersion à la fois critique et créatrice au sein des révolutions culturelles de l'heure. L'article mettant en avant la fameuse définition « la religion est la substance de la culture, la culture la forme de la religion » a surtout une saveur apologétique. La religion y est réhabilitée en invoquant les réalités de la culture ; l'auteur n'a pas l'air engagé dans un renouveau culturel[28]. La théologie de la culture qu'il a contribué à mettre en vogue aux États-Unis est devenue davantage un discours sur les arts et la littérature que sur les révolutions sociales, culturelles et politiques.

Il serait pourtant profondément injuste d'en rester là. Je peux avancer ici mon propre témoignage. En 1960, aux États-Unis, je lus d'un trait *Love, Power and Justice*. Le titre me surprit : ma formation théologique et philosophique m'avait sensibilisé aux problèmes de l'amour et à ceux

---

[26] « On the Idea of a Theology of Culture », pp. 160-161, 165, 180.

[27] *Ibid.*, p. 180.

[28] « Aspects of a religious analysis of culture », *Theology of Culture*, New York, Oxford University Press, 1959, p. 43. Pour une excellente critique, voir G. A. KELLY, *Politics and Religious Consciousness in American history*, New Brusnwick (N.J.), Transaction Books, 1984, pp. 13-44.

de la justice, mais ceux du pouvoir ne me semblaient pas avoir grand-chose en commun avec ce que l'on m'avait enseigné. À mes yeux le pouvoir était une chose que l'on étudiait en science politique. Ce *pouvoir*-là ne figurait pas dans le dictionnaire de Kittel. (La dérive idéaliste se rencontre ailleurs que dans l'Allemagne romantico-bourgeoise !) La lecture de ce livre me fit comprendre la différence entre le pouvoir et la force, et surtout me montra l'impossibilité d'une éthique sociale où le pouvoir est considéré avec méfiance, comme relevant d'un ordre de réalités tout à fait différent de celui de l'amour et de la justice[29]. Cette lecture coïncida pour moi avec l'envol du militantisme de Martin Luther King (la fameuse marche sur Washington eut lieu en 1963). Je suis certain qu'elle m'aida à apprécier correctement les enjeux de cette révolution culturelle, à sentir la dimension humaine, quotidienne, ainsi que la dimension institutionnelle et politique de cette mutation des mœurs, bref de cette révolution au sein de la culture américaine. Face à une révolution culturelle comme celle du Black Power américain, il faut bien prendre conscience qu'il s'agit d'un vaste déplacement de pouvoirs qui modifie tout dans une société, depuis les attitudes et les styles de vie assimilés inconsciemment jusqu'à la langue et jusqu'aux structures de l'économie et de la vie politique. Qu'est-ce en effet qu'une révolution culturelle sinon un mouvement qui a la force lente d'un glacier en marche et qui engendre sans cesse des conflits apparemment insolubles et relevant de l'indécidable ? Au sein de telles crises, la théologie de la culture de Tillich permet de bien ressentir la demande inconditionnelle : par exemple, il faut absolument que les Noirs soient égaux dans une société démocratique qui se flatte de les considérer comme des citoyens, et ceci doit se réaliser, même si les idéologies du moment ne permettent pas d'assurer des réformes qui seraient acceptées de la majorité, même si les institutions politiques semblent dépassées par les événements et incapables d'imposer des solutions, même si la morale s'avère impuissante et affolée devant la violence civile et que ses tenants ne font que répéter que tout le monde va trop loin et devrait modérer ses attitudes. Dans de tels contextes, on s'aperçoit de toute la pertinence de la pensée de Tillich, qui répète que l'Inconditionné à la fois juge notre culture et même ce qu'il y a en elle de plus accompli, et nous invite à un effort culturel, tâtonnant, mais innovateur. Je sais fort bien que *Love, Power and Justice*, écrit en 1953, ne fait aucune allusion aux inégalités raciales qui prévalaient aux États-Unis à cette époque. Néanmoins, tout dans ce livre analyse les rapports inégaux de pouvoir comme étant des conflits culturels qui portent atteinte aux exigences de la justice et de la morale. Bornons-nous à renvoyer le lecteur aux pages si pénétrantes sur la succession intellectuelle de Hegel : contre les matérialistes,

---

[29] J'écris cela en 1986 après avoir relu *Love, Power and Justice* (Oxford, Oxford University Press, 1954), mais je suis sûr qu'en gros ma mémoire ne me fait point défaut.

les philosophes ont voulu assurer l'existence idéale des « valeurs ». Ils ont hélas oublié que ces « valeurs » doivent être actualisées dans l'existence et par l'existence[30].

L'applicabilité des analyses tillichiennes me semble pouvoir se démontrer également en examinant une autre mutation ou révolution culturelle, celle qui a travaillé le Canada français depuis 30 ans et a mis en branle une lente transformation du Québec. Revenons un peu en arrière dans l'histoire pour bien comprendre les ressorts de cette évolution. Comme bien d'autres peuples, comme les Irlandais ou les Polonais par exemple, les Canadiens habitant la Nouvelle-France furent conquis par une puissance étrangère. Mais cette puissance eut un comportement bien particulier. Elle ne priva pas de ses terres le petit peuple établi sur les bords du Saint-Laurent (ce qu'elle fit pourtant pour les Acadiens) ; mieux encore, elle leur laissa leur religion et leur langue. Mais tout naturellement, elle bâtit un vaste empire commercial à partir de cette même vallée, peupla cet empire d'anglophones et bâtit petit à petit une société et même un État qui devint formellement démocratique au moment où les francophones y constituaient nettement la minorité. Ces derniers y furent rapidement marginalisés. Les Canadiens français ne purent alors placer leur fierté et ne prétendre à l'excellence que dans la culture : ils avaient la foi, la vraie, celle de la sainte Église catholique et romaine, et ils parlaient le français, langue noble, elle aussi installée au firmament des essences parfaites et immuables. Mirages et illusions : la culture devint un monde séparé, autosuffisant qui réchauffa, accapara et appauvrit le cœur de ce peuple voué semblait-il à la pauvreté et à la soumission. La culture s'était en effet réduite à un ensemble de croyances qui ne servaient à rien, sinon à sauver l'honneur et la vanité. Ces croyances n'organisaient plus grand-chose, motivaient fort peu ; elles permettaient de survivre, mais n'aidaient guère à vivre, c'est-à-dire à naviguer au milieu de circonstances périlleuses, à se défendre[31]. La culture était devenue un labyrinthe d'images supraterrestres ou surannées ; elle n'était plus la carte de géographie du réel.

Depuis 1960, de nombreuses voix s'élevèrent, de moins en moins rageuses et criades, de plus en plus claires et de plus en plus fortes, pour dénoncer les méfaits causés par cette sorte de culture catholique et française que l'histoire avait amené les Canadiens français à se façonner. Je citerai Pierre Vadeboncœur, l'un des meilleurs essayistes québécois que notre génération ait pu lire. Dans son article « Pour une dynamique de notre culture », on trouve la constatation suivante : « La culture a cessé de savoir où se trouve l'homme réel, quelles sont ses puissances et quoi

---

[30] *Ibid.*, pp. 73-75.

[31] Une telle théorie de la culture et de ses dérives repose sur les vues de José ORTÉGA Y GASSET, *Meditations on Don Quixote*, New York, Norton, 1963, p. 142, et J. WEINTRAUB, *op. cit.*.

lui révéler sous les espèces de l'idéal ; notre culture a totalement négligé de fouetter les puissances de l'homme[32]. » Un autre de ses articles, intitulé « Réflexion sur la foi », dénonce la théologie qui se prétend humaniste, mais désintéresse l'homme des combats quotidiens de l'histoire.

> On prétend faire un homme sans l'engager à fond dans cette immense promotion de ce que l'on peut appeler en toute orthodoxie, le temporel, mouvement qui est la gloire de la civilisation moderne et l'instrument, unique dans l'histoire, d'une création civilisatrice que certains humanistes ont parfois le front de juger de haut chez nous. On prétend faire un homme en ne faisant pas ce que fait l'histoire[33] !

La révolution devint sérieuse, sembla menacer l'équilibre canadien, lorsque les Québécois se mirent en tête de chercher à se gouverner eux-mêmes, de tester leurs pouvoirs ici-bas, de mieux exercer ceux qu'ils possédaient déjà, et d'acquérir ceux qui leur manquaient et dont les hommes doivent normalement jouir. « Nous avons découvert que nous avions besoin de pouvoirs. Alors là, cela n'a plus marché du tout, preuve que nous avions frappé juste[34]. » Manifestement, garder la foi et chérir la langue française ne suffisaient plus. D'ailleurs les expressions de la foi évoluaient (deuxième Concile du Vatican) et la qualité de la langue (chez les Montréalais surtout) devenait alarmante. Manifestement, il fallait soit abandonner la foi, soit se mettre à la vivre dans l'histoire. La langue, elle aussi, devait quitter son empyrée. Elle n'était plus isolable[35]. Il ne suffisait pas qu'une élite l'acquière dans des dictionnaires et grammaires publiés par quelque équivalent du Vatican et diffusés par des collèges classiques ; il fallait la mettre au travail, s'en servir comme instrument de communication entre Québécois, lui donner l'accent propre à cette société, la faire parler de cette partie du monde, la faire servir au travail qui s'accomplissait ici, et l'adapter aux besoins de l'heure. De plus, une langue n'est pas une muraille de Chine ; elle ne protège pas à elle seule une identité culturelle menacée ou attaquée. Sa santé repose sur toute celle d'un peuple ; elle est donc liée à la vie économique et politique[36]. Inévitablement le peuple québécois s'est donné une politique linguistique. Question de pouvoirs, bien sûr, de vie ou de mort. Qu'il nous suffise de constater combien cette politique est attaquée aujourd'hui.

Tillich n'a pas été lu au Québec par la génération de Pierre Vadeboncœur. Et pourtant la problématique lancée par ce socialiste et théologien de la culture éclaire bien le cheminement de cette génération aux

---

[32] P. Vadeboncœur, *la Ligne du risque. Essais*, Montréal, Hurtubise HMH, 1963, p. 18.

[33] *Ibid.*, p. 43.

[34] Id., *To be or not to be. That is the question*, Montréal, Hexagone, 1980, pp. 12-13.

[35] *Ibid.*, pp. 23-25.

[36] P. Tillich, « Christianity and Modern Society », *Political Expectations*, New York, Harper and Row, 1971, p. 9.

prises avec les problèmes de l'autonomie et de l'hétéronomie en matière culturelle. Cette génération, en effet, a dû dénoncer les illusions d'une culture prétendue religieuse parce qu'elle était installée dans l'intemporel et dominée par le clergé, et renoncer aux mirages d'une vie intellectuelle et spirituelle qui plane au-dessus des combats sociaux. Elle a dû aussi dénoncer les attraits d'une culture anglo-saxonne idéologiquement forte et « progressiste » et, de plus, économiquement avantageuse, en répétant qu'il s'agissait d'une culture étrangère et en montrant qu'elle ne correspondait pas aux besoins du peuple canadien-français. Ici, comme toujours et partout ailleurs, il a fallu affirmer l'autonomie de la culture, laisser les hommes mettre leurs forces à l'épreuve, mieux encore, les aider à sortir gagnants de cette épreuve. Il a fallu surtout oser regarder en face les réalités du pouvoir, si humiliantes soient-elles, pour discerner l'intolérable dans le jeu des forces temporelles et lui opposer d'abord son refus, et ensuite son contre-jeu. Il a fallu encore tâtonner pour trouver les politiques possibles (tout critiquer revient à ne rien critiquer), établir enfin une relation dialectique entre ce dynamisme historique et sa foi religieuse. Pierre Vadeboncœur, ajoutons-nous ici, nous a donné aussi un recueil intitulé *les Deux Royaumes* ; nous y trouvons la persistance d'une dialectique rigoureuse : aucun royaume ne réussit à dominer ou englober l'autre ; aucun ne réussit à dévaloriser l'autre[37].

Là aussi, la culture, dans sa facticité, est source de malaise. Nous ne devrions pas trop la célébrer, ni d'ailleurs trop pleurer sur elle ; ce serait nous louer nous-mêmes ou pleurer sur nous-mêmes, et cela, la modestie et le courage nous l'interdisent. Mais nous pouvons avouer que nous sommes dans un entre-deux, victimes d'un malaise et sommés de faire mieux dès aujourd'hui. Mal partis, mais en route ; l'accent doit-il porter sur les entraves ou sur le mouvement en cours ? L'essor de la littérature québécoise des années 60 montre bien que si la culture est le lieu d'une aliénation, c'est aussi le lieu d'un combat. Et toute l'histoire récente du Québec montre que l'effervescence culturelle débouche inévitablement sur une politique et que celle-ci peut avoir des fins morales.

---

[37] P. VADEBONCŒUR, *les Deux Royaumes*, Montréal, Hexagone, 1968.

KULTURPROTESTANTISMUS, KULTURKAMPF ET THÉOLOGIE DE LA CULTURE

Bernard REYMOND
Université de Lausanne

La théologie « de la crise », à commencer par celle de Karl Barth, n'a pas eu de termes assez sévères pour rejeter tout ce qui avait parfum de *Kulturprotestantismus*. C'était bien dans la perspective du sens qu'elle avait de la *Krisis*, du jugement : elle condamnait quasi sans appel, au nom de la Parole, de son altérité, de son étrangeté et de sa verticalité, toute l'entreprise « moderne » du protestantisme (celle que E. Troeltsch a qualifiée à juste titre de « néoprotestantisme », pour la distinguer du « vétéro-protestantisme » antérieur à l'influence des Lumières), entreprise visant à conjuguer protestantisme et civilisation, donc à mettre en évidence les acquis et la supériorité *culturels* (ou civilisateurs) du protestantisme.

Paul Tillich est aussi l'un des hommes qui, du fait de leur âge (il était l'exact contemporain de Barth), ont intensément vécu, pensé, problématisé la crise culturelle et sociale provoquée par la Première Guerre mondiale. À cet égard, lui aussi est profondément un théologien « de la crise ». Mais à la différence de Barth et de la plupart des ressortissants de la théologie dite « dialectique » (Tillich la disait à juste titre plus « paradoxale » que « dialectique »), il a situé sa réflexion dans le prolongement direct du *Kulturprotestantismus* et en particulier de ses représentants les plus éminents : Harnack, Troeltsch et, plus lointain mais non moins décisif, Schleiermacher.

Cette affinité voulue et réfléchie de Tillich avec le *Kulturprotestantismus* ne suffit toutefois pas à le situer dans la constellation théologique de son temps. Affinité ne signifie pas continuité sans rupture. Or si Tillich s'est beaucoup interrogé, comme ses devanciers, sur la conjugaison de la religion (donc aussi du protestantisme) et de la civilisation (ou de la culture), il ne pouvait précisément plus donner lieu à proprement parler à ce que l'on désigne usuellement du terme de *Kulturprotestantismus*. D'où l'apparition significative fréquente, sous sa plume, d'un terme qu'on ne retrouverait guère chez ses prédécesseurs : « Théologie de la culture » (ou de la civilisation). Du coup, un autre aboutissement du néoprotestantisme au XIXe siècle se trouvait pratiquement exclu de son horizon : le *Kulturkampf*.

Nous nous proposons de mieux saisir ces différences entre Tillich et ses devanciers, différences d'autant plus intéressantes et significatives qu'elles se situent dans le contexte d'une incontestable parenté théologique et intellectuelle. Elles ne sauraient évidemment apparaître dans toute leur netteté si nous ne forcions parfois le trait : une telle démarche ne peut jamais éviter ce qu'il peut y avoir d'un peu caricatural dans toute description typologique. On voudra bien en tenir compte.

Problèmes de vocabulaire et de contexte culturel

La conceptualité que nous venons d'utiliser pour situer notre problème n'a guère d'équivalents en français et ne peut être restituée dans notre langue sans des périphrases qui restent toujours approximatives. Aussi la plupart des auteurs francophones qui font allusion à cette période et à ces problèmes en viennent-ils le plus souvent à utiliser tout bonnement les expressions allemandes. La seule des trois expressions dont nous faisons ici l'examen et qui soit traduisible en français ne va pas elle-même sans faire difficulté : *Theologie der Kultur* (on remarquera que Tillich évite à dessein l'expression, d'ailleurs inusitée, *Kulturtheologie*) signifie bien davantage que « théologie de la culture », surtout si l'on tient compte de notre redoutable propension française à limiter le champ du culturel à cela seulement qui relèverait des beaux-arts, de la littérature ou dès disciplines universitaires.

La *Kultur*, en allemand, c'est évidemment la culture au sens où nous l'entendons. C'est aussi la civilisation, avec sa force civilisatrice, un peu dans le sens messianique où l'Europe du siècle dernier se sentait appelée à « civiliser » la planète. Et c'est encore la société sous ses différents aspects, à commencer par celui de la mentalité qui en constitue l'élément moteur et formateur — ou déformateur. Il ne viendrait par exemple pas à l'esprit d'un francophone de considérer la politique comme une activité spécifiquement culturelle, tandis que le germanophone l'inclut quasi automatiquement dans la *Kultur*. De même pour les différents aspects de la vie économique ou sociale : le francophone les met volontiers « au service » de la culture ou souhaite qu'ils soient influencés par elle ; le germanophone y voit des aspects constitutifs de la *Kultur*, au même titre que la musique et la littérature.

Cette disparité dans les usages linguistiques ne doit toutefois pas faire illusion : l'absence, en français, d'expressions aussi caractérisées que *Kulturprotestantismus* ou *Kulturkampf* n'entraîne pas que les réalités auxquelles elles renvoient soient étrangères aux pays d'expression française. Bien au contraire. Elles n'y ont simplement pas donné lieu à des expressions du crû aussi typées. La raison la plus vraisemblable en est que le vocabulaire des francophones reste déterminé par ce qui se passe et se dit en France même, et que les protestants ont toujours été en trop petit nombre dans les frontières de l'Hexagone pour donner lieu à des attitudes et à des mots clefs aussi susceptibles de faire programme.

Mais les linéaments de ce qui a fait le *Kulturprotestantismus* et le *Kulturkampf* se retrouvent bel et bien chez eux, en particulier au moment où les protestants ont pratiquement fait cause commune avec la IIIᵉ République pour mieux mettre en échec la politique cléricale encouragée par l'attitude du pape Pie IX[1]. Et si l'on se transfère en Suisse romande, on découvre que le *Kulturkampf* — le vrai, avec toutes ses conséquences politiques — y a fait rage dans les cantons protestants, en particulier Genève et Vaud, quelque 20 ans déjà avant qu'il éclate en Allemagne, dont on croit trop facilement qu'elle a été le pays par excellence de ce conflit[2].

Cette référence à ce qui s'est passé parmi les francophones n'intéressait pas Tillich, tout plongé qu'il était lui-même dans les problèmes propres à la réalité allemande de la *Kultur*. Mais elle importe ici à notre propos précisément pour éviter que le problème dont nous cherchons à cerner les limites n'apparaisse comme un problème spécifiquement et uniquement allemand. Le *Kulturprotestantismus* et le *Kulturkampf* (nous continuerons à recourir à ces expressions par commodité de langage) sont en effet des phénomènes qui tiennent à la nature et à la situation mêmes des protestantismes continentaux[3], disons entre 1850 et 1920. Plus largement encore, ce sont des aspects inéluctables de la situation des protestantismes dans le monde (la *Kultur*) moderne.

Kulturprotestantismus et *Kulturkampf* se distinguent essentiellement en ceci : le premier est un mouvement de pensée, soutenu par la réflexion de quelques-uns parmi les meilleurs théologiens du moment ; le second en est la retombée et la concrétisation dans le champ de l'action politique. Mais l'un ne va pas sans l'autre et, à la limite, l'un ne serait pas apparu sans l'autre : il est bien clair que les protestants, surtout leurs hommes politiques, n'auraient pas cherché à assurer politiquement la suprématie culturelle du protestantisme contre les menées de la politique inspirée par le Vatican s'ils n'avaient été convaincus de cette supériorité par

---

[1] Voir en particulier les deux survols les plus récents de cette période dans le protestantisme français : J. BAUBÉROT, *le Retour des huguenots*, Paris-Genève, Labor et Fides, 1985, et A. ENCREVÉ, *les Protestants en France de 1800 à nos jours*, Paris, Stock, 1985.

[2] Voir l'ouvrage le plus récent à cet égard : P. STALDER, *Der Kulturkampf in der Schweiz*, Frauenfeld, Huber, 1984. En Allemagne, le *Kulturkampf* date de 1870 (au lendemain du premier Concile du Vatican et de la proclamation du dogme de l'infaillibilité ponctificale), pour atteindre son point culminant en 1875 et retomber complètement dès 1880. En Suisse, il a commencé avec la guerre du *Sonderbund* (alliance séparée des cantons catholiques) en 1847, s'étendit à mesure de l'accession des radicaux au pouvoir des divers cantons protestants, et atteignit son déclin à peu près en même temps qu'en Allemagne.

[3] La situation est différente en Grande-Bretagne où la minorité catholique (moins de 10 % de la population) était quasiment niée dans son existence culturelle. Mais le problème se retrouve entier, à la même époque, dans l'attitude des Anglais envers l'Irlande.

les arguments et démonstrations de leurs théologiens. En sens inverse, on peut douter que les meilleurs parmi les intellectuels protestants se seraient attachés avec tant d'assiduité à mettre en évidence les avantages culturels, économiques et sociaux du protestantisme et à en défendre la légitimité avec tant d'acharnement s'ils n'avaient craint un retour de flammes culturel de la politique conservatrice et anti-libérale soutenue par Rome et par son clergé.

Un héritage de l'*Aufklärung*

Le *Kulturprotestantismus* est bien évidemment un enfant du XVIIIᵉ siècle. Nous ne croyons pas qu'il le soit au sens où l'a entendu par exemple Karl Barth, c'est-à-dire au sens où il aurait repris à son compte les préoccupations si uniment anthropocentriques inhérentes au siècle des Lumières. Il est plutôt l'héritier des questions auxquelles le protestantisme devait faire face après la manière dont les Lumières avaient posé le problème de la religion devant l'opinion publique. Sommairement dit, les Lumières n'ont pas tellement demandé si la religion était vraie, mais si elle était *utile* — si elle l'était à l'individu aussi bien qu'à la société. Leur réponse est bien connue : la religion prétendûment « révélée » est néfaste, parce qu'elle éloigne l'homme de la religion « naturelle » qui, elle, lui permettait de s'épanouir.

À la pointe de ce combat, ou plutôt de cette mise en question, on trouve évidemment les Encyclopédistes[4]. Or les Encyclopédistes étaient français et réservaient par conséquent la majeure partie de leurs attaques à l'Église catholique. Quand ils s'en sont pris aux protestants, ce fut surtout pour dénoncer leurs inconséquences : soit ils n'étaient plus assez chrétiens (c'est le reproche que d'Alembert adressait aux Genevois avec son célèbre article de l'Encyclopédie sur leur « socianisme »), soit ils l'étaient encore trop pour des non-catholiques (la logique des Lumières voulait qu'ils pourchassent tout reste de religion « révélée », c'est-à-dire se rapprochant tant soit peu du supranaturalisme catholique). D'où la situation curieuse du protestantisme au sortir de cette mise en question : il n'était ni tout à fait suspect, ni pleinement agréé. L'Église catholique, en revanche, se voyait complètement discréditée, dans l'esprit des Encyclopédistes s'entend.

Au début du XIXᵉ siècle, au sortir de la tourmente révolutionnaire, ce fut au tour de la « religion naturelle » d'avoir perdu tout crédit. On pouvait lui reprocher d'avoir abouti à toutes les mascarades religieuses du culte à l'« Être suprême » et d'avoir conduit tout droit au bain de sang de la Terreur. Tout compte fait, la religion traditionnelle avait mieux tenu

---

[4] Le meilleur exemple de leur production sur ce point, et le plus drôle, reste Diderot, *Supplément au voyage de M. Bougainville*.

le coup qu'on ne l'aurait attendu. Elle portait même l'auréole du matyr. Le calme revenu, Napoléon lui-même avait dû en reconnaître les mérites, l'eût-il fait à la suite d'un calcul strictement politique. La religion pouvait donc prétendre reprendre sa place dans la vie de la société, dans la *Kultur*. Mais ce ne pouvait plus être exactement la même place que jadis. La tourmente l'avait épurée, dégraissée. La même question que le XVIIIe siècle avait déjà posée se reposait donc, mais dans une perspective nouvelle : quelle était désormais l'*utilité* de la religion ? Quelle était-elle en pleine élaboration d'un monde nouveau qui était en train de naître, d'une *Kultur* en état de germination ?

L'apparition du *Kulturprotestantismus*

Tel est à grands traits le contexte dans lequel Schleiermacher est intervenu avec ses *Discours sur la religion* (1799) : les esprits « cultivés » (encore et toujours le mot *Kultur* !) croient pouvoir s'ériger en « détracteurs » de la religion ; en réalité ni eux ni la société ne peuvent s'en passer, parce qu'on ne peut être pleinement homme sans religion, ni la société s'épanouir vraiment sans elle. Mais — et cette incidente devenait ici quasiment primordiale — la religion dont Schleiermacher prônait ainsi la nécessité et l'utilité n'était précisément pas n'importe quelle religion : c'était de toute évidence la religion selon le protestantisme, non selon le catholicisme. Remarque importante à ce propos : cette option, dans les *Discours*, transparaissait surtout dans son exaltation de l'Allemagne, forgée par l'esprit protestant, aux détriments de la France, si évidemment victime de la tradition catholique qui, selon Schleiermacher, avait conduit tout droit à la légèreté et à l'irresponsabilité voltairiennes.

Chez Schleiermacher, si mal compris, si trahi par l'inteprétation qu'en a donnée Emil Brunner[5], cette démonstration reste commandée de bout en bout par le point de vue théologique qui domine toute sa pensée. La religion sous sa forme chrétienne et dans son aperception protestante est culturellement efficace dans l'exacte et dans la seule mesure où elle est consciente de sa dépendance absolue envers Dieu. Mais l'angle sous lequel Schleiermacher a empoigné son problème entraîne immanquablement une démarche qui, si l'on oublie trop vite ce point de vue théologique, aboutit à considérer le protestantisme surtout sous l'angle de ses performances culturelles. De là à le juger ou à le faire valoir essentiellement, voire uniquement sous cet angle, le pas peut évidemment être vite franchi.

En Allemagne, nombre de théologiens et de philosophes ont poussé, consciemment ou inconsciemment, à faire ainsi du protestantisme un *Kulturprotestantismus*. Contentons-nous de mentionner un texte qui est assez

---

[5] Emil BRUNNER, *Die Mystik und das Wort*, Tübingen, 1924.

étranger à l'inspiration tillichienne comme à celle de Schleiermacher, mais qui est typique de cette tendance ; ce texte est malheureusement quasi ignoré en français, pour la simple et bonne raison qu'il n'en existe aucune traduction dans notre langue. C'est le discours de Hegel pour le troisième centenaire de la confession d'Augsbourg[6], qui se terminait précisément sur l'opposition entre la piété catholique des rois de France, portés à imposer leurs propres options religieuses par la terreur et vidant ainsi la piété de son sens, et la piété des princes prussiens garantissant à leurs sujets les conditions de leur épanouissement.

Mais ce qui s'est passé en France au même moment est tout aussi significatif. Là, c'est le catholicisme qui a d'abord dû refaire sa place dans la vie nationale. L'éclaireur en la matière a incontestablement été Chateaubriand. Son argumentation entièrement axée sur le « génie du christianisme » (entendez : du catholicisme) est l'exact pendant, du côté catholique, de celle de Schleiermacher du côté protestant, mais avec un parti pris nettement plus culturel que le sien : on ne trouve guère de théologie chez Chateaubriand, mais seulement une collection d'arguments littéraires, historiques et esthétiques visant à représenter combien le christianisme (c'est-à-dire encore et toujours le catholicisme) est bon et beau pour les hommes (la référence à Dieu semble lui importer fort peu au bout du compte, à l'inverse de Schleiermacher).

Le défi, pour les protestants francophones, était énorme : allaient-ils laisser passer cette argumentation alors que, comme Hegel, ils avaient encore le souvenir très vif de la révocation de l'Édit de Nantes et de ses conséquences ? Leur argumentation, il faut le reconnaître, fut lente à se mettre en route, parce qu'elle fut longue à se mettre au point. Elle s'est essentiellement construite sur l'idée que le catholicisme étant la religion de l'autorité, donc du retour aux modes passés de domination, le protestantisme était la religion de la liberté et du progrès, donc la religion de l'avenir. Mais, fait assez curieux pour valoir d'être signalé, ce sont souvent des non-protestants qui ont le mieux su mettre en évidence les performances sociales et économiques du protestantisme qui étaient susceptibles de soutenir ce point de vue.

Le plus connu et le plus efficace d'entre eux fut incontestablement l'économiste belge (d'origine catholique) Émile de Laveleye, avec son article retentissant de 1875 dans la *Revue de Belgique* sur « le Protestantisme et le catholicisme dans leurs rapports avec la liberté et la prospérité des

---

[6] Voir *Berliner Schriften 1818-1831*, Hambourg, 1956, pp. 30-55. C'est mon collègue Michel Despland, de l'Université Concordia, à Montréal, qui a attiré mon attention sur ce texte et sur son importance.

peuples[7] ». Deux phrases suffiront à situer le ton et l'inspiration de cet écrit : « La Réforme a communiqué aux pays qui l'ont adoptée une force dont l'histoire peut à peine se rendre compte[8] » ; « Les peuples soumis à Rome semblent frappés de stérilité ; ils ne colonisent plus, ils n'ont aucune puissance d'expansion[9] ». La dernière phrase de cet article à succès n'était pas moins intéressante ni moins programmatique : « On frémit en songeant aux malheurs que prépare à l'Europe le rêve de rendre à l'Église la domination universelle qu'elle revendique en ce moment avec plus d'audace et d'acharnement que jamais[10]. »

Le *Kulturkampf*

Le *Kulturkampf* est un enfant direct de ce climat et de cette argumentation : si le protestantisme est effectivement meilleur que le catholicisme, et s'il est vrai que le catholicisme, son idéologie et ses formes de spiritualité conditionnent le retard, le recul ou le marasme socio-économico-culturels des régions où il prédomine, alors le sens des responsabilités collectives implique que l'on prenne des mesures pour entraver l'expansion du catholicisme ou pour desserrer son emprise sur les individus et la société là où il a réussi à maintenir son empire. Ce fut l'idée force des cantons protestants de la Suisse, en 1847, quand ils acquirent la conviction que les Jésuites étaient en train de mettre la main sur les écoles et la politique des cantons catholiques : le seul moyen d'y parer fut pour eux d'interdire les Jésuites sur le territoire de la Confédération[11]. Même phénomène quand, au lendemain du *Syllabus* (1864) et du dogme de l'infaillibilité pontificale (1870), des gouvernements cantonaux comme ceux de Genève ou de Berne entreprirent de briser le pouvoir épiscopal au sein même de l'Église romaine de leur canton, comme s'ils devaient protéger leurs concitoyens catholiques contre leurs propres démons. Ce

---

[7] Reproduit en brochure sous ce titre, Bruxelles, 1876. Ce texte a connu plusieurs rééditions, souvent sous un autre titre : *De l'avenir des peuples catholiques*. Il a joui d'emblée d'une notoriété qui le fit traduire et reproduire dans la plupart des autres langues européennes. Troeltsch l'a cité dans son petit traité relevant le plus typiquement de la préoccupation propre au *Kulturprotestantismus*, *Die Bedeutung des Protestantismus für die Entstehung der modernen Welt*, München-Berlin, 1911. Autre écrit francophone de même inspiration : E. RÉVEILLAUD, *la Question religieuse et la solution protestante*, 4ᵉ éd., Paris, Grassart, 1878. Réveillaud était d'origine catholique, comme Laveleye, et se déclarait libre-penseur.

[8] Éditions de Bruxelles, 1876, p. 13.

[9] *Ibid.*, p. 14.

[10] *Ibid.*, p. 61.

[11] Inscrite dans la Constitution fédérale suisse de 1848, reconduite dans celle de 1874, cette interdiction n'a été levée par le peuple suisse qu'en 1974.

sont encore des considérations de cet ordre qui inspirèrent la politique confessionnelle de Bismarck, toujours dans l'intention de préserver les conquêtes et libertés protestantes contre les menaces de la politique cléricale catholique.

Le *Kulturkampf* a été essentiellement une affaire de politiciens. Mais ces politiciens pouvaient se réclamer — ils n'ont en général pas hésité à le faire — des arguments développés par les penseurs (en l'occurrence, on aurait presque envie de dire : les idéologues) du *Kulturprotestantismus*. À une différence près, qui a toute son importance : si les tenants du *Kulturprotestantismus* ont évoqué parfois les dangers que la mentalité autoritaire et cléricale du catholicisme pouvait faire courir soit à leur pays, soit à l'Europe dans son ensemble, ils n'ont jamais abouti à la conclusion que des mesures militaires, policières ou administratives s'imposaient pour contenir ou contrecarrer son influence. Les hommes du *Kulturprotestantismus* étaient convaincus de la supériorité socio-économico-culturelle du protestantisme, et ils cherchaient à en persuader leurs auditoires. Mais leur argumentation restait strictement discursive : la force intrinsèque de leurs idées et les qualités spirituelles et morales du protestantisme devaient suffire à assurer leur victoire. Convaincus également que la tolérance et la liberté de pensée faisaient partie intégrante de tout protestantisme bien compris, ils avaient à cet égard une attitude en harmonie parfaite avec leurs convictions.

Plus froidement réalistes, plus pragmatiques, plus personnellement menacés dans leur propre carrière politique par une éventuelle montée des forces catholiques, les hommes politiques du *Kulturkampf* n'ont en général pas eu ces scrupules d'intellectuels. La manière dont la Restauration, au lendemain de 1815, s'était passée en de nombreuses régions catholiques d'Europe leur montrait que, le cléricalisme une fois au pouvoir, il ne s'embarrassait pas de beaucoup de ménagements, cela d'autant moins que la doctrine catholique enseignait à n'avoir pas pour « l'erreur » le respect qu'on doit à « la vérité ». D'où la tournure effectivement très « politique », ou même étatique du *Kulturkampf*. On reste aujourd'hui un peu stupéfait que des protestants, sous prétexte précisément de défendre les libertés protestantes, n'aient pas hésité à recourir à l'encontre des minorités catholiques à autant de brimades administratives, quand elles n'étaient pas tout bonnement policières.

Faut-il parler ici de dérapage ? C'est probablement le terme qui convient le mieux pour désigner ce phénomène. Le *Kulturkampf* n'a pas mis fin au *Kulturprotestantismus*, mais il en a été pendant une période relativement brève comme la manifestation devenue inévitable du fait de la vitesse acquise, et incontrôlable du fait que le *Kulturkampf* perdait pratiquement de vue ce à quoi le *Kulturprotestantismus* tenait finalement le plus. Pris par l'ardeur et les urgences de leur combat essentiellement politique, les leaders les plus musclés du *Kulturkampf* en sont en effet arrivés à ne plus retenir des enseignements du *Kulturprotestantismus* que la nécessité de préserver l'existence sociologique de l'option confessionnelle protestante, mais pour des raisons tenant surtout à ses performances socio-économiques[12].

Ernst Troeltsch ou l'aboutissement du *Kulturprotestantismus*

Si le *Kulturkampf* a été un mouvement essentiellement politique, le *Kulturprotestantismus* correspondait à une recherche d'ordre théologique et intellectuel. Aussi le *Kulturkampf* lui a-t-il finalement rendu service : ce dérapage que le *Kulturprotestantismus* n'avait pas voulu et dont la pratique politique trahissait avec tant d'évidence le respect protestant du libre-arbitre l'a rendu attentif aux types d'argumentation dont il devait redouter les retombées obvies. Aussi le *Kulturkampf*, loin de discréditer le *Kulturprotestantismus*, a-t-il presque contribué à son épanouissement. Une fois passée la phase d'activisme anti-catholique et de ses excès, le *Kulturprotestantismus* a quasiment renoncé (sauf en France, où sa situation minoritaire l'acculait à le faire) à dénoncer les « méfaits » sociologiques et culturels du catholicisme, pour insister d'autant mieux sur tous les aspects culturellement favorables de la foi protestante.

L'aboutissement le plus remarquable et le plus convaincant de toute cette recherche est certainement l'œuvre de Troeltsch. Elle est si pertinente sous tant d'aspects qu'on se demande comment la théologie dialectique a pu se permettre de la tenir en si médiocre considération. Les *Soziallehren*[13] constituent évidemment le fleuron de cette réflexion. Mais dans la perspective qui nous intéresse ici, la conférence que Troeltsch a prononcée en 1906 (publiée en 1911) sur *la Signification du protestantisme dans la formation du monde moderne*[14] peut être considérée comme le manifeste le plus abouti du *Kulturprotestantismus*. Il est aussi le texte de ce mouvement de pensée qui conduit le plus directement au seuil de ce que Tillich allait avoir à dire sous le titre de *Théologie de la culture*, mais sans être encore à proprement parler une théologie de la culture. D'où la nécessité de préciser le plus possible le point de passage de l'un à l'autre.

---

[12] Les principaux documents du *Kulturkampf* prussien ont été rassemblés et édités en un volume riche d'enseignements par N. SIEGFRIED, *Aktenstücke betreffend den Preussischen Kulturkampf*, Freiburg i. B., 1882.

[13] *Die Soziallehren der christlichen Kirchen und Gruppen*, Tübingen, 1912, rééd. Aalen, 1961. Cette œuvre a été traduite en anglais et en italien, non en français. On en trouve une bonne présentation dans Jean SÉGUY, *Christianisme et société, introduction à la sociologie de Ernst Troeltsch*, Paris, Éditions du Cerf, 1980.

[14] Voir note 7.

Ce point est d'autant plus délicat à cerner que Troeltsch, à la différence de Max Weber par exemple, n'a pas laissé de rester théologien dans
ses analyses les plus sociologiques[15]. Sa connaissance approfondie des
différents courants du protestantisme et de leurs doctrines lui a permis
de dégager avec une perspicacité toute particulière l'influence des spiri-
tualités auxquelles ils ont donné lieu. En d'autres termes, il a montré que
toutes les théologies protestantes n'aboutissent pas nécessairement aux
mêmes résultats du seul fait qu'elles seraient protestantes : encore doit-
on repérer de quelles sortes de protestantismes découlent les performances
sociales ou culturelles les plus convaincantes.

Troeltsch n'a jamais prétendu que le protestantisme était la seule
source de la modernité. Le prétendre eût correspondu à faire du protestantisme l'équivalent d'une nouvelle idéologie. Tous les tenants du *Kulturprotestantismus* n'ont, hélas, pas évité ce piège. Troeltsch, lui, n'a
jamais hésité à reconnaître que, dans le surgissement de la modernité occidentale, le protestantisme n'a jamais été qu'un facteur entre plusieurs
autres. De plus, il a fort opportunément rappelé, chaque fois que c'était
nécessaire, combien le protestantisme lui-même a pu profiter de ces autres
courants culturels, par exemple celui de l'*Aufklärung*. Mais surtout, il
a montré comment certaines options théologiques de base, par exemple
la doctrine protestante de la création, celle de la grâce ou celle de la vocation personnelle, sont la source spirituelle profonde d'où devaient décou-
ler les attitudes culturelles et sociales qui ont fait le monde moderne.

Troeltsch était assez lucide pour se rendre compte que, ces sources
une fois oubliées, la modernité allait être exposée à des dérapages tout
semblables à ceux que nous avons relevés à propos du *Kulturkampf*. Il
voyait venir le moment où la modernité se muerait en idéologie, donc
en asservissement des esprits. Aussi peut-on considérer que tout un aspect
de son entreprise a consisté à mettre d'autant plus nettement en évidence
les origines protestantes de l'esprit moderne, donc ses origines théologiques et spirituelles, que le monde moderne était plus porté à les oublier
ou à les renier. Pour Troeltsch, rappeler cette composante théologique
ou spirituelle de la modernité, c'était lutter pour la maintenir ouverte sur
l'avenir. Toute son attitude au début de la République de Weimar le montre
à l'envi[16]. Mais en même temps, il n'a cessé d'être animé de la conviction que la modernité issue du protestantisme était viable et prometteuse.
Dans la perspective où il se situait, le *Kulturprotestantismus* ne pouvait
aboutir à un échec. Sur ce point, Troeltsch nous semble avoir parfaitement épousé l'optimisme de son temps et, il faut bien le dire, de tout
ce courant du protestantisme.

---

[15] C'est un point que Séguy (*op. cit.*) a particulièrement bien mis en évidence.

[16] Troeltsch est mort en 1923. Il est certain que, s'il avait vécu plus longtemps, le nazisme
n'aurait pas trouvé sur son chemin, parmi les théologiens, adversaire plus décidé que lui. C'est
un point de plus à propos duquel la polémique barthienne contre le néoprotestantisme tombe
complètement à faux.

Tillich et la théologie de la culture

Tillich, on le sait, devait beaucoup à Troeltsch. Mais, en dépit de toute la lucidité dont Troeltsch était capable, cet optimisme pour ainsi dire connaturel au *Kulturprotestantismus* est précisément le point à propos duquel Tillich, sans être aucunement partisan de la théologie « dialectique », apparaît lui aussi comme un théologien « de la crise ». Le choix même de l'expression qu'il a adoptée dès 1919 pour désigner sa préoccupation en témoigne : non pas *Kulturtheologie*, mais *Theologie der Kultur*. Autrement dit, ce n'est plus une théologie qui pourrait être imbue de la supériorité socioculturelle du protestantisme, mais une théologie qui, à certains égards, prend ses distances envers la *Kultur* pour pouvoir mieux la juger, ou même la mettre en crise (*Krinein*) s'il le faut.

Quels sont alors les aspects de la pensée de Tillich à propos desquels cette *Krisis* apparaît le plus nettement et de la manière la plus efficace ? En première approche insuffisamment réfléchie, on serait tenté d'aller chercher dans les pages de son œuvre qui, à certains égards, seraient susceptibles de le rapprocher le plus des thèses soutenues par la « théologie de la crise », c'est-à-dire par la théologie dialectique. Ce serait en l'occurrence le type même de la fausse piste. Il est en effet remarquable, que Tillich s'adonne justement à une théologie critique de la culture dans les moments de sa pensée où il est le plus directement héritier de Schleiermacher et du *Kulturprotestantismus*, c'est-à-dire quand il développe soit la notion d'*ultimate concern*, soit les notions corollaires de « principe protestant » et de « symbole ».

Nous n'entendons pas développer maintenant ces trois notions. Dans la perspective qui nous intéresse ici, leur dénominateur commun est précisément d'aboutir à faire surplomber toute *Kultur* par une référence qui en est à la fois le principe profond et la mise en question. Voyez le « principe protestant », qui est la contestation nécessaire de toute prétention du fini de s'élever à l'absolu. Voyez le « symbole », dont le critère est au bout du compte le « symbole brisé » de la croix. Voyez surtout l'*ultimate concern*. En français, nous traduisons cette expression par « préoccupation ultime », comme s'il s'agissait une fois de plus de miser sur l'entreprise culturelle de l'homme pour rejoindre Dieu. Mais *ultimate concern* n'est jamais que la restitution plus ou moins adéquate, en anglais, de l'expression allemande *Was uns unbedingt angeht* : ce qui nous atteint, nous concerne et nous met en question de manière inconditionnée, c'est-à-dire sans que l'homme puisse y mettre aucune condition préalable. Or c'est cela, pour Tillich, qui est au tréfonds de toute culture et de toute civilisation, même quand cette culture ou cette civilisation tend à se muer en idéologie, donc en pseudo-religion, et à refuser de ce fait la contestation constante et radicale de l'*ultimate concern*.

Tillich présente ainsi le grand avantage, pour notre temps, de nous réintroduire, mais de manière profondément renouvelée, aux intuitions et aux perspectives qui ont fait la valeur permanente du *Kulturprotestantismus*, tout en excluant quasi par définition toute velléité de *Kulturkampf*. Et quand ce combat serait celui d'une culture visant à exclure toute préoccupation susceptible de nous exposer aux visitations, réquisitions et contestations de l'*ultimate concern*, là encore le point de vue proprement théologique soutenu par Tillich imposerait de lui faire obstacle — ce que Tillich s'est effectivement efforcé de faire au moment de la montée du nazisme[17]. Que Tillich, de surcroît, ait ainsi réussi à jeter déjà les bases d'une réflexion capable d'être en prise directe sur les problèmes de l'ère postmoderne, montre combien le *Kulturprotestantismus*, à travers lui, contesté et dépassé par lui, reste un programme de recherche ouvert sur le futur.

---

[17] Voir mon article « Paul Tillich et le socialisme national (nazisme) allemand », *Sciences religieuses* (Montréal), 1984, pp. 353-361.

PAUL TILLICH'S THEOLOGY OF CULTURE AN AMBIVALENCE TOWARD NINETEENTH-CENTURY « CULTURE PROTESTANTISM »

A. James REIMER
Conrad Grebel College, University of Waterloo, Ontario

One of the criteria by which the adequacy of any theology of culture must be judged is how well it fares in the face of a cultural and political crisis such as Germany experienced in the 1920s and 1930s. The three dominant views of how theology and culture were to be related to each other in this tumultuous period of German history were Karl Barth's « Crisis Theology », Emanuel Hirsch's « *Nomos* Theology », and Paul Tillich's « *Kairos* Theology ». Barth saw theology as an independent dogmatic discipline which in some sense must always stand prior to and over against culture and political ideologies of all kinds; Hirsch viewed theology as having a more positive but « paradoxical » relation to the national and cultural ethos or *Nomos* (the way the inner and outer kingdoms, gospel and law are paradoxically related to each other in much of Lutheran theology) ; and Tillich wanted to « correlate » theology and culture (as answer and question are dialectically related to each other). It was with the triumph of Hitler and National Socialism in 1933 that Tillich's attempt at correlating or synthesizing theology and culture was severely put to the test. Whether or not Tillich's theology of culture stood the test of this time — better than Barth's or Hirsch's, for instance — is the issue which this paper wants to raise without presuming to answer conclusively this provocative question.

In the years 1934-35 Tillich, who had arrived in New York City on November 3, 1933, after having been suspended from his teaching post at Frankfurt University by the National Socialists[1], became embroiled in a heated public exchange in German periodicals with his longtime friend but political opponent Emanuel Hirsch, with whom Tillich had carried on a turbulent friendship during the early years of the Weimar Republic, and who in 1933 came out strongly in favor of the « German Christians » and the National Socialist so-called « awakening » or « rebirth » of Germany[2]. I do not intend here to go into the details of this highly interesting and provocative controversy which I have dealt with in great detail in my forthcoming book on the subject[3]. I refer to the debate between Tillich and Hirsch in this context only as a way of introducing a particular aspect of Tillich's theology of culture ; namely, his attitude toward the liberal Protestant theology of the preceding century, sometimes polemically referred to as « Culture Protestantism ».

Tillich's debate with Hirsch I believe reveals some vulnerable aspects in Tillich's theology of culture. For Tillich, as for most other German Protestant theologians in the 1920s, nineteenth-century liberal theology had come to an end in August 1914. In the realization that the particular

---

[1] Tillich's name appeared among the first list of names of artists, professors, civil servants and officials, printed in newspapers on April 13, 1933, suspended from their positions by the National Socialists. Tillich, whose salary was immediately cut off, made a quick trip through Germany and returned to Frankfurt in early May to witness the public burning of books on the Nazi black list, including his own *The Socialist Decision,* on May 10. Shortly after this Tillich received an invitation from Union Theological Seminary and Columbia University to come to New York as a visiting lecturer for the following year. He applied to the Prussian Minister of Culture for a one year leave of absence which he was granted on September 9. He arrived in New York on November 3 and officially dismissed from his Frankfurt position on December 20. For a more detailed account of these events see Wilhelm and Marion PAUCK, *Paul Tillich : His Life and Thought,* Vol. 1 : *Life,* New York, Harper and Row, 1976, pp. 130-138 ; John R. STUMME, *Socialism in Theological Perspective : A Study of Paul Tillich 1918-1933,* Missoula, Scholars Press, 1978, pp. 47-51 ; Ronald H. STONE, *Paul Tillich's Radical Social Thought,* Lanham, University Press of America, 1986, pp. 63-66.

[2] Sometime in the Spring or Summer of 1934 Tillich must have received a copy of Hirsch's *Die gegenwärtige geistige Lage im Spiegel philosophischer und theologischer Besinnung,* Göttingen, Vandenhoeck & Ruprecht, 1934, in which Hirsch interprets the events of the year 1933 from a theological and philosophical perspective and comes out strongly in favor of the National Socialist « revolution ». Tillich was outraged and wrote a scathing attack of Hirsch's views in an open letter published in *Theologischer Blätter,* 11, 13 (November, 1934), entitled « Die Theologie des Kairos und die gegenwärtige geistige Lage : Offener Brief an Emanuel Hirsch ». Hirsch responded in kind with an open letter « Brief an Herrn Dr. Stapel » published as part of *Christliche Freiheit und politische Bindung : Ein Brief an Dr. Stapel und anderes,* Hamburg, Hanseatische Verlagsanstalt, 1935. In a final rebuttle Tillich reiterates some of his basic charges but in a more irenic tone in another open letter, « Um was es geht : Antwort an Emanuel Hirsch », *Theologischer Blätter,* 5, 14 (May, 1935).

[3] A. James REIMER, *Paul Tillich and Emanuel Hirsch : A Study of Theology and Politics,* Lewiston/Queenston, The Edwin Mellen Press, to be published sometime in 1987/88. Other writings by the same author on Tillich and Hirsch include « Theological Method and Political Ethics : The Paul Tillich-Emanuel Hirsch Debate », *Journal of the American Academy of Religion,* XLVII/I Supplement (March 1979) L, pp. 171-192 ; « The Theology of Barmen : Its Partisan-Political Dimension », *Toronto Journal of Theology,* 1, 2 (Fall, 1985), pp. 155-174 ; « Theological stringency and political engagement : the Paul Tillich-Emanuel Hirsch controversy over National Socialism », to be published in an upcoming issue of *Studies in Religion/Sciences religieuses.*

synthesis of Protestant religion and German bourgeois culture attempted by prewar German liberal theology was no longer viable in the face of the crisis of German culture, Tillich agreed with Karl Barth, on the one side, and Emanuel Hirsch, on the other[4]. It was this experience of the crisis of modern German culture that made Tillich highly critical of prewar liberal theologians such as Ritschl, Harnack, and even Troeltsch, despite his deep admiration for them. On a fundamental level, however, and this is the thesis of my paper, Tillich's own attempt at correlating religion and culture — as so clearly expressed in his definition of religion « as the meaning-giving substance of culture » and culture as « the totality of forms in which the basic concern of religion expresses itself[5] » — bore a remarkable resemblance to the basic agenda of nineteenth- and early twentieth-century efforts by German liberal theology to reconcile these two spheres of human experience[6]. What Tillich rejected in « Culture Protestantism » was not its desire for some kind of synthesis but the particular synthesis of Protestant Christianity and bourgeois culture. Having experienced the end of bourgeois religion and culture during his chaplaincy at the western front in World War I, and in the revolution of 1918, he now directed his attention to synthesizing a more universal religion with an international proletarian culture. It was in his desire to bring together religion and culture as such that Tillich's agenda, however, manifested a remarkable formal continuity with that of nineteenth-century Culture Protestantism in a way that Barth's and Hirsch's theology did not. Some of the basic strengths and weaknesses of the preceding epoch of German liberal theology, consequently, also characterized Tillich's own theology of culture.

In the last conversation that Tillich had with Hirsch — a lengthy telephone conversation in 1958 at the time Tillich received the Hanseatic Goethe prize in Hamburg — Tillich asked Hirsch what he thought of his

---

[4] The debates and correspondence between Barth, Tillich and Hirsch in the 1920s and early 1930s clearly show that all three theologians were well acquainted with other's theological writings — Tillich and Hirsch had been friends since 1907 and Barth and Hirsch had been colleagues at the University of Göttingen in the years 1921 to 1925 — and viewed their different theological positions as being distinct alternatives to nineteenth-century liberal theology.

[5] P. TILLICH, « Aspects of a Religious Analysis of Culture », *Theology of Culture,* ed. by Robert C. Kimball, New York, Oxford University Press, 1964, p. 42.

[6] *Cf.* George RUPP, *Culture-Protestantism : German Liberal Theology at the Turn of the Twentieth Century,* Missoula, Scholars Press, 1977. While Rupp argues that if the term Culture-Protestantism is to be useful at all then distinctions need to be made between a multiplicity of positions within nineteenth- and early twentieth-century liberalism; that is, between Albrecht Ritschl himself, the Ritschlians such as Wilhelm Hermann and Adolf von Harnack, and history of religions school represented by Ernst Troeltsch, there still remains a continuity between all of them which makes them into Culture-Protestants (p. 51). What binds them together is their positive valuation of modern culture and, consequently, their efforts at synthesizing Protestant Christian values and Western culture. This is what not only binds them to each other but distinguishes them from the radical critics of western culture, such as Karl Barth and Friedrich Gogarten, for whom western culture is at an end. Thus, « Against Troeltsch, Gogarten can register an unqualified judgment insofar as he reverses his teacher's line of argument and espouses dogmatic over against historical method in theology (p. 53). »

theology and philosophy of culture[7]. Hirsch replied that he considered Tillich's thought to be essentially a philosophy of culture vaccinated with elements of Evangelical theology, intent on saving a declining modern culture with residual religious and Christian ideas before its imminent demise. Tillich, according to Hirsch, considered Christianity good only for fertilizing a modernity in crisis. Hirsch recollects that Tillich laughed heartily at first and then, becoming serious, remarked that Hirsch was still as mean to him as in their early years but that in his appraisal of his thought he was basically right. While Hirsch's response to Tillich's query must be put into the context of their long and rather checkered relationship, and be seen as the reminiscences of an elderly man, Hirsch, who knew Tillich's person and theological writings as well as if not better than most, at least during his German years, touched on the heart of the matter and must be taken seriously. Tillich's view of modern culture, and with it also the liberal theology which sought to accommodate that culture, is a highly ambiguous one.

In their 1934-35 debate Tillich accuses Hirsch of « plagiarism » ; that is, of disguising his own indebtedness to his previous political and theological opponents (Tillich and the Religious Socialists), and of taking their central concepts — particularly the categories of Theonomy and Kairos — distorting their intended meanings and applying them to opposite political ends, Tillich charges Hirsch with appropriating the formal categories which he had developed in the 1920s as a way of bridging Christianity and Socialism, and filling these same categories with opposite political content. What I believe can be demonstrated through a careful study of the debate is not that Hirsch consciously or unconsciously plagiarized Tillich's categories — for that Hirsch was much too independent a thinker — but that 1) Tillich and Hirsch, on the formal categorical level at least, bore some remarkable similarities with each other, and, more important for my purposes here, 2) Tillich's way of relating religion and culture in the 1920s remained largely formal and transparent and thus deficient in stringent criteria by which to guard them against political misuse. It is precisely in this latter sense that Tillich's view of religion and culture stood in continuity with the liberal Protestant theology of the nineteenth and early part of the twentieth century. Having rejected the fixed dogmatic norms of Protestant orthodoxy, liberal theologians (and here I include Tillich) failed to develop adequately stringent criteria of their own by which the authenticity of religion and its rightful relation to culture could be tested. Tillich's own recurrent, severe criticism

---

[7] This account of their rather lengthy telephone conversation in 1958 was given by Hirsch many years later in a personal letter to his friend and longtime acquaintance Walter Buff, Hanover, dated August 3, 1970. The letter to Buff was written two years before Hirsch's death and was a response to a letter by Buff to Hirsch (August 2, 1970) in which the former asked Hirsch to reflect on his relationship with Tillich. I am indebted to Buff for giving me access to this unpublished letter.

of orthodoxy, on the one hand, and pietism, on the other, clearly puts him into the liberal camp at least in this regard[8].

The two central accusations that Hirsch levels against Tillich in their public debate of the 1930s is that the latter's theology is not firmly rooted in Luther's teaching on the two kingdoms and the law-gospel distinction, on the one hand, and does not manifest a commitment to a particular concrete national community, on the other. Instead, it represents a nineteenth-century type of liberal, free-floating individualism and intellectualism that takes a critical approach to religion and society without becoming itself firmly committed. His commitment, if any, is not a particular one but an abstract and cosmopolitan one :

> Tillich is somehow freed, where I am bound. He finds his service to the moved historical whole through a « prophetic » stance, as he expresses it ; that is, as a free-floating individual, who, from a position overlooking the whole teaming life-coherence of the world, defines his place and task through an intuition which is innerly justified but not rigorously demonstrated. That is the noblest form of individualism and intellectualism of the preceding historical epoch : bondage is known only as a self-binding of the intellect, the God who binds is seen to speak through the same spirit which itself locates the telos of life's forces. I do not deny that in this position there can exist a holy decisiveness. And yet, there is within it just that mentality that... I have found in some way to have transgressed against the measure and boundary of earthly-bound and community-obligated human beings, and over against which we have placed primitive, simple obligation in the sphere of natural-historical powers, in the service of the « hidden sovereign », namely, nationality, as that which is genuinely responsible and genuinely human. We say no, as German Lutherans, to the individualism of the intellectual human being, which is based on detachment, even in this its best and most pious form, and we do not shrink from characterizing it as individualism, even when as in Tillich's case it has led to a surrender of the self to the Marxist-shaped proletarian movement[9].

Much of Hirsch's statement can of course be understood as a one-sided polemic by a Lutheran theologian turned National Socialist not only against

---

[8] *Cf.* P. TILLICH, *The Religious Situation,* New York, The World Publishing Company, 1956. A translation by H. Richard Niebuhr of the original *Die Religiöse Lage Der Gegenwart,* Berlin, Ullstein, 1926, pp. 191-219. In this book Tillich identifies three dominant influences on contemporary Protestant religion : Orthodoxy and Neo-Orthodoxy, Pietism, and eighteenth-century rationalism and modern liberal theology or Culture Protestantism. While Tillich rejects all three streams of theology as being inadequate alternatives for the future because they « vacillate between protest against and compromises with the spirit of capitalist society » (p. 211), I would argue that in the end Tillich's own alternative — namely, that of a « beliefful realism » has more in common with the third of these alternatives than the first two. According to Tillich, Protestant orthodoxy, with its emphasis on fixed and pure doctrines capitulated to politically conservative and nationalist groups against democratic forces (pp. 193f.), pietistic Protestantism, in its emphasis on vital, personal and experiential religion tended to legitimate the individualism of capitalistic society (p. 210), and liberal-rationalistic Protestantism reduced religion to self-sufficient finite forms devoid of transcendence (p. 216).

[9] HIRSCH, *Christliche Freiheit und politische Bindung* [...], pp. 28-29.

Tillich and Religious Socialism but also against the Enlightenment and the preceding epoch of liberal Protestantism, caricatured as detached individualism and intellectualism, as Robert P. Erickson, in his recent book *Theologians Under Hitler*, has so persuasively documented[10]. And yet, I find in Hirsch's sharp appraisal of Tillich's stance a kernel of truth. He has in my view put his finger on a crucial aspect of Tillich's theology ; namely, the latter's underlying faith in the synthesizing project of the previous century despite his disillusionment with the liberal agenda at some crucial points and his radicalization of that tradition in a socialist direction. Before identifying what I consider to be both the formal and material nature of his ambivalent continuity with nineteenth-century liberal theology in the concluding section of this paper, I would like, first, to examine briefly some of the more recent historical studies of so-called « Culture Protestantism », and second, to look at what Tillich says about some of the leading figures usually associated with liberal German Protestantism.

Culture Protestantism

For most of us the term « Culture Protestantism » carries with it the meaning bequeathed to it largely by the anti-liberal polemics of Neoorthodox, Dialectical, or « Political » theologies of the 1920s. It has become for much twentieth-century theology « catch-all » pejorative reference to what is perceived as a shallow nineteenth-century German accommodation of religion to culture in the form of bourgeois pietism, an unpolitical inwardness which in effect robbed Protestant Christianity of its fundamental prophetic-critical power and had the consequence of simply affirming middle-class virtues such as individual subjectivity, hard work, industrial-technological expansion and progress, and often also military imperialism. In fact, Karl Barth and some others within the Confessing Church in the 1930s went so far as to suggest that there was an underlying ideological continuity between the Culture Protestantism of the nineteenth and early twentieth century and the « German Christians » who

---

[10] In his careful study of Gerhard Kittel, Paul Althaus and Emanuel Hirsch — three well-known German theologians who caught up in the general popular enthusiasm for Hitler's so-called National Socialist « revolution » and German national « awakening » in 1933 — Robert P. Erickson argues that all three were in their own distinctive ways responding to the crisis of modern culture as experienced most severely during the Weimar Republic. All three saw the roots of this modern crisis in the liberal Enlightenment values of rationalism, autonomy, individualism, and relativism. Thus, Erickson says : « Kittel rejected [...] the Enlightenment, with its ideals of equality, basic human rights and tolerance [...] He saw uprootedness, immorality, rebelliousness, materialism, secularism, relativism ; in short, he saw the breakdown of the « good old days » into a modern, urban, cosmopolitan, pluralistic world. He did not like what he saw, and he blamed it on the Enlightenment and all its progeny. » *Theologians Under Hitler : Gerhard Kittel, Paul Althaus, and Emanuel Hirsch,* New Haven, Yale University Press, 1985, pp. 75-76.

supported Hitler and National Socialism[11]. This line of argument implied that there was a strange continuity between liberal theology of the previous century and twentieth-century fascism. According to Barth, for the liberal theologians of the early twentieth century, in line with earlier nineteenth-century liberal theology, Protestant Christianity represented little more than an accommodation of religion to modern anthropocentric bourgeois culture — culminating in the spirit of 1914 and the ideology of German imperialism — a fateful alliance of a general religion of inward piety and morality with outward patriotism and nationalism[12].

This undifferentiated polemical use of the term « Culture Protestantism » to caricature all pre-war German liberal theology has been seriously called into question by recent historians of the period. A revisionist approach to pre-World-War I theology was most dramatically evident at a recent conference on the « Phänomenologie des Kulturprotestantismus » at the Werner-Reimers-Stiftung in Bad Homburg, Germany, which I attended in March, 1986. One of the most significant papers presented at this conference was one by Friedrich Wilhelm Graf entitled « Kulturprotestantismus : Zur Begriffsgeschichte einer theologischen Chiffre ». Graf persuasively demonstrated that the polemical use of the term « Culture Protestantism », while manifestly occurring more frequently and taking on added significance during the 1920s, was not first used by the Neoorthodox theologians, as is often claimed, but can be traced back to the intra-Lutheran debates of the late nineteenth century, particularly evident in the heated controversy between the Old Protestantists and the New Protestants. The main point of Graf's paper was that there in fact existed a significant diversity within liberal Protestantism, ranging from the Old Liberalism of the German Protestant Union, founded in 1863 for the purpose of « reconciling religion and [nineteenth-century] culture » to the New Liberalism of Martin Rade, Otto Baumgarten and the circle around the periodical *Die Christliche Welt*, which disavowed the « vulgar liberalism » of the older liberalism with the same arguments that the Neoorthodox theologians around Karl Barth later used against them[13]. These New Liberals, or Ritschlians, like Baumgarten, who appropriated the term « Culture Protestantism » for themselves in a positive sense in the 1920s, while committed to mediating the religious tradition with modern pluralistic culture, were well aware of the limits of such attempts at mediation and recognized the over-against quality of genuine religion to culture[14]. A person like Ernst Troeltsch, for example, who preferred to

---

[11] *Cf.* Friedrich Wilhelm GRAF, « Bürgerliche Seelenreligion ? Zum politischen Engagement des Kulturprotestantismus », *Mittwoch,* 76 (April 2, 1986), p. 35.

[12] *Ibid.*

[13] *ID.,* « Kulturprotestantismus : Zur Begriffsgeschichte einer theologie-politischen Chiffre », unpublished essay presented at a conference on the « Phänomenologie des Kulturprotestantismus » at the Werner-Reimers-Stiftung in Bad Homburg, Germany, March 3-5, 1986, p. 16.

[14] *Ibid.,* p. 20.

use the concept « New Protestantism » for his own position, took great pains to distinguish his stance from a vague-unifying-type-of-piety which only in a very indeterminant way attempted to mediate traditional Christian residues and modern culture[15]. Graf convincingly argued that Barth's claim that there existed a general ideological continuity between nineteenth- and early twentieth-century liberalism as a whole and the thought-world of the pro-Hitler « German Christians » in the 1930s is a historical myth. The only way one can understand such a claim and the radical critique of liberal Protestantism in the early part of this century is to understand the way in which a growing number of representatives of a new culture of authority and obligation after the turn of the century began to appropriate the term « New Protestantism » for themselves. Particularly from the beginning of World War I the term was given an « anticapitalistic-culture-romantic » content for the purpose of transforming modern socially fragmented culture into a new, permanent, corporately homogeneous culture under the umbrella of a post-Christian religiosity[16].

In his 1977 study *Culture-Protestantism : German Liberal Theology At The Turn Of The Twentieth Century,* George Rupp argues that :

> if the designation [Culture Protestantism] is to be of any use at all, its reference must be differentiated so as to indicate the multiple positions which it encompasses. Unless the term is abandoned, which seems unlikely at least in the German-speaking world, there must, in short, be a specification of the systematically significant variations in Culture-Protestantism[17].

The primary differentiation Rupp makes is between the Ritschlians, such as Wilhelm Hermann and Adolf von Harnack, on the one hand, and the history of religions school, represented by Ernst Troeltsch, on the other. Even within the Ristchlian school a distinction needs to be made between Ritschl himself and his theological successors such as Hermann and Harnack. While Ritschl was clearly a product of his time — he was a Prussian, who gave « unwavoring support » to Bismark, and uncritically avowed bourgeois values — he was insistent that the independence of theology ought to be protected. Theology must be firmly grounded in Christian revelation and not in natural knowledge. In his theology, particularly in his ethics and emphasis on the Kingdom of God, there were resources for a « dynamic and social theology[18] ». But with the later Ritschlians, like Hermann and Harnack there was, according to Rupp, a movement toward the individualization and privatization of religious commitment :

---

[15] *Ibid.,* p. 30.

[16] *Ibid.,* p. 31.

[17] Rupp, *op. cit.,* p. 43.

[18] *Ibid.,* pp. 43-45.

The rule of God was, in short, more and more identified with the faith of the infinitely valuable personal soul or with the purity of the agent's disposition rather than as a public community participating in and working to realize the divine goal or purpose for the world[19].

This increasing preoccupation with « the ideal of personality » and decreasing interest in the corporate nature of the Kingdom of God was evident in the agenda of the Evangelisch-soziale Kongress, founded in 1890 « for relating Protestantism to the pressing and increasingly evident social problems of workers in particular[20] ». In the words of Rupp :

> Despite its intention to address pressing societal issues, the Kongress, in short, illustrates the rapid atrophying of the social and dynamic thrust at least potentially present in a theological system like that of Ritschl. Thus Culture-Protestantism assumes a different form for the older Ritschlians than for Ritschl himself[21].

In contrast to these Ritschlians, for whom the potentially powerful political notion of the Kingdom of God becomes ever less important, stands Ernst Troeltsch, who, while fundamentally disagreeing with Ritschl on crucial theological points, still

> shares Ritschl's concern with concrete historical developments and hence accords social and cultural processes a centrality in theology and ethics that stands in contrast to the efforts the Ritschlians direct toward establishing formal and atemporal points of contact between Jesus and Christians of every era[22].

Troeltsch, whose position Rupp sees as a much more viable alternative than that of Gogarten's and Barth's radical rejection of modern culture, urges the church to « develop a Christian political ethic for the contemporary situation » which takes its departure from the two main thrusts of early Christianity : « the absolute value of the personality » and « submission to God's naturally ordered world »[23]. According to Rupp,

> Troeltsch argues that the intention of a Christian ethic cannot be to elaborate its own political program. Instead the Christian and the church must engage in a constant « evaluating and influencing of the parties and programs that emerge from the natural process of political development ». As his formulation of a contemporary political ethic indicates, the result of Troeltsch's own appraisal of the parties and programs of the time is support for a liberalism that demands reform in opposition not only to the conservatives of the right and middle but also to egalitarian socialism on the left[24].

---

[19] *Ibid.,* p. 45.

[20] *Ibid.,* p. 46.

[21] *Ibid.,* p. 48.

[22] *Ibid.,* p. 50.

[23] *Ibid.*

[24] *Ibid.*

Rupp is willing to call Troeltsch a Culture Protestant but it is a different Culture Protestantism than that of the Ritschlians :

> It is pluralistic and critical in contrast to Ritschl's tendency toward sanguine affirmation of an allegedly unified line of development. And it is concerned with the compromises and approximations involved in all concrete attempts to ethicize the social order in contrast to the formalistic and individualistic tendencies of the older Ritschlians that in effect legitimate existing historical patterns with the authority of the ideal[25].

Rupp's analysis of the older Ritschlians in contrast to Troeltsch may be subject to criticisms at a number of points ; Graf, for instance, persuasively argues that the later Ritschlians like Harnack were not as apolitical and atemporal in their emphasis on the value of the individual personality as is often assumed[26]. His rather one-sided portrayal of Barthian theology as anti-culture may also be viewed more as a foil for defending a Troeltschian understanding of religion and culture than an accurate of the social and political significance of a « dogmatically » grounded Neoorthodox approach. Nevertheless, what Rupp's study, as well as Graf's essay, do convincingly point out is that Culture Protestantism, or the liberal theology of the nineteenth and early twentieth century, was not an undifferentiated movement with a monolinear development but a highly diverse phenomenon, a fact which is highly significant in evaluating Tillich's own theology of culture.

The foregoing discussion of « Culture Protestantism » will hopefully allay any fears that in my trying to place Tillich within the longer nineteenth- and early twentieth-century liberal-theological tradition I am subtly introducing a Barthian-style of polemic against Tillich. There is too much rich diversity in this tradition to support such vilification. It is clear that Tillich in his writings on religion and culture, and especially those having to do with Christianity and Socialism, culminating in *The Socialist Decision* of 1932/33, disavows the alleged development within the late Ritschlian school toward increasing privatization, individualization, and internalization of religion. This despite the fact that there is always another counter motif in Tillich's theology, namely, his romanticism, which in its emphasis on a mystical relation to God and nature, bears some similarity to the later Ritschlian emphasis on individual

---

[25] *Ibid.*, p. 51.

[26] Graf, « *Burgerliche Seelenreligion ?* [...] », p. 35.

interiority[27]. Tillich's critical-prophetic-eschatological ethic, as the social-historical ideal by which all political-economic-social culture must be judged, is much closer to that of Ritschl and later of Troeltsch than it is to that of Harnack, for instance. Where Tillich differs from Troeltsch, who increasingly stressed the complex plurality of modern culture and thus, according to Rupp, rejected any unified synthesis of religion and modern culture, is in his yearning after just such a monistic synthesis. It is in this sense that he, in my opinion, betrays his intellectual affinity to the Ritschlian school of liberal theology. Whether in his espousal of a universal religion and culture, which is not bound to a particular national community, and in his critical dialectical stance toward all particular obligations, he in fact also shares in the so-called « free-floating » individualism of the Ritschlian school, as Hirsch charges, is open to debate. In the concluding section of this paper I want briefly to address this question. Before I do that, however, let me undertake a cursory examination of Tillich's more specific references to Culture Protestantism and the Ritschlian school of theology as he understands them.

Tillich's view of culture protestantism

According to Friedrich Wilhelm Graf, Tillich specifically uses the term « Culture Protestantism » only three times before his emigration. The first time it appears is in his 1923 essay « Grundlinien des Religiösen Sozialismus » in the context of his discussion of the goal of Religious Socialism, which he sees as being « Theonomy ». In this essay he defines theonomy as the « state in which the spiritual and social forms are filled with the content of the unconditioned as the supporting ground, the meaning and reality of all forms[28] ». « Theonomy » he goes on to say, « is the unity of holy form and holy content in a concrete historical situation[29] ».

---

[27] This mystical and romantic orientation in Tillich's inner disposition and thought, present from the time of his early childhood and simply reinforced by his doctoral work on Friedrich Schelling, made him wary of concrete political activity and connecting too overtly his philosophical and religious views with any particular political party, although he did finally join the Social Democratic Party in 1929. In this regard Marion Pauck says of him : « Tillich's reluctance to become a party member grew out of his natural predisposition for theory and his affection for the boundary situation, but there was an even deeper reason. He had only with great difficulty transcended his father's sentimental and romantic adherence to what he considered a false application of Lutheran theology to political affairs. Indeed, in some ways he suffered from the same romantic attachment to nineteenth-century ways, although he was convinced that membership in the Social Democratic Party could provide millions of workers with a sense of community which they were unable to find elsewhere, even in the church. His own belated action to join the party made his rejection of his father's political views more over than he liked. » Pauck, *Paul Tillich* [...], p. 124.

[28] P. Tillich, « Grundlinien des religiösen Sozialismus », *G. W.*, II, Stuttgart, Evangelisches Verlagswerk, 1962, p. 94.

[29] *Ibid.*

Relating this definition of theonomy to religion and culture, he argues
that there can be no simple identification of religion and culture : « Religion
always has a dual-relation to culture. She holds within herself both a No,
a *Reservatum religiosum*, and a Yes, an *Obligatum religiosum*[30]. » Since
religion can never be simply identified with culture its stance can never
be one of simple affirmation of or obligation to culture. Since, on the
other hand, religion can never exist except within some cultural form
it can never take a purely negative or critical attitude toward culture. It
is in this context, then that he introduces the concept of « Culture Protestantism », a religion of culture which he suggests squandered the
religious susbtance and content of culture by dissolving religion into
cultural activity. That is why, he adds, culture is justified in reacting so
strongly against Culture Protestantism, and, further, that is why religion
is justified in rejecting any simple equating of religion and socialism.
Religious Socialism, in contrast to Culture Protestantism, strives toward
a theonomous culture where the unconditioned is seen as the ground
of culture. Here Tillich, in my view, is guilty of the same undifferentiated
polemic against the previous epoch of Protestant liberal theology that
characterized the other anti-liberal polemicists of the 1920s. If Emanuel
Hirsch is right when he says, « Not the secularization of what is Christian
but the guiding back (*Heimführung*) of the worldly to its religious, its
Christian, ground is the final core » of Culture Protestantism, then Tillich
has more in common with the Culture Prostestantism of the previous
era than he here admits[31]. Tillich himself was interested precisely in
recovering the religious ground or substance of modern culture.

    The second and third time the term « Culture Protestantism » oc-
curs in Tillich's early German writings is in his 1926 *Die religiöse Lage
der Gegenwart*, where in the last section he discusses the religious situation of the Protestant churches. Having contrasted the original Protestant spirit of protest « against the spirit of self-sufficient finitude [his
characterization of the spirit of capitalism] in its ecclesiastical and hierarchical as well as in its humanistic and rationalistic form[32] », and having
pointed to the inner contradiction of Protestantism which « must protest against every religious or cultural realization which seeks to be intrinsically valid, but [...] needs such realization if it is to be able to make
its protest in any meaningful way[33] », he traces how Lutheranism filled
the vacuum by giving up its principle of protest in favor of an alliance
with monarchist, aristocratic, conservative, nationalistic and military
forces. It is in this context that he refers to « national liberalism » as helping the Protestant church to accommodate itself to bourgeois culture.
This transition was aided in part, he says, by

---

[30] *Ibid.*, p. 96.

[31] *Cf.* RUPP, *Culture-Protestantism* [...], p. 9.

[32] TILLICH, *The Religious Situation*, p. 192.

[33] *Ibid.*

liberal protestant theologians, who, under the protection of the national enforcement of peace in the churches became influential and proclaimed a national Cultural-Protestantism, in which a self-sufficient finitude was religiously consecrated but not shattered (*durchbrechen*) by the eternal[34].

Toward the end of the chapter he again refers to Culture Protestantism in a pejorative sense, as being one of three main Protestant types — the other two being orthodoxy and pietism — none of which can offer the church a viable model for overcoming the spirit of capitalistic society. Of Culture Protestantism he says :

> The liberal tendency approaches closely to, or is almost absorbed by, the temper of capitalist society. It attempts to make religion a part of the system of finite forms, either as their crown or their unity. It represents itself to be a cultural Protestantism which is quite aware of morality but little aware of the shaking of culture by the eternal. It has relative little significance for the religious life. Its sermons are not wanted for they contain nothing that points beyond the self-sufficient finite world[35].

Although Tillich recognizes the indispensable contribution made by liberal theologians in the realms of sciences, history and biblical scholarship, his fundamental criticism was that they closed off the finite to any possibility for the breaking in of the transcendent. It is in this criticism of liberal theology that he comes closest to the « Crisis Theology » of Karl Barth. And it is in the light of this critique that his ambivalence toward thinkers such as Ritschl, Harnack and Troeltsch must be understood. In a 1922 anniversary tribute to Albrecht Ritschl, after critically but sympathetically discussing four major aspects of the latter's theology — his view of God, grace, piety and the kingdom of God — Tillich comes down much harder on the followers of Ritschl than Ritschl himself, those who turn Ritschl's « idea of the kingdom of God into a national cultural-ideal » into an autonomous rational ethical kingdom devoid of transcendence : « The unconditioned, he concludes, does not stand at the end of history, as if conditioned by history, but stands above history so that it may break into the course of history as a whole[36]. » Of the work of Harnack, in a 1930 tribute, he says : « It is the spirit of humanism painted by Christianity, the spirit of nobility, a liberalism defined by Kant and Goethe, for whom the individual was all important, his inwardness and his personal formation[37]. » « It is a different world in which we live, he adds, a world with less lustre, more suffering, convulsion (*Erschütterung*) and

---

[34] *ID.*, « Die religiöse Lage der Gegenwart », (1926), *G. W.*, X, Stuttgart, Evangelisches Verlagswerk, 1968, p. 81. See also *ID.*, *The Religious Situation*, p. 195.

[35] *Ibid.*, pp. 207-208.

[36] *ID.*, « Albrecht Ritschl zu seinem hundertsten Geburtstag », (1922), *G. W.*, XII, Stuttgart, Evangelisches Verlagswerk, 1971, p. 157.

[37] *ID.*, « Adolf von Harnack : Eine Würdigung anlässlich sines Todes », (1930), *G. W.*, XII, pp. 161-162.

struggle than in the one that carried him [Harnack] to greatness[38]. »
Tillich makes a similar critique of Troeltsch in a 1924 evaluation of the
latter's work :

> It is the deep tragedy of Troeltsch's life-work, that despite his final most
> concerted effort, he finally refused to find the unconditioned in the condi-
> tioned. Yes, one could say : It is the tragedy of the greatest in his
> generation[39].

In the end, according to Tillich, Troeltsch's ideal was also the

> innerworldly ideal of humanity in the sense of European culture, it was
> a synthesis to be achieved by the human spirit, around which for him history
> turned. It was a historical perspective from which history was to be judg-
> ed and not the supra-historical which surely alone is able to give meaning
> to history[40].

Tillich's critique of Culture Protestantism and the liberal theology
of the Ritschlians, Harnack and Troeltsch revolves around one central
point — their loss of a critical perspective by which history could be judged, the loss of the Protestant principle of protest, and their subsequent
absolutizing of self-sufficient finite culture, which in their case happened to be German bourgeois culture. Despite his fundamental disagreements
with Barth's « Dialectical Theology », he nevertheless agreed with it at
this crucial point and says so in 1926 : « It considers itself the inheriter
of Reformation thought, and in a particular respect justifiably so ; for no
movement currently expresses with comparable power the basic principle of Protestantism[41]. » In fact, later in 1935, he acknowledged that
when Barth's commentary on Romans was first published he for a short
time at least considered himself a « subterranean » fellow laborer in Barth's
school of thought[42].

Conclusion : Tillich's ambivalence

If Tillich's critique of Culture Protestantism was as unequivocal as
I have shown, then wherein does his ambivalence lie ? In what sense does
Tillich's attempt to mediate religion and culture bear some continuity

---

[38] *Ibid.*, p. 165.

[39] *ID.*, « Ernst Troeltsch : Versuch einer geistesgeschichtlichen Würdigung », (1924), *G. W.*, XII,
p. 173.

[40] *Ibid.*, pp. 177-178.

[41] *ID.*, « Karl Barth », (1926), *G. W.*, XII, p. 188.

[42] *ID.*, « What is Wrong with the « Dialectic » Theology ? », *The Journal of Religion*, XV,2 (April,
1935), p. 136. In this article, in which Tillich accuses the so-called « dialectical theologians »
of not being genuine dialecticians but « supernaturalists », Tillich says : « Therefore, the criticism
that follows is to be understood as coming from the former « subterranean » fellowship and
not from the originally antagonistic group. »

with that of nineteenth- and turn-of-the-century liberal theology ? It has something to do with his particular « dialectical » method of thinking and his understanding of religion as the substance of culture, or, more accurately, the Unconditioned as the « ground of being and of culture ». A recurrent charge Emanuel Hirsch made against Tillich was that the latter's dialectical mode of thinking freed him from making any serious concrete historical commitments. Thus, in his 1926 review of Tillich's *Religionsphilosophie* Hirsch commented : « As crystal clear and tidy as Tillich's conceptual world is, still it fundamentally remains within the highest level of abstraction, in which the immediacy of life is as good as erased[43]. » For Hirsch it was precisely Tillich's dialectical way of approaching every subject, even God himself, which enabled him to escape from the immediate requirements of social and political existence into theoretical abstraction. Tillich was aware of this danger in his method of thinking, which he described as follows : « Question and answer, Yes and No in an actual disputation — the original form of all dialectics is the most adequate form of my own thinking[44]. » He recognized the danger of this dialectical stance in real life in his autobiography of 1936 :

> At almost every point, I have had to stand between alternative possibilities of existence, to be completely at home in neither and to take up no definitive stand against either. Since thinking presupposes receptiveness to new possibilities, this position is fruitful for thought ; but it is difficult and dangerous in life, which again and again demands decisions and thus the exclusion of alternatives. This disposition and its tension have determined both my destiny and my work[45].

It is this dialectical stance which, according to Hirsch, linked Tillich to the previous era of freely-suspended, autonomous individualism and intellectualism. David Hopper, in his 1968 *Tillich : a theological portrait*, also alludes to this weakness in Tillich's thought during the Hitler era. He gives Tillich full credit for being among the first together with fellow Jewish intellectuals in Frankfurt to experience the wrath of the National Socialists :

> At many points Tillich stood opposed to the authoritarian ideology of the Nazi movement, and he spoke out publicly against it. In 1932, for example, he testified against a group of Nazi thugs responsible for a riot within the grounds of the University. Such opposition was not forgotten and when Hitler came to power in 1933, Tillich was among the first professors to be dismissed from university position[46].

---

[43] E. Hirsch, « Tillich : *Religionsphilosophie* », *Theologische Literaturzeitung*, 51, 5 (March, 1926), p. 97.

[44] P. Tillich, « Autobiographical Reflections », *The Theology of Paul Tillich*, ed. by Charles W. Kegley and Robert W. Bretall, New York, MacMillan, 1964, pp. 15-16.

[45] Id., *On the Boundary : An Autobiographical Sketch*, New York, Charles Scribner's Sons, 1936, p. 13.

[46] David Hopper, *Tillich : a Theological Portrait*, Philadelphia, Lippincott, 1968, p. 68.

But Hopper goes on to say that :

It must be said in relation to the German Church struggle that the theology of Paul Tillich did not figure large in the opposition to National Socialism. Much more important in this regard was the point of view of « dialectical theology » represented by Karl Barth. To account for this one must observe that Barth's theology stood much closer to the traditional standards of the church's faith and thus provided a more objective and familiar rallying point than did Tilich's theological-philosophical formulations [...] It is ironic that in spite of his own firm stand against Nazism aspects of Tillich's philosophical and theological work lent themselves to the German Christian cause by fixing a source of revelation in general history and therefore in « the natural orders of race, folk, and nation ». The Roman Catholic Church, of course, endorsed a « natural revelation », but it is clear that in relation to Nazi Germany its own strong ecclesiastical structure and the loyalty to the institution required of all Catholics provided a base of power and authority capable of effectively withstanding the « enthusiasm of the movement ». Tillich, however, in his theoretical labors did not work from such a base. His theological appeal was experienced on a highly intellectual and individualistic level and never reached down into the life of the people at large. This was so in spite of the fact that Tillich and his Religious-Socialist colleagues had sought above all to give expression to the inner longings and aspirations of the laboring man and to formulate the Christian message in the light of his supposed needs[47].

In 1936, after his departure from Germany, Tillich reflected on the failure of Religious Socialism to capture the church, on the one hand, and the workers' movement, on the other, and blamed it largely not on the weakness of the concepts themselves but on the inability of the church, including church theologians like the Barthians, to bridge the chasm between the church and humanistic society. Those, like himself, who sought to do apologetics among the proletariat numbered only a few, not enough to keep humanistic society from falling « victim to a large degree to the new pagan tendencies[48] ».

To be fair to Tillich, however, it should be recalled that for him the dialectical method was not simply an escape into a theoretical boundary stance between two alternatives — the « Yes and No in an actual disputation ». In his 1923 debate with Karl Barth and Friedrich Gogarten, Tillich had given a more substantive definition of his dialectical method :

The dialectician must realize that he as dialectician has a position among others which does not cease to be a position through any dialectical self-annulment (Selbstaufhebung), and he must be prepared, just as he is prepared to place his position under the No despite his conviction of the truth, to grant the other positions the same Yes that he grants himself, despite the No which he applies (Vollstrekt) against them. He must bind

---

[47] *Ibid,.* pp. 90-91.

[48] *Ibid.,* pp. 92-94.

himself together with them under the unity of No and Yes. That is no relativism ; the conviction of the superiority of the dialectical position *under* the Yes and No does not need to be given up because of that, but it is the bringing-into-consciousness (Bewusstmachung) of the indissoluble (unaufhebaren) position which is also hidden in the proclamation of the crisis ; it is the comprehension of the Yes that is the presupposition of the No ; it is the moving back (Rückgang) from critical to positive paradox[49].

Here we have a firm declaration on the part of Tillich that his dialectical theology of culture is not meant to be an abstract « sitting on the fence », but a clear commitment to a cause without ever absolutizing that cause. It is a way of recognizing the broken and fragmentary nature of one's own choices. This form of dialectics is even more clearly expressed in *The Socialist Decision* where Tillich calls for a genuine socialist decision on the part of German socialist groups but not without a good measure of self-criticism[50]. When all is said and done, however, Hopper has in my view put his finger on a vulnerable point in Tillich's theology of culture; namely, that ultimately Tillich's theological work in Germany was less effective than Barth's on the one side, and Hirsch's on the other, in reaching down rallying the general populace. In this it seems to me he stood in line with much of the liberal theology of the preceding era.

Hopper makes the enigmatic statement that

> it is ironic that in spite of his own firm stand against Nazism aspects of Tillich's philosophical and theological work lent themselves to the German Christian cause by fixing a source of revelation in general history and therefore in « the natural orders of race, folk, and nation. »

To pursue this particular line of thinking to its end would take us too far afield in this paper, although it is interesting that in the early 1920s Tillich had in fact stated that God was revealing himself in a very special way in the proletarian movement, which he identified as a Kairotic moment[51]. Further, Tillich's irate charge of plagiarism against Hirsch in 1934 had to do with his sense that Hirsch was using similar sounding

---

[49] *Id.*, « Kritisches und Positives Paradox », *G. W.*, VII, Stuttgart, Evangelisches Verlagswerk, 1962, p. 218.

[50] In this his most political book Tillich is unambiguous in his critique both of National Socialism, which he calls « revolutionary romanticism » and dogmatic socialism (or Marxism), and calls for a genuine socialist decision; one which identifies unequivocally with the proletariat as the place in history where « the tension towards a new order of things, towards justice » is most clearly experienced, and one which also recognizes the importance of soil, blood, and nation as subjected to the prophetic demand of justice and a classless society. *The Socialist Decision,* transl. by Franklin Sherman, New York, Harper and Row, 1977, pp. 123, 130, 152.

[51] In 1922 Tillich said of the proletariat : « *The mass is holy; for it is the revelation of the creative infinity of the unconditionally-real* [...] There exist therefore, says Tillich, a necessary relation between the holy and the mass; the holy cannot be revealed as holy, nor the unconditional as unconditional without it. » « Masse und Geist », *G. W.*, II, Stuttgart, Evangelisches Verlagswerk, 1962, p. 72.

categories to his own but filling them with nationalist content. It was also in this context that Tillich recognized that he had not adequately guarded his earlier concept of the Kairos against misuse and that he needed to distinguish more clearly between « revelation » and « kairos »[52]. His January 1934 letter to the Ministry of Science, Art and Education in Berlin from New York is also illuminating in this regard. In this letter he makes the following significant statement :

> As the theoretician of Religious Socialism I have fought throughout the years against the dogmatic Marxism of the German Labor movement, and thereby I have supplied a number of concepts to the National Socialist theoreticians. Moreover, my last book (*The Socialist Decision*) was interpreted by the representatives of dogmatic Marxism as an attack upon them inasmuch as it points emphatically to the powers in man that bind him to nature[53].

What is relevant to my argument here is that both Tillich and Hirsch had a much more positive view of culture and God's revelatory presence in culture, including political movements, than did Barth, for instance. In his understanding of religion as the ground and substance of culture Tillich, in my view, betrays his strongest link to Culture Protestantism. Culture Protestantism, despite its diversity as a religious and cultural phenomenon in Germany during the nineteenth and early twentieth century, was, according to Rupp, « an expression of the Christian ethical imperative to inform and shape the whole of life so that it realizes the ultimately religious significance which is its ground and end[54]. » But what for the Culture Protestants was the attempt to bring German culture back to its Christian ground, for Tillich becomes a much larger and more universal project — that is, to fill a universal culture with a universal religious content, a religious content that one might argue is largely freed from specific ecclesiastical, Christological, and dogmatic moorings.

The deracination and departicularization of religion and culture in favor of a universal, cosmopolitan religious-cultural synthesis is the essence of the modern liberal project. Tillich can, in my view, be only partly accused of such religious-cultural deracination. His defence of the working class, and his challenge to autonomous liberal culture and to the German socialist movement to take more seriously the nation and the « myth of origin » suggest a concern for the concrete and particular roots of human existence. Nevertheless, his central theological concepts — theonomy and kairos — remain largely abstract and formal, developed by Tillich as a way of giving unified meaning to the complex plurality, contradictions, and fragmentations of a modern culture in crisis. Whether such an

---

[52] *ID.*, « Die Theologie des Kairos [...] », p. 318.

[53] PAUCK, *Paul Tillich* [...], p. 149.

[54] RUPP, *Culture-Protestantism* [...], p. 9.

understanding of religion and culture is adequate to the saving of contemporary culture, which in my view is in a dramatically greater state of crisis than was German bourgeois culture in the 1920s, is highly questionable.

TILLICH'S THEOLOGY OF CULTURE
AS FULFILLMENT OF HIS METAPHYSICAL
AND ONTOLOGICAL VISION

Thomas G. BANDY
St. Andrew's United Church, Georgetown, Ontario

The dialectical tension of power and meaning is the central thread that leads Paul Tillich from ontology, to metaphysics, and to the analysis of culture. In each level of thought, « power » is the dialectical pole of spontaneous will which preserves individuality, uniqueness, dynamism, and the possibility of radical change; and « meaning » is the pole of reasoned order which preserves unity, permanency, destiny, and the possibility of reflective consciousness. In each level of thought, freedom mediates power, and limitation mediates meaning. It is only by the integration of structures, principles and forms in human consciousness that purpose and value are rescued from the competitive chaos of wills. Yet it is only by the exercise of freedom and radical self-affirmation that human consciousness rescues itself from necessity and absorption into changeless unity.

The centrality of this dialectic makes Tillich not only a post-hegelian philosopher, but a post-existential philosopher as well. The theology of culture represents for Tillich a quest for a new universal synthesis of power and meaning, which cannot only interpret the tensions and triumphs of society in all areas of human endeavor, but also provide society with a sense of its own precariousness between fate and providence. The ontology and metaphysics of Tillich, complex and extensive as they are, are truly only stepping stones to a philosophy of culture which is both particular and universal. « Culture », for Tillich, is not merely an amalgam of human behavior, social institutions, and political expectations. It is the very arena in which the mutual participation of the infinite and the finite is experienced under the conditions of fallenness.

It is important to understand that Tillich does not initiate reflection on power and meaning as an abstract, speculative pursuit. He begins with fundamental ontology from within the arena of culture itself. Tillich tells this revealing anecdote :

> I was sitting under a tree with a great biologist. Suddenly he exclaimed :
> « I would like to know something about this tree. » He, of course, knew
> everything that science had to say about it. I asked him what he meant,
> and he answered : « I want to know what this tree means for itself. I want
> to understand the *life* of this tree. It is so strange, so unapproachable. »
> He longed for a sympathetic understanding of the *life* of nature. But such
> an understanding is possible only by communion between man and
> nature[1].

Tillich reflects on culture in critical dialogue with the science and
technology which so powerfully shapes modern secularity. He resists the
radical objectivity that separates subject and object, which assumes that
any object may be fully understood by human rationality and fully subser-
vient to human will. He affirms a larger unity of power and meaning in
which all things participate, and which intrinsically binds all things to
one another.

> Nothing, not even iron and concrete, is completely determined by its ability
> to serve utilitarian purposes. Everything has the power to become a sym-
> bol for the « ground of being », which it expresses in its special way. It
> is not merely a « thing » but a part of the universal life which, at no point,
> is completely deprived of freedom[2].

The methodology which Tillich brings to the theology of culture is not
one of « controlling knowledge », but of « receiving knowledge ». The
epistemology is not « autonomous reason », but « theonomous reason »[3].

Therefore, Tillich does not enter the arena of culture seeking to ex-
pand upon and interpret the new frontiers of science (quantum mechanics,
wave theory, relativity theory, cybernetics). Instead, Tillich explores the
conflict between space and time, the Kairos, and the sacramental character
of nature. Tillich is not primarily interested in monitoring change in human
behaviour or moral attitudes, but in confronting the crisis of meaninglessness and alienation in a radically objectified world. It is the intuition of a broader, more complex, network of relations which encom-
passes nature, culture, and consciousness alike, that motivates Tillich to
develop his ontological and metaphysical thinking.

---

[1] Paul TILLICH, *The Shaking of the Foundations*, New York, Charles Scribner's Sons, 1948, p. 79.

[2] *ID.*, « The Idea and the Ideal of Personality » (1929), *The Protestant Era*, ed. by James Luther Adams, Chicago, Chicago University Press, 1948, p. 123.

[3] Note here Tillich's response to Einstein emphasizing a « common ground » of the physical world and suprapersonal values, which is manifest in the structure of being and meaning : « Science and Theology : A Discussion with Einstein » (1940), *The Theology of Culture*, New York, Oxford Press, 1964, p. 108.

Ontology

The recovery of Tillich's dependance on Schelling has been vital for the interpretation of Tillich's ontology. The movement of his thought from the philosophy of identity to existentialism does in many ways parallel that of Schelling's from negative to positive philosophy. At the same time, however, there are several unique features about Tillich's ontology which are particularly relevant to the theology of culture.

Tillich begins with the fundamental dialectic of Schelling's negative philosophy, which may be summarized as the philosophy of identity, or, the self-positing of the absolute. In order for the absolute to realize itself as absolute freedom or creative spontaneity, it must posit the finite world through which the absolute may be « for itself ». Subjectively, it is the moral will which is the manifestation of the absolute seeking self-affirmation ; objectively, it is the entire realm of nature. The infinite is the source and essence of the finite ; the finite is the necessary self-expression of the infinite.

The fundamental dialectic is adapted by Tillich, however, in a special way. The « Self-World » dialectic is identified as « the basic ontological structure » through the consciously heideggerian observation that « every being participates in the structure of being, but man alone is immediately aware of the structure[4] ». Two important clarifications are then made.

First, Tillich abandons Heidegger's preoccupation with self-consciousness because it unjustifiably emphasizes the ego at the expense of total self-hood. Tillich would protect the objective pole of identity from further separation from the infinite and the subsequent de-valuation of nature. He argues that the term « self »must replace « ego » in order that « selfhood » might be attributed « in some measure to all living beings, even to those in the inorganic realm[5] ». This spirit of inclusiveness for both the subjective and objective poles of existence as a single, inter-related manifestation of the infinite is decisive for the theology of culture. For Heidegger, human self-consciousness becomes the focus for the participation of the infinite and the finite as the ego which stands out from the fallen and devalued world. However, for Tillich, culture itself becomes the focus for the participation of the infinite and the finite as the primary nexus of subjective and objective inter-relationships.

Second, Tillich further clarifies the fundamental dialectic by acknowledging the ambiguity of Self-World dialectic. It can mean the dialectic of the Absolute Self participating with the finite world ; or the dialectic of the finite self-consciousness over against the objective world. Tillich argues that it is not the *estrangement* implied by the latter which is fundamental, but the *unity* implied by the former. Tillich says :

---

[4] Paul TILLICH, *Systematic Theology*, I, Chicago, University of Chicago Press, 1967, p. 168.
[5] *Ibid.*, p. 169.

If Hegel called nature « estranged spirit », his emphasis was not on « estranged » but on « spirit », which gave him the possibility of approaching nature with receiving knowledge, with attempts to participate in it and to unite with it[6].

What is truly basic in Tillich's Self-World polarity is not the estrangement of subject and object, nor even the epistemological unity of subject and object, but the participation of the finite in the transcendent infinite which overcomes subject/object dualism. Culture contains within itself both the reality of estrangement, and the possibility of rapprochement with the infinite.

Tillich makes further creative adaptation of Schelling's ontology, when the ontology moves from the fundamental dialectic of the self-positing Absolute to the inner dialectic of the Spirit. The motivation of this shift in ontology for Schelling is the recognition that the pure participation of the infinite and the finite, and the intuitive unity of subject and object it implies, is broken by three outstanding concepts : « the « thing in itself », radical evil, and the inorganic[7]. » Together these represent the fallenness of the world — its estrangement and alienation from Being-Itself. Power and meaning are no longer held harmoniously together, but are mutually limiting and mutually destructive. Schelling's positive philosophy represents a dialectic of the inner life of God in three potencies, in order to elaborate how the crisis precipitated by existence as such is resolved in the Absolute.

Now Tillich is motivated to pursue a more detailed understanding of the mutual participation of the infinite and the finite for three additional reasons : 1) to account for the estrangement of power and meaning revealed in multiple ways in culture ; 2) to advance the possibility of reunion with the infinite that harmonizes power and meaning in the finite ; and 3) to cross the bridge from philosophy of culture to theology of culture. Tillich seeks to establish the infinite as having concern not only for the existence of finite entities, but also for their individual character and destiny as well[8]. The greater depth and complexity for the relationship of the infinite and the finite requires a shift in ontology which parallels that made by Schelling. From the standpoint of fallenness, the infinite is present to the finite in both « negative » and « positive » ways, or, as both ground and abyss[9]. Again, from the standpoint of fallenness, God is the eternal process in which separation is posited and overcome. God can be described non-symbolically as truly « living »[10]. Tillich ex-

---

[6] *Ibid.*, p. 99.

[7] ID., *Mysticism and Guilt-Consciousness in Schelling's Philosophical Development*, transl. by V. Nuovo, Lewisburg, Bucknell Press, 1974, p. 44.

[8] ID., *Systematic Theology*, I, p. 239.

[9] *Ibid.*, p. 110.

[10] *Ibid.*, p. 242.

plores an ontological relationship that does not relate abstract principle to human self-consciousness, but living God to living human community.

My object here is not to give a detailed description of Schelling's three potencies. This has been done well several times. However, it is important to emphasize the ways Tillich adapts each potency to his own system, since these expansions on Schelling's thought are vital to the theology of culture[11].

The first potency of the divine life is the « abyss of the divine », corresponding to the « devouring fire » of Schelling's principle of absolute freedom and unrestrained spontaneity. It is a creativity which cannot be probed by mind. It is limitless energy which is at once constructive, providing the power to be, and yet destructive, overwhelming every being as a merely finite structure.

Two clarifications of Tillich's position are crucial. First, in contrast to Schelling, Tillich does not view the first potency as simply irrational. It is pre-rational — the unconditional source for the possibility of the movement of truth. J. A. Stone insightfully remarks that the first potency for Tillich is the principle of power itself[12]. Second, although Tillich does refer to the first potency as the « annihilating power of the divine presence[13] », it is not the principle of darkness as it appears in Schelling's thought. The abyss for Tillich is the principle of creativity, which in turn is the source of finite creativity and freedom.

These clarifications make it impossible to simplistically attribute radical evil to the eruption of the first potency in the theology of culture. The demonic is not rooted in the first potency alone, but emerges from the disharmonious interaction of the first and second potencies under the condition of fallenness. True to his original intuition for power and meaning in culture, Tillich identifies evil less with irrational outbursts, and more with calculated rationality carried to logical extreme.

The second potency of the divine life refers to form, structure, substantiality, or limitation itself. To avoid connotations of being static, it refers to the dynamic power of structuring or limiting *per se*. In this sense, the second potency is the principle of individuality and uniqueness, of separate identities living in relative stability. It is the principle of language and reason, of love and preservation.

Two more clarifications of Tillich's position are crucial for the theology of culture. First, Tillich rejects the term « logos » as adequately describing the second principle, favoring a much broader sense of limitation. Subjective rationality and concrete objectivity are both included

---

[11] The two best summaries of Tillich's adaptation of Schelling's inner dialectic of the potencies are found in *Systematic Theology*, I, pp. 156, 250-251.

[12] J. S. STONE, « Tillich and Schelling's Later Philosophy », *Kairos and Logos*, Cambridge, North American Paul Tillich Society, 1978, p. 24.

[13] TILLICH, *Systematic Theology*, I, p. 113.

in the one potency. Second, the power that creates limitation is the power that communicates meaning to life. Structures are created as vehicles for what James Luther Adams calls « infinite import » : truth-itself, meaning-itself, being-itself[14].

In the fundamental dialectic, it appeared that the infinite only participated in the finite in order to achieve its own self-actualization. Now, however, Tillich affirms that the infinite participates in the finite in order for the multiplicity of the finite world to achieve full self-actualization. The development of the theme of *agape*-love is significant for the theology of culture, because it ontologically grounds Tillich's claim that culture itself — as a nexus of institutions, laws, traditions, etc. — is destined to mediate and proclaim the love of the infinite for the finite. The tension of power and meaning in which culture struggles can only be resolved through reunion with the infinite.

Tillich envisions the finite world — culture itself — as an unreconciled tension between form-creating and form-destroying processes under the condition of fallenness. As a result of this tension, the demonic is not a rational or moral decision, nor can it be overcome by a rational or moral decision. James Luther Adams points out that this distorted participation of the infinite and the finite can only be overcome by a « greater and deeper creative power[15] ». This is the context for the introduction of the third potency : Spirit.

This third potency for the divine life is variously labeled the dynamic unity of depth and form, abyss and logos, or power and meaning. In Tillich's words, « Spirit is the power through which meaning lives, and it is meaning which gives direction to power[16]. » The power to achieve such dynamic unity is what renders freedom and spontaneity on one hand, or limitation and rationality on the other hand, truly theonomous.

Significantly, Tillich moves beyond Schelling in extending the potency of Spirit beyond the description of the divine life. Insofar as the infinite participates in the finite seeking to fulfill itself through the multiplicity of the world, Spirit is perceived in the process of life itself. It is presupposed by every dimension : biological, moral, psychological, historical, etc.[17]. Since Spirit participates in both space and time, and is not limited to human consciousness or historical process alone, the only suitable context for its examination is culture itself. Tillich says as much in a late sermon :« For this is what the Divine Spirit means : God present to our Spirit

---

[14] James Luther ADAMS, *Paul Tillich's Philosophy of Culture, Science and Religion*, New York, Schocken Books, 1970, p. 217. See also P. TILLICH, « On the Idea of a Theology of Culture » (1919), *What Is Religion ?*, New York, Harper and Row, 1969, p. 165.

[15] *Ibid.*, pp. 203, 232.

[16] *ID., Systematic Theology*, I, pp. 156, 249-250.

[17] *ID.*, Systematic Theology, III, Chicago, University of Chicago Press, 1967, pp. 25f.

[...] God as present in communities and personalities, grasping them, inspiring them, and transforming them[18].» The participation of Spirit in culture is negative and positive. On the one hand, the seriousness of the fall and the subsequent distortion of the potencies in autonomous and heteronomous structures, makes the estrangement and ambiguity of life all too clear. On the other hand, the participation of Spirit is so universal, including the smallest detail, that the infinite lies hidden like a shadow behind every entity or event of modern culture.

The whole purpose of Tillich's ontological thought has been to reach the concept of Spirit, and having reached it, to sweep the student into the examination of the Spirit's movement through life. Labour, propagation, culture, language, personality, community, all become manifestations of the Spirit[19]. Whether Spirit participates in the finite as an ongoing creative, meaning-producing tendency that works through freedom ; or whether Spirit breaks into the finite to re-create it in the unique space/time event of Kairos, culture under the impact of the divine becomes genuinely theonomous[20]. Tillich's three symbols for unambiguous life become, as it were, three ontological chapter headings in the theology of culture : Spiritual Presence, the Kingdom of God, and Eternal Life.

Metaphysics

Tillich's ontology moves from the original intuition of the unity of power and meaning, to a vision of the reunion of power and meaning in the finite world. He follows Schelling from the negative to the positive philosophy, then moves further to develop a new synthesis. However, between the identity of « dreaming innocence » and the communion of « unambiguous life », there must be a temporary metaphysic which bridges the separation between infinite import and finite experience. In Tillich's words, this is the paradoxical attempt « to fit into forms the experience of the Unconditional which is above and beyond all form[21] ». How can God impart meaning, content, purpose, or identity to the fallen world in which the theonomous unity of the divine life has been burst asunder ? It is the task of metaphysics to identify those limitations which form the web of necessity, whether providential or fateful, through which meaning is imparted to the finite by the infinite.

The articulation of Tillich's metaphysics is not an easy task, but it is crucial to the theology of culture as it fulfills the ontological vision. There

---

[18] *ID.*, « Spiritual Presence », *The Eternal Now*, New York, Charles Scribner's Sons, 1963, p. 84.

[19] *ID.*, *Systematic Theology*, III, pp. 51, 54, 57, 63.

[20] *ID.*, *The Interpretation of History* (1926), New York, Charles Scribner's Sons, 1936, p. 249. See also *Systematic Theology*, III, p. 249.

[21] *ID.*, « On the Idea of a Theology of Culture », *What Is Religion ?*, p. 170.

are, in fact, three metaphysical layers to Tillich's thought, correspond-ing roughly to the emphasis of each ontological potency.

« Belief-ful Realism » is the metaphysic for the attitude or world-view of the theology of culture. It is Tillich's earliest metaphysical specula-tion, and most closely associated with Schelling's shift to the positive philosophy and the emphasis of will over mind. Such a metaphysical at-titude stresses time over space, and a dynamic world-view over mechanistic science. The spontaneity and freedom of the Absolute are manifest in the dynamic *élan vital* of life, and the power of human will.

The « metaphysic of symbol » seeks to authenticate rational inquiry for the theology of culture. It is concerned less with power and change, and more with meaning and consistency. It permits the possibility of talk-ing about infinite import which can never be adequately expressed in finite forms, by establishing a network of universal principles and ideas. References to the Unconditional, and to the participation of the infinite and the finite, are symbolic. Rational inquiry, language itself, uncover genuine meaning, but never with absolute certainty.

It is the « metaphysic of limitation » which seeks to express that com-prehensive participation of Spirit in the fallen world of human experience. It seeks to account for the possibility of both power and meaning, while describing the vehicle which makes possible the unity of power and mean-ing in culture. This is « theonomous » metaphysics in its authentic form, and requires greater elaboration.

Tillich is imprecise in describing the metaphysic which best describes the participation of Spirit in life and culture. He lists a variety of con-cepts necessary to express the Power of Being in the structure of being : « Time, space, cause, thing, subject, nature, freedom, necessity, life, value, knowledge, experience, being, not-being[22]. » Alternately, he seeks to identify those « universal structures of being in which the whole of relativities moves[23] ». These include categories, forms of perception, on-tological polarities, states of being, and transcendentalia. The use of the term « absolutes » is perhaps misleading to Tillich's purpose. His metaphysical need is only to identify the « fundamental structural presence » which facilitates participation even in the state of fallenness.

The term « limitation » captures Tillich's intent, and avoids restric-tive connotations. It is not simply « form », for it is more flexible. It is not simply « structure », because it is not merely static. Neither is it to be identified with « idea », for although limitations are open to rational investigation, they remain beyond the rational. Metaphysical limitations are all *a priori,* « presupposed in every actual experience since they con-stitute the very structure of experience itself[24] ».

---

[22] ID., *Systematic Theology*, I, p. 21.

[23] ID., *My Search for Absolutes*, New York, Simon and Schuster, 1967, p. 76.

[24] ID., *Systematic Theology*, I, p. 166.

It is very important to the theology of culture to note that the metaphysic of limitation seeks to account for both the communication of being and meaning to the finite. Limitation conveys both the power to be, and the content, identity, and destiny of the existent. This means that the metaphysical limitations Tillich describes may be applied to the investigation of any cultural institution, norm, structure, or event, both in the affirmation *that* it is, and in the inquiry into *what* it is. Insofar as the finite world is fallen, metaphysical limitations serve as vehicles for power and meaning to interact with culture in mutually destructive ways. Insofar as the fallen world remains « attached » to the infinite by means of these limitations, in order to have the possibility of being and meaning, the Spirit represents the one hope for a theonomous resolution of power and meaning within culture itself.

The significance of Tillich's metaphysic will be further clarified by examination of two such transcendent limitations.

The first set of limitations are the categories of time, space, substance and causality. I address these first, because these are traditionally associated with metaphysics, and it is useful to see Tillich's treatment of concepts so central to scientific/technological culture. In general, Tillich's peculiar treatment of the categories is revealed in the context of the broader contrast between « technological realism » and « self-transcending realism »[25], or in the contrast of « autonomous reason actualizing itself without regard for its depth[26] ». Science and technology artificially separate being from meaning and value, leading culture to sterile despair[27]. The categories as metaphysical limitations are uniquely defined by Tillich, because they reflect his special preoccupation with the dialectical tension of power and meaning.

Tillich declares that the categories can be considered « from the outside » or « from the inside ». Each category « expresses not only a union of being and non-being but also a union of anxiety and courage[28] ». Out of concern for the theology of culture, Tillich focusses on understanding « from the inside ». He does not discuss the categories themselves, so much as their impact on culture for anxiety and guilt. Nevertheless, categories as metaphysical limitations mediate both being and meaning to the finite.

The opposition of space and time exemplifies Tillich's unique application of categories to the theology of culture. When culture is preoccupied with spatiality, the categories of space and time become fateful, destructive of being and meaning. Yet when culture is preoccupied with

[25] *Id.*, « Realism and Faith (1929) », *The Protestant Era*, Chicago, University of Chicago Press, 1948, p. 108.

[26] *Id.*, *Systematic Theology*, I, p. 83.

[27] « Aspects of a Religious Analysis of Culture », *The Theology of Culture*, New York, Oxford University Press, 1964, p. 43.

[28] *Id.*, *Systematic Theology*, I, pp. 68-69, 276, 278.

time over space, the categories are providential, creative of form and meaning. In the latter case, Tillich speaks of the omnipresence and omniscience
of God, both the « eternal *here* » and the « eternal *now* ». The impact of
the categories of space and time on culture is not so crucial scientifically
as historically, permitting both the maturing of potentialities and the great
moments of Kairos[29].

Tillich's treatment of substance and causality are similarly adapted
to the theology of culture. They are defined not as static building blocks
underlying the inorganic, but as that identity pertaining to every particular
which endures. Nature « is characterized as self-related, self-preserving,
self-increasing, and self-continuing *Gestalten* (« living wholes »)[30] ». The
concept is consciously reminiscent of Bergson's « duration » and
Whitehead's « actual entity »[31]. Causality is not defined in the language
of external relations, but of internal relations. Each entity participates in
the internal constitution of every other existent. In words reminiscent
of Whitehead, Tillich says : « What happens in the microcosmos happens
by mutual participation in the microcosmos, for being-itself is one[32].»
Therefore, Tillich's treatment of the categories of substance and causality is not quantitative, but qualitative, as rational objects become bearers
of transcendent power and meaning[33].

Tillich's approach is provocative for the theology of culture. The
metaphysical limitation of the categories is so flexible that they « change
their character » in different dimensions of life[34]. The *kind* of space implied may be different for the organic and the inorganic. Causality in the
interaction of material objects is different from causality in the process
of historical events. The category of space predominates in the inorganic,
while time predominates in the organic. Specific modes of time (memory
and anticipation) are added to that part of the organic which is self-aware,
and « essential unlimitedness » emerges under the predominance of
Spirit[35]. « Substance » applies equally to matter in the inorganic, and to
fundamental « historical situations » in the process of time[36]. The unity
which holds this network of metaphysical limitations together lies in the
pre-rational depth of Being-Itself[37].

The second set of metaphysical limitations are the polarities : in-
dividualization/participation, dynamics/form, freedom/destiny. These

---

[29] *ID.*, « The Decline and the Validity of the Idea of Progress », *The Future of Religions*, New
York, Harper and Row, 1966, p. 76.

[30] *ID., Systematic Theology*, III, pp. 19, 20.

[31] *ID.*, « Existential Philosophy : Its Historical Meaning », *The Theology of Culture*, p. 93.

[32] *ID., Systematic Theology*, I, p. 261.

[33] *ID.*, « Nature and Sacrament », *The Protestant Era*, pp. 99-102.

[34] *ID., Systematic Theology*, III, p. 18.

[35] *Ibid.*, pp. 316-317.

[36] *Ibid.*, pp. 322, 325.

[37] Ibid., pp. 314.

represent abstract ideas or tensions open to rational investigation in the interpretation of culture. They are metaphysical limitations which are *a priori* in the ancient sense of being « prior to » experience, so that power and meaning could not happen in culture without them[38]. I will not dwell on the polarities in detail. My desire is to highlight the unique function each polarity has as a metaphysical limitation which stands between Spirit and culture.

The polarity individualization/participation implies the primacy of internal relations to the study of life. Every relation is a « kind of participation » which not only binds reality together, but fulfills the process of individual identity. The participation of Spirit in culture through this limitation generates existential courage to both affirm oneself and sacrifice oneself at the same time[39]. It generates faith, since it is only through membership in community that faith is fully actualized[40]. It generates morality, leading to the emphasis of freedom and responsibility, love, and the « transmoral conscience »[41]. In every case, the limitation is a vehicle through which Spirit may be comprehended by human consciousness, and more importantly, be grasped by power and meaning itself.

The polarity dynamics/form implies the fundamental tension between import and structure. In the words of James Luther Adams, « import » is « the meaningfulness giving every particular meaning its reality and power [...] the ground of an inner infinity of meaningfulness[42] ». It is the power of import and its multiplicity of manifestations in culture that leads Tillich to use the term « dynamics » in his later thought. Import is the form-creating and form-bursting power of Spirit. In the context of art, import « pulsates in and through and beyond the forms that reveal it, expressing the ecstasy of freedom through creation of something new[43] ». In the context of truth and language, the polarity defines the tension between justice itself and its legal articulation.

Finally, the polarity of freedom/destiny implies the tension between reasoned judgements and the concreteness of life that restricts alternatives. It is not the power of choosing which is described in the metaphysical limitation, but the ability to shape history by deliberation and decision. It is in tension with the givenness of personality, heredity, environment,

---

[38] David E. ROBERTS, « Tillich's Doctrine of Man », *The Theology of Paul Tillich*, ed. by Kegley, New York, Macmillan, 1952, p. 116.

[39] TILLICH, *The Courage to Be*, New Haven, Yale University Press, 1976, p. 88.

[40] ID., *Sytematic Theology*, I, p. 245.

[41] ID., *Biblical Religion and the Search for Ultimate Reality*, Chicago, University of Chicago Press, 1955, pp. 23, 69. See also *Morality and Beyond*, New York, Harper and Row, 1966, p. 25.

[42] ADAMS, *Paul Tillich's Philosophy* [...], p. 59.

[43] *Ibid.*, pp. 131, 196.

and socio-economic status[44]. Implications for politics and social studies abound. The important point is that Tillich perceives this principle as a vehicle for the participation of Spirit in culture.

New metaphysics

It seems clear that traditional metaphysical language does not express adequately Tillich's own intent. Definitions of the categories of space and time, substance and causality, must be greatly modified. Theoretical ideas of Truth, Goodness, or Beauty must give way to transcendental tensions which imperfectly mediate the dialectic of Spirit for the fallen world. Traditional metaphysics is inadequate to express the tension of power and meaning in the infinite, or to interpret the tension of power and meaning in the finite. Yet Tillich's ontology requires such a metaphysic to serve as a base for the analysis of culture. Tillich seeks to invent a new metaphysical terminology.

First, Tillich introduces the term « Revelatory Constellation ». We know that any particular entity or event can be a « bearer of mystery » or a « medium of revelation », since everything participates in Spirit as Being-Itself[45]. The complex inter-relatedness between the infinite and the finite, and among finite entities and events themselves, leads Tillich to describe constellations or groupings which are nexus for mediating power and meaning.

The Revelatory Constellation is a combination of miracle and ecstasy[46]. In a particular instance of space and time, a nexus of power and meaning leads reason to transcend subject/object dualism to participate in the original unity of the Spirit. The constellation is at once rational in character, open to cognitive investigation ; and yet pre-rational in character, beyond investigation, vulnerable to the outpouring of power and meaning[47]. The revelatory constellation includes specific individuals, shaped by specific decisions and events, caught up in a specific network of metaphysical limitations.

Second, Tillich introduces the parallel terminology of « Spirit-bearing *Gestalten* ». These are not merely ideas or thought forms, but forms of being as well. They are dynamic, universal structures that mediate both power and meaning to culture[48]. In this sense, « matter » itself has less to do with materiality, as with basic, originative creative principles found in everything real[49]. While structure in itself may be devoid of any

---

[44] TILLICH, *Systematic Theology*, I, pp. 184-185.

[45] *Ibid.*, p. 118.

[46] *Ibid.*, p. 126.

[47] *Ibid.*, p. 119.

[48] ADAMS, *Paul Tillich's Philosophy* [...], p. 57.

[49] TILLICH, « The Philosophy of Religion », *What Is Religion ?*, pp. 62-64.

specifically meaningful content, Spirit-bearing *Gestalten* do not have form apart from the import they convey. Culture itself may be perceived as an intricate network of Spirit-bearing *Gestalten,* which, under the condition of fallenness, are partially determinative of its character and fully determinative of its hope.

The web of relations binding the finite to the infinite, and the elements of the finite together, may be viewed from differing existential standpoints as Spirit-bearing *Gestalten.* As a unity, Tillich refers to the « *Gestalt* of Grace ». He says : « To be moved by the Spirit or to be grasped by the Unconditional means to be drawn into the reality and life of a *Gestalt* of Grace[50]. » No single form or limitation can encompass the infinite import of grace[51], but the web of Spirit-bearing *Gestalten* as a whole represents the vehicle through which power and meaning is communicated to culture as a whole. Grace is not only a matter of decisive revelation and ecstatic response, but of on-going, meaning-fulfilling, creativity within the internal constitution of the finite. This is why Tillich considers the « last word » in human culture to be *Gestalt* of Grace which participates in it, and which leads it toward fulfillment in the theonomy of Spirit[52].

With the description of the ontology of Spirit, and with the articulation of the metaphysic of limitation in its new terminology, Tillich is poised to initiate investigation of culture itself. The preface to this ultimate task requires a summation of fate and providence as the alternatives for human culture.

Two levels of awareness define « fate » for human experience. The movement from one level, to the other, and then to the concept of « providence », parallels the movement in Tillich's thought from the guilt-consciousness of the positive philosophy, to the hope of theonomy in the life of the Spirit.

First, fate is the tragic inevitability of fallenness — of separation from Being-Itself. The fate of being human is to be confronted with the necessity of asking after the meaning of existence to make decisions for life. The key decision which impinges upon human consciousness is the « innermost meaning of each single decision » : either for or against the Unconditional[53]. The fact of the freedom/destiny polarity concretely experienced in culture, is not offered to excuse the character of our decision-making, but as a part of the constellation through which the Unconditional presents us with the necessity of making decisions in culture. They are not only the *context* of freedom, but literally *precipitate* freedom.

---

[50] *ID.,* « The Formative Power of Protestantism », *The Protestant Era,* p. 211.

[51] « The Philosophy of Religion », *What Is Religion ?,* p. 84.

[52] « The Formative Power of Protestantism », *The Protestant Era,* p. 220.

[53] *ID., The Interpretation of History,* New York, Charles Scribner's Sons, 1936, p. 137.

Nothing is mundane in culture. Every structure, event, or person participates in the tension between decision-making and the depth of the Unconditional[54].

The second level of awareness reveals « fate » to be more than the inevitability of fallenness. Fate means to be caught up (« entangled in ») transcendent limitations which are either demonic or divine, or, in other words, limitations which are either meaning-destroying or meaning-fulfilling. Tillich's later thought identifies fate specifically with those structures or limitations which rob life of meaning. They are not Spirit-bearing *Gestalten* which communicate the *unity* of Spirit to the finite, but they communicate only the unresolved tensions of spontaneity or form which are the first and second potencies under the condition of fallenness. Unlike the *Gestalt* of Grace, which resists identification with any particular form with the Unconditional[55], the limitation of fate claims to be the Unconditional. Entanglement in fate leads either to sheer arbitrariness (power over meaning), or mechanistic necessity (meaning over power). Culture as a whole may be examined in the light of these conflicting tendencies encouraged by the *Gestalt* of Fate.

Providence now emerges as that positive and hopeful entanglement of culture in limitations that are genuinely meaning-fulfilling. Constellations are truly *revelatory* in that they communicate the unity of the Spirit that preserves and unites both power and meaning. *Gestalten* are truly Spirit-bearing in that they communicate the infinite that transcends any given form. If fate represents the demonic distortion of the infinite under the ambiguous conditions of existence, now providence represents the unitive revelation of the infinite under the unambiguous condition of Spirit.

Providence is in itself the *Gestalt* of Grace. It is « saving fate » which rescues culture for the fulfillment of its particularity by preserving the unity of power and meaning[56]. Providence preserves « the continuity of reality as the basis for being and action[57] ». It provides the creative grace which allows the participation of every being in Being-Itself, and the saving grace which overcomes estrangement and allows even that which is unacceptable to participate in the infinite[58].

Tillich emphasizes that providence is a paradoxical concept, because it is the metaphysical framework that conveys the unity of power and meaning to culture. The *Gestalt* of Grace is open to rational inquiry, but cannot be subsumed by rational inquiry. He writes : « Fate begins to appear again as the dark background of a rationalized providence and as

[54] *Ibid.*, p. 138.
[55] ADAMS, *Paul Tillich's Philosophy* [...], p. 50.
[56] TILLICH, « Philosophy and Fate », *The Protestant Era*, p. 7.
[57] ID., *Systematic Theology*, I, p. 262.
[58] *Ibid.*, p. 285.

its perennial threat[59]. » Therefore, while fate may be identified in culture in cognitive despair, the perception of providence is an act of faith[60]. Only faith can affirm the *Gestalt* of Grace in spite of the dark background of fate. In light of Tillich's ontology of Spirit and metaphysic of limitation, the elements of faith required of culture are predictable : 1) the awareness of hidden meaning within the destruction of meaning, 2) the absolute dependance of non-being and meaninglessness on being and meaning, and 3) the willing embrace of the participation of the infinite in finite experience[61]. Providential participation of Spirit in culture overcomes the demonic by seeking the dynamic unity of power and meaning.

The ever present alternative for culture between entanglement in fate or participation in providence is the preface to Tillich's analysis of culture. Culture is the arena for multiple constellations of events, institutions, personalities, and transcendent limitations which may be revelatory of Spirit. Insofar as culture can participate in truly Spirit-bearing *Gestalten*, the basic functions of life — self-integration, self-creation, self-transcendence — can be authentic. Yet insofar as culture is entangled in fate, the basic functions of life break down into self-destruction and despair.

The theology of culture fulfills Tillich's ontological and metaphysical vision. First, it brings to completion the fundamental dialectic of the self-affirmation of the Absolute. Second, it brings to fulfillment the dynamic movement of Spirit in three potencies. Third, it resolves the particularity of the finite in the final reconciliation of power and meaning. Tillich provides the theology of culture not only with a way to analyze what is wrong with culture, but also with the hope of final reunion with Spirit. For this reason Tillich defines theonomy as that which happens to culture under the impact of Spirit : ultimacy of meaning permeates even the most trivial of events and things, structures of reason and will are both affirmed, autonomy and heteronomy are held in dialectical harmony under the impact of Spirit[62].

In Tillich's vision, the tension between power and meaning is manifest in all aspects of modern culture, epitomized in the most radical self-indulgence, and the most suicidal despair. The theology of culture which emerges from the ontology of Spirit and the metaphysic of limitation provides the systematic tool for analysis which can be applied to all aspects of culture, and the hope for the resolution of power and meaning which motivates continued participation in all aspects of culture.

---

[59] *Ibid.*, pp. 265-266.

[60] *Ibid.*, p. 267.

[61] *Ibid.*, p. 177.

[62] ID., *Systematic Theology*, III, pp. 249, 250-251.

Faith in the divine providence is the faith that nothing can prevent us from fulfilling the ultimate meaning of our existence. Providence does not mean a divine planning by which everything is predetermined, as in an efficient machine. Rather, providence means that there is a creative and saving possibility implied in every situation, which cannot be destroyed by any event. Providence means that the demonic and destructive forces within ourselves and our world can never have an unbreakable grasp upon us, and that the bond which connects us with the fulfilling love can never be disrupted[63].

---

[63] *ID., The Shaking of the Foundations*, New York, Charles Scribner's Sons, 1948, pp. 106-107.

ACTUALITÉ DU PROJET TILLICHIEN D'UNE THÉOLOGIE DE LA CULTURE

Jean-Paul GABUS
Faculté universitaire de théologie protestante, Bruxelles

Paul Tillich s'est efforcé durant toute sa vie de préciser les relations qui existent entre le christianisme et la culture séculière qui s'est développée en Occident depuis 500 ans environ. Sa conception des rapports entre religion et culture l'a amené dès 1919 à envisager le projet d'une analyse théologique de la culture.

Nous aimerions dans la première partie de notre exposé rappeler brièvement les grandes lignes de ce projet tel qu'il est exprimé dans la période de la maturité de la pensée tillichienne, c'est-à-dire approximativement entre 1950 et 1965, au moment même où le processus de sécularisation de la culture occidentale paraît avoir atteint un point de non-retour et atteint une dimension mondiale[1].

---

[1] Nous ne pensons pas que le seul ouvrage *Théologie de la culture* publié en 1959 suffise à éclairer pleinement le dernier projet tillichien d'une théologie de la culture. Il nous paraît important aussi de tenir compte des ouvrages ou articles suivants :
The Protestant Era (Chicago, University of Chicago Press, 1948) avec en particulier le chapitre IV, « Religion and Secular Culture » (1946) ; *le Courage d'être* (New Haven, Yale University Press, 1952, Paris, 1967) ; *la Dimension oubliée* (Bruges, Desclée de Brouwer, 1969) ; *le Christianisme et les Religions* (Paris, Aubier-Montaigne, 1968) ; *Systematic Theology (S.T.)*, III, (Chicago, University of Chicago Press, 1963).

Dans *Gesammelte Werke (G.W.)*, nous avons trouvé important aussi de consulter « Über die Grenzen von Religion und Kultur » (1954), *G.W.*, IX, pp. 94-99, « Grenzen » (1962), et « Die Situation des Menschen » (1963), *G.W.*, XIII, pp. 419-432. Il est intéressant également de lire les articles suivants de *G.W.*, XIII, pp. 433-452, qui sont des textes écrits en 1964 et 1965 nous livrant la toute dernière pensée de Tillich sur les rapports entre religion et culture. On n'oubliera pas non plus de consulter sa dernière conférence prononcée à Chicago le 12 octobre 1965, « l'Importance de l'histoire des religions pour la théologie systématique », dans *Aux frontières de la religion et de la science,* Paris, Le Centurion-Delachaux et Niestlé, 1970, pp. 199-204, et on pourra se reporter également à notre ouvrage, *Introduction à la théologie de la culture de Paul Tillich*, Paris, P.U.F., 1969.

La conférence de 1919 est sans doute importante dans la genèse du projet tillichien, mais on aurait tort, nous semble-t-il, de penser que déjà tout le projet tillichien d'une théologie de la culture est déjà contenu dans cette conférence. Comme le colloque abordera longuement à ses débuts l'étude de 1919, nous n'avons pas cru bon de nous y référer, sinon une fois, dans notre texte.

Je suis pour ma part convaincu que les notions de forme et de contenu (ou substance) n'ont plus du tout le même sens dans la phraséologie tillichienne de 1919 et celle de 1959. Comme je l'ai indiqué dans mon ouvrage consacré à la théologie de la culture cité ci-dessus, p. 15s., Tillich s'est progressivement libéré de l'idéalisme kantien et hégélien (ou schellingien) qui imprègne totalement sa pensée au début. Comme son ouvrage *Philosophie de la religion* (1925) l'annonce déjà, Tillich va de plus en plus envisager les rapports entre religion et culture à partir d'une *herméneutique du sens* dans une perspective non plus idéaliste, mais phénoménologique concrète.

Nous aurons l'occasion de revenir sur cet ouvrage fondamental de 1925 (en français, Genève, Labor et Fides, 1971).

Dans la seconde partie, nous aimerions aborder un certain nombre de questions critiques à ce projet afin de mieux mettre en relief précisément son actualité, sa validité, en dépit de certains éléments qui peuvent aujourd'hui nous paraître caduques, équivoques ou formulés de manière encore peu satisfaisante.

Parmi ces questions, j'en retiendrai essentiellement deux :
1) Pouvons-nous encore aujourd'hui définir les rapports entre religion et culture dans les mêmes termes que Paul Tillich ?
2) Quel rapport le développement des théologies dites contextuelles à partir de 1965, en particulier dans le Tiers Monde, entretient-il avec le projet tillichien d'une théologie de la culture ?

En bref, quels sont donc les éléments toujours valables de l'analyse tillichienne de la culture ? Dans quelle mesure ces éléments peuvent-ils nous aider à poursuivre une réflexion tant philosophique que théologique sur la situation de nos cultures en cette fin du XXᵉ siècle ?

*

*   *

Dans la quatrième partie de sa *Théologie systématique*, mais également dans une conférence prononcée le 6 mai 1963 à l'occasion du 40ᵉ anniversaire de *Time Magazine*, Paul Tillich souligne un *premier élément* fondamental qu'il considère comme la clé de tout analyse de la situation humaine comme de tout processus vital ou historique, à savoir le concept d'*ambiguïté*. Par ambiguïté, précise-t-il, il faut entendre le mélange inséparable du bien et du mal, du vrai et du faux, de forces créatrices et de forces destructrices, d'éléments positifs et d'éléments négatifs dans tout processus biologique, humain, historique[2].

La religion, qui est la prise de conscience ou l'attestation du divin, de l'inconditionné au sein de notre finitude humaine, n'échappe pas plus à l'ambiguïté que la culture, orientée d'abord vers la production de formes et de significations nouvelles au sein du conditionné. En d'autres termes, il n'existe pas d'appréhension humaine du Divin, de l'Absolu en tant que créateur et pouvoir d'être sans expression corrélative du *démonique*, c'est-à-dire de l'Absolu appréhendé sous sa forme négative, comme force aliénante et destructrice. Toutes les formes concrètes, historiques, de réalisation de la religion, y compris le christianisme, ne sauraient échapper à la *démonisation* et à la *profanisation* du divin du fait même que l'homme dans sa situation existentielle se trouve coupé du fondement de son être, séparé de son être essentiel. Aucune religion concrète ne saurait de par son rapport privilégié à l'Ultime prétendre occuper un espace pur de vérité et de justice, se constituer comme un domaine de la vie humaine au-dessus de tout soupçon.

---

[2] *Cf.* notamment, *S.T.*, III, pp. 32,43-45,57-110, et *G.W.*, XIII, p. 429.

Tillich accepte pleinement au point de départ de sa réflexion que la religion soit soumise à la *critique*, et même à une double critique : une critique formulée du sein même de la religion, au nom des principes mystiques, prophétiques et éthiques sur lesquels elle est fondée, et une critique formulée du côté de la culture profane qui ressent trop souvent le religieux comme une force totalitaire et impérialiste, hostile à la liberté et à la dignité humaine, à l'affirmation de l'autonomie de l'homme et de la culture.

Est-ce à dire qu'une culture purement profane et séculière puisse du même coup exister sans dimension religieuse ou du moins reléguer le religieux dans une sphère purement privée et facultative comme le prétendent aujourd'hui les idéologies séculières et les sciences humaines qui s'en réclament ?

C'est une option que Tillich a toujours refusé de prendre. La *sécularisation* représente certes une donnée fondamentale de notre situation contemporaine. La plupart des hommes de notre temps sont devenus indifférents à la dimension du Sacré et notamment à l'existence des Églises chrétiennes. Mais Tillich a toujours considéré cette situation comme temporaire, provisoire. Le « vide spirituel » de notre culture ne peut que laisser la place à de faux absolus, à des quasi-religions ou à un retour de Dieu, du Sacré authentique.

C'est ici que nous devons prendre en considération un *deuxième élément* fondamental de sa pensée : la distinction entre la religion au sens large du mot, c'est-à-dire le fait d'être saisi par une préoccupation ultime, la dimension de l'Inconditionné, et la religion au sens étroit du mot, la religion organisée, concrète, prise dans ses manifestations historiques. *La religion au sens large* et le plus noble, ne peut être vue comme une simple dimension périmée du processus culturel, mais bien au contraire, comme la substance, le fondement, *le sens dernier de toute culture, y compris de la culture séculière.* La religion au sens large constitue ce que Tillich nomme la dimension verticale ou en profondeur de notre existence humaine. Il ne s'agit pas d'une simple dimension de la vie humaine parmi d'autres, mais bien plutôt ce par quoi toutes les dimensions de la vie se transcendent elles-mêmes, laissent apparaître ou se montrer le fondement créateur caché de l'Être, une dynamique sous-jacente qu'indiquent des symboles comme ceux d'Être nouveau, d'Esprit, de Vie éternelle, de Royaume de Dieu ou de Réalité ultime.

L'un des textes les plus fondamentaux et les plus clairs que Tillich a écrit sur les rapports entre religion et culture me paraît être un texte déjà ancien publié dans sa *Philosophie de la religion* en 1925. En voici quelques extraits :

> Si la conscience est orientée vers les formes individuelles de la signification et vers leur unité, nous avons affaire à la *culture* ; si elle est orientée vers la signification inconditionnée, vers la substance de la signification, nous sommes en présence de la *religion* [...] Mais ces définitions sont

insuffisantes. La forme et la substance sont inséparables ; il est absurde de poser l'une sans l'autre. Tout acte culturel contient la signification inconditionnée ; il repose sur le fondement de la signification ; dans la mesure où il est un acte de la signification, il est substantiellement religieux. Cela s'exprime dans le fait qu'il est orienté vers l'unité de la forme, qu'il doit se soumettre à l'exigence inconditionnée de l'unité de la signification. Mais il n'est pas intentionnellement religieux. Il n'est pas orienté vers l'Inconditionné comme tel [...] La culture en tant que telle est donc substantiellement mais non intentionnellement religieuse[3].

Inversement, nous explique ensuite Tillich, l'acte religieux ne peut être orienté vers la signification inconditionnée qu'à travers la médiation des formes culturelles. « Le religieux est donc substantiellement présent dans l'acte culturel alors que dans le religieux le culturel est formellement présent. »

Près de 30 ans après, Tillich définit toujours de même manière la compénétration réciproque et nécessaire de la religion et de la culture :

La religion, en tant qu'elle est une préoccupation ultime, est la substance qui donne son sens à la culture, et la culture, la totalité des formes à travers lesquelles la préoccupation ultime peut s'exprimer. En résumé : la religion est la substance de la culture, la culture est la forme de la religion. Cette façon de considérer leurs rapports nous empêche définitivement d'établir un dualisme entre la religion et la culture. Tout acte religieux non seulement dans les religions organisées, mais également dans le mouvement le plus intime de l'âme, est formé par la culture[4].

La religion organisée peut apparaître de nos jours reléguée dans la sphère privée, repoussée à la périphérie de notre vie quotidienne. Il ne saurait en être ainsi de la religion définie au sens large. Celle-ci ne cesse de se manifester comme exigence inconditionnée de justice, de beauté, de vérité, d'amour, de sens, au sein même des processus culturels les moins « religieux » en apparence. Toute grande œuvre d'art, toute philosophie importante, toute découverte scientifique importante portent la marque de l'inconditionné. Et c'est cette appartenance réciproque de la forme et de la substance, de l'expression et du sens qui fonde la possibilité d'une théologie de la culture. Le théologien de la culture se doit de déchiffrer la présence du Divin en toute forme culturelle.

Mais il se doit aussi d'en faire une *lecture critique*. Car l'Absolu, nous l'avons vu, est soumis à l'ambiguïté de la situation humaine. Tantôt il est signifié par de faux absolus, des « idoles » ou objets-valeurs de notre monde fini (argent, sexe, pouvoir, race, prestige, vocation) identifiés à l'Inconditionné lui-même. Tantôt il est symbolisé sous la forme d'un Sacré

---

[3] *Cf. Philosophie de la religion*, pp. 49-50.
[4] *Théologie de la culture*, p. 92.

anti-divin, destructeur, le démonique. Dans les deux cas, une forme finie de la réalité humaine, religieuse ou culturelle, est élevée au rang de valeur absolue, de réalité infinie et inconditionnée.

Un *troisième élément* fondamental de la pensée tillichienne doit être ici mis en valeur. Pour mener à bien sa réflexion critique de la culture, la théologie de la culture dispose de *deux critères décisifs* qui sont des symboles centraux de la foi chrétienne.

Le *premier critère* est celui de *Jésus* confessé *comme le Christ*, c'est-à-dire de cet homme qui se sacrifie totalement lui-même pour laisser transparaître pleinement le divin. C'est un chemin d'abnégation et d'humilité qui passe par la croix et le refus de toute idolâtrie.

Le *second critère* est celui de l'*Être Nouveau* ou du *Royaume de Dieu*. Le Royaume de Dieu signifie qu'une dynamique tout à la fois historique et transhistorique est à l'œuvre pour surmonter les contradictions et ambiguïtés inhérentes à la condition humaine. Ce symbole a une quadruple connotation : politique (il affirme le règne et le pouvoir de Dieu dans l'histoire), sociale (le règne de Dieu est un règne de justice et de paix), personnelle (l'individu a une valeur indépassable et éternelle), cosmique-universelle (Dieu sera tout en tous)[5].

La théologie de la culture de Paul Tillich présuppose donc non seulement une présence universelle de l'Infini dans notre finitude, mais encore une effectuation dynamisante qui pousse en avant le processus culturel et historique dans une perspective de réunion et de réconciliation, mais à travers la kénose de la croix du Christ. Le processus culturel ne peut atteindre son *telos* que s'il est lui-même ouvert à l'appel que le Christ-Logos universel lui adresse à passer par une mort-résurrection, à renoncer à toute prétention à l'absoluité et à assumer sa finitude, ses propres limitations.

*

*   *

Après avoir cherché à résumer aussi brièvement que possible le projet tillichien d'une théorie de la culture, essayons maintenant d'examiner les questions qu'il nous pose.

Une première difficulté surgit immédiatement. Toute culture, pour Tillich, est d'essence religieuse. Elle manifeste à tout moment la présence et l'exigence d'Absolu qui hantent toute existence humaine tant individuelle que collective. Tillich a toujours résisté aux analyses des courants philosophiques et idéologiques dominants (sociologie wébérienne des religions, existentialisme athée, matérialisme dialectique, positivisme, théologies de la mort de Dieu, etc.) pour lesquelles nos sociétés occidentales industrielles, et avec elles, toute la terre habitée, s'achemineraient

---

[5] Pour le premier critère, *Théologie de la culture*, pp. 89s., pp. 124-125 ; pour le deuxième critère, voir *ibid.*, pp. 102-104, et surtout *S.T.*, III, pp. 356-393.

aujourd'hui vers des cultures totalement séculières qui n'éprouvent plus le besoin comme les sociétés traditionnelles de se fonder sur une référence au Sacré ou à l'Ultime.

Pour Tillich, l'homme ou la culture ne sont jamais comme tels donateurs de sens, mais seulement créateurs de formes. Ces formes culturelles ne peuvent jamais être totalement privées d'une substance ou d'un contenu transcendant, d'une référence à ce qu'il nomme lui-même la dimension de profondeur ou verticale et qui est précisément la dimension du sens. L'homme ne peut qu'accueillir et signifier le sens, non pas le créer tel un démiurge. Tillich n'a jamais renoncé à la formule de sa conférence de 1919 sur « l'Idée d'une théologie de la culture » : la religion est la substance de la culture, la culture est la forme de la religion.

Une telle formule est-elle encore acceptable et compréhensible aujourd'hui, dans le propre champ de notre modernité si largement déterminé par les sciences humaines, notamment la pensée fonctionnelle ou structuraliste ? Le processus de sécularisation si universel aujourd'hui ne signifie-t-il pas que nous sommes bel et bien parvenus, comme Bonhoeffer le pensait déjà, à la fin d'une ère religieuse ?

Notre réponse à ces questions se veut nuancée. Plus encore, elle cherchera en ne s'attachant pas purement et simplement à des formules verbales ou idéologiques à montrer la fécondité encore actuelle du projet tillichien.

Observons d'abord que lorsque Tillich dénie à l'homme la possibilité d'être démiurge, créateur et maître absolu du sens, il rejoint les observations les plus pertinentes du structuralisme. Pour ce dernier, comme pour Tillich, le langage précède le sujet humain individuel, l'échange est autoconstitutif d'un moi centré, l'homme est beaucoup plus agi que créateur.

Mais il est vrai que, dans un autre sens, le structuralisme paraît totalement étranger à la problématique tillichienne de la forme et du contenu, de l'expression et du sens. Pour le structuralisme, le sens est un pur produit de la forme, un simple jeu différentiel de signes ou de relations. La signification se réduit à la pure immanence d'un système symbolique fermé sur lui-même. Elle ne présuppose aucun rapport de l'existant à une transcendance quelconque ou même à un référent extérieur qu'il conviendrait de signifier par des mots ou des gestes inhabituels : symboles ou rites religieux, formes de l'art expressionniste ou de la poésie surréaliste. La question du sens du sens est bien posée comme une question légitime et inévitable, mais elle est considérée comme aussi insoluble que le problème de l'origine du cosmos ou de la société. De même la distinction entre la forme et le contenu est bien maintenue dans l'analyse linguistique ou sémiotique, mais elle ne saurait fonder comme chez Tillich un clivage métaphysique, tant ontologique qu'axiologique, à savoir la distinction entre des niveaux superficiels de l'être qui barreraient l'accès à une vie authentique et non aliénée et un niveau profond qui ouvrirait au contraire le chemin d'une possible libération. La pensée fonctionnaliste ou positiviste postule la même immanence du sens, le même agnosticisme quant au sens dernier du sens.

Cependant il me paraît que la pensée de Tillich résiste bien à ces approches nouvelles des idéologies immanentistes et sécularistes. D'abord, parce que Tillich a eu soin de ne pas se laisser enfermer, comme les philosophes idéalistes et dualistes du XIXᵉ siècle, dans une dichotomie de la forme et du contenu, de l'expression et du sens. Nous avons vu qu'il souligne au contraire sans cesse leur interdépendance et corrélation. Ensuite, parce qu'il définit lui-même la culture comme la création d'un univers de sens, et non simplement comme un pur système de formes vides de contenu ou un pur horizontalisme absolument dénué de sens[6]. Enfin, parce que Tillich a très clairement entrevu ce que tous les observateurs honnêtes de la réalité sociale signalent aujourd'hui, à savoir un retour vers le sacré, une redécouverte d'un sens non dominé et non dominable que nous n'hésitons pas à nommer à nouveau comme Tillich « mystère abyssal de l'être », « dimension verticale, en profondeur, de l'existence »[7].

Étonnant, ce texte écrit par Tillich dans les années 60, du moins pour nous Européens qui étions alors plongés au plus profond du processus de sécularisation :

> Le pendule a commencé à revenir vers la direction verticale de la religion [...] Mais le danger existe qu'il aille trop loin. Humanistes et chrétiens socialement engagés redoutent à bon droit qu'en mettant unilatéralement l'accent sur la ligne verticale de la religion, on ne réduise sa réalité sociale. Le danger est sérieux et il faut s'en garder. L'avenir de la religion exige, dans un même mouvement, et le vertical et l'horizontal, dans une alliance respectueuse de l'une et de l'autre de ces deux dimensions de la vie[8].

---

[6] On comparera à ce sujet la première définition que Tillich nous donne de la culture aux pp. 57s., puis aux pp. 95s. dans *S.T.*, III. Tillich considère le clivage entre esprit et réalité, sujet et objet, forme et substance comme le résultat même du procès culturel et linguistique. Sa tentative pour surmonter cette dichotomie ne va tout simplement pas dans le sens d'une réduction de la différence au même ou à l'identique, mais au contraire dans le maintien d'une tension créatrice et ontologique.

La question est de savoir quelle est l'hypothèse la plus féconde : le réductionnisme épistémologique des sciences dominantes ou une pensée qui refuse de penser le mystère ontologique sur le modèle de l'étant disponible et contrôlable. La pensée de Paul Tillich rejoint ici les interrogations les plus profondes d'Emmanuel Lévinas, Paul Ricœur, Jean Ladrière, et déjà de Martin Heidegger.

[7] *Cf.* pour une analyse succincte, mais claire et agréable à lire, le livre de Roger Texier, *Introduction à une philosophie de l'homme*, Lyon, Chronique sociale, 1985, notamment les chapitres 5 (« la Vie sociale et ses fondements ») et 6 (« Recherche de sens »), pp. 95s.

[8] *La Dimension oubliée*, pp. 135 et 138 ; *cf.* pp. 47s.

On peut sans doute reprocher à Tillich de n'avoir pas saisi pleinement toute la portée du changement structurel introduit par la sécularisation, à savoir que la religion a perdu dans nos sociétés contemporaines l'une des fonctions majeures qu'elle occupait dans les sociétés traditionnelles : celle de fonder les règles et les normes de comportement de la société. La sécularisation ne signifie pas seulement, comme nous le dit Tillich, « bannir Dieu du domaine de l'existence effective », le « ramener au rang de concept limite ou non nécessaire », mais en fait l'émergence dans le champ historique d'un tout nouveau rapport entre société, État et religion. Non seulement, observe Marcel Gauchet dans son livre récent *le Désenchantement du monde*, la religion est reléguée dans la sphère privée sur le plan des options individuelles et ne sert plus de fondement au fonctionnement de la société, mais elle peut fonctionner sans nécessairement produire de foi, engager une conviction particulière par rapport à un Ultime ou une Sacralité quelconque. On s'y réfère encore, mais dans le cadre du plus strict athéisme[9].

Mais je note que, même dans le type de société décrit par Marcel Gauchet, où la séparation du sociétal et du religieux semble avoir atteint un point de non-retour vers un type de société où le sociétal et le religieux restent articulés l'un à l'autre, les thèses de Tillich ne sont nullement périmées.

Que nous dit en effet Marcel Gauchet ? « Une sortie complète du religieux est possible », mais pour ajouter aussitôt : « Cela ne signifie pas que la religion doive cesser de parler aux individus », et constater quelques pages plus loin que le déclin du religieux se paie par la difficulté d'être soi, de savoir qui l'on est et pourquoi l'on est venu dans ce monde[10]. N'est-ce pas reconnaître à la suite de Paul Tillich que la quête humaine du sens restera toujours une quête religieuse, la quête d'un Absolu vrai, ultime et authentique ?

Tillich n'a peut-être pas analysé avec assez d'acuité la profonde mutation qui s'est opérée au sein de notre culture occidentale dans les rapports entre société et religion. Mais comme bien des épistémologues et philosophes contemporains, il nous rend attentifs à la question du sens du sens, à la question du sens dernier ou ultime qui fait que notre vie humaine prend de la saveur, du poids, une orientation décisive. On peut toujours tenter d'ignorer sur le plan de la pure analyse formelle ou structurale l'existence d'un référent extérieur au langage ou à l'homme et présupposer que l'homme contemporain ne parvient à trouver un sens à sa vie qu'à travers l'immanence des mots et des biens culturels ou des valeurs

---

[9] Marcel GAUCHET, *le Désenchantement du monde, une histoire politique de la religion*, Paris, Gallimard, 1985, p. 294.

[10] *Ibid.*, pp. 292-303.

sociétales. Mais dès que l'on se place sur le plan d'une analyse existentielle ou ontologique, il devient impossible de s'en tenir à un réductionnisme scientifique qui fait abstraction de toute transcendance.

Si, avec le structuralisme et le fonctionnalisme, on peut accorder que la forme est bien l'unique instance de production du sens, on ne peut oublier non plus le fait que le sens du sens demeurera toujours l'objet d'un choix qui est en même temps le choix d'un individu et le choix d'une société. Mais ce choix n'est pas simplement de l'ordre de la production-consommation. C'est un choix axiologique qui présuppose un discernement de valeurs et d'objectifs et qui sollicite de chacun décision et engagement, foi et espérance, attachement et fidélité à la décision prise. Et ce choix fondamental du sens demeure, qu'on le veuille ou non, un choix religieux, l'objet d'une préoccupation ultime. La société même la plus sécularisée ne peut éviter cette confrontation avec le religieux au sens large.

L'analyse théologique que Tillich fait de la culture contemporaine conserve donc un élément extrêmement pertinent, à savoir l'affirmation selon laquelle *la religion est indissociablement liée à la quête d'un sens ultime de l'existence humaine* et qu'aucune culture ne saurait nous communiquer ce sens du sens de manière directe, mais seulement de manière médiate, en se référant à la dimension religieuse ou dimension de l'Ultime.

*

*   *

Précisons encore que Tillich n'a jamais cherché à valoriser la réponse chrétienne à la quête humaine du sens. Il a seulement cherché à montrer la *portée universelle de la réponse chrétienne*. Celle-ci, pensait-il, ne peut que contribuer à éclairer le choix fondamental de tout homme, de tout groupe social, de tout projet culturel. Car c'est toujours dans une perspective de foi, d'amour et d'espérance que l'homme trouve un sens à sa vie, même si le contenu qu'il donne à son choix fondamental n'est pas nécessairement celui de la foi chrétienne.

Le théologien n'a pas à imposer à la culture ou à la société de son temps et de son lieu d'implantation le choix de sa propre communauté de foi. Il peut seulement montrer que le contenu de la foi chrétiennne a une cohérence non seulement interne (la foi est logique, rationnelle, même si son contenu n'est pas un produit de la raison), mais une *cohérence externe* (la foi chrétienne éclaire la condition de tout homme, de toute culture quelle qu'elle soit)[11].

Qu'une culture soit séculière ou religieuse, qu'elle place le rôle de la religion à sa périphérie ou en son centre, le théologien rappellera toujours à l'homme, à tout homme, qu'il se trouve placé en toute circonstance devant un choix inéluctable : choisir entre le vrai Dieu, qui ne cesse

---

[11] Pour cette notion de *cohérence externe*, voir Gérard Siegwalt, *Dogmatique pour la catholicité évangélique*, I/l, Genève-Paris, Labor et Fides/Cerf, 1986, pp. 13-17.

d'interpeller l'homme comme son Autre unique, puissance infinie de vie et de sens, ou les idoles, le fini sacralisé, puissance de mensonge et de néant.

*

*   *

Nous aborderons maintenant la seconde question que nous aimerions soulever à propos du projet tillichien d'une théologie de la culture. Quel rapport entretient ce projet avec les théologies qui aujourd'hui se nomment contextuelles ?

Il va de soi qu'une théologie de la culture ne peut être qu'une théologie contextuelle, en ce sens que le lieu et l'objet même de sa réflexion sont le contexte socioculturel dans lequel vivent les hommes *hic et nunc*. Tillich a été lui-même et par choix conscient un théologien profondément engagé dans le processus culturel de son époque. Rappelons qu'il fut l'un des plus brillants connaisseurs et critiques de l'art contemporain, le fondateur après la Première Guerre mondiale du socialisme religieux, qu'il participa activement à partir de 1933 au Comité américain des réfugiés chrétiens allemands et fut élu en 1944 président du Conseil pour une Allemagne démocratique et que, durant toute sa carrière, il fut en constant dialogue avec les universitaires les plus réputés dans les domaines de la philosophie, de la psychologie des profondeurs, de la sociologie, de l'économie politique, de l'histoire des religions, de la physique nucléaire et de la biologie.

Tillich n'a jamais réfléchi en tant que théologien autrement qu'en corrélation étroite avec le contexte socioculturel dans lequel il se trouvait pleinement engagé et qu'il contribuait à transformer par ses analyses critiques toujours extrêmement perspicaces et prophétiques. Sa pensée théologique se mouvait constamment entre une situation qu'il définissait lui-même comme une situation d'aliénation et de crise et une perspective d'avenir dont il montrait les chemins possibles d'une libération. Mais jamais, on le remarquera, il n'apporta son soutien à une quelconque utopie sociale ou politique. Il se méfiait des utopies qui n'engendrent que violence et déception parce qu'elles entretiennent un rapport faux et illusoire avec la réalité, masquent la situation tragique de l'homme[12].

Sa théologie se refusait à toute complaisance idéologique ou démagogique. Au lieu d'une utopie, elle proposait un *courage d'être* fondé sur une foi en un Dieu qui ne pouvait que transcender toutes les représentations et images que nous nous faisons habituellement de Lui. Ce qu'il souhaitait le plus ardemment, c'est que le christianisme puisse apporter sa contribution propre, mais décisive, à la guérison de la personne humaine

---

[12] *La Dimension oubliée*, pp. 73-75, 137 ; *S.T.*, III, pp. 353-361, 367 ; *G.W.*, VI, pp. 149-210.

dans ses multiples dimensions (physique, mentale, spirituelle) et, sur le plan politique, à l'édification d'une société non aliénante et démocratique, fondée sur un équilibre harmonieux entre pouvoir, justice et amour.

Sa théologie ne pouvait être plus contextuelle. Mais parce que Tillich était lui-même d'abord un universitaire, sa théologie avait une ouverture humaniste universelle, cherchait à rejoindre, comme nous l'avons déjà dit, tout homme, quelle que soit son appartenance de classe, de sexe, de nation, de culture ou de religion.

Aujourd'hui, qui oserait reprendre un projet aussi ambitieux, d'autant plus que nos contextes socioculturels sont actuellement orientés vers une affirmation très forte d'identités régionales spécifiques et le respect des différences[13] ?

Paul Tillich se référait à une culture allemande, européenne, américaine, etc., qui avait son style propre, une unité et une homogénéité de sens. Ce que nous voyons surgir maintenant sont plutôt des champs culturels pluriels qui, bien qu'ils s'interpénètrent et s'influencent réciproquement, s'affirment dans leur autochtonie et leur singularité propre. Ces cultures éclatées et juxtaposées les unes aux autres cherchent à dire des identités particulières : québécoises, wallonnes ou flamandes, zaïroises ou camerounaises, mexicaines ou brésiliennes. Et parallèlement, nous voyons surgir des sacrés multiples, s'affirmant souvent les uns contre les autres, pratiquant sans vergogne un prosélytisme tous azimuts : islam sunnite contre islam chiite ou druze, bouddhisme zen contre scientologie, protestantisme fondamentaliste à l'américaine ou à l'européenne, catholicisme musclé à la Jean-Paul II, voire résurgence de l'*Opus Dei*, christianisme africain, asiatique ou latino-américain, orthodoxies rivales des patriarcats ou métropoles de Constantinople, Antioche, Athènes, Moscou, New York, Londres ou Genève.

Nos théologies contextuelles s'affirment à l'image des pratiques qui les fécondent et des cultures qui les nourissent comme des *théologies de la singularité* et ne visent guère à l'universalité. Certes, elles marquent une préférence pour les pauvres et les opprimés de partout, et elles entendent défendre l'homme aliéné et ses luttes de libération dans le monde entier. Mais ces pauvres et ces aliénés dont les droits sont foulés au pied sont d'abord ceux ou celles qui relèvent d'un groupe social ou ethnique bien déterminé. Nos théologies sont féministes, blanches ou noires, européennes ou américaines, tiers-mondistes ou des sociétés d'affluence.

La dimension religieuse apparaît dans nos cultures contemporaines, non pas exactement, comme Tillich aimait le dire, dans son cœur ou sa profondeur, mais bien plutôt comme nos cultures, disséminée, éclatée en des singularités multiples. Elle se manifeste tantôt comme totalement à la périphérie de nos modes de vie, marginalisée comme de vénérables

---

[13] *Cf.* sur ce sujet le beau livre d'Henri-Jacques STIKER, *Culture brisée, culture à naître*, Paris, Aubier-Montaigne, 1979.

pièces de musée pour spectateurs-consommateurs en quête de compensation ou de dépaysement ; tantôt au contraire elle inspire encore largement la dynamique d'ensemble de la société. Nos contextes semblent en
fait échapper à toute théorie générale des rapports entre religion et culture.

Le projet tillichien d'une théologie de la culture ne peut donc être
aujourd'hui réalisé sans de notables modifications. Mais il est une question fondamentale que je voudrais poser en terminant : Tillich ne pourrait-
il pas, en dépit de l'option que nous avons prise et devions prendre pour
la défense de nos singularités contextuelles, voire confessionnelles, nous
réapprendre à retrouver le chemin d'un humanisme ouvert à l'autre que
je ne suis pas, et par là même nous permettre de retrouver un humanisme
authentiquement universel, ce que mon ami et collègue Gérard Siegwalt
nomme le « souci de la catholicité évangélique[14] » ?

Confesser Jésus de Nazareth comme le Christ, c'est sans doute s'atta-
cher à une figure historique concrète, particulière, qui a été brisée par
des pouvoirs dominants. Mais Jésus n'est vraiment le Christ que parce
qu'Il a été et demeure en même temps le témoin et le porteur d'une Vérité
qui illumine et dépasse chacun de nos contextes, d'une espérance et d'un
amour sans limites ni frontières. Nos théologies sont aujourd'hui parfois
tellement enfermées dans leurs particularismes qu'elles ne parviennent
plus à exprimer cette dimension universelle d'autotranscendance inscrite
au cœur de la dimension spirituelle de l'homme et de la confession chrétienne de la foi. Serions-nous de ceux ou de celles qui, sous la pression
de la sécularité et des pluralités, auraient oublié la dimension de l'Ultime
et qui érigeraient en conséquence leurs propres particularités en absolus
de pacotille trompeurs et mensongers, voire pire en symboles non du
divin mais du démonique, parce que, comme nos cultures ambiantes, nous
serions trop pressés d'apporter une réponse à l'absence apparente de Dieu
dans nos existences et dans notre société ?

---

[14] Siegwalt, *op. cit.*, pp. 27-31. *Cf.* aussi *G.W.*, VI, pp. 92-95.

PAUL TILLICH'S CONCEPT OF A THEOLOGY OF CULTURE AS A CHALLENGE OF OUR CULTURAL FUTURE

Gert HUMMEL
Universität des Saarlandes, Saarbrücken, West Germany

According to Paul Tillich's own judgement, his concept of a theology of culture is the theological view which runs through from the beginnings up to his main work, *Systematic Theology*, as the particular intention of his thinking[1]. Despite all conceptual and terminological differences, a close relationship is to be seen between the early purpose to establish a « theonomous » mediation between religion and culture having been faced with the catastrophe of World War I and the diastasis of « cultural revolution and religious tradition » resulting from it, and the implementation of the fully developed system as an « apologetic » theology which, aided by the method of correlation, tries to illuminate mutually « the questions that are inherent in the situation, and the answers which are embodied in the message »[2]. This relationship gets its vitality from Tillich's fundamental conviction that the existential situation and the biblical message, that culture and religion, that world and God can never be absolutely separated but only be distinguished from each other. Formulated in positive terms : it lives from the intra-Lutheranum, the *finitum capax infiniti*[3]. Anybody who shares this fundamental conviction and tries to apply and prove it theologically will therefore profit from Tillich's profound analyses of the cultural-religious situation and his statements on a formation of reality according to the spirit of theonomy or apologetic theology. This is valid with the inclusion of critical reflections and under different living conditions.

Hence the following will cover three spheres : First Tillich's concept of a theology of culture will be roughly outlined (1) ; we will then have to ask which are the particular principles of a proper « religious » culture (2) ; finally today's cultural situation shall be analyzed and illuminated in terms of these principles (3).

---

[1] *G. W.*, IX, pp. 82f. ; see also John J. CAREY, *Kairos and Logos*, Macon (GA), Mercer University Press, 1980.

[2] *S.T.*, I, p. 15.

[3] *Ibid.* ; CAREY, *op. cit.*, p. 216.

Tillich's concept of a theology of culture

In the studies on Tillich's theology of culture, the number of which has almost become immeasurable, it is often disregarded that behind all his reflections there is the question of how theology can be pursued and justified at all in a responsible way. Like the other prominent fellow-combatants of the theological revolution after World War I, who originally worked together in the movement of the so-called « dialectic theology » — Karl Barth, Rudolf Bultmann, Friedrich Gogarten or others — Tillich wanted to lead theology back to its own cause. However, he did this in his own unmistakable way, which was already clearly expressed in his first lecture « On the Idea of a Theology of Culture » in 1919[4], not only by the fact that Tillich wanted to replace theological ethics — which, in his view, was to be blamed for the provincialism of religion and, in connection with this, for the gap between religion and culture[5] — but above all by his reflections on the scientific character of theology and its proper subject.

For theology is science. All science, however, copes with the problem of the different « positions of the spirit towards reality[6] » which, for Tillich, are nothing else but the entirety of the « cultural functions ». The latter he classifies as theoretical-perceptive ones, « through which the spirit absorbs the object », and as practical-shaping ones, « through which the spirit wants to enter into the object »[7]. Hence theology is not the « science of one peculiar subject among others, called « God » and not « the presentation of a particular complex of revelation » but « the concrete normative science of religion »[8]. The crucial point with this is that religion cannot be placed either on the theoretical side or on the practical side of the cultural functions alone, but is « actual in all provinces of spirituality[9] », namely as the « experience of the unconditional, and this means the experience of ultimate reality based on the experience of ultimate nothingness[10] ». Here it is easy to see that Tillich successfully puts into practice the Lutheran principle of justification in a new experiential-theological way and to see how he does it. The task of a theology as a theology of culture — as the humane discipline purely and simply — is above all the « religious analysis » of cultural creations, *i.e.* the clarification of the specific relationship between form and import of

---

[4] *G. W.*, IX, pp. 13-31.

[5] *Ibid.*, p. 16.

[6] *Ibid.*, p. 13.

[7] *Ibid.*, p. 17.

[8] *Ibid.*, p. 14.

[9] *Ibid.*, p. 17.

[10] *Ibid.*, p. 18.

meaning in them[11]. The attempt of a typification and historical-philosophical classification and possibly at last a systematics may result from the solution of this task. Of course, the analytic task concerns secular as well as ecclesiastical cultural creations ; and — according to Tillich's view — even nature is included inasmuch as it becomes the subject of scientific analysis « only through culture[12] ».

As we know, Tillich developed the scientific-theoretical foundations of this theology in his « System of the Sciences[13] » and deepened them in some important respects. Here the starting point is the more basic characterization of each science as a specific actualization of thinking oriented towards being[14]. Tillich distinguishes three types of actualization : in the first one, being is « posited in thought », in the second, being is « searched by thought » and in the third, thought « itself is being », *i.e.* the spirit[15]. Out of this typology he develops the triad of sciences, *i.e.* the sciences of thought, being and spirit. The first and second may be ignored here. The spirit as a « form of existing thought[16] », as the actually « creative[17] » or the productive element[18], is the subject of the humanities. Every creative-productive act of spirit intends the universal within the concrete, the absolute within the relative, or to say it in one word : meaning. That is why the humanities ought to apply a « metalogical » method, enlarging critical thought by the comprehension of the elements of meaning and the totality of meaning[19]. On the one hand the elements of meaning are the meaning-giving thought or the meaning-giving form, on the other hand they are the meaning-receiving being or the meaning-receiving import[20]. Both are in a permanent tension. But in every spiritual act « the meaning, inherent in all existing things in all their forms, [...] comes into its own » ; thus the « meaning of reality » will be fulfilled, « the unconditional is grasped as unconditional, as validity[21] ». However, this is not done as a matter-of-course and even less to create a specific status. For, on the one hand the meaning-giving form or thought embodies the tendency towards « autonomy » which, realized « *per se* », would reduce thought to a mere form, depriving it of its

---

[11] *Ibid.*, p. 20.

[12] *Ibid.*, p. 23.

[13] 1923 ; *G. W.*, I, pp. 109-293.

[14] *Ibid.*, p. 118.

[15] *Ibid.*, pp. 118f.

[16] *Ibid.*, p. 210.

[17] *Ibid.*; see also *G. W.*,, IX, p. 15.

[18] *G. W.*, I, p. 218.

[19] *Ibid.*, pp. 237f.

[20] *Ibid.*, p. 238.

[21] *Ibid.*, p. 222.

import of being[22]. On the other hand there is a tendency inherent in the meaning-receiving import or being to absolutize a specific being to be the unconditional and thus violate or oppress all other forms of thought, a fact Tillich calls « heteronomy[23] ». In contrast to this he calls the truly creative, meaning-fulfilling spiritual acts : *theonomous* acts. And he defines : « Theonomy is turning to the unconditional for the sake of the unconditional », is « directing (of the spiritual act) towards being as pure import, as the abyss of every form of thought[24] ». Hence the tension between autonomy and theonomy is « the deepest driving force of the creative spiritual process », whereas theonomy in its heteronomous reversal — the « theonomy per se » — is most liable to make religion a special province of spirituality and thus give rise to insoluble « conflicts between religion and culture[25] ». Consequently a real theonomous humane discipline can't be a science like all the other sciences, but must be a « theonomous science of the norms of meaning[26] ». According to Tillich this is the essence of theology which stays with its own cause to the same degree as it « cancels itself as an independent science and [...] becomes the normative human discipline as such[27] ».

Despite the wealth of thoughts in the « System of Sciences », it is obvious in what a consistent way Tillich implicitly continues his work on his essential theme, namely the concept of a theology of culture. This is made more explicit in his « Philosophy of Religion » two years later[28]. The definition of theology as a « normative science of religion », repeated here, shows that philosophy of religion and theology are closely related. Now their relationship is described as follows : « Philosophy of religion is the science of the religious function and its categories. Theology is the normative and systematic description of the concrete realization of the concept of religion[29]. » Both are connected with each other by this one subject — religion ; as humane disciplines both have to apply the metalogical method, *i.e.* to clarify their subject in a critical meaning-comprehending way[30]. As we have already seen and see again, religion is the orientation of the spirit « towards the unconditional meaning » or « towards the unconditional »[31]. This, however, is now directly related

---

[22] *Ibid.*, pp. 227, 272.

[23] *Ibid.*, p. 272.

[24] *Ibid.*, pp. 271f.

[25] *Ibid.*, p. 272.

[26] *Ibid.*, p. 275.

[27] *Ibid.*, p. 276.

[28] 1925 ; *G. W.*, I, pp. 295-364.

[29] *Ibid.*, p. 301.

[30] *Ibid.*, pp. 313f.

[31] *Ibid.*, p. 320.

to the essence of culture because, according to Tillich, culture is the orientation of the spiritual acts « towards the different forms of meaning and their unity[32] ». Thus he can relate the two in saying :

> Culture is the essence of all spiritual acts which aim at the fulfilment of the different forms of meaning and their unity. Religion is the essence of all spiritual acts which aim at apprehending the unconditional import of meaning through the fulfilment of the unity of meaning[33].

The concept of fulfilment — there, to be seen as the « where to » of cultural acts, here, as the « where from » of religious acts — is the basis of the « unity of religion and culture as the unity of the unconditional import of meaning and the conditioned form of meaning[34] ». The crucial point is not to misunderstand this « unity » of religion and culture — in which Tillich's concept of theonomy has changed here — as a too hasty warrant to an active cultural creativity in the name of religion[35]. For this obviously remains a reformulation of the experience of the unconditional as the experience of ultimate reality on the basis of ultimate nothingness[36], *i.e.* still experiences of theonomous acts[37] or experiences of faith[38], as Tillich now calls them. Only in this sense the early definition is valid : « Culture is the form of expression of religion, and religion is the content (!) of culture[39] » — or the other, late definition Tillich himself called « the most precise formulation of theonomy » : « Religion is the substance of culture and culture is the form of religion[40]. » This is to say : Just as theonomous spiritual acts or acts of faith, the unity of religion and culture always runs the risk of being perverted into its autonomous or heteronomous alienations, which, according to Tillich, could lead to the « catastrophy of spirit » as such[41]. Theologically speaking, the one would be « God's dissolution into the world », the other would be an idea of a being of God existing as a « world besides the world »[42] ; one leads to the betrayal of religion to cultural profanity, the other to a demonic idolization of culture[43]. In contrast to this, the

---

[32] *Ibid.*

[33] *Ibid.*

[34] *Ibid.*, p. 330.

[35] *Ibid.*, see also *G. W.*, IX, p. 21.

[36] *Ibid.*, p. 18.

[37] *G. W.*, I, p. 330.

[38] *Ibid.*, p. 331.

[39] *Ibid.*, p. 329.

[40] *Religion and Culture*, 1948/1950 ; *G. W.*, IX, p. 84.

[41] *G. W.*, I, p. 331.

[42] *Ibid.*, pp. 334f.

[43] *Ibid.*, pp. 335f.

theonomous or faithful act holds up to the preliminarity and the expectation of the perfect theonomy, the Kingdom of God. It proves the idea that he can comprehend and shape the « orientation towards the unconditional » only « through symbols of the conditioned »[44]. It is just this openness towards the completion through the imperfect which puts the meaning-fulfilling spiritual acts into realization as the theonomous overcoming of the gap between culture and religion. This leads to the question asking for the principles of realization.

The formative power of protestantism (*Protestantische Gestaltung*)

Looking back at his early concept of a theology of culture in his essay on « Religion and Culture » of 1948/50[45], Tillich recalls his conviction of that time that a theonomous formation of culture would be possible. He says :

> Religion is being ultimately concerned, is the state of being affected by something unconditioned, holy, absolute. If we understand it this way, it will give meaning, seriousness and depth to each culture and creates a religious culture of its own out of the cultural material[46].

And some lines above he writes :

> The task is to decode the style of an autonomous culture in all its characteristic forms of expression and to find out its hidden religious significance. We did this using all scientific means[47].

We know that the discovery of this possible formation of a religious culture, that Tillich and his comrades had made at that time, found its incarnation in the movement of « Religious Socialism ». Their self-understanding and their objectives can be found in the « Outlines of Religious Socialism » written in 1923[48]. In Religious Socialism « the unity of sacred form and sacred import within an actual historical situation » seemed to be tangible to Tillich ; with it, he believed, he could realize « a sacred and — at the same time — just reality[49] ». This, however, would only be possible under the condition that the struggle of Religious Socialism was done « in the spirit of prophecy[50] » against the « natural demonics », which had developed in all spheres of life because of the

---

[44] *Ibid.*, p. 332.

[45] *G. W.*, IX, pp. 82-93.

[46] *Ibid.*, p. 86.

[47] *Ibid.*, p. 85.

[48] *G. W.*, II, pp. 91-119.

[49] *Ibid.*, p. 94.

[50] *Ibid.*

spiritual emptiness of liberalism and rationalism, and at the same time against the « sacramental demonics » which had seized power in the dogmatism and denominationalism of that time[51]. In concrete terms this meant to campaign against individualism, pragmatism, and aestheticism in science and art, for the objects in their own right and their universal coherence in cognition. In economy and law, state and society this struggle meant first of all to stand up against totalitarism of the utilitarian thinking in economics, and for an « eros-relation » between Man and technology ; furthermore against the social inequality in law, and for the realization of the « idea of human rights », including « a proprietary right based on the idea of feudal tenure and on representative property » ; against « the demonic of nationalism » with its Führer-despotism and its arbitrariness of external and internal power, and for a state which, supported by the community, achieves its rights ; and at last against a society which oppresses personal being or which is frozen to a mere « community of interests », and for a free formation of communities with social forms, customs or traditions as the symbols of a universal coherence of life and education[52].

No doubt, these guidelines point out the way to a concretion but they do not really become concrete. Even here Tillich still insists on the nature of theonomous thinking when he summarizes that the breakthrough of the new is « not a matter of working » but « fate and grace »[53]. Already in 1924 he had said in his lecture on « Church and Culture »[54] : « A new breakthrough, however, can't be made but can only be received[55]. » Hence these hints must be sufficient. And that was written into the « family record » of the Church, especially Protestant Church, which, even if it experienced the unconditional or holy, should not imagine it could redeem society, and abolish the dialectics between religion and culture[56]. But we do not expect this retrospect to end in resignation. Of course, we can understand that Tillich was disappointed at the facts that « the coming of the new theonomous era » was wanting, that « history took a different course », that he had to come to the conviction that the hope for a new beginning in the « Socialist Decision » (1933) had a « slight touch of romanticism[57] » because it had not fully accepted the end of the old. But we cannot just follow him when later he approves the time after World War II as this deeper « experience of the end[58] »,

---

[51] *Ibid.*, pp. 100f.

[52] *Ibid.*, pp. 106-117.

[53] *Ibid.*, p. 117.

[54] *G. W.*, IX, pp. 32-46.

[55] *Ibid.*, p. 45.

[56] *Ibid.*, pp. 36-42.

[57] *Ibid.*, p. 87.

[58] *Ibid.*, p. 88.

nor when he, as a consequence of this, in the third volume of his *Systematic Theology* discusses the cultural acts as « self-creativity of life in the dimension of the spirit », especially in their ambiguity, the way they oscillate more or less endlessly between « creation of meaning and destruction of meaning », finally to lead « to the question for a culture which transcends itself[59] » ; that means the end of culture. We do not follow him because he states himself that the experience of failure does not undermine « the idea of theonomy at all. On the opposite, it is its most powerful verification[60]. » If this is true, we have to prevent the theonomous unity of religion and culture from remaining something that is « beyond existence » (*ein Überseiendes*[61]), as a « pure activity of the intellect » and thus an activity « of the mediated subject[62] », which lacks its embodiment in history. This has to be done together with Tillich and against him. No doubt, there is a growing tendency in Tillich's cogitation towards yielding a higher rank to possibility than to reality. This tendency corresponds to a priority of thinking in terms of time over thinking in terms of space in his theology. This tendency especially becomes evident in epochs of a romantically touched new start as well as in epochs of the experience of the end or the vacuum. But this one-sidedness does not really do justice to the theonomous unity of religion and culture. This unity is manifested in the principles of « The Formative Power of Protestantism », worked out by Tillich (1930). They represent the true heritage of his concept of culture which should be handed down. This is why we ought to direct our attention to them.

Tillich's naming « protestant » the principles of the formation (*Gestaltung*) of a theonomous unity of religion and culture is not accidental but a programme. With this he certainly does not aim at protestantism as a church or a denomination primarily but at protestantism as an idea. He says about it that it is « an eternal and a permanent criterion of all transitory[63] ». What he means by this is roughly described in the study on « Protestantism as a Critical and Formative Principle » written in 1929[64]. There it becomes obvious that protestantism in the first instance ought to be criticism of all existing intellectual and social reality. This criticism is a double one : it is rational insofar as it measures intellectual and social reality against its genuine ideas ; it is prophetic insofar as it

---

[59] *S. T.*, III, p. 107.

[60] *G. W.*, IX, p. 88.

[61] Carl-Heinz Ratschow, *Einleitung zu : Tillich-Auswahl*, vol. 1 : *Das Neue Sein*, ed. by Manfred Baumotte, Stuttgart, 1980, p. 57.

[62] Günther Wenz, *Subject und Sein. Die Entwicklung der Theologie Paul Tillichs*, München, Kaiser, 1979.

[63] *G. W.*, VII, p. 12.

[64] *Ibid.*, pp. 29-53.

questions intellectual and social reality as such on the basis of « the shaking of life and spirit by what lies beyond both[65] ». The two ways of criticism are necessarily related to each other if criticism is not to become weak and empty of reality : « The prophetic criticism becomes concrete in the rational one. The rational criticism receives in the prophetic one its depth and its limit, its depth through the ultimate concern, its limit through grace[66]. » Thus, for Tillich, grace as the limit of rational criticism marks the proprium of protestant criticism. But in accordance with Luther he does not understand grace as the particular nature of the prophetic, hence not as a particular religious course of events or even contents besides the intellectual or social courses of events or contents, but as a breaking-in of the ultimately valid into the intellectual or social reality and as the expression of the ultimately valid shaping the intellectual or social reality. If we look at it this way, the protestant criticism does *not* cause any replacement or even dissolution of the concrete intellectual and social reality but the appearing of its ultimate truth. It is a crisis in the sense of separation and decision, destruction and building up at the same time. « Because gestalt is the prius of the crisis ; the rational gestalt is the precondition for the rational criticism, the gestalt of grace is the precondition for the prophetic criticism[67]. »

Hence it is evident that protestantism is a critical principle only as formative principle. So it is not that kind of criticism which criticizes everything and does not change anything, moreover it is criticism which is « supported by the power of a becoming gestalt[68] ». But inversely it is not a formation either which reverses the *Gestalt* of grace into a « rational idealistic gestalt » or a « gestalt of being of a higher rank[69] ». Protestant formation as the becoming *Gestalt* of grace is present not objective, or more precisely speaking : « It is real in objects but not as an object itself », because it is the appearance of the absolute powerful *Gestalt* of meaning of reality as such. Just as the prophetic criticism is only real within the rational, the *Gestalt* of grace is only real within the rational formation of intellectual and social life. In other words : The holy only appears in the guise of the profane — but nevertheless it will never become at our disposal, nor will it become a possession, but it is the opening of a new dimension hidden in it[70]. There are three conclusions that can be drawn out from this as presuppositions for the « formative powers

---

[65] *Ibid.*, p. 30.

[66] *Ibid.*, p. 33.

[67] *Ibid.*, p. 36.

[68] *Ibid.*

[69] *Ibid.*, p. 40.

[70] *Ibid.*, pp. 42f., and the seven items of « Principles of Protestantismus » 1942, *G. W.*, VII, pp. 133-140.

of protestantism[71] » : The first presupposition is Man as a person, who is freed in listening to and acting according to the prophetic word for a decisive realization of his life ; the second presupposition can be found in the formation of social groups within or outside or as church, that do not want to be anything else but bearers of the transcendental import of meaning of social life ; the third presupposition is the understanding that all individual and common realizations of life are included into the course of history and have to struggle without ceasing for their nearness to or distance from the *telos* of history, the Kingdom of God[72].

One year later Tillich again reflected upon « Formative Power of Protestantism[73] » and developed a more precise realization of theonomous acting out of the unity of criticism and *Gestalt*. For the crucial question is « in which way the unity of *Gestalt* and protest can become *Gestalt* itself again[74] ». The answer that protestant *Gestalt* ought to be a *Gestalt* of grace objects on the one hand to misunderstanding of grace as a sacramental objectivity and on the other hand to the misunderstanding of grace as a pure abstraction. Therefore Tillich calls the reality of the *Gestalt* of grace « perceptible[75] » or « vividly perceptible[76] ». With this he wants to express that it occurs with the humane, material and historical reality as their ultimate, renewing, and freeing signifying[77]. The criterion of truth and depth of protestant formation therefore is — even if it may sound paradoxical — « its relation to the profane[78] ». To use the most precise expression : protestant formation is « evangelical[79] » or « protestant profanity[80] ». This is true in a double sense : First, insofar as the forms and imports of the protestant formation constantly are corrected and questioned by the profane reality and open themselves to be forced to being present and to be provoked to being relevant[81] ; second, insofar as the forms and imports of the protestant formation take the risk to stand « on the ground of the new being » or « the reality of grace », and to erect the profane reality as the manifestation of true reality in the « attitude of belief-ful realism[82] ». In this way care will be taken that reality may

---

[71] *Ibid.*, p. 48.

[72] *Ibid.*, pp. 48-52.

[73] Published in *Religiöse Verwirklichung*, Berlin, 1930, pp. 43-64 ; revised edition in *G. W.*, VII, pp. 54-69.

[74] *Ibid.*, p. 48.

[75] *Ibid.*, p. 51.

[76] *G. W.*, VII, p. 60.

[77] *Ibid.*

[78] *Ibid.*, p. 62 ; see also *Religiöse Verwirklichung*, p. 53.

[79] *Ibid.*, p. 52.

[80] *G. W.*, VII, p. 61.

[81] *Religiöse Verwirklichung*, pp. 53f. ; *G. W.*, VII, pp. 62f.

[82] *Religiöse Verwirklichung*, pp. 55f. ; *G. W.*, VII, pp. 63f.

become « the bearer of an ultimate meaning[83] », both in the sphere of religious cognition and acting, *i.e.* in church, as well as in the secular world, *i.e.* in society. Thus the protestant profanity withstands the risks of demonizing the ecclesiastic and extra-ecclesiastic life and the risks of a rationalistic or materialistic secularism.

Protestant profanity as a challenge for today's culture

Here we can and want to leave the representation of Tillich's concept of a theology of culture. He himself gives us the right to do so in terming « the protestant profanity » as a theonomous *Gestalt* which is to be defined in its principles only but not in its specific forms and imports. Each generation and time has to consider the validity of these principles anew and to make perceptible their possible realization. Each situation is open and ready for the manifestation of its theonomous *Gestalt* lying hidden in it[84] — even if it is not evident. Only with that attitude and not being rumour-mongers or Tillich's copyists we can really preserve his theological heritage.

Wanting to comprehend and analyze today's culture is a task hardly to be solved. Its manifestations and contents are manifold and plentiful in a way that make a survey practically impossible. At the same time all the different forms and imports are densely interwoven in a way that comprehension is considerably complicated. Hence there have to be simplifications when we seek and apply an organizing principle. Among the numerous possibilities that present themselves, that one seems to be the most proper that conceives culture as the result of human acts of spirit or life which can be subdivided into relations to nature or material world, to society or politics, to the concern for fellow-being or personal relationship, and finally to individual life. In his social-grammar, Eugen Rosenstock-Huessy referred to them as spheres of I-It, I-We, I-You and I-I[85]. Despite these classifications, we have to state that there are not four cultural separate worlds but rather they are what Tillich expresses in the concept of « dimension[86] », *i.e.* they are aspects of the one ultimately indivisible cultural reality of life.

Our acts of life creating culture in the sphere of nature and material world are nowadays mainly characterized by rational calculation and technical instrumentality. They are liable to become the modern autonomy-*per se*. It affects the result of our actions as well as these actions themselves and therefore Man himself. Nature and material world

---

[83] *Ibid.*, p. 69.

[84] CAREY, *op. cit.*, pp. 232f.

[85] *Soziologie*, 1956/1958.

[86] *S.T.*, II, pp. 25f.

are reduced to mere objects of exploration and utilization, of possession or consumption. For this some people even quote a biblical mandate[87]. The ideals of such a proceeding are productivity, and profit or progress at any price. Its only purpose is to satisfy our needs that are constantly becoming more excessive. This is accomplished by the use of the best possible means to reach the best possible purpose. That is why more and more instruments and machines, computers and robots take over Man's actions. Man himself and his work are becoming more and more redundant. For the analysis of costs and benefits is the unholy law of technocracy. What arises from this — by the way in a merciless competition — always has to be better and more attractive than the previous, of course, because it needs to be sold. Hecatombs of sacrifices are made to the idols of novelty and fashion ; in such a way permanent consumption is fueled. Thus we abuse nature and the material world, we ruthlessly exploit the treasures and resources of this world — air, water, metals, oil, gaz, forests, etc. —, we spoil our own basis for life more and more, and thus we do everything we can to render existence on this planet more difficult or even impossible for the generations to come. Arrogance dominates between Man and nature or material world. The unchristian, neo-platonic-idealistic dualism of mind and matter offers even an ideological justification to many people.

Our culture-creating acts of life in the social and political spheres, *i.e.* groups and organizations, society and international community, are mainly characterized by anonymity and bureaucracy, delimitation and violence. They are liable to become the modern autonomy-*per se*. Of course, our organizations and institutions are not without names, but their names do not stand for living social beings but are rather labels of « unpersonal giants[88] » ; their structure is increasingly expanding and produces a permanent quarrel about competence and influence ; it is not accidental that we call their administrators « functionaries » who are everywhere but rarely responsible for anything. Surely, in our society the spheres of law and education, science, economy or church do not simply consist of office rooms but also of a wealth of proper and innovative places of theoretical and practical invention, action, and serving ; but more and more the regulating power of orders interferes with all these cultural spheres, reduces freedom, imagination, and self-initiative in favour of legally defensible activities ; it intends ostensible equality and alleged justice but in reality it produces idling and resignation, retreat into the private or even a drop-out of society.

In the course of history there certainly has never been such a long period in the coexistence of the nations in this world without large armed conflicts as there as been since World War II and yet we have the

---

[87] Gen 1, 18.

[88] E. FROMM, *Die Kunst des Liebens*, Frankfurt am Main, 1980.

security for our existence only under the diabolic protective shield of a twelvefold nuclear overkill ; yet the politicians cannot get rid of the friend-foe-thinking, yet the psychic and physical discrimination among people of different colour or religion, ideology or party membership is growing from day to day — and all this is happening while we are facing almost helplessly the real problems of the human family : starvation or unemployment, overpopulation or unmastered diseases. Injustice and hidden or open conflicts prevail among groups and peoples. And many contemporaries minimize these problems by saying that one can't change anything.

Our culture-creating acts in the sphere of personal relationships, *i.e.* above all in friendship and marriage, today are characterized by utilitarian thinking and noncommittalism. They are liable to become the modern autonomy-*per se*. The « small together » or the « team »[89] has replaced life-community which grows in giving and taking, in mutual winning and losing oneself and which even fruitfully masters the crises of life. It is not accidental that even marriage usually is called and understood as a partnership which is an economical term. The « being you » for each other, the depth of personal encountering, which was rediscovered two generations ago by the philosophers of language (E. Ebner, M. Buber, and others), is replaced by the exchange of two-sided approvals. Friendships and marriages degrade to mere symbioses, to « egoisms in twos[90] ». Hence passion for each other can no longer include suffering, but only can strive for pleasure gain. At the same time trust in each other which should include faithfulness and hope freezes to a balance of debit and credit. And love which really is the extensive realization of interpersonal unity, also meaning the care and the responsibility for, the respect for and the perception of the other, has been deprived of all this and reduced to an erotic mood depending on the situation. The reasons for that development are manifold. Surely our dealing with the world which is coined by thinking in terms of consumption and marketing is reflected in our human relations. Besides we undoubtedly lack an adequate education or forming of our feelings. As a consequence we do not see through our unconscious ties to our father – or mother – images that often impede us in becoming and searching for an emancipated self. On top of that the dream-world of media and advertizing plays a role in our inability for real personal encounter, making us believe in designed ideals of Man ; this either leads to the idolization of the beloved or to the disappointment with him/her. And finally the idea of the equality of the sexes, which often is reversed

---

[89] *Ibid.*, p. 99.
[90] *Ibid.*, p. 106.

into the ideology of man and woman as equals, surely hinders the perceptible creativity of encounter which is living out of the polarity and not out of adaption. In short : Coldness and boredom reign our human relations. And all our activism cannot obscure that fact.

It is fairly unknown that there are culture-creating acts of life in the sphere of our individuality too. But the highly civilized being « Man » is not a finished product having been there as something inflexible and just acting towards the outside. Man rather is a becoming creature especially with regard to his being a self. Despite all the different schools and their scientific terminology, psychology and depth-psychology have found out about the complicated way this being a self develops out of and on the background of conscious and unconscious influences of the present and passed reality of life. Hence the word « individuality » is wrong. Human ego is a changeable result of culture-creating action and thus a contemporary product in the same way as the other dimensions of culture. It seems as if this being an I today is mainly characterized by illusionism and reservedness. They are liable to become the modern autonomy-*per se*. In order to understand that doubleness, it is important to know that our self — psychologically speaking — owns a classifying, stabilizing organ, our conscious and its nucleus, the ego. The latter is responsible for dealing with the conscious and unconscious influences. The ego has the extensive even though not absolute ability to accept or reject influences. Hence the crucial point for the being a self is whether the ego carries on this ability on account of sympathetic or non-sympathetic moods ; every weak ego, that just wants to adapt or to find confirmation, will do so. The consequence will either be that it is not conscious of its limits and uniqueness, *i.e.* it will get lost to all possible influences — or that it fearfully is on the alert towards unfamiliar and new influences, *i.e.* the ego will hide in and withdraw into itself. The first will have the consequence that Man is a plaything of unbalanced opinions or slogans, wishful thinking or prejudices ; the latter leads to paralysis and misanthropy, to narcissism or autism. Thus on the one hand dogmatism and aggressiveness, on the other hand loneliness and speechlessness rule Man's life. And those deficiencies of the being a self seem to be the mirror of all the other defects of human culture creating.

The depicted characteristics of culture-creating acts of life in our present can be summarized in the term : *immunism.* I understand this term in its original meaning : it derives from Latin *im-munis* and expresses the inability to serve and to encounter. With this meaning the term goes far beyond a mere moral evaluation of the culture of our present. It proves to be the nature of its rational criticism. But in order to point out the depth and limits of the rational criticism, it has to be seen in the light of prophetical criticism, a presupposition of which is the *Gestalt* of grace. I describe the nature of prophetical criticism with the term *reconciliation.* Only in the light of reconciliation, the negative nature of immunism becomes evident. But the *Gestalt* of grace, which is the ground of and possibility for reconciliation, is — to say it in Tillich's word — « the New Being in Jesus as the Christ[91] ». I understand this symbol as the expression of the experience of the ultimate and perfect communication community of all reality in and at all dimensions of human reality of life. The experience of this ultimately valid means neither the replacement nor the dissolution of our present reality of life, but the appearance of its ultimate meaning. Protestant formation as reconciliation becoming *Gestalt* thus accepts the challenge of protestant profanity the way it is required today.

That means that reconciliation becoming *Gestalt* in the culture-creating acts of life concerning our relations to nature and material world does not simply remove the rational-calculating and technical-instrumental dealing with them in favour of an ostensibly paradisiacal existence. This would be the modern *Gestalt* of its theonomy-*per se*. We have to be aware of not triggering a new econoclasm. Rationality and technology are not evil in themselves but they become evil by human misuse. To yield space to reconciliation here means to put both (rationality and technology) under the standard of *fairness*[92]. Real fairness demands to concede things and nature the same right to live as Man himself. Only in this way our arrogance will die out and the way to an intact future of our planet will be opened up. Our handling of the elements — air, water, fire, and earth — will be the touchstone to see whether we have realized where we are.

The reconciliation becoming *Gestalt* in the culture-creating acts of life concerning the social and political groups does not demand to abolish our organizing and power-exercising intercourse in society and international community in favour of an egalitarian existence of all. This would be the modern *Gestalt* of its theonomy-*per se*. Organization and power are not evil in themselves but become evil on account of human perversion. To yield space to reconciliation here means to submit both to the standard of *peace*. Real peace is far more than the security which we normally guarantee only for ourselves and at the expense of the others ; and it is more than the absence of wars and conflicts. Real peace is openness to the unknown and realizes life-community even with the foe. Only thus we will achieve the survival of mankind and will be able to solve the crucial problems of the world.

The reconciliation becoming *Gestalt* in the culture-creating acts of life concerning our personal relations does not demand to abolish the differences and characteristics of human coexistence in favour of an ostensibly ideal unity. This would be the modern *Gestalt* of its theonomy-*per se*. Affection and passion are not evil in themselves but become evil due to

---

[91] *S.T.*, II, pp. 129f.

[92] J. RAWLS, *Justice as Fairness*, 1977.

Man making them cheap and subdueing them to alienated purposes. To yield space to reconciliaton here means to submit both to the standard of *love*. Real love is the continual « reunion of the separated » (Paul Tillich) ; it is patient and ready to take responsibility, it is able to forgive, and ever and actively hopes for a future. Only thus we will be able to overcome the coldness and boredom in our personal relations and to find a way to a dialogical life.

The reconciliation becoming *Gestalt* in the culture-creating acts of life concerning our self-becoming and self-being does not demand our withdrawal from their difficulties and changes in favour of an imaginary stable ego-consciousness. This would be the modern *Gestalt* of its theonomy-*per se*. Influences from the inside or the outside are not evil in themselves but become evil because we do not face them ; dreams and positions are not to be rejected as such but only when they make us incapable of an emancipated existence. Anyone, who is not a living self, cannot commit a self. To yield space to reconciliation in our self-becoming and self-being means to submit both to the standard of *humility*. Real humility is not a weakness of feeling or lack of initiative, but it is expecting the right relationship between reason and *Herzensbildung*, courage and moderation, tolerance and firmness. Only thus dogmatism and aggression, loneliness and speechlessness in our existence will stop and our self will be and remain the living source of culture creation.

Fairness and peace, love and humility are surely not unique norms of thinking, talking or acting. But as the *Gestalt* of reconciliation, originating in the *Gestalt* of grace, the New Being in Jesus as the Christ, as the *Gestalt* of the perfect communication community of all reality, they undoubtedly reach a depth and extend which are not implicit in their everyday understanding. This *Gestalt* of grace thus is the ultimate norm of fairness and peace, love and humility. This shows that realization of the protestant profanity, even in its succeeding, stays on the way to its fulfilment — or better, it assists in this fulfilment. But such an assistance is nothing but the becoming of the *Gestalt* of grace itself. So it is gift and doing, dedication and effort at the same time. Knowing about this simultaneity is crucial to the attitude of belief-ful realism. There is no other attitude which can really meet the cultural challenges of the present and the future. Sharing this insight and this confession we remain true to Paul Tillich — even in a changed world.

RELIGION ET POLITIQUE

LA CRITIQUE THÉOLOGIQUE
DE LA SOCIÉTÉ BOURGEOISE DANS L'OUVRAGE
DIE RELIGIÖSE LAGE DER GEGENWART (1926)

Paul ASSELIN
Faculté de théologie, Université Laval

Introduction

Cette troisième partie du colloque sera consacrée à l'étude des rapports entre la religion et l'univers politique. Nous commençons ainsi à examiner de plus près les répercussions du rapport religion-culture dans un secteur culturel particulier, celui de la politique. Par là se trouve affirmée toute l'importance fondatrice de la théologie de la culture, cette nouvelle théologie venant bouleverser le rapport traditionnel entre la religion et la culture. Notre étude s'inscrit elle aussi dans les suites de cette nouvelle théologie qui a fait l'objet des articles précédents. Il y sera question de l'analyse théologique de la situation culturelle, telle qu'elle a été élaborée dans l'ouvrage de Paul Tillich, publié en 1926 sous le titre *la Situation religieuse du temps présent*.

À l'occasion du centenaire de la naissance de l'auteur, nous avons préparé la première traduction française de ce texte qui devrait paraître bientôt chez les mêmes éditeurs. Elle s'ajoute aux quatre autres traductions existantes, ce qui montre assez toute l'importance de cet ouvrage, qui constitua pour Tillich son premier véritable succès de publication[1]. En le faisant mieux connaître à travers toute l'Allemagne, ce livre contribua à promouvoir sa carrière professorale à Dresde, Leipzig et Francfort.

Notre étude tentera de saisir tout d'abord la perspective particulière dans laquelle se situe cet ouvrage de 1926. Nous verrons ensuite sa problématique conceptuelle fondamentale, pour présenter finalement sa critique de l'esprit de la société bourgeoise.

---

[1] *Cf.* John P. NEWPORT, *Paul Tillich*, Bob E. Patterson, édit., Waco, Texas, World Books Publisher, 1984, p. 32 ; *cf.* Wilhem and Marion PAUCK, *Paul Tillich, His Life and Thought*, New York, Harper and Row, 1976, p. 98 : « It was, as Tillich often remarked, his first genuine success : he called it « the original impact » that made his name known all over Germany. »

Perspective de l'ouvrage

L'ouvrage de 1926 présente une analyse de toutes les sphères culturelles d'un point de vue précis. Pour cerner ce point de vue, il faut se référer à la toute première conférence universitaire de Tillich, donnée devant la Société kantienne à Berlin, en 1919 : « Sur l'idée d'une théologie de la culture ». Dans la quatrième partie de cette conférence, intitulée justement « Analyses théologiques de la culture », nous trouvons le vrai point de départ de toutes les analyses culturelles ultérieures, première ébauche qui fut souvent reprise dans toute la suite de son œuvre.

C'est donc du point de vue de la religion et, par conséquent, d'un point de vue théologique, que s'effectuera l'analyse de la situation culturelle de 1926. Cette analyse, centrée sur la religion dans ses rapports avec la culture, constitue elle-même une « théologie de la culture », pour autant qu'elle veut faire ressortir et exprimer « les expériences religieuses concrètes, qui se trouvent ancrées dans toutes les grandes manifestations de la culture[2] ».

Cette problématique articul : le rapport religion-culture sur une base nouvelle, qui tient compte à la fois de l'absolu de la religion et de la pleine autonomie de la culture. Tillich veut par là éviter deux choses : d'une part, l'imposition indue de la religion, qui vient brimer la culture ; d'autre part, l'exclusion pure et simple de la religion par une culture séculière, qui se vide ainsi de tout contenu substantiel. Pour ce faire, il développe le véritable rapport entre la religion et la culture dans les termes de contenu (*Gehalt*) et de forme (*Form*). La religion, contenu substantiel, substantialité spirituelle, est ce qui donne sens, plus précisément ce qui porte et fonde le sens de la culture, des différentes formes où s'exprime ce contenu. De ces concepts découlent les deux attitudes fondamentales de l'esprit dans chacune de ses activités culturelles : l'attitude autonome et l'attitude théonome. L'attitude autonome est celle de l'esprit qui vise la forme culturelle pour elle-même ; plus la forme prédomine, plus la culture est autonome. L'attitude théonome par contre est celle où l'esprit tend vers le contenu substantiel, l'inconditionné au cœur de la forme conditionnée ; par conséquent, plus le contenu prédomine, plus la culture est théonome, c'est-à-dire toute pénétrée de religion. C'est dans le contexte de ce nouveau rapport entre la religion et la culture que s'inscrit la tâche de la théologie de la culture, et que s'inscrit aussi par conséquent l'ouvrage de 1926.

---

[2] « Über die Idee einer Theologie der Kultur », *Gesammelte Werke*, IX : *Die religiöse Substanz der Kultur*, Renate Albrecht, édit., Stuttgart, Evangelisches Verlagswerk, 1967, p. 19 (*Religion et Culture*, trad. Nicole Grondin, à paraître aux Éditions du Cerf/Presses de l'Université Laval, 1987).

Temps présent et situation religieuse

Nous savons que, dès le début de son enseignement en Allemagne, Tillich veillait à respecter deux principes essentiels pour lui : l'autonomie de la culture et l'absolu de la religion. Pour ce faire, il a élaboré une philosophie fondée sur les concepts de forme (*Form*) et de contenu (*Gehalt*), pour proposer un nouveau type de rapport entre la culture et la religion. Ces principes se retrouvent au cœur de son ouvrage de 1926, comme le montrent bien la structure du livre et la définition de son thème fondamental.

Structure de l'ouvrage

La structure même du livre de 1926 témoigne du bouleversement des rapports entre religion et culture. En effet, Tillich commence son analyse de la situation religieuse par l'étude des diverses sphères culturelles extérieures au domaine spécifiquement religieux. Il n'aborde la sphère religieuse proprement dite qu'à la toute fin de son dernier chapitre. Et même alors, il considère d'abord les divers mouvements religieux extérieurs aux Églises, avant de prêter attention à ces mêmes Églises. Voilà qui n'est guère habituel en théologie. Mais nous le savons maintenant, Tillich conçoit la religion de façon très différente dans ses rapports à la culture. La religion, comme contenu substantiel, donne sens à la culture, aux différentes formes culturelles. Elle est une attitude spirituelle au sein de toutes les sphères culturelles. C'est ce qu'affirme Tillich dès le commencement de sa préface : « Un livre portant sur la situation religieuse du temps présent doit dire quelque chose de *tout* ce qui est présent. Car il n'y a rien qui ne soit pas aussi expression de la situation religieuse[3]. » Voilà qui pose sans détours l'absolu de la religion, lequel s'exprime nécessairement dans tout ce qui se présente à nous, dans toutes les formes culturelles, extérieures tout autant qu'intérieures au domaine spécifiquement religieux.

L'ouvrage de 1926 doit donc explorer la situation culturelle en général. Mais pourquoi Tillich ne traite-t-il pas d'abord des divers courants spécifiquement religieux : Églises, sectes, théologie, etc. ? Parce que d'après lui, lorsqu'on prête attention à ces choses, on remarque ce qui n'est pas important dans la religion, on ne prête pas alors attention au véritable contenu exprimé dans tout cela, à l'éternel qui s'y manifeste[4]. C'est ce qui explique la structure même du livre de 1926, où Tillich essaie de cerner la situation religieuse de cette époque du point de vue de son

---

[3] « Die religiöse Lage der Gegenwart », *G. W.*, X : *Die religiöse Deutung der Gegenwart*, Renate Albrecht, édit., 1968, p. 9 (*Religion et Culture*, trad. Paul Asselin).

[4] *Ibid.*, pp. 12-13 (trad., voir note 2).

véritable contenu, de l'éternel qui se manifeste dans les différentes sphères de la culture. Non pas que les Églises, les sectes et les mouvements religieux de toutes sortes ne témoignent aucunement de cet ultime ; ils ont par essence mission d'en témoigner, parce qu'ils veulent être liens avec l'éternel. Mais ce ne sont pas les seuls phénomènes à en témoigner. Bien plus, à certaines époques, ce ne sont pas ces mouvements spécifiquement religieux qui constituent les plus importants témoins de l'éternel, ni même les plus puissants symboliquement[5]. Voilà pourquoi les mouvements spécifiques du domaine religieux ne sont abordés qu'à la fin de l'ouvrage de 1926.

Les rapports temps – éternité

Nous venons de voir ce en quoi la structure du livre de 1926 témoigne des principes énoncés en 1919, qui proposaient un nouveau type de rapport entre la culture et la religion. Il en va de même pour l'élaboration des concepts du thème central de l'ouvrage de 1926. Tillich veut explorer la situation religieuse du temps présent. Il précise tout d'abord ce qu'il entend par temps présent et par situation religieuse. Pour parler de la situation religieuse d'une époque, il faut considérer l'époque, le temps, le temps présent. Après avoir montré l'impossibilité de parler du présent comme tel, ce moment frontière, sans parler nécessairement aussi du passé et de l'avenir, il définit la véritable profondeur et nature du temps présent par l'éternité, qui se trouve au-delà des trois dimensions du temps. Tout ce qui passe n'acquiert vraiment de signification « que dans la mesure où cela possède un sens inconditionné, une réalité inconditionnée[6] ». C'est la réalité inconditionnée, religieuse, qui donne sens aux choses temporelles, lesquelles se meuvent du passé vers l'avenir ; c'est l'expérience de l'inconditionné qui donne une importance ultime au temps.

Cette expérience de la réalité absolue s'exprime ici dans l'optique d'une expérience de l'éternel. Cela constitue le programme fondamental de l'ouvrage de 1926 : enquêter sur l'éternel qui pousse le temps à son actualisation, à sa réalisation. Nous voyons qu'il s'agit ici du point de vue selon lequel la situation du temps présent est étudiée. La problématique de cet écrit s'articule donc autour de ces deux pôles : le *temps présent*, où l'être humain se réalise spirituellement, et l'*éternité*, qui vient pousser, inspirer et ébranler, juger le temps présent. Tels sont les deux nouveaux termes avec lesquels s'expriment maintenant les rapports de la culture et de la religion, des formes culturelles et du contenu substantiel. Ce sont là les deux éléments fondamentaux qui décrivent, par leurs rapports, la situation religieuse du temps présent. Il faut donc entendre par « situation religieuse du temps », sa signification religieuse, son sens religieux, tel qu'il apparaît à la lumière de l'éternel qui s'y manifeste.

---

[5] *Ibid.*, p. 13 (trad., voir note 2). Voir aussi *On the Boundary* (An Autobiographical Sketch), New York, Charles Scribner's Sons, 1966, pp. 70-71.

[6] « Die religöse Lage [...] », *G. W.*, X, p. 12 (trad., voir note 2).

De plus, si l'on considère la signification religieuse d'un temps, si l'on explore sa situation religieuse à partir de l'éternel, l'enquête doit porter alors sur « la situation d'une époque dans toutes ses relations et tous ses phénomènes, sur le contenu essentiel (*Wesengehalt*), sur l'éternel d'une époque[7] », qui se trouve exprimé dans tous les domaines culturels, par chacun des phénomènes spirituels de cette époque. Notre enquête doit donc chercher l'élément spirituel de l'époque qui exprime le plus puissamment le véritable contenu de cette époque. Et voilà en quel sens le projet de 1919, celui d'une théologie de la culture, se trouve en voie d'être réalisé. L'analyse de la situation religieuse doit enquêter sur les diverses formes culturelles, temporelles, qui médiatisent le contenu substantiel religieux, l'éternel.

Les rapports autosuffisance – autodépassement

À propos de ce même programme de 1919, nous avons précisé que l'analyse théologique de la situation culturelle se devait, à la suite du nouveau rapport entre la religion et la culture, de montrer clairement les tendances spirituelles d'autonomie et de théonomie au sein de chaque sphère culturelle, et de chaque période étudiée. Il en va de même pour l'analyse de 1926. Et le vocabulaire employé est même ici plus percutant. La tendance autonome sera représentée par la forme, par le temps fermé à l'éternel, tourné vers lui-même, autosuffisant. Tandis que l'attitude théonome sera celle du temps qui s'ouvre à l'éternel, qui se tourne vers l'éternel, ne se suffisant plus par lui-même. On pourra donc observer dans chaque temps présent, et dans tout phénomène culturel, l'une ou l'autre de ces deux tendances, ou les deux à la fois, dans un va-et-vient entre l'orientation vers soi-même et l'orientation vers l'éternel : « Dans ce va-et-vient nous reconnaissons la véritable profondeur au sein de la situation de chaque temps présent[8]. »

L'analyse des diverses créations culturelles doit donc faire ressortir ces rapports entre les diverses formes temporelles et le contenu éternel, pour dégager l'attitude spirituelle qui les caractérise, et ainsi permettre la fondation et l'élaboration d'une culture parfaitement théonome, qui soit toute pénétrée de religion. Pour ce faire cependant, l'analyse théologique ne peut se contenter d'observations, d'une analyse objective extérieure aux phénomènes. Le théologien doit lui-même s'engager pour l'avènement de cette culture théonome, en critiquant la situation du temps présent au regard de sa signification devant l'éternel. C'est ainsi que l'écrit de 1926 analyse la signification religieuse incarnée dans la situation de la société qui est celle de Tillich à l'époque : la situation de la société occidentale, plus précisément celle d'Europe centrale.

---

[7] *Ibid,*, p. 13.

[8] *Ibid.*, p. 14.

La situation religieuse au tournant du siècle

Tillich recherche la signification religieuse de son époque. Il sera donc question ici de l'analyse du type de société qu'il considère comme caractéristique de l'époque, la société bourgeoise. C'est à cet endroit que Tillich peut nous sembler quelque peu déroutant. Il veut explorer la situation religieuse de son temps, et il effectue pour cela la critique de l'esprit de la société bourgeoise, qui elle-même caractérise plus précisément le XIXᵉ siècle. Pourquoi développe-t-il cette critique pour décrire la situation religieuse qui est la sienne, celle du XXᵉ siècle ?

Tillich juge la société bourgeoise comme étant très caractéristique de son époque, parce que c'est justement contre ce type de société que seront dirigées les multiples réactions qui déterminent la situation religieuse du temps présent. Et c'est précisément de l'ébranlement de cette forme de société, de l'ébranlement de l'esprit de la société bourgeoise et, par là, de l'ébranlement de notre temps par l'éternité, que veut témoigner cet ouvrage de 1926[9]. Voilà pourquoi l'analyse de 1926 doit assumer la critique responsable et créatrice de cet esprit bourgeois qui, d'après Tillich, domine tout le XIXᵉ siècle.

La société bourgeoise du XIXᵉ siècle

Tillich fait tout d'abord un bref bilan de la situation culturelle du XIXᵉ siècle. Pour cela, il considère les créations les plus puissantes de cette culture, celles qui sont les plus typiques de l'époque. Il en mentionne trois : la science mathématique de la nature, la technique et l'économie. Ces trois créations culturelles sont interdépendantes : « La science sert la technique et célèbre en elle ses plus grands triomphes ; la technique sert l'économie et rend possible un système économique universel embrassant le monde[10]. » Et toutes les trois se trouvent portées par la société bourgeoise, elle-même portée et consolidée par cette triade toute-puissante. Voilà le fondement de la toute-puissance de l'esprit de la société bourgeoise.

Pour Tillich, il devient facile par la suite de montrer la soumission de tous les autres domaines de la culture, de toutes les sphères culturelles, à cette triade. Nous ne le suivrons pas dans le détail de cette démonstration. Il nous faut plutôt réfléchir ici sur le sens religieux d'une telle société, et nous poser la question de Tillich : « Quel est maintenant le contenu (*Gehalt*) d'une telle situation de l'esprit[11] ? »

---

[9] *Ibid.*, p. 10.

[10] *Ibid.*, p. 15.

[11] *Ibid.*, p. 17.

Signification religieuse de l'esprit de la société bourgeoise

Après avoir démontré que l'esprit de la société bourgoise se trouve au fondement de la société du XIXᵉ siècle, Tillich s'interroge sur la signification religieuse d'une telle situation culturelle, quant aux rapports entre le temps et l'éternité. Il fait d'abord référence ici aux deux attitudes spirituelles fondamentales : l'autonomie et la théonomie. Il précise alors ce qu'il faut entendre par « esprit de la société bourgeoise ». Il ne faut pas voir dans cette expression l'esprit de personnes particulières, de certains groupes ou d'un parti spécifique ; l'esprit de la société bourgeoise doit être compris comme le « symbole pour une attitude ultime et fondamentale envers le monde et la vie[12] ». C'est un symbole très réel, concret, s'exprimant le mieux dans la société bourgeoise réelle, mais dépassant de beaucoup la réalité sociale en signification.

Quelle est donc l'attitude prédominante de l'esprit de la société bourgeoise ? L'esprit de la société bourgeoise constitue le symbole par excellence de l'attitude d'autosuffisance du temps, le symbole le plus caractéristique de la fermeture à l'éternel. Tillich affirme ainsi que la situation spirituelle propre à la société bourgeoise constitue manifestement « un cas extrême d'existence qui s'affirme elle-même, qui est autosuffisante[13] », qui repose en sa propre forme. En témoignent l'objectif même de la science mathématique, la démonstration des lois générales et de l'intelligibilité rationnelle du réel ; la volonté de domination, de conquête et de maîtrise de la nature, propre à la technique ; et finalement, la volonté économique de fournir en quantité des biens, sans précision sur le sens de tout ce processus, qui séduit les personnes par la possibilité infinie et la quête illimitée du profit, lequel devient alors l'ultime préoccupation de tous contre tous. En tout cela, il n'y a pas de dépassement des formes du temps présent. Tout cela témoigne d'un temps s'enfermant en lui-même, n'affirmant plus que lui-même et ses formes finies.

Le XIXᵉ siècle se trouve donc dominé, d'après Tillich, par l'esprit de la finitude autosuffisante. La fermeture à l'éternel semble complète. La société bourgeoise, appuyée par cette triade, demeure inébranlée dans ses formes.

Le dépassement de l'esprit bourgeois au tournant du siècle

Mais cette situation de l'esprit de la finitude autosuffisante se voit attaquée de toutes parts dès le tournant du siècle. L'idée même d'un tournant implique nécessairement l'existence de deux moments : le premier, d'où l'on vient, la société du XIXᵉ siècle ; et le second, où l'on se trouve maintenant, dans ces temps de réaction contre le premier moment, c'est-à-dire tout le premier quart du XXᵉ siècle. C'est dans ce premier quart de

---

[12] *Ibid.*, p. 10.

[13] *Ibid.*, p. 17.

siècle que le temps, d'après Tillich, subit des bouleversements irréversibles. La guerre, les grandes révolutions, les luttes multiples contre l'esprit bourgeois dans toutes les sphères de la culture ; tout cela témoigne maintenant de l'ébranlement de cet esprit, qui constituait la situation spirituelle du XIXᵉ siècle.

> La mondanité autosuffisante de la culture et de la religion bourgeoises a été tirée de son repos. De toutes parts s'élèvent des questions et des doutes, qui indiquent un au-delà du temporel et qui menacent l'assurance du temps présent séparé de l'éternel. L'entière rationalité des grands pouvoirs — science, technique, économie — commence à devenir problématique ; [...] partout l'âme lutte pour des accomplissements, qui doivent jaillir de couches plus profondes de la vie[14].

Ce combat ne doit plus cesser jusqu'à l'avènement de formes temporelles voulant recevoir le contenu éternel. Voilà donc ce que l'analyse théologique doit examiner : le combat contre l'esprit de la finitude autosuffisante, dans toutes ses luttes, victoires et défaites, reculs et créations nouvelles. Il s'agit d'une critique globale de cette situation spirituelle, à la lumière de l'éternel qui se manifeste dans toutes ces luttes. Ce sont ces luttes pour une théonomie future qui constituent la situation religieuse du temps présent.

De cette façon, l'analyse théologique de la situation culturelle présente ne doit pas se limiter à une analyse objective ; elle doit bien sûr assumer la critique sérieuse et créatrice de l'esprit bourgeois. Mais elle constitue encore plus qu'une simple spéculation philosophique : elle est à la recherche des signes du dépassement de cet esprit, elle vise un nouveau modèle de société, dont le seul but est de rendre réel « le libre renvoi des formes temporelles vers l'éternel[15] ». Et cette société théonome n'est pas une pure utopie. Car, pour Tillich, l'analyse théologique de 1926 constitue la reconnaissance d'un mouvement de fond, la reconnaissance des irruptions (Durchbrüche) de l'éternel dans les diverses formes temporelles : voilà les signes de ce temps, signes nouveaux de révélation et de salut.

Mais ces réflexions théologiques, en quête de la manifestation de l'éternel dans les formes du temps, n'éliminent pas l'aspect plus relatif, l'aspect temporel, de l'ouvrage de 1926. Tout ce qui relève du temps finit toujours par passer. Ainsi, en 1919, Tillich considérait le début du XXᵉ siècle comme le moment du tournant, dans la montée de l'expressionnisme, en art, et de la phénoménologie, en philosophie par exemple. Il y voyait les principaux signes d'un renversement spirituel. Mais déjà en 1926, Tillich considère plutôt les années 20 comme les temps où se manifestent plus réellement les signes d'un tournant de siècle, les signes de

---

[14] *Ibid.*, p. 20.
[15] *Ibid.*, p. 92.

l'irruption de l'éternel. C'était alors la naissance d'un nouveau style en peinture, le « néoréalisme » (*Neuer Realismus*) ou (*Neue Sachlichkeit*), succédant à l'expressionnisme, et au fondement de la nouvelle attitude spirituelle qualifiée de « réalisme croyant ». Cependant, dès la fin de cette même année, dans le petit article intitulé « le Monde spirituel en l'année 1926 », Tillich affirme qu'il pressent un nouveau tournant, contrastant avec l'enthousiasme de l'ouvrage de 1926 : « L'an 1926, c'est dans l'esprit une année d'apaisement, de lassitude, de résignation, mais aussi de respiration, de création cachée[16]. » Et plus tard, dans sa période américaine, Tillich considérera le début de la Première Guerre mondiale comme le signe véritable de la fin du XIXe siècle[17].

Tout cela nous indique la tâche qu'il reste à accomplir. Il nous faut poursuivre, dans toute l'œuvre de Tillich, les diverses analyses théologiques de la culture, pour mieux cerner les signes de ces autres temps, témoignant de l'irruption de l'éternel. Et il convient surtout de reprendre pour nous-mêmes ce type d'analyse, pour mieux comprendre notre propre situation religieuse, telle qu'elle se réalise dans notre monde d'aujourd'hui ; c'est sur cet aspect que portaient les communications sur « l'actualité du projet d'une théologie de la culture », et celles qui abordent les rapports de la religion dans les différentes sphères de la culture.

---

[16] « Die geistige Welt im Jahre 1926 », *G. W.*, X, p. 99 (*Religion et Culture*, trad. Paul Asselin).

[17] *Cf.* Wilhelm and Marion PAUCK, *op. cit.*, pp. 40-57 ; ils ont intitulé ce deuxième chapitre « The Turning Point : World War I (1914-1918) ».

TILLICH AND THE FRANKFURT SCHOOL ON PROTESTANTISM AND THE BOURGEOIS SPIRIT

Guy B. HAMMOND
Department of religion,
Virginia Polytechnic Institute and State University

Many lines of thought in the Germany of the 1920s converged upon the theme of the critique of the « bourgeois spirit » or the « spirit of bourgeois society ». This critique of bourgeois culture and character took on even greater urgency as Germany in the early thirties began its terrifying descent from the banalities of the bourgeois consciousness to the barbarities of Naziism. As early as the mid-twenties Paul Tillich was already a participant in this critique, and it became a major emphasis of the Frankfurt Institute for Social Research under Max Horkheimer's leadership after 1929.

In this paper I would like to examine aspects of Tillich's analysis as it took shape in his writings in the period between 1926 and 1933 (especially in *The Religious Situation* and *The Socialist Decision*) in comparison with the perspective formulated by Erich Fromm in a series of essays in the early thirties (especially in « The Theory of Mother Right and its Relevance for Social Psychology », written in 1934). Fromm's essays appeared in the Institute's journal, *Zeitschrift für Sozialforschung*, and exerted a wide influence ; but certain theses advanced by Fromm continued to generate controversy and were never embraced in their entirety by Horkheimer or the other Critical Theorists. I contend that Tillich formulated an alternative schematism for interpreting the bourgeois spirit which drew upon many of the same conceptual elements, and in so doing pointed to inherent difficulties in the Frommian version, difficulties never fully resolved by Critical Theory. After making this comparison I will conclude by commenting on the apparent influence which this divergence of views had on Horkheimer's formulations of the mid-thirties ; and I will venture an opinion as to what this discussion says about Tillich's relation to the Frankfurt School.

The critique of the bourgeois spirit with which the Frankfurt School came to be associated took the form of a Marx-Weber-Freud synthesis, *i.e.* a combination of the sociological critiques of capitalist culture found in Marx and Weber with an analysis of the psychological mechanism for the internalization of this culture found in Freud. According to my reading of the literature Fromm was the first to arrive at this synthesis in fully explicit form in his 1934 essay cited above. I contend that Tillich's *The Socialist Decision* (1933) — read in conjunction with the earlier *The Religious Situation* — contains a more implicit version of this same synthesis. The point is not temporal priority (Tillich in 1933 cites a 1932 Fromm article) ; my interest is in the similarities and differences of the two syntheses.

Let us turn first to Tillich's *The Religious Situation*, written in 1926. There Tillich described the bourgeois spirit as the « attitude of domination over things which prevails in capitalist society[1] ». When Tillich used the term « domination » in this way he was already alluding to a theme that would gain a central place in Critical Theory. His elaboration of this perspective suggests that he was already drawing upon the synthesis of Marx and Weber associated with the name of Georg Lukacs : that is, the fusion of Marxian « reification » with Weberian « rationalization »[2]. Goran Therborn summarizes the Lukacsian synthesis as follows :

> In his *History and Class Consciousness* (1923) the young Lukacs linked Weber's « rationalization » with Marx's conception of the « fetishism of commodities », which he generalized into the concept of « reification » — the reduction of human relations to relations between things. Reification was not a feature of modern society in general but a particular type of modern society dominated by market exchange, capitalist society[3].

Tillich embraced this Marxian-Weberian critique of the bourgeois spirit, but at the same time he put considerable emphasis upon another Weberian theme : the religious roots of Western rationalization and of bourgeois culture in general. Tillich summarized this underlying religious content in the following passage : « The close connection between religion and morality, the high evaluation of personality, the devaluation of the sacramental sphere, the secularization of nature, the exaltation of the law, religiously inspired intraworldly activity — all this is present in Judaism as in Protestantism and in capitalist society[4]. » Implicitly Tillich puts the distinctively bourgeois consciousness, which he terms « self-sufficient finitude », within a religious frame or schematism : on the one hand the spiritual « motive power » behind the rise of the new culture[5], and on the other the prophetic vision which impels it forward through hope for the future[6]. Both of these religious dimensions of culture represent

---

[1] Paul TILLICH, *The Religious Situation*, New York, Meridian Books, 1956, pp. 76-77 ; *cf.* also pp. 75, 107, 161.

[2] *Cf.* Tillich's reference to Lukacs, *The Religious Situation*, p. 114 ; for an explanation of these themes and the way Lukacs synthesized them, *cf. The Essential Frankfurt School Reader*, ed. by Andrew Arato and Eike Gebhardt, New York, Urizen Press, 1978, pp. 194-195.

[3] Goran THERBON, « The Frankfurt School », *Western Marxism : A Critical Reader*, ed. by New Left Review, Surrey, England, The Gresham Press, 1978, p. 93.

[4] TILLICH, *op. cit.*, p. 189.

[5] *Ibid.*, p. 49.

[6] *Cf., e.g., ibid.*, pp. 189-190, 198.

moments of transcendence which, though essential to bourgeois culture, are explicitly denied by its « principle ». Perhaps the most important of the religious elements is the sense of « calling » (« religiously inspired intraworldly activity »). Tillich understood this both in the individual sense and in the sense of a national vocational self-consciousness. Following Weber Tillich maintained that all sense of vocation — whether national or individual — is non-bourgeois, but it has nevertheless been an essential component of bourgeois culture.

In the 1926 work Tillich saw the newly-emerging psycho-analytic method as a potentially valuable technique in helping to overcome the « rationalistic, atomistic conception of nature » by exploration of « the depths of the unconscious[7] ». By examining irrational, unconscious forces, Tillich implied, analysis can contribute to the critique of the domination of nature by consciousness[8]. At the same time, he cautioned, the reductionism of psycho-analysis suggests that « the self-sufficient finitude of the psychic (*i.e.* of consciousness) has not been actually broken through[9] ». Although in these passages he seems to suggest the *possibility* of coordinating Freud's critique of consciousness with those of Marx and Weber, Tillich did not attempt that process explicitly in this work. Here he viewed psycho-analysis more as a technique for overcoming reification, less as a tool for analyzing it.

Thus Tillich's interpretation of the bourgeois spirit in the above-cited work was to see it as a secular culture with religious roots that were gradually being severed. His framework was basically Weberian, though his protest against this culture owed much to Marx, as well as to prophetic religion[10]. Freud's perspectives do not as yet play a prominent role in the critique.

As I suggested earlier, Erich Fromm achieved an explicit synthesis of Marx, Weber, and Freud when he linked reification and rationalization with « repression » in Freud's sense. This step was taken in the 1932 and 1934 essays (collected in *The Crisis of Psychoanalysis*). Fromm arrived at his perspective via a different path from that being taken by Tillich. He was influenced initially by the efforts of Wilhelm Reich to synthesize Marx and Freud rather than by the Marx-Weber synthesis of Lukacs. Reich linked the appearance of proto-capitalist inclinations in primitive man with the rise of the patriarchal family, the latter interpreted in Freudian categories[11]. Fromm accepted Reich's linkage of capitalism and the

---

[7] *Ibid.*, pp. 138-139.

[8] *Cf. ibid.*, pp. 61-64.

[9] *Ibid.*, p. 140.

[10] *Cf.* Ronald STONE, *Paul Tillich's Radical Social Thought*, Atlanta, John Knox Press, 1980, p. 55.

[11] *Cf., e.g.*, Wilhelm REICH, *The Invasion of Compulsory Sex-Morality*, New York, Farrar, Straus, and Giroux, 1971, and Fromm's review of it in Erich FROMM, *Gesamtausgabe*, Band 8, Stuttgart, Deutsche Verlags-Anstalt, 1981, pp. 93-96.

patriarchal family, but he took the further step of applying the analysis to Protestantism, interpreting the latter in Weberian terms. It was the bourgeois Protestant culture of the early modern period which fostered patriarchal repression and capitalist reification and rationalization. The following passage from « The Theory of Mother Right and its Relevance for Social Psychology » summarizes Fromm's amalgamation of Weber's analysis of the Protestant ethic, Marx's critique of capitalism, and Freud's explanations of the psychological mechanisms involved :

> The rise of Protestantism is conditioned by the same social and economic factors that made possible the rise of the « spirit » of capitalism. And, like every religion, Protestantism has the function of continually reproducing and strengthening the drive structure that is necessary for a particular society [...] Until the capitalist era, people (e.g., slaves) had to be compelled by physical force to dedicate every ounce of energy to economically useful work. Through the influence of the patricentric complex, people began to show the same total dedication of their own « free will », because the external compunction was now internalized [...] In contrast to external force, however, the internalization process led to a different result : Fulfilling the dictates of conscience offered a satisfaction that contributed greatly to the solidification of the patricentric structure[12].

Fromm's contention that the rise of the Protestant conscience was correlated with the rise of the bourgeois/capitalist spirit contained important further implications. First, in Fromm's formulation Protestantism was viewed as especially « patricentric » (a term Fromm preferred to « patriarchal ») in contrast with the « matricentricity » which he claimed was visible in Medieval religion and culture[13]. Secondly, a crucial feature of Fromm's position, therefore, was the relativization of the family and the Œdipal relationships. He contended against Freud that there was nothing inevitable about the Œdipus complex or familial patriarchy. He was led to the view, thirdly, that changes in character type are brought about through the *agency* of the family. Each family structure tends to produce the character type desired and needed by a particular society. Economic and ideological factors were regarded as more decisive ; familial patterns were derivative. Thus, finally, emphasis was shifted away from quasi-natural familial patriarchy to culturally relative, socio-economic/ideological patriarchy. Fromm, early and late, directed his attention to the latter, never to the details of changing family patterns.

---

[12] Erich FROMM, *The Crisis of Psychoanalysis*, New York, Holt, Reinhart, Winston, 1970, pp. 106-107.

[13] *Ibid.*, p. 105, Fromm arrived at this view as early as his 1930 essay, « The Dogma of Christ », which he ended with the following statement : « Catholicism signified the disguised return to the religion of the Great Mother who had been defeated by Yahweh. Only Protestantism turned back to the father-god. » *The Dogma of Christ and Other Essays*, New York, Holt, Rinehart & Winston, 1955, pp. 90-91. Here the influences were Bachofen and Engels as well as Reich.

Fromm never pursued one further implication of his analysis. While Freud viewed *all* culture as patriarchal (and by implication a form of domination of nature) and regarded any feminization as regressive, Fromm could not take this position ; for him there are mature, as well as immature, forms of matricentricity, lower and higher forms of matriarchalism[14]. But he never spelled out what a progressive feminization of culture might be. Rather, he continued to speak of the mother as the natural origin of life, from which the growing infant must seek to separate[15]. This image perpetuates the Freudian position that culture is something entirely different from mothering (or nurturance). Fromm never achieved any clarification of the matricentric element in culture.

In any event we conclude that the key category developed by Fromm for analyzing the bourgeois spirit was that of « internalized domination », a theme which in the words of Douglas Kellner « combines Max Weber's theory of rationalization with Marx's critique of capitalism and a Freudo-Marxist notion of repression[16] ». While « internalized domination » came into wide usage in critiques of the bourgeois spirit, and the three concepts — repression, reification, and rationalization — were often associated, Fromm's linking of these concepts with patriarchy remained a point of conflict, for reasons I now want to examine.

Fromm's claim that Protestantism represented a strong reassertion of patriarchy was controversial, I contend, because this view was directly contrary to the implicit and partially explicit position on this subject of Max Weber. In *The Protestant Ethic and the Spirit of Capitalism* Weber referred broadly to « traditionalism » as « the most important opponent with which the spirit of capitalism [...] has had to struggle[17] ». Implicitly in that work[18], and explicitly in *Economy and Society*[19] Weber regarded patriarchal structures and attitudes as an important aspect of traditionalism. It was exactly the break of Protestantism (and especially

---

[14] *Cf. ibid.*, p. 82.

[15] *Cf., e.g.*, the 1959 essay « Values, Psychology and Human Existence », *On Disobedience and Other Essays*, New York, The Seabury Press, 1981, pp. 5-8.

[16] Douglas KELLNER, *Herbert Marcus and the Crisis of Marxism*, Berkeley, University of California Press, 1984, p. 165.

[17] Max WEBER, *The Protestant Ethic and the Spirit of Capitalism*, New York, Charles Scribner's Sons, 1958, p. 58.

[18] *Ibid.*, e.g., pp. 21, 191 note 24, 224 note 30, for suggestions of the association of traditionalism and patriarchy.

[19] Max WEBER, *Economy and Society*, vol. 2, Berkeley, University of California Press, 1978, chap. 12, esp. pp. 1006-1008. *Cf.* also the following passage from Max WEBER, *The Religion of China : Confucianism and Taoism*, transl. and ed. by Hans Gerth, New York, Macmillan, 1964, p. 237, quoted in Wolfgang SCHLUCHTER, *The Rise of Western Rationalism : Max Weber's Developmental History*, transl. by Günther Roth, Berkeley, University of California Press, 1981, p. 68 : « The greatest achievement of ethical religions, above all of the ethical and ascetic sects of Protestantism, was to shatter the fetters of the sib. These religions established the superiority of the community of faith and of ethical conduct in opposition to the community of blood, even to a large extent in opposition to the family. »

Calvinism) with traditionalism, and by implication patriarchy, that Weber was trying to explain. The ascetic tendency, according to Weber, was brought over from a-familial monasticism into the secular world by Calvinism. The new ethic was a transferral of impersonal monastic disciplines into the vocations of everyday life. Rationalization, then, in Weber's sense, carried over the monastic break with traditionalistic familialism into the secular world. Thus bourgeois-Protestant culture was for Weber *less* patriarchal than the culture of the Middle Ages[20].

If the foregoing analysis is correct, we have uncovered an important difference between Weber's understanding of Protestantism and that developed by Fromm. I contend that although this divergence was not debated at the time, it returned to haunt later Frankfurt School formulations. Unresolved questions about how ethical and characterological changes are to be correlated with familial and religious changes resurfaced even in debates about Nazism and in discussions of American consumerism. Each position had its own difficulties : while Fromm found it difficult to explain how Calvinism could be at once anti-traditionalist and more strongly patriarchal, Weber failed to explain how ethical and characterological changes could be effected without changes in the family[21].

It seems clear that Tillich was giving consideration to many of these same issues when he wrote *The Socialist Decision* in 1932. He began the book — which may be regarded as a critique of the bourgeois spirit and of socialism — with reflection on the roots of political thought in « myths of origin ». All such myths, he contended, have a common basis : « They are expressions of the human tie to father and mother[22]. » Father and mother symbols appear as « powers of origin », myths of blood and soil tend to be maternal, while « in the social sphere the father symbol predominates[23] ». Clearly Tillich considered both motherly and fatherly myths of origin to be traditionalistic ; when these are dominant, repetition is the order of the day ; « nothing new can happen ».

---

[20] Weber's great contemporary and co-worker, Ernst Troeltsch, also regarded patriarchalism as a characteristic of the Middle Ages which was perpetuated to a large extent in Lutheranism, but tended to be dissolved in Calvinist contexts. *Cf.* Ernst TROELTSCH, *The Social Teaching of the Christian Churches*, vol. 2, New York, Macmillan, 1931, p. 541 ; compare pp. 619 and 622.

[21] It does not help much to suggest, as Peter and Brigette Berger did in a recent work, that although Weber was right in emphasizing the « role of Protestantism in the genesis of modern capitalism », he « could not have known the equally important role of the family, as uncovered by recent research ». P. BERGER and B. BERGER, *The War over the Family*, New York, Anchor Press Doubleday, 1983, p. 98. It was not that Weber ignored the family. His perspective required the view that the family was a strong opponent of capitalist modernization and rationalization.

[22] Paul TILLICH, *The Socialist Decision*, New York, Harper and Row, 1977, p. 13.

[23] *Ibid.*, p. 15.

According to Tillich's analysis, however, something else germinates within patriarchal myth. In « the demanding character of the father-origin » resides a potential for a break with the myth of origin. Father demand, when radicalized, can be turned against its own ties to tradition. Tillich sees this potentiality becoming actual in prophetic father religion[24]. Thus, Tillich found the source of what he elsewhere called the prophetic/Protestant protest against the « bond of origin » in the radicalization of father demand (*i.e.* ethical religion grows out of father veneration). With this formulation Tillich showed how Judaism and Protestantism could break with traditionalism while remaining patriarchal[25]. The thread of Tillich's thought may be followed in this way : (1) the internalization of father demand (as conscience or superego) implicitly breaks the primal unity of being ; the break is disguised, however, by the demand for a repetition of the origin ; (2) the break with the origin is actualized in ethical father religion, where the demand is no longer for repetition of origin but for fulfillment of origin ; thus, (3) prophetic/Protestant religion does not simply dissolve ties to the power of origin (principally motherly and fatherly powers) ; empowered by origin it seeks the fulfillment of origin, transforming origin into beginning ; (4) in Tillich's concept both origin and end (goal) have mythic qualities and transcend the conditioned realities of the here and now. They both contain an element of the « unconditioned », a « substance » which gives meaning to our present conditioned reality (meaning which may be, ethically speaking, for good or ill). In a 1932 essay entitled *Protestantismus und Politische Romantik* Tillich summarized this viewpoint as follows : « The prophetic expectation of a coming righteousness tears consciousness loose from orientation toward the ancient and holy origin. Transcendence remains, but it is a transcendence of the Whither, not the Whence. Myth remains, but it is broken by ethic[26]. »

In Tillich's account the bourgeois autonomous consciousness represented the first unqualified break with mythic tradition. Describing this autonomy he wrote in the same 1932 essay : « In place of mythic consciousness bound to powers of origin, to « Mothers » and « Fathers », appears the assurance of standing in a calculable, explainable, and therefore controllable reality[27]. » Tillich makes the same point in *The Socialist Decision* : « The spirit of bourgeois society is the spirit of a human group that, after cutting every bond of origin, subjugates an objective world

---

[24] *Ibid.*

[25] *Ibid.*, p. 25.

[26] ID., *Für und Wider den Sozialismus*, München, Siebenstern Taschenbuch, 1969, p. 86 (my translation).

[27] *Ibid.* (my translation).

to its own purposes[28]. » Tillich explained the rise of bourgeois consciousness as « The product of a double break with the bond of origin :
the prophetic and the humanistic. The prophetic break occurred in Protestantism, most radically and effectively in Calvinism. The humanistic
break occurred in the Enlightenment[29]. » The humanistic strand, though
important especially in Tillich's concept of socialism, can be set aside
for our purposes here. The link we wish to explore further is that between Calvinism and the bourgeois consciousness.

Calvinism, like prophetism, broke the authority of the origin without
severing all ties to it ; it overcame the domination of the « father » without
losing connection with him[30]. This can be clarified by the following
description of the prophetic attitude found in another Tillich essay of
the period : « The demand of the holy that should be arises upon the
ground of the holy that is given. [...] Prophetism grasps the coming that
should be from its living connection with the present that is given[31]. »
Calvinist consciousness criticizes all earthly authorities from the standpoint of the ultimate authority and its demand for completion. This
characteristic tended to put great emphasis upon personal autonomy and
individual responsibility. At the same time it ran the risk of eroding the
powers of origin, the empowering religio-cultural substance. Bourgeois
autonomous consciousness, then, had an ambiguous relation to Calvinism.
On the one hand, as I indicated earlier, the bourgeois spirit has as its inner principle the dissolution of the bonds of origin, understanding all
such ties to be elements of life which can be rationally mastered. However,
the bourgeois principle is in fact critical, not formative or creative ; it
presupposes the existence of natural and social worlds that it did not
create. As a consequence, said Tillich, « bourgeois society must allow itself
to be supported by a reality that it does not form, but which it finds already
in existence. It must unite itself, ideologically and socially, with supporting powers of origin[32] ».

Since Tillich proceeded to describe Protestantism's relation to
Catholicism in very similar terms, it becomes clear that his effort to
preserve a clear-cut distinction between the prophetic/Protestant principle and the bourgeois principle is not completely successful. Both principles are critical or corrective ; both require links to pre-bourgeois, pre-
Protestant elements to remain effective. Protestantism did in fact provide the religious basis for bourgeois society's most distinctive emphasis :

---

[28] *ID., The Socialist Decision.*

[29] *Ibid.*, p. 47.

[30] *Ibid.*, pp. 23-24.

[31] *ID.*, « Basic Principles of Religious Socialism », *Political Expectation*, New York, Harper and
Row, 1971, p. 60.

[32] *ID., The Socialist Decision*, p. 54.

« The fundamental significance of the individual[33]. » One way that Tillich tracked the rise of Protestant individualism was through the process of « laicizing the monastic ideal of interior discipline[34] ». Monasticism had already « abandoned the sacramental objectification of the holy ». Holiness for monastic Catholicism was still visible in the person of the saint who, though not regarded as ethically perfect, incarnated « the deepest meaning of life ». The Protestant was only holy paradoxically in his unholiness. « Grace is a judgment ; it is not a visible reality[35]. » The heroic Protestant personality perseveres in the prophetic critique of all objectified authorities, of all objective « forms of grace ». But because this critique severs connections with mythic, meaning-giving content, prophetic criticism is almost inevitably engulfed by rational criticism, and religious personality merges with humanistic personality[36].

Though Tillich sought to avoid this conclusion, his analysis suggests a tragic progression from prophetic/Protestant criticism through religious humanism to the religio-cultural barrenness of « self-sufficient finitude ». In the course of criticizing social and psychic securities and gaining autonomy the religious personality cuts itself off from « the supporting fabric of society » and from its own « psychic depths ». This is, I believe, Tillich's version of the « tragedy of enlightenment ». Tillich asserted that through religious socialism (religious depth sociology) and religious depth psychology this problem was being addressed in the creative thought of the period[37].

A few further remarks might be made about the use of Freud in Tillich's critique. One characteristic of bourgeois spirit is domination of the unconscious by consciousness[38]. As we have seen, Freud, in Tillich's view, helped contemporary man rediscover the importance of the unconscious, and our need to reintegrate consciousness with the energies of the unconscious. The question posed by Fromm is whether bourgeois domination by consciousness is patriarchal domination. Tillich regarded the family as one of the powers of origin ; as such it was a major element in tradition and played a key role in preserving traditional content. The heightening of father demand in prophetic religion, however, entails an association of the father with critique, morality and consciousness. It is this element of father demand which seems ephemeral in Tillich, capable of being dissolved into rational self-criticism. What seems absent

---

[33] ID., *The Religious Situation*, p. 199.

[34] ID., « Protestantism as a Critical and Creative Principle », *Political Expectation, op. cit.*, p. 31.

[35] *Ibid.*

[36] *Ibid.*

[37] *Ibid.*, p. 38.

[38] *Cf., e.g.,* ID., *The Socialist Decision*, p. 136.

in Tillich — while very much a continuing factor in Fromm — is the oppressive superego which, remaining separate from ego, dominates both ego and the repressed unconscious.

Tillich and Fromm differed in that Tillich continued to think primarily within the Hegelian-Marxian dualities of consciousness and thing, master and slave, reason and nature, while Fromm embraced in a more thoroughgoing fashion the Freudian triad of ego, superego, and id. With Tillich, superego was provisional ; it was ego that fell heir to the father's domination of nature. Ego, and ultimately reason and science, must be criticized for relating to persons and things in the mode of domination. Fromm preserved the ego-superego distinction ; domination for him resided in the alien superego. Ego, governed by the reality principle, was not to be regarded as patriarchal or authoritarian in and of itself.

This distinction appears in their critiques of the bourgeois spirit in the following way. Fromm saw the bourgeois character making its appearance when external authority was internalized into a strong superego. The bourgeois ego was still dominated, even though it had freed itself from external authorities such as monarch, priest, and even family. Tillich on the other hand saw the bourgeois ego as dominating. It has dissolved its ties to the father and has become rational and autonomous. In the process, however, it has been emptied of meanings and vocational commitments ; it is traditionless and, by implication, culture-less. Tillich's proto-typical bourgeois was thus not finally patriarchal. A form of patriarchy — Calvinism — assisted in giving rise to the bourgeoisie, and pre-bourgeois patriarchal elements necessarily remained in so-called bourgeois culture. The bourgeois was for Tillich a pure type which did not exist in actual fact. In concept at least bourgeois domination was to be distinguished from patriarchal domination, but Tillich never clarified the relationship between them.

Neither Fromm nor Tillich gave much specific attention to the bourgeois family, which was an area where some crucial differences between them lay. Tillich in effect denied that there was a bourgeois family ; the family for him remained a kind of anachronism. But this view prevented him from attributing any role to the family in the rise of new character types in the modern period. Fromm on the other hand saw the bourgeois family playing a key mediating role in forming the bourgeois character. But he gave no attention to the difference between traditional and bourgeois patriarchy, a distinction which was needed to uphold his account against the opposing view of Max Weber. It was in the context of these contrasting positions, it seems to me, that Horkheimer intuited the need for a more careful analysis of the family. This he sought to offer in the large work which he edited in 1936, *Studien über Autorität und Familie*. But Horkheimer straddled the fence on the issue at hand : his view of the family was an uneasy mixture of Weber (probably mediated in part by Tillich) and Fromm. This is at least one reason why he winds up, as Mark Poster suggests, with « a bundle of contradictory statements[39] ». The Frankfurt School never arrived at an adequate conceptualization of the bourgeois family. This in turn limited the success of their analysis of the bourgeois character and conscience, and to this extent the Marx-Weber-Freud synthesis would have to be called a failure.

In the period under consideration Tillich's preoccupations came more and more to be ones he shared with his Frankfurt colleagues. Although Tillich came to these debates with a number of presuppositions not shared by his friends in the Institute, and although his interests again diverged from theirs later, I contend that for the period from the mid-twenties through the early thirties their concerns significantly converged. *The Religious Situation* anticipated the Frankfurt School in important respects, and *The Socialist Decision* (along with a few concurrent essays) is sufficiently similar to be classified as belonging to the body of literature described as Critical Theory.

---

[39] Mark POSTER, *Critical Theory of the Family*, New York, The Seabury Press, 1978, p. 56.

LE SOCIALISME RELIGIEUX DE PAUL TILLICH DANS LE CONTEXTE DE SA THÉOLOGIE DE LA CULTURE

Michel Dion
Faculté de théologie, Université Laval

Introduction

Bien qu'il ait eu peu d'influence pratique, le socialisme religieux de Tillich a donné lieu à une nouvelle théorie très intéressante sur le socialisme et la religion. Notre intention ici n'est pas de présenter cette théorie comme telle, mais plutôt de faire voir la relation étroite entre le socialisme religieux de Tillich et sa théologie de la culture[1].

Notre thèse est que *des principes de la théologie de la culture de Tillich ont été actualisés dans son socialisme religieux.* Tout d'abord, la synthèse religion-culture, dans la théologie de la culture, devient, dans le socialisme religieux, la synthèse religion-socialisme. De plus, les trois concepts fondamentaux du socialisme religieux (la théonomie, le démonique et le kairos[2]) sont aussi fondamentaux pour la théologie de la culture.

Cet exposé comportera donc deux parties : (1) présenter le socialisme religieux comme une actualisation de la synthèse religion-culture, recherchée dans la théologie de la culture, c'est-à-dire traiter du rapport général entre la théologie de la culture et le socialisme religieux quant à l'objectif visé ; (2) discuter du rapport spécifique entre la théologie de la culture et le socialisme religieux à propos des concepts de théonomie, démonique et kairos. Après un tel itinéraire, nous pourrons conclure sur notre thèse : le socialisme religieux comme actualisation des principes de la théologie de la culture.

---

[1] Bulman a souligné cette relation sans l'approfondir : Raymond F. Bulman, *A Blueprint for Humanity, Paul Tillich's Theology of Culture*, Lewisburg, Bucknell University Press, 1981, pp. 50-55 ; Heimann également : Eduard Heimann, « Tillich's Doctrine of Religious Socialism », *The Theology of Paul Tillich*, ed. by Charles W. Kegley, New York, The Pilgrim Press, 1952, pp. 359-360.

[2] Paul Tillich, « The Basic Ideas of Religious Socialism » (1960), *Kosukai Bunka Kaikean*, Tokyo Bulletin, 6, 1970, pp. 11-15, 32.

Religion, culture et socialisme

Il ressort des écrits de Tillich sur la théologie de la culture, et plus particulièrement de sa conférence de 1919 sur l'idée d'une théologie de la culture, que l'objectif d'une telle théologie est l'unité de la culture et de la religion. Par contre, le socialisme religieux a pour objectif l'unité recouvrée du socialisme et de la religion. Le socialisme étant interprété par Tillich comme une forme culturelle parmi d'autres, ce sont donc les principes de la théologie de la culture qui, dans le socialisme religieux, sont appliqués à la question sociale. C'est ce dont il sera question ici.

Dans sa théologie de la culture, Tillich veut dépasser l'opposition entre la religion et la culture, en élaborant un système religieux de la culture. Dans son socialisme religieux, il tente de donner un fondement religieux au socialisme. Son socialisme religieux est « dialectique », dans la mesure où il veut résoudre l'opposition statique entre la religion et le socialisme, en démontrant leur relation étroite. Tillich tente de montrer l'unité du christianisme et du socialisme. Il participe au mouvement socialiste comme chrétien ; il interprète et critique le socialisme à partir d'une perspective théologique. En concevant le socialisme comme une forme culturelle, il apparaît que le socialisme religieux de Tillich n'est qu'une application concrète de la synthèse religion (substance) — culture (forme), telle qu'élaborée dans sa théologie de la culture[3].

Cette « application » de la théologie de la culture apparaît d'abord dans la volonté de ne pas faire de la religion une sphère à côté des autres. Dans sa théologie de la culture, Tillich mentionne bien que la fonction religieuse n'est pas un principe dans la vie de l'esprit à côté des autres. Le principe religieux est actualisé dans toutes les sphères de la vie culturelle. La religion n'est pas, pour Tillich, un domaine culturel particulier à côté des autres, ou une fonction psychique particulière. Pour l'auteur, l'idée « décisive » du socialisme religieux est que la religion n'est pas une sphère séparée des autres. La religion traite de la relation de Dieu avec le monde ; il est donc possible, pour Tillich, que l'activité divine soit plus clairement perçue dans le socialisme que dans l'Église. Lorsque Tillich parle de la croyance socialiste, il ne se réfère pas à la religion comme sphère séparée, mais comme pouvoir qui supporte et détermine toutes les sphères. Faire de la religion un sujet privé signifierait l'exclure des luttes politiques et la détourner des préoccupations du prolétariat. Pour Tillich, le socialisme a, jusqu'à maintenant, soutenu le principe bourgeois contre

---

[3] *ID.*, « On the Idea of a Theology of Culture » (1919), *What is Religion ?*, New York, Harper and Row, 1969 (1919), p. 168 ; *ID.*, « Religions sans Église » (1928), *Aux frontières de la religion et de la science*, Paris, Le Centurion-Delachaux et Niestlé, 1970, pp. 80-81 ; *ID.*, « Religious Socialism » (1930), *Political Expectation*, ed. by James Luther Adams, Macon (GA), Mercer University Press, 1971, pp. 40-42 ; John R. STUMME, *Socialism in Theological Perspective, A Study of Paul Tillich, 1918-1933*, Missoula, Scholars Press, American Academy of Religion, Dissertation Series, 21, p. 27.

l'Église et la religion. Mais, cette situation entre en conflit avec l'esprit même du mouvement socialiste. D'où le « socialisme religieux » de Tillich. Nous voyons donc que la théologie de la culture et le socialisme religieux partagent cette même préoccupation de ne pas séparer la religion et la culture[4].

Mais, quelle est cette nouvelle synthèse religion-culture opérée dans la théologie de la culture et appliquée dans le socialisme religieux de Tillich ? Dans sa « Philosophie de la religion » (1925), Tillich définit la culture comme l'orientation de la conscience vers les formes conditionnées, vers les formes particulières du sens, et la religion comme l'orientation de la conscience vers l'Inconditionné, vers l'aspect « substantiel » du sens. Tout acte culturel contient le sens inconditionné, c'est-à-dire qu'il est basé sur le fondement du sens. Dans la mesure où c'est un acte de sens, il est substantiellement religieux. Mais, il n'est pas religieux selon l'intention. L'acte culturel n'implique pas la conscience explicite que le sens inconditionné dépasse même la totalité des sens possibles. L'acte culturel n'a pas une attitude consciemment religieuse. Mais il est substantiellement religieux, dans la mesure où tout sens particulier est supporté par le sens inconditionné. Par contre, l'acte religieux ne peut se diriger vers le sens inconditionné qu'à travers les formes particulières du sens. Du point de vue de sa forme, il est culturel, c'est-à-dire orienté vers la totalité des sens possibles. L'acte religieux n'est pas culturel selon l'intention, puisqu'il ne vise pas simplement la totalité des sens possibles, mais plutôt le fondement de tous ces sens, le sens inconditionné. Bref, *la culture est substantiellement religieuse et intentionnellement culturelle. La religion est intentionnellement religieuse et formellement culturelle.* Comme le mentionne Bulman, c'est le type de relation à l'Inconditionné qui constitue la base de la distinction religion-culture. Quant au socialisme, Heimann nous rappelle qu'il est religieux dans son essence mais anti-religieux en intention. Compte tenu de ce qui précède, nous pourrions affirmer que le socialisme est interprété par Tillich comme étant substantiellement religieux et intentionnellement culturel[5].

Pour Tillich, religion et culture ne peuvent donc pas être séparées. La religion est la substance de la culture, et la culture est la forme de la religion. Heimann voit une relation entre ce grand principe de la synthèse religion-culture et l'appellation « socialisme religieux ». D'après Bulman, la théologie doit refléter l'interpénétration de la religion et de la culture en exprimant adéquatement des expériences religieuses présentes dans

---

[4] TILLICH, « On the Idea of a Theology of Culture », *loc. cit.*, pp. 161-162 ; BULMAN, *op. cit.*, pp. 73-74 ; TILLICH, « Religious Socialism », pp. 44-45 ; ID., *The Socialist Decision*, New York, Harper and Row, 1977(1933), pp. xix-xx, 80-82.

[5] ID., « The Philosophy of Religion » (1925), *What is Religion ?*, New York, Harper and Row, 1969, pp. 59-60 ; ID., *What is Religion ?*, p. 20 ; James Luther ADAMS, *Paul Tillich's Philosophy of Culture, Science and Religion* (1965), Washington, University Press of America, 1982, p. 252 ; BULMAN, *op. cit.*, pp. 73-74 ; HEIMANN, *loc. cit.*, p. 364.

les phénomènes culturels. Le socialisme religieux de Tillich répond à cette préoccupation, en affirmant que sans la dimension religieuse, le but du socialisme (faire advenir une culture vraiment significative) ne pourrait être réalisé. Tillich place donc le socialisme sous l'Inconditionné. Il découvre dans le socialisme la présence du divin. L'auteur perçoit le socialisme comme dirigé vers l'Inconditionné, et c'est par là qu'il est religieux, car le socialisme n'est religieux que si la religion signifie vivre à partir des fondements de l'existence humaine, des racines de l'être humain. Pour Tillich, personne ne comprend le socialisme s'il oublie sa dimension religieuse. De la même façon que la culture ne peut être vraiment comprise sans la religion, le socialisme ne peut l'être non plus[6].

Nous avons vu comment Tillich établit son socialisme religieux en tant qu'actualisation de la synthèse religion-culture, propre à sa théologie de la culture. Nous allons maintenant présenter brièvement les concepts qui nous font voir ce lien étroit entre socialisme religieux et théologie de la culture.

Théonomie, démonique et kairos

Dans « The Basic Ideas of Religious Socialism » (1960), Tillich décrit les idées fondamentales du socialisme religieux comme étant la théonomie, le démonique et le kairos. Il semble que pour l'auteur, le lien entre socialisme religieux et théologie de la culture se fasse surtout à partir de ces trois principes[7].

Ainsi, Tillich conçoit la théonomie comme le point de rencontre entre les formes culturelles et la substance religieuse. D'autre part, le socialisme religieux doit rechercher la réunion de l'ultime (transtemporel) et du temporel. Cela est possible par la lutte contre le « démonique », et implique le dépassement du socialisme scientifique, qui ne comporte aucun mouvement vers l'ultime[8]. Enfin, le socialisme doit rechercher la réunion du vertical et de l'horizontal. Dans le socialisme scientifique, il n'y avait pas de ligne verticale, mais uniquement une ligne horizontale. Les socialistes religieux voulaient faire prendre conscience au mouvement socialiste de sa dimension verticale cachée. Le socialisme religieux prit une attitude « prophétique », c'est-à-dire qu'il essaya de comprendre que dans un moment spécifique, l'éternel se manifeste, fait irruption dans le temporel. Le « kairos » est ce moment où quelque chose de vertical, d'éternel fait irruption dans l'horizontal, dans le temporel[9].

---

[6] BULMAN, *op. cit.*, pp. 15, 69-70, 73-74 ; ADAMS, *op. cit.*, p. 252 ; Paul TILLICH, *The Protestant Era* (1948), Chicago, University of Chicago Press, 1957, pp. xiii-xiv ; HEIMANN, *loc. cit.*, p. 360 ; STUMME, *op. cit.*, pp. 81-82, 84-85 ; TILLICH, *The Socialist Decision*, p. xx.

[7] TILLICH, « The Basic Ideas [...] », pp. 11-15.

[8] *Ibid.*

[9] *Ibid*, pp. 11-13.

Nous verrons que la synthèse religion (substance) – culture (forme) est présente non seulement dans le concept de théonomie mais aussi dans celui de « lutte anti-démonique » et dans celui de « conscience du kairos ».

La théonomie

Pour Tillich, la théonomie est le but du socialisme religieux. Mais qu'est-ce que la théonomie ? Nous verrons que le concept de théonomie dans le socialisme religieux de Tillich n'est qu'une application concrète du même concept dans la théologie de la culture.

Le socialisme religieux de Tillich est la synthèse du socialisme et de la religion, de l'autonomie et de la théonomie. Au départ, le socialisme est un mouvement spirituel autonome. Mais si le socialisme veut, par opposition à la culture bourgeoise, créer une nouvelle vie sociale et spirituelle, il doit « approfondir l'autonomie en théonomie », c'est-à-dire dans cette saisie de l'Inconditionné à travers toutes choses. Pour Tillich, le socialisme peut fournir la structure sociale susceptible d'amener une société théonome nouvelle. La société théonome est la société socialiste, pour l'auteur. Comme le souligne Heimann, le socialisme religieux est une réaction contre une autonomie vide, démonisée ; il est orienté vers une théonomie qui n'assujettit pas cette autonomie à une hétéronomie, mais conduit plutôt cette autonomie vide à sa propre profondeur, à son propre sens[10].

Dans la théologie de la culture, le refus d'une position purement autonome est à la base de la position socialiste-religieuse par rapport à la théonomie. Dans son *Système des sciences* (1923), Tillich décrit les deux modes d'expression du désir de l'Inconditionné : (1) *l'autonomie : chercher à saisir l'être par les formes* ; la forme est ici déterminée uniquement par elle-même : (2) *la théonomie : chercher à saisir l'Inconditionné de façon immédiate* ; la nature des réalisations spirituelles est alors déterminée par la volonté de saisir l'Inconditionné immédiatement à travers ces réalisations. L'autonomie consiste donc dans la volonté de saisir le monde de façon cognitive, tandis que la théonomie est cette volonté de saisir l'Inconditionné. Lorsque Tillich nous présente le socialisme religieux comme « l'approfondissement de l'autonomie en théonomie », il semble se référer à sa théologie de la culture, dans laquelle il émet le principe du dépassement de la pure autonomie à travers la théonomie : c'est-à-dire la volonté de saisir les formes conditionnées non pas uniquement en elles-mêmes mais comme étant fondées dans l'Inconditionné. Tillich

---

[10] *ID.*, « Christentum und Sozialismus I », *G. W.*, II, pp. 22-28 ; *ID.*, *The Socialist Decision*, pp. 102-103 ; ADAMS, *op. cit.*, p. 88, note 37 ; STUMME, *op. cit.*, pp. 192-193, 196-197 ; HEIMANN, *loc. cit.*, p. 360.

applique ce principe à son socialisme religieux, en tentant de donner au socialisme une profondeur qu'il n'a pas sous sa forme dite « scientifique »[11].

Il est certain que le socialisme religieux est une tentative concrète d'approfondir l'autonomie en théonomie. Mais, qu'est-ce que la théonomie ? C'est l'unité de la forme et du contenu (ou substance), l'unité de la religion et de la culture, de l'Inconditionné et du conditionné.

Comme le souligne Bulman, la forme est la préoccupation directe de différentes activités autonomes, culturelles. La substance (ou contenu) est cette réalité de sens ultime qui donne à la forme toute sa signification. Qu'en est-il alors de la théonomie comme unité de la forme et du contenu ? Pour Tillich, le socialisme a besoin de la substance religieuse qui, à travers la théonomie, peut libérer l'autonomie de son isolement autodestructeur. Dans le socialisme religieux de Tillich, la théonomie est définie comme une condition dans laquelle les formes sociales et spirituelles sont remplies du contenu de l'Inconditionné, comme le fondement, le sens et la réalité de toutes les formes. La théonomie remplit les formes autonomes avec la substance religieuse. Aucun autre contenu ne peut donner un sens et une réalité aux formes conditionnées que le sens inconditionné sur lequel elles sont fondées. *Plus une situation spirituelle réalise l'unité forme-contenu, plus elle est théonome.* La doctrine de la théonomie reconnaît qu'il peut y avoir des formes culturelles qui résistent à être remplies d'un contenu transcendant et qu'il y en a d'autres qui s'ouvrent à ce contenu et deviennent des manifestations concrètes d'un sens transcendant. Le socialisme religieux croit que la nature de la société bourgeoise profanisée est telle qu'elle résiste à la transcendance. Le socialisme religieux soutient que la transformation de la société bourgeoise dans un sens socialiste-religieux montre la voie d'une nouvelle théonomie dans la vie sociale et spirituelle. La théonomie (but du socialisme religieux) est une réponse à la question impliquée dans l'autonomie pure, dans cette société détournée de l'éternel, obnubilée par le temps et la finitude. La théonomie est une réponse à la question concernant une substance religieuse, un sens ultime de la vie et de la culture. Pour Tillich, la *théonomie, comme unité des formes autonomes et de la substance religieuse*, est une société où le contenu n'écrase pas ni ne détruit l'autonomie de l'être humain[12].

Dans le socialisme religieux de Tillich, la théonomie, définie comme l'unité de la forme et du contenu (ou substance) a sa source dans la théologie de la culture de l'auteur. Dans sa conférence de 1919 sur l'idée d'une

---

[11] Paul TILLICH, « Masse und Geist », *G. W.*, II, pp. 79-80, 83-84, 89 ; *ID.*, *The System of the Sciences According to Objects and Method* (1923), Lewisburg, Bucknell University Press, 1981, pp. 155-156, 210-211 ; ADAMS, *op. cit.*, p. 147.

[12] TILLICH, « On the Idea of a Theology of Culture », *op. cit.*, pp. 180-181 ; BULMAN, op. cit., pp. 74-76 ; Paul TILLICH, « Basic Principles of Religious socialism », *Political expectation*, pp. 62-66 ; *ID.*, « Religious Socialism », pp. 54-56 ; STUMME, *op. cit.*, pp. 192-193, 196-197.

théologie de la culture, Tillich proposait que l'autonomie des fonctions culturelles est fondée dans leur forme, tandis que la théonomie est fondée dans leur substance. *Plus il y a de forme, plus il y a d'autonomie ; plus il y a de substance, plus grande est la théonomie.* Comme le souligne Bulman, la domination de l'élément « formel » constitue une culture séculière, purement autonome, tandis que la prépondérance de la substance indique la présence d'une culture religieuse, sauf si c'est aux dépens de la forme, auquel cas nous faisons face plutôt à une distorsion de la religion en hétéronomie. Une situation spirituelle peut être qualifiée de « théonome » lorsque toutes les formes de la vie spirituelle sont l'expression de l'Inconditionné qui fait irruption en elles.

Dans *le Système des sciences* (1923), Tillich affirme que la tension entre les éléments du sens (forme et substance) atteint son ultime profondeur et sa résolution fondamentale dans l'unité de la théonomie et de l'autonomie. L'autonomie sans théonomie conduit vers la forme vide, sans substance. La théonomie sans autonomie conduit vers la substance sans forme. Les deux positions sont impossibles. La théonomie, comme orientation des formes conditionnées vers l'Inconditionné, ne peut être réalisée que dans des formes autonomes. Dans tout cela, il apparaît que le socialisme religieux de Tillich insiste sur l'unité forme-contenu (ou substance), comme dans sa théologie de la culture[13].

Puisque la théonomie est, pour Tillich, l'unité de la forme et de la substance, elle doit être *l'unité de la religion et de la culture*, puisque la forme est « culturelle » et la substance « religieuse ». Dans une théonomie idéale, la religion et la culture ne peuvent exister l'une à côté de l'autre, puisque l'accomplissement de toutes les formes culturelles ne peut se faire sans la substance religieuse. Réduire la religion à l'activité culturelle, ce serait oublier que toute culture vit de l'Inconditionné (« objet » de la religion), ce serait dissiper la substance religieuse et enlever à la culture tout son contenu. Tillich appelle « théonomie » l'unité de la religion et de la culture comme unité de la substance et de la forme. Il semble donc encore plus évident que le socialisme religieux de Tillich, à la suite de sa théologie de la culture, affirmera la synthèse religion-culture et refusera d'isoler la religion des autres sphères culturelles[14].

Au bout du compte, cette unité forme-substance, réalisée dans la théonomie, c'est l'unité du conditionné et de l'Inconditionné. Pour Tillich, le christianisme peut apporter au socialisme l'expérience de l'Inconditionné dans tout conditionné. C'est par là que le christianisme donne

---

[13] TILLICH, « On the Idea of a Theology of Culture », p. 164 ; BULMAN, *op. cit.*, pp. 74-76 ; Paul TILLICH, « The Conquest of the Concept of Religion in the Philosophy of Religion » (1922), *What is Religion ?* , New York, Harper and Row, 1969, pp. 151-152 ; ID., « Kairos » (1922), *The Protestant Era*, Chicago, The University of Chicago Press, 1957, pp. 44-45 ; ID., *The System of the Sciences*, pp. 203-204.

[14] ID., « Basic Principles of Religious Socialism », pp. 63-66 ; ID., « The Philosophy of Religion », pp. 72-75.

à l'expérience humaine du socialisme son contenu propre. Mais, ce n'est pas ici le christianisme comme confession religieuse particulière. C'est le christianisme comme irruption de la foi absolue en l'Inconditionné. L'unité de la religion et de la culture (ou théonomie), c'est l'unité du sens inconditionné et du sens conditionné, de la totalité des sens possibles et du fondement de tous ces sens. La théonomie signifie se tourner vers l'Inconditionné dans l'intérêt de l'Inconditionné uniquement. L'autonomie pure est dirigée vers le conditionné, ou vers l'Inconditionné pour supporter le conditionné. Théonomie et autonomie ne sont pas des fonctions différentes du sens, mais différentes orientations de la même fonction. Elles sont dans une relation dialectique[15].

La théonomie est donc l'approfondissement de l'autonomie, l'unité de la forme et du contenu, l'unité de la religion et de la culture, de l'Inconditionné et du conditionné. Il serait difficile de ne pas percevoir ici une relation très étroite entre le socialisme religieux de Tillich et sa théologie de la culture.

L'expression positive du but du socialisme religieux est la théonomie. Mais, exprimé négativement, c'est aussi la lutte contre les structures démoniques. C'est ce dont nous voudrions traiter maintenant.

Le démonique

La lutte pour la théonomie est une lutte contre le démonique, contre le pouvoir irrationnel qui contredit et s'oppose à la forme. La théonomie est en opposition avec la prédominance du démonique. Le socialisme religieux doit, d'après Tillich, combattre le démonique et lutter pour la théonomie au sens de l'unité de la forme et du contenu. Les socialistes religieux peuvent travailler en tout parti, confession ou mouvement dans la mesure où cela leur permet de lutter contre le démonique. Le socialisme religieux rejette la foi utopique en un monde sans arbitraire, sans démonique. Rien de vivant ne peut éviter la démonisation. Le démonique exprime l'ambiguïté de tout ce qui est humain. C'est l'*insight* de cette structure démonique qui sauvegarde le socialisme religieux contre l'utopisme. La théonomie, but du socialisme religieux, implique, d'après Tillich, une lutte anti-démonique[16].

Le socialisme religieux exprime donc une opposition à l'autonomie démonique de l'économie industrielle capitaliste. Il pose l'idée d'une attitude théonome envers l'économie industrielle. Le socialisme religieux doit, d'après Tillich, affirmer la lutte des classes selon les conditions de la réalité historique. La lutte des classes est en elle-même une expression

---

[15] *ID.*, « Christentum und Sozialismus I », pp. 24-28 ; *ID.*, « The Philosophy of Religion », pp. 72-75 ; *ID., The System of the Sciences,* pp. 203-204.

[16] STUMME, *op. cit.*, p. 91 ; TILLICH, « Basic Principles of Religious Socialism », pp. 66-69, 79-88 ; HEIMANN, *loc. cit.*, p. 360.

du caractère démonique de l'économie capitaliste. Le but du socialisme religieux est de libérer l'économie capitaliste de son attitude « rationnelle illimitée » et de réaliser une attitude économique théonome. Le socialisme religieux appelle le système capitaliste « démonique » à cause de l'union des pouvoirs créateurs et destructeurs présents en lui et à cause de l'iné-vitabilité de la lutte des classes. Le socialisme religieux doit exposer et *lutter contre le capitalisme démonique*. C'est sa tâche religieuse la plus décisive selon Tillich. La situation prolétaire est une division démonique de l'humanité en général. Toute la lutte du prolétariat est une lutte pour le dépassement du démonique. La lutte des classes combine des éléments de foi en un accomplissement éventuel et une demande d'agir contre les forces démoniques qui asservissent les travailleurs. Pour Tillich, il ne faut pas arrêter la dialectique de l'histoire avec la révolution, comme le fait Marx. La dialectique continue dans des moments de dépassement du démonique et non pas dans une réalisation parfaite de la société sans clas-ses. Pour Tillich, le capitalisme est un des plus grands mouvements démo-niques. Sa force idéologique-structurelle est démonique parce qu'elle unit des éléments de sens (créateurs de la forme) et des éléments contraires au sens (destructeurs de la forme). Elle est démonique parce qu'elle com-bine un élément créateur et un élément destructeur. C'est cette qualité dialectique qui donne au démonique son pouvoir et sa profondeur[17].

Qu'est-ce que le démonique ? Quelle relation a-t-il avec le divin ? Pour Tillich, toute l'histoire de la culture et de la religion est marquée par la « polarité divin-démonique ». Le démonique est le sacré antidivin, il est imprégné d'une intention de destruction. Vu la polarité divin-démonique dans la sphère du sacré, le concept du sacré est dialectique. De plus, Tillich qualifie de « théocratique » la volonté de conquérir la réa-lité sacré du démonique au nom du sacré divin. En ce sens, les mouve-ments théocratiques sont anti-démoniques. Ils combattent le démonique « sacramentel », le démonique de la situation primitive dans laquelle tout est sacré. Les mouvements théocratiques combattent le démonique au nom de la vérité et de la justice divines. Par contre, la critique ration-nelle, qui aboutit à la pure autonomie, est aussi remplie de forces démo-niques. Le socialisme religieux est une tentative d'exorciser ces « démons » de la société purement autonome. Il veut dépasser l'autonomie pure des formes. Mais, il n'a pas pour but d'éliminer le démonique ou l'autono-mie. Le socialisme religieux a pour but d'approfondir l'autonomie en théo-nomie, de dévoiler les structures démoniques là où elles détruisent la vie. Vouloir éliminer toute trace, toute possibilité même de démonique serait non seulement utopique mais contre la vie elle-même, puisque la vie est

---

[17] *ID.*, « Basic Principles of Religious Socialism », pp. 70-80 ; *ID.*, « Religious Socialism », pp. 49-50 ; *ID.*, « The Protestant Principle and the Proletarian Situation » (1931), *The Prot-estant Era*, Chicago, The University of Chicago Press, 1957, p. 166 ; STUMME, *op. cit.*, pp. 73-74, 149 ; Ronald H. STONE, *Paul Tillich's Radical Social Thought*, Atlanta, John Knox Press, 1980, pp. 59-62.

ambiguë sous toutes ses formes et que le démonique est une expression de cette ambiguïté[18].

Que recherche, en fin de compte, le socialisme religieux dans sa lutte contre le démonique ? Il recherche *les phénomènes de « démonisation »*. Une démonisation consiste à accorder à une réalité finie le rang de l'Inconditionné. C'est, somme toute, de l'idolâtrie. La religion est démonisée lorsqu'elle s'occupe d'une saisie de l'être par quelque chose de conditionné plutôt que par l'Inconditionné. Le démonique, comme élévation d'une réalité finie au rang d'une réalité infinie, implique la destruction du sens et de l'essence de toute réalité. Le démonique exprime la résistance de l'être fini à la manifestation en lui de son fondement absolu. Le démonique exprime ce qui advient à l'être fini, dans la mesure où celui-ci n'est pas totalement uni à l'absolu, dans la mesure où il lui résiste. *Résister à l'absolu, c'est se faire soi-même absolu*[19].

Nous avons vu le but du socialisme religieux : la lutte pour la théonomie et contre le démonique. Nous allons maintenant souligner l'attitude particulière du socialisme religieux (le prophétisme), mais surtout traiter du concept de kairos qui lui est rattaché.

Le kairos

Le socialisme religieux comme mouvement est la communauté de ceux et celles qui sont saisis par le kairos d'un temps nouveau et qui espèrent que le nouvel ordre émergeant sera à la fois religieux et socialiste. Pour Tillich, aucun système n'a autant le droit de protester contre le matérialisme bourgeois (qui n'a aucune conscience de l'histoire) que le socialisme, qui est le mouvement le plus conscient de l'histoire, du kairos. Le socialisme religieux présuppose que dans le socialisme actuel, il y a des éléments incompatibles avec l'idée de kairos. Le socialisme a perçu le kairos mais non sa profondeur. Il l'a absolutisé dans la société sans classes. Le socialisme religieux lutte de façon plus radicale et révolutionnaire que le socialisme habituel, puisqu'il veut révéler la crise du point de vue de l'Inconditionné, rendre le socialisme conscient du kairos, se placer lui-même sous la critique de l'Inconditionné. C'est le fait d'être saisi par la conscience du kairos, d'un moment riche en signification, qui a ouvert

---

[18] TILLICH, *What is Religion ?* p. 21 ; ID., « The Philosophy of Religion », pp. 85-89 ; BULMAN, *op. cit.*, pp. 18-20 ; TILLICH, « Basic Principles of Religious Socialism », pp. 66-69 ; ID., *The Protestant Era*, p. xiv ; ID., « The Demonic » (1926), *The Interpretation of History*, New York, Charles Scribner's Sons, 1936, pp. 96-99.

[19] ID., « le Symbole religieux » (1928), *Aux frontières de la religion et de la science*, Paris, Le Centurion-Delachaux et Niestlé, 1970, pp. 165-167 ; ID., « Philosophie et Religion » (1930), *Aux frontières de la religion et de la science*, Paris, Le Centurion-Delachaux et Niestlé, 1970, p. 99 ; Jean-Claude PETIT, *la Philosophie de la religion de Paul Tillich, Genèse et évolution, La période allemande, 1919-1933*, Montréal, Fides, 1974, pp. 124-125, 127.

la voie à une nouvelle synthèse du socialisme (justice économique) et de la religion (présence du divin en toutes choses). Comme le souligne Stone, *le socialisme religieux est l'interprétation théologique du socialisme à la lumière de la philosophie du kairos*[20].

Dans le socialisme religieux de Tillich, le kairos est tout autant lié à la théonomie que l'est le démonique, même si ce n'est pas dans le premier cas un rapport « négatif-positif ». Pour Tillich, le kairos est la venue d'une nouvelle théonomie dans une culture autonome, sécularisée et vide. Le kairos est un moment historique crucial où il devient possible d'édifier une société théonome. *Agir à partir du kairos signifie donc agir en direction de la théonomie.* Le concept de kairos implique une relation décisive entre la théonomie et la situation historique concrète. Le socialisme religieux est une tentative d'interpréter le socialisme du point de vue de la théonomie, de la vision du kairos. C'est une communauté de ceux et celles qui se comprennent individuellement dans la conscience du kairos et qui luttent pour la théonomie. Le kairos fournit un fondement théonome pour la création du nouveau dans l'histoire. Dans la mesure où le concept de kairos est ainsi étroitement lié à la théologie de la culture de Tillich, il nous apparaît justifiable d'en traiter ici comme d'un autre lieu d'actualisation de la théologie de la culture dans le socialisme religieux de l'auteur. D'ailleurs, Heimann faisait remarquer que le kairos, comme irruption de l'éternel dans le temporel, est étroitement lié non seulement au démonique et à la triade hétéronomie/autonomie/théonomie, mais aussi à la doctrine de la nature religieuse de la culture, c'est-à-dire à la synthèse religion-culture opérée par la théologie de la culture de Tillich[21].

Qu'est-ce que le kairos ? Le kairos est un point tournant de l'histoire dans lequel l'éternel juge et transforme le temporel. L'éternel envahit le temporel et remet en question toutes les formes temporelles. Le kairos est le temps accompli, le moment du temps qui est envahi par l'éternité. Le kairos apparaît toujours lorsque les formes temporelles ont besoin d'être transformées. Le degré auquel les fondations temporelles sont ébranlées détermine le pouvoir et la profondeur du kairos. Le kairos signifie une nouvelle solution à la tâche éternelle présente en toute période historique : représenter l'Inconditionné sous la forme du conditionné. Croire

---

[20] STONE, *op. cit.*, pp. 49-52 ; TILLICH, « Kairos », pp. 34-35, 41-42, 48-51 ; ID., *The Socialist Decision*, pp. ix, xiii.

[21] ID., « Religious Socialism », pp. 46-49 ; BULMAN, *op. cit.*, pp. 18-19 ; TILLICH, « Basic Principles of Religious Socialism », pp. 87-88 ; STUMME, *op. cit.*, pp. 90-91 ; ID., *The Protestant Era*, pp. xv-xvi ; HEIMANN, *loc. cit.*, pp. 358-359 ; Jean-Paul GABUS, « le Socialisme religieux de Paul Tillich », *Quatre Fleuves*, 2 (1974), p. 103.

dans le kairos, c'est être conscient de l'irruption de l'Inconditionné dans le conditionné. Le kairos est la « plénitude du temps », le moment où l'éternel fait irruption dans le temporel et où le temporel est préparé à le recevoir[22].

Le kairos est le temps qualitativement accompli, le moment du temps qui nous approche comme destin et décision. Le kairos est « absolu » dans la mesure où il place quelqu'un devant la décision « pour ou contre la vérité ». Il est aussi « relatif » dans la mesure où il implique que cette décision est possible seulement comme décision concrète. Le concept du kairos chez Tillich comporte donc un aspect négatif (le relativisme historique) et un aspect positif (la responsabilité du moment présent). Comme le souligne Jean-Claude Petit, l'être humain doit se décider devant l'absolu, et le kairos est le moment de cette décision. Dans ce contexte, les socialistes religieux partageaient un sens profond de participer dans un moment décisif de l'histoire, un kairos dans lequel l'éternel envahirait le temporel, en apportant un ordre social plus parfait : le socialisme religieux[23].

Chez Tillich, le concept de kairos implique deux « dialectiques » distinctes. Premièrement, la dialectique « horizontale » du processus historique : c'est l'aspect « décision » du kairos, décision face à une situation historique concrète qui demande une transformation, responsabilité du moment présent qui exige du changement. Deuxièmement, la dialectique « verticale » opérant entre l'Inconditionné et le conditionné : c'est l'irruption de l'Inconditionné (éternel) dans le conditionné (temporel). Ce « jeu » des dimensions verticale et horizontale se retrouve d'ailleurs chez Tillich lorsqu'il traite de l'expérience du « sacré » ou « religieux »[24].

Quelle relation y a-t-il entre kairos et prophétisme ? Mais d'abord, qu'est-ce que l'attitude « prophétique » du socialisme religieux ? Pour Tillich, le socialisme incarne une attitude envers l'ultime qui est analogue à celle des prophètes bibliques. L'attitude prophétique est inhérente au socialisme religeux. C'est *l'unité de l'attitude sacramentelle et de l'attitude rationnelle-critique*. L'attitude sacramentelle est la conscience de la présence du divin, tandis que l'attitude rationnelle est dirigée vers la forme, elle perd le contact avec le sacré et veut le remplacer par la volonté de transformer le monde, de créer des formes nouvelles. L'attitude prophétique du socialisme religieux consiste à unir la base sacramentelle de

---

[22] TILLICH,« Kairos », pp. 44-47 ; ID., *The Religious Situation* (1926), Cleveland, The World Publishing Company, pp. 18-20, 176-178 ; ID., « Religious Socialism », pp. 54-56 ; STUMME, *op. cit.*, pp. 90-91 ; TILLICH, « Basic Principles of Religious Socialism », pp. 85-86 ; ID., *The Protestant Era*, pp. xv-xvi.

[23] ID., « Kairos and Logos » (1926), *The Interpretation of History*, New York, Charles Scribner's Sons, 1936, pp. 129-131, 135, 175 ; ID., *The Religious Situation*, pp. 19-20 ; PETIT, *op. cit.*, pp. 131-138 ; BULMAN, *op. cit.*, pp. 51-52.

[24] TILLICH, « Kairos », p. 48 ; ID., *Aux frontières de la religion et de la science*, p. 18 ; ID., *Political Expectation*, pp. viii, x.

la société avec la conscience historique et critique. Le prophétisme saisit le devenir qu'il y a entre le présent qui est donné et ce qui devrait être. L'attitude prophétique est essentielle au socialisme religieux. Elle existe déjà dans le socialisme, même si elle subit souvent une distorsion à cause de la réflexion, du rationalisme et de la stratégie politique[25].

Tillich définit plus profondément *le prophétisme comme la conscience du kairos*. Le kairos est, pour lui, le moment du temps qui est rempli de sens et d'exigence inconditionnelle. C'est le moment accompli du temps dans lequel le présent (le sacré qui est donné) et le futur (le sacré qui est demandé) se rencontrent. Les attitudes sacramentelle et critique sont unies dans la conscience du kairos, dans l'esprit du prophétisme. Quand l'esprit prophétique surgit, lorsque la relation de tout existant à la source ultime du sens et de l'existence devient apparente dans le jugement porté sur l'histoire, alors la conscience du kairos, comme moment de destin et de décision responsable, est présente. Tillich appelle donc « kairos » le contenu de la vision prophétique de l'histoire[26].

Conclusion

Tout l'itinéraire réalisé jusqu'ici nous amène à l'affirmation du socialisme religieux comme actualisation de la synthèse religion-culture. Et ceci apparaît d'abord dans le concept de théonomie qui, tout en étant le but du socialisme religieux, consiste dans l'unité des formes culturelles et de la substance religieuse, dans l'unité de la religion et de la culture, de l'Inconditionné et du conditionné. Mais cette lutte pour la théonomie, qui caractérise le socialisme religieux, est en même temps définie comme une lutte contre le démonique. Car, pour Tillich, la vie demeure toujours ambiguë ; elle comporte à la fois un élément positif et un élément négatif. Aussi, pour respecter ce principe cher à Tillich, avons-nous traité du démonique et des phénomènes de démonisation. Pour l'auteur, il importe de dévoiler les structures démoniques, de faire apparaître la polarité du créateur et du destructeur dans l'idée du démonique. Cette révélation, ce dévoilement du démonique est une expression de l'attitude prophétique du socialisme religieux, une perception du devenir qui est possible entre le sacré qui est donné et le sacré qui est demandé. Et ce devenir consiste précisément en l'irruption de l'éternel dans le temporel, de l'Inconditionné dans le conditionné. C'est le « kairos ».

---

[25] Stumme, *op. cit.*, pp. 51-52, 85, 88 ; Tillich, « Basic Principles of Religious Socialism », pp. 60-61.

[26] *Ibid.*, pp. 60-61 ; Id., *The Religious Situation*, pp. 19-20 ; Stumme, *op. cit.*, pp. 90-91.

Il semble donc très difficile de traiter du socialisme religieux sans faire référence à la théologie de la culture de Tillich. Les concepts de théonomie, démonique et kairos ont une importance telle dans le socialisme religieux de Tillich qu'il m'a semblé important de les traiter dans le contexte de sa théologie de la culture.

TILLICH'S CRITIQUE OF POLITICAL THEOLOGY

Raymond F. BULMAN
St. John's University, New York

Introduction

One of the most profound and yet most ambivalent effects of modern secularization upon Western society has been the privatization of religion. Not only Western capitalist nations but even Eastern European socialist states encourage the separation of religion from the public square[1]. A corresponding emphasis on transcendent, other worldly goals in the mainstream Christian churches has further served to foster this departmentalization and mutual isolation of religion and politics in modern times.

Within the last decade, however, the neat walls separating the two domains have begun to crumble. In Europe and in North America Christian communities have enthusiastically begun to assume a far greater sense of religious responsibility for the social and political order. In Europe the new consciousness and commitment has found eloquent expression in the eschatological and political theologies of Moltmann, Pannenberg, Metz and Soelle[2]. Latin American liberation theology has made an even greater world wide impact on the politicization of the Christian consciousness.

These theoretical formulations are attempts to interpret the dramatic entry of specifically Christian communities — large or small — into the arena of social and political struggle. The role of the official churches in Poland, the Philippines and Northern Ireland, the activities of the popular base communities throughout Latin America (as well as in Europe) provide but a few striking examples of this recent phenomenon. The powerful and often conflicting voices of fundamentalists and evangelicals,

---

[1] This theme of the current backlash against the exclusion of religion from public decision-making is the subject of Richard J. NEUHAUS' recent work, *The Naked Public Square*, Grand Rapids (MI), William B. Eerdmans Publishing Co., 1984.

[2] See, for example, Jürgen MOLTMANN, *Theology of Hope*, transl. by James Leitch, New York, Harper and Row, 1967 ; Wolfhart PANNENBERG, « Hermeneutic and Universal History », *Basic Questions in Theology* I, transl. by George H. Kehm, Philadelphia, Fortress Press, 1970, pp. 96-136 ; Johannes B. METZ, *Theology of the World*, transl. by William Glen-Doepel, New York , Herder and Herder, 1969 ; and Dorothy SOELLE, *Political Theology*, transl. by John Shelly, Philadelphia, Fortress Press, 1974.

mainstream Protestants and Catholic bishops and other religious groups on the American political scene are also incomprehensible apart from a clear grasp of the often unspoken theologies that motivate and inspire their political, economic or social stance.

Despite the obvious variety of religio-political view-points competing for acceptance today, all of them share the common goals of 1) trying to interpret the socio-political structures in light of the Christian message and 2) « awakening the political consciousness of the Church » and its theological representatives[3]. For this reason, it is understandable that the multiplicity of theoretical expressions of the new religious involvement in politics today ordinarily falls under the umbrella term of « political theology ». These political theologies sometimes operate quite openly and explicitly, or they operate in a subliminal, implicit way without any clear, conscious formulation.

In the middle of this century, long before the advent of the current controversies over politics and religion, outstanding theologians such as Karl Barth, Paul Tillich, John Courtney Murray and Reinhold Niebuhr made monumental efforts to sort out and assess the political theologies of their day. It is at our own theological peril that we ignore these important contributions of the recent past and deal with today's issues as if they had just fallen from the heavens or other less desireable theological locations. Inspired by a sense of historical continuity with the theological giants of the past, the present paper is aimed specifically at a careful examination of the scholarly achievements of one of these giants — Paul Tillich — in this vital area of political theology.

There is no doubt that the later Tillich of the North American period (1933-1965) was better known as an intellectual and cultural theologian, exploring the intricate borders of religion with high culture, *e.g.*, art, depth psychology, philosophy and science. Serious students of his thought, however, are not only aware that the German period of his work (1919-1933) was deeply committed to political analysis and interpretation, but that a strong case can be made that even the later Tillich never really abandoned the project[4]. Were Tillich alive today, I believe that, while he would hotly dispute many of the current views on religion and politics, he would strongly applaud the return of political concerns to the center of the theological agenda.

Tillich clearly showed no particular affection for the term *political theology*, a term which was already current in Germany at the time of his early writings. Nevertheless, he was deeply committed to the idea

---

[3] Jürgen MOLTMANN, *On Human Dignity : Political Theology and Ethics,* transl. by M. Douglas Meeks, Philadelphia, Fortress Press, 1984, p. 99.

[4] See, for example, Ronald H. STONE, *Paul Tillich's Radical Social Thought*, Atlanta, John Knox Press, 1980. Stone's survey and analysis of Tillich's political writings during the American period forever puts to rest the objection that once in America, Tillich lost his sense of political commitment. See especially pp. 83-156.

that the task of theology was to bring into relief the « concrete religious experiences embedded in all great cultural phenomena[5] ». For him the culture of a period was exemplified in a pre-eminent way in the whole socio-political sphere. Like the contemporary theologian, Johannes Metz, Tillich did not see political theology as a special branch of theology, but rather as « a basic element in the whole structure of theological reflection[6] ». Accordingly, despite his dislike of the term, a great deal of Tillich's theology of culture, especially of the German period, could today be classified as « political theology » or, at least, as a critical commentary on the same.

Tillich and « Political Theology »

Tillich's theological system operated on the fundamental principle of the inherent unity of religion and culture. This unity implied that all dimensions of meaning or cultural creations are capable of revealing or concealing their ultimate religious ground. The principle is encapsulated in the famous Tillichian formula : « Religion is the substance of culture and culture is the form of religion[7]. » Now, this foundational principle of theology is not very easily reconciled with the term *political theology*. It too easily suggests either a special branch of theology or a perspective more fundamental than religion from which theology must be viewed and to which it must be reduced. Given the fundamental vision of his theology of culture, it is not surprising that Tillich should have resisted using the term « political theology », even though the goals he pursued corresponded closely to those sought by political theologians today[8].

The notion of « *political theology* » had come into general use in both Switzerland and Germany during the period of the German Weimar Republic[9]. The term was brought into special prominence by the distinguished, controversial German jurist, Carl Schmitt as early as 1922[10]. Now Tillich was quite familiar with Schmitt's work and appears

---

[5] Paul TILLICH, « On the Idea of a Theology of Culture », *What Is Religion ?*, transl. and ed. by James Luther ADAMS, New York, Harper and Row, 1969. Henceforward to be cited as *O.I.T.C.*

[6] Johannes B. METZ, « Political Theology », *Encyclopedia of Theology : The Concise Sacramentum Mundi*, ed. by Karl Rahner, New York, Crossroad, 1982, p. 1239.

[7] Paul TILLICH, *The Protestant Era*, transl. by James Luther ADAMS, Chicago, University of Chicago Press, 1948, p. 57. Henceforward to be cited as *P.E.*

[8] See above, Introduction.

[9] See, for example, John R. STUMME, *Socialism in Theological Perspective : A Study of Paul Tillich 1919-1933*, American Academy of Religion, Dissertation Series 21, Missoula (MT), Scholars Press, 1978, pp. 23-25 ; and Wilhelm and Marion PAUCK, *Paul Tillich : His Life and Thought*, I, New York, Harper and Row, 1976, pp. 67-71.

[10] Carl SCHMITT, *Political Theology*, transl. by George Schwab, Cambridge (MA), The MIT Press, 1985. The original *Politische Theologie : Vier Kapitel zur Lehre von der Souveränität* was published by Duncker and Humblot, Berlin, in 1922.

to have borrowed from him some key terminology for political analysis, such as « political romanticism », « powers of origin » and « blood and soil[11]. » The non-use of the term *political theology* by Tillich, then, strongly suggests a conscious rejection rather than a mere historical coincidence.

Nicole Grondin's analysis of Tillich's 1919 lecture « On the Idea of a Theology of Culture » sheds further light on the issue. She shows persuasively that many of the key ideas of this important lecture actually depend on a number of current Tillichian motifs which do not actually appear in print until *The System of the Sciences* (1923)[12]. In other words, paradoxically some of the principal ideas of the 1919 work actually depend upon themes appearing in the later work.

In *Das System*, for example, political science, along with natural science, aesthetics and jurisprudence, is presented as an instance of a strictly autonomous discipline, to which there is no corresponding religious (theonomous) equivalent. For this reason, argues Tillich, political science and the other cultural sciences must be developed « within the autonomous sphere[13] » before examining them from a theonomous or theological perspective. In the 1919 lecture, Tillich expands on this latter perspective by describing theology as the normative, systematic science of religion whose function is to analyze and critique all dimensions of culture (including politics) as well as their theoretical interpretations[14]. Here we have the most fundamental point of conflict between the term *political theology* and Tillich's understanding of the place of theology among the academic disciplines. From a Tillichian standpoint, the term *political theology* would seem to threaten the autonomy of political science as well as the uniqueness of the theological perspective. John Stumme, an acute interpreter of Tillich's political writings, illustrates a similar understanding of the latter's approach to politics when he describes him as a « theologian of politics[15] » rather than as a political theologian.

Politics, in Tillich's view, was not to be seen as an absolutely autonomous sector of society, any more than art, law, literature or science. Each has its unique relation to the religious substance of the culture, and for this reason can be studied from a theological perspective. Within the framework of Tillichian thought, therefore, it makes perfect sense to speak of a theology of art, a theology of law, a theology of culture or a theology of politics, but not of a « political theology ».

---

[11] See PAUCK, *Paul Tillich*, p. 126.

[12] See *supra*, Nicole GRONDIN, « Genèse de l'idée d'une théologie de la culture ».

[13] Paul TILLICH, *Das System der Wissenschaften nach Gegenständen und Methoden*, Göttingen, Vanderhoeck und Ruprecht, 1923, p. 102, cited by James Luther ADAMS in *Paul Tillich's Philosophy of Culture, Science and Religion*, New York, Schocken Books, 1965, pp. 158-159.

[14] *O.I.T.C.*, pp. 164-165.

[15] STUMME, *op. cit.*, p. 46.

During the German period, Religious Socialism was the concrete expression of Tillich's synthesis of religion and culture and for this reason has been elaborated within the context of his theology of culture[16]. The same must be said of his broader theoretical work in theology of politics, whether in the form of critique or constructive proposals.

While there might be some discussion about the claim that Tillich intentionally avoided the term *political theology*, there can be no doubt about the keen interest he maintained in issues and problems that come under that heading today. Since, for whatever the reason, Tillich did not use the term either to describe his own efforts or those with whom he differed, the question inevitably arises as to where and under what title within the vast Tillichian corpus his critique of what we call political theology can actually be found.

To provide an accurate and convincing answer to this question is, indeed, the main goal and primary focus of this present study. What will soon become apparent, however, is that this seemingly simple and straightforward question is more complex than first meets the eye and cannot be answered without an adequate grasp of the substance of Tillich's critique. Once this key question has been answered, the paper will conclude with some modest, yet hopefully worthwhile suggestions as to the signifiance of Tillich's critique of political theology for the present situation.

Political Theology and the Interpretation of History

The principal thesis of this paper, in answer to the above-mentioned question, is that from his earliest socialist writings to the systematic culmination of his career, Tillich's analysis of the reigning political theologies of his day occurred primarily and consistently under the unusual rubric « interpretations of history ». The following sample instances will help illustrate this claim.

1) In the « Kairos » article of 1922, Tillich contrasts absolute and relative philosophies of history, and sets up a typology of historical interpretations under these two headings[17]. With little effort, actual current schools of political theology in post World War I Germany can be recognized behind the thin veil of these generalized types.

Under the category of absolute interpretation of history, for example, Tillich includes the eschatological-revolutionary type which is based on a deep sense that the « end time is near : the Kingdom of God is

---

[16] Michel Dion argues this claim very convincingly in his article, « le Socialisme religieux de Paul Tillich dans le contexte de sa théologie de la culture » (see *supra*).

[17] Paul TILLICH, « Kairos », *Die Tat*, 14, 5 (August 1922), pp. 330-350, published in English translation in *P.E.* ; German text also found in *G. W.*., VI, pp. 7-28. Further references are to translation in *P.E.*

at hand, the time of decision is imminent, the great, the real kairos is appearing which will transform everything[18] ». This type, according to Tillich, has appeared in many forms since the time of Zarathustra. After describing the general traits that characterize revolutionary (as well as conservative) absolute philosophy of history, Tillich makes clear allusion to several of the current manifestations of the « sectarian revolutionary » mentality, suggesting that he has in mind Christian Socialism and other Marxist influenced religious movements of the day[19].

   2) In *Das Dämonische* of 1926 Tillich proposes another grouping of « interpretations of history » : the rational, utopian, progressive, and conservative[20]. Each of these interpretations is shown to fall short of genuine historical understanding by reason of its neglect of « the demonic as an element in all historical creation[21] ». Once again Tillich's types have a certain universal quality which emerges at different times throughout the history of religions, in Greek drama and philosophy and in great historical movements, such as the Reformation and the Renaissance[22]. At the same time they are also reflected in a number of familiar political persuasions of his day — « the demonries of the present » (to use Tillich's own terminology). Among these he lists intellectualism, estheticism, capitalism, nationalism as well as the theological systems which support and defend them[23]. While the theological underpinnings (explicit or implicit) of all current political demonries were of crucial concern to Tillich, he explicitly mentions and condemns the theological approval of intellectualism in the form of abstract, transcendent theology, as a blatant failure to confront the demonic[24]. During the years immediately following World War I, Tillich engaged in frequent debate with this conservative theology, especially as espoused by the established Evangelical Lutheran Church[25].

   3) In « Realism and Faith » first published in German as *Über gläubigen Realismus* in 1930, Tillich's principal antagonists were identified as « technological » and « mystical » realism. He opposed both on the grounds that they lacked a genuine historical perspective. This critique is part of an all out crusade on Tillich's part, following World War

---

[18] *P.E.*, p. 35.

[19] *Ibid.*, p. 37.

[20] Paul TILLICH, *Das Dämonische, ein Beitrag zur Sinndeutung der Geschichte*, Tübingen, Verlag S.C.B. Mohr, 1926 and in *G. W..*, VI, pp. 42-71. The essay appears in English translation in Paul TILLICH, *The Interpretation of History*, transl. by N. A. Rasetzki and Elsa L. Talmey, New York, Charles Scribner's Sons, 1936, pp. 77-122, especially pp. 96f. Further references to this article will be cited in the English translation as *I.H.*

[21] *Ibid.*, p. 97.

[22] *Ibid.*, pp. 99-110.

[23] *Ibid.*, pp. 117-122.

[24] *Ibid.*, p. 118.

[25] See, for example, *I.H.*, pp. 41f. ; PAUCK, *op. cit.*, pp. 68-69, and STUMME, *op. cit.*, pp. 25-26.

I, to make a complete break from philosophical idealism by exposing and attacking all « non-historical » philosophies of history[26]. In their place Tillich offers *historical* realism with its decisive trait of « contemporaneity », *i.e.* an acute « consciousness of the present situation », for which « the really real appears in the structures created by the historical process[27] ». The principle of contemporaneity necessarily conflicts with any attempt to avoid the concrete realities of the present by flight to either an unreal past (romanticism) or toward an unreal future (utopianism)[28].

In the essay Tillich is careful to dissociate his ideal of historical realism from the *Realpolitik* of Bismarck and pre-World War I Germany[29], but makes no other effort to relate his other types, such as romanticism and utopianism to any specific political currents. Only a few years later, however, in *The Socialist Decision*, Tillich courageously identifies political romanticism with the « blood and race » doctrine of the growing Nazi movement and aligns utopianism with the bourgeois doctrine of progress, which had been tranquillizing the reigning Social Democratic Party during the turbulence of the Weimar Republic[30]. Similarly, while in the earlier work Tillich writes in abstract fashion, albeit with urgency, about the need for a « belief-ful realism » — an historical consciousness which is at the same time open to « the depth of reality in which the divine foundation and means become visible », it is only in *The Socialist Decision* that he connects this general category with Religious Socialism, an actual school of political thought to which Tillich was energetically dedicated[31].

4) Toward the end of his career, writing in Vol. 3 (Part 5) of the *Systematic Theology*, Tillich once again returned to the critique of political theology under the heading of interpretations of history. He is still concerned about the danger posed by « non-historical types of interpreting history[32] », among which he lists the tragic, mystical and mechanistic types. On the other hand, among the historical, positive but inadequate

---

[26] Paul Tillich, « Über gläubigen Realismus », *Religiöse Verwirklichung*, Berlin, Furche, 1930. See also English translation, « Realism and Faith », *P.E.*, pp. 66-82.

Evidence of Tillich's crusade is reflected in his article, « Historical and Nonhistorical Interpretations of History : a Comparison », *P.E.*, pp. 16-31. The original address was delivered in 1939, nine years prior to publication of *P.E.* It also reflected Tillich's early struggle following World War I. Concerning the centrality of history in this conflict, see Raymond F. Bulman, *A Blueprint for Humanity : Paul Tillich's Theology of Culture*, Lewisburg, Bucknell University Press, 1981, pp. 103-110.

[27] *P.E.*, p. 72.

[28] *Ibid.*, p. 75.

[29] *Ibid.*

[30] Paul Tillich, *The Socialist Decision*, transl. by Franklin Sherman, New York, Harper and Row, 1977, pp. 27-44 ; 52-56. The original *Die sozialistische Entscheidung* was published in 1933 by Protte in Potsdam. See also *G.W.*, II, pp. 219-365. References are to English text.

[31] *Ibid.*, pp. 70-71 ; *cf. P.E.* p. 76.

[32] *S.T.*, 3, p. 350.

interpretations of history, he now lists progressivism, utopianism and transcendentalism. With twenty years separating this work from the fall of Nazi Germany, Tillich might well have felt less urgency about the dangers of political romanticism. Each of the current historical interpretations listed by Tillich were treated as defective religious or « quasi-religious[33] » theories of politics, or, to use recent parlance, political theologies. Despite the generally abstract ring of Vol. 3, Tillich did not fail to name Religious Socialism of the 1920's as the movement which, in effect, rejected all three inadequate theologies on the basis of biblical prophetism[34].

In the same text Tillich insists that the primary significance of the Kingdom of God is political and that the political category is central and decisive in history[35]. It is obvious that the assessment of political theologies under the rubric of interpretations of history is a consistent feature of Tillich's thought from his earliest political writings to the final, systematic climax of his work. Finally, Tillich's strategy in this regard is neither arbitrary nor eccentric, for it fits perfectly into the very fabric and texture of his theological interpretation of culture.

Political Theory and Prophetic Theology

The political theories that were of particular interest to Tillich, the theologian, were those of religious origin, whether this was of explicit or cryptic nature. Despite the inner consistency and logic of his approach to these theories, we might still want to ask why he was content to analyze admittedly theological material under so neutral and secular-sounding a heading as « interpretations of history ».

Two considerations may throw further light on this unusual practice on Tillich's part :

1) Tillich was of the firm conviction that all noteworthy philosophies of history and political theories are ultimately transformations of earlier theological doctrines, dependence from which can be accurately shown. On this issue he was in full accord with the jurist Carl Schmitt, who in 1922 had declared that « All significant concepts of the modern theory of the state are secularized theological concepts[36]. » Whether or not Tillich had actually borrowed this position from Schmitt is difficult to show, but there can be no doubt that the two writers shared a common understanding about the theological foundation of political theory.

---

[33] *Ibid.*, p. 352.

[34] *Ibid.*, p. 356.

[35] *Ibid.*, p. 358. See Stone's comment on the primacy of the political in *Tillich's Radical Social Thought*, p. 140.

[36] SCHMITT, *op. cit.,* p. 36.

2) Tillich's understanding of the fundamental relation of history to theology makes it inevitable that he would look upon political theory as implicitly theological. For Tillich, after all, « every creative philosopher is a hidden theologian[37] ». Approaching the matter from the other side, the theologian, fully conscious of the normative and prophetic role of the discipline, cannot neglect serious engagement with the philosophical interpretations of history.

Faithful to the methodology laid out in the 1919 address[38], Tillich's own criticism of these philosophical interpretations of history (political theologies) ordinarily took the form of typological classifications. These typologies were intended to serve a pedagogical, heuristic and dialectical function[39]. Their purpose was not limited to analysis, but was also directed toward a new, positive, theological construction[40]. The resulting critique was always guided by his well-known triad of fundamental, critical, theological concepts : kairos, theonomy and the demonic[41]. This was Tillich's practical method of ensuring that an honestly historical realism would also remain a « belief-ful » one, i.e. one that stays open to the possibility of a divine breakthrough into history in the form of unique moments of crisis and transformation called kairoi[42]. The great kairos is unique and the kairoi are rare, but are crucial to any correct reading of « the signs of the times[43] ». They point in expectation to a new theonomy — an age in which « the consciousness of the presence of the unconditional permeates and guides all cultural forms[44] », including the social and political structures. The notion of theonomy is absolutely central to the whole structure of Tillich's theology, which is by intrinsic design a theology of culture[45].

Theonomy, however, is always an ideal, capable of realization only in a fragmentary and partial way within history. For this reason a « belief-ful realism » must also be prepared to discern the *demonic* forces, as well as the divine breakthroughs in history[46]. Very early in Tillich's intellectual career the « demonic » became a key conceptual tool for historico-

---

[37] S.T., 1, p. 25. See also P.E., p. 17.

[38] O.I.T.C., p. 165.

[39] S.T., 3, p. 329.

[40] P.E., p. 238 : « The analysis is presented for the purpose of a new construction, as the picture of the construction is painted on the background of the analysis. »

[41] See DION, loc. cit.

[42] P.E., p. 45.

[43] Paul TILLICH, « Kairos », A Handbook of Christian Theology, ed. by Marvin Halverson and Arthur A. Cohen, New York, Meridian Books, 1958, p. 197.

[44] P.E., p. 43.

[45] The centrality of the concept of theonomy in Tillich's system and the predominance of theology of culture as the overall structure are the joint themes of my book, A Blueprint. See especially pp. 68-111.

[46] I.H., pp. 96-99.

political criticism. The demonic, which erupts from the creative depths of existence elevates one element of finitude to infinite power[47]. It occurs in the churches (sacral demonry) or in the social-political realm (profane demonry). According to Tillich, secularism, for example, arises from the attempt to reject the sacral demonries of religion. In the process, however, it « tears free » from the divine, thus exposing itself to new quasi-religious demonries[48] such as capitalism and nationalism.

Demonic idolatry was the principle target of Old Testament prophetism as it was also of the Reformation protest. It was always in conscious continuity with this prophetic tradition that Tillich waged his battle against the variety of political-theological demonries of his day. His critique of politics, therefore, is always from a religious/prophetic standpoint. The goal of his religious socialism was « to apply the religious principles of prophetic interpretation of history to the concrete understanding of the present situation in socialist terms — keeping itself [...] within the framework of biblical thought[49] ».

This profoundly prophetic awareness on Tillich's part helps explain his unusual interest and frequent reference to the twelfth century abbot, Joachim of Floris, as well as his general affection for the Christian sectarian tradition. Joachim, in particular, he credits with the « three stages », eschatological interpretation of history, which frequently enters into Tillich's own historical typologies[50]. It also serves to remind us that Tillich's critique of politics, no matter how engrossed with profane realities, always issues from the theological standpoint of faith. The term *belief-ful realism* is short-lived in Tillich's writing, but the power of the conviction it expressed remains throughout his work. For the mature as well as for the early Tillich « the meaning of history is only present to faith[51] ».

The Interpretation of History in *The Socialist Decision*

We have already seen that from the time of his earliest political writings Tillich began to develop a variety of typologies on the basis of which he accomplished a dialectical critique of competing political theologies. At times these typologies change, and more frequently they overlap, revealing in Tillich both a variety of perspectives as well as a gradual maturing of his political thought. Tillich's political thought during the American period belongs to a very special context and merits the

---

[47] *S.T.*, 3, p. 102.

[48] *I.H.*, pp. 119-122. See also Paul TILLICH, *Christianity and the Encounter of World Religions*, New York, Columbia University Press, 1963, p. 5.

[49] *P.E.*, p. 26.

[50] See, for example, *ibid.*, p. 40 and *S.T.*, 3, p. 345.

[51] BULMAN, *op. cit.*, p. 109.

separate analysis it will receive in the following section. The maturation and culmination of Tillich's German period, during which his political reflections were most explicit and most comprehensive, were achieved in *The Socialist Decision* (1933) — the work which provided the major cause for his explusion and exile from Nazi Germany. We have already briefly considered this remarkable book as throwing light on the concrete referents to some of his very abstract political types[52]. Of all the types developed by Tillich during the German period — a time of intellectual as well as political ferment — the « romantic » and the « utopian » were the most enduring categories, continuing to play a significant role in *The Socialist Decision*[53].

Throughout this masterful analysis Tillich is very explicit about the prophetic intent of his theology of politics[54]. The very structure of the book : three principal parts corresponding to the famous sectarian three stages of history (again echoes of Joachim of Floris), is itself immediately revealing of its prophetic, revolutionary perspective. In using the « three stages » approach, however, Tillich radically transforms and updates the ancient categories into the modern situation by renaming them feudal (romantic), bourgeois (capitalist) and protest stage (socialism). Despite the change in content, the new classification retains all its prophetic and eschatological quality.

When Tillich sat down in the summer of 1932 to begin writing *The Socialist Decision*, Germany was embroiled in a life or death struggle over political power. This crisis situation accounts not only for the sense of urgency we find in the book, but also for that unusual concreteness and specificity of Tillich's analysis to which we have referred earlier. The work provides a plausible and consistent explanation for such difficult questions as the appeal and rise of Nazism, the selection of the Jews as Germany's public enemy number one, and the overall impotence of Weimar socialism and the inner conflicts of Marxism, liberal democracy and fascism (romanticism).

In *The Socialist Decision* Tillich insists that socialism is by definition the expression of the proletariat, from which it cannot be separated without a complete loss of identity. If the political writings of the American period have no other value, they are very important for revealing the fate of Tillich's socialism on a soil which lacks a proletariat[55].

---

[52] See above, Part III.

[53] TILLICH, *The Socialist Decision*, pp. 13-65.

[54] *Ibid.*, pp. 101-112.

[55] *Ibid.*, pp. 62-63. See by way of contrast in later Tillich : Paul TILLICH, « How Much Truth Is in Karl Marx ? », *Christian Century,*. 14, 36 (Sept. 8, 1948), p. 907, and *ID.*, « Ein Brief zu Eduard Heimanns siebsigstem Geburtstag : Kairos — Theonomie — das Dämonische », *Hamburger Jahrbuch für Wirtschafts und Gesellschafts-politik*, 4 (1959), p. 14.

The American Political Writings

It is beyond the scope of this paper to try to resolve the persisting and nagging dispute about Tillich's « retreat from politics » during the American period[56]. Suffice it for the moment to take Tillich's own word that while the experience of the « Sacred Void » did diminish his interest in historico-political questions, he, nevertheless, was committed to continue to « analyze and denounce the structures of destruction in our society[57] ». Consistent with this statement it is a fact that, while there is nothing approaching an American counterpart to *The Socialist Decision*, there are a number of smaller pieces of Tillichian political analysis which definitely merit serious assessment.

The following is by no means an exhaustive list, but is representative and illustrative of the on-going evolution in Tillich's socio-political thought during the American period :

« Marxism and Christian Socialism » (1941) published in *The Protestant Era* ; « Storms of Our Times » (1942), also in *The Protestant Era* ; « The World Situation » (1945), in *The Christian Answer* ; « How Much Truth Is There in Karl Marx ? » (1948), in *The Christian Century* ; « Kairos » (1958), in *Handbook of Christian Theology* and, finally, in *Systematic Theology* III, 1963[58].

A separate article would be needed to present an accurate critical analysis of the details and the subtle nuances of Tillich's political thought as found in these writings. Such a task would be well-worth the effort required. For the present, a few general observations are sufficient.

While still writing about religious socialism, he generally presents it as an ideal rather than as a concrete solution to present political problems. Sometimes he simply refers to it as an answer to a struggle of the past. Despite these striking differences from the optimistic expectation of the German writings, there are a number of significant themes and strategies that continue to survive with a new vitality from the German period, for example :

1) the triadic (prophetic) model for interpreting the collapse of the bourgeois theory of progress ;

2) a dialectical appraisal of Marxist socialism, drawing upon Christian analogies, but condemning utopian dogmatism ;

3) the prophetic use of the concept of « kairos » to correlate the political situation with the demands of the Kingdom of God ;

---

[56] Stone, *op. cit.*, p. 68.

[57] Paul Tillich, « On Socialism and the Kairos », *Philosophical Interrogations*, ed. by Sydney and Beatrice Rome, New York, Holt, Rinehart and Winston, 1964, p. 406.

[58] These works have already been cited above, with the exception of Paul Tillich, « The World Situation », *The Christian Answer*, ed. by Henry P. van Dusen, New York, Charles Scribner's Sons, 1945, pp. 1-44.

4) and, most striking in terms of our present concerns, the on-going use of the category of « interpretation of history » as a vehicle of political assessment[59].

Conclusion

To return to our original question, I believe we can now say with confidence that Tillich's critique and evaluation of the issues of political theology (as we call it today) are found throughout the corpus of his works primarily under the rubric « interpretations of history ».

While Tillich's specific theological judgments of politics differ in accord with changing historical and geographical contexts, I believe that they continue to preserve a certain universal significance and to provide some important contributions to the on-going discussions raised by political theology today. I mention but of few of the most outstanding Tillichian insights and convictions that would also serve us well in the present situation :

1) the importance of maintaining in theology a continuity with the prophetic traditions in the Church. This might well require a new and more positive look at the sectarian movements ;

2) the necessity of remaining clear about the theological task, which is to bring prophetic criticism rather than rubber stamp any particular parties or movements, whether of the establishment or of the opposition. Nicole Grondin correctly and concisely summarizes Tillich's own view of this task when she writes : « Le théologien comme tel n'a pas à faire de la politique » (the theologian as such is not there to engage in politics)[60] ;

3) the need of unveiling the hidden theologies behind secular political theories ;

4) the advantages of a genuinely dialectical methodology in evaluating conflicting political positions, so as to mollify the profound polarizations that too often typify recent political theology ;

5) the usefulness of a properly nuanced typology for revealing otherwise hidden conflicts and interconnections of current political theologies ;

6) the value of some of Tillich's earlier typologies for throwing light on difficult contemporary events, such as the appeal of romanticism's « myth of origin » as a possible explanation of the recent « Reagan phenomenon » in the United States ;

7) finally, the importance of a genuine theology of history for an accurate and consistent critique of politics.

---

[59] See, for example, *S.T.*, 3, p 348f.

[60] GRONDIN, *loc. cit.*

This last item is the most foundational and the most crucial of Tillich's contributions to a critical theology of politics. The richness and depth of his own critique of politics is rooted in his own profound theology of history. Writing in 1969, French theologian Jean-Paul Gabus called attention to this unique and considerable contribution of Tillich's work, calling upon the churches to follow in the path he had struck :

> In face of the prodigious acceleration of contemporary history, which seems for the most part to disconcert and paralyze its members, the Church has an urgent need for a theology of history, which like that of Tillich, permits it to grasp the importance of historical events and to participate therein, if not always in a prophetic way, at least in the spirit of faith, love and hope[61].

The complexity and dangers of the current world political situation make this plea ever more urgent. The churches would do well to consider once again rich and balanced theological approach of Paul Tillich as a possible model for sorting out the confusions surrounding today's political theologies.

---

[61] Jean-Paul GABUS, *Introduction à la théologie de la culture de Paul Tillich*, Paris, P.U.F., 1969, p. 109 : « En face de l'accélération prodigieuse de l'histoire contemporaine qui semble le plus souvent déconcerter et paralyser ses membres, l'Église a un urgent besoin d'une théologie de l'histoire, qui, comme celle de Tillich, lui permette de saisir l'importance des événements historiques et d'y participer, sinon d'une manière toujours prophétique, du moins dans la foi, l'amour et l'espérance. »

POLITIQUE ET RELIGION CHEZ PAUL TILLICH
ET À LA LUMIÈRE DE PAUL TILLICH

Theo JUNKER
Parlement européen, Strasbourg

« Politique et religion » ou plutôt « religion et politique » chez Paul Tillich ? On peut hésiter et débattre cette question. Car si l'on veut établir une corrélation entre les deux termes, où le premier exprimerait une question à laquelle le second apporterait une réponse, alors je ne suis pas trop sûr, au départ, de l'ordre à suivre. En effet, la religion n'est pas la réponse à la politique, ni dans la vie tout court, ni chez Tillich. On pourrait même démontrer que chez lui la politique a apporté à la religion autant sinon plus de réponses qu'elle n'en a reçues. On peut affirmer sans difficulté que la politique a obligé Tillich à découvrir un certain nombre de vraies questions, et qu'elle lui a ainsi évité de donner les réponses toutes faites que la théologie prévalente du temps de sa jeunesse adressait à des questions que personne ne posait plus ou à des questions mal comprises. C'est d'abord la politique et l'expérience politique qui ont fait de Tillich un théologien lucide, courageux, fécond et universel. Pas la religion. C'est pourquoi il me semble légitime et plus juste d'examiner le thème « Religion et Politique chez Paul Tillich », suivant en cela l'ordre logique du point de vue chrono-logique, idéo-logique et théo-logique chez Tillich lui-même.

La religion n'a, en effet, jamais été absente chez Tillich. Dès sa naissance, il baigne dans une religion qui l'entourera toute la vie. Sans doute mise en question et « brisée » en tant que mythologie, symbolique et idéologie, la religion ne restera pas moins son élément vital jusqu'à la fin, retrouvant au cours de ses vingt dernières années (1945-1965) la place prioritaire dans ses préoccupations spirituelles pour l'homme d'aujourd'hui.

Autre est la place de la politique chez Tillich. Pratiquement absente les trente premières années de sa vie, elle fait irruption lorsqu'il a 32 ans ; il écrit : « Avec la révolution (1918), pour la première fois, et puissamment, la problématique politique entra dans (ma) conscience[1]. » La politique se déploiera admirablement au cours des trente années suivantes — il suffit de noter la densité d'écrits politiques de cette période — pour se ranger au second rang de ses priorités dans la dernière phase de sa vie.

---

[1] *G.W.*, XII, p. 23.

La politique a rempli pour Tillich une fonction d'éveilleur, d'accoucheur, d'aiguillon, éclairant la religion, la vivifiant, lui donnant souvent un sens plus réel, plus immédiat, quotidien et personnel. En revanche, la religion apparaît en même temps trop souvent comme une problématique peu féconde qui trouve seulement des réponses dans une politique lucide et bien orientée.

Éveil et émancipation (1918)

Jusqu'en 1918 Tillich, fils de pasteur, lui-même pasteur auxiliaire, puis aumônier militaire de l'armée impériale (septembre 1914 – septembre 1918), fait objectivement partie de l'établissement ecclésiastique luthérien de l'Allemagne bismarckienne et prussienne. Il participe ainsi à l'apogée et à la fin d'un empire militariste. L'expérience traumatisante de la Grande Guerre avait déclenché chez lui une lente montée des ambiguïtés vers la conscience politique. Cet éveil, et les révélations qui l'accompagnaient, ont fondé en lui un intérêt croissant et dès lors permanent pour la politique. Lorsqu'en novembre 1918 l'Allemagne est vaincue, l'empire balayé par la révolution, la république proclamée, Tillich n'est pas pris au dépourvu. Il a déjà « traversé » la crise morale dans laquelle se débat sa nation. Il en connaît les causes et estime que les convulsions politiques et sociales du moment sont à la fois inévitables et salutaires.

Sur le plan des idées, il s'émancipe définitivement de ses origines conservatrices, idéalistes et romantiques, et rejette l'apolitisme commode de sa classe, pour le risque de la lucidité politique. Constatons que la majorité des théologiens et hommes d'Église comparables ne suivent alors pas cette même évolution. Sur le plan théologique, il s'émancipe précisément de la théologie d'État qui, portée par les Églises officielles, avait légitimé la puissance impériale dans toutes ses formes et entreprises.

Des principes théoriques à l'engagement et à la lutte politique (1919-1933)

Avec la fin de la guerre commence pour Tillich le temps des « explications » (*der Auseinandersetzungen*). Il cherche à s'expliquer ce qui se passe, et s'expliquer lui-même aux autres, quelquefois avec les autres. D'analyses et de recherches en enseignement et en discussions, il cherche un chemin praticable. C'est le temps de son émancipation par rapport à une deuxième théologie possible, la théologie d'Église, dès lors que cette Église n'est plus apte à saisir les événements et à y définir son nouveau rôle (1919-1920), incapable « d'interpréter les signes du temps présent ». C'est aussi le temps de son engagement politique pour et dans le socialisme démocratique (1920-1933). Soulignons que l'engagement

de Tillich *pour* le socialisme précède chronologiquement, idéologiquement et politiquement son engagement *contre* le national-socialisme et
qu'il serait faux de minimiser ce choix politique en laissant entendre que
Tillich se serait seulement rapproché et servi du socialisme dans sa lutte
contre le nazisme.

Tour à tour théoricien politique et critique politique, Tillich apporte
ses *contributions* originales *à la construction d'une nouvelle pensée politique* pour l'Allemagne traumatisée de l'après-guerre et désorientée quant
à son avenir. Esquissons les éléments de construction, les belles pierres
angulaires taillées par Paul Tillich pour édifier une pensée qui soit
cohérente du double point de vue politique et théologique.

- Le socialisme *religieux* (1920-1930) *ou* socialisme *à dimension
  verticale* (1920-1965) réclame pour le socialisme démocratique
  une dimension qui, coupant l'horizontale, y indique une ligne (verticale) se dirigeant vers ce qui est définitivement valable. Le projet de civilisation de ce socialisme-là est parachevé par l'objectif :
- de *la théonomie* (1923), c'est-à-dire de la culture dans laquelle
  les créations autonomes de l'esprit humain expriment ce qui nous
  importe de façon absolue et constituent en même temps des
  vecteurs vers ce qui compte en dernière analyse. Une telle culture
  ou période est ouverte sur l'Esprit et dirigée vers l'Esprit. Ce qui
  appartient à la finitude y est ouvert à l'absolu. La société théonome
  achevée est remplie, « pleine » de sens (*die sinnerfüllte
  Gesellschaft*). La vie et le monde sont directement reliés à l'autorité,
  au sens et à la réalité ultime. La théonomie est la loi qui ordonne
  le Royaume de Dieu.
- *du principe protestant* (1929-1931), qui soumet toute réalité historique à la *critique* radicale par référence à la réalité dernière.
  Pour Tillich, la réalité ultime est Jésus-le-Christ, l'homme dans lequel l'Être nouveau a fait irruption dans l'Histoire. Le principe
  protestant est aussi *créateur* de formes nouvelles de vie individuelle, sociale et culturelle, elles-mêmes à soumettre à la réalité
  dernière. En termes politiques, ce principe affirme la Souveraineté
  absolue de Dieu, sa Puissance infinie et exclut ainsi toute prétention à l'absoluité de la part d'une puissance politique, incapable
  d'infinitude. Il exprime l'attachement à l'autonomie de la culture,
  y compris de la politique, ainsi que la nécessité de préserver une
  dimension verticale dans toute culture et dans la politique.
- *d'une philosophie du pouvoir* (1931 et 1933).
- *du principe socialiste* (1933), qui exprime l'attente active de la
  justice, c'est-à-dire de ce que la justice exige pour le moment
  donné. Prenant en considération la revendication fondamentale
  de Karl Marx pour une justice immanente en faveur des plus
  démunis, il est l'attente d'un nouvel ordre des choses et la lutte

pour ce nouvel ordre, véritable prophétisme ancien actif dans un monde autonome. À la fois combat politique et projet de civilisation, le vrai socialisme est mouvement spirituel autant que force politique. En 1933 — il est déjà trop tard — Tillich appelle à

• *la décision socialiste*, demandant au socialisme de se décider sur son propre avenir et au lecteur de se décider pour le socialisme.

Élaboration d'une théologie prophétique

Simultanément et parallèlement à l'enrichissement de sa pensée politique, on peut noter chez Tillich le développement d'*une théologie prophétique*. Sorti des théologies d'État ou d'Église, il déploie à partir de 1921-1922 une théologie prophétique dans le sens et dans la tradition de l'Ancien et du Nouveau Testament, repris dans la Réforme protestante, et actualisés dans sa propre pensée politique. Or, une théologie prophétique est toujours politique ; prophétique au fond, cette théologie l'est aussi dans la forme. Écoutez cette annonce d'un « kairos », d'un temps prêt à accoucher de la nouvelle époque attendue (1921-1922) ! Ces dénonciations du démoniaque (1921-1922, puis 1926), des démonies politiques de ce temps : capitalisme égoïste et nationalisme aveugle ! Entendez ces interpellations adressées aux Églises, ces rappels et ces recommandations faites aux protestants de son pays, ces prédictions de ce qui arrivera si les yeux ne s'ouvrent pas à temps. Tillich met les destinataires de ses déclarations et appels devant leurs responsabilités et en face de leurs devoirs vis-à-vis du prolétariat (1931), des partis politiques, des idéologies, et du 3e Reich (tous 1933).

Même si rétrospectivement Tillich apparaît comme un « prédicateur (prophète) dans le désert », ces annonces et prises de position, « il fallait les faire ! », sa lucidité — plus précoce que pour la plupart — et son courage sont remarquables. Il devra en payer le prix : l'exil, qui représente toujours une défaite politique personnelle.

Aux États-Unis, l'immigré devra s'adapter à un Nouveau Monde aux problèmes bien différents. Il y poursuivra néanmoins sa *lutte contre le nazisme* triomphant, avant et pendant la Deuxième Guerre mondiale, par exemple avec ses 109 « discours politiques » hebdomadairement radiodiffusés de 1942 à 1944 à l'adresse de ses « amis allemands ».

Il m'a semblé indispensable d'effectuer ce rappel de la préparation, de la maturation et de l'épanouissement de la pensée politique de Tillich avant d'en examiner la cohérence et la portée. Une fois de plus, l'histoire personnelle et l'histoire politique se sont montrées — comme on dit aujourd'hui — incontournables. D'où lui viennent l'autorité et la lucidité qui caractérisent toutes ses interventions politiques de 1919 à 1945 ? De la force du seul symbole du Royaume de Dieu.

Le symbole religieux et politique du Royaume de Dieu

Nous voici arrivés au cœur de la pensée politique de Tillich[2]. Voici la clé pour comprendre ses prises de position. Dans sa perspective, le symbole du Royaume de Dieu dit le dernier mot sur la politique et sur la religion en tant que « mondes » vivants dans l'Histoire.

Ce n'est qu'en 1937 que Tillich associera, dans l'une de ses corrélations originales, *l'Histoire* des hommes — et donc la politique — *et* le symbole biblique du *Royaume de Dieu* : l'Histoire ambiguë de l'humanité recevant l'éclairage à la fois critique et positif du Royaume ou du Règne non ambigu de la Puissance absolue, intrahistorique aussi bien que transhistorique. Cette corrélation sera maintenue jusqu'à la fin et développée dans la *Théologie systématique*.

Le kérygme du Royaume de Dieu est le symbole le plus puissant, le plus fécond et le plus clair qui soit. Il est l'équivalent sur le plan politique des symboles de la Croix, de la Résurrection et de l'Être nouveau, puisque Tillich peut écrire : Jésus-le-Christ *est* le Royaume de Dieu. Ce symbole nous aide à bien saisir la question derrière notre thème « Religion et Politique chez Paul Tillich » ; en effet il affirme que la religion, *toute religion, et* la politique, *toute politique sont subordonnées au Règne*, à la Volonté, au Pouvoir *de Dieu* et doivent leur être soumises pour appréciation et jugement. Ne retrouvons-nous pas ici le célèbre principe protestant ? Ce symbole annonce aussi que le ciel et la terre seront radicalement transformés par l'irruption d'une réalité : l'Être nouveau, créateur de force, de joie, de justice, de paix. Ne s'agit-il pas de l'attente d'un ordre plus juste tel que l'exprime le principe socialiste ouvert à la dimension verticale ?

Contre la lecture erronée selon laquelle le Royaume de Dieu est la source de nombreuses utopies, Tillich montre qu'en réalité ce symbole libère toute espérance de son aspect utopique en signalant qu'il s'agit d'un espace, d'un gouvernement « de Dieu », c'est-à-dire irréductible à la seule histoire des hommes, où sa réalisation complète et définitive n'est pas à attendre.

L'attente patiente ou anxieuse, par l'humanité, d'un monde de justice et de paix, est prise au sérieux. Mais il ne lui est pas fait de promesse vaine. Il ne lui est pas promis de résultat parfait *hic et nunc*. Il ne lui est pas promis non plus de réalisation seulement supra- (ou post-) historique. Le Royaume de Dieu est bien présent dans les hommes (*entos humon*, en vous) et agit déjà en créant des hommes nouveaux à l'instar du porteur de l'Être nouveau, Jésus-le-Christ. Il permet de remporter des victoires partielles, non définitives mais significatives. Les forces démoniaques ne sont pas éliminées, mais elles ne sont plus invincibles. Cependant le Royaume de Dieu doit encore venir pour s'installer de façon définitive. Il est, et doit être, à la fois immanent (contre tout supranaturalisme ou

---

[2] *Cf. Systematic Theology*, III, Part V.

statisme) et transcendant (contre toute quasi-religion — ou religion — réclamant pour elle-même la prééminence totalitaire). Il garde l'esprit et l'espoir de l'utopie, mais rejette l'utopie et les illusions. Nous voilà munis d'un critère absolu pour juger la politique et la religion. Dès lors nous pouvons vérifier l'actualité et l'applicabilité des positions tillichiennes.

Fausses religions et mauvaises politiques

Si la religion ne se tient pas dans le cadre des ces paramètres, elle tombe sous le jugement du Royaume de Dieu. C'est le cas chaque fois qu'elle admet le pouvoir politique totalitaire comme puissance déterminante à ne pas défier, ou s'érige elle-même en un tel pouvoir politique, qu'elle refuse l'autonomie de la culture par rapport à elle-même et la nécessité de préserver à la culture une dimension verticale ouverte (et autonome par rapport à elle), qu'elle refuse l'innovation et l'attente d'une nouvelle création, qu'elle propage des doctrines utopiques et trompeuses, qu'elle essaie de couper les hommes de l'amour de Dieu et de l'Esprit.

Si la politique ne répond pas aux exigences du symbole du Royaume de Dieu, elle tombe de même sous son jugement. C'est le cas lorsque la politique prétend occuper tout le terrain à elle seule et de façon totalitaire, niant le droit à l'existence de préoccupations dernières et cherchant à éliminer la dimension verticale, leur refusant une place où elles puissent librement se déployer ; lorsqu'elle se ferme elle-même à la dimension verticale et à l'irruption de l'Être nouveau ; lorsqu'elle cherche à être identifiée avec la religion pour se sacraliser, ou qu'elle se laisse mettre en tutelle par une religion abusive.

Si les relations entre religion et politique continuent donc à faire problème dans la vie quotidienne, cela s'explique d'abord par ces déviations par rapport à leur vocation et par rapport aux exigences qui leur sont adressées. Cela provient également de l'inaptitude de l'esprit humain à se dépêtrer des ambiguïtés de la religion, de la politique et de leurs relations. Nous sommes incapables trop souvent

- de distinguer différents niveaux coexistants de réalités et de préoccupations ;
- de reconnaître les enjeux et donc les priorités ;
- de refuser d'être manipulés par certains hommes et par certains systèmes ;
- d'apprendre de nos désillusions et déceptions.

Tillich, quant à lui,

- affirme la légitimité de ces deux niveaux de réalités et préoccupations ;
- indique les enjeux et les priorités selon le moment ou aide à les trouver ;

- dénonce et rejette les manipulations conscientes ou non ;
- prévient les désillusions en montrant le côté fallacieux des idéologies politiques et religieuses.

Entre la vraie religion et la bonne politique, il n'y a ni conflit, ni confusion, ni combat d'élimination, ni collusion, ni séparation radicale, ni subordination. Les deux expriment des questions et des réponses légitimes dans leur dimension. Les enjeux diffèrent. Les priorités dépendent de l'heure.

Vraies religions et bonnes politiques

La vraie religion, « conforme » au Royaume de Dieu, est à la fois personnaliste et universaliste, consciente de l'autonomie, de la dimension du monde politique, et de l'attente générale de justice et de paix.

Elle est expérience d'une préoccupation de valeur dernière, mais aussi expérience (ou préparation à l'expérience) de l'irruption réelle de l'absolu, de l'éternel, du tout nouveau dans notre finitude. En tant que telle, elle est expérience de ce qui donne un fondement et une orientation à notre vie : le fondement qui affirme et donne la confiance, appelé la Providence divine, l'orientation, créatrice et dynamique, appelée l'Esprit Saint. Elle est donc expérience spirituelle de la Puissance absolue agissant en nous, pour nous.

La bonne politique, « conforme » au Royaume de Dieu, reconnaît la place souveraine « de Dieu », refuse donc la sacralisation intrahistorique de tout autre pouvoir quel qu'il soit, y compris de soi-même, rejette l'invasion par les forces de destruction, d'injustice et de violence, n'accepte pas la mise en tutelle par une religion inapte à bien régler les questions avant-dernières.

Elle garantit à la liberté spirituelle un espace de libre déploiement, développe les forces de construction et de guérison, accepte les correctifs démocratiques, s'ouvre à la dimension verticale pour son inspiration et orientation. Elle est donc réalisation concrète de certaines exigences du symbole du Royaume de Dieu.

Pas d'utopies

Concrètement, la seule conjonction d'une religion vraie et d'une bonne politique serait satisfaisante. Mais cette constellation est-elle historiquement probable ? Ne s'agit-il pas de l'introuvable corrélation ? Et si même cette hypothèse était réalisée, ne voyons-nous pas toutes les religions et toutes les politiques chargées d'illusions et d'utopies capables de les fausser complètement ? Utopies surtout transcendantalistes et eschatologiques ici, surtout immanentistes là. *Toute l'œuvre de Tillich constitue une ferme mise en garde et un combat contre les utopies et l'utopisme dans les religions et dans la politique.* Le Royaume de Dieu contredit l'irréalisme et l'illusionnisme dont religions et politique sont à la fois victimes et coupables, lorsqu'elles propagent des croyances dans de fallacieuses harmonies naturelles ou idéales, ou dans un soi-disant progrès irrésistible. Tillich oppose à l'utopie la seule espérance autorisée — en religion et en politique — l'espérance réaliste, orientée sur la Réalité dernière se manifestant dans l'Être nouveau. Elle se fonde dans l'attente *active* du Règne de Dieu : active, car il ne suffit pas d'attendre sa venue, mais il faut participer *hic et nunc* à ses luttes pour prendre part à sa victoire. Or la lutte fait sortir de l'utopie.

Sur la situation religieuse et politique dans les pays de tradition chrétienne à la fin du XXᵉ siècle

Il faudrait commenter longuement le déclin d'attirance et d'influence des religions, la mise entre parenthèses de la vraie religion dans la plupart des religions, l'épuisement de l'humanisme accompagnant la sécularisation en voie d'achèvement, la montée en puissance de religiosités confuses, l'invasion par-ci, par-là du « vide » religieux par des religions, des sectes ou des quasi-religions d'exaltation émotionnelle et d'encadrement collectiviste. Il conviendrait d'examiner en détail le positivisme dominant en politique (compte ce qui existe) ; dans la classe politique : le politisme (tout est politique), l'actualisme (compte ce qui occupe *aujourd'hui* l'opinion publique), l'activisme politique ; chez le grand nombre : la passivité, la naïveté, les émotions simplistes, l'acceptation béate ou résignée de la manipulation ; dans les idéologies : sinon l'exaltation de l'espace sacré, de la nation supérieure à toute autre ou de l'État-providence ou total, alors l'exaltation discrète mais en profondeur de l'argent tout-puissant ou du conformisme social absolu.

Ce qui frappe déjà, c'est une des caractéristiques de ce temps : l'absence d'un fonds commun de référence, de jugement, d'orientation. Religions et politique semblent tout aussi désorientées et incapables de fournir des réponses, des références, des orientations de valeur générale, universelle. Mais cela s'explique.

Le XXᵉ siècle — deux guerres mondiales, la décolonisation et l'émergence d'une majorité de nouveaux États, la profonde et pourtant artificielle division entre l'Est et l'Ouest — toute cette histoire politique de bouleversements majeurs, n'a pas créé le cadre pour mûrir les réponses aux questions posées. Retenons cependant cette donnée fondamentale : l'Histoire, l'histoire politique, la politique ont révélé les questions à résoudre, de vraies questions, c'est-à-dire celles de la vie quotidienne et de l'avenir de l'humanité, de la guerre et de la paix, de la nation et de la communauté des nations, de la justice à l'intérieur de la nation et entre les nations, de la liberté politique, sociale, économique, des idéologies et des utopies, du pouvoir, de l'État, de la démocratie. Les religions sont mises au défi. Leurs réponses ne peuvent plus rester « bien au chaud ». Que diront-elles ? En attendant, concluons avec Tillich.

Leçons tillichiennes et devoirs pour l'après-Tillich

1. Avec Tillich et à l'opposé des détracteurs de la religion et de la politique, établissons *une relation positive, critique et active* avec la *religion vraie* et la *politique bonne*, telles que le Royaume de Dieu les définit. Cela veut dire une théologie prophétique et un parler vrai théologique, une philosophie positive du pouvoir vu dans son unité avec la justice et l'amour ;
2. à l'encontre de toute exploitation de l'homme par une idéologie, un parti, un État, une religion ou quasi-religion ou une utopie, engageons-nous *pour l'homme,* en faveur duquel nous revendique un État « responsable », c'est-à-dire : empêchant tout totalitarisme politique ou culturel, s'attachant à une démocratie politique, sociale et économique (la justice immanente) et une religion théonome. Cela veut dire participer aux libérations de tout ordre qui sont attendues par les opprimés, les laissés-pour-compte, les « muets » ;
3. contre toute fuite dans le temps, soit vers un passé idéalisé, soit dans un futur idéal, travaillons dans *le présent* : c'est ici et maintenant qu'il faut se décider, agir, vivre.
4. *contre toute utopie politique ou religieuse*, attachons-nous à la seule *espérance réaliste, orientée* vers la Réalité dernière.

Homme nourri de l'humanisme politique du Royaume de Dieu, critique et actif, présentéiste, anti-utopiste et orienté sur l'Être nouveau, l'Esprit, la Puissance infinie, voici l'image politique et religieuse de Paul Tillich, à partir de laquelle il nous appartient de définir nos propres devoirs religieux et politiques dans l'après-Tillich déjà si différent de ce que Tillich a connu. Prenons aussi le risque du Tillich derrière Tillich, en le dépassant là où cela est nécessaire, en le prolongeant là où cela est possible, en faisant fructifier l'inestimable talent qu'il a partagé avec nous.

DEMONS, IDOLS, AND THE SYMBOL OF SYMBOLS IN TILLICH'S THEOLOGY OF POLITICS

Robert SCHARLEMANN
Department of Religious Studies, University of Virginia

In the whole of Tillich's theology of culture, politics and architecture seem to have a special place because each of them involves a juncture between symbol and literal fact that appears to be different from other cultural works. Architecture is different because a building not only is a symbol but also has a real or technical purpose ; even a church-building is, as Tillich put it, a symbol and *Zweckbau* in one[1]. Hence there is a certain constraint of factual need placed upon an architectural work that is not imposed on a painting or a musical composition ; and, perhaps as a result of this, Tillich was able to pronounce a remarkably positive judgment upon church architecture in the twentieth century. The double character of architecture was, he thought, one of the reasons why, among all the visual arts, architecture made the most rapid and most impressive advances in this century[2], and he concluded that, despite some failed experiments, the astonishing thing is the triumph over the dishonest, the unquestioned, and the anxiously conservative : the « new church building is a victory of [...] the creative human spirit and of the Spirit of God that breaks into our weakness[3] ».

Politics, too, differs from the other cultural spheres in a theology of culture. This is so for two reasons : one is that the political is the basis of all culture ; the other is that a theology of politics, *as* theology, demands active engagement with real political forces and the techniques of political power. Even in the last volume of the *Systematic Theology*, Tillich called ed attention to how the political sphere is « always predominant » because political unities « remain the conditions of all cultural life » ; for that reason

---

[1] In « Zur Theologie der bildenden Kunst und der Architektur », *Gesammelte Werke* (hereafter *G. W.*), vol. IX, ed. by Renate Albrecht, Stuttgart, Evangelisches Verlagswerk, 1967, Tillich explains that the reason why architecture is mentioned separately in the title is its double-sided character : « Das Kirchengebäude ist Zweckbau und Symbol in einem » (p. 352). The negative consequence thereof is that the purely technical purpose can be separated from the symbolical character or the symbolical character used in such a way as to corrupt the integrity of the structure. The positive consequence is that the necessities bound with the technical purpose place a check on archaistic traditionalism.

[2] *Ibid.*, p. 353.

[3] *Ibid.*, p. 355.

he thought it significant that the « symbol in which the Bible expresses the meaning of history is political : « Kingdom of God » and not « Life of the Spirit » or « economic abundance »[4] ». This is, moreover, the one sphere of culture in which Tillich himself, between the years 1914 and 1933 (or, at least, 1917 and 1926), sought to be culturally creative. However successful or unsuccessful his participation might be judged to have been, there is no doubt that he intended to help shape the political events in Germany in those years. One would not expect this on the basis of what Tillich wrote in his essay on the theology of culture. In that essay, he concluded that a theologian of culture does not seek to be culturally creative but adopts, instead, « a critical, negative, and affirmative attitude toward autonomous productions on the basis of his concrete theological standpoint[5] ». Not only does this observation appear to contradict his own political activity in the years after the First World War ; it is also at odds with remarks made about the relation between theology and politics in other essays, in which his theology of politics specifically required active political participation. Religious Socialism served as the example here. From the mid-1940s Tillich could look back and describe the « basic impulse » in Religious Socialism as the « feeling of living in the center » of a fight between the divine and demonic[6].

This requirement of political engagement carried over into Tillich's interpretation of how *Gehalt* and form are united in the symbol of the Kingdom of God. For the effectiveness of this religious symbol depends upon its having a connection to real political technique ; otherwise it is only a version of utopianism. Religious symbols do not otherwise depend for their truth upon their attachment to realities other than what is already in the symbol itself. The symbol of the Kingdom of God does seem to do so. It *seems* to do so. One needs to make this observation somewhat cautiously because there is no clear warrant in Tillich's texts for attributing such a distinction to this religious symbol ; there are only indirect indications that this is so when we compare it with other basic symbols. Consider, as examples, two other symbols, the symbol of creation and the symbol of the Christ. The symbol of creation expresses the meaning of being finite ; its truth is that it bestows the courage to face anxiety. The symbol can have such meaning and power even though

---

[4] *Systematic Theology*, Chicago, University of Chicago Press, 1951-1963, vol. III, p. 311. Hereafter cited as *S.T.* In his letter to Emanuel Hirsch in 1934, he referred to the period in Germany as a time when political affairs were gaining « a significance surpassing all others », and that was a reflection of his view of the importance of Religious Socialism ; but the statement in *S.T.* is more general. See « Open Letter to Emanuel Hirsch », *The Thought of Paul Tillich*, ed. by James Luther Adams, Wilhelm Pauck, and Roger Lincoln Shinn, San Francisco, Harper and Row, 1985, p. 354.

[5] « On the Idea of a Theology of Culture », *What Is Religion ?*, ed. by James Luther Adams, New York, Harper and Row, 1969, p. 167 ; « Über die Idee einer Theologie der Kultur », *G.W.*, IX, p. 21.

[6] *The Protestant Era*, transl. by James Luther Adams, Chicago, University of Chicago Press, 1948, p. xxi.

there is no occurrence that we can recognize as the occurrence of creation and even if we do not ourselves create anything. Its power does not depend upon its being attachable in fact to a real event or to an actual production. So too the symbol of Jesus as the Christ : in one sense this symbol does indeed have a necessary connection to historical reality ; yet, even so, its truth does not depend upon its being attached to the facts of history as does the symbol of the Kingdom of God. Tillich did maintain that the symbol of Jesus as the Christ, precisely as a religious symbol and independently of the results of historical research, does guarantee that the Christ was a real human being, even if that human being did not in fact bear the name of Jesus and did not in fact say and do the things reported of him in the New Testament accounts. There is, in this way, a necessary historical reference contained in the religious symbol ; the symbol of Jesus as the Christ would not be true if the Christ had never appeared as some actual human being. Even this symbol, however, does not have the attachment to facts or to human technique that the Kingdom of God has. It does not require that one becomes engaged in historical research in the way that the Kingdom of God as a symbol requires political engagement. No metaphysical disappointment would be the result if historical research made it clear that there never was a person named Jesus who lived at the time and said or did the things reported by the authors of the gospels. In such a case, the conclusion would be drawn that Jesus the Christ had some other name and other factual features ; the conclusion would not be drawn that Jesus was not and is not the Christ. This is to say, in other words, that, although it may have a necessary connection to history, the symbol of Jesus as the Christ has no necessary connection to any particular facts. No changes in our knowledge of historical fact alter the effectiveness of the religious symbol. Nothing about the christological symbol urged Tillich to engage in historical research, as the eschatological symbol pushed him toward political activity. And this is the difference : the symbol of creation did not lead Tillich to become culturally creative for its sake ; the symbol of Jesus as the Christ did not lead him to take part in historical critical research (although he was willing to make use of it) ; but the symbol of the Kingdom of God did demand of him that he engage in politics and did raise against him the accusation of not having been active enough.

The Kingdom of God, then, is unlike other symbols in having a necessary connection to the historically factual. It is a credible symbol only when some actual political order is its bearer ; it can have real power only when its coming is identifiable with techniques of political activity. Hence, this symbol, unlike the symbols of creation and the Christ, can be shown to be untrue by historical events themselves, and anyone affirming it runs the risk not just of historical defeat but of metaphysical disappointment. Preliminary defeats are not the final test, of course ; yet in the end the truth of the symbol does depend upon the coming of a new theonomy[7]. The Kingdom of God is real as something that is « at hand » ; its mode of being can be said to be a being-near-at-hand. The term « at hand », when used in this context should not be confused with the heideggerian *zuhanden* or *vorhanden* ; for Tillich takes the term from the New Testament. (According to the Gospel of Matthew, John the Baptist called on his hearers to repent because the Kingdom of the Heavens was « at hand », and Jesus, similarly, sent out his disciples with instructions to preach that the Kingdom of the Heavens was « at hand » [Mt 3 : 2 ; 10 : 7]. The Greek word is ἤγγικεν, « has come near », and Tillich's German was *nahe herbeigekommen*. This, rather than the now familiar Heideggerian sense of « at hand », is what is meant in saying that the mode of being of the Kingdom of God is that of being-near-at-hand.) Unlike other religious symbols, the mode of being of the Kingdom of God is that of being near « at hand ». In other religious symbols, the literal points away from itself ; in this symbol, it points to itself. Tillich, admittedly, applied this notion of being-near-at-hand not just to the Kingdom of God but to the mode of presence of the Holy as such — presumably, therefore, to all religious symbols. Yet the context in which he spoke of it was the political context, when he contraposed the holy as near-at-hand to the holy as the consecration of something given in time and space[8] ; and he did not in the same way speak of the Christ or the creation as being « at hand ».

The concept poses the question of idolatry and demonry more acutely than do other aspects of Tillich's thought concerning symbols. For it makes one ask how we can identify the coming of the Kingdom of God with a real political order and our own activity without falling victim to idolatry. What is the difference between making such an identification and elevating the conditional to the status of the unconditional — which is Tillich's formulation of the nature both of idolatry and of demonry[9] ? Can one apply the symbolic criterion of all symbols — that is, the symbol of the cross which, as a second-degree symbol, is the self-relativizing

---

[7] Tillich wrote to Hirsch that in the present « struggle for what is coming » theonomy will « face more defeat than victory » but a *gläubiger Realismus* prevents a person from seeing a fulfillment in some romanticized event. « Open Letter [...] », p. 363.

[8] *Ibid.*, p. 362.

[9] Utopianism, demonry, and idolatry (as well as supranaturalism) are, in different places, characterized as making something conditional unconditional. But in their proper sense, the three concepts are different. The *demonic* is the irruption of the power of the depth of being (the « ground » and « abyss ») in such a way that its creativity is used in the service of destruction. The *divine*, which is the opposite of the demonic, is the irruption of that creative power in such a way that it serves the creation of new forms. Both of them are simultaneously creative and destructive of forms ; the difference is that the demonic creates forms in order to destroy all forms, whereas the divine destroys forms in order to create new forms in which the old are salvaged. The demonic and the divine are two manifestations of the *holy*. An *idol* is something conditional elevated to the status of the unconditional ; it is something given in space and time that has been consecrated as such. *Utopianism* is idolatrous when it regards a particular view of the fulfillment of history as though it were not affected by the ambiguity of other views ; it idolizes not something that is but something that should be so.

element in all other symbols — to the symbol of the Kingdom of God without depriving it of its effectiveness ? What is the mode of being that is a being-near-at-hand ? How is the Kingdom of God near-at-hand in an actual political reality ?

The Being-Near-at-Hand of the Kingdom of God

The clearest indication that Tillich gives of the mode of being characteristic of the political religious symbol is to be found in an essay of 1930 entitled « Der Staat als Erwartung und Forderung ». For it is in the opening paragraphs of that essay that we find his description both of this mode of being and of the stance or *Haltung*, the mode of thinking, corresponding to it. « Expectation » and « demand », the two terms used in the title of the essay, designate the polar opposites with reference to which Tillich defines his stance as that of « responsible, cooperative review or intuition (*verantwortliche, mitschaffende Schau*) », in which expectation and demand are united[10]. One calculates what is coming not by detached observation but by seeing matters in a view that is responsible for the present and that actually works along with the forces of the present. (The term *Schau* is probably carried over from the Husserlian *Wesensschau* — intuition of essence — that was important for Tillich's early studies in method ; but here the emphasis is on the answering for, and the working along, that are contained in the review.) The unity of the expectation and demand, moreover, is paradoxical. It is not as though some points were a matter of expectation and others a matter of demand but that in all points one is aware of both the demand concerning what things ideally should be and the expectation concerning what they realistically can be. The ideal is not an abstract construction but a surging beyond the present that is born out of the present. If being-near-at-hand is the mode of being meant by the ἤγγικεν, of John the Baptist's preaching, then « responsible, coworking review » is the mode of thinking contained in his μετὰνοεῖν, or repentance.

What expectation and demand have in common is that they represent two ways in which one can think of the state in terms that are not merely historical or systematic. To think or speak with real effectiveness in the present requires something other than a historical or systematic presentation, neither of which gives direction and encouragement for what needs now to be done. Both demand and expectation are categories of effective thinking and speaking ; but they represent opposite extremes. To think in the category of demand is to demand a state in which the ideal of the state has been fulfilled, regardless of what contemporary

---

[10] « Der Staat als Erwartung und Forderung », *G. W.*, IX, p. 123. An English translation of this essay is in *Political Expectation*, ed. by James Luther Adams, New York, Harper and Row, 1971, pp. 97-114.

possibilities might seem to be. The other way — « expectation » — is to calculate what kind of state can realistically be expected on the basis of what it now is. These two polar possibilities Tillich calls the « utopian » and the « dialectical ». Utopianism is the demand for the ideal state, irrespective of contemporary circumstances ; dialecticism is the calculation of realistic possibilities on the basis of present actuality. « Utopianism looks at the ideal and sets it in opposition to actual reality as a demand upon this reality and as the goal of working in it. Dialectics [as exemplified by the Marxist fight against older socialism] looks at reality and the tendencies that are immanent in it and places itself in the service of these tendencies[11]. »

This mode of thinking, one in which demand and expectation, observation and action are paradoxically united, is warranted or justified by the fact that the opposition between utopianism and dialectics is not a clean one — utopianism has a dialectical element in it (because it cannot form an ideal without being conditioned by the actual situation) and dialectics has a utopian element in it (because one cannot observe tendencies in reality without some notion of the ideal as well). Thus Marxism may have been a fight of dialectics against utopianism, but it took the utopian element into itself as well; Marxism was a political party, but at the same time it transcended the partisan. That is also the basis of what Tillich regards as the methodical ideal of a theology of politics, a « responsible, coworking review ».

How this stance, or this mode of thinking, which Tillich characterizes as being « born of the present (*gegenwartsgeboren*) », as involving a tension-laden unity of demand and responsibility, and as related to the depth rather than to the surface of the « present », differs from the calculation characteristic of Realpolitik depends on the distinction between the depth and the surface of the present reality. Realpolitik is opportunistic, it is *augenblicks–* but not *gegenwartsgeboren*, it reads the present superficially, and its unity of responsibility and demand is an intellectual accomplishment without being a responsibility in the ultimate dimension of the self[12]. For that reason it lacks inner tension and has no real power. *Verantwortliche Schau* is a responsibility based upon the « depth » (*die Tiefe*) of the present, that is, that point in the present at which something unconditional breaks into it, giving it meaning, and driving it beyond itself

[11] *Ibid.*
[12] *Ibid.*, p. 124.

and its own accidental features[13]. Only such a viewing of the present combines expectation and demand in a way that has tension and power[14].

Critical Questions

A series of questions arises from this way of identifying the Kingdom of God and temporal realities. The questions are summarized by asking whether the concept of being-near-at-hand can be so defined as to avoid an idolatrous or demonic view of the state. This concept does make possible some identification between theology and politics and between the unconditional and something conditional so that a theology *of* politics can replace a juxtaposition of theology *and* politics[15]. Can this be done without lapsing into idolatry or demonry ? The Kingdom of God, as the depth of the present manifest politically in it is what makes action toward the ideal possible in such a way as to maintain the daring and courage that enthusiasm brings even while protecting against the disappointment that inevitably comes when the efforts to establish the ideal state do not succeed[16]. This seems to be the only case in which a symbol is so intimately bound to a concrete reality that even a *theologian* of culture must become culturally creative and the only case in which a theology of culture is asked to contribute to culture by working in it. So I shall direct our further considerations just to the matter of whether being-near-at-hand can be differentiated from the mode of being of the idolatrous or demonic.

Tillich not only was willing to assert, but did assert, that at a particular time a decision for Religious Socialism was also a decision for the Kingdom of God. This is, at first blush, a remarkable claim, if one considers Tillich's thoroughgoing critique of all efforts to equate the unconditional and the conditional and the pervasive role played by the

---

[13] What Tillich in his theology of culture in 1919 had called the *Gehalt* that breaks into the form (and content) of reality and that is the key to reading the theology of culture is called the « depth » or « depth-dimension » or « substance » in later years. The methodological guideline is given in the formulation of 1919 : « The *Gehalt* is grasped in the content (*an dem Inhalt*) by means of the form (*mettelst der Form*) and given expression. »

[14] « Verantwortliche Schau des Staates ist da, wo der Staat gesehen wird unter dem Blickpunkt eines sinngebenden Prinzips, das dem gegenwärtigen Staat seine Tiefe und seine Grenze gibt. Nur in einer solchen Schau ist Erwartung und Forderung machtvoll und spannungsreich geeint. » *Ibid.*

[15] « Das Verhältnis von Theologie und Politik kann niemals durch ein « und » gekennzeichnet werden », Tillich wrote in « Um was es geht : Antwort an Emanuel Hirsch », *Briefwechsel und Streitschriften*, ed. by Renate Albrecht and René Tautmann, Frankfurt am Main, Evangelisches Verlagswerk, 1983, p. 216.

[16] Tillich told Hirsch that what he as a theologian ought to have done was « to find the theological word that sobers those who are intoxicated [by their enthusiasm] without depriving them of courage and daring ». « Open Letter [...] », p. 366.

self-relativizing symbol of the cross — the symbol of symbols — in his theology. There can be no doubt that any political movement or program, even that of Religious Socialism, is something conditional, devised by human beings and dependent upon political techniques. Indeed, Tillich asserted that very thing not only of other political parties or programs but of Religious Socialism too. Even so, he could say that a decision for Religious Socialism, at the right time, was a decision for the coming of the Kingdom of God. Did his theory thereby, despite himself, fall into the idolatry against which he was otherwise so vigilant ?

Possible Answers

One way of dealing with these questions is simply to say that Tillich was inconsistent, that, indeed, he did violate his own theological criterion in the claim he made for Religious Socialism. Tillich would not be the first nor the last thinker to have entangled himself in such an internal contradiction. Such a way of dealing with the questions was, in effect, suggested by the charge that Emanuel Hirsch made in his response to Tillich's open letter. As Reimer concluded in his study of this correspondence, it was, according to Hirsch, Tillich who, ironically, « tend[ed] to confuse the divine and the human realms by speaking about the Kingdom of God [...] as if man were involved in bringing about the Kingdom of God[17] ». For his part, Hirsch wanted to hold consistently to the position that the Kingdom of God is purely a matter of divine promise without the involvement of human activity. He objected to Tillich's notion that the coming Kingdom of God is somehow simultaneously promised to us and demanded of us. He saw the connection to earthly reality not by way of a demand to do something, laid on us by the coming Kingdom of God but by way of law and duty, the performance of which has no bearing on God's activity but through which God leads the believer into an « undisclosed eternity[18] ». The difference with Tillich carried over into the conception of the demonic as well. What troubled Hirsch was Tillich's notion, expressed in his essay on the demonic in 1926, that the demonic, like the divine, is an aspect of the holiness of God, instead of

---

[17] A. James REIMER, « Theological Method and Political Ethics : The Paul Tillich-Emanuel Hirsch Debate », *JAAR Supplement*, XLVII, 1 (March 1979), p. 182.

[18] Emanuel HIRSCH, « Christliche Freiheit und politische Bindung : Ein Brief an Dr. Stapel und anderes », Paul TILLICH, *Briefwechsel und Steitschriften*, pp. 204, 205.

being human rebellion against the divine[19]. In effect, Hirsch's reply was, then, really to charge Tillich with a kind of idolatry, although those are not the terms in which Hirsch put it.

Now, Tillich was himself perfectly well aware of this kind of criticism of his position, and he addressed himself to the objections. Hence, we need to consider how he undertook to answer it. Part of his answer lies in the concept of « kairos » ; the other part lies in the mode of affirming something as the coming of the Kingdom. With respect to the first part : The qualification that Tillich placed on the identification of the Kingdom of God with a political concreteness was that *only at the right time* is it true that a decision for a political movement, such as Religious Socialism, can be a decision for the Kingdom of God. It is never a matter of elevating the conditional as such to the status of the unconditional ; it is a matter of seeing how when the time is ripe, in the kairos, the two converge so that dealing with the conditional is at the same time dealing with the un-conditional. Neither Religious Socialism nor any other political order is the Kingdom of God ; rather, it is that in the power of the kairos the conditional can really be so near to the unconditional that a decision for the one is a decision for the other as well. When the time is ripe, the two come close ; but even then the conditional is not unconditional. The most illuminating passage in this connection, and perhaps Tillich's most precise formulation, is one that appears in *On the Boundary*. There Tillich wrote : « The concept of the fullness of time [kairos] indicates that the struggle for a new social order cannot lead to the kind of fulfillment expressed by the idea of the Kingdom of God, but that at a particular time particular tasks are demanded, as one particular aspect of the Kingdom of God becomes a demand and an expectation for us. The Kingdom of God will

---

[19] « Das Dämonische : Ein Beitrag zur Sinndeutung der Geschichte », *G. W.*, VI, Stuttgart : Evangelisches Verlagswerk, 1963, pp. 42-71. The opening paragraphs of this essay have a singular intensity among Tillich's analyses of history : « a talk about the demonic is followed by wildness or emptiness or both », but Tillich will « dare to speak of that of which one cannot speak with impunity, the demon (p. 42) ». Tillich probably did not change his position on the demonic, but it is noteworthy that in *On the Boundary* he speaks of the « divine » as the mediation between the demonic and the human, just as « theonomy » is the mediation between autonomy and heteronomy and « prophetic » a mediation between sacramental and secular. See *On the Boundary*, New York, Charles Scribner's Sons, 1936, p. 81. In the *S. T.* there seem to be only a few echoes of the early conception that the demonic and the divine are two sides of the holiness of God — here, where the idolatrous and demonic are almost synonyms, the accent falls on the fact that elevating something conditional to the unconditional, which can occur when an institution or person denies its own involvement in the ambiguities of history, is what brings about the demonic or idolatrous. Thus, Tillich speaks of the « idolatrous adherence [on the part of a community of faith] to its own historically conditioned symbols [by excluding competing symbols] » and goes on to remark that « whenever the Spiritual Presence makes itself felt, the self-criticism of the churches in the name of their own symbols starts », something « made possible because in every authentic religious symbol there is an element that judges the symbol and those who use it » (III, p. 206) ; and he also speaks of the « demonic quality » of papal leadership given to it when it does not acknowledge the ambiguity of itself (III, p.207). In none of these instances does the demonic appear as the destructive side of the manifestation of the holy.

always remain transcendent, but it appears as a judgment on a given form of society and as a norm for a coming one. Thus, the decision to be a Religious Socialist may be a decision for the Kingdom of God even though the socialist society is infinitely distant from the Kingdom of God[20]. »

Tillich had conceded to Hirsch that the Religious Socialists may not have protected themselves adequately against the abuse to which, in Tillich's judgment, Hirsch was putting the idea of kairos by using it to sanction the National Socialist government. (That Tillich's appraisal of Hirsch's political work may not be just to Hirsch is something one would have to concede, I think. But that aspect of the issue needs not detain us here ; I can simply refer for further discussion of it to the article by Reimer.) He had accordingly made a clearer distinction between revelation and kairos, revelation understood as the breaking of the eternal into the temporal and kairos understood as a time ripe for a new response to that revelation. « The kairos, the historical time, can [...] never of itself be a revelation. [...] It designates the moment when the meaning of revelation discloses itself anew for knowledge and action[21]. » Later, in the introduction to *The Protestant Era*, Tillich fixed the terminology, which is also used in the *Systematic Theology*, by distinguishing the « unique » kairos from the « dependent » kairoi. The unique kairos is the moment when the eternal breaks into time — what he otherwise called revelation. For the Christian view, that is the appearance of Jesus as the Christ. The dependent kairoi are those moments when a new creative response is made to the original kairos, and these dependent kairoi determine the periodization of history[22]. A dependent kairos is, in this sense, the time for which the present is ripe. If the depth of the present is rightly grasped, the result is a new epoch in human history.

The changing terminology does indicate, at the least, a certain unclarity, if not a real problem, in Tillich's use of the idea of kairos and, especially, in his contention that, in a fulfilled time, a decision for a particular political cause can itself be a decision for the Kingdom of God. The fight for a new social order cannot bring in the Kingdom of God itself ; he conceded that. But, in a kairos, a particular aspect of the Kingdom of God « becomes a demand and an expectation », and at such a time it can be said that a decision for a political program may be a decision for the Kingdom of God. An aspect of the kingdom becomes a « demand and an expectation », appearing as a « judgment » on a given form of society and as a « norm » for a coming one. Religious Socialism represented such

---

[20] *On the Boundary*, pp. 78f.

[21] « Open Letter [...] », p. 372.

[22] « Kairos » in the unique sense « describes the moment in which the eternal breaks into the temporal, and the temporal is prepared to receive it » ; what happened in the unique *kairos* « may happen in a derived form again and again [...] creating centers of less importance on which the periodization of history is based. » *The Protestant Era*, p. xix. In the 1920s there is already a shift toward a christological usage of kairos ; but the debate with Hirsch seems to be the point at which the question comes to a head.

a judgment upon capitalist society, the bourgeois liberal nation-state ; and it contained a norm of a coming form of society in the ideal envisaged in its programs, surviving its destruction in Germany and spreading « through all countries » afterward[23]. In expressing this judgment and presenting this norm, it was the appearance of the Kingdom of God.

The important distinction is the one between an aspect of the Kingdom of God and the Kingdom itself. But it is not clear that this would solve the problem of idolatry ; for to say that something conditional is identical with an aspect of the unconditional must be as idolatrous as to say that it is identical with the unconditional. Equating something with an aspect of the Kingdom of God is surely elevating the conditional to the unconditional as much as is equating it with the whole of the Kingdom of God. Nothing worldly can literally be an aspect of God any more than it can be God. That seems at least to be an obvious feature of any anti-idolatrous stance. In this instance, however, Tillich seems to be saying that whatever, or whoever, expresses a judgment upon the given form of society and provides a norm for a coming form is one who represents the appearance of the Kingdom of God so that acceptance of the judgment and norm is a decision for the Kingdom of God and rejection a decision against it. This will be so not because the person or group which expresses the judgment is God, and also not because the form of society espoused by it is the Kingdom of God, but because the unconditional judgment and norm are expressed in the particular judgment and particular form of society.

This is, as I said, Tillich's most direct formulation of his answer to the question why the equation of deciding for Religious Socialism with deciding for the Kingdom of God should not be considered to be idolatrous : it can occur only in a kairos, and it is only an aspect of the Kingdom of God that becomes manifest as demand and expectation. Normally, the situation is such that any decision is ambiguous, and no particular decision can ever be either for or against the unconditional as such. The decision about the unconditional is a transcendent decision, as Tillich put it in « Kairos and Logos » ; it is not the object of a specific decision, but it is expressed in the attitude, or *Haltung*, that is in the decisions[24]. The Kingdom of God seems to be different. In this case, on Tillich's account, it is possible to say that, at certain times, a particular decision for a particular political program is a decision for the Kingdom of God. That this is so is the reason why, as it seems to me, the being-near-at-hand of the Kingdom of God is a mode of being different from that not only of other wordly things but also of other religious symbols. But the fundamental issue is one of distinguishing between this mode of being and

---

[23] *The Protestant Era*, p. xix.

[24] « Kairos and Logos » (1926). *G. W.*, IV, pp. 43-76 ; see especially pp. 57 and 73f. The kairos is absolute in placing one before the decision for or against the truth; it is relative in one's knowing that this decision is possible only as a concrete decision, a temporal destiny.

the mode of being of demons and idols. How can the Kingdom be near-at-hand, even in this sense, without being idolatrous or demonic ? So the question of idolatry reappears.

Indeed, to all those who are not theocrats, Hirsch's position might seem to be, at least when abstracted from its association with National Socialism and from its technical theological vocabulary, both the more consistent and the more appealing. Suppose the position to be formulated in the following way : We cannot look for a way of making political decisions that depends upon deciding where the Kingdom of God is at a given time. All we can do is make our human decisions, recognize them as such, and do so in the frame of the destiny that is ours, without knowing how they are connected with the eschatological fulfillment that is a matter of divine grace and promise. What we are to decide is determined by where we are in this world. It is a fundamental mistake to think that we can discern where the Kingdom of God is and join our actions to God's, for it is just the revelation of the Gospel that severs the connection between all our doing and the fulfillment promised by God. There is surely something appealing about the modesty of this position, which, when so described, flirts not in the least with any form of idolatry. Why did Tillich not adopt it ? The answer does not seem to me to lie, as Hirsch thought, in Tillich's failure to understand Luther's distinction between the workings of the law and the gospel. I think Tillich understood it very well, but rejected it. But did he reject it at the cost of unintentionally espousing an idolatry or demonry himself ? Might it be possible to destroy, or deconstruct, the occasional hints of his own disillusionment as symptoms of an inner contradiction in Tillich's theology of politics ?

An important clue to the way out of the problem lies in Tillich's elaboration of the nature of affirmation which is involved. This constitutes the second part of his answer to the question of avoiding idolatry. « That each of us must bear the risk of having decided for this finite possibility », so he wrote to Hirsch, « and must answer for it before eternity and that, in so doing, we are dependent on grace, as we are in all our doing, are certain for a Christian », but one cannot derive from such a conviction the right to say « an unrefracted religious and theological yes to this finitude » ; indeed, such a view « stands in complete contradiction to our human situation ». In contrast to Hirsch's unqualified yes, Tillich « could say yes only in connection with many a no » because he believed « that, from the point of view of the eternal, this is the only thing that can be said about something finite and to someone finite[25] ».

The corrective to the threat of idolatry appears, then, in the way in which the decision for the symbol is expressed. If a decision for Religious Socialism — or for any other political reality that is in the making, one in which, at the right time, the Kingdom of God is felt to be

---

[25] « Open Letter [...] », pp. 386f.

near — had the nature of an unqualified yes, then it would be idolatrous. But if it is a yes qualified by « many a no », then just this qualification is what breaks or refracts the appearance, preventing a complete iden- tification between the conditional thing and the unconditional that is near- at-hand in it. This gives us a clearer indication of the difference between being-near-at-hand and being idolatrous or demonic. Like idols and demons, the appearing of the Kingdom of God elevates something con- ditional to unconditional status — it declares, as it were, that, at this mo- ment, *this* political unity, in contrast to others, is a working of the Kingdom of God. But unlike idols and demons, whose being does not brook criti- ques of them, the being-near-at-hand of the Kingdom of God elicits and demands no unqualified response, no unconditional yes ; it elicits, rather, a yes qualified by noes. In this case, the critique of the symbol is provid- ed not by the material of the symbol itself (as is done in the symbol of the crucified Jesus as the Christ) but by the negations that qualify the af- firmative decision of those who become part of it.

Tillich's two ways of protecting against idolatry in the apprehen- sion of the coming of the Kingdom of God were, then, the concept of *kairos* and the qualified mode of affirming the coming reality. That these may not be sufficient to distinguish a theology of politics from utopianism or demonry can, I think, be granted. Indeed, it seems clear to me that, once the symbol of symbols, which relativizes all symbols, has appeared, only an ontology of forgetting — an ontology showing the place of the forgetfulness of the difference between conditioned and uncondition- ed — can explain how the literal and the symbolic can converge nonidolatrously in the symbol of the Kingdom of God. Such an ontology is a task Tillich's theology of politics poses. But on this occasion, I do not want to take up that task ; I want to conclude, rather, with the obser- vation that, whatever tasks remain, Tillich's theology of politics, by steer- ing a course between secularity and idolatry, enabled him and the like- minded — those who felt the power of the holy in the kairos — to respond to it with a daring and courage that could survive defeat and disillusionment.

QUATRIÈME PARTIE

LA RELIGION DANS LES SPHÈRES DE LA CULTURE

TILLICH'S THEORY OF ART AND THE POSSIBILITY OF A THEOLOGY OF CULTURE

Victor Nuovo

Department of philosophy, Middlebury College, Vermont

In memory of James M. Decker

In general, Tillich's writings about art[1], although they embody a theory of art, are not merely theoretical, but address a more practical-historical question : Does the hope or expectation of a realization of religious art and more generally of religious culture have any basis in reality ? Asking this question is not the same as asking about the possibility in general of religious art. The difference may be formulated briefly as that between the possible and the opportune[2]. Of course, the difference is not absolute, for we ordinarily suppose that opportunity involves possibility, but preoccupation with the former, especially when the context of hope is political or religious or messianic (which combines the first two), often changes — some would say perverts or distorts — the way in which we attend to the latter. Thus, while any hope or expectation of religious realization may be shown to involve necessarily a measure of belief that it is possible, this condition can easily be satisfied by locating possibility within the boundless domain of the power of a god whose will is inscrutable and for whom all things are possible, or in a confidence that is fed by a fascination with paradox. Moreover, hope tends towards the concrete to envision what is hoped for. But the concrete is something already fashioned, an embodiment not of the past but of a past hope, an ancient myth, which, by its mere availability becomes the norm of hope. Much of hope seems to be nostalgia joined to optimism.

---

[1] The following is a select list of Tillich's writings on art, arranged chronologically, which I have used in preparing this paper : 1919 – « Über die Idee einer Theologie der Kultur », *Religionsphilosophie der Kultur*, Berlin, Kant – Gesellschaft, Philosophische Vorträge, Nr. 24 ; 1921 – « Religiöser Stil und religiöser Stoff in der bildenden Kunst », *Das Neue Deutschland*, Jg. 9, 1921, pp. 151-158 ; reprinted in *G. W.*, IX, pp. 312-323 ; 1957 – « Protestantism and Artistic Style », *The Christian Scholar*, XL, 4 ; reprinted in *Theology of Culture*, New York, Oxford University Press, 1959, pp. 68-75 ; 1959 – « Art and Ultimate Reality », *Cross Currents,* 10, 1, pp. 1-14; 1961 – « Zur Theologie der bildenden Kunst und der Architektur », *G. W.*, IX, pp. 345-355.

[2] This may be taken as my interpretation of Tillich's distinction between ground of possibility (*Möglichkeitsgrund*) and the ground of actuality (*Wirklichkeitsgrund*). *Cf.* 1921, *G. W.*, IX, p. 318.

On the other hand, a mere theoretical inquiry into the possibility of religious art or culture may proceed on the basis of presuppositions that are antithetical to any religious hope or expectation. One may believe that one has a clear conception of the possibility of religion and also believe, with justification, that its realization now or in the foreseeable future is unlikely and, perhaps, also unwanted. We associate such beliefs with the Enlightenment. And, no doubt, it is in no small measure because of the Enlightenment and its continuing influence that Tillich became preoccupied with this importantly different question. The possibility of religion and religious art may be grounded in human nature, in certain psychological states or moods, in fear and anxiety, but the discovery of such a ground deprives it of its potency. In this connection, the pursuit and discovery of possibility, although, or, perhaps, just because it is theoretically dispassionate, has a practical therapeutic affect.

Tillich's question was asked against the background of the declining power and authenticity of Christianity. Yet it was not asked in despair — he would not have us confuse the quietude of waiting with the resignation of despair — but in expectancy, for in expressionist painting he discovered a religious reality that promised even greater things to come, one which, whatever its connection with traditional Christianity originated independently of the authority and the constraints of any religious institution or discipline. For Tillich, this discovery was fateful, for if, beyong the boundaries of the church, a cultural realization has occurred which, through its style, has disclosed depths of reality that transcend nature and which, for this reason at least, can be properly judged religious or divine, then there, in the free domain of art, one may claim to have a basis for a theology of culture, that is, for a theology that is distinct from and fundamentally independent of church theology. It is for this reason that Tillich attached so much importance to his experience of art, to his encounter with expressionist painting and his subsequent art-historical studies.

Reflecting upon this encounter, Tillich came to a further important discovery : an artwork, for example, a painting, could be religious even though it may lack a specific religious content. This principle, of course, is merely the complement of another secular principle that may be applied to classical art in one of its historical moments : an artwork may be non-religious or secular in spite of its religious content. But if content does not make an artwork religious, what does ? Not form, or better, not form by itself, rather, through the mediation of form or of a formative or compositional technique, an unfathomable depth is disclosed that may be taken to be the source of religious insight and meaning. The principle of this disclosure is the style of an artwork. It is by virtue of its style, and not of its form or content, that an artwork is religious, and, by extension, this can be said of any cultural reality.

But if genuine religious art does not have to have a specifically religious content, if it need not narrate events of a sacred or mythical history, have a liturgical or devotional utility, or delimit some sacred space, if the sole condition of its religious designation is that it be in accord with a certain style, then religious content becomes superfluous. It is not that religious art may be produced without any content, but that any content will do. We know, however, that this conclusion was not finally adequate for Tillich, but only represented a stage on the way to a completed systematic treatment of religious art.

At the very least, this preliminary conclusion neglects that necessity of concreteness which, Tillich maintained, holds for every act of cultural creation. The artist and the theologian of culture may have no obligation to uphold a religious tradition or its orthodoxies, yet neither can escape a situation that is not only earthbound but timebound as well, that is, they cannot escape the limitation of a historical situation. Traditions belong to their environment, and from them they draw the contents of their productions, which for the artist are artworks, and for the theologian are normative visions of the cultural world. For both, this content may include traditional religious motifs, but for them these are not things given — as they are for the traditional artist or craftsman or for the church theologian — but things freely appropriated, refashioned, revisioned and reinvented, drawn into the creative swirl of style. The appearance of traditional religious content in artworks produced by expressionist artists, whose cultural situation was free and autonomous and whose style was inherently religious, was interpreted by the theologian of culture not as a sign of the progress of secularization but as a sign that the time for religious and theological renewal is opportune.

But if there is expressionist art without a religious content, and if some of this, at least, is religious by virtue solely of its style, we are still left with two kinds of religious art. How are we to judge between them ? Which of them should we choose ? If one suffices as well as the other, then the principle of parsimony would favor the simpler work, the one less burdened by a religious content and, hence, less likely to encourage a revival of religious or theological positivism. One would expect intellectuals, having learned to think abstract and universal thoughts, to make this choice, and not for themselves only but for society, unless it were shown that the two modes of expressionist art are necessary complements, like two moments, one denying or critical, the other affirming or renewing, of the process of creation and redemption, or, like the two moments of systematic construction, the one questioning, the other answering. Then it could be said that expressionism is the « good luck » of the religious artist, just as existentialism is the « good luck » of the systematic theologian.

*

* *

.

Although Tillich was not concerned with the question of the mere possibility of religious art but with the real basis of its occurrence, a basis which he uncovered in the speculative interpretation of expressionist painting and which is not so much to be grasped conceptionally but to be apprehended intuitively as a present opportunity, the claim of the former critical and phenomenological question does not lose its validity, at least it does not for the systematic thinker, and, indeed, Tillich did not try to avoid it. Therefore, anyone inclined to appropriate Tillich's theory of art and the theological system that it paradigmatically exemplifies must inquire about its consistency and suitability to represent the reality of art and, in particular, of expressionist art.

Because it is his central concept, my analysis will focus upon Tillich's concept of style. I cannot claim that what follows is based upon an exhaustive survey and analysis of all that Tillich has written about style, which is considerable. My remarks arise from a close reading of two texts, one early (1921) and the other late (1961), which, I trust, adequately represent his views[3]. In the early text, Tillich defines style as the immediate influence of substance or metaphysical content (*Gehalt*) on form. Metaphysical content is not some transcendental stuff, like prime matter. The term denotes rather a principle of transcendental subjectivity. It is a metaphysical intention, a basic, indeed, the basic function of mind or spirit, in accordance with which the mind regards every conditioned thing or meaning always against the background of something absolutely unconditioned or of some absolutely unconditioned meaning. This metaphysical intention is the underlying and constitutive speculative activity of mind everywhere seeking out ultimate meaning and the deepest reality. It is also a nihilating function, for it requires as the first act of thinking that everything conditioned be brought to the edge of the abyss of nothingness. All art expresses this metaphysical intention, although not to the same degree and in the same way, but inasmuch as it does — and it must, for otherwise it would not be art, for it would lack the primary constitutive element of art, namely style — and inasmuch as this metaphysical intention is identical with the religious attitude, then all art is religious, but not, as I have noted, to the same degree and in the same way. Some art is minimally religious, some maximally. Because of its style, Tillich regards expressionist art as maximally religious.

There is more to be drawn from Tillich's compact remarks about style. In the first place, style applies not only to art, but to cultural creation in general. Moreover, Tillich's attention is directed not to individual works, but to the collective production of individuals or groups over time : he mentions historical ages, nations, social classes, confessions, schools, individuals or stages in the life of an individual. These collectivities are not mere aggregates united by some perceived common element —

---

[3] See note 1.

although Tillich's words can be taken to say this, this is clearly not what he means — but are discernible as wholes by virtue of their unity of style. The *unity* of style I take to be the domain of style which rules from within. Style establishes its domain in the art or cultural production of an individual or a nation or internationally during an era. Identification of a particular style and its domain is an art-historical or cultural-historical task and involves empirical work, but the empirical part of this task is founded upon certain *a priori* principles, critically determined, and chief among them is the *principle* of style and its unity. I suppose that the unity or dominion of a particular style is discerned in a creative intuition, which is the outcome or reward of critical and empirical historical work. In this situation, abstract principle takes on concreteness, and mere abstract necessity comes forth as a present normative demand. Insofar as the unity of style is a quality discerned, it is factual ; insofar as it is the presupposition of this discernment, it transcends mere fact.

Tillich makes the discernible fact of the unity of style, culturally-historically perceived, the basis of a proof that style is a function not of form but of metaphysical content. He argues that, among certain spheres of culture, which are entirely disanalogous, that is, altogether unlike, having nothing in common, with respect to form, there exists a perfect analogy or unity of style. Since the disanalogy of their respective forms or formation procedures (techniques) disqualifies form as a possible cause of stylistic unity, we have no alternative but to attribute the origin of this unity to metaphysical content. This proof is inclonclusive, perhaps self-defeating. Its premises are problematic. The disanalogy of form is not obvious, for form is universal ; nor is the discernment of the unity of style, for such claims are often circular, assuming what must be there to confirm one's claim. But suppose we allow, as Tillich assumes, that the unity of style is discernible over several spheres of culture. Just how would this unity of style be perceived ? For example, we might perceive among impressionist painters, petit bourgeois society and positivist scientists a common value, namely, a common self-sufficiently empirical attitude towards reality : a contentment with the world in its ordinary givenness and everydayness (which, in spite of a preoccupation with the surface of things and just because of the seriousness of its commitment to empiricism, still unavoidably expresses minimally the depth of metaphysical content). This unity of value or attitude is not the same as the unity of style among these spheres of culture, but its cause. If so, how do we perceive the effect, the unity of style ? The answer, I think, is that we perceive it in what is formed in these various cultural spheres, in the play of forms and compositional technique and the selection of subject in the first instance, in social conventions and institutions in the second, in scientific method and theories concerning truth and the scope of knowledge in the third. But this answer is inadmissible so long as we must adhere to the assumption of the complete disanalogy of form among the different cultural realms, for the characteristics that I have cited and which are supposed to give evidence of the unity of style, are all forms.

Perhaps there is something that I have overlooked. Consider only the visual form of a painting : a composition of line, tone and color depicting some object. These elements are, in themselves and in combination, infinitely variable. This may constitute the material of art (« the infinitely rich material of form »), but the inner necessity that selects one formation among infinitely many or the « creative spark of style » that ignites a portion of the whole so that it arises into a glorious and unique flaming configuration, direct us to something else : creativity. How do we discern creativity ? Suppose we define it as a directed motivation, a will to create that is guided by some idea, a « will to abstraction » or a longing to represent the world as though it were seen through the eyes of a doe in the forest or of a horse (Franz Marc). This is, of course, another kind of form, not yet visible, but form striving through the artist to become actual. Tillich explicitly rejects seeking the principle of style in some other kind of form. But in the same passage he does allow that there are formal grounds involved in artistic creation and admits to the « sovereignty of form » and from these transcendent varieties of form he derives aesthetic value but not style. So then, there seem to be two grounds of an artwork, only one of which has to do with style. One is its creativity, the metaphysical attitude or spiritual substance of an artist or his circle, the other are its formal grounds. The manner in which an artwork expresses its creative ground is its style. « Expressive » is a value term that may be applied to an artwork by virtue of its style, but the term denotes not aesthetic value but religious value. To the degree that an artwork realizes its formal grounds it may be said to have aesthetic value. Let us call this « beauty ». According to this theory, then, every artwork has two values, one aesthetic by virtue of its form, the other religious, by virtue of its style.

This suggests a curious but not necessarily inadmissible conclusion that an artwork may be unworthy of one value but worthy of another, may be insufficiently expressive to warrant the epithet « expressive » yet wonderfully well-formed, perfect, and, hence, beautiful ; or it may be dreadful as art but nonetheless or, perhaps, just because of this, powerfully expressive. In 1959, Tillich was asked about this possibility and he accepted it, at least in part[4]. He allowed that some object, an icon or fetish, might be powerfully expressive and yet be inadmissible as a work of art. He might have cited also as an example of the converse, impressionist or realistic art as minimally expressive and yet having high aesthetic value. Instead, he offered another possible alternative. He allowed, somewhat reluctantly, that someone might fully appreciate the aesthetics of a work of religious art, even one that is strongly expressive, and yet remain indifferent to its religious depth. This is consistent with Tillich's

---

[4] 1959, p. 12 (see note 1).

theory of dual value in art, but it tries it severely, for there is something unsatisfying about a view that allows for the possibility that one might appreciate the aesthetic value of an artwork while remaining insensitive to the significance of its style (and, if we adhere to a more ordinary sense of artistic style, the converse also seems awkward).

There are at least two ways to escape this situation. One is to reduce the concept of style to principles of aesthetic form and value; the other is to locate aesthetic value more securely within the domain of metaphysical content and religious value. The first is antithetical to Tillich's program, so it is not surprising that Tillich should have chosen the latter. Not long after he made the former comments, Tillich wrote that not only is every artwork expressive, but that, due to the decay of the meaning of the word « beauty », it should be replaced in contemporary aesthetic discourse by the term « expressive power[5] ». If this be done and if « expressive » retain the same religious or metaphysical sense, then style and aesthetic value converge and every valid aesthetic appraisal of art must be a religious appraisal as well.

This statement occurs in our second text as a kind of offhand yet nonetheless definitive remark in the context of a brief discourse on the theology of art. Here too, the focus is upon the concept of style. Style is one of three elements that constitute an artwork. The other two are the subject or content, which is freely chosen by the artist, and form, which is aesthetically determined. There is not equality among these elements. Form and content are equals, but style transcends them and also effectively pervades them and shines through them. Style determines the free choice of content, like an unconscious principle of free association, and it governs the entry of universal form in every artwork that is worthy of the designation, that is, « in those works that exhibit a unitary style ». Now style is defined as the experience of ultimate meaning and ultimate being which is expressed in an artwork, and, because this experience is the same as religious experience — it is ultimate concern which is supposed to underlie cultural reality everywhere and always — and because, by virtue of its style, art is able to express this experience in a more direct and a more striking way than any other cultural production — even more, in these secular days than historical religion — art attains the highest cultural dignity. But this high dignity would go unnoticed without the work of a theology of culture or of fine art. Without this we lack an understanding of the ultimate meaning of a work of art.

This grand view of art and theology seems to avoid the previous difficulty. Yet I cannot overcome a deep suspicion that there is something

---

[5] 1961, p. 347 (see note 1).

very wrong with this reduction of art to theology, and I shall devote the concluding part of this paper to sorting out the reasons for my suspicions and their implications.

*

* *

I can identify two reasons. First, Tillich's interpretation of art and, more particularly, of expressionist art seems to me inadequate and misleading. Secondly, and at least with respect to the interpretation of art, I remain unconvinced either of the necessity or of the desireability of a theology of culture as he conceives it.

It should be quite clear that Tillich regarded expressionist art as the norm of all of art. To it he ascribed the dignity of bringing to light the first principle of cultural creation everywhere. But this attribution reduces to mere flattery unless what is said about expressionist art is true. Part of what Tillich says does seem to be true, although not in the way that he meant it. Expressionist art can properly be taken as normative for all of art, but, then, this could be said of any artistic style with respect to all of its predecessors[6]. Successive styles, whether new or genuine recoveries of past styles, disclose new possibilities for the creation and interpretation of art. And these possibilities, because they are presented concretely and successfully, become norms. Hence, there is genuine progress, or growth, in art, although it is progress without a goal or final consummation. But the more important consideration is whether Tillich's interpretation of expressionist art fits.

According to Tillich, the virtue of expressionist art is that it employs pure abstract form in such a way that it breaks through the everyday forms of life and natural appearances and thereby brings to light the creative ground of form which itself is not form. The creative ground of form is not content either, for content consists merely of what is available to the artist in his formative work out of the abundant wealth of accustomed and ordinary experience. So far, so good. But when one examines more closely Tillich's interpretation of expressionism, one finds that this creative ground, which is supposed to be neither pure form nor concrete content, is itself a content, not the pure nihilating content or substance of thinking, but a myth or the archetype of a myth. It is a myth of ambivalence : on the one hand, a desperately tragic myth that starts with the simultaneous occurrence of creation and fall in a single primordial event of cosmic self-assertion, a thoroughly irrational moment in which being and existence become hopelessly estranged, a separation that can be overcome only by a power beyond all conception, that very same

---

[6] For the following remarks, I have helped myself with the views of Arthur Danto. See, especially, his « The Artistic Enfranchisement of Real Objects : The Artworld », *Aesthetics*, New York, Dickie and Sclafani, 1977, especially pp. 33-34.

power which sparked the original catastrophe of existence. This is a power that blesses only after it has brought all worlds to the edge of the terrifying abyss of its nihilating power, as though, perhaps, to magnify its blessing, to make it seem all the more unexpected or paradoxical. This abstracting power becomes the mediator of its own blessing by assuming the form of existence, of a compassionate, self-denying servant of all, and, after enduring the terrors of its own power, attains to a new being in which, as transfigured form, it guides all existence back to an essential rectitude. It seems to me implausible, indeed patently false to suppose that all art or even all expressionist art has its creative ground in the immediate apprehension of this myth.

I don't doubt that every act of artistic creation, since it is a kind of world making, involves a sort of primal myth (although not always the same one), and I will not contest the claim that artistic style emerges from such a myth, so that an artist's myth is a fundamental element in the production of a work of art. Nor do I deny that some expressionist paintings, among others, will be illuminated by Tillich's myth because it captures their style. But there is at least one important expressionist painter to whose work it does not apply, and if it does not apply in one instance, then it loses any claim to universal theoretical validity. Like Tillich, Paul Klee, in his reflections upon art and artistic creation, distinguishes between artistic meaning and style[7]. The former is the character of the play of pure form, of line, tone and color, of abstract constructions and their concrete associations. The latter refers to creative power, « Genesis eternal », « the power-house of all time and space », « that secret place where primeval power nurtures all evolution ». Once there, or even if he sees it from afar, the artist recognizes that his own freedom to create rivals nature. It is his « right to develop, as great Nature herself develops ». What the artist envisions is a dream or myth, the origin and final cause of a life of artistic creation. There is negation here too. The

---

[7] Paul KLEE, *On Modern Art*, from a lecture delivered in Jena in 1924, English transl., London, Faber and Faber, 1948, pp. 43-51. Robert Scharlemann has observed quite correctly that here I have merely counterposed one interpretation of art (Klee's) to Tillich's. To argue that Klee's interpretation better fits his own art would be to beg the question and would hardly serve as a defence of my position. What is called for at this point in my argument is a demonstration that there is at least one expressionist artwork that Tillich's theory does not fit. Yet how does one do this except by offering another interpretation which, according to mutually agreed upon criteria fits better ? Deciding about fitness is a rather indecisive act. The proof of an interpretation is not in the saying but in the seeing. Klee's lectures, which were made at an exhibition of his own works, invite us to see and help us to see better the works themselves, and, in the published lectures, the line drawings that accompany them. Tillich's theological remarks on art do not do this. They neither encourage nor enhance our seeing. One could argue, I suppose, that this is because Tillich's theology of art is not about art in the same way that Klee's lectures are about art. The latter is about artistic production, the former is about what human truth is revealed in art. I'm not sure where this distinction must lead, but it has led Tillich to take, alternatively, two positions that are equally undesirable : to a theory of double value in art or to the reduction of art to theology.

way the world is or appears to us daily now seems accidental (it is not the best of all possible worlds) : it seems insignificant compared to what might be (to what an artist might envision) and even now only an aspect of what the eye can see. Thus, the artist's vision, which is to be taken seriously « only if it unites with the proper creative means to form a work of art », is a nihilating vision, but this is a joyous negation. It is, of course, Nietzschean.

At the very least, then, one must conclude that Tillich's theology of culture does not fit all of art and not even all of expressionist art and that at most the myth that informs it may help us to comprehend the style of some art and it may even inspire some artists to create in ways that they might not otherwise have imagined possible or opportune, but these concessions are a long way from satisfying the presumptions of Tillich's theology of culture. It would seem, then, that *this* theology of culture is not necessary for the understanding of a great deal of art, and if this is so, then, by its own self-conception, it cannot be thought possible[8].

But not only is Tillich wrong about art, he is wrong also about thinking, that is, about there being some necessary substance of thinking. Art, after all, is a kind of thinking, and many, perhaps all great artists, through their creative work, reflect upon the ultimate nature of reality, that is, they reflect about what really is. But there is no justification of the claim that all metaphysical thinking is necessarily, even if only implicitly, religious, that it enacts a moment, if only the negative part, in the great myth that informs Tillich's thinking. It is only by assumption of a special metaphysical content that Tillich justifies the necessity of his theology of culture, but this assumption is just what requires proof.

These are my suspicions. I may be mistaken. I have covered only a small portion of Tillich's work. It may be that the justification called for lies safe and sound elsewhere, perhaps in his *Systematic Theology*, where he moves from one stage to another in human experience, correlating existential questions with theological answers following a method that I once thought to be one of transcendental argument. But even if justification be absent there or anywhere in Tillich's work, this should not be taken to mean that an idea of a theology of culture cannot be formulated and constructively pursued, nor should it be supposed that this idea and its constructive pursuit might not be Tillichian even though it

---

[8] Briefly, the argument just presented is as follows :
  (1) Tillich's *Theology of Culture* (TTC) is possible only if it is necessary for an interpretation of all art.
  (2) TTC is not necessary for the interpretation of some art.
  (3) Therefore, TTC is not possible.
The first premise belongs to Tillich's conception of his theology of culture. The second is true, if the interpretation of any artwork can be accomplished independent of Tillich's theology of culture. (3) follows from (1) and (2) and may be avoided only by denying one or the other.

be an idea that Tillich did not think or choose to think. What might such an idea be like ? Time and circumstance allow only a brief sketch. Formally, it must be an idea purged of necessity, which is to say that the claim that there is and can be one and only one metaphysical content which is the ground of all meaning and the ultimate truth of all human expression must be abandoned. And, because, as Tillich conceived it, systematic construction is merely the elaboration of first principles that possess metaphysical universality and necessity, the idea of a *systematic* theology of culture must also be abandoned, and in its place a concept of construction must be put that is reflective and fragmentary, where « fragmentary » is taken to mean not *how things ought not to be but are* but just *how they are*. A reflective construction is one that does not presume to build on absolutely first principles, but one whose aim is to find or to invent its principles, where invention is construed as an act of temporal *creatio ex nihilo*. The latter expression here symbolizes not that all things (and meanings) are dependent altogether on the power of God, but that they and their sources are contingent and adventitious and yet, for us, an unlimited resource of new and renewed expression.

One may ask : What is left of Tillich's program ? The answer, I think, is « very much ». Creativity is left. In his 1919 address « Über die Idee einer Theologie der Kultur », Tillich characterizes the act of systematic construction as proceeding from the daring and creative act of an individual establishing its own standpoint, a point of view that takes in the human past and present and that looks from its normative perspective expectantly into the future. Although this point of view is normative, it is not exclusively so. « True or false » do not apply to it or to its rivals. Any criterion of judgement between it and alternate points of view — and there must be a criterion, for to establish a point of view is a responsible or accountable action — does not favor one only at the expense of all others. Here it should be noted that a normative standpoint retains the pathos of necessity without its logical complications.

Many problems remain that cannot be treated here. One may ask whether the metaphysical content that informs Tillich's theology of culture, and his systematic theology generally can survive the formal pruning that I have just proposed. Even if it were to survive, and even if, what to me is indisputable, it served to illuminate some art, one may still ask whether a more accommodating metaphysical content might be devised that better fits Tillich's respect for autonomy and his grand openness to cultural realities, one that is, in brief, more fitting. I believe that there is, although justification of this belief must await a later and fuller development. I close, then, with a brief sketch of a revised Tillichian metaphysical content. « Metaphysical » here signifies a metaphysics of meaning whose first principles are invented or selected as appropriate. First among these principles is the principle of respect. A theology of culture ought to respect

the world and its autonomous meanings. Hence it must be more worldly. And its central idea, the divine (a term that Tillich uses and which
I prefer to the terms « sacred » and « holy », because it is more open, a
brighter term and, like light, more inclusive) is not taken to be the source
of existence, but a source of friendliness and of the enhancement of meaning — a principle that is able to bring out the best of things —
personalized : a life and meaning enhancer (of course, to enchance
something is, in a way, to give it, so we may not go wrong in calling
the divine a « meaning and life giver »). We might characterize the divine
as the « excess » of meaning that is given with all genuine human, or
perhaps we might simply call it « the Good ». The presence of this surplus
does not entitle its recipient to claim ultimacy for itself (ultimacy as well
as necessity will be banished from this construction). Its presence is the
intimation of pure grace beyond the panic of existence, an infinite calm
that comes upon us quite unexpectedly, a heightening of joy, a confirmation of our best moral and aesthetic and intellectual insights and resolu-
tions and a sweetening of the tragic. The idea of the divine is, as Hume
said it but misconceived it, pure praise, honest praise[9].

[9] I am deeply indebted to Jean Richard for inviting me to the centennial conference on Tillich
which he organized and hosted in Quebec, August 18-22, 1986, and which provided me the
motivation and occasion to do this paper. I am grateful to him and to my friends, Gert Hummel, Thomas O'Meara, Robert Scharlemann and Terence Thomas, who contributed critically
and constructively to my thinking on the theme of this paper. I am especially grateful to Gert
Hummel for calling my attention to a paper presented by Michael Palmer at the Frankfurt
celebration of Tillich's centennial held in May 1986. In this paper, Palmer makes more explicit the criticisms first presented in his study of Tillich's theory of art, *Paul Tillich's Philosophy
of Art*, Berlin and New York, Walter de Gruyter, 1984. Because Palmer's conclusions are
based upon a most comprehensive investigation of this theme in Tillich's work, I am encouraged
that there seems to be essential agreement between us.

ARCHITECTURE ET RELIGION

Zbigniew JARNUSZKIEWICZ
École d'architecture, Université Laval

Pour espérer que cette communication puisse, même d'une façon modeste, contribuer aux considérations et discussions des spécialistes et chercheurs des domaines liés à la personne de Paul Tillich, il me semble qu'il faut préciser, en quelques mots, son caractère.

Cette communication se voit comme une intervention externe par rapport aux études spécifiques de Paul Tillich, en même temps qu'un échantillon de pensées, considérations, inquiétudes et fulgurations dans les domaines qu'il a touchés dans ses vastes études sur la religion et la culture.

L'échantillon provient du couple religion-architecture vu par un architecte.

Ce serait un truisme de dire qu'il existe une relation entre religion et architecture. En revanche, il me semble intéressant d'examiner la forme de cette relation, de quoi elle dépend, comment elle évolue et vers quoi elle se dirige.

L'architecte qui aime réagir à deux notions aussi larges que la religion et l'architecture afin de faire partager ses réactions aux autres, se trouve encore une fois devant le besoin de clarifier d'abord, pour lui-même, les éléments qui serviront à la future composition de sa communication. D'un côté, composer pour lui signifie mettre ensemble, unir les parties dans une unité d'ensemble. Composer, c'est faire l'emploi de ce qu'on sait et de ce qu'on sent, sans insister sur la manière spécifique de l'assemblage. De l'autre côté, on doit dire ouvertement et clairement que cette composition n'a pas la prétention de dire quoi que ce soit de nouveau, mais plutôt qu'elle vise un jeu de paume pascalien où « c'est une même balle dont joue l'un et l'autre mais l'un la place différemment de l'autre », ou c'est la disposition des matières qui peut être nouvelle.

Ceci étant dit, comme architecte je me sens plus à l'aise, étant loin de la théologie, de la liturgie, de l'ecclésiologie et des autres disciplines religieuses, aussi loin que certains théologiens peuvent l'être de l'architecture. J'espère et je crois que la base de nos futures discussions et considérations ne sera pas nos compétences et connaissances particulières, mais plutôt nos besoins provenant de nos insuffisances et de nos aspirations.

La religion s'occupe de Dieu, concept de l'homme. L'architecture s'occupe des constructions faites par l'homme. Or l'homme se trouve autant un paramètre de la religion que de l'architecture. Voilà la première relation que je vous propose d'examiner. Les balles du jeu de paume roulent. Roulent-elles dans la direction de l'homme ou dans le sens opposé ? La direction dépend-elle de la volonté de l'homme ou de la grâce divine ?

L'espoir d'une simple confrontation intellectuelle, peut-être naïve mais combien normale et typique dans le contexte de notre civilisation scientifique, s'évanouit à cette tentative initiale. Il est clair que la confrontation de ces deux notions, la religion et l'architecture, dans leurs formes simples et quotidiennes présente des difficultés si on les examine de plus près. La matière grise traitée comme l'ordinateur le plus magnifique et le plus efficace produit les réponses les plus magnifiques et les plus efficaces, réponses qui ne résultent ni du rapprochement de Dieu ni du ravissement par l'architecture, présumément les buts respectifs de la religion et de l'architecture. La seule réponse efficace et claire de l'ordinateur étant « If not go to », elle indique, dans les deux notions, d'autres éléments que les éléments intellectuels traitables par l'intelligence, donc les éléments para-intellectuels qui échappent autant à l'intellect humain qu'à sa merveilleuse progéniture, l'ordinateur.

Voici une lueur à l'horizon quant à la prochaine relation possible. Poursuivons cette idée. La religion, résultant du besoin métaphysique de l'âme, a adopté des structures intellectuelles et physiques pour son usage quotidien : intellectuelles dans le paradigme des règles et recommandations socio-morales, et physiques dans l'organisation ecclésiastique et dans les bâtiments religieux. Si la manifestation de la religion, comme ensemble de doctrines et de pratiques qui constituent le rapport de l'homme avec la puissance divine, est la foi, l'architecture est la manifestation de l'ensemble des connaissances et des expériences dans l'art de bâtir, l'art étant l'expression d'un idéal de beauté dans les œuvres humaines autant que le respect des règles.

Or, la religion n'est pas la foi comme la construction n'est pas l'architecture. La foi n'est pas liée à une seule religion comme l'architecture n'est pas liée à une sphère particulière de la construction. L'une et l'autre sont rares. La foi et l'architecture transcendent les systèmes intellectuels qui sont à leur base. Les deux découlent des besoins métaphysiques de l'âme ou de l'esprit. S'il est reconnu que la foi est le résultat de l'état de l'âme et de l'action de la grâce divine, il n'y a pas de preuve, au contraire, que l'architecture ne soit pas le résultat de l'état de l'esprit et de la même grâce.

La construction résultant des besoins physiques et des aspirations de l'esprit a entouré l'homme d'un environnement bâti dans lequel seulement certains bâtiments ou ensembles de bâtiments sont devenus de l'architecture. Dans cet environnement, suivant Paul Tillich, l'homme peut créer son milieu personnel, l'expression de sa culture. Si la construction n'arrive pas à dépasser par son âme les lois des sciences physiques lui permettant d'assurer seulement la fermeté et la commodité du bâtiment sans ravissement de l'esprit, elle perd son rôle tributaire de la culture et de la civilisation. De même, si la religion, par la préparation de l'état de l'âme et par le phénomène métaphysique de la foi, ne rapproche pas l'homme de l'idée de Dieu, elle aussi perd son rôle tributaire de la culture et de la civilisation. C'est par la contribution des gens qui la pratiquent que la religion influence les déclarations, les activités et les arts, ultime expression de l'esprit de l'homme et de la société.

L'architecture, « mère des arts » dans la tradition de la civilisation gréco-latine, est souvent le seul témoin des cultures et civilisations passées desquelles ni déclaration, ni activité, ni destin ne nous sont connus. L'architecture, à part certains besoins fonctionnels visiblement déchiffrables, contient toujours les signes manifestes de l'aspiration de l'âme et des symboles de l'esprit des individus et des sociétés présentes ou passées. La religion est liée à la foi qui l'active, l'architecture à l'esprit qui, d'une construction, fait une œuvre d'art. Ni la foi ni l'œuvre d'art n'existent abstraitement hors de l'homme ; elles lui sont donc personnelles, provoquant des réflexions et des sentiments particuliers.

Toutes les deux, la religion animée par la foi et l'architecture animée par l'esprit, appellent un dialogue avec l'homme, dialogue de la vie quotidienne parlant du passé et du futur ; ces deux ingrédients de chaque moment du présent le transforment ainsi en un moment d'éternité, attribut de Dieu et lumière sur la voie de tous ceux qui s'acheminent vers lui. Le temps accompagne le couple religion et architecture, ou plutôt maintenant, cette triade : religion, architecture et homme ; leur relation et leur liaison se développent dans le temps. Les changements, bien qu'ils soient différents pour chaque élément de la triade, se joignent, se croisent et s'entrelacent rarement suivant les formules simples des modèles mathématiques mais plutôt suivant la nature aléatoire et imprévisible de la vie humaine.

L'Église, société religieuse, forme physique de la religion, a sans doute changé sa relation avec le monde extérieur dans les dernières décennies. Son attitude, autrefois souvent méfiante et isolationniste en face des problèmes contemporains, a changé depuis en développant plusieurs lignes

de communication avec le monde afin de participer aux dialogues portant sur la recherche de solutions à certains problèmes d'ordre prioritaire de larges secteurs de la population mondiale : la guerre et la paix,
les pays pauvres et les pays riches, la persécution de l'Église, le développement scientifique, la place de la femme dans l'Église, et bien d'autres.
Les relations avec le monde sont très difficiles et exigent beaucoup de
délicatesse. Cependant, comme centre de ce changement, on peut dégager clairement l'attitude humaniste du respect de l'individu et de ses
besoins spirituels, touchant la dignité, le respect culturel et religieux, la
qualité de son environnement et la distribution adéquate des moyens de
sa subsistance.

Parallèlement, durant cette même vingtaine d'années, c'est l'humanisme, le personnalisme, l'échelle humaine, l'environnement, sa continuité et la qualité du milieu personnel qui sont devenus le centre des changements dans la pensée architecturale. Il y a de plus en plus d'architectes
qui pourraient répéter les paroles de l'un de leurs confrères : « Nous avons
finalement compris que la science ne sauvera pas le monde et que l'architecture et la poésie sont aussi importantes que la science. » La conclusion de ces changements s'établit de plus en plus fermement en démontrant que la forme architecturale ne découle ni de la fonction ni de la
technologie de la construction, mais de la culture.

La culture, comme la musique, bien connue mais lointaine, ravive
les souvenirs. Religion et architecture, notions familières depuis l'enfance,
reviennent sous la forme d'un bâtiment d'église, d'un lieu où commença
la pratique de la religion à un stade d'ignorance autant de soi-même que
de l'environnement bâti. La religion, réseau cognitif de commandements,
d'interdictions et de recommandations, se lie à un réseau cognitif de discernement du bâtiment de l'église — grand ou petit, pauvre ou riche, simple ou décoré — dont on m'a dit à l'occasion qu'il était romain, gothique, Renaissance ou moderne.

Les premières sensations ressenties en face du bâtiment de l'église
soulèvent l'émotion, définissant le milieu comme agréable, froid, beau,
antipathique ou laid, et deviennent en même temps une découverte de
soi-même. La révélation que le bâtiment de l'église existe comme quelque chose de plus qu'une forme visuelle devient une confirmation de
la conscience de soi dans une dimension autre que physiologique. À la
pensée dirigée par la vue, le toucher, l'odorat et l'ouïe se joignent des
sentiments d'admiration, de paix, d'inquiétude et de mystère, sentiments
que l'intelligence essaie d'expliquer ou de justifier, mais qu'elle n'est capable ni de provoquer ni de comprendre. En présence de ce « soi » nouveau-
né, pensant mais aussi vibrant de sentiments spirituels, le bâtiment de
l'église acquiert de nouveaux traits para-intellectuels.

Le soleil darde ses rayons à travers les vitraux, laissant ses traces colorées se déplacer continuellement sur les blancs piliers, ne changeant rien
de ce qu'ils étaient et de ce qu'ils seront, rappelant la constance. Chaque

coup d'œil attiré par les couleurs, toujours les mêmes, sur les piliers, contient au même moment leur passé et leur futur visant la même permanence. Le temps semble ralentir. Dans le temps, l'éternité seule est constante. L'éternité est le domaine de Dieu. L'homme, le regard fixé sur les constances et le cœur sur l'éternité, s'approche à portée de la grâce du don de la foi, de cette foi qui entraîne le changement de son milieu de *profanum* en *sacrum* et de la simple construction en architecture par le joint constant du couple religion-architecture, à savoir L'HOMME. L'homme devient de plus en plus le centre de ce couple. Or, la capacité du milieu de stimuler chez l'homme les associations éternelles et divines devient pierre de touche de l'architecture dans un bâtiment religieux.

L'architecture moderne, fonctionnelle, industrielle ou internationale, produit des idées révolutionnaires de la première trentaine d'années du XXᵉ siècle, ne favorisait pas l'homme. La cristallisation de ces idées a pris place sous la pression de la révolution industrielle qui s'est manifestée d'une part par la mécanisation et les changements socio-économiques et, d'autre part, par l'extraordinaire développement des sciences et de la technologie. La science a étendu son influence hors des limites de ses propres disciplines. Elle n'a pas seulement influencé la méthodologie et les façons d'agir des domaines humanistes, mais très souvent l'esprit même d'approche de l'objet de ses études : l'homme. Les preuves les plus tangibles, puisqu'elles sont visibles, de ce « modèle » se trouvent dans le domaine des arts, donc en architecture.

L'évolution lente du « modèle » centré sur l'architecture au sens physique vers l'homme comme élément primordial — l'homme générateur de l'encadrement physique de ses activités et aspirations, encadrement qui peut occasionnellement prétendre au nom d'architecture — telle est la substance de ma philosophie du « design ». Le design, prière, credo de l'architecture.

Mes antécédents remontent à la période pleine de ferveur, d'espérance et d'enthousiasme de la génération qui, après les destructions de la guerre, découvre l'architecture des grands maîtres modernistes. Les écoles, les agences privées et gouvernementales regorgent de jeunes néophytes du modernisme, gardiens fidèles de critères clairs et sûrs, à l'écoute docile du moindre murmure des maîtres mondialement reconnus. L'architecture est alors recherchée, discutée, bâtie, photographiée avec amour, publiée avec éclat dans les journaux professionnels et, finalement, copiée avec révérence. L'homme se voit doté d'architecture qu'il le veuille ou non, et même s'il ne se rend pas compte des valeurs canoniques y compris la beauté véritable, il est généreusement toléré, parce que tôt ou tard, le génie de l'architecte formera, par ses œuvres, une société digne de l'architecture moderne.

Les années passent. L'intérêt pour les canons de fonction, forme et espace, encadrés par la perfection de la technologie aboutissant automatiquement à une architecture définissable et reconnue, fléchit graduellement sous la tentation de l'indéfinissable ; or pour celui qui occupe ou utilise les structures physiques, il importe peu si celles-ci sont dignes ou non de l'appellation d'architecture moderne. Une fois la porte ouverte sur l'homme, le « modèle » commence son évolution naturelle comme « l'arbre qui cherche l'humidité par ses racines et le soleil par sa sommité » sur un chemin de déséquilibres qui représente la vie même. En conséquence de ce changement, l'architecture perd sa position de noyau central du « modèle » au profit de l'encadrement d'une multitude de scénarios humains imprévisibles, marqués par leurs attributs physiologiques des sens et psychologiques de l'âme. La richesse de ces scénarios, une fois captée, rejaillit sur l'encadrement physique, rayonne en retour vers l'homme par le caractère et par l'émotion qu'il y reconnaît. Ainsi se ferme la boucle éternelle de l'œuvre d'art.

Donc, l'homme, ni ange ni bête, imprévisible dans sa marche d'un désir à l'autre, réel ou inventé par lui-même, se libère des formules historiques et stylistiques définissables. Il lui suffit de tendre la main vers Dieu pour obtenir la grâce du miracle de la création, création pour les autres comme pour lui, pour tous ceux qui ont reçu en partage des yeux pour voir et un cœur pour ressentir.

Les balles du jeu de paume roulent : d'une part, le chemin rationnel, scientifiquement déterminable, conduisant logiquement à la vérité visible et universellement vérifiable ; d'autre part, le chemin réaliste de la vie, avec ses illogismes et ses antinomies, conduisant aussi à la vérité, mais souvent invisible et contestable. L'architecture s'aperçoit que la réalité ne peut être réduite à l'existence raisonnée, l'homme étant partie intégrante de cette réalité. Le dialogue avec cet homme, centre de son intérêt et générateur d'architecture, est possible seulement dans la langue de la vie qui reconnaît autant nos aspirations que nos défauts, cette même langue que l'homme utilise s'il désire parler avec la puissance divine.

Religion et architecture se retrouvent de nouveau proches l'une de l'autre. Volonté de l'homme ou grâce divine ? Mystère. Les yeux fermés, je vois clair. Mystère, origine de l'esprit sans lequel l'architecture ne parlerait pas de la culture de l'homme.

SPACE EXPLORATION AND THE HUMAN SPIRIT

A. Arnold WETTSTEIN
Rollins College, Florida

Space exploration has captured the imagination as well as the attention of our time. Cosmonauts and astronauts are folk heroes ; vast audiences watch televised launches and their replays ; countless children dream of making landings on Mars ; films of space adventure achieve cult status ; and persons of all ages understand the landing of Neil Armstrong on the Moon as somehow an event in their own lives. Since the successful launch of the Sputnik, we have been aware of something distinctively new beginning in our age.

More than twenty years ago, Paul Tillich speculated about the consequences of all of this in a lecture entitled « The Effects of Space Exploration on Man's Condition and Stature[1] ». Since that time we have witnessed lunar missions, long-term space laboratory expeditions, probes of Jupiter, Saturn and deep space, and the space shuttle voyages. The time is ripe for a review. What has Tillich left us ? Can his analysis provide insight into the contemporary situation, any fresh directions for Christian theology and a viable strategy for Christian action ? Space technology makes an excellent subject for the study of a technological culture because so many other technologies, computer, communication, transportation, bio-medical and environmental all converge in its successes and failures. What is more, it is very much on the public mind.

*
* *

The public mind is apparently not entirely made up on space issues. Certainly space successes have engendered enthusiasm and excitement ; the human « stature » is enlarged by space potentials. We admire the daring of test pilots always seeking « the outside of the envelope[2] » coupled with the technical expertise of engineers who can create the vehicles to transport them. But it soon dawns on us that the space venture is something more than that. Ray Bradbury, master of science fiction, claims in an interview that space travel is

---

[1] The lecture, prepared in 1964, was included in the tribute volume edited by Jerald Brauer : Paul TILLICH, *The Future of Religions*, New York, Harper and Row, 1966, pp. 39-51.

[2] The phrase is Tom Wolfe's, in *The Right Stuff*, New York, Bantam, 1980.

not a technological feat. It's the attempt of mankind to relate himself to the universe. We have to go into space because we are a gift of this creation, and we can't stay here on earth[3].

The power of that conviction in the public mind is evident in the pervasive response to the Challenger disaster, that we must learn its lessons but not be dissuaded from continuing space exploration. Space has clearly affected our collective self-understanding : where there are frontiers, we must probe them. Our very *Dasein*, our being-in-the-world has been extended to a being-among-the-galaxies.

The actual character and depth of this enthusiasm for space exploration is, however, uncertain. Surely the exponentially-expanded horizons have conveyed an anxiety as well as a pride. Tillich had mentioned Pascal's dread before « the silence of these infinite spaces » when he pointed to « the anxiety of lostness in a small corner of the universe[4] » which accompanies the achievement of new knowledge of the Cosmos. Easy provincialism may be overcome, but at an awesome price. The consequences of the space-induced self-understanding are ambiguous : what we want to know may be what some are afraid to acknowledge. In any case, the public mind has apparently not decided how much meaning or significance it ascribes to space exploration or how much human risk it is willing to tolerate. The priorities in value are unclear : how important is the space program over against personal prosperity or social welfare ? How much of the tax dollar ought it command ? What precedence is to be assigned to scientific, commercial and military interests ? Ought space to be nuclear-free or are « Star War » deployments inevitable ? What is more, we seem to be without the forums of procedures by which the public can make up its mind on these issues, leaving the decisions to be effected in political reactions to immediate crises. The Apollo program of lunar exploration was itself more a device to distract political attention and outpace the Soviets than a scientific venture ; it was abruptly abandoned at the very point at which significant scientific data might have been gathered[5].

*

* *

What Tillich left us for dealing with this situation in light of his thought is an analysis and a task. The analysis insists that space exploration continues the thrust of the modern world since the Renaissance. In Medieval culture, the quest for transcendence emphasized « the vertical

---

[3] In Terrance A. Sweeney, *God &*, Minneapolis, Winston Press, 1985, p. 8.

[4] Tillich, *op. cit.*, p. 44.

[5] *Cf.* Carl Sagan, *The Cosmic Connection : an Extraterrestrial Perspective*, Garden City, N.Y., Anchor/Doubleday, 1973, pp. 157f.

line » of human multidimensionality. The human quest was for « elevation from a universe of finitude and guilt to the reunion with ultimate reality, the transcendent ground and abyss of everything that is[6] ». In the Renaissance and Reformation, « Man's inner aim is the active subjection and transformation of nature and man. » The first repercussions of the Copernican Revolution removed our human habitat from the center of the universe ; soon Christ ceased to be the center of history. Rational man merges in the Enlightenment as « the active center of his world, analyzing, controlling and changing it according to his purposes[7] ». Reason is soon reduced to the determination of the means-end relationship in the triumph of « the horizontal line » of the human reality. But with the *telos* becoming the production of means for human purposes, means themselves become ends and the subjection of nature and humanity turns out to be a *telos* which negates *telos*.

The spiritual consequences of space exploration as an extension of this horizontal thrust of human domination through technical reason are twofold : 1) the « objectification » of the earth as totally calculable, her demythologization as « Mother » and the quantification of nature's components ; and 2) the « exclusive surrender to the horizontal line » leading to « the loss of any meaningful content and to complete emptiness[8] ». The greater our achievements, the deeper our anxieties. Our very human creativity is technologically wedded to our capacity for destructiveness, ultimately complete self-destruction. Tillich warns :

> The intimate relation of space exploration to preparation for war has thrown a deep shadow over the emotionally positive reaction to space exploration. And this shadow will not recede as long as production of weapons and space exploration are tied up with each other[9].

The task Tillich has left us is certainly not to clamor for the abandonment of space exploration. The spiritual dangers inherent in the projects must not lead to prohibition of attempts to realize human potentials ; « Tragic consequences of the discovery and expression of truth are no reason for giving up the attempts to discover and the obligation to express truth[10]. » Frequently Tillich insists on the utter freedom which must be accorded scientific inquiry : « Any restriction of science, even the smallest one, would destroy it altogether[11] »: « Denn Wissenschaft

---

[6] Paul TILLICH, « How Has Science in the Last Century Changed Man's View of Himself ? », *The Current*, 6, 1-2 (1965), pp. 85-89.

[7] *Ibid.*

[8] *ID.*, « Effects of Space Exploration [...] », p. 46.

[9] *Ibid.*, p. 45.

[10] *Ibid.*, p. 47.

[11] *ID.*, « Science and the Contemporary World in the View of a Theologian », *Science in International Affairs* (M.I.T.), 12, 1960, pp. 16-17.

ist frei oder sie ist nicht[12]. » What is necessary is that the continuing exploration along the horizontal line, its choices and applications, must be governed by the criteria whose ground is in the vertical.

Nor is the task somehow to reconstruct the vertical dimension of the multidimensional human reality ; the vertical has never been destroyed. As human beings we continue to ask for meaning not implicit in the horizontality of our experience and for a source of value not deducible from simple existence. The tragic limitations of the domination of the horizontal can still be transcended. The human stature and spirit have not really changed, « although the way of its actualization must be different from that of periods in which the horizontal line has not yet shown its driving power[13] ». This, then, is the task : to recover human multidimensionality through raising the questions of how and why resources are to be allocated, how priorities are to be established, why and how elitism is to be handled and overspecialization avoided — questions which arise from the depths of the vertical dimension.

*

*   *

A summary look at the enthusiasms of a scientist, an engineer and an author of science fiction can give us a sense of our current cultural understanding of the human stature, condition and role in the cosmic process through space exploration. We will find much of Tillich's analysis corroborated.

Carl Sagan, prominent astronomer and prize-winning popularizer of science in print and on television, begins *Cosmos* with the obverse side of Anselm's celebrated ontological argument for the existence of God. Sagan writes : « The Cosmos is all that is or ever was or ever will be[14]. » The statement is thoroughly « horizontal ». The *a priori* prescription is very much on the order of Anselm's assertion that « God is that than which a greater cannot be conceived », which for the saint implies that God exists because an existing being is greater than one merely conceivable. Sagan's implication is that since nothing apart from the Cosmos can be experienced, measured, calculated, properly conceived or known, thus nothing apart from the Cosmos can exist. Both the saintly theologian and the secularized astronomer make the same error in drawing existential conclusions from philosophical assumptions but the consequence of Sagan's view is more inevitably reductionist, for he cannot allow for the Cosmos or its constituents to mediate meaning. What almost redeems Anselm is the prayer which precedes his argument while what almost

---

[12] *ID.*, « Freiheit der Wissenschaft », *Gesammelte Werke*, 13, Stuttgart, Evangelisches Verlagswerk, 1972, p. 153.

[13] *ID.*, « Effects of Space Exploration [...] », p. 48.

[14] Carl SAGAN, *Cosmos*, New York, Ballantine, 1985, p. 1.

saves Sagan is the catch in his throat as he observes the Cosmos « rich beyond measure — in elegant facts, in exquisite interrelationships, in the subtle machinery of awe[15] ». Sagan admits that the Big Bang theory of cosmogenesis does not prohibit belief in the existence or being of God but he sees no evidence for it.

Actually, the scientist takes pains to counter the teleological argument for the existence of a Divine Designer, although that had, of course, been effectively accomplished by David Hume centuries ago. Sagan argues that the universe is not « the traditional benign [one] of conventional religiosity in the West » but that every time a quasar explodes, more than a million worlds are obliterated, probably including countless forms of life, some of them intelligent[16]. That seems to him to deny a design by a benevolent God. His other objection is that « There is a powerful random character to the evolutionary process[17]. » A cosmic ray may strike a different gene with quite another kind of mutation resulting in an unpredictable development. With accident playing a powerful role in the biological process, Sagan doubts that anything really resembling a human being would occur again. Nevertheless, he admits of patterns in the Cosmos and the ubiquity of « laws of nature ». He argues that intelligent life must exist in many places in a universe brimming with life, because everywhere the requisite chemical elements and energies are present. Sagan apparently believes that any element of randomness is incompatible with the presence of design.

The astronomer appears to be going out of his way to avoid entanglement with religious beliefs probably in reaction against the institutional persecutions suffered historically by scientists in pursuit of truth. With this protest Tillich has always identified himself, insisting that the heteronomous imposition by the Church of norms from a realm alien to scientific knowledge is a distorsion of the theological as well as the scientific endeavor. Sagan understands orthodoxy as endemic to religious traditions, sooner or later to be demanded, and is therefore traumatized by a « vertical dimension ».

A most intriguing aspect of Sagan's descriptions of the cosmic scene is his interest in communication with extraterrestrial civilizations. If as many inhabited planets exist in the Cosmos as he estimates, a number will have civilizations well advanced beyond our own. Radio telescopes, capable of ranging to the edges of the universe, if pointed in the right direction at the right time, might receive a message. On Pioneer 10, the first probe into deep space, Sagan arranged for outlines of male and female figures to be included along with ingenious markings « in the only language

---

[15] *Ibid.*, p. 2.

[16] ID., *Broca's Brain : Reflections on the Romance of Science*, New York, Random House, 1979, p. 291.

[17] ID., *Cosmos*, p. 233.

we share with the [potential] recipients : Science[18] ». We will come to a sense of identity, knowing who we are as human beings, in encounter with extraterrestrial intelligent life. And in a classic case of « means » becoming « ends », our resulting self-evaluation must be in the only language we share, and in terms of the only standard which could be applied : technology ! In determining the « most-advanced » civilization clearly technology is the measure of all things. It is instructive to note Sagan's remark that « no civilization can possibly survive to an interstellar space-faring phase » without population control[19]. The issue for him is not the impact of escalating birth rates on the well-being of peoples, their quality of life or the viability of their human communities — it is whether or not we would travel in space !

Sagan's ability to capture our attention and continue to fascinate us with explanations of the basics in a scientific view of the Cosmos is in-comparable and his insights into the contemporary human condition challenging :

> If we are to survive, our time will be famous for two reasons : that at this dangerous moment of technological adolescence we managed to avoid self-destruction ; and because this is the epoch in which we began our journey to the stars[20].

Sagan is an articulate activist in the cause of nuclear disarmament. However, in the end he can have no reason why. He claims we have an obligation to survive not just to ourselves but to the Cosmos « from which we spring[21] ». But how would a nuclear conclusion to life on our planet differ from the explosion of a quasar or the implosion of a black hole ?

The physicist and engineer Gerard K. O'Neill has a somewhat dif-ferent agenda for space exploration, while displaying a similar horizon-tality. Although he admits that « When a scientist indulges in speculation, he throws away the experimental tools which give him his only claim to expertise, and his predictions do not deserve much more weight than those of anyone else[22] », he nevertheless peers into the future to visualize a solar system dotted with space colonies. « Island One » provides a habitat for some 10 000 people, with apartments, lawns and gardens, « Crystal Palace » farming areas for agricultural crops and streams and walking paths around the interior of a sphere a mile in circumference, set in slow rota-tion to simulate earth-normal gravity. Powered by solar energy, it could

---

[18] ID., The Cosmic Connection, p. 18.

[19] ID., Cosmos, p. 257.

[20] Ibid., p. 284.

[21] Ibid., p. 286.

[22] Gerard K. O'NEILL, The High Frontier : Human Colonies in Space, New York, Morrow, 1977, p. 211.

contribute its surplus to the supply provided by countless solar power satellites beaming their energy to Earth's receiving stations for distribution. The abundant supply of cheap energy and further advances in computer, automation and communication technologies will in classic horizontal optimism, result, according to O'Neill, in generosity toward the Third World and its inclusion in the space-induced good life. Whatever the causes of global injustices, the cooption of resources, abrogation of power, systemic greed, etc., all will be corrected with a little more progress toward a technological fix.

In his book *2081*, O'Neill provides a detailed description of life in and among the space colonies as well as in the technologically enhanced communities on Earth, such as « Honolulu, Pennsylvania » where the entire community lives under a climate-controlling, pollution-free dome. He seems to expect a political fix as well in that the living situation offered by small, independent communities « will be sure to alter our ideas about government[23] » but he does remind us « that the gadgets of 2081 will be very different from those we have now but the people will be little different from ourselves[24] ». Human similarity will not be all that remains continuous : one of O'Neill's critics points out the shortcoming in depicting a future little more than « a projection of our present tastes and preferences[25] ». Without the critical principles rooted in a transcendent dimension, O'Neill merely proposes more of our own comfortable middle class values. In the end, one readily sees that his optimism is anchored in his faith in technology rather than in the human beings who create it :

> We know that where people are involved there will always be the potential both for good and for evil ; yet there seems good reason to believe that opening the door into space can improve the human condition on Earth[26].

Tillich disparaged science fiction as a means of transcending the horizontal and genuinely reintroducing the vertical line of human multidimensionality because he believed it to be bound to the materials of the natural universe ; « the earth is transcended, [but] not through something qualitatively other[27] ». Occasionally, however, a writer like Ray Bradbury points to the « qualitatively other ».

Bradbury cheerfully affirms that « space travel has made children of us all ». But for him, that by no means implies a restoration of innocence. He wrote *The Martian Chronicles* in 1946 to « chronicle » the first expeditions to Mars, beginning in 1999. The first earthmen to land are shot

---

[23] ID., *2081*, New York, Simon and Schuster, 1981, p. 74.

[24] *Ibid.*, p. 122.

[25] T. FERRIS, Review in *The New York Times*, May 3, 1981, pp. 15f.

[26] O'NEILL, *The High Frontier* [...], p. 232.

[27] Paul TILLICH, « Effects of Space Exploration [...] », p. 44.

by a Martian who happened to be out hunting while the second group quickly find themselves interned in an asylum. It seems that the rampant pathology on Mars is the illusion that one had come from the third planet ; the more the Earth people insisted, the more convinced the Martians were of their lunacy. By the time the fourth expedition arrives from Ohio, the planet is virtually dead — the Martians were decimated by an epidemic of chicken pox for which they had no anti-bodies.

Bradbury's stories, however, are not all whimsy. Soon serious colonization begins :

> The men of Earth came to Mars.
> They came because they were afraid, or unafraid, because they were happy or unhappy, because they felt like Pilgrims or did not feel like Pilgrims. There was a reason for each man. They were leaving bad wives or bad jobs or bad towns ; they were coming to find something or to leave something or to get something, to dig up something or bury something or leave something alone[28].

Somehow or other, the fourth planet would simply be another stage for acting out the human reality.

As the « chronicles » unfold the news spreads that war was breaking out on Earth ; the expatriates all return because « it's still home there ». Finally, when the nuclear dust settles, a lone family makes its way back to Mars in a private rocket, expecting one more to follow. Dad had told them it would be a fishing trip ; it turns out to be a fresh start for human history. He brought along his papers, government bonds, essays on religious prejudice and the science of logistics, stock market reports, war digests, starting a fire with them.

> I'm burning a way of life [...] Life on Earth never settled down to doing anything very good. Science ran too far ahead of us too quickly, and the people got lost in the mechanical wilderness [...] emphasizing machines instead of how to run the machines [...] But that way of life proved itself wrong and strangled itself with its own hands[29].

They were there to create their own « standard of living ». That is where Bradbury leaves us. From some inner depth or transcendent perspective our pioneer knew that the old « standard of living » was unsatisfying. The new technological opportunity offers a fresh chance but who knows how it may turn out once the other family arrives and humankind is regenerated. Do they not also come « to find something or leave something [...] or leave something alone ? »

Bradbury is fully committed to the horizontal dimension in space exploration. He titled a poem « Nor is the aim of man to stay beneath a stone » in which he challenged :

---

[28] Ray BRADBURY, *The Martian Chronicles*, Toronto and New York, Bantam, 1954, p. 72.
[29] *Ibid.*, p. 180.

> To own the universe, our aim [...]
> Vault Mars, and win the stars with flame[30].

Nevertheless, although he seems to want us to fly simply because we can, a vertical dimension is implicit. For Bradbury, we have a higher responsibility : « God cries out to be saved ; we must save him [...] we are the way of giving him eyes. He extends himself through the universe, and we represent his ability to see and feel and create in this part of the universe[31]. » The incarnation is, in Bradbury's vision, a cosmic phenomenon. He wrote in a space cantata called « Christus Apollo » :

> Christ wanders in the Universe [...]
> He walks upon the molecules of seas [...]
> There Christ by many names is known.
> We call Him thus.
> They call Him otherwise.
> His name on any mouth would be a sweet surprise[32].

The theology may not be very orthodox, but while Bradbury may too casually identify the vertical line with the horizontal, he is sensitive to transcendence.

*

* *

While space probes can transcend Earth's atmosphere, they may not escape the limitations of a reduced human self-understanding. Rocket boosters may stand erect on launch-pads but they continue the horizontal direction of human technologies. Such is the analysis Tillich has left us ; the theological task follows, effectively bearing witness to verticality.

To begin with, theologians will want to use every opportunity to sustain and enlarge a dialogue with scientists on the cosmological issues. As Carl Sagan tells the scientific story, we see him inevitably and continually led to ask the metaphysical questions and as Gerard K. O'Neill envisages the future, he is pressed to raise the anthropological ones. Sagan writes that we are « lost somewhere between immensity and eternity [...] [on] our tiny planetary home[33] ». And yet we know that and something of what it implies. He asks the question of identity, of existential uncertainty : who are we ? are we unique ? are we alone ? how do we discover who we are ? In tracing the history of the Cosmos, he asks the question of origin : from whence did this come ? what forces have shaped it ? in what kind of universe have we emerged ? Scientist, engineer and science fiction writer all ask the question of destiny : where is it all heading ?

---

[30] Ray BRADBURY, *The Haunted Computer and the Android Ape*, New York, Knopf, 1981, p. 9.

[31] In SWEENEY, *op. cit.*, p. 6.

[32] *Ibid.*, pp. 9-10.

[33] SAGAN, *Cosmos*, p. 1.

what determines its goal ? what is the human role, if any ? what of human potentials ? And all ask the question of human responsibility : how ought we relate to the Cosmic Process ? have we an obligation to anything or anyone but ourselves ? Sagan wonders if we have an « obligation » to the Cosmos, which is to imply a purpose. In the very description of the universe and its possibilities, the scientist is inevitably carried beyond the range of the scientific method alone.

Theology does not begin where science leaves off ; on the contrary, the theologian will insist that the scientific quest itself is rooted in the vertical dimension and the telling of its story itself gains its meaning in the context of vertically-based value-judgements. The implicit purposes in scientific knowledge are to predict and control ; the very process involves a commitment to certain value-laden assumptions about the human stature and condition in relation to what is under study. It is over these assumptions that the theologian will challenge the scientist, rather than on the details of the story. The Big Bang theory of cosmogenesis may be neither confirmed not condemned by theology, for it is to be tested as experimentally as may be possible, subject only to scientific judgement ; rather, the theologian will interpret the Big Bang not simply as an event but as a symbol. Theology explores what it means to understand the universe in faith in terms of that Ultimate Reality to which it points, that power of being which sustains its life and provides its inexhaustible meaning.

Tillich's categories in understanding God as « the power of being, resisting and conquering non-being[34] », with dialectical non-being a crucial constituent of the process of being itself, seems particularly compatible with talk of black holes and quasars, the expansion or contraction of the universe, or the « sponge » model of cosmic structure, interpreted either in terms of the relation of galaxies or of the voids between them.

In such a theological context, it begins to make sense to speak of human goals, roles and obligations as well as the prospects of the potential to fulfill them. God as the power of being participates in everything that is : God is « the principle of participation as well as the principle of individualization[35] ». God is that which enables beings or things to be independent as well as interrelated. Such statements are to be carefully proscribed as symbolic, however, rather than categorical : it is not that things are all bits and pieces of God, as Bradbury seems to affirm, or that the universe must be eternal. Symbolically understood, things are meaningful in that they point beyond themselves, participating in that which they represent. Christian theology asserts that as human beings we have a role and responsibility, gaining our courage before the threats of failure,

---

[34] Paul TILLICH, *Systematic Theology*, I, Chicago, University of Chicago Press, 1951, p. 272.
[35] *Ibid.*, p. 245.

of non-being, by participating in the power of being. In the ambiguity of our existence, alienated from our essential nature, such participation is made possible in the power of New Being, manifest in Jesus the Christ. In the realization of such New Being, we proleptically experience the end and aim of all things : « The fulfilment of history lies in the permanently present end of history, which is the transcendent side of the Kingdom of God : the Eternal Life[36]. » As T. S. Eliot has written, « The end is where we start from[37]. »

The second aspect of the task Tillich left us is to enter the debate over technology. Tillich had written a good deal on the subject[38]. Technology is neither inherently good nor universally evil ; it is ontologically grounded in our very being human and thus subject to the ambiguous condition of our existence, alienated from the ground of our being. Technology tends to perpetuate itself as an eminently « horizontal » activity, along with most human functions, but in itself that of course does not make it demonic.

Heidegger's critique of technology is structural : it is inherently guilty of « the forgetting of Being ». It disregards the being in things, using them as objects for its own purposes. While Tillich recognizes the danger, he does not believe it must obviate technology ; rather, the use of entities for technical ends requires stronger justification, which must take us beyond the parameters of technological thinking. This is not quite the same as the view of Jacques Derrida that thought has a special place :

> « Thought » requires both the principle of reason *and* what is beyond the principle of reason, the *arkhe* and the an-archy. Between the two, the difference of a breath or an accent, only the *enactment* of this « thought » can decide [...] That decision is always risky[39].

Tillich's distinction between controlling knowledge which is the product of technical reason and uniting or receiving knowledge with an intuitive form of reason offers a way of going beyond technical reason without necessarily plunging into irrationality. The raising of even straightforward technological questions such as whether NASA ought to build another space orbiter quickly reaches beyond technical considerations for its answer. The need is for a cognitive method relating the horizontal to the vertical.

---

[36] *Id.*, *Systematic Theology*, III, Chicago, University of Chicago Press, 1963, p. 396.

[37] T. S. ELIOT, « Four Quartets », *The Complete Poems and Plays*, New York, Harcourt and Brace, 1952, p. 144.

[38] *Cf.* A. Arnold WETTSTEIN, « Reviewing Tillich in a Technological Culture », *Theonomy and Autonomy*, ed. by John J. Carey, Macon (GA), Mercer University Press, 1984, pp. 113-133.

[39] Jacques DERRIDA, « The Principle of Reason : the University in the Eyes of its Pupils », *Diacritics*, 13, 3, pp. 18-19, cited in Lisa CAMPOLO, « Derrida and Heidegger : the Critique of Technology and the Call to Care », *Journal of the American Academy of Religion,* LIII, 3 (1985), pp. 431-447.

More specifically, an essential part of the examination of technology must focus on devising the schemes of accountability for particular projects themselves. « For what ? » was the question Tillich would demand of every technical proposal. Somewhat soft on technologists, he would expect them to apply their own restrictions once they asked the right questions. It has since become clear to most of us that the technological elite are as capable as anyone else of devising reasons to justify their positions and that entrenched power does not often quietly accede to a better idea. Pressure groups are necessary to guarantee that the questions will not only be asked but answered satisfactorily : not only for what ? but for whom ? for whose benefit ? at what (and whose) expense ? engendering what risks ? with supervision under whose authority and through what decision-making process ? Criteria rooted in the vertical line need to be articulated in technological assessment. Langdon Gilkey calls for criteria relevant to the nurture of authentic community, such as justice and broad participation. An abundance of goods of itself does not produce community[40]. He calls for a vertical dimension.

Finally, the theologian's task must be to bring the vertical dimension to bear on the « deep shadow » cast over space exploration, the development of ultimately self-destructive technologies. Of course, simply because a space project might have military uses is no reason in itself to condemn it. Space has long been militarized ; the issue is one of exercising controls, of assuring the inclusion of other priorities, scientific and commercial. The issue is made urgent by the proposed Strategic Defense Initiative, the « Star Wars » program, with its determination of populating the outer atmosphere with weapons.

The actualization of the vertical dimension is no simple matter on such issues. In commenting on Pope John XXIII's *Pacem in Terris*, Tillich said that what he missed was a discussion of « the ambiguities of power[41] ». Power is something positive, a basic quality of being. Without a realistic assessment of its role, a viable solution to the problems of human conflict is not possible. The vertical dimension must recognize its need for the horizontal and avoid a vacuous idealism while it prevents realism from slipping into cynical acquiescence to the status quo. The fact that an ostensibly defensive system turns out to be offensive in its deployment discloses not only the ambiguity of power but the impossibility of technological solutions which avoid dealing with the human problems themselves.

Nothing confronts us quite so dramatically with the simultaneous promise and the peril of the human condition as does space exploration. Astronauts report never being quite the same after a space flight : seeing

---

[40] Langdon GILKEY, « Is Religious Faith Possible in an Age of Science ? », *Society and the Sacred*, New York, Crossroad, 1981, pp. 104-120.

[41] Paul TILLICH, Comments on *Pacem in Terris*, Feb. 18, 1965, Tillich Archives, Andover Library, Harvard University.

the « Earthrise » has a profound impact[42]. Space exploration does indeed have a significant impact on us all. It can lead us to the very edges of the universe, to the places where the major questions of ontology and anthropology, eschatology and moral responsibility are all raised. As Bradbury put it, space exploration is not simply « a technological feat » ; it is our attempt to relate ourselves to the universe.

---

[42] Conversation with Rep. Bill Nelson, D-Fla., May 18, 1985, following his space shuttle flight.

PAUL TILLICH'S IMPORTANCE FOR ME AS EDUCATOR

Walter LEIBRECHT
Schiller International University
Ingersheim, West Germany

This is the theme or better the question given to me. My answer might be in some way disappointing. Tillich was not primarily interested in education as a discipline, neither could I call myself an educator in the professional sense of the word.

I speak to you not as a professional pedagogue but rather as a person who have been the recipient of educational efforts or should I better say the victim. Also, as professor at various universities I was constantly involved in education efforts. Besides my involvement with students I became active in setting up a school of adult education and supervised educational projects of Harvard students in some of the poor sections of Boston. As a father of five children, you can't help becoming involved in education, although as a parent you discover that things turn out alright in the end not because of education but often in spite of it. For many years I have been involved in the organising and building up of an international university and questions of education of course constantly needed to be discussed and dealt with. For seven years I have been selecting education projects for the German Peace Corps and had to deal with questions of the translation or better transformation of education concepts and achievements into meaningful guidelines for school projects in developing countries. And finally, I have been active as founder and organiser of the « Action Humane Schule » in Germany, a teacher-parent and student association involved in improving the quality of education in Germany. There is no question that some of the ideas of Paul Tillich were of real help in finding my bearings and to reach decisions during these periods of involvement in practical educational efforts.

What then is Tillich's contribution to education ? There is little in Tillich that would contribute directly to pedagogical methods. He is not a professional pedagogue and does not consider himself such. In his early writings, we often find the emphasis that bourgeois education needs to be overcome, to be abandoned. Yet we do not find in his writings any reflections on what in bourgeois education might be worth saving or how a new pedagogy, that could replace the bourgeois one, would look like. We see here the same problem as where Tillich deals with questions of politics and issues of social ethics. He is highly hesitant to deliver any programs, he shys away from getting involved in setting up laws, rules and regulations.

He does not proceed from the conception of basic principles and ideas towards the formation of a new law or a new method. He remains a philosopher, he remains a theologian, but shys away from becoming founder of a religious or political or educational movement, and this is quite in contradiction to another thinker of his time, Rudolf Steiner, who transformed his ideas into practical concepts and became a founder of schools.

The strength of Tillich is the original concept, the basic attitude, the taking in of the whole scene. And, it is in this respect that he has decisive contributions to make to what the education is trying to achieve. I would like to summarize these basic ideas in thirteen theses and then comment on these. I need to proceed in this fashion because of the shortness of time and I am quite aware that by systematizing something that in Tillich's writing is quite intentionally not systematized, I might not do him justice.

1. Education springs from love to the other person or it is not truly education.

2. Education is primarily an introduction into a meaningful life.

3. Education demands from the educator that he be committed to truth and that he do not violate this commitment.

4. True education proceeds in a socratic fashion. It's give and take.

5. The aim of all education is to help man to become more truly human.

6. We cannot educate without guiding ideas and without *Vorbilder* (archetypes) as it is said in German. Tillich dares to spell out the ideas of what the true being of man consists of.

7. Education presupposes community and in turn creates community.

8. Tillich makes it possible for the educator to be a humanist and to be so with a good conscience.

The three following theses would serve, or could possibly serve as guiding principles for a future « pedagogical methodology ».

9. Experience and knowledge come through participation.

10. The method of correlation is basic for all educational efforts as well.

11. The necessity of creative action.

12. The loss and rediscovery of the historical dimension. Tillich's contribution to the teaching of history.

13. The power of symbols and the interpretation of symbols. Tillich contributes to the teaching of religion.

Thesis 1 : Education issues from love or it is not true education

For Tillich, love is in the most inner nature of life, it is the truly moving power of life. Love overcomes all separation and estrangement and true self-realisation stems from love. Only where the educator, parent or teacher loves the child can education bring fruit. As the artist can create nothing whithout passion, without Eros, so the educator can achieve nothing without these. Love aims at the realisation of true being, what is potentially there in the other person, and it aims at overcoming what interferes with this, at helping to overcome what prevents the other to be his or her true self.

It is love as agape, which makes it possible for the teacher to take the child serious by in the uniqueness of the child's character, his age and his place. It is such agape, as Tillich states, that drives the true educator to seriously study psychology, so he can understand in depth the powers at work in a child, powers for instance that may make a child willing to learn or unwilling to learn. It is love for the other that demands that I refrain from any attempt to shape him in my own image.

It is love that makes me seek what is true, unique and genuine to the character of the other. These thoughts we find in Tillich's book *Love, Power and Justice*. While agreeing with Tillich's emphasis, which of course is close to that of Plato, I feel that continuity of a loving relation that is essential for the development of the child is not as strongly emphasized, as he does emphasize the creative support of the educator at certain moments in the life of the child when the time is ready for a particular insight.

Thesis 2 : All true education is an introduction into a meaningful life

Apart from the vocation of the artist, there is no other vocation that can so directly become the expression of « ultimate concern » as that of the educator, the teacher. Educating demands an ultimate responsibility, and only where the educator acts in such spirit, will he be able to awaken in his students a sense for the ultimate. Thus all education is in the final end related to the question of meaning.

And Tillich points out that if the educator is moved by the ultimate, he will approach the material and problems of his research and teaching with a greater intensity and he will probe into greater depth regardless whether his discipline is art, history, physic or biology. His personal concern for meaning and more so his taking into consideration the whole of mankind will add a decisive dimension to his conveying the contents of his discipline. Where teaching happens in this way it will also simply be more relevant for the student and thus more interesting.

Tillich writes : « Education at the university should embrace both, serious and consistent scientific research and the opening up of new horizons, where the ultimate questions of life are seen in the light and perspective of science. That is what the best of our students seek and we should not disappoint them *. » This is the opposite of the trend towards specialisation only, the opposite of the trend towards the emergence of even more scientists and others who longer ask about the reason and the consequences of their doing. And in this context, it is important for the student as well that the sense for something ultimate is awakened in him, because otherwise he falls too easily victim to conformity and uniformity so powerful in our days, and he will never learn to feel and think truly on his own.

Thesis 3 : Education calls for a sense of truth as unconditional

Education is always based on pregiven ideas and values. Education for itself or neutral education does not exist. Tillich emphasizes this again and again. But he shows how you can be committed to a definite world view and yet you can and must remain committed to the demands of an unconditional truth. The educator must not try to evade the boring questions of the pupils. There are no taboos. As a teacher he himself is a person that searches for truths, who fights for truths and the question is always a radical question because God is truth. This conviction has definite consequences for Tillich in his role as university scholar and as teacher.

The demand for the freedom of scholarship for science may not be tampered with. The unconditional demand of truth implies that the scholarship and teaching are either free or they are not real scholarship and teaching. We must carefully distinguish between scholarship and propaganda.

---

* *G. W.,* XIII, p. 469.

Yet Tillich is not a pluralist. The truth can always be only one. In the dialogue and consultation of the religions and different world views, in the clashing of the different political convictions, we always must probe for the truth which remains one. Tillich is convinced that we can postulate at least the criteria of truth.

The educator of the decade prior to World War I was confronted with the dogmatism and fanaticism of various ideologies which all claimed to be absolutely true. So must the educator in our time deal primarily with the phenomena of indifference, or relativism and cynicism. Relativism and cynicism are the greatest hindrance to any educational effort.

Tillich shows us that it is quite possible to fight both relativism and fanatism. Even if we were not to accept what for Tillich the criteria of truth are, so will we yet as educators appreciate the fact that his view of the universe presupposes truth and that he shows that the search for criteria of truth is meaningful even necessary. This can be of great significance for the effectiveness of the education of our time.

Thesis 4 : Education is socratic

The pedagogy against which Tillich takes a stand, which he rejects as bourgeois education, is the type of education that brings forth systems and methodologies which claim to produce exact measurable results, that are predominantly or solely concerned with the quantities of conveyed information. Of course, every educator wants to see results, Tillich would not question that. But what he criticises here is the deterioration of true education into a form of psychological manipulation.

He rejects any assumption that education certainly is different from twisting a person like a piece of wax, or from efforts that try to change a person completely through systematic indoctrination such as this happens in totalitarian states. For Tillich, the parent, the teacher simply accompanies the young person entrusted to them.

The educator has relative freedom but this freedom is limited. His creative doing must proceed very carefully. He must be able to wait for the right moment until the time is ready for a helpful and clarifying word. Most of all, he must have the ability to listen, to listen creatively.

Tillich points in this context to Socrates for whom pedagogy was maieutics, which is the art of midwifery : as the event of birth unites the elements of passive enduring with the highest activity, so are these two elements also present in true education.

As in history, in the life of each human being there are moments of kairos, moments in which something new can take shape in us, moments that call for a decision, moments that determine about being and non-being. To sense such moments in the life of another person and then to be of help and to accompany the other person is the highest task of the educator, but also the one that carries the greatest risk. Education is socratic also because it can be realised only in dialogue, only in the relation between two who fully share in this exchange. The teacher too is always learning from his students. Thus education is to Tillich the very opposite from a merely authoritarian teaching.

Thesis 5 : The aim of all education is to help man to become truly human

This is the prime concern of Tillich. The Telos towards which man is created is to be fulfilled. Only the development of the human personality as a whole leads towards self-realisation. Obsessive one-sidedness and distortions must be avoided. The development of humanness, the development of the character of the whole person or whatever we may want to call it, this aspect is increasingly neglected or overlooked in the schools of our time. As ever more information is fed to the students, as ever more disciplines need to be taught, there is no time and even less inclination to focus on the development of personality. The curriculum, the *Lehrplan* becomes the final criteria, the *Lehrplan* that must be followed and fulfilled by all means.

Tillich always demanded from his students that they study hard. He did not tolerate superficiality and lack of exactness in matters of knowledge. But this was not the most important aspect of learning ; education for him was primarily concerned with the development of the person. At stake is nothing less than the fulfilment of one's true self, the growth of personality and with this also the gaining of self-confidence. Tillich once said that it is a moment of triumph in the life of a teacher when his student confronts him for the first time with a no, that is a no which he backs with reasons and convictions.

Thesis 6 : For education we need archetypes. We need an idea of what man truly and essentially is

We parents, teachers and others who are involved in education, know that self-realisation calls for a real I-thou relation as Martin Buber once classically formulated. But it calls for more. Educators need to have an idea of what it means to be truly human. We need to have an image of man in order to be able to further what is essential and true in a person and to assist in overcoming the results of estrangement. But in this regard the teacher of our times often feels left without guidance.

Philosophers, phychologists, theologians, marxists, all seem to know what is wrong with men and what is wrong with our world and times. Yet Tillich is the only well known philosopher of our period who dares to develop a doctrine of the true being of man, that is man as he essentially is. This is what his ontology aims at.

Although I myself cannot follow Tillich in his conviction that an ontology is possible, and I think that we cannot go that far and would rather want to speak of ontosophy, I nevertheless consider Tillich's great effort to explore and define the image of the true man his most important contribution to education.

Thesis 7 : Education presupposes community and creates community

For Tillich education has always an introductory function. Education introduces into the naturally given community, the family, the tribe, the natives and the church. No man is an island. To become himself, man needs not only the relations to other personalities, he also needs the community, he needs commitment and tradition.

The loss of true community, the dissolution of family ties, of the church as a living congregation, of the country, of the nation as an experienced community contribute to a process of inward disintegration in each individual. Where there is no real community, people live lonely lives although next to each other and in the midst of the crowd. Where community disappears we get the phenomenon of the mass. Cut off from community, man seeks his security, his salvation in adjustment, in total adjustment to the crowd. Conformism in the realm of politics, the arts and in fact the results are everywhere.

This means that the teacher finds himself often confronted with a student who is completely subject to the dictates and the tastes of the others. It becomes increasingly difficult for such a student to make his own choice and decisions and to form his own opinions and convictions. As he orientates himself entirely according to the whims of his pier group, it becomes almost impossible for such a student to take fully seriously his teacher and the demands he puts on the students.

As educators, we are quite powerless over against this process of disintegration of community. Yet as teachers, as educators, and this is what Tillich emphasizes, we need to try to work towards the creation of new communities by establishing wherever possible true I-thou relations between teachers and students. We need to try to get small groups of young people together to work on questions of common concerns. Where such friendship happens, it allows us to be more ourselves.

We know that Tillich was a man intent on changing the world, especially during the twenties and the thirties. But when it became obvious that the world could not be changed, that a culture informed and spirited by an ultimate concern would not emerge when the hopes of the religious socialists were dashed, Tillich became neither bitter nor cynical.

What could not be achieved on the large scale in the life of the nation or among nations could yet become real in the individual or even more in the relations of person to person, and this after all is the proper realm of the educator.

Summarizing the first seven theses, I define the eighth.

Thesis 8 : Tillich makes it possible for the educator to remain even in our times an unabashed humanist

Yet what he has in mind is not a complacent humanism. Tillich's humanism includes the element of radical questioning, it includes prophetic criticism. It is an open humanism, a Christian humanism driven by love towards man and God, thoughtful, creative, active in shaping the world.

The educator as a humanist has the vision to see the world as a whole, a *Kosmos.* He has a picture of the world, an idea of man. He can never be a specialist in the narrow sense of the world. This is not a humanism that is pleased by itself. It does not issue in conceit which is so typical of the European academic who feels superior to others just because of his higher education. The Tillichian humanist is never completed, the humanist remains on the way, a seeker always.

When I think back of the times when I myself went to school, I remember a few, a very few teachers who remained alive in my memory. These were teachers who, thanks to their personality, made a lasting impression on me and who were able to install interest in us the students. We gained strong impulses from them. For the effectiveness of the teacher, the factor of personality always remains the decisive one ; that is as true today as it was always.

At the beginning of this lecture, I mentioned that Tillich has not concerned himself with the field of educational methodology. Yet, among the basic principles which we see at work in his writings, there are some that could contribute to the emergence of a future pedagogy. It is in this context that we consider thesis nine.

Thesis 9 : All knowledge is arrived at by participation

I assume that you know the concept and the meaning of the word participation in Tillich's thought. He emphasizes that everything, for instance a tree or an animal, has its own power of being. This means for our context that the educator must confront the students first with the power of the object of his concern, confront the student with the power of being, for instance, of a historical person or a composition or a picture or a poem. He must expose the students to the impact of this before he starts to analyse and to interpret it. We must present the subject of our teaching first as a given whole before we start to take it apart.

Astonishment, immediacy of experience, artistic appreciation is primary ; it goes before all scientific analysing and understanding. Our consciousness can work with material that we have often absorbed subconsciously. The immediacy of our experience is as important as the reflective absorption of it through critical thinking.

Such experience is truly participation ; it calls for all of our strength. It demands the participation with all of our senses and thinking. Tillich emphasizes that the teacher of certain field, for instance religion or art, must first provide experience or at least he must build on foregiven experience before he can make the subject matter understood. Rare are the teachers who have the ability, the gift to really confront the student to the power of being of the subject of their teaching.

Here is an illustration. One of my sons received a very bad grade in history. When I asked him what they dealt with in class, he answered : « the Middle Ages », and added that this is an area that has long been past and thus rather boring. I questioned him a bit more and found out that his history teacher strictly followed the course plan and text book. The fact that this particular school attended by my son stood in the midst of a town which in its centre is still predominently medieval, that this town is still partly surrounded by medieval walls with fortifications from the 14th century never entered into the consideration and presentations of the teacher. Directly outside the town is located a completely preserved medieval monastery, all this was never mentioned in class. The students never visited or inspected any of these historical buildings. They never left the classroom ; the world of the Middle Ages remained outside, a purely theoretical world, in fact for them a dead reality. This is exactly the opposite of what Tillich means by learning through participation.

Thesis 10 : Tillich's principle of correlation could become the basic principle of pedagogical methodology

What Tillich calls creative listening is of great significance for the educator. I must first of all listen to and know the questions of my students, I must first of all understand their real concerns before I can give them responses that will have a meaning to them. Only then can the teacher count on the students' interest and only then will the student be willing to really listen to what the teacher has to say. It is the art of the true educator to listen and to sense in the questions of his students, even in very simple and sometimes confused questions, the underlying deeper concern. If the educator understands this concern and if he takes it seriously, then he will be able to give the student an answer that will be meaningful to him and helpful.

To sum it up, correlative education creates a community of teachers and students. When the education proceeds correlatively linking questions and answers in dialogue, the educator gains a natural authority, although he will be the very opposite of an authoritarian educator.

Thesis 11 : Education is creative doing

The educator, as well as the artist, knows about the importance of the creative moment. Tillich always remained close to the tradition of romanticism. Spontaneity was important to him. For Tillich self-realisation comes through the development of the creative powers ; for teaching practice this means that a teacher should give tasks that challenge the creative ability of his students. Such tasks successfully done give the student a sense of satisfaction. We all have witnessed how a child that may otherwise dislike school can suddenly work and study with great zeal and achieve astonishing results when he or she feels challenged by a task that demands his or her creative effort.

Thesis 12 : The loss and the recovery of the historical dimension. Tillich's contribution to the teaching of history

Those who teach history today find it difficult, since the interest of youth focuses on what is now and what will be tomorrow. History is often brushed aside as something that needs to be overcome, as something from which we can learn nothing, certainly nothing for the solution of problems of today or of the future.

In Tillich we encounter a philosopher who is fully directed towards the future and yet who continuously reminds us that gaining our identity is closely linked with our being able to develop a sense of history. He himself probed the questions of the historical past as a man who was very much engaged in the political and idealogical struggle of his time. This he had in common with the prophets. With this prophetic element entering into the interpretation of historical events, a teaching of history will become more revealing and more interesting. History will no longer be felt by the student as a merely dead reality.

Thesis 13 : Tillichs' contribution to the teaching of religion

The power of the symbols

Tillich gives important impulses to the instruction of religion. He has shown how faith and doubt are always present together. He has thus taken out the element of anxiety or fear which was often connected with religious instruction.

In his sermons, he has given us illustrations and examples on how the symbols of the Christian faith can be brought to shine forth. And in his theological writings, he has concentrated on spelling out the meaning of each of these symbols. We know Tillich for his incessant questioning : « What does this myth mean ? » ; « What does this dogma mean ? » ; « What is meant by this doctrinal dispute ? » ; « What really is at stake here ? »

He always took those who listened to him into the stream of his thoughts and he made them participate in thinking through a particular element of the Christian faith. He conveys to the listener and reader a sense of coming closer to reality, closer to truth. He has thus been of a particular help to many educators who teach in the area of religion.

Christian faith as a factor that changes reality

In studying the history of the Church, we see how the Christian faith has taken on ever new historical shapes, that this faith was always bound into the rise and fall of a particular historical *Gestalt*. Yet as Tillich points out, the strength and the validity of this faith proved itself precisely in its ability to shape reality and although it was subjected to all sorts of perversion, it was nevertheless always able to rise out of the ashes, rise from all historical incrustations. Tillich sees in the Christian faith a power that will go on to change and shape the world not just for the sake of change, not to have the conservative principle be replaced by a revolutionary principle, but to change the world by driving towards the emergence of a new being, towards the realisation of what man and his world are destined to. Tillich was thus able to convey to his students a consciousness of dealing with a most important matter, with a reality of keen relevance to their life and to their world.

Tillich is of great value to the educator as he shows them how he can deal with and overcome the anxiety and the timidity which so easily befalls him today. Tillich shows us as educators how we can gain the courage and the confidence to begin with our task ever anew.

RÉFLEXIONS SUR LES PROPOS DE PAUL TILLICH SUR LA MÉDECINE ET LEUR ACTUALITÉ

Marie DUBREUIL-CHARROIS
Pavillon Saint-Charles, Québec

Le thème de cette partie, la religion dans les sphères de la culture, nous porte maintenant à réfléchir sur la pensée de Tillich, philosophe et théologien d'origine allemande, concernant les questions et les problèmes de santé. Mais il nous faut d'abord situer la médecine : qu'elle participe de la culture, cela ne fait pas de doute.

La médecine que je pratique se vit dans un contexte nord-américain et dans une province francophone, ce qui lui confère un caractère particulier parce qu'elle vit finalement, plutôt seule, sa propre vie. Depuis 25 ans, une crise des valeurs sévit dans le monde, à laquelle la médecine n'échappe pas. Cette médecine nord-américaine est marquée par la technologie, l'efficacité, la thérapeutique souvent à tout prix, la fragmentation de l'être humain, la défense des droits des médecins, les revendications des conditions d'exercice, le manque d'autonomie, la socialisation et, de nos jours comme auparavant, par le service à rendre, le temps à consacrer à l'écoute, la synthèse des situations vécues par le patient, la recherche de la meilleure solution. La médecine vit aujourd'hui plus que jamais des situations équivoques, paradoxales, où la science et l'art de la profession réussissent mal parfois à s'exercer harmonieusement.

Cette médecine, c'est la nôtre ; elle est surtout exposée à des influences américaines et, sur une moindre échelle, à des influences européennes. Il me faudra donc commenter l'approche de Tillich dans un contexte qui n'est sûrement pas celui qu'il a connu.

C'est comme médecin omnipraticien, en 1986, et diplômée dans cette profession depuis 25 ans déjà, c'est munie d'une petite expérience, encouragée par quelques confrères et en mon nom propre, que je m'aventure à discuter des propos qu'a tenus Tillich sur certains aspects médicaux du travail pastoral et à conclure à leur actualité.

Les écrits de Tillich m'ont révélé sa réponse aux questions médicales d'ordre psychique. Bien que je sois éloignée culturellement par la langue, le pays, les années, l'orientation professionnelle et spirituelle, un effort de ma part dûment consenti m'a fait découvrir ce que nous avons en commun : la recherche du mieux-être des personnes. Ce point ne relève-t-il pas de la grande culture universelle ?

Pour connaître Paul Tillich, je me suis demandé ce qu'il fut, ce qu'il a vécu, quelles influences ont joué sur lui pour que, tout pasteur et professeur qu'il était, il s'intéressât à la composante médicale dans l'action pastorale. Écoutons-le nous dire ce qui suit dans son livre *Aux confins*.

> Quand il m'a été demandé de rendre compte de la manière dont mes idées s'étaient développées dans ma vie, j'ai pensé que le concept de frontière serait le symbole le plus approprié à tout mon développement personnel et intellectuel. En presque toutes circonstances, je me suis trouvé devant l'alternative de deux existences possibles, sans me sentir à l'aise dans l'une ou dans l'autre et sans pouvoir prendre position contre l'une ou l'autre. Puisque penser présuppose la réceptivité à l'égard des nouvelles possibilités, cette position est fructueuse pour la pensée ; mais elle est difficile et dangereuse dans la vie, qui sans cesse requiert la décision et, par conséquent, l'exclusion de l'alternative. [...] Quoi qu'il en soit, je n'ai jamais douté que l'union d'un père brandebourgeois et d'une mère rhénane ait implanté en moi la tension qui existe entre l'Allemagne orientale et l'Allemagne occidentale. En Allemagne orientale, la tendance à la méditation teintée de mélancolie, la conscience aiguë du devoir et du péché personnel, le grand respect de l'autorité et des traditions féodales sont toujours vifs. L'Allemagne occidentale se caractérise par son goût de vivre, son amour du concret, du mouvement, de la rationalité et de la démocratie. [...] L'importance d'un tel héritage des parents ne se trouve pas dans le fait qu'il déterminerait la vie de chacun, mais dans le fait qu'il définit une direction et pourvoit d'une substance sur la base desquelles les décisions critiques sont prises.

L'attrait pour la cité l'a sauvé du refus romantique de la civilisation technique et lui a enseigné à apprendre l'importance de la cité pour le développement de l'esprit critique, pour la vie intellectuelle et artistique. Mais ses liens avec la campagne sont encore plus forts ; presque tous les grands souvenirs et les grands désirs de son enfance sont entrelacés de paysages, de terres, de champs de blé. Puis, la contemplation de la mer, depuis l'âge de 8 ans, le pourvoit de l'élément d'imaginaire nécessaire à la doctrine de l'Absolu. Il dira : « L'alternance régulière de l'élément citadin et de l'élément campagnard a toujours été et est toujours une partie de ce que je tiens pour indispensable et inviolable dans ma vie. »

Dès son jeune âge, Tillich éprouve de l'agressivité envers la classe supérieure, représenté par ses parents, les familles du maire, du médecin et de quelques autres. La conscience de l'injustice sociale lui vint très tôt ; ce point a joué un rôle important dans sa vie et aussi dans son œuvre, précisera-t-il. Dans sa jeunesse, sa position aux confins le fait se rallier à un style de vie, « la bohème », dont la marque tenait à l'absence de certaines conventions bourgeoises dans la pensée et dans le comportement, à un radicalisme intellectuel et à une remarquable aptitude pour l'autocritique ironique. Ces jeunes étaient influencés par Nietzsche, par l'expressionnisme et par la psychanalyse. Il dira encore : « Les difficultés que j'éprouvais à entrer en rapport avec la réalité m'ont entraîné dans une vie imaginaire dès mon jeune âge. Avec le temps cette imagination romantique s'est transformée en imagination philosophique. Pour le meilleur et pour le pire, la seconde ne m'a plus quitté. »

Sa tendance à l'imagination, bonne ou mauvaise, l'a empêché de devenir un « savant » au sens précis du terme, c'est-à-dire un « expert ». Plongé un temps dans les problèmes pratiques, son orientation fondamentale vers la vie intellectuelle n'a pas été ébranlée.

« La littérature, dira-t-il, contient beaucoup trop de philosophie pour satisfaire pleinement au désir de pure contemplation artistique. [...] La découverte de la peinture fut pour moi une expérience cruciale. » Il me semble intéressant de noter ici que, bien que le père de Tillich fut compositeur musical à ses heures et amateur de musique pour son ministère pastoral protestant, Tillich n'est pas attiré par cet art. Réaction au père ? Complexe d'Œdipe ? Je laisse aux savants cette conclusion, mais c'est une hypothèse à faire.

L'enfance, la jeunesse, les études, le milieu universitaire ont façonné chez Tillich une tête que je qualifierais de pensante. Son action se déroule donc au niveau des idées ; théologie et philosophie sont intimement réunies dans sa formation et dans son approche professionnelle et pastorale. Cette connaissance de l'homme Tillich, des influences qu'il a subies et des choix qu'il a faits par la suite, me semble nécessaire à la compréhension de son approche médicale des problèmes.

Il m'a semblé important aussi, pour cette même compréhension, de connaître la médecine allemande. De la revue *M.D.* de février 1986, je traduis ce qui suit :

> Pour les étrangers, les Allemands vivent dans une société hiérarchique, dont l'organisation est hautement technique (mécanisée). Tout en admettant une certaine vérité à ce stéréotype, une caractéristique nationale bien plus réelle est celle du romantisme — ce qui conduit les Allemands à lire de la poésie, à écouter de la musique et à marcher longuement dans les bois à la recherche de renouvellement spirituel. Selon M. Félix Moos, professeur d'anthropologie culturelle : « Les Américains voient dans le corps une mécanique. Pour les Allemands, le corps et la santé sont des parties de l'esprit et de la nature. » Le médecin allemand, de nos jours encore, pense que :« It is not up to the patient to make the diagnosis. » Et puis spécifiques encore aux Allemands, se retrouvent des diagnostics d'insuffisance cardiaque, chez de nombreuses personnes au-delà de 60 ans, en présence d'électrocardiogramme normal, pour autant qu'il y a l'un ou l'autre des symptômes suivants : fatigue extrême, œdème ou nocturie.

Il y a lieu de penser que ce qui se vit à l'heure actuelle en Allemagne se vivait déjà au temps de Tillich et que rien de fondamental n'a changé. C'est donc encore dire l'influence du spirituel sur la vie courante, c'est donc aussi dire l'emprise du maître à penser sur le commun des mortels ; c'est enfin dire la place du psychosomatique dans la combinaison diagnostic-traitement.

Attardons-nous maintenant aux textes mêmes de Tillich. Au début d'un sermon « Sur la guérison », il écrit :

> Il y a quelque temps, j'ai passé trois mois en Allemagne et ce que j'y ai vu c'est un peuple malade [...] Le visage des Allemands m'a paru buriné par des fardeaux trop lourds et par des chagrins trop profonds pour être oubliés. Ce que les visages laissaient paraître était confirmé par les paroles. On m'a fait des récits horribles de douleurs et de désespoirs, d'angoisses, de contradictions et de confusions dans les esprits. Si vous regardez en eux plus au fond, vous trouvez un sentiment de culpabilité, tantôt exprimé, tantôt réprimé. Il se cache sous le rejet passionné de la culpabilité, sous les excuses qu'on se donne, et sous l'accusation des autres [...] D'anciennes animosités couvent et de nouvelles animosités croissent. Il n'y a pas de paix. Voilà une nation malade [...]. J'ai trouvé aussi dans cette nation des gens en pleine santé. Certes, la maladie était aussi inscrite sur leurs visages. Mais en eux il y avait encore autre chose, *une puissance de guérison* les rendait sains en dépit de leurs déchirements, les rendait sereins en dépit de leurs chagrins. Cette puissance de guérison en fait des exemples de ce qui peut et devrait nous arriver.

À mon avis la notion de maladie des nations vaut toujours. La *puissance de guérison,* voilà une découverte heureuse et qui est sûrement d'actualité.

Tillich continue en écrivant que la médecine a fait des progrès majeurs, qu'elle a même gagné des victoires contre de nombreuses maladies physiques :

> Nous avons découvert des remèdes presque miraculeux. [...] Du fait que le contrôle médical rend difficile l'évasion dans la maladie physique, on choisit la maladie *mentale*. Mais, dira-t-on, les souffrances, l'inconfort et l'insécurité qui accompagnent la maladie ne sont-ils pas détestés par tout le monde ? Bien sûr, une partie de nous-mêmes les déteste, mais d'autres s'y complaisent, souvent d'une manière inconsciente, et parfois d'une manière consciente. Il est impossible de guérir d'une maladie, et en particulier des maladies et des désordres mentaux, sans désirer de tout son cœur la guérison. Voilà pourquoi ces maladies sont devenues presque épidémiques dans ce pays. Les gens cherchent une évasion dans des situations où d'autres doivent s'occuper d'eux, et où ils peuvent manifester leur puissance dans leur faiblesse, ou bien se créer un monde imaginaire où vivre agréablement, tant que la vie réelle ne les touche pas. Ne sous-estimez pas cette tentation. L'insécurité fondamentale de l'existence humaine et son accompagnement d'angoisse se font sentir partout et chez tout le monde. C'est un héritage de l'homme, et il se trouve largement accru dans le monde actuel, même dans des pays en pleine vigueur et en pleine santé.

Voilà un texte que j'aurais aimé avoir écrit ; voilà un texte plein d'émotion pour qui fait de la consultation ; un texte rempli de vérité, clair comme de l'eau de roche, qui établit un diagnostic lapidaire, un diagnostic difficile à reconnaître pour le patient, et que des médecins eux-mêmes ne voudront pas admettre surtout en public.

Et que propose Tillich pour recouvrer la santé ?

Recouvrer la santé c'est trouver une intégrité, une harmonie des fonctions physiques et psychiques. Les malades mentaux ont peur du processus de guérison parce qu'il les fait sortir de l'abri sans doute limité mais sécurisant de leur isolement névrotique [...] On nous raconte comment Jésus, sachant cela, a d'abord annoncé le pardon de ses péchés à un paralytique avant de lui faire recouvrer la santé. Cet homme luttait intérieurement contre son sentiment de culpabilité et sa maladie provenait de ce conflit intérieur. Après le pardon que Jésus lui a donné, il s'est senti réconcilié avec lui-même comme avec le monde et il a recouvré la santé. [...] Ces récits nous parlent aussi de l'attitude qui rend possible la guérison. Ils l'appellent la foi. Foi ne veut pas dire ici croyance en des affirmations non évidentes. Jamais la foi n'a ce sens dans une religion authentique. La foi signifie être saisi par une puissance plus grande que soi, par une puissance qui nous secoue et nous retourne, qui nous change et nous guérit. La foi est l'abandon à cette puissance.

Tout ce discours a un sens, un sens que des médecins d'aujourd'hui peuvent encore comprendre et promouvoir. Si je voulais définir la santé, je dirais : harmonie des parties. Si je voulais dire comment assurer sa santé, je dirais : attitude d'abandon, de confiance. Si je pouvais donner un moyen pour développer cette attitude, je dirais : il faut la foi. Si je définissais la foi, je dirais : croire en plus grand que soi et s'y abandonner, croire en quelqu'un qui est l'alpha et l'oméga, qui est le début et la fin, en quelqu'un qui m'aime, qui l'a prouvé, en quelqu'un qui est LA VOIE, LA VÉRITÉ et LA VIE. Les propos de Tillich sont donc tout aussi pertinents aujourd'hui.

Il reste cependant difficile de comprendre la parole de guérison qui consiste d'abord à remettre les péchés. Mais elle s'accepte dans la considération de l'intégrité de l'homme, qui est corps et âme, qui est pécheur et paralytique. C'est une guérison totale qu'accomplit Jésus, ce qui n'était pas compliqué pour lui, mais qui le restera toujours beaucoup plus pour nous qui sommes en division d'abord avec nous-mêmes, ou qui oublions de souligner à l'autre son intégrité.

Mais cette angoisse dont l'homme est malade est double : il y a l'angoisse existentielle et il y a l'angoisse pathologique que Tillich décrira avec soin dans *le Courage d'être*. L'angoisse existentielle appartient à l'existence de l'homme en tant qu'homme, à sa finitude et à son aliénation. La distinction de trois types d'angoisse existentielle est confirmée par l'histoire de la civilisation occidentale. La période antique est caractérisée par l'angoisse du destin et de la mort. Puis, vers la fin du Moyen Âge, l'angoisse de la culpabilité et de la damnation devint primordiale. Ce type d'angoisse a été vécu à la pré-Réforme et à la Réforme. Puis l'effondrement de l'absolutisme, le développement du libéralisme et de la démocratie, la montée d'une civilisation technique qui triomphe de tous ses ennemis et qui voit déjà le commencement de sa propre désintégration, telles sont les conditions sociologiques de cette troisième et principale période d'angoisse. Ce qui domine alors c'est l'angoisse du vide et de l'absurde. Nous sommes sous la menace du non-être spirituel. Pour les deux autres périodes existait la menace de non-être moral et de non-être ontique. « L'angoisse qui, sous ses différentes formes, est virtuellement présente en tout individu se généralise chaque fois que les structures familières de sens, de pouvoir, de croyance et d'ordre se désagrègent. » Tant qu'une certaine cohésion existe, l'individu, bien que non libéré de ses angoisses personnelles, a les moyens de les surmonter. Selon le maître Tillich, les trois formes de l'angoisse existentielle sont dans l'existence humaine elle-même.

Quant à l'angoisse non existentielle, elle résulte de circonstances contingentes de la vie humaine. Cette angoisse dite pathologique est un état d'angoisse existentielle éprouvée dans des conditions particulières. Pour Tillich la clé de l'angoisse pathologique réside en ceci :

> Celui qui ne réussit pas à assumer courageusement son angoisse peut réussir à éviter la situation extrême du désespoir en s'évadant dans la névrose. [...] La différence entre la personnalité névrotique et la personnalité saine (quoique virtuellement névrotique) est la suivante : la personnalité névrotique, en raison de sa plus grande sensibilité au non-être et de son angoisse d'autant plus profonde, s'est installée dans une affirmation de soi bloquée, quoique bornée et illusoire.

Lorsqu'il s'agit maintenant d'envisager une thérapeutique, deux « facultés » s'affrontent : la théologie et la médecine. Il apparaîtra bien évident qu'en cas de douleur abdominale, de toux, de fracture, d'ictère, chacun consulterait culturellement et instinctivement un disciple d'Esculape plutôt qu'un disciple de Tillich. D'ailleurs, Tillich n'a pas abordé les problèmes somatiques, ce qui ne trouverait pas de justification de nos jours non plus. Mais dans le domaine des problèmes du comportement, il est vrai, aujourd'hui comme hier, que « la médecine a besoin d'une doctrine de l'homme pour accomplir sa tâche théorique ». Autrefois, on disait : « Ah !, ce docteur, c'est un vrai bon Dieu ! » Ce docteur connaissait l'homme. L'homme tout entier, avec ses peurs. (« Est-ce que je vais mourir ? », est une question pour le docteur avant tout, n'est-ce pas ?) ; il connaissait l'homme dans son environnement (aux champs, de l'aube au couchant dans une nature difficile à gagner) ; l'homme dans ses relations avec d'autres (l'homme aux chantiers, la femme restée à la maison de nombreux mois, seule, avec une marmaille harassante) ; l'homme dans ses relations avec Dieu (sacrements recherchés pour le nouveau-né ou le vieillard sur le point de rejoindre son créateur). On faisait venir le médecin et le curé, souvent le médecin le premier ; et il se retrouvait souvent seul sur place pour tout assumer, maintes fois. Aujourd'hui, la société a changé ; le docteur aussi, par voie de conséquence. Mais la connaissance de l'homme lui est encore enseignée. Par parties, par systèmes, mais aussi dans l'ensemble. Que le médecin fasse moins de cas de nos jours de l'homme dans son ensemble, c'est une réalité de la médecine moderne ; mais au-delà de la profession, il y a la personne qui l'exerce et, de ce côté, il y a encore beaucoup de sensibilité, de compréhension, d'amour de l'autre, de désir d'aide pour la personne tout entière. Et puis, plus le médecin sera pourvu spirituellement, plus son action sera une aide globale.

Dans ce même ouvrage, *le Courage d'être*, on peut lire chez Tillich :

> La profession médicale a pour but d'aider l'homme dans certains de ses problèmes existentiels, ceux qu'on désigne habituellement sous le nom de maladies, mais elle ne peut pas aider l'homme sans la coopération permanente de toutes les autres professions dont le but est d'aider l'homme en tant que tel.

C'est une idée que l'on connaît bien, que l'on favorise dans certains domaines présentement. C'est l'équipe multidisciplinaire, où le médecin a sa part à occuper. Mais l'existence de cette équipe est encore plus un vœu pieux qu'une réalité à l'heure actuelle. Les intervenants, Tillich l'a écrit, doivent agir en coopération pour aider l'homme. Cette idée l'honore, et elle tient du prophète.

Tillich écrit encore dans le même sens :

> C'est pour cette raison que dans leur interprétation de l'existence humaine la théologie et la médecine ont fatalement retrouvé la philosophie, qu'elles en fussent conscientes ou non. Et en retrouvant la philosophie, elles se sont rejointes, même si leur façon de comprendre l'homme les entraînait dans des directions opposées.

Selon Tillich quelques principes peuvent être énoncés concernant la coopération de la théologie et de la médecine dans leurs rapports avec l'angoisse. Fondamentalement, l'angoisse existentielle, sous ses trois formes principales, n'est pas l'affaire du médecin en tant que médecin, bien qu'il doive être averti de ce qui les concerne. Réciproquement, l'angoisse névrotique, sous toutes ses formes, ne relève pas du pasteur en tant que pasteur, bien qu'il doive en être pleinement averti lui aussi. Ce que je lis ici, c'est que le diagnostic d'un état doit être bien établi, afin d'orienter la personne vers le thérapeute adéquat.

Il convient aussi d'ajouter que dans les états névrotiques pathologiques il s'agit d'un ensemble de troubles psycho-pathologiques qui ont en commun les deux traits suivants : d'une part des symptômes qui attaquent la pensée, l'affect ou la conduite et qui sont des manifestations inconscientes d'un conflit non résolu ; d'autre part, le maintien du contact entre le MOI et la réalité. Le médecin assure adéquatement la fonction diagnostique et il possède des moyens thérapeutiques chimiques ou autres assez étendus. Le médecin omnipraticien a aussi accès à la consultation d'un confrère spécialiste, celle du médecin psychiatre, pour tout

problème qui semble dépasser ses limites. Ainsi, par exemple, le médecin omnipraticien ne dépasse pas ou ne dépassera que très peu les poso-
logies habituellement reconnues ; il hospitalisera plutôt rarement un
patient pour un problème du comportement qui se complique : son confrère spécialiste est, de fait, plus habilité que lui à traiter les complications ; parfois encore, le médecin omnipraticien recherchera un avis, une
observation stricte, un milieu plus restreint pour quelque temps.

Le problème existe bien plutôt dans les cas de névrose existentielle,
consciente ou non. Bien sûr, le médecin doit écouter son patient, analyser les signes et symptômes, établir un diagnostic clinique (en s'aidant
au besoin d'examens complémentaires : radiographie, tomodensitomé-
trie ou autres techniques) et présenter la thérapeutique appropriée. Or,
quand tout ce qui est courant comme diagnostic a été éliminé, quand
une investigation plus poussée revient aussi négative, quand la personne
éprouve encore des symptômes, surtout en présence de signes négatifs,
alors là le médecin doit se poser la question, celle du mal d'être que traduit cette persistance de symptômes (ex. : « Docteur, j'ai encore mal »).
Que faire alors ? D'abord, je dois rappeler que nous avons au Québec
un régime médical de social-démocratie (en voie d'évaluation depuis quelques mois) où la gratuité, le recours à volonté au service médical et aussi
les conventions collectives assurent l'accès de tous à tous les services ou
à peu près. Ce qui fait que le médecin doit souvent tout tenter pour tout
le monde, tout le temps. L'intuition diagnostique vient à tenir peu de place
chez nous ces jours-ci. Occasionnellement, pour une personne qui le con-
sulte fortuitement et plus fréquemment pour des patients mieux connus,
le médecin interviendra du point de vue existentiel et souvent s'entourera d'autres intervenants dans le domaine : le prêtre n'en est pas exclu
d'emblée, sauf que le recours au prêtre est de plus en plus le fait du médecin qui croit à cette approche. Les médecins ne sont plus, d'ailleurs le
furent-ils jamais, un groupe monolithique qui partagent le même cheminement. Ce que nous partageons, c'est la même formation, la même déon-
tologie, la même approche scientifique. Dans le domaine de l'être, nous
sommes UN pour SOI. Heureux le patient qui trouve le médecin qui partage les mêmes valeurs, fussent-elles spirituelles. C'est qu'il y a déjà alors
tout un chemin de parcouru. Des médecins pourront être sensibles à une
orientation spirituelle pour leurs patients, parce qu'ils portent attention
à cette composante de l'être humain ; d'autres y seront moins sensibles
et d'autres pas sensibles du tout. Le patient reste, quant à lui, une personne qui a aussi des idées, des intuitions, une responsabilité envers lui-
même, et il peut recourir aux services de nature à l'aider ; il pourra se
tromper sur le professionnel consulté et recommencer plusieurs fois sa
démarche jusqu'au moment où il trouvera solution à ses problèmes.

De plus en plus, le patient se sait responsable de sa santé et en prend conscience (campagne anti-tabac, port de ceinture obligatoire dans les voitures automobiles, consultation de nature préventive, etc.). L'approche est la même dans le domaine des troubles du comportement.

Tillich affirme que l'angoisse névrotique, d'après son analyse ontologique, est l'incapacité d'assumer son angoisse existentielle. C'est pourquoi, dit-il, « la fonction du pasteur comportera à la fois sa propre fonction et la fonction médicale. » Telle quelle, cette affirmation me paraît non conforme à l'expérience médicale. Elle est plus que troublante : pour moi et ceux de ma profession, l'angoisse névrotique est, pour le moment, *sui generis* ou du moins ne remonte pas à l'angoisse existentielle. L'angoisse existentielle se retrouve dans tout être : la reconnaître et vivre avec elle est le propre d'un esprit sain. Il y a des dérèglements dans l'angoisse existentielle, et chacun y trouve malgré tout une certain équilibre dans l'ensemble de sa vie : c'est ce que j'appellerais une angoisse existentielle physiologique. Quant à l'angoisse névrotique pathologique, c'est un dérèglement qui ne relève pas de la volonté ni du courage d'être.

Pour le médecin, l'angoisse est primaire ou secondaire. L'angoisse primaire résulte directement d'un danger extérieur, d'un traumatisme ou d'un besoin sexuel insatisfait. Cette angoisse comporte la névrose d'angoisse, la névrose traumatique et la psychasthénie. L'angoisse secondaire, elle, tire son origine d'un conflit refoulé. Il y a ainsi trois grandes névroses classiques de cet ordre, soit l'hystérie de conversion, l'hystérie d'angoisse ou phobie, et la névrose obsessionnelle. On pourrait y ajouter la névrose de caractère, qui relève par exemple de l'opposition entre des extrêmes : propreté extrême en regard de malpropreté extrême.

Qu'un pasteur se dise investi de la fonction médicale dans le cas de névrose pathologique est toujours possible, mais peu probable, à moins qu'il ne soit thérapeute. Mais le fait d'être pasteur n'habilite pas cette personne à traiter des patients. Encore faut-il être bien d'accord sur la définition de l'angoisse et avoir bien établi le diagnostic — ce qui n'est pas facile. La formation médicale elle-même ne donne que des solutions de base. La prudence exige de reconnaître ses limites. Le médecin omnipraticien peut avoir acquis une formation plus poussée, par intérêt ou nécessité ; encore là, son rôle doit s'exercer avec doigté et circonspection. Le médecin psychiatre lui-même à l'occasion s'entourera de collègues et confrères dans des cas difficiles. C'est ainsi que mes lectures m'ont fait découvrir la mise sur pied à l'Hôtel-Dieu de Montréal d'une équipe multidisciplinaire qui intervient dans les cas de douleurs chroniques. Cette équipe a pu ainsi retourner au travail des employés qui, en moyenne, étaient absents depuis trente mois de leur travail. Les coûts de cette opération sont du domaine politique, on le comprendra.

Je pense qu'il y a deux sortes d'angoisse et que le médecin, tout en étant au fait de l'angoisse existentielle, joue son vrai rôle dans l'angoisse pathologique. Quant au pasteur, l'angoisse existentielle est de sa compétence, ce qui est davantage du domaine philosophique : sens de la vie, de l'être, de la destinée.

Cette discussion est donc loin d'être finie. Elle pose plus de questions qu'elle n'en résout. J'ai cependant essayé de bien voir, de regarder avec le cœur. Et finalement, je pense que Tillich se révèle un homme profondément humain, sensible, inquiet des malheurs et des peines des hommes ; sa parole donne l'espoir, sa parole est vie, sa parole a donné des fruits.

NARCISSISME ET RÉCONCILIATION LANGAGIÈRE
Paul Tillich et la tentation de l'analyse

Romain GAGNÉ
Département de philosophie, Cégep Garneau, Québec

D'abord un souvenir, l'écho d'un cri, d'un cri assoiffé : « Père, Père, pourquoi m'as-tu abandonné ? » (Mt 27, 46).

En suite solo : l'enjeu

Vous connaissez peut-être cette histoire que Freud rapporte dans *la Question de l'analyse profane*[1]. Il s'agit d'un ecclésiastique appelé au chevet d'un agent d'assurance moribond. Quand l'ecclésiastique sortit de la chambre, ce n'était pas le mécréant vendeur qui s'était converti, mais l'ecclésiastique qui avait contracté une police d'assurance.

Sans doute Freud n'applique-t-il pas cette situation aux rapports de la religion et de la psychanalyse, mais elle pourrait bien convenir à la liaison du théologien de la culture, Tillich, avec l'analyse freudienne.

Dans son désir d'édifier une théologie de la culture qui parlerait aux hommes de son temps, Tillich a emprunté beaucoup à la psychanalyse, plus particulièrement à la psychanalyse freudienne. Cette entreprise rhétorique cependant, plutôt d'atteindre son but en révélant la substance religieuse d'une culture autonome, ne risque-t-elle pas plutôt d'enfermer le théologien dans les vêtements de la modernité ? Celle-ci n'aurait pas exhibé son contenu théonome mais Tillich, à l'image de l'ecclésiastique de l'histoire, serait devenu freudien.

Toute la question est de savoir si la psychanalyse iconoclaste peut être intégrée sans gauchisssement à un projet théonomique. Celui-ci, par sa feinte d'évangéliste, ne risque-t-il pas en atténuant le scandale de l'événement Christ et en « filetant » dans les mailles des sciences humaines le risque de la foi, de se vider de tout contenu proprement théologique ? Dans la manœuvre apologétique de Tillich, les deux disciplines, la psychanalyse et la théologie, n'auraient rien à gagner, la rationalité et la technique de l'analyse se dénaturant dans les limbes d'une confusion

---

[1] S. FREUD, « Die Frage der Laienanalyse », *G. W.*, XIV, p. 259 ; *Standard Edition* (*S. E.*), XX, p. 227; trad. fr. « Psychanalyse et médecine » dans S. FREUD, *Ma vie et la psychanalyse*, Paris, Gallimard (Idées, 169), 1968, p. 154.

méthodologique ainsi créée, et la théologie se vidant de tout contenu spécifique en humanisant à l'extrême le Tout-Autre. « Dieu est au ciel et
l'homme sur la terre », comme le souligne l'aphorisme bien connu de
Karl Barth.

La paradoxale entreprise tillichienne présuppose cependant entendue la délicate question de la religion dans ses rapports avec l'analyse
et les prétentions avouées de celle-ci à la scientificité.

L'aporie d'une psychanalyse réductrice et d'une conception religieuse
édifiante ne peut pas et ne doit pas être esquivée en dissociant la méthode
de la doctrine psychanalytique comme on le fait trop souvent hélas dans
le sillon du vieux travail de Roland Dalbiez[2]. Cette façon d'esquiver la
question, hélas encore répandue chez les *Seelenretters*, est aussi simpliste
que celle de prétendre régler le contentieux en soutenant que les sources mécanistes et matérialistes de Freud ont condamné le Viennois à une
cécité axiologique absolue. La thèse de Maria Dorer[3], malgré son mérite
d'être pionnière des recherches sur les fondements du freudisme, ne résiste
pas à une lecture intégrale de l'œuvre freudienne. Trancher péremptoi-
rement, selon son credo, son commando ou sa libido, le nœud de l'abyssal
pulsionnel et des cimes du sublime serait tout autant faire preuve d'une
ignorance sur l'analyse que sur la croyance religieuse. Ce serait avant tout
faire injure à la mémoire de celui que nous honorons cette semaine et
qui faisait de la frontière, du seuil inconfortable, le « site idéal du
connaître[4] ». Ce serait de plus ignorer toute l'ambivalence du docteur
viennois vis-à-vis de ce qu'il appelait « le nuage religieux libidineux ».

Frontaliers, Tillich et Freud l'ont été tous les deux... et qui se situe
à la frontière, qui ne trouve son lieu qu'aux confins, s'expose à subir
l'attraction de provinces multiples, de territoires autres que la patrie natale.
Qui fraye avec l'étranger, le différent, subit l'empreinte de l'étranger, au
point que celui-ci perd son caractère d'étrangeté pour devenir le familier, mais un familier néanmoins étrange, un familier pas tout à fait de
la famille, un étrange familier, un *unheimliche*. Freud et Tillich, le premier à l'égard de la croyance, le second à l'égard de l'analyse, ont connu
ce sentiment d'inquiétante étrangeté, ce sentiment d'étrange familier. « On
qualifie de « un-heimlich » tout ce qui devait rester... dans le secret, dans
l'ombre et qui en est sorti[5]. »

Notre propos ne sera pas tant ici de nous demander lequel de ces
deux fils de Schelling, Freud ou Tillich, a échoué à refouler le numineux
religieux pour l'un, ou le pulsionnel pour l'autre, mais de montrer comment l'un à la limite du sens, l'autre aux confins de l'insensé, se sont

---

[2] R. Dalbiez, *la Méthode psychanalytique et la doctrine freudienne*, 2 vol., Paris, Desclée de
Brouwer, 1936.

[3] Maria Dorer, *Historische Grundlagen der Psychoanalyse*, Leipzig, Meiner, 1932.

[4] P. Tillich, *On the Boundary : An Autobiographical Sketch*, New York, Charles Scribner's
Sons, 1966, p. 13.

[5] F. Schelling, cité par S. Freud, « Das Unheimliche », *G. W.*, XII, p. 235 ; *S. E.*, XVII, p. 224 ;
trad. fr., p. 221.

rencontrés aux limites du paradigme occidental dominant, la raison instrumentale, dernière métamorphose d'une logique du voir, de la *theoria,* dernière métamorphose du vide éthique de l'évidence. La protestation existentielle que Tillich a toujours associée à la psychanalyse rejoint
le souci freudien de faire entendre la subjectivité occultée du sujet de
la science et de chercher à connaître sans éliminer sa propre subjectivité
mais comme dit Habermas « en l'engageant de façon contrôlée[6] ».

Le frontalier Freud et la tentation ontologique

Le frontalier Freud

À l'instar de Paul Tillich, frontalier, Freud l'a été à plus d'un titre.
D'abord par son lieu de naissance. Freud en effet a eu pour ville natale
Freiberg en Moravie, ville limitrophe du royaume de Prusse et de la Gala-
cie. Les habitants de Freiberg relevaient en majorité de la religion catholique et de la langue tchèque alors que la famille de Freud était juive et
parlait le yiddish et l'allemand. Dans ce confluent où s'affrontent et se
fondent cultures et religions différentes, Freud fait donc très tôt l'apprentissage et l'épreuve de l'Autre, de la différence. Très tôt également il vivra
douloureusement la frontière compagne-ville quand sa famille s'instal-
lera dans le cadre trépidant de Vienne, quittant un monde rural dont Freud
regrettera la liberté et les plaisirs champêtres[7].

Frontalier, Freud le sera également sur le plan disciplinaire. L'objet
de la discipline nouvelle qu'il crée, l'inconscient, emprunte aux multiples modèles régnants : anatomie-physiologie, neurologie, psychopatho-
logie, philosophie, philologie, pour ne mentionner que les principaux.
On ne peut douter que Freud comme Tillich a dû connaître ce qu'il en
coûte, dans la quête de reconnaissance, à celui qui s'aventure à fond sur
les chemins risqués de la recherche interdisciplinaire, loin du confort du
miroir rassurant des pairs. Lui aussi, Freud, a sans doute réalisé ce que
Tillich rappelait avec bonne humeur : « Seul l'hérétique est capable de
donner un avenir à l'orthodoxie régnante[8]. »

Les principaux concepts de la psychanalyse freudienne n'échappent
pas, également, à la métaphore frontalière. L'inconscient figure comme
le *missing link* entre le somatique et le psychique[9]. Le principal opéra-
teur de guérison, le transfert, est conçu comme l'entre-deux (*Zwischen-
reich*)[10] de la maladie et de la vie. Le travail de l'analyse, l'entre-deux

---

[6] Jurgen HABERMAS, *Connaissance et Intérêt*, Paris, Gallimard (Tel, 38), 1980, p. 269.

[7] Ernest JONES, *la Vie et l'Œuvre de Freud*, vol. I : *la Jeunesse de Freud (1856-1900)*, Paris,
P.U.F., 1958, p. 17.

[8] P. TILLICH, cité par Pierre Barthel, liminaire à P. TILLICH, *Aux frontières de la religion et de
la science*, Paris, Le Centurion, 1970, p. 9.

[9] S. FREUD, « Introduction à la psychanalyse », *G. W.*, XI, p. 13 ; *S. E.*, XV, p. 20 ; trad. fr.,
Paris, Payot (P.B.P.), 1968, p. 11.

[10] *ID.*, « Remémoration, Répétition et Perlaboration », *G. W.*, X, p. 135 ; *S. E.*, XII, p. 154, trad.
fr. dans *la Technique psychanalytique*, Paris, P.U.F., 1953, pp. 113-114.

interlocutif de l'interprétation, renvoie au travail de perlaboration (*Durch-arbeitung*), au travail de l'analysant surmontant les résistances. Le concept de *Repräsentanz* exprime la traduction dans le psychique de la pulsion (*Trieb*) en faisant de celle-ci un concept limite (*Grenzbegriff*) entre le somatique et le psychique[11].

Ce dernier concept mérite une attention toute spéciale, car à lui seul il exprime la situation - frontière qui pèsera le plus lourd sur le destin du freudisme, la situation épistémologique de Freud à la frontière de la *Naturphilosophie* déclinante et des *Naturwissenschaften* qui, à partir des années 1850, éclipseront dans les sciences médicales le modèle romantique. Comme Schopenhauer et Nietzsche, Freud s'est à la fois nourri de philosophie spéculative et de physicalisme. Si Freud est le fils du sillon schellingien, il est également l'héritier de l'école de Helmoltz. Cette duplicité épistémologique de Freud, qui a tant alimenté la discussion chez ses exégètes, l'amphibologie d'une économique d'investissements pulsionnels et d'une herméneutique du sens impliquée par l'interprétation, ne peut être éclairée que par la prise en considération du fil socio-politique des concepts, c'est-à-dire par l'examen de l'histoire externe de la théorie freudienne, jalonnée de conflits et de scissions multiples.

Nous avons montré ailleurs[12] que Freud n'a jamais cessé d'être un *Naturphilosopher* — particulier il est vrai — mais sa quête de reconnaissance auprès d'une communauté scientifique dominée par le physicalisme triomphant de l'Université de Vienne l'avait entraîné à couvrir d'une gangue positiviste et organiciste le centrum romantique de son discours, lequel mis à jour par la critique d'un schellingien manifeste comme Jung, finira par se déployer ouvertement dans l'*Au-delà du principe de plaisir*, œuvre qualifiée par Freud lui-même comme « une spéculation des plus débridées[13] » (*Weit ausholende Spekulation*), une spéculation dégagée de toute stratégie de reconnaissance physicaliste. Faute d'une telle analyse contextuelle, nombre d'interprètes de Freud n'ont pas manqué d'y voir une contradiction non résolue. C'est le cas de Tillich lui-même qui affirme que « le pessimisme de Freud quant à la nature humaine et son optimisme au sujet des possibilités de guérison n'ont jamais été réconciliés ni dans sa pensée ni dans celle de ses disciples[14] ». Nous reprendrons plus loin la question quand nous traiterons du Télos freudien.

---

[11] *ID.*, « Trois essais sur la théorie de la sexualité », *G. W.*, V, p. 67 ; *S. E.*, VII, p. 168 ; trad. fr., Paris, Gallimard (Idées, 3), p. 56.

[12] Romain GAGNÉ, « Monisme, Énergétique, Symbolique. Une réévaluation du dualisme freudien », Thèse de doctorat, Université Laval, Québec, 1977, 577 pages.

[13] S. FREUD, « Au-delà du principe de plaisir », *G. W.*, XIII, p. 23 ; *S. E.*, XVIII, p. 24 ; trad. fr. dans *Essais de psychanalyse*, Paris, Payot (P.B.P.), 1967, p. 65.

[14] P. TILLICH, « Psychoanalysis, Existentialism and Theology », *Pastoral Psychology*, 9, 87 (oct. 1958), p. 14 ; trad. fr. dans *Théologie de la culture*, Paris, Planète, 1968, p. 192.

Cette duplicité épistémologique du freudisme oscillant entre un langage hydraulique et un langage herméneutique ne pouvait faire autrement que de marquer la position freudienne vis-à-vis la dimension ontologico-religieuse.

La tentation ontologique de Freud

Celui qui croirait univoque et catégorique la position de Freud vis-à-vis l'ontologique et le religieux n'aurait qu'une vue fragmentaire, partielle et partiale, du discours freudien : sur ces objets la position de Freud est nettement ambivalente.

Sans doute le Freud *Aufklärer* démasquant la fonction sociale consolatrice de l'ontologico-religieux en révélant sa complicité avec l'illusion du désir hallucinatoire du rêve, est bien connu de la plupart des théologiens modernes qui ont tous lu *l'Avenir d'une illusion*. C'est cette position qu'il reprenait deux ans avant sa mort dans une lettre adressée à Marie Bonaparte le 13 août 1937 en ces termes : « Dès qu'on s'interroge sur le sens et la valeur de la vie on est malade, car ni l'un ni l'autre n'existe objectivement : on avoue simplement posséder une réserve de libido insatisfaisante qui [ayant fermenté] a abouti à de la tristesse et de la dépression[15]. » Le refus heinien de « boucher les trous de l'édifice universel avec ses bonnets de nuit et des lambeaux de sa robe de chambre[16] » jalonne tout le parcours freudien, où le magma mystico-religieux et son déterminant, le « sentiment océanique », sont constamment renvoyés au rang de « tentative de rétablissement du narcissisme illimité[17] ».

C'est au nom de ce credo rationaliste auquel il associe la psychanalyse que Freud va refouler les têtes philosophiques qui ont rallié la cause freudienne, les Fliess, les Tausk, les Rank, mais surtout Jung, qui sera excommunié pour avoir osé mettre publiquement en doute la théorie libidinale dans son application au champ de la psychose[18]. Pour endiguer « la marée de boue[19] » (*black tide of mud*) de l'occultisme, Freud tenait à dissocier la psychanalyse de ces spéculatifs qui flirtaient un peu trop avec le domaine nébuleux du mysticisme « aux frontières floues[20] » (*schlecht umgrenzten Gebiete*).

---

[15] S. FREUD, cité dans Ernest JONES, *la Vie et l'Œuvre de Sigmund Freud*, vol. III : *les Dernières Années (1919-1939)*, Paris, P.U.F., 1969, p. 523.

[16] HEINE cité par S. FREUD, « Nouvelles Conférences sur la psychanalyse », *G. W.*, XV, p. 173 ; *S. E.*, XXII, p. 161 ; trad. fr., Paris, Gallimard (Idées, 247), 1971, p. 212.

[17] ID., « Malaise dans la civilisation », *G. W.*, XIV, p. 430 ; trad. fr. dans *Revue française de psychanalyse*, XXXIV (janvier-février 1970), p. 17.

[18] C. G. JUNG, « Wandlungen und Symbole der Libido », *Jahrbuch für psychoanalytische und psychopathologische Forschungen*, IV, Band II, 1912.

[19] ID., *Memories, Dreams, Reflections*, New York, Pantheon Books, 1963, p. 150.

[20] S. FREUD, « Rêve et Occultisme », *G. W.*, XV, p. 32 ; trad. fr. dans *Nouvelles Conférences sur la psychanalyse*, p. 43.

Pourtant, les étroites limites rationalistes qu'il s'était officiellement données, Freud n'aura de cesse, tout au long de son parcours, de les transgresser clandestinement, loin du regard positiviste. Contredisant le filon freudien résolument *Aufklärer,* un autre filon, celui-là plus discret, se laisse en effet repérer à travers des textes à caractère plus privé, sous le sceau du secret de la correspondance par exemple. Ce filon révèle alors un Freud aux prises avec la séduction ontologico-religieuse, un Freud dont la dette vis-à-vis l'héritage idéaliste de la *Naturphilosophie* perce en dépit de l'engagement physicaliste officiel.

Dès son entrée à l'Université de Vienne en 1873, alors même que le cours de philosophie n'est plus obligatoire pour les étudiants en médecine, l'étudiant Freud, malgré sa grille horaire très chargée de cours de physiologie et de zoologie, tient malgré cela à suivre l'enseignement du philosophe Brentano sur Aristote et sur l'histoire de la philosophie notamment[21], se ménageant ainsi un espace spéculatif au sein du bastion physicaliste qu'était la faculté de médecine viennoise de l'époque. En 1880, espérant intéresser sa fiancée Martha à ses lectures philosophiques, il rédige à son intention une introduction générale à la philosophie, un a b c philosophique, comme il l'appelle[22]. C'est à Martha également qu'il confie deux ans plus tard dans une lettre du 16 août 1882 : « La philosophie que j'ai toujours imaginée comme un but et un refuge pour ma vieillesse [la fonction de consolation] m'attire tous les jours davantage[23]. » Vingt ans plus tard, au cœur de la guerre sainte avec Jung, il avoue à ce dernier, à celui qu'il rejettera officiellement en raison de cette même fascination, il avoue sa propension constitutive à la spéculation et « l'extraordinaire discipline » à laquelle il dut s'astreindre pour la dominer (« *my whole make-up is intuitive*[24] »). La domination affichée ici ne semble pas entièrement atteinte sept ans plus tard puisque, en 1920, il confesse sa soif théorique et sa volonté de résoudre les grandes énigmes du monde (*den Rätseln diesser Welt*[25]). Un an plus tard il va même jusqu'à affirmer que s'il avait à refaire sa vie il la consacrerait à la recherche sur les phénomènes occultes ! Bien que Freud ait démenti avoir fait une telle déclaration, le passage incriminant se trouve bien dans une lettre adressée à Hereward Carrington, directeur de l'American Psychical Institute[26].

---

[21] Voir le rapport de Philip MERLAN, « Bretano and Freud — A Sequel », *Journal of the History of Ideas*, 11 (1949), p. 451.

[22] E. JONES, *op. cit.*, vol. I, p. 190.

[23] *Ibid.*

[24] S. FREUD, dans *The Freud Jung Letters*, London, The Hogarth Press and Routledge and Kegan Paul, 1974, p. 472 ; trad. fr. dans S. FREUD/C. G. JUNG, *Correspondance*, vol. II : *1910-1914*, Paris, Gallimard, 1975, p. 234.

[25] *ID.*, « Postface à l'analyse profane », *G. W.*, XIV, p. 290 ; *Collected Papers*, V, p. 208 ; trad. fr. dans S. FREUD, *la Question de l'analyse profane*, trad. Janine Altournian *et al.*, Paris, Gallimard, 1985, p. 146.

[26] *ID.*, Lettre à Carrington du 24 juillet 1921, dans S. FREUD, *Correspondance 1873-1939*, Paris, Gallimard, 1966, p. 364.

Le physicaliste Freud se révèle donc au fil de sa correspondance privée beaucoup moins pur dans son credo positiviste qu'il ne le laissait voir publiquement. Il y aurait donc méprise à croire que Freud n'ait pas subi l'emprise de l'ontologico-religieux et n'ait pas trangressé les limites trop étroites du rationalisme dominant. Cette emprise apparaît nettement dans la fascination qu'exerçaient sur lui les têtes philosophiques de son mouvement. Qu'il ait excommunié Jung n'efface pas le fait qu'il l'avait auparavant désigné comme le dauphin en titre. La séduction exercée sur lui par les *Seelenretters*, les « chercheurs d'âmes », les Romain Rolland, les Lou-Salomé, sa correspondance avec le pasteur Pfister, avec l'analyste mystique Groddeck, par la médiation duquel il importera le Ça nietzschéen, témoignent incontestablement chez Freud d'une transgression des bornes rationalistes. Ne le concède-t-il pas explicitement à ce Georg Groddeck dans sa lettre du 15 novembre 1920 : « Bon, tout individu intelligent a bien une limite où il se met à devenir mystique, là où commence son être le plus personnel[27]. »

Tillich et la tentation de l'analyse

> Dans tous les sens du terme, je me suis trouvé toujours aux confins entre le pays natal et la terre étrangère. Je ne me suis jamais décidé exclusivement pour l'étranger, et j'ai fait l'expérience des deux types d'émigration. J'étais devenu un « émigrant » personnellement et spirituellement bien avant d'avoir quitté effectivement ma patrie.
>
> P. TILLICH, *Aux confins*
>
> Celui que la psychanalyse a empoigné, elle ne lâche plus.
>
> BINSWANGER

Curieusement, c'est au moment même où chez Freud le spéculatif s'affiche ouvertement et où le démoniaque est théoriquement thématisé que Tillich est saisi par la psychanalyse. Comme si, tels les deux mineurs de la métaphore schopenhauerienne qui, ayant creusé leurs galeries à la

---

[27] *ID.*, Lettre à G. Groddeck du 15 novembre 1920, dans G. GRODDECK, *Ça et Moi*, Paris, Gallimard, 1977, p. 65.

rencontre l'un de l'autre guidés seulement par la boussole et le niveau, arrivent à cette minute de joie où chacun entend la joie de l'autre ; Freud et Tillich, le premier avouant sa propension à la spéculation, le second confessant qu'il s'essaie à tisser l'entrelacs de la théologie de la culture et de la psychanalyse, s'étaient, « sans le savoir », rencontrés.

C'est dans les années 1920 en effet que le parcours freudien s'ouvre à l'inquiétante étrangeté, au diabolique de la pulsion de mort, au caractère « démonique[28] » de la compulsion de répétition, la *Wiederholungswang*. « Das Unheimliche » de 1919 dégage la résonance psychanalytique des romans de Hoffman, notamment son roman *les Élixirs du diable*. En 1920, c'est l'*Au-delà du principe de plaisir* qui introduit la pulsion de mort comme facteur d'hétérogénéisation de l'Éros-gène, de diabolisation du sym-bolique homogénéisant suivi en 1923 de l'essai *Une névrose diabolique au XVIIIᵉ siècle*[29] qui développe et amplifie les recherches freudiennes sur la sorcellerie et la possession diabolique, en accréditant la théorie démonologique du Moyen Âge contre la conception somatique des sciences exactes.

Du côté de Tillich, alors *Privatdozent* de théologie à Berlin, les années 20 marquent l'entrée de la psychanalyse au cœur de ses préoccupations existentielles et théoriques. Un tissu social en pleine décomposition, une remise en question des modèles traditionnels de la famille, de l'autorité et de la sexualité conjugués à une situation conjugale personnelle difficile (le courage du divorce) rendent Tillich plus sensibles aux idées freudiennes dont le mouvement est paradoxalement mieux structuré à Berlin qu'à Vienne : « Les idées de la psychanalyse se répandaient, écrit Tillich dans ses réflexions autobiographiques, et éveillaient les consciences des réalités qui avaient été soigneusement refoulées chez les générations antérieures[30]. » Freud n'était alors pas un inconnu pour Tillich. En 1912, son ami d'enfance Eckart von Sydow l'avait initié aux œuvres de Freud et l'influence de la Bohême esthétique et psychanalytique ne l'éloigna sûrement pas de la psychanalyse, puisqu'il alla même jusqu'à entrer en analyse avec le psychanalyste berlinois Heinrich Gosech et à participer à des sessions analytiques[31]. En 1926, dans *Die Religiöse Lage der Gegenwart (la Question religieuse de notre temps),* des références

---

[28] *Id.*, *l'Inquiétante Étrangeté*, G. W., XII, p. 251 ; trad. fr., Paris, Gallimard, 1985, p. 242.

[29] S. Freud, « Une névrose diabolique au XVIIIᵉ siècle », G. W., XIII, pp. 317-353 ; S. E., VII, pp. 217-256 ; trad. fr. dans *l'Inquiétante Étrangeté*, Paris, Gallimard, 1985, pp. 269-316.

[30] P. Tillich, « Autobiographical Reflections », *The Theology of Paul Tillich*, ed. by C. W. Kegley and R. W. Bretall, New York, Macmillan, 1961 ; rev. ed. : New York, Pilgrim Press, 182, p. 13 ; trad. fr. dans P. Tillich, *le Christianisme et les Religions*, Paris, Aubier-Montaigne, 1968, p. 38.

[31] Wilhelm and Marion Pauck, *Paul Tillich, His Life and Thought*, vol. I : *Life*, New York, Harper and Row, 1976, p. 81.

précises à l'Éros freudien figurent explicitement[32]. Ses années américaines à l'Union Seminary, ses contacts avec le groupe analytique new-yorkais ont conduit Tillich à placer la psychanalyse au premier plan de ses préoccupations :

> Le problème de la relation entre la compréhension théologique de l'homme et sa compréhension psychothérapeutique a pris progressivement pour moi une place de premier plan, [...] je ne crois pas qu'il soit possible d'élaborer une doctrine chrétienne de l'homme chrétien sans utiliser l'immense matériau que la psychologie des profondeurs a découvert[33].

Sensible à la dénégation (*Verneinung*) freudienne, Tillich va jusqu'à soutenir que ceux qui « mettent toute leur passion à faire objection à la psychanalyse et au marxisme — il en a beaucoup rencontré — se refusent en fait, comme Œdipe, à la révélation de leur nature réelle[34] ». Plus encore que la théorie de l'évolution, c'est « la révélation du caractère idéologique des actions conscientes de l'homme — qui, en définitive, en dépit de toutes les oppositions [moralisme bourgeois] — transforma la compréhension de soi de l'homme du XXe siècle[35] ». « C'est sous l'impulsion de la psychanalyse que, étonnamment, la tradition protestante a redécouvert sa propre tradition et ses capacités de guérison », écrit Tillich dans *The Impact of Pastoral Psychology on Theological Thought*[36]. Le soin des âmes du ministère ecclésiastique figé dans le rigorisme et une conception étroite de la théorie protestante de la justification aurait tout intérêt, selon Tillich, s'il ne veut pas sombrer dans l'effondrement universel de l'idéal de l'âme, à délaisser sa raideur et sa tartufferie bourgeoise, et à prendre appui sur le modèle de l'analyse.

> Dans la psychologie des profondeurs, écrira-t-il dès 1926, on trouve souvent à présent davantage de conscience réelle du sens de la grâce et, par conséquent, une « cure d'âme » plus salutaire (*mehr heilkräftige Seelsorge*) que ne l'est le « soin des âmes » du ministère ecclésiastique. Celui-ci ne fait que chercher à imposer aux hommes comme une loi l'expérience religieuse des réformateurs[37].

---

[32] P. TILLICH, « Die Religiöse Lage der Gegenwart », *G. W.*, X, p. 26.

[33] *ID.*, « Autobiographical Reflections », p. 19 ; trad. fr., p. 49.

[34] *ID.*, *On the Boundary*, p. 88.

[35] *ID.*, « En quoi la science du siècle dernier a-t-elle modifié la compréhension que l'homme a de lui-même ? », *G. W.*, III, p. 215 ; trad. fr. dans P. TILLICH, *le Fondement religieux de la morale*, Paris, Le Centurion/Delachaux et Niestlé, 1971, p. 230.

[36] *ID.*, « The Impact of Pastoral Psychology on Theological Thought », *Pastoral Psychology*, 2, 101 (February 1960), p. 18.

[37] *ID.*, « le Dépassement de l'idéal de la personnalité », *G. W.*, III, p. 98 ; trad. fr. dans *le Fondement religieux de la morale*, p. 145.

L'*analytic concern,* la préoccupation analytique, ne quittera jamais le théologien et philosophe Tillich. Dans l'un de ses derniers entretiens publiés avant sa mort en octobre 1965, il « confessera » encore, c'est son expression, avoir emprunté à la psychanalyse le concept-médiation vers l'ultime (*medium through*), le concept d'acceptation (*acceptance*)[38].

Tillich ne pouvait pas ne pas être séduit par une pensée comme celle de Freud qui, tant par son objet (le manque-à-être au cœur de l'animal parlant) que par la conjuration rituelle thérapeutique (l'apprentissage du courage de vivre ce manque, cette perte irrémédiable), rencontrait une aventure spirituelle, la sienne, laquelle voulait purifier et démasquer une théologie momifiée par une tradition pharisienne hypocrite.

Après avoir examiné ces lieux frontaliers de la pensée tillichienne et de la pensée freudienne, nous nous demanderons ensuite si « ce merveilleux cadeau[39] » que constituait aux yeux de Tillich la psychanalyse était plus un cadeau de grec qu'un don du ciel.

L'homme fini : où l'Autre freudien rejoint l'*estrangement* tillichien

> Il y a dans l'âme de chaque homme un désespoir caché comme le découvrit Kierkegaard [...] La vérité de cette remarque pénétrante [...] *tous ceux qui* sont capables *d'écouter les résonances de leur cœur* en témoignent.
>
> P. TILLICH, « le Joug de la religion », *les Fondations sont ébranlées,* p. 135. C'est nous qui soulignons.

La métaphore frontalière va nous servir ici encore de guide. Tillich s'appuie en effet sur la terminologie latine du mot « frontière » (*finis*) pour exprimer l'idée de délimitation du champ humain, la finitude[40]. Un existant est un être fini, marqué par la coupure, la séparation, dont l'angoisse du destin, l'angoisse de la perte du sens, l'angoisse de la culpabilité, constituent les trois dimensions phénoménales[41]. Or l'objet de l'expérience analytique est précisément cette négativité du non-être au cœur de l'animal parlant, cette non-coïncidence avec soi-même que Hegel désignait

---

[38] ID., « Tillich and Carl Rogers : A Dialogue », *Pastoral Psychology*, 19, 181 (1968), p. 59.

[39] ID., « Psychoalanysis, Existentialism and Theology », p. 17 ; trad. fr. dans *Théologie de la culture*, p. 199.

[40] ID., « Frontières », *Aux confins*, Paris, Planète, 1971, p. 52.

[41] ID., *The Courage to Be*, New Haven, Yale University Press, 1952, chap. II.

par l'*Unruhigkeit*, la fondamentale inquiétude de la vie et qui constitue le foyer de la dialectique freudienne du désir. Que cette dialectique s'enracine dans le champ de la sexualité n'est pas un énoncé idéologique conjoncturel. Que nous soyons homme ou femme, que la vie, notre vie, jaillisse ou pas des profondeurs de cette dualité, qu'il y ait de l'Autre et pas seulement du même, que le sujet soit un sujet acéphale marqué d'un ratage incontournable, voilà le noyau le plus dur du discours analytique. Désir du désir de la mère, le désir est initialement chez Freud comme chez Hegel, désir de l'autre, désir de reconnaissance. Mais pour s'être arraché aux choses et avoir accédé à la nomination, le « parlêtre » doit payer de son inconscient, l'infinité de son discours conscient, où ce qui s'énonce attend toujours sa signification d'ailleurs, d'un énoncé en plus, indéfiniment. Le désir proprement humain est ce qui choit de l'écart jamais suturé entre le besoin animal et la demande intersubjective :

> La différence, dira Freud, dans l'*Au-delà du principe de plaisir*, entre le plaisir de satisfaction exigé et celui qui est obtenu, est à l'origine de ce facteur qui nous pousse, ne nous permet jamais de nous en tenir à une situation établie mais nous presse indomptés, toujours en avant selon les mots du poète[42].

Cette passion mortifère infinie que Tillich a bien reconnue[43] dans la libido freudienne s'alimente d'une dette impayable inscrite par le sacrifice de la chose, par l'avènement de la symbolisation qui consacre l'éternisation du désir. L'humanisation du désir fait être le désir en l'articulant en langage, en demande, sans que jamais le langage ne l'épuise. *Totem et Tabou* est précisément la dramaturgie mythique de ce sacrifice fondateur, de ce refoulement originaire. Pour l'oreille analytique, il n'y a pas de dimanche de la vie, Freud a appelé cela castration et pulsion de mort, Lacan dans sa voie, écart entre le dire et le dit, entre l'acte d'énonciation et l'énoncé proféré et Tillich, après Kierkegaard, le péché, maladie à la mort, angoisse du rien omniprésent[44]. L'être humain est « fiasco », *failure*[45], dira Tillich dans sa communication sur l'angoisse au Harvard Medical School, recoupant admirablement en cela l'assertion freudienne d'une réalité humaine structurellement clivée, d'un Lacan pour qui le « symptôme est la note propre de la dimension humaine[46] » et le drame de l'homme est d'y faire l'épreuve de son manque-à-être dans le verbe[47]

---

[42] Méphisto dans *Faust*, Acte I, scène 4. S. FREUD, *Au-delà du principe de plaisir*, G. W., XIII, pp. 44s ; *S. E.*, XVIII, p. 42 ; trad. fr., Paris, Payot (P.B.P.), 1981, p. 87.

[43] P. TILLICH, *Systematic Theology*, Chicago, The University of Chicago Press, 1951, p. 54.

[44] ID., « l'Image de l'homme chrétien au XXᵉ siècle », G. W., III, p. 184 ; trad. fr. dans *le Fondement religieux de la morale*, p. 186.

[45] ID., Lecture on « Angst », Harvard Medical School, Feb. 15, 1956, recorded stenographically by P. H. John, p. 22.

[46] J. LACAN, *Scilicet*, 6-7, Paris, Seuil, 1976, p. 56.

[47] ID., « Remarque sur le rapport de Daniel Lagache », *Écrits*, Paris, Seuil, 1966, p. 655.

« pulvérisé dans la cernable métonymie de la parole[48] ». Quand Tillich reproche à certains psychanalystes d'avoir confondu sentiment de culpabilité névrotique et angoisse fondamentale et, en diluant cette dernière dans la première, la rendant guérissable[49], il se retrouve au plus près de l'interprétation freudienne laquelle, répudiant à l'avance les Karen Horney, les Fromm et tous ces *happy* culturalistes américains, n'a jamais jugé possible de surmonter, de dépasser totalement la négativité existentielle en exorcisant la cause de l'angoisse. Freud espérait tout au plus transformer « la misère névrotique en malheur ordinaire[50] », car la folie pour le Viennois n'est pas le résultat purement accidentel d'un traumatisme fortuit, mais est inscrite dans la structure même du psychisme, possibilité intrinsèque de l'existence, l'enfermement névrotique ou la catastrophe psychotique n'étant que la manifestation ouverte actualisée de la folie comme limite intrinsèque à la liberté courant secrètement dans les figures du discours et figée en énigmes symptomales. Dans les *Nouvelles Conférences sur la psychanalyse*, Freud compare la fêlure humaine à un cristal fêlé :

> Jetons par terre un cristal il se brisera, non pas n'importe comment, mais suivant ses lignes de clivage (*spaltrichungen in Stücke*), en morceaux dont la délimitation, quoique invisible (*obwohl unischtbar*), était cependant déterminée par la structure du cristal (*durch die Struktur des Kristalls*)[51].

Épousant la conception freudienne de la réalité humaine, le refus tillichien de la conception foncièrement optimiste de la psychologie humaniste du *growth*, de la pédagogie magique de non-directivité, transparaît nettement dans son entretien avec le grand-prêtre du mouvement du « laisser-faire », Carl Rogers. À Rogers, qui affirmait avoir foi dans la mise en place d'un climat d'extrême (*utmost*) liberté en vue de l'acheminement vers l'autonomie de son patient ou élève, Tillich s'opposera fermement en lui revoyant la question suivante : « Qui est suffisamment libre pour créer une telle situation de liberté pour les autres[52] ? » Le doute profond de Tillich sur l'état de santé de l'animal humain, doute radical partagé et renforcé dans toute expérience analytique sérieuse l'amènera à juger inconséquents les disciples de Freud qui ont édulcoré cette vérité existentielle et finalement réduit le tranchant de son analyse à des fins idéologiques. Tillich écrit :

---

[48] *ID.*, *Séminaire XI*, Paris, Seuil, 1973, p. 172.

[49] P. TILLICH, « Conversation with Psychotherapists », *Journal of Religion and Health*, Montpelier, Vt, II, 2 (1972), p. 56.

[50] S. FREUD, « Études sur l'hystérie », *G. W.*, I, p. 312 ; *S. E.*, II, p. 305 ; trad. fr., Paris, P.U.F., 1956, p. 247.

[51] *ID.*, « Nouvelles Conférences sur la psychanalyse », *G. W.*, XV, p. 64 ; *S. E.*, XIII, p. 59 ; trad. fr. (voir note 16), p. 80.

[52] P. TILLICH, « Paul Tillich and Carl Rogers : A Dialogue », p. 57 ; trad. fr. dans André DE PERETTI, *Pensée et Vérité de Carl Rogers*, Paris, Privat, 1974, p. 105.

Mais quelques-uns des disciples de Freud ont été inconséquents d'un autre point de vue. Ils ont rejeté la compréhension profonde que Freud avait de la libido existentielle et de l'instinct de mort et ils ont, en réduisant ainsi sa pensée, supprimé *ce qui faisait* et *fait encore de lui* le plus profond de tous les psychologues de la profondeur (*The most profound of all the depth-psychologists*). On peut dire ceci même par rapport à Jung qui est pourtant beaucoup plus intéressé à la religion que Freud. Mais Freud, théologiquement parlant, a su mieux comprendre la nature humaine que tous ses disciples qui, en perdant l'élément existentialiste de sa pensée, se sont rapprochés beaucoup d'une conception essentialiste et optimiste de l'homme[53].

On mesure par cet extrait que la figure freudienne est incontestablement plus proche[54] de la pensée tillichienne sur l'être humain que ne l'est celle de Jung, malgré la proximité du maître viennois et de l'ex-dauphin zurichois dans l'aboutissement de leur parcours. L'optimisme des *happy* psychologues les empêchera toujours de voir que c'est à refuser cette épreuve de l'effacement de soi dans l'être du symbole, à fuir ce manque-à-être, que le sujet humain se dérobe dans la névrose et s'effondre dans la psychose. Incapable de supporter que ça rate, que ça cloche, qu'il n'y a pas la vérité, il s'évade dans l'illusion.

D'avoir été « infans », être sans parole, avant d'être dans la parole, parlêtre, l'animal humain n'atteindra d'abord l'objet que par la seule médiation culturelle de l'écran visuel. L'image est d'abord le seul monde de l'être inachevé, fœtalisé, aux instincts défaillants imparfaits. Freud a appelé cela « narcissisme » et Lacan « stade du miroir ». La compulsion à colmater la faille, le divorce humain du monde chaleureux des choses, tient sa ravageuse puissance de la permanence d'un narcissisme jamais aboli mais tout au plus endigué, canalisé par les rets du langage, induit par l'identification au Père nommé reconnu par la mère, au Père symbolique qui de l'objet maternel a fait son deuil. Le cœur de la névrose et de la psychose gît là comme surpuissance imaginaire et défaillance symbolique. La souffrance névrotique et la violence du paranoïaque sont l'échec des figures paternelles impuissantes à porter la « loi », la « loi du langage », le « Nom-du-Père », laissant fleurir chez les fils et filles la passion mortifère du même. La violence ne surgit pas de la limite, de la différence, mais d'un manque de différence, de l'absence d'inter-dits. Tillich l'a bien vu :

---

[53] *Id.*, « Psychoanalysis, Existentialism and Theology », *Pastoral Psychology*, 9, 87 (oct. 1958), p. 14 ; trad. fr. dans *Théologie de la culture*, p. 194.

[54] On trouve dans *Tillich Gesammelte Registre* 43 entrées à Freud contre 27 à C. G. Jung. Cet indice, tout en surface, demeure un indicateur matériel incontestable.

La tentation de ne pas accepter cette finitude, d'élever son propre moi au niveau de l'inconditionné, du divin, se retrouve tout au long de l'histoire. Toute personne qui succombe à cette tentation détruit son monde et se détruit elle-même[55].

La liberté finie de Tillich, sa conception d'un état de séparation d'une enclave hors de l'universelle structure de participation où tout être pour être doit participer, ce retrait symptomatique d'*hubris*[56], recoupe admirablement l'analyse freudienne et lacanienne de la stase narcissique dans le devenir sujet jamais tout à fait dépassé, les fanatismes de tout ordre y témoignant par leur violence et leurs idoles.

Le deuil à faire de l'Enfant imaginaire que nous fûmes, que nous sommes encore, le deuil à faire de sa *Majesty the Baby*[57] de la plénitude du paradis narcissique illimité que Tillich avec Freud nous ont pressés, dans le sillon chrétien ou non, à refaire sans cesse, devient une urgence criante dans une ère où la parole authentiquement donnée, la foi jurée, succombe sous la tyrannie des semblants et la prolifération affolante de l'image spectacle, de la politique spectacle, ère que Christofer Lasch a déjà qualifiée d'ère du narcissisme[58] et que nous avons appelée, nous, l'ère des walkmen solitaires, indifférents aux autres, indifférents au monde.

Tillich ne pouvait pas ne pas être séduit par l'analyse freudienne de la finitude et de l'aliénation. Elle apportait un matériel précis et une description plus fine des processus démoniques dans leurs manifestions psychologiques et morales. Ce qui faisait même dire à Harry Tiebout Jr., dans un article sur « Tillich and Freud on Sin », « que dans sa conception des manifestations de l'*hubris,* Freud me semble plus clairement chrétien que Tillich [qui] revenu de son vol ontologique (*ontological plane*) semble abandonner la psychologie chrétienne pour celle de Karen Horney[59] ». « La pénétrante analyse freudienne de l'égoïsme, continue Tiebout, de l'amour-propre occulté par une humilité et une dépréciation personnelle de façade semble plus dans le sillon de la psychologie chrétienne[60]. »

Nous ne trancherons pas la question ici, cela n'est pas notre propos, mais nous ne nous tromperons sûrement pas si nous affirmons que Tillich tout autant que Freud loge le « rien » au cœur même du devenir humain : si pour Lacan le premier pas de l'hominisation place « l'instance du moi dans une ligne de fiction [préfigurant] sa destination aliénante[61] »,

---

[55] P. Tillich, *G. W.*, XIII, pp. 419-423 ; trad. fr. dans *Aux confins*, p. 53.

[56] Id., *Systematic Theology*, p. 51.

[57] S. Freud, « Pour introduire le narcissisme », *G. W.*, X, p. 161 ; *S. E.*, IV, p. 94 : trad. fr. dans S. Freud, *la Vie sexuelle*, Paris, P.U.F., 1970, p. 98.

[58] C. Lasch, *The Culture of Narcissism*, New York, Warner Books, 1979.

[59] H. Tiebout Jr., « Tillich and Freud on Sin », *Religion in Life*, (Spring 1959), p. 235. La traduction française est de nous.

[60] *Ibid.*

[61] J. Lacan, « le Stade du miroir comme formateur de la fonction du « Je » », *Écrits*, p. 95.

« le lent processus de transition de l'innocence rêvante (*dreaming inno-cence*) à l'actualisation de soi (*self-actualization*) d'un côté et à l'altéra-tion de soi (*self-estrangement*) de l'autre [...] sont deux processus entre-mêlés de façon ambiguë[62] » pour Tillich.

Ce devenir humain atteint-il absolument son but, un but ? C'est ici qu'est posée la question de la fin de l'analyse ou, en termes tillichiens, la question du Télos, du salut, la question de la *con-version* ou de la *con-versation* infinie pour Freud.

Télos tillichien et Télos freudien : là où « conversion » et « conversation » se conjoignent

> Je voudrais lui assigner un statut [la psychanalyse] qui n'existe pas encore : le statut de pasteurs d'âmes *séculiers* qui n'auraient pas besoin d'être médecins et pas le droit d'être prêtres.
>
> FREUD, Lettre à Pfister,
> 25. 11. 1928

Plus encore que par la négativité et la fêlure de la réalité humaine qu'elle mettait à jour, c'est la possibilité thérapeutique de l'analyse à démas-quer les faux-fuyants et les tartufferies protestantes de toutes sortes et à conduire l'analysant à l'acceptation de soi-même, non pas par quelque magique *Perfektiontrieb* omnipuissante, mais par une laborieuse rencontre interlocutive entre deux subjectivités qui a saisi Tillich et l'a amené à faire de l'analyse une préoccupation essentielle, une passion indéfectible, une passion infinie.

Si Rousseau est considéré comme celui qui a laïcisé le schéma ter-naire de la théologie chrétienne, paradis de l'innocence naturelle — chute culturelle et rédemption sociale et pédagogique, voire analytique (*Con-fessions*) — il est possible d'avancer que Freud réalisa la même transva-luation sur le terrain de la médecine de l'âme (le stade adamique du nar-cissisme originaire — la faute du refoulement — la rédemption du cabi-net analytique). Freud tout autant que Tillich n'ignorait pas que la termi-nologie analytique puisait à la même source que celle du soin chrétien des hommes :

---

[62] P. TILLICH, « P. Tillich and C. Rogers : A Dialogue », p. 58.

Nous agissons, dira Freud, à la fin des *Études sur l'hystérie*, autant que faire se peut en instructeur (*als Aufklärer*) là où l'ignorance a provoqué quelque crainte, en professeur, en représentant d'une conception du monde libre, élevée et mûrement réfléchie, enfin en confesseur (*als Beichthörer*) qui, grâce à la persistance de sa sympathie et de son estime une fois l'aveu fait, donne une sorte d'absolution (*Gleichsam Absolution*)[63].

Plusieurs années plus tard, dans sa conférence sur « la Personnalité psychique », Freud emprunte encore une fois la terminologie religieuse en rapprochant certaines pratiques mystiques de la maladie mentale clairvoyante :

> La maladie psychique peut, c'est certain, provoquer aussi des divisions semblables, et nous nous représentons aisément que certaines pratiques mystiques arrivent à bouleverser les relations normales entre les instances psychiques, que la perception devient capable de saisir des rapports dans le moi profond et dans le Ça qui lui seraient sans cela restés impénétrables. Pourrat-on parvenir par cette voie jusqu'aux *ultimes vérités* dont nous attendons notre *salut*[64] ?

Quelques lignes plus loin, il écrivait la phrase qui a suscité une foule de gloses, et qui pourrait résumer la finalité analytique : « Là où « *Ça* » était doit advenir « *Je* » (*Wo Es war, soll Ich werden*) ; c'est un travail de civilisation tout comme l'assèchement du Zuyderzee[65]. »

Tillich, tout autant que Freud, en « occidentaux chrétiens » qu'ils étaient, ont su exploiter toute la richesse sémantique des termes latins « *salus* (sain, guéri, unifié)[66] », « *absolutus* (délivré, libre, sans entraves) ». Mais par-delà la parenté étymologique de la Parole luthérienne qui guérit et de la Parole freudienne qui sauve, par-delà les astuces apologétiques ou didactiques, Tillich peut-il légitimement voir dans la visée du processus thérapeutique freudien un au-delà de l'aliénation existentielle, un asile de réconciliation ?

C'est le *finis* au sens de but, de *télos*, qui est cette fois-ci en jeu. Y a-t-il dans le corpus freudien un Autre de l'Autre, un au-delà du malaise d'être homme, un au-delà du malentendu fondamental au langage ?

La dimension thérapeutique de l'analyse comme traitement psychique, et plus encore le concept de sublimation, souvent évoqué mais jamais systématisé néanmoins, indiquent chez Freud un possible dépassement,

---

[63] S. FREUD, « Études sur l'hystérie », *G. W.*, I, p. 312 ; *S. E.*, II, p. 305 ; trad. fr., Paris, P.U.F., 1956, p. 228.

[64] ID., « Nouvelles Conférences sur la psychanalyse », *G. W.*, XV, p. 86 ; *S. E.*, XIII, p. 80 ; trad. fr. (voir note 16), p. 106. C'est nous qui soulignons.

[65] ID., *G. W.*, XV, p. 86 ; *S. E.*, X, p. 86 ; trad. fr., p. 107. On notera ici, sans que Freud n'y fasse allusion cependant, un rappel de l'aphorisme schellingien : « Wo die Kunst sey, soll die Wissenschaft erst hinkommen » (F. SCHELLING, *Samtliche Werke*, III, p. 623).

[66] P. TILLICH, *Psychoanalysis, Existentialism, and Theology*, p. 12 ; trad. fr. dans *Théologie de la culture*, p. 190.

une possible assomption (*Aufhebung*) de la négativité propre à l'animal parlant. Paul Tillich a raison de souligner que le concept de sublimation fait une « brèche (*break through*) » dans le déterminisme de Freud[67]. L'intuition tillichienne, bien que non étoffée, vise cependant juste.

Nous avons montré ailleurs en effet que le concept de sublimation, s'il avait été thématisé systématiquement chez Freud, aurait dévoilé le *centrum* idéaliste et schellingien de Freud[68]. Il aurait en effet pointé l'inorganicité de son sol en révélant sa proximité conceptuelle avec les concepts de *Kulturarbeit* (travail de civilisation) et *Durcharbeitung* (perlaboration). Paul Ricœur[69] a déjà bien établi que l'économique de la pulsion, sur le plan des investissements solipsistes, restait l'ombre portée de la dialectique des rôles, laquelle impliquait une téléologie non thématisée du devenir-conscient. À travers les concepts d'identification et d'idéalisation (Moi idéal, Idéal du Moi) le concept de sublimation non thématisé englobait les concepts opératoires non thématisables dans l'économique freudienne. Nous avons montré nous que la critique jungienne, principalement les *Wandlungen und symbole der Libido (Métamorphoses et symboles de la libido*, 1912), lesquelles pointaient publiquement l'échec d'une théorie descriptiviste et substantialiste, telle celle de Freud, à intégrer le champ psychotique, avait poussé Freud à déréaliser en 1915 le sol « prétendument » empiriste de sa théorie en accordant un rôle étiologique plus important à un schéma transcendantal qu'à l'expérience individuelle contingente (*l'Homme aux loups* et l'*Urszene* organisatrice), à inscrire dans un pur espace de grandeurs psychiques (la *Vorstellungsrepräsentanz*) l'organicité présumée de la pulsion. L'Originaire, l'*Ur* goethéen triomphait, et dans cette déconfiture épistémologique du physicaliste Freud, la sublimation, toujours conçue antérieurement comme processus sexuel organique déplacé dans un champ moralement plus élevé, va se trouver désexualisée et se présenter comme travail du symbolique :

> Si cette énergie de déplacement est de la libido désexualisée, on est en droit de la nommer aussi sublimée (*auch sublimiert*) puisqu'en servant à instituer (*Herstellung*) cet ensemble unifié (*Einheitlichkeit*) qui caractérise le moi ou qui se manifeste à travers la tendance (*durch das Streben*) de celui-ci, elle s'en tiendrait toujours à la visée principale d'Éros qui est d'unir et de lier (*binden*)[70].

Ce qui apparaît ici nettement dans ce texte de 1923, à savoir une sublimation d'ordre symbolique, ne pouvait être thématisé avant le refoulement politique de Jung (1912), car cela aurait accrédité la thèse jungienne

---

[67] *ID.*, « Existentialism, Psychotherapy and the Nature of Man », *Pastoral Psychology*, II, 105 (June 1960), p. 14.

[68] Romain GAGNÉ, « Monisme, Énergétique, Symbolique [...] ».

[69] *De l'interprétation*, Paris, Seuil, 1966.

[70] S. FREUD, « le Moi et le Ça », *G. W.*, XIII, p. 274 ; *S. E.*, XIX, p. 45 ; trad. fr. S. Jankélévitch, Paris, Payot, 1967, p. 217.

d'une *Urlibido*, d'une énergie potentielle actualisable en multiples métar-morphoses. D'« insistant » tout au long du parcours freudien, l'idéal, le sublime, va devenir « instance » de la psyché, instance de l'idéal du moi (*Ichideal*), instance de l'essence supérieure de l'homme (*höhere Wesen*)[71], modèle idéal de la « réconciliation » (*Versöhnung* : j'insiste sur ce terme religieux) des multiples allégeances du moi[72].

Le triomphe de l'originaire et de l'idéalisation entraînera une refor-mulation des écrits techniques. Si le symptôme n'est plus la trace mémo-rielle d'un événement du passé, mais plutôt son actualisation dans la rela-tion transférentielle, le pivot thérapeutique ne peut plus être l'anamnèse historique de l'événement traumatisant, mais plutôt une contre-force symbolique de la « dia-bolique » compulsion de répétition (*Wiederho-lungszwang*), pharmakon mimétique inverse que Freud a appelé *Durch-arbeitung* (perlaboration). Opérant au cœur du transfert dans l'entre-deux du lien amoureux expérimental, cette force de travail constituerait l'essen-tiel facteur de transformation, de guérison :

> Le transfert (*Übertragung*) crée de la sorte un domaine intermédiaire (*Zwi-schenreich*) entre la maladie et la vie [...]. Il faut laisser au malade le temps de bien connaître cette résistance qu'il ignorait, de la perlaborer (*ihn durch-zuarbeiten*), de la surmonter (*ihn zu überwinden*) et de poursuivre malgré elle et en obéissant à la règle analytique fondamentale (le « tout dire ») le travail commencé [...]. Le médecin n'a donc qu'à attendre, à laisser les cho-ses suivre leur cours car il ne saurait ni les éviter, ni en hâter l'apparition [...]. De toutes les parties du travail analytique (la perlaboration) est pour-tant celle qui exerce sur les patients la plus grande influence modifi-catrice[73].

La perlaboration transférentielle et la sublimation qui n'en est qu'un autre nom représenterait au niveau ontique ce que l'Éros de la deuxième topique représenterait au niveau ontologique : contrecarrer Thanatos (la pulsion de mort), pharmakon d'hétérogénéisation, dans une énantiodro-mie généralisée :

> L'image de la vie (*das Bild des Lebens*) résulte de la coopération et de l'anta-gonisme de l'Éros et de la pulsion de mort (*Das Zusammen- und Gegenein-anderwirken von Eros und Todestrieb*)[74].

---

[71] S. Freud, « le Moi et le Ça », *G. W.*, XIII, p. 264 : *S. E.*, XIX, p. 37 ; trad. fr. dans *Essais de psychanalyse*, nouv. trad., Paris, Payot, 1981, p. 248.

[72] *Id.*, « Névrose et psychose », *G. W.*, XIII, p. 390 ; trad. fr. dans *Névrose, Psychose et Per-version*, Paris, P.U.F., 1973, p. 285.

[73] *Id.*, « Remémoration, Répétition et Perlaboration », *G. W.*, X, p. 135 ; *S. E.*, pp. 154s ; trad. fr. dans *la Technique psychanalytique*, Paris, P.U.F., 1953, pp. 113-114.

[74] *Id.*, « Ma vie et la psychanalyse », *G. W.*, XIV, p. 84 ; trad. fr., Paris, Gallimard (Idées), p. 72.

On ne peut donc reprocher à Tillich, comme certains l'ont fait, de voir des potentialités créatrices de vie supérieures chez Freud bien que ce dernier n'aurait certainement pas accepté de diviser cette puissance en deux libidos : l'une essentiellement bonne (Éros) et l'autre mauvaise, existentielle[75] : ce qui est plutôt un procès dialectique à l'intérieur d'Éros, la pulsion de mort n'étant que l'envers dialectique contradictoriel de la tendance à l'homogénéisation. Freud d'ailleurs n'a jamais utilisé le terme Thanatos que ses successeurs ont créé pour faire pendant à Éros. Freud utilisait *Todestrieb* (pulsion de mort) pour désigner la polarité négative à l'intérieur même d'Éros, puissance néanmoins « céleste » — c'est le terme même de Freud — dont il y a seulement lieu d'espérer qu'elle soit contrebalancée par l'Éros positif, dans leur éternelle lutte, dira Freud, dans les dernières lignes du *Malaise dans la civilisation*.

La Parole comme Télos

Ce grand jeu céleste de l'amour et de la mort, jeu empédocléen de *philia* et de *neixos* sans *agapè*, ne peut compter au pays des hommes que sur le cadeau prométhéen de la parole, du logos, dont l'arène analytique est un lieu d'aménagement particulier. « En analyse, dira Freud, il ne se passe rien d'autre que ceci, ils causent[76]. » Le travail de *Durcharbeitung* est un travail de langage. Disposant d'outils conceptuels mieux apropriés à l'objet inouï de l'analyse, Jacques Lacan, en s'appuyant sur la linguistique structurale, a su restituer cette notion capitale de *Durcharbeitung* au champ de la parole et du langage comme dialectique de la parole et de l'écoute et du même coup rétablir la logique du discours de Freud surdéterminé par des modèles épistémologiques d'emprunt (*Lebensphilosophie*, modèle jacksonien). Comme l'écrit Jacques Lacan :

> Qu'elle se veuille agent de guérison, de formation ou de sondage, la psychanalyse n'a qu'un médium : la parole du patient. L'évidence du fait n'excuse pas qu'on le néglige. Or, toute parole appelle réponse. Nous montrerons qu'il n'est pas de parole sans réponse, même si elle ne rencontre que le silence, pourvu qu'elle ait un auditeur, et que c'est là le cœur de sa fonction dans l'analyse[77].

Freud n'écrivait-il pas, en 1890, dans un article encore peu connu du public français, et quelques années avant d'écrire son ouvrage sur l'aphasie et mettre l'accent sur la sphère acoustique dans le développement du langage :

---

[75] P. Tillich, *Systematic Theology*, p. 54.

[76] S. Freud, « Die Frage der Laienanalyse », *G. W.*, XIV, p. 214 ; *S. E.*, XX, p. 188 ; trad. fr., p. 100.

[77] J. Lacan, *Écrits*, p. 247.

« Traitement psychique » signifie bien plutôt : traitement prenant origine dans l'âme (*Behandlung von der Seele aus*), traitement des troubles psychiques ou corporels — à l'aide de moyens qui agissent d'abord et immédiatement sur l'âme de l'homme. Un tel moyen est avant tout le mot, et les mots sont bien l'outil essentiel du traitement psychique[78].

Ayant délaissé une pratique du « visible », celle de l'anatomie et de l'histologie, Freud s'orienta très tôt vers une clinique de l'audible, attentif à l'Inouï, à la trace des mots perdus, maux du corps comme mots d'esprit, maux laissés pour compte du paradis narcissique et qui remontent à la surface à l'occasion d'un mot d'esprit, d'un symptôme ou d'un rêve : « Nos paroles qui achoppent sont des paroles qui avouent[79] » écrit Lacan dans son *Séminaire*. Ce à quoi Freud, et le psychanalyste dans sa voie, nous ouvrent les oreilles, c'est à ces incessants bourdonnements de signifiants faillant la surdité du savoir des Lumières, d'un savoir qui a trop tablé sur « l'évidence », sur le vide éthique du « voir ». Ce que Freud interroge, c'est cette lutte de l'oreille contre l'œil, c'est-à-dire l'inconscient, et, dans cette lutte, par l'engagement de la parole, il piège le mensonge de l'amour de soi. Le langage engage, même le mensonge, le langage est engagement. C'est par là que Socrate et son démon vocal piégeait le sophiste, au tournant de sa mimétique parade, en brisant le transfert narcissique, Socrate qu'on disait « torpille », c'est-à-dire qui engourdit (ναρκᾶν, qui a donné *Narkissos*, narcissisme). Partout chez Platon la voix de Personne s'interpose entre les personnages et leurs reflets spéculaires. C'est cette voix de l'Autre qui, dans l'arène analytique, met l'analysant en question, car s'engager dans la parole, c'est accepter d'être pris par elle, d'aller au-delà de ce que j'aime à dire et à entendre, de ce que je veux bien dire et bien entendre : la parole vraie n'est pas l'intimité de l'idole captivante, elle est le risque sans filet de la foi en l'Autre. Non intimité, mais intimation, l'oreille de l'analyste assigne le sujet à sa place dans la loi du dire, vociférant au creux du dit et, dans la défaillance des méprises, des simulacres faussement comblants, un mouvement est amorcé vers le Bien.

Si téléologie il y a dans l'analyse, c'est, supporté par l'analyste, un mouvement de parturition de la parole vraie, de la parole donnée, l'analyste étant dans le sens littéral du mot « porte-parole », incarnation de la voix de l'Autre qui, sous les images stellaires, me parle dans l'inconditionnalité et l'universalité de ma maxime, l'Autre à qui je ne peux mentir, le garant même du mensonge fait à mon Alter ego, l'Autre du lieu sociétal, se profilant sans visage dans le corps parlant qu'il défigure de son souffle. « Qu'on dise reste oublié derrière ce qui se dit dans ce qui

---

[78] S. FREUD, « Traitement psychique (traitement d'âme) », *G. W.*, V, p. 289 ; trad. fr. dans *Résultats, Idées, Problèmes*, tome I : *1890-1920*, Paris, P.U.F., 1984, p. 2.

[79] J. LACAN, *Séminaire I (les Écrits techniques de Freud)*, Paris, Seuil, 1975, p. 292.

s'entend[80] », dira Lacan, le dispositif analytique n'ayant d'autre fin que de supporter la naissance d'une parole insupportable aux yeux du moi narcissique se mirant et s'admirant dans l'autre. Pôle sans visage d'un monologue agencé comme dialogue, l'analyse vise une intersubjectivité sans miroir, sans idoles :

> Le sujet commence par parler de lui, il ne parle pas à vous, ensuite, il parle à vous mais il ne parle pas *de lui*, quand il aura parlé de lui — qui aura changé dans l'intervalle —, quand il aura parlé à vous, nous serons arrivés à la fin de l'analyse[81].

Si, selon les beaux mots du psychanalyste Serge Leclaire, « à chaque fois qu'on se met à parler vraiment, on commence à aimer[82] » et « qu'il n'y a de psychanalyse que lorsque en vérité, se produit la rencontre de deux paroles naissantes, comme en amour certes, mais à *mots nus* et *corps mouchetés*[83] », alors la psychanalyse freudienne n'est pas étrangère, dans son versant de la libération salvatrice, à l'intersubjectivité constitutive du sujet selon Tillich[84], à l'importance sacrée de la rencontre de deux subjectivités co-locutrices : « This encounter causes a full encounter only if the other one is « taken in » and not only acknowledged in abstracto. And « taken in » means taken in love[85]. »

C'est là où l'entretien prend son sens analytique d'amour, de prise, d'entre-prise non réifiante mais engageante, de sujets parlants et contractants, de parlants et d'écoutants. Tillich ne parlait-il pas en effet — et nous avons été frappés de rencontrer chez lui plus d'une fois l'expression — de *listening love*[86], d'« amour à l'écoute », d'oreille amoureuse.

Bien que l'œuvre de Tillich se situe antérieurement au *linguistic turn*, sa théorie du symbole étant désuète à bien des égards[87], force nous est de constater qu'il avait perçu la pragmatique du lieu analytique, que la référence au sonore, à la voix, est omniprésente dans son œuvre, et précisément la voix dans son jeu dialectique avec la surface du voir :

---

[80] *ID.*, « l'Étourdit », *Scilicet*, 4, Paris, Seuil, 1973, p. 5.

[81] *ID.*, *Séminaire III : les Psychoses*, Paris, Seuil, 1981, pp. 181s.

[82] Serge LECLAIRE, *On tue un enfant*, Paris, Seuil, 1975, p. 14.

[83] *Ibid.*, p. 110.

[84] « A person becomes a person in the encounter with others persons and in no other way » (TILLICH, « Existentialism, Psychotherapy and the Nature of Man », p. 16).

[85] *ID.*, « P. Tillich in Conversation on Psychology and Theology », *Journal of Pastoral Care*, 26, 3 (1972), p. 188.

[86] *ID.*, *Paul Tillich and Carl Rogers : A Dialogue*, p. 64. Voir aussi P. TILLICH, « Das Religiöse Fundament des Moralischen Handelns », *G. W.*, III, p. 40 ; trad. fr., *le Fondement religieux de la morale*, p. 63.

[87] Lire Ian THOMPSON, *Paul Tillich's Theory of Meaning, Truth and Logic*, Edimburg University Press, 1981, pp. 98s.

Le heurt de ces eaux de surface nous empêche d'écouter les sons qui viennent des profondeurs, les sons produits par ce qui se passe réellement à la base de notre structure sociale, dans les désirs ardents des masses[88].

On pourrait multiplier les exemples. Le langage et le style, pivots du lien transférentiel, reçoivent un statut prééminent chez Tillich : « Le langage imprègne tout (*all-permeating*) », affirmera-t-il dans sa conférence intitulée « Religion and Culture[89] » prononcée le 27 septembre 1955 à la Harvard University. « Language is present, even if it is silent, with the voice[90]. » Selon Thompson, le style serait la clé interprétative majeure de l'œuvre tillichienne[91]. Thompson y rappelle que Tillich soutenait qu'on ne pouvait prétendre connaître Kierkegaard si on n'avait jamais été saisi par l'efficace de son style, par le pouvoir de son style. On pourrait, soutient Thompson, faire la même affirmation sur Tillich. Le pouvoir tillichien serait à inscrire — Tillich use très souvent du mot « pouvoir (power) » — dans le lieu rhétorique.

Le « mot juste qui guérit », le « mot qui permet d'assumer le rien (The word bans chaos, the threat of nonbeing)[92] » est au centre de l'article « les Instances réductrices d'angoisse dans notre culture (Anxiety-Reducing Agencies in our Culture) ». Un exemple du style tillichien — j'allais dire *tillichious* que les élèves du philosophe-théologien-psychanalyste connaissent mieux que moi — exemple tiré de la conférence de Tillich sur l'angoisse à la Harvard Medical School du 15 février 1956 :

But I have never found a human being who has *not* the feeling that in *some respects*, he is a failure and those who have this feeling *not at all*, are most definitely failures, and one day they will awaken[93] !

Ce qui fait bien écho au fameux jeu de mots de Lacan : « Les non-dupes errent[94]. »

Si Tillich a été diaboliquement tenté par l'analyse, comme en témoigne sa prédication analytique et sa résonance freudienne, plus d'un analyste, à lire ce théologien de la culture, sera tenté de débusquer derrière l'*Ultimate Concern*, l'*Analytic Concern* d'un pèlerin chérubinique

---

[88] Paul Tillich, *The Shaking of the Foundations*, New York, Charles Scribner's Sons, 1948, p. 57 ; trad. fr. dans *les Fondations sont ébranlées*, Paris, Robert Morel, 1967, p. 82.

[89] *Id.*, *Religion and Culture*, Selections from lectures delivered at Harvard University, Fall and Spring semesters, 1955-56, p. 4 ; transcribed and edited by Peter John, Box 286, E. Windsor, CT 06088. Ce texte a été distribué, grâce aux bons soins du Révérend P. John, lors du Colloque.

[90] *Ibid.*

[91] I. Thompson, *op. cit.*, p. 2.

[92] P. Tillich, « Anxiety-Reducing Agencies in our Culture », *Anxiety*, ed. by Paul H. Hoch and J. Zubin, New York, Grune and Stratton, 1950, p. 17.

[93] *Id.*, Lecture on « Angst », p. 22.

[94] C'est le titre que Jacques Lacan donna à son séminaire de l'année 1973-1974 à l'École des hautes études à Paris.

« buré » de modernité. Tillich ne dénude-t-il pas l'*Ultimate concern* caché derrière les formes de la culture (the question of the hidden ultimate concern behind a cultural function[95]) comme Freud a démasqué l'inconscient œuvrant dans le compromis du symptôme, indice du conflit psychique ? Celui-ci est d'ailleurs, pour Tillich, la voix de l'*Ultimate* se faisant entendre (this growth happens when conflicts arise[96]).

Plus d'un analyste serait également tenté de reconnaître dans les simulacres de l'*Ultimate*, dans la fabrique luthérienne d'idoles reprise par Tillich, les éléments d'un procès fétichiste. Dans le paradoxe de la prière tillichienne, dans ce paradoxe d'une « demande à quelqu'un qui n'est pas quelqu'un » (somebody who is not somebody else[97]), plus d'un analyste n'aura pas de difficulté à y saisir une lecture très fidèle du transfert.

Comment ne pas dresser la troisième oreille qu'on dit être celle de l'analyste devant les formules tillichiennes suivantes : « [...] peut-être l'ultime était les parents, le père, la mère, un garçon ou une fille[98] ». Ou encore : « Les pulsions inconscientes déterminent le choix des symboles et les types de foi, de croyance[99]. » Et enfin : « La préoccupation de la foi est identique au désir amoureux » (The concern of the faith is identical with the desire of love[100]).

Qu'est-ce qu'une foi « sans nom, sans Église, sans culte, sans théologie[101] » sinon une pure visée, un pur investissement libidinal ? interrogera l'analyste pour qui l'inconscient est aussi un « éternel maintenant » qui ignore le temps.

Devant un tel mimétisme freudien, une question surgit : le vide sacré serait-il cette béance dont surgit et s'alimente le langage ? Le vide sacré serait-il le sacré vide de l'animal qui a fait le sacrifice de la chose, le sacré vide du parlêtre ? Avant de faire de l'épreuve humaine la preuve pascalienne de Dieu, en un retournement du « Rien » au creux de l'amande, le psychanalyste, contrairement au théologien, qu'il soit théologien de la culture ou théologien au sens strict, a l'obligation méthodologique d'explorer le terrain fini qui est le sien. Cette exigence méthologique le

---

[95] P. TILLICH, *Religion and Culture*, p. 6.

[96] ID., *Ultimate Concern*, New York, Harper and Row, 1965, p. 183.

[97] ID., « le Paradoxe de la prière », *The New Being*, New York, Charles Scribner's Sons, 1955, p. 137 ; trad. fr., *l'Être nouveau*, Paris, Planète, 1969, p. 179.

[98] ID., *Ultimate Concern*, p. 183.

[99] ID., *Dynamics of Faith*, New York, Harper Torch Books, 1958, p. 107.

[100] *Ibid.*, p. 112.

[101] ID., *The Courage to Be*, New Haven, Yale University Press, 1952, p. 189 ; trad. fr., *le Courage d'être*, p. 184.

protégera indubitablement de la dénonciation faite par Tillich, à la fin du *Courage d'être*, de ces athées qui comme orateurs jouent de la force « allocutoire » du terme « Dieu » pour mieux séduire leur auditoire[102]. Si le psychanalyste est à l'abri de cette accusation, Tillich lui-même est-il, lui, tout à fait à l'abri de cette dénonciation ? La question mérite d'être posée.

Aux limites de la rationalité technique

> [Mon Zarathoustra] supposait au préalable une « régénération » totale de l'art d'*écouter*.
>
> Nietzsche, *Ecce Homo*

> Un magister qui ne sait pas chanter, je ne veux pas en entendre parler.
>
> Luther

Par-delà cette question, et de façon moins régionale, Paul Tillich — et c'est là-dessus que nous voudrions insister en terminant — participe avec Freud à la mise en question du paradigme dominant du savoir occidental, la vérité-évidence qui menace d'anéantir non seulement la pensée mais la planète même, la vérité-évidence de la rationalité instrumentale.

Tillich s'inscrit en effet avec Freud dans la voie de ceux qui, refoulés par la tyrannie des Lumières, par l'enfermement théorique de la *theoria*, ont commencé à excéder le cinéma de la vérité-évidence, écran vidéo de toute violence. Cette violence qui éclate de tous les points de l'espace mondial ne viendrait-elle pas en effet de ce qui aurait dû rester uni et qui a été scindé, le paradigme de l'œil et de l'oreille socratique, amputé de son oreille par le bistouri cartésien et galiléen, par le triomphe de l'évidence éthiquement vide du voir (*theoria*), l'opération y atteignant sa démonstration « finale » dans la rivalité mimétique affolée des deux grandes puissances nucléaires (*M.A.D. : Mutual Assured Destruction*).

Tillich, dans son sermon « Voir et Entendre » (Seeing and Hearing), affirmant que « la musique donne des ailes à la parole et à l'image, va au-delà de la parole et de l'image[103] », avance une réconciliation du paradigme.

---

[102] « Because of the traditional and psychological connotations of the word God such an empty theism can produce a reverent mood if it speaks of God. Politicians, dictators, and other people who wish to use rhetoric to make an impression on their audience like to use the word God in this sense. It produces the feeling in their listeners that the speaker is serious and morally trustworthy. » (*Ibid.*, p. 182 ; trad. fr., p. 178).

[103] ID., *The New Being*, p. 131 ; trad. fr., p. 171.

Prenant ainsi le relais du logos d'Héraclite l'Obscur dans la lumière d'Éphèse, de la musique de Rousseau luttant contre les cyclopes de l'Encyclopédie, Tillich, avec Nietzsche, Heidegger et Freud, ont « tenté » de libérer la Parole, de ses gardes à vue de la vérité.

À vouloir tout « voir », tout « savoir » et tout « avoir » (science et capital), on finira par ne plus rien entendre, ni soi-même ni l'autre. Il y a déjà belle lurette que la « lab-solution » a remplacé l'absolution, que la solution du laboratoire, du calculable pur, a remplacé l'absolution, la parole amoureuse qui guérit. Les raisonnements des Lumières ne peuvent cependant espérer museler à jamais les résonances de l'amour. Leurs défaillances et imprévisions concourent à ouvrir un espace pour l'écoute. Ce qui a éclaté dans Challenger — pour prendre un exemple sous nos yeux — c'est la surface même du voir, du savoir. Voir est devenu, l'espace d'un éclair, un décevoir. Ce qui était à voir, dans l'instantanéité vidéo, est subitement devenu avoir été dans un pleuvoir atomique.

Il faudra bien un jour entreprendre de reconsidérer sérieusement le statut épistémologique du non-visible, depuis trop longtemps expulsé hors des frontières scientifiques, dans l'enfer de l'obscurantisme et des puissances ténébreuses. La lumière de l'évidence scientifique pourrait alors révéler sa puissance satanique : Lucifer ne signifie-t-il pas avant tout « porteur de lumière » ?

Il faudra bien un jour reconsidérer le statut de l'audible et de l'écoute dans l'univers de la « démonstration » et de la « figure ». C'est pour ce travail que Tillich et Freud, par des voies différentes, ont mêlé leurs voix. Dans cette étonnante polyphonie, ils ne faisaient que résonner au chant du Réformateur de Wittenberg qui, dans le « hors-vue » des latrines monacales, inaugurait la théologie de la Parole.

Je terminerai en laissant la parole au poète René Char :

De quoi souffrons-nous le plus ? Du souci. Nous naissons dans le même torrent, parmi les pierres affolées.

Et encore :

Si l'homme ne fermait pas souverainement les yeux, il finirait par ne plus voir ce qui vaut d'être regardé.

PSYCHE AND THEOS
THE INTERFACE OF JUNG AND TILLICH

John P. DOURLEY
Carleton University, Ottawa

This paper will develop around three major points. First it will simply urge that the correlation of the worlds of Christian theology with psychology has today the same importance as it had for Tillich and Jung in their day. This correlation derives its significance from the kind of question it seeks to resolve. This question can be stated in many ways. In general terms it might be put in this form : « How does religious and more specifically Christian experience related to the experience of the psyche ? » But in a more personally engaging form it could be asked : « Can the Christian be psychologically mature, that is, fully responsible to the psyche's deepest maturational intent and demand and, if so, how so ? »

Secondly the paper will argue that only a theology like Tillich's equipped with a panentheistic ontology of divine immanence, whose epistemic consequence grounds in humanity's self-consciousness an immediate sense of God, can establish an organic, unforced and so honest connection between the domains of religious and psychic experience. In the final analysis, Tillich's theology does this by making obvious that the experience of *theos* and *psyche* cannot be distinguished from the human vantage point.

Thirdly the paper will go on to argue that in their efforts to reconnect the worlds of religious and psychic experience, Tillich's success, possibly as great as a Christian theologian's can be, was finally overshadowed by Jung's for two reasons. Jung was free of the constraints that must impede a mind dedicated to theologizing in the service of an institution claiming possession of or by a final revelation. Secondly Jung allowed himself to have or had forced upon him a more intensely personal and prolonged experience of the psyche than was the case with Tillich, who more than once expressed appreciation of the analytic process but never submitted seriously to a personal analysis[1].

---

[1] *Cf.* William R. ROGERS, « Tillich and Depth Psychology », *The Thought of Paul Tillich*, ed. by James Luther Adams, Wilhelm Pauck, Roger L. Shinn, San Francisco, Harper and Row, 1985, p. 105. Rogers in turn is dependent on Wilhelm and Marion PAUCK, *Paul Tillich, His Life and Thought*, vol. I : *Life*, New York, Harper and Row, 1976, p. 81.

The paper will conclude that Jung in thus surpassing Tillich authored a myth with an attendant metaphysic which at once appreciates, transcends and so ultimately undermines the Christian myth. In doing this Jung points to a yet unrealized religiosity more capable of honoring the totality of the human individual and of engendering a more encompassing empathy for the totality beyond the individual.

This is the case because Jung's myth is a variant of microcosm-macrocosm thinking muted if not lost in the West with the demise of the Platonic tradition. In self-conscious continuity with this tradition, especially in his later alchemical works, Jung argues that the natural process of individuation moves of its own nature to patterns of personal wholeness which at once carry with them a wider embrace of reality beyond the individual. In his understanding of the consciousness that attaches to the alchemical conception of the *unus mundus*, Jung is explicit in describing mature consciousness as moving toward a state in which it perceives all that it perceives as grounded in the divine because of its own conscious inhesion in that ground[2]. This indeed sounds like Tillich. Where Jung goes beyond is in describing this state of consciousness as the natural culmination of psychological maturity demanded and ultimately enabled by the power of the psyche itself.

Further Jung would argue that the commerce between consciousness and the energies which give it birth and urge its maturation is one ontologically of mutual redemption. Theologically Jung's paradigm necessitates the creation of human consciousness and history as the only locus in which primordial divine instability can seek and hopefully achieve its resolution. Psychological maturation thus conceived becomes itself a sacred reality, what Jung calls the *opus*. In this work which is the challenge at the heart of every life, God is redeemed from the matter of divine unconsciousness and the human in whom it happens is graced with the experience of the resolution of whatever forms of divine antipathies were operative within that psyche. This consciousness is not unlike the orthodox understanding of the experience of the Holy Spirit as that power which works the coincidence of opposites, healing the divided individual even as it breeds a more extended empathy for all that is. The burning question between depth psychologist and theologian becomes the question of the authorship of these harmonies and the relationship of the author to the consciousness thus graced. A psychologist like Jung is happy with an intra-psychic model which would establish an intimate bond between the gracing agency and the consciousness graced, indeed so intimate a bond that the process is one between distinct poles in a unified and organic system. The theologian, on the other hand, must hold out for some form of divine transcendence which addresses

---

[2] C. G. JUNG, *Mysterium Coniunctionis, Collected Works*, vol. 14, Princeton, Princeton University Press, 1970, par. 760, p. 534, and par. 767, pp. 537, 538.

humanity out of its freedom and so in a somewhat arbitrary sense. Though Tillich has muted the heteronomy involved in this process with his profound ontology of divine immanence, he cannot finally establish either the intimacy between the divine and the human nor their mutual need that Jung achieves in his mature thought.

Let us turn now to our first point, the continued importance of establishing the *psyche-theos* correlation itself. Both Tillich and Jung felt that the relating of faith, especially in the form of ecclesial creedal and dogmatic formulations, to psychological maturation was crucial if the believer's psychological development was not to be maimed or even destroyed by the demands of an allegedly saving faith. Tillich will refer to individuals, by implication often the more spiritually sensitive, who are broken in their « personal centre[3] » by the apparent need to assent in faith to a body of revealed truths usually taken literally but vested with what Jung has called « sacrosanct unintelligibility[4] ». In his life long fight against conceptions of faith which would turn their victims against legitimate sides of their humanity, Tillich argued consistently that a faith experience which did not grasp and engage the individual's totality including what he calls the collective unconscious would itself be rejected by the truth of that side of humanity it could not include[5]. Here Tillich provides an adequate description of the psychodynamics of religion as neurosis for he is depicting a faith which splits the believer between the demands of God to believe and of the psyche to become whole.

Much the same concern to relate the demands of faith to the demands of the psyche is evident in his critique of kerygmatic theology. With its heteronomous presuppositions it would imagine revelation as a stone thrown by a transcendent stone-thrower or by his earthly proclaimer at the heads of those who for some reason are to be grateful for this divine attack on their humanity[6]. Against such a divine stranger and his questionable intrusions into the human realm, Tillich more than once suggests that atheism is the most adequate and religious response[7]. These concerns lay behind his constant search for an adequate *Vermittlungslehre*, in effect, a natural theology, which would mediate and humanize the commerce between divinity and humanity.

In his *Systematic Theology* this search bore fruit in his conception of theonomy[8]. With this concept Tillich can argue consistently and cogently that a God not intrinsic to the structures of human being and

---

[3] P. TILLICH, *The Dynamics of Faith*, New York, Harper and Row, 1958, p. 53.

[4] C. G. JUNG, « A. Psychological Approach to the Dogma of the Trinity », *Collected Works*, vol. 11, Princeton, Princeton University Press, 1969, par. 170, p. 109.

[5] P. TILLICH, *op. cit.*, chap. 1, sec. 2, « Faith as a Centred Act », pp. 4-8.

[6] *ID.*, *Systematic Theology*, vol. I, Chicago, University of Chicago Press, 1951, pp. 6-7.

[7] *ID.*, « The Two Types of Philosophy of Religion », *Theology and Culture*, ed. by Robert C. Kimball, Oxford, Oxford University Press, 1959, p. 18.

[8] *ID.*, *Systematic Theology*, vol. I, pp. 83-86, pp. 147-150.

reason could not reveal through these structures without destroying them. Such revelation he argues, « dehumanizes man and demonizes God[9]. » In all of this Tillich is arguing that a God who does not approach consciousness from its natively sacred depths cannot approach it at all in a non-destructive manner. On this conception of a radical immanence with its panentheistic ontology and epistemology, the bed rock of Tillich's system which makes it forever incompatible with Barth's, Jung explicitly agrees. He too contends that the « wholly other God » can have no happy commerce with the human when he writes : « It is therefore psychologically quite unthinkable for God to be simply the « wholly other », for a « wholly other » could never be one of the soul's deepest and closest intimacies — which is precisely what God is[10]. »

For Jung, too, had observed at first hand the disastrous consequences of a God wholly external to the psyche in the psycho-spiritual destruction of his father. In Jung's opinion his father's life long struggle was with a God extrinsic to the psyche who severed him from the psyche's life-giving libido, and having thus betrayed him, contributed to his depressed and shortened life[11]. One may well argue that *Memories, Dreams, Reflections*, is itself Jung's autobiographical myth and that his depiction there of his father's spirituality is part of that myth. But this only worsens the indictment. For Jung's myth about his father is one which moves easily to equate his father's plight with the spiritual plight of our age. In his *Collected Works* Jung diagnoses this blight as a consequence of a transcendentalism which placed, in his quaint phraseology, « all God outside[12] », and which scorned as « morbid mysticism[13] » the organic connection which Jung sought to establish between religious experience and the deeper experience of the psyche itself. Thus for Jung and Tillich an adequate correlation of *psyche* and *theos* was and remains more than idle speculation or mere play of ideas. It involved the crucial matter of integrating the religious dimensions of life with life's maturational demand. The price of failure pitted religion against maturity in conflict that always resulted in spiritual diminishment or death which, not infrequently, becomes physical.

In the light of developments since their time, it is obvious that this problem is still with the Christian mind. After a brief flurry of freedom during Vatican II, Roman Christianity has returned in the short time since

---

[9] *Ibid.*, p. 139.

[10] C. G. JUNG, « Psychology and Alchemy », *Collected Works*, vol. 12, Princeton, Princeton University Press, 1968, p. 11, fn. 6.

[11] ID., *Memories, Dreams, Reflections*, ed. by Aniela Jaffe, New York, Vintage Books, 1961. His reflections on his father's faith are to be found on pp. 40, 42, 43, 46, 47, 52-55, 73, 75, 90-97. *Cf.* especially 93 and 215f.

[12] ID., « Psychology and Alchemy », par. 10, p. 9 ; par. 12, p. 11.

[13] ID., « Psychology Commentary on *The Tibetan Book of the Great Liberation* », *Collected Works*, vol. 11, par. 771, p. 482.

to its traditional authoritarianism in tension with liberation theology proposing collective solutions to even personal problems in accord with its Marxist inspiration. Reformed theology seems still fixated in its peculiar form of subservience to a revealed Word held as definitive. This is not to deny the complex scholarship and philology which attaches to this fixation. In their respective penchants for collective consciousness and activity, on one hand, and for a final Word spoken from beyond humanity, on the other, neither side of the Christian tradition seems willing or able to face the depths of their common humanity from which, Tillich and Jung would agree, religion itself springs into consciousness. To do so would threaten the collective mind and possibly unnerve it in its communitarian action and instinct. Such introspection would also undermine that kind of transcendentalism which would give privileges in history, or, indeed, create history on behalf of the hearers of the one true word. Hence the psychological suffering attached to belief patterns which alienate the believer from nature's search for wholeness continues. But the question of a more adequate relation of the psyche to deity whose answer could alleviate the suffering of those whose humanity is truncated by their religion is rarely asked or pursued in earnest.

Let us briefly present Tillich's theological answer to this problem with the presupposition that it continues to hold out to Christian theologians the only possibility of bridging the continued gulf between the worlds of psychology and theology even if Christian timidity about such bridging has turned theological efforts in other directions.

The key to Tillich's correlation of *psyche* and *theos* lies in his understanding of essence and existence which he calls the backbone of theological thought to be elaborated throughout his entire system[14]. Tillich tends to associate essence with all modes of form and so of the defined which can take on connotations of normative reality and so of the good[15]. He further associates it with reason in so much as reason is the structure of the mind which enables it to perceive structure beyond the mind[16]. Here Tillich holds reason in tension with that which precedes it, though for Tillich essential reason ideally would be wholly transparent to its pre-rational and sacred depths[17]. For Tillich the full realization of this transparency remains an eschatological conception.

These many meanings of essence are unified around Tillich's conviction that essence in its pristine expression is the ultimate being, truth and goodness of every existent because essence both universally and individually is expressed initially in the divine Logos as God's self-definition

---

[14] P. TILLICH, *Systematic Theology*, p. 204.

[15] *Ibid.*, pp. 202, 203.

[16] *Ibid.*, p. 72.

[17] *Ibid.*, p. 74. *Cf.* also « The Depth of Reason », pp. 79-81.

within the dynamics of the Godhead[18]. In this manner Tillich's conception of the essential implicates his Trinitarian theology. Furthermore it
is on this understanding of essence as it proceeds from its Trinitarian basis
into existence that Tillich grounds the panentheistic ontology and
epistemology which support his system and necessitates humanity's
universal sense of God[19]. For humanity in existence is never divested
of its essential connection with its origin and so is haunted by its longing
for that from which it is removed but cannot, of its own accord, regain.
In this way does Tillich capture in concept and language humanity's plight
which can be equally well expressed in philosophical, theological, or
psychological idiom because the experience of separation from the essential and lust for it is, according to Tillich, humanity's most basic experience
of itself. Since the essential self is first expressed in the Trinitarian process, Tillich can argue that humanity's native intuition of deity is naturally
Trinitarian since it is based on the experience of divine power and meaning
worked by the Spirit[20]. Tillich's grounding of the essential self in the
Trinity further implies that recovery of one's essential self involves a fuller
inhesion in the flow of Trinitarian life. Such a blessed consciousness would
progressively come to live out of its eternal expression within the Trinity while still within the confines of time. A further consequence of this
experience of the eternal now would be a fuller participation in the unities
worked by the Spirit within the Trinity.

The Trinitarian paradigm involved in the recovery of the essential
self is not unlike central features in Jung's discussion of the Trinity. Jung
understood the Trinity to be a symbol based on the experience of the
self-renewing power of the psyche. Hence he would relate the generation of the Son by the Father to that of the ego by the unconscious. The
renewing energies of the self, just as the Spirit in Trinitarian thought, then
unite these sundered opposites[21]. Thus the self is both the author and
the child born of their union. But, even here, Jung, in effect, as will be
dwelt on later, is making human consciousness the second moment in
Trinitarian development.

To return to Tillich, his theological integration of the realms of *psyche*
and *theos* through the interplay of essence and existence is again
marvelously evident in his creation-fall theology. Here Tillich continues
his reasoning that the Logos in defining the divine abyss is the initial expression of the essential. He aptly terms this intra-Trinitarian development « first creation ». Then he suggests that this initial expression within
the Trinity is preliminary, not fully realized, somehow afflicted with a

---

[18] *Ibid.*, pp. 251, 254-256.

[19] ID., *Systematic Theology*, vol. III, Chicago, Chicago University Press, 1963, p. 421.

[20] ID., *Systematic Theology*, vol. I, pp. 250-251.

[21] C. G. JUNG, « A Psychology Approach [...] », sec. 2 : « Father, Son and Spirit », pp. 129-137,
and sec. 4 « The Three Persons in the Light of Psychology ».

dreaming innocence, an unactualized potentiality which calls for a second creation, the one in which we are currently involved[22]. Second creation is thus the ecstasy or propulsion of essence from its Trinitarian matrix into its inevitable, universal, yet freely incurred distortion in existence. In their basic descriptions of the procession of essence into existence, Tillich contends that Platonism and Christianity coincide[23]. In a masterpiece of psychotheology, Tillich so conceives of the « fall » of essence into its existential distortion that from the divine viewpoint it describes creation and fall and from the human viewpoint it describes the human option taken universally and freely to affirm one's existence and in so doing to depart from an unqualified unity with one's essential self, that is, with one's primordial and unambiguous inherence in the Trinitarian life process. Thus the original sin repeated in each life is that of willing one's individual existence and consciousness[24]. This position is again very close to Jung's description of the problematic need of the ego to be born into consciousness beyond the unconscious and then to reunite with its source in a process of mutual redemption.

Tillich claims to avoid two obvious heterodox implications which would seem to attach to this position. The first would be that the Trinitarian Godhead is forced to create beyond itself because of some deficiency in its creative self-definition within itself. The second is that the creator regardless of motivation could not create a perfect world because the very process of human maturation demands severance from the essential connectedness with God in the original sin of willing one's conscious individuality in existence. To avoid implying that the Trinitarian creator was forced to create a fallen world, Tillich saves the day and orthodoxy by describing the transition from essence to existence as simply « an original fact[25] », « a leap[26] », and « a story to be told ». It becomes the one place in his system where he not only tolerates but embraces the irrational as the category most adequate to the complexities of the situation[27].

However questionable his squaring of his understanding of creation and fall with Christian orthodoxy may be, its psychological perspecuity cannot be denied. For it enables Tillich convincingly to argue that existential consciousness is never divested of its sense of connectedness with its essential self eternally grounded in the Logos. Thus understood life becomes naturally imbued with the quest for the essential self and

---

[22] P. TILLICH, *Systematic Theology*, vol. II, Chicago, University of Chicago Press, 1957, pp. 33f.

[23] *Ibid.*, p. 23.

[24] *Ibid.*, pp. 33-36.

[25] *Ibid.*, p. 36.

[26] *Ibid.*, p. 44.

[27] *Ibid.*, p. 91.

so is in its depths sacred and holy. Thus Tillich can give a specifically psychological cogency to his conception of life itself as a religious quest for the essential by contending that this quest or question engages everyone experientially as the genesis of faith universally. In this context he has every right to use the psychological phraseology he does in describing the energy and the goal of this universal quest as ultimate concern.

These same categories enable him to give an experiential and so psychological content to the recovery of one's essential self, for Tillich identical with the process of salvation. Thus he will describe life's universal negators as death, guilt and meaninglessness and go on to show how the appropriation of one's essential self negates death in the experience of the eternal now, guilt in the experience of one's acceptability in the face of one's unacceptability and meaninglessness in the experience of one's essential being in the being and life of God[28]. More than this he can build an experiential theology of the individual's integration in the face of the threat of the disintegration of life's opposites, Tillich's ontological elements, those antinomies whose union gives harmony to life and whose fragmentation sunders life into destructive one-sidedness[29]. He does this by showing how a Spirit worked inhesion in the ground of being is at the same time identical with immersion in the balanced flow of Trinitarian life[30], fragmentary now but moving of its own dynamic toward an unambiguous eschatological realization in the process he calls essentialization[31].

Turning for a moment to the practical, even clinical level, the organicity Tillich establishes between the religious and psychic dimension of humanity is evident in the way he relates the healing which is proper to salvation to therapeutic healing. This question surfaces most clearly in his discussion of anxiety. Tillich distinguished two forms of anxiety, existential and pathological or neurotic[32]. Existential anxiety attaches to existential and finite life universally and is a function of its distance from essence. It can only be alleviated through the recovery of the essential which for Tillich remains always a work of grace. In the mediation of the essential Tillich locates the legitimacy of the religious or ministerial role[33]. Neurotic anxiety, on the other hand, results from the betrayal of the essential self in flight from life's ever present negativities. The alleviation of this latter condition constituted for Tillich the legitimate area

---

[28] *Cf.* ID., *The Courage to Be*, New Haven and London, Yale University Press, 1952, pp. 40-63.

[29] *Cf.* ID., *Systematic Theology*, vol. I, pp. 174-186.

[30] *Cf.* ID., *Systematic Theology*, vol. III, Part IV, III, « The Divine Spirit and the Ambiguities of Life », pp. 162-282.

[31] *Ibid.*, pp. 406f.

[32] ID., *The Courage to Be*, pp. 72f.

[33] *Ibid.*, p. 73.

of operation for the therapist[34]. In this way Tillich can theoretically distinguish the healing involved in religious transformation from the healing worked by the therapist. However, I would argue that the theoretical distinction does not enable him to distinguish the salvific from the therapeutic in practice. For the processes of essentialization mediated by specifically religious individuals and agencies must, for Tillich, work a psychological integration because of the unity he establishes between spirit, psyche and body in his conception of the multi-dimensional unity of human life[35]. Thus he will argue consistently and in a variety of ways that the process of essentialization must engage the whole of the human being or be disqualified as truly a saving process. It would seem then to follow his organic conception of humanity that salvific processes cannot be disidentified from maturational processes nor could there be a truly maturational development without a religious dimension. This means that true religious healing must work the health that the therapist seeks and conversely that the therapist seeks a health that in one way or another has a religious dimension. The union of neurosis with faith, or worse, neurosis as faith, are ruled out in principle by Tillich[36].

Due to this ontological intimacy he establishes between the dimensions of the religious and the psychological Tillich admits and has to admit that the therapist can be the mediator of the essential self and so of that process that religionists call salvation[37]. In an age when it is becoming increasingly apparent that depth psychology has had more to say to theology than theology to it, it is this side of Tillich's thought which needs to be emphasized and much less his rather defensive insistence that the priestly and therapeutic roles be kept apart, at least in the abstract.

This remark will serve as a transition to my third and final point. For it is precisely in the possibility that the therapist can be the occasion of mediating what Tillich would call the grace of the essential self that a foundational difference lies in the perspectives of Tillich and Jung. The committed Christian, Tillich, had to admit this possibility but relegates it to a secondary or atypical modality in order to preserve the central point in Christian ideology, namely, that salvation is of grace or faith as gift and not of works especially psychological work.

Tillich's Christian bias also determined his position on the related issue of his theological anthropology and its grounding on the nature of humanity as question or questioning. Here he draws a compelling picture of humanity as universally driven to ask the question of God but in such a manner as to receive the answer from beyond the question[38].

---

[34] *Ibid.*, p. 74.

[35] ID., *Systematic Theology*, vol. III, Part IV, 1, A, pp. 11-30.

[36] ID., *The Courage to Be*, p. 73.

[37] *Ibid.*, p. 74.

[38] ID., *Systematic Theology*, vol. I, « The Method of Correlation », pp. 59-66.

In doing this Tillich is obviously working to preserve the priority of God in all salvational commerce with humanity while at the same time showing humanity's need, demand and expectation of such salvation. Here the organic connectedness Tillich establishes between his theological anthropology, based on humanity's search for the essential, and his Christology, based on the Christ figure as the paradoxical realization of essence in existence, is as intimate as orthodoxy can tolerate. In establishing this organicity Tillich is to be commended.

Yet he could go no further and remain loyal to the Christian presupposition of the gratuity of the Christ event and of justification freely conferred by its divine author. However, in a world which since may have come to appreciate Tillich's theological anthropology more than his Christology, one might now well propose that question and answer do in fact come from the same source and that this source is located in the human psyche though admittedly beyond the ego's manipulative grasp. This position would carry with it an even more intimate and organic correlation between the human quest and the agency which both prompts and answers it. Jung's psychology rests on just such an intimacy.

The specifying features of Jung's psychology derive from his personal experience of what he was later to call the collective unconscious in the period following the break with Freud[39]. Reflecting on his experience he came to call those powers which transcend the ego and personal experience, and to which a numinous energy attaches, the archetypes. When they impact on consciousness in the form of inner drama or external hallucination they convict consciousness of having been addressed by deity[40]. Through the archetypal basis of the psyche Jung, like Tillich, attributes to humanity a universal religiosity which humanity cannot evade.

But in the relationship between the archetypal powers of the unconscious and consciousness, Jung describes a different relation than is supposed by Tillich in his manner of relating questing humanity to answering God. Tillich, the believer, must talk of a final revelation in Christ as *Kairos*, the fullness of time and the realization of essential humanity. Jung, on the other hand, understands the creation of religions in terms of the compensation which the collective unconscious proffers to collective consciousness, often through a prophetic or messianic individual, in its efforts to bring societal consciousness closer to a balanced wholeness. In this Jung gives evidence of a philosophy of history which would understand history as the process in which the unconscious seeks ever greater incarnation into consciousness in the interests of its balance, vitality and extended empathy. With these categories Jung can appreciate the Christ

---

[39] C. G. JUNG, *Memories, Dreams, Reflections*, Chap. VI, « Confrontation With The Unconscious », p. 170.

[40] *Cf.* for instance, « Psychology and Religion », *Collected Works*, par. 9, p. 8.

event as a significant manifestation of the self compensating the unbridl-
ed instinctuality of the age which elicited it by providing that age with
a stringent and restraining spirituality. But these same categories enable
Jung to criticize the Christ image as a perhaps necessarily incomplete image of the self on the grounds that it cannot accommodate the reality
of evil as evidenced in the split between Christ and Satan[41], and remains
uncomfortable with material creation, the body and the feminine[42].

Jung's appreciative transcendence and so undermining of Christianity
are most evident in his works on the Trinity and Job. In the former he
pays tribute to the Trinity as an adequate symbol of the flow of psychic
energy between the unconscious and the ego but then suggests it be sup-
planted by a quaternity as a more adequate symbol of the differentiations
and unities which the psyche naturally seeks[43]. In doing this he introduces a myth and a metaphysic ultimately forced upon him by Christianity's need for psychic completion. In Jung's compensating myth, the
reality of God or of the unconscious is a seething pleroma of undifferentiated opposites compelled to create human consciousness as the only
locus where its contradiction can first be perceived and then hopefully
integrated. This is the basis of his depiction of Job as a personification
of that state of developing consciousness which first perceived Yaweh's
narcissism, infantile swings of emotion and self-contradiction[44]. Jung's
stance in this respect makes it possible for him to pay tribute to Christianity as the religion which brings to highest historical consciousness
the splits which are grounded in God and manifest fully in Christ's absolute separation from Satan. But for Jung the split consciousness at the
heart of Christianity especially in the light and dark sons, Christ and Satan,
who proceed from the same Father, is to be overcome in the unity that
lies beyond their mutual absolute rejection in the age of the Spirit. This
age is worked by the self as the agent first of the differentiation of the
divine contradiction and then of the harmonies that arise from their
reunification. But this process is one in which human historical consciousness becomes the theatre for the resolution of the rifts in the ground
of being.

Here Jung quite clearly departs from the Trinitarian implication that
God has united the opposites in divine life prior to creation and then
invites humanity through the Spirit to enter more fully into these pre-
established harmonies as Tillich would have it. In effect Jung makes human
consciousness the second moment or principle in divine life. Mythical-
ly, theologically and metaphysically this means that historical consciousness has come to realize that the unresolved split in the Godhead

---

[41] *Id.*, « Christ, A Symbol of the Self », *Collected Works*, vol. 9ii, Princeton, Princeton University Press, 1968, par. 74, p. 41 ; pars. 76, 77, pp. 42, 43.

[42] *Id.*, « A Psychology Interpretation [...], secs. 4, 5 and conclusion, pp. 164-200.

[43] *Ibid.*

[44] *Id.*, « Answer to Job », *Collected Works*, vol. 11 ; *cf.* especially pp. 362-368.

seeks its recognition and resolution in human consciousness. Only in the process of the unconscious becoming conscious through humanity's suffering of its contradictions toward their healing syntheses does the work and the age of the Spirit emerge in history.

It is in this context that Jung's statement that we must seek help from God against God takes on its deepest meaning[45]. For the unconscious seems in its undifferentiated prolixity to contain a benign or redeeming agency, the latent self, which first propels consciousness from its womb and then, with the cooperation of its child, the ego, seeks its own redemption through entrance into consciousness using the vehicle of myth and religion collectively and the dream individually. Thus in the dialectic of the ego with the self it is as true to say that the self is the generator or father of the ego as it is to say that it is the ego's son since it can become incarnate in consciousness only with the ego's cooperation[46]. Translated into a religious idiom this means that God's need for the human is as great as the human's for God. Humanity and divinity are engaged in a process of mutual redemption in an ontological sense which is much more than the merely pious affirmation that humanity is somehow a co-creator with an already perfect deity.

Jung's myth implies that the unconscious as the source of all myth currently works to alleviate the one-sidedness of Christianity and its culture by working the inclusion of what it excludes. He does not seem to think that this will happen through a transforming revelation born by an individual. Rather he implies it will happen by the less dramatic but nonetheless powerful press of the unconscious on the lives of those who suffer from the consequences of a truncated and so maiming cultural symbol system. One consequence of this view is that those who wrestle with the unconscious consciously are engaged in a sacred and eschatological task of suffering toward a wholeness currently denied which involves God's becoming conscious in human consciousness as it hopefully moves toward a synthesis of the divine wealth which seeks its realization in it. Whether the more encompassing empathy that might rise from such a struggle can or will be discernibly Christian remains to be seen. Jung would fully agree with Tillich that only a symbol can replace a symbol and only a myth, a myth. He would deny that the Christian symbol could be final and press Tillich to answer a question that haunts his systematic work especially in his reflections on the life and death of symbol system. The question would be, « Could the Christian symbol system itself ever be legitimately surpassed ? »

Is such a possibility implied in Tillich's late statement that were he to write his systematics again it would be much more from the viewpoint of the history of religions in the service of what he calls an emerging

---

[45] *Ibid.*, p. 358.

[46] ID., *Mysterium Coniunctionis*, par. 290, p. 219.

religion of the concrete spirit[47] ? Though Tillich wagered that this emerging religiosity would be in some manner continuous with Pauline pneumatology[48], does not the fact he was forced to conjecture about its development imply a relativization of Christianity which at least mutes the earlier emphasis on its nature as a « final revelation ». Is this not further indicated when he emphasizes that there *may* be a central event in the history of religions which makes possible « a concrete theology that has universalistic significance[49]. » If Tillich is here referring to the Christ event his use of the subjunctive would seem to qualify his earlier statements that identify this « central event » as the Christ event and would deny the status of Christian faith to anyone who did not hold it as one's ultimate concern.

On the occasion of Jung's death, Tillich wrote appreciatively of the metaphysical import of Jung's « doctrine of being[50] ». In this brief article Tillich holds out the hope that Jung's understanding of the archetype might dissolve the impasse between Catholic objectivity in matters dogmatic and Protestant subjectivity attaching to the experience of faith[51]. In these remarks Tillich would seem to agree with Jung that improbable mythic and dogmatic claims derive their objective historical variations from the depths of the subject. If this is the case could Tillich then admit with Jung that the unconscious had yet to find its most adequate expression in historical religious consciousness ?

Both men owe their greatness to their sense of God as dwelling in humanity's depth and to their ability to convey this sense to a society suffering the anguish of its own superficiality. Jung would have to bow to Tillich for the precise philosophical and theological expression he gave to his experience of God as the depth and ground of his and of all being. Yet Jung from his experience of these same depths might ask Tillich to observe carefully what now proceeds from them. For Jung took his conversation with them to be an ongoing conversation with the divine. The revelation he brought back to his time was that deity continued to seek in humanity an exhaustive expression it could not find in itself and for which it still mightily yearns.

---

[47] « The Significance of the History of Religions for the Systematic Theologian », *The Future of Religions*, ed. by Jerald C. Brauer, New York, Harper and Row, 1966, p. 91.

[48] *Ibid.*, p. 88.

[49] *Ibid.*, p. 81.

[50] P. Tillich, « Carl Gustav Jung, A Memorial Meeting », New York, December 1, 1961, New York, Analytical Psychology Club, 1961, p. 31.

[51] *Ibid.*, pp. 29, 30.

L'ÉVANGILE ET PAUL TILLICH
À LA LUMIÈRE DE L'ÉPISTÉMOLOGIE GÉNÉTIQUE

Gérald NOELTING
École de psychologie, Université Laval

La théologie et l'épistémologie ont certainement des points communs : l'épistémologie génétique traite du développement des concepts[1], la théologie aborde la question de notre rencontre avec une réalité qui nous dépasse. Ces questions peuvent être reliées, dans le contexte en particulier de la notion de « corrélation » avancée par Tillich. Nous traiterons de ce problème en trois sections portant sur les mécanismes fonctionnels de l'organisme, les dimensions de l'organisme, les dimensions de la relation filiale.

Les mécanismes fonctionnels de l'organisme

La polarité assimilation-accommodation chez Piaget

Piaget, dans *la Naissance de l'intelligence chez l'enfant*[2], avait montré que toute conduite humaine résulte d'un équilibre entre deux mécanismes fonctionnels antagonistes : l'assimilation, ou modification du milieu par un schème d'action du sujet, et l'accommodation, ou modification du schème d'action par les données du milieu. Considérons un jeune enfant possédant le schème de préhension, et placé devant un objet à courte distance. (Piaget appelle schème une conduite qui peut se reproduire dans des circonstances semblables et se généraliser à des situations proches.) D'une part, l'enfant modifie le milieu en saisissant l'objet. Ce qui n'était qu'un objet neutre, en équilibre physique sur un support, devient un objet saisi, manipulé, « assimilé » à d'autres objets saisis auparavant. Il y a « assimilation » de l'objet par un schème du sujet. Mais le schème lui-même, dans cet acte de saisie, est modifié par le milieu. L'enfant tendra le bras plus ou moins loin, écartera les doigts sur une plus ou moins

---

[1] J. PIAGET, *Introduction à l'épistémologie génétique*, 3 vol., Paris, P.U.F., 1950 ; ID., *l'Épistémologie génétique*, Paris, P.U.F., Collection Que sais-je ?, 1970.

[2] ID., *la Naissance de l'intelligence chez l'enfant*, Neuchâtel, Delachaux et Niestlé, 1936, pp. 8-24.

grande distance, afin d'ajuster son action à la configuration de l'objet. Il y a ici « accommodation » du schème à l'objet. C'est parce que tout acte est équilibre entre assimilation et accommodation que nous ne sommes pas des robots mécaniques, mais nous nous ajustons au milieu à l'intérieur de certaines marges.

Reformulation des mécanismes de Piaget

Si l'on examine l'exemple ci-dessus, donné par Piaget et Inhelder[3] comme représentatif des mécanismes décrits, on reconnaîtra dans l'assimilation un mécanisme de classe : un objet neutre est « reconnu » par un schème du sujet (« assimilation recognitive »). Ce schème pourra à son tour se généraliser à d'autres objets semblables (« assimilation généralisatrice »).

Mais on distinguera, dans l'accommodation, un mécanisme d'ordre, dans la mesure où il s'agit d'établir une relation entre des repères situés dans une étendue délimitée d'espace. L'activité de tendre le bras, d'écarter les doigts porte sur des « repères » du milieu.

C'est ainsi que, dès le stade sensori-moteur, où le bébé avant deux ans construit ses schèmes d'actions en rapport avec les objets du milieu, il y a incorporation de l'ordre dans la classe. L'aspect générique du schème, dirons-nous, tient de la classe. L'aspect particulier, qui varie de situation en situation, tient de l'ordre ou de la configuration des objets du milieu. Nous parlerons d'une polarité assimilation-mise en ordre.

La polarité assimilation-mise en ordre en interaction sociale

Nous avions nous-même introduit cette distinction fonctionnelle dans une étude sur la genèse des interactions sociales chez l'enfant[4]. Nous constatons qu'à tous les niveaux de développement de l'interaction entre trois enfants existaient deux types de rapports entre individus et milieu, caractérisés par les expressions : « je veux » et « il faut ». Le « je veux » correspond à une pulsion surgie à l'intérieur du sujet qui désire exercer une activité ou s'approprier un objet. Le « il faut » correspond à un sentiment de pertinence d'un geste à accomplir devant une configuration extérieure vue comme imparfaite. Nous interprétons comme assimilatoire ce qui a trait au « je veux », comme ordinal ce qui a trait au « il faut ». L'interaction entre un sujet et son milieu repose sur cette polarité. Au pôle assimilatoire, j'agis pour satisfaire un élan intérieur, je transforme le milieu en fonction de mes points de vue propres. Cela correspond à l'impression de « je veux ». Au pôle de mise en ordre, le milieu m'envoie des indices qui sollicitent des gestes à accomplir. Cela correspond à l'impression

---

[3] J. Piaget et B. Inhelder, *la Psychologie de l'enfant*, Paris, P.U.F., Collection Que sais-je ?, pp. 7-12.

[4] G. Noelting, « Introduction à l'étude génétique des interactions sociales chez l'enfant », *Revue suisse de psychologie*, 15 (1956), pp. 34-50.

de « il faut ». L'assimilation est source de motivation, de ce qui est « bon », et s'organise selon le positif et le négatif. Elle est support de ce qui deviendra la classe. La mise en ordre est source du pertinent, de ce qui est « bien », et s'organise selon le mode de la réciprocité. Elle est support de ce qui deviendra l'ordre. Dans les deux cas il y a interaction entre sujet et milieu. Le « je veux » se prolonge par une réorganisation du milieu que j'impose. La configuration imparfaite du milieu se prolonge par une activité de ma part pour réorganiser cette configuration dans le but de la rendre plus parfaite.

Similitude avec les « puissances » de Schelling

On trouve une certaine ressemblance entre la polarité assimilation-ordre en psychologie et la théorie des « puissances » chez Schelling. Les puissances sont « les principes de tout être[5] ». Elles sont « ce qui ne peut pas ne pas être pensé s'il doit y avoir de l'existant ». Elles décrivent le passage de l'essence à l'existence.

1) La première puissance est le pur vouloir, le « pouvoir être » (*das Sein-Könnende*). 2) La deuxième puissance est la détermination, la limite, « ce qu'il faut être » (*das Sein-Müssende*). Elle est le principe de la mesure, de l'objectivité. 3) La troisième puissance est l'unité de la première et la deuxième, à laquelle Schelling donne le nom « d'esprit ». Elle est le devoir-être (*das Sein-Sollende*). Dans les organismes on retrouve ces trois puissances « dans des rapports variables ».

On remarquera la concordance entre le *Sein-Könnende* et le « je veux », le *Sein-Müssende* et le « il faut », le *Sein-Sollende*, enfin, et l'échange qui intervient entre organisme et milieu.

Les polarités chez Tillich

De cet te théorie des puissances, dans un effort d'approfondissement pour saisir les modalités de l'être, Tillich[6] a tiré sa notion de polarité ontologique. La première polarité est la distinction entre individualisation et participation (nous traduisons) :

L'individualisation n'est pas une caractéristique d'une sphère spéciale des êtres : elle est un élément ontologique et par conséquent une *qualité* de tout. Elle est impliquée dans chaque être et constitutive de chaque être. [...] En polarité, avec l'individualisation, la participation sous-tend la catégorie de la relation comme élément ontologique fondamental. Sans individualisation, rien n'existerait pouvant être relié. Sans participation, la catégorie de relation n'aurait pas de fondement dans la réalité.

---

[5] F. CHAPEY, « Impact de Schelling », *Revue d'histoire et de philosophie religieuses*, 58 (1978), pp. 5-18.

[6] P. TILLICH, *Systematic Theology*, vol. I, Chicago, The University Press of Chicago, 1951, pp. 174-186.

La deuxième polarité est la distinction entre dynamique et forme. La dynamique et « la potentialité d'être ». Il s'agit d'un « élément ontologique en contraste polaire avec l'élément de pure forme ».

La troisième polarité est la distinction entre liberté et destinée :

> La liberté n'est pas la liberté d'une fonction (« la volonté ») mais de l'homme [...] La destinée renvoie à la situation dans laquelle l'homme se trouve, en face du monde à laquelle, en même temps, il appartient [...] En termes d'analogie, nous pourrions parler de la polarité de la spontanéité et de la loi.

On voit les analogies entre les distinctions que fait Tillich et les mécanismes décrits en psychologie sous les noms d'assimilation et d'accommodation, d'assimilation et de mise en ordre. Ses analogies ne sont pas accidentelles.

De plus, ce que la philosophie décrit concernant l'être se retrouve en psychologie concernant l'organisme. Leur relation semble être une corrélation. Aussi nous appliquerons à l'être, en philosophie, les propriétés que la psychologie connaît de l'organisme.

Les dimensions de l'organisme

La notion de développement et de niveaux d'organisation

À côté des mécanismes fonctionnels, la notion de structure est fondamentale en théorie développementale. On appelle structure l'ensemble des relations entre composantes d'une situation. Les composantes peuvent être des objets physiques, des dimensions de transformation, des êtres vivants. Cette notion de « structure » est utile pour décrire la complexité des échanges entre les pôles de la conduite.

La notion de niveau de développement est en effet solidaire de la notion de structure dans une théorie interactionniste du développement. En cela cette théorie est en accord avec les modèles d'organisation que l'on retrouve dans les systèmes biologiques. Suivons Jacob à ce sujet :

> Quant à l'architecture en étage, c'est le principe qui régit la construction de tout système vivant, quel que soit son degré d'organisation. Telle est la complexité d'un organisme, même le plus simple, qu'il n'aurait vraisemblablement jamais pu se former, se reproduire, évoluer, si l'ensemble avait dû s'agencer pièce par pièce, molécule par molécule, comme une mosaïque ; au lieu de cela, les organismes s'édifient par une série d'intégrations[7].

---

[7] F. JACOB, *la Logique du vivant*, Paris, Gallimard, 1970, p. 323.

La notion de dimension

Tillich[8] récuse un développement par paliers et envisage un développement par intégration de « dimensions » nouvelles. Nous trouvons cette interprétation fort intéressante, parce qu'elle rend mieux compte de la conservation de la structure ancienne, comme source motivationnelle, comme « centre » d'activité, dans la structure nouvelle. Nous l'adopterons à l'occasion dans notre description de développement.

Les mécanismes de développement

Le passage d'un niveau d'organisation à un autre est marqué, à l'intérieur de chaque organisme, par une double modification, décrite par Piaget[9] dans le passage d'un niveau au suivant pour un problème cognitif : il y a « élargissement du référentiel » et « relativisation de la notion ». D'une part, le champ couvert par la notion s'élargit : nous parlerons d'un changement en extension ; de l'autre, la notion elle-même devient plus générale : nous parlerons d'un changement en intension. Nous retrouverons ces deux mécanismes, en particulier, dans le passage de l'activité sensori-motrice à l'activité « représentative ».

Qu'est-ce que la représentation en psychologie cognitive ?

Piaget[10], en effet, fait naître la représentation de la différenciation entre pôles d'assimilation et d'accommodation (nous dirions pôles d'assimilation et d'ordre), lors du passage du stade sensori-moteur au stade sémiotique. Dans le « jeu symbolique » et l'« imitation différée », le sujet n'agit plus sur le donné immédiat, l'assimilation n'est plus en contact avec une accommodation actuelle, mais se prolonge en une accommodation intérieure, qui est l'« image » de l'objet réel. Il y a constitution d'un « symbole » qui « représente » le réel. Il y a différenciation entre une « représentation » intérieure et l'événement extérieur. C'est un changement en intension. Mais ce symbole permet de représenter une plus grande quantité d'événements. C'est le changement en extension. Une nouvelle « dimension » s'ajoute de la sorte au monde de l'action, celle de la représentation.

La pensée continuera de se développer en intégrant des dimensions encore nouvelles, par différenciation accrue et contact renouvelé entre représentation et réel. L'organisme forge, d'une part, des liens toujours plus solides entre les mouvements de sa réflexion, qui vient à constituer

---

[8] P. TILLICH, *Systematic Theology*, vol. III, Chicago, The University Press of Chicago, 1963, pp. 12-15.

[9] J. PIAGET, *Recherches sur la contradiction. 2. Les relations entre affirmations et négations*, Paris, P.U.F., 1974, p. 160.

[10] ID., *la Formation du symbole chez l'enfant*, Neuchâtel, Delachaux et Niestlé, 1945, pp. 291-300.

une totalité cohérente ; il établit, d'autre part, des liaisons toujours plus étroites entre les diverses transformations effectuées au sein du réel, qui vient à constituer le monde des objets et des personnes. Ce qui distingue la pensée du schizophrène de la pensée de l'homme adapté c'est, chez l'homme adapté, le contact avec le réel d'une pensée devenue complètement autonome, mais entièrement attentive aux événements qui surviennent. L'intension est en équilibre avec l'extension. Ce double mouvement de cohérence intérieure et de contact avec le réel résulte dans la pensée adulte.

Les trois dimensions de la représentation

Une première dimension correspond, comme on l'a vu, à la pensée sémiotique, chargée de symboles et s'exprimant au moyen de signes. Une nouvelle dimension a trait à la pensée opératoire concrète qui organise et ordonne des données manipulables. Une troisième dimension correspond à la pensée abstraite, distincte de la pensée agissant sur le réel, lorsqu'il y a différenciation entre le monde des idées et de l'hypothèse et le monde des faits et de la vérification. Nous allons scruter attentivement la complexification croissante de cette pensée et y décrire les mécanismes de changement.

Piaget[11] explique la progression de la pensée sémiotique à la pensée opératoire, puis abstraite, par une série d'équilibrations, correspondant au double mouvement déjà décrit et résultant de processus de différenciation et de coordination. Il y a, au palier d'équilibre final, constitution d'une pensée combinatoire, qui intègre les opérations de classe et de relation dans un système à deux transformations. On peut y trouver l'équivalent cognitif, à un niveau supérieur, de la polarité individualisation-participation de Tillich.

Piaget voit l'intégration de la classe et de la relation comme équilibre final du développement. Nous voyons nous-même les mécanismes de classe et de relation à l'œuvre dès l'origine de la pensée. Ces deux aspects constituent dans chaque cas une « structure conjointe », dans le sens qui lui est donné ces dernières années par la théorie de la mesure[12].

La notion de structure conjointe

Nous préciserons ici brièvement cette notion afin d'éclairer ce qui suit.

Les théoriciens de la mesure ont défini récemment deux types de mesure : des mesures unidimensionelles, portant par exemple sur la notion de longueur ; des mesures bidimensionnelles ou « conjointes »,

---

[11] *Id.*, *l'Équilibration des structures cognitives, problème central du développement*, Paris, P.U.F., 1975.

[12] L. NARENS et R. D. LUCE, « Measurement : the theory of numerical assignment », *Psychological Bulletin*, 99 (1986), pp. 166-180.

portant par exemple sur la notion de « densité », qui est une masse divisée par un volume, ou le « moment » d'une force, qui est une masse multipliée par une longueur. Ces deux types de mesure rendraient compte de toutes les grandeurs physiques.

Nous avançons l'hypothèse que les notions en psychologie et en philosophie sont des « structures conjointes ». La structure conjointe se retrouve, dans le développement de l'organisme, à deux niveaux : fonctionnel et structural. Elle se retrouve au niveau fonctionnel dans les mécanismes d'assimilation et de mise en ordre lorsqu'un organisme agit sur un donné. Elle se retrouve au niveau structural dans les systèmes de classe et de relation ou d'ordre que l'organisme élabore par son activité au cours des diverses étapes de son développement.

Afin de constituer une classe, en effet, le sujet doit reconnaître les données similaires du milieu et en séparer les données opposées. La classe se construit par assimilation et discrimination des données d'un contenu. L'ordre se constitue par appui sur des repères successifs d'un support, et abandon d'un repère pour un autre. Deux paires de mécanismes solidaires sont nécessaires pour expliquer le fonctionnement de l'organisme agissant sur le milieu : un mécanisme d'assimilation et de discrimination, un mécanisme d'appui et d'abandon.

Pour expliquer le développement, nous mettons l'accent sur la relation constante et toujours améliorée entre ces deux composantes de la pensée, qui, indissociées au départ, trouvent progressivement leur autonomie interne pour assurer une meilleure articulation réciproque.

Piaget a décrit une construction de la pensée qui mettait l'accent sur l'assimilation du donné externe par le sujet, qui le transforme selon ses points de vue tout en s'y accommodant. L'accommodation chez Piaget se réalise « à l'intérieur » de l'assimilation.

Le modèle esquissé ici donne une importance égale aux deux pôles de la pensée, qui sont définis ici comme assimilation et mise en ordre. Si, d'une part, la pensée s'élabore par une interprétation toujours meilleure du réel au pôle d'assimilation, cette pensée s'appuie aussi toujours mieux sur un réel constamment interrogé au pôle de mise en ordre. Piaget voit le réel comme *résistance*. Nous le voyons comme *soutien*. L'organisme trouve dans le milieu des *invariants* qui lui permettent de se reconstruire. Il s'agit ici d'un « constructivisme étayé ». Ce changement de perspective infléchit la théorie opératoire vers des positions plus béhaviorales, plus amènes au monde anglo-saxon.

Mais il permet également d'expliquer le phénomène du « lâcherprise », qui est la pierre angulaire de l'expérience religieuse : « Que Ta volonté soit faite. » Ici l'acceptation d'un certain ordre extérieur prime sur l'assimilation, dans un acte d'abandon, où le sujet se construit en s'appuyant sur plus grand que lui. Il nous semble qu'à la fois le monde cognitif et le monde de la personne se construisent par la mise en œuvre de ce double mécanisme d'assimilation et de mise en ordre, avec assimilation et discrimination, abandon et appui.

Ordre et chaos, invariant et transformation

Mircea Eliade[13] a montré que le monde du sacré se constitue, par opposition au monde du profane, par introduction d'un principe de signification qui s'oppose au chaos. En psychologie cognitive, la connaissance se constitue lorsque le sujet découvre, dans le monde environnant, un invariant distinct du système de variations, ce qui lui permet de séparer le cohérent du chaotique[14]. Cet invariant est intériorisé lorsque le sujet aura lui-même imprimé une stabilité à certaines composantes de sa propre activité, pour mieux en mobiliser d'autres, au cours d'un processus de différenciation de ses propres systèmes de transformation.

Toute modification comprend un invariant et une transformation. Dans le mouvement chaotique, désordonné (préopératoire), invariant et transformation sont confondus. Le passage à un nouveau palier d'activité s'effectue par un mécanisme de *stabilisation — mobilisation*[15] qui introduit un invariant dans une activité de transformation. Ce mécanisme permet d'accéder à une pensée opératoire. Dans le domaine des interactions sociales[16], c'est la phase d'acceptation des règles et la possibilité d'une activité de groupe.

Le passage de l'opération concrète à l'opération formelle se fait, à nouveau, par un mécanisme de différenciation et de coordination qui s'effectue entre l'activité propre de l'organisme et l'espace ordonné dans lequel il se manifeste. Le sujet reconstruit en lui-même un espace de représentation, afin de mieux appréhender l'étendue du monde environnant.

Les dimensions de la relation filiale

L'évolution de la relation filiale au cours du développement

Nous appliquerons maintenant le concept de développement à la relation filiale et distinguerons trois dimensions de complexification : 1) la dimension d'attachement à la mère qui apporte sécurité ; 2) la dimension d'acceptation du père qui rompt la symbiose et initie aux règles de vie ; 3) la dimension d'ouverture au père intérieur qui libère d'une autorité extérieure. La première dimension, en terminologie psychanalytique, correspond au principe du plaisir, la deuxième au principe de réalité (Freud). Nous ferons correspondre la troisième dimension au principe d'individualisation (Jung).

---

[13] M. ELIADE, *le Sacré et le Profane*, Paris, Gallimard, 1957 ; ID., *The Quest, History and Meaning in Religion*, Chicago, The University Press of Chicago, 1969, préface.

[14] G. NOELTING et R. BAILLARGEON, « la Théorie des stades et la théorie des échelles : y a-t-il homologie ? », Exposé prononcé devant le Consortium québécois des psychologues du développement, Québec, Université Laval, 1987.

[15] G. NOELTING, « les Mécanismes d'apprentissage selon la psychologie génétique », *Cahiers de Sainte-Marie*, 3, Montréal, HMH, 1966, pp. 7-17.

[16] ID., « Introduction à l'étude génétique [...] » ; ID., « l'Infraction à la règle dans les jeux d'enfants », *Revue suisse de psychologie*, 21, 1962, pp. 24-31.

1. La dyade mère-enfant qui apporte sécurité

La première relation sociale de l'enfant est avec sa mère. À la naissance l'enfant est devenu un être physiologiquement distinct, mais entièrement dépendant de sa mère pour sa survie. Entité distincte mais en relation avec la mère : le drame de la condition humaine se trouve ici condensé.

Il y a établissement d'une relation équilibrée entre mère et enfant malgré leur différence de dimension, si la mère répond aux besoins de l'enfant. Par cette relation que l'enfant établit avec une personne privilégiée du milieu, il y a ouverture au milieu et fondement d'un sentiment de sécurité. Car l'enfant a un horizon limité, centré sur des satisfactions immédiates, alors que l'adulte est capable de différer ses plaisirs et d'organiser son activité. C'est ainsi que le parent devra imposer des contraintes à l'enfant, afin de faire son éducation. L'enfant devra apprendre la régularité de son activité veille-sommeil, la propreté, l'initiation aux règles du savoir-vivre.

Cependant, si la mère impose une affection exagérée contre le gré de l'enfant, rejette les signes de révolte de la part de l'enfant, l'activité pourra se dérouler dans un état de faux équilibre. Cela entraînera chez l'enfant un sentiment d'*aliénation*. Il survit mais renonce à une partie de son activité spontanée, il devient partiellement autre, coupé de ses impulsions profondes, vivant d'une vie d'emprunt. C'est ainsi que la mère assure sécurité à l'enfant, mais doit le libérer d'un état de dépendance.

2. L'acceptation du père concret

La deuxième période de développement, située dans l'enfance, est l'acceptation des premières règles de vie. Ici se situe l'acceptation du père concret, réel, que l'on a devant soi, et des règles de conduite qu'il impose. Si la mère est celle qui assure généralement à l'enfant une sécurité de base, le père est l'agent de socialisation par excellence, qui brise le lien parfois symbiotique entre mère et enfant pour introduire l'enfant dans le monde des autres. L'acceptation du père se fait, en quelque sorte, en opposition avec l'attachement de l'enfant à la mère.

Analyse de mythes d'accession à l'âge adulte

Nous aurons recours à l'étude des mythes pour examiner comment s'est vécue cette transition à différents moments de l'histoire de l'humanité. La mythologie nous raconte l'histoire de l'humanité sous forme de situations symboliques qui possèdent cependant une profonde vérité.

Œdipe, abandonné par son père et élevé dans une famille paysanne, revient chez lui, rencontre son père à la croisée d'une route, le tue, puis épouse sa mère. Apprenant la vérité, il se crève les yeux et s'enfuit.

Perceval est élevé par sa mère à l'abri du monde. Devenu grand, il suit trois chevaliers et est initié au métier des armes. Il délivre Blanchefleur, mais au moment de l'épouser, il la quitte pour rejoindre sa mère. Il n'est pas prêt à assumer ses responsabilités d'adulte.

Adam, élevé dans l'innocence au Jardin d'Eden, aspire à connaître l'Arbre de Vie. Il est tenté par le serpent, désobéit avec Ève aux règles établies. Il est chassé du paradis.

Dans ces divers mythes, il s'agit toujours d'un homme jeune, en voie de devenir adulte, qui forme une situation triangulaire avec ses parents. Attaché encore inconsciemment à sa mère, il se révolte contre le père et refuse d'abandonner ses satisfactions immédiates. Il n'accepte pas encore qu'il y ait des règles de vie sociale et n'est pas prêt à assumer ses responsabilités.

On est effectivement en présence de deux sortes de relations inter-personnelles, que nous caractériserons comme relations verticales parent-enfant et relations horizontales entre pairs. La confusion de ces deux types de relations demeure durant toute la phase appelée pré-œdipienne du développement. Il y a relation horizontale avec la mère et non relation verticale, décentrée.

Freud décrit le mécanisme de résolution du complexe d'Œdipe. Le jeune garçon renonce à sa mère comme source de gratification et accepte les directives de son père. Il est prêt à trouver sa place dans le groupe. Les vicissitudes de ce renoncement et de cette acceptation marquent le processus du passage de l'enfant à l'adolescence.

3. L'ouverture à un soi supérieur, au Père, qui libère d'une autorité extérieure

Une troisième période de développement consiste en l'ouverture à un soi supérieur, à un système de valeurs qui vous dépasse. Il y a ici libération d'une dépendance vis-à-vis du père concret, avec l'élargisse-ment du cadre trop étroit dans lequel on s'était mu.

En effet, deux fixations peuvent intervenir dans le développement, caractérisant deux pathologies qui ont été bien décrites par Tillich. Une première est le masochisme, la dévalorisation de soi. En l'absence d'un père intériorisé, il y a ambivalence à l'égard de personnes réelles en posi-tion d'autorité. Il y a respect trop grand, accompagné d'impertinence et de persiflage.

La pathologie opposée est la forfanterie, le machisme, décrit par Til-lich sous le nom d'*hubris*. Elle se traduit par des manifestations d'auto-valorisation, la vantardise, l'écrasement des êtres plus faibles que soi. La construction de soi se manifeste dans le cadre d'un moi étroit, égocen-trique, fermé aux réalités du monde, sans un sentiment d'humilité nécessaire.

La correction de ces pathologies s'effectue par l'ouverture à un soi supérieur, qui marque une nouvelle dimension d'existence, caractérisé par un double mouvement d'élargissement du référentiel et de relativi-sation de la notion.

C'est ici que la notion de corrélation de Tillich[17] prend toute son importance. Que l'on décrive cette transition en termes psychologiques de *processus* ou en termes théologiques de *signification*, cela ne change rien au fait lui-même. Le langage psychologique s'attachera à décrire les mécanismes de pareille expérience, le langage théologique les interprétera comme étant des symboles ayant une signification historique et culturelle. L'un ne va pas sans l'autre, l'un s'appuie sur l'autre.

Celui qui vit pareille transition sur le plan psychologique trouvera, dans les récits des grands mystiques, un aliment pour sa réflexion, un appui pour son combat. La vérité se trouve dans une interaction à la fois empiriste et rationaliste, selon le chemin tracé par Tillich, lorsqu'il discute du conflit qui a opposé nominalistes et réalistes au Moyen Âge (nous traduisons) :

> La polarité de l'individualisation et de la participation résoud le problème du nominalisme et du réalisme qui a secoué et presque disloqué la civilisation occidentale. Selon le nominalisme, seul l'individu a une réalité ontologique : les universaux sont des signes verbaux qui indiquent les similarités entre choses individuelles [...] L'empirisme et le positivisme en sont les conséquences logiques [...] Le réalisme doit être assujetti au même examen. Le mot indique que les universaux, la structure essentielle des choses, constitue leur vraie réalité. Le « réalisme mystique » souligne la participation au-dessus de l'individualisation, la participation de l'individu à l'universel et la participation du connaissant dans le connu. Dans cette mesure le réalisme est correct et se montre capable de rendre la connaissance compréhensible. Mais il se trompe s'il établit une seconde réalité derrière la réalité empirique et fait de la structure de participation un niveau de l'être, où l'individualité et la personnalité disparaissent[18].

Nous suivrons Tillich et considérerons toute expérience individuelle dans ses mécanismes, alors que l'interprétation théologique en traduit la signification transcendante.

Religions du père, religions de la mère

L'introduction du principe d'ordre semble une caractéristique des religions monothéistes, par opposition aux religions cosmiques d'Orient. Un symposium récent a porté sur ce sujet[19]. Les auteurs voient, en effet, les religions partagées en deux grands types, selon qu'elles accentuent la confrontation avec un père extérieur ou prônent l'intériorité de l'être. Dans le premier cas, on se heurte à un Dieu en dehors de soi, que l'on reconnaît ou refuse. Dans le deuxième cas, on cherche à se dissoudre dans une nature cosmique.

---

[17] P. TILLICH, *Systematic Theology*, vol. I, pp. 174-186.

[18] *Ibid.*, pp. 177-178.

[19] P. L. BERGER, *The Other Side of God, a Polarity in World Religions*, New York, Anchor Press/Doubleday, 1981.

Il semble qu'Israël ait créé une rupture dans l'univers mythologique du Proche-Orient exprimé dans une optique cosmique par l'introduction d'une volonté divine exprimée en termes paternels, plutôt que maternels[20]. Le christianisme, à son tour, se différencie du judaïsme, par la réintroduction d'une certaine intériorité dans la religion du père, avec transformation du Dieu sévère Elohim en un Dieu d'Amour, et passage « de la loi à la foi », comme le dit saint Paul. Le christianisme, avec François d'Assise, se montrerait ainsi comme une synthèse de l'intériorité reliée à la mère et de la confrontation liée au père[21]. Nous voyons ici le principe d'assimilation qui s'ajoute au principe d'ordre dans une intégration finale permettant d'interpréter l'univers.

De même, lorsque Mircea Eliade parle du sacré comme organisation qui s'oppose au chaos, nous voyons le principe d'ordre qui s'introduit à côté du principe d'assimilation pour appréhender les choses.

Une expérience personnelle

Sur le plan psychologique, l'ouverture à un soi supérieur, l'intégration des principes d'assimilation et d'ordre est marqué par des emprunts aux parents concrets que l'on a eus, dans la mesure où ces parents ont été protecteurs et normatifs. Pour illustrer ce passage de la mère au père sur le plan psychologique, voici le récit d'un rêve que nous fîmes nous-même lors d'une « semaine mystique » passée à la montagne, dans un état à la fois d'exaltation et d'inquiétude (entre parenthèses sont les associations faites lors de la transcription) :

> Je suis sur une rive avec une figure paternelle (mon père ?). Il me montre comment il a reçu un souffle à travers un tube de bois, coupé dans le sens de la longueur. Et il m'envoie un souffle à moi, à travers le même tube de bois, comme un bambou très large coupé dans le sens de la longueur, et faisant canal pour le souffle.
>
> Puis ce père se transforme en maison cubique, comme un plan de maison fait de lignes droites dessinant un plan dans tous les sens, comme un tableau (réminiscence d'un Klee vu récemment ?). Je m'installe dans le plan, deviens partie du plan, le plan c'est moi installé dans le père, le plan c'est moi avec les lignes droites du père qui me prolongent dans tous les sens (1985-07-25).

Ce rêve avait été précédé de plusieurs jours de recherche intérieure. Il se trouvait que j'étais momentanément à couteaux tirés avec un collègue, pour qui d'ailleurs j'éprouvais beaucoup de sympathie, et ceci à propos d'un problème scientifique. Cette ambivalence était devenue peu supportable. On s'était obstiné à la façon de deux adolescents. Chacun se demandait comment cela allait finir.

---

[20] M. FISHBANE, « Israel and the « Mothers » » », *The Other Side of God*, ed. by P. L. Berger, New York, Anchor Press/Doubleday, 1981, pp. 28-47.

[21] E. H. COUSINS, « Francis of Assisi and Bonaventure : Mysticism and Theological Interpretation », *The Other Side of God*, pp. 74-103.

Les vacances et un séjour à la montagne m'avaient permis de faire un peu d'ordre en moi-même. Vaincre les images maternelles, être moi-même, mais ausi reconnaître le père. Nous nous étions retrouvés les meilleurs amis du monde. Le rêve avait marqué le moment crucial de cette évolution. Examinons-le.

On y trouve deux aspects : la transmission du souffle, où l'on notera également un indice de mutilation, l'installation dans la maison du père. Ces deux aspects ont une signification théologique. Nous tenterons d'expliquer la constitution de ces totalités existentielles neuves par le moyen de deux transformations solidaires déjà décrites : une transformation intensive (la relativisation de la notion), une transformation extensive (l'élargissement du référentiel). Nous reconnaîtrons, à l'intérieur de chacune de ces deux transformations, un aspect d'ordre, portant sur des repères ou des directions, un aspect de classe, portant sur des significations et des étendues. Nous parlerons de père sur le plan psychologique, de Père sur le plan théologique.

L'ouverture au Père intérieur s'effectue, en effet, en deux moments symboliques pour l'être : celui de la Mort (du « lâcher-prise »), avec sacrifice et abandon d'un soi égocentrique, et réception de l'Esprit ; celui de la Résurrection, avec accession au Royaume (« il est assis à la droite du Père »).

Il y a d'abord ouverture au Père, abandon total de soi, acceptation de la blessure, c'est le moment du « lâcher-prise » dont parlent les religions orientales ; c'est le moment où l'on est vaincu par plus fort que soi, où l'on accepte plus fort que soi. Jacob lutte toute une nuit avec l'Ange, pour finalement s'avouer vaincu ; avant de lâcher, il demande à l'Ange de le bénir. Il y a descente de l'Esprit.

Le Père intérieur n'est pas « construit », il est reçu, accepté. C'est une des caractéristiques principales de la situation que, si l'on fait effort pour rejoindre le père, si on veut le façonner à sa guise, il s'évanouit.

L'acceptation par le Père ne se fait pas sans un sacrifice de soi-même, sans un abandon de son égocentrisme, sans une mutilation indiquée dans le rêve par le tube en bois « fendu dans le sens de la longueur ». Même le père avait subi cette mutilation lorsqu'il avait reçu le souffle.

S'étant ouvert à autrui, l'être se laisse pénétrer par le souffle du père sous forme d'Esprit Saint. Dans le Notre Père, la prière constante est « que ton Règne vienne ». Cette réception de l'Esprit marque le point culminant de l'expérience mystique. Sur le plan psychologique, il y a intériorisation de la figure parentale, relativisation de la notion de soi, constitution d'un soi supérieur. À l'intérieur du cadre nouveau imposé par le père (aspect d'ordre), il y a mobilisation des énergies (aspect classe). La Loi fige, la foi dynamise.

Dans un deuxième moment, il y a élargissement du référentiel, il y a installation dans la maison du Père, le Fils « s'assied à la droite du Père ». Cependant, les « lignes droites qui me prolongent dans tous les sens » indiquent une acceptation des balises apportées par le père, une incorporation de l'ordre dans le mouvement, une stabilisation du référentiel. Ces divers aspects sont résumés dans le tableau suivant :

Les quatre composantes de l'initiation mystique

Moments	Composantes	
	Ordre (repères)	Classe (signification)
Intensif (du Père) dimension verticale	« Lâcher-prise »	Descente de l'Esprit
Extensif (du Fils) dimension horizontale	Structuration par les balises du Père	Installation dans la maison du Père

L'être mature fait l'unité en lui-même, comme l'unité du Père et du Fils, en intégrant les deux composantes du concept, l'intension et l'extension, dans une totalité à la fois significative et ordonnée. Réception du souffle dans un mouvement centripète, installation dans la maison du Père dans un mouvement centrifuge, voilà les composantes qui permettent d'accéder à ce que Tillich appelle l'Être Nouveau[22].

Les conditions de l'initiation mystique

L'expérience mystique d'ailleurs semble s'effectuer dans une atmosphère de forte ambivalence. Pensons à saint Paul persécutant les chrétiens, puis terrassé sur la route de Damas. Pensons à Jeanne la Lorraine, née dans un pays déchiré entre Armagnacs et Bourguignons. L'expérience de Jésus lui-même est exemplaire, dans un pays occupé par les Romains et qui avait été témoin de nombreuses révoltes. Mircea Eliade[23] explique la prédication de Jésus comme réaction à l'emprisonnement de Jean-Baptiste.

Le message de Jésus est intéressant. Il conduit à différencier le Père intérieur, auquel on accorde sa toute confiance, de l'autorité civile, que l'on respectera dans son domaine de juridiction : « Rendez à César ce qui est à César, et à Dieu ce qui est à Dieu. »

---

[22] P. Tillich, *The New Being*, New York, Charles Scribner's Sons, 1955.

[23] M. Eliade, *Histoire des croyances et des idées religieuses*, tome 2, Paris, Payot, 1978, p. 318.

Sur le plan psychologique, cela conduit à différencier un soi intérieur, dépôt des valeurs et de la transcendance, d'un soi de tous les jours, qui s'attaque aux problèmes et subit les déceptions. Quelle libération de ne pas mettre son amour-propre en jeu dans les activités multiples de la vie !

Maslow a décrit la transformation qui s'opère à la suite d'une *Peak Experience* :

> La dichotomie ou la polarité entre humilité et orgueil tend à se résoudre lors des « peak-experiences » et également chez les personnes qui ont trouvé leur identité. Ces dernières résolvent cette dichotomie entre humilité et orgueil en les fusionnant en une seule unité complexe surordonnée, autrement dit en étant orgueilleux (d'une certaine manière) et humble (d'une certaine manière). L'orgueil fusionné à l'humilité n'est pas de l'*hubris* ni de la paranoïa ; l'humilité fusionnée à l'orgueil n'est pas du masochisme[24].

Notons qu'il n'y a pas seulement fusion de l'humilité avec l'orgueil, mais hiérarchisation introduite à l'intérieur de soi. Le moi égocentrique reconnaît son dépassement par plus grand que soi. Qu'il y ait à la fois deux *soi* — un soi et quelque chose de plus large que soi — est décrit par tous les psychologues. Sur le plan transcendant, qu'il y ait un Père et qu'il y ait un Fils, et qu'ils soient unis par le souffle de l'Esprit, est un mystère à la fois profond mais terriblement cohérent. C'est le mérite des théologiens de nous l'enseigner. Psychologues et théologiens se rencontrent.

Baptême, communion

Ces deux moments — introduction dans la maison du Père et descente de l'Esprit — se retrouvent dans la vie de l'Église dans deux sacrements importants, le baptême par l'eau et la confirmation donnée par l'évêque avec le saint chrême (onction). Du fait qu'ils sont administrés à un jeune âge, ils ont perdu leur caractère de rite d'initiation, à forte valeur symbolique, pour le jeune adulte de notre culture. Notre société occidentale est devenue une société sans rite d'initiation, contrairement aux autres cultures, qui ont chacune leur rituel pour le passage de l'adolescence à l'âge adulte. Ici les Églises chrétiennes ont oublié leur rôle et se voient remplacées par les psychothérapeutes, qui doivent si souvent intervenir entre 18 et 25 ans. Une restructuration importante de la vie de l'Église doit avoir lieu pour combler un manque criant. L'Église doit surtout accepter de dialoguer avec d'autres sciences. L'Église ne semble pas consciente de son rôle, de la lacune qu'elle laisse dans une société avancée techniquement, mais sans schéma valoriel. Les sciences ont évolué, la pensée théologique piétine encore. La lecture des Écritures est un plus grand soutien pour le chrétien d'aujourd'hui que l'appui de l'Église.

---

[24] A.H. MASLOW, *Religion, Values, and Peak-Experiences*, New York, Penguin Books, 1964, p. 68.

Conclusion : le bon et le bien

La construction de valeurs personnelles, l'instauration de convictions propres, constitue une entreprise qui dépasse l'adolescence, s'effectue chez le jeune adulte et se poursuit pendant une grande partie de l'existence. Jung a décrit sous le nom d'*individuation* ce processus où, à partir d'une situation d'aliénation, se construit une personnalité propre basée sur des convictions profondes.

L'être n'est en effet pas issu seulement des impulsions venant de soi, mais est ouvert à autrui. La psychanalyste Dolto[25] a insisté sur la dualité précoce, chez l'enfant, entre deux échelles de valeurs : le bon et le bien. En effet :

> L'échelle de valeurs « bien — mal » ne relève pas, dans le psychisme, des mêmes règles d'élaboration que les échelles de valeurs « bon — mauvais », « agréable — désagréable », « beau — laid ».

Les valeurs du bon et du mauvais :

> sont des perceptions directes, liées à nos singularités individuelles, et que, de ce fait, nous ressentons comme absolues, c'est-à-dire *sans référence à autrui*.

Au contraire :

> Le sentiment de bien ou de mal qui accompagne tout acte constitue, lui, l'amorce d'une échelle de valeurs, qui s'échafaude dans un contact relationnel avec le milieu.

Cette dualité de valeurs traduit, selon nous, la polarité individualisation-participation que décrit Tillich, ce que nous avons appelé principes d'assimilation et de mise en ordre.

En tant qu'hommes, en effet, nous ne sommes pas des êtres fermés sur notre propre suffisance (selon le principe d'assimilation), nous sommes ouverts au monde qui nous entoure (selon le principe d'ordre). Même Piaget l'avait constaté :

> Ce sont les choses elles-mêmes qui contraignent l'organisme à sélectionner ses démarches, et non l'activité intellectuelle initiale qui recherche activement le vrai. Pareillement, ce sont les personnes extérieures qui canalisent les sentiments élémentaires de l'enfant, et non ceux-ci qui tendent eux-mêmes à se régulariser de l'intérieur[26].

---

[25] F. DOLTO, *Au jeu du désir. Essais cliniques*, Paris, Seuil, 1981, pp. 18-20.

[26] J. PIAGET, *le Jugement moral chez l'enfant*, Paris, Alcan, 1932, p. 323.

C'est dans le monde extérieur que nous puisons les normes de notre activité, c'est au moyen du monde extérieur que nous structurons ce qui était dynamisme pour lui donner forme, que nous rencontrons le sol dur sur lequel s'appuiera nos pas. La dimension du réel, lorsqu'elle est affrontée, lorsqu'elle est intériorisée, devient pour nous un facteur de notre liberté.

CINQUIÈME PARTIE

LA THÉOLOGIE
ET LA SITUATION CULTURELLE

LA THÉOLOGIE DANS LA CULTURE

Marc MICHEL
Université des sciences humaines, Strasbourg

Mon propos sera de dire les aspects de la théologie de Tillich qui m'apparaissent particulièrement pertinents aujourd'hui. Le titre proposé — « la Théologie dans la culture » — veut seulement indiquer la direction qui réunit ces éléments. À l'instar de plusieurs communications données à ce colloque, je voudrais en effet montrer que le débat avec Tillich exige que nous en risquions les inspirations maîtresses dans notre modernité. La problématique que je suivrai est celle qui lie indissolublement vérité et histoire, c'est-à-dire qui perçoit l'histoire comme le lieu unique, incontournable, de l'expérience de la vérité.

Les catégories d'essence et d'existence, interprétatives de l'être de l'homme

L'essence et l'existence constituent l'une des pièces maîtresses de la pensée de Tillich ; c'est bien en relation avec l'essence que l'aliénation existentielle de l'homme trouve sens et compréhension. Enracinée dans la lecture faite du second Schelling et développée dans la *Théologie systématique*, cette conception fondatrice rejoint sans doute l'un des courants majeurs de notre modernité, les existentialismes. L'analyse par Tillich de la détresse de l'homme dans son existence n'a pas de comparaison possible dans la théologie contemporaine.

Mais l'admiration que nous portons à Tillich doit nous alerter sur une difficulté majeure que provoquerait inévitablement une lecture insuffisante. Tillich, voulant se distinguer de Kierkegaard et de Heidegger, a toujours mentionné l'essentialisme comme la référence prédominante de sa pensée. Or cette référence constituerait un obstacle de taille pour la réception de Tillich aujourd'hui si on ne la comprenait justement.

Si, en effet, on entendait par « essence » la plénitude de sens par-delà la séparation et la contingence, on produirait sans doute un ersatz de la nature, donnée une fois pour toutes. Tout autant que l'analyse de l'existence comme aliénation, l'intuition de l'essence doit demeurer soumise au procès de l'histoire, faute de quoi on fera resurgir le spectre du fixisme philosophique. Que l'existence de l'homme puisse être considérée comme aliénation par rapport à une essence ne doit en rien présupposer que cette essence soit donnée de quelque façon. Car l'acte par lequel l'homme tente de déchiffrer la tragédie de son existence, comme rupture et séparation, ne saurait s'effectuer en dehors ou en suspens de la transition historique. Cela ne veut pas dire qu'il n'y a pas d'essence ou que l'existence de l'homme soit aplatie à la seule facticité, cela veut dire que l'essence ainsi posée est, dans sa production même, marquée des conditions de l'existence qui l'intuitionne et la pose.

Ainsi, essence et existence trouvent leur pleine signification et leur pleine acceptabilité dans leur appartenance à la problématique contemporaine qui lie vérité et histoire. De cette manière, et de cette manière seulement, le travail que fait l'homme dans sa propre histoire conditionne la façon dont il se comprend dans son être essentiel. L'homme n'est pas donné, il se donne à être.

Cette perspective recèle des conséquences éthiques fondamentales. Du coup, en effet, l'histoire est valorisée ; la culture, le combat de l'homme pour l'homme, n'apparaît plus comme l'obéissance à un nomos maintenu en extériorité mais bien autonome, comme l'aventure et le risque de l'homme qui en faisant se fait, en inventant le monde advient comme sujet, c'est-à-dire comme différence.

L'inconditionné comme sens ultime

De façon analogue, la chosification, je veux dire la détermination de l'Inconditionné, ne serait-ce que par la simple traduction par Dieu, enlèverait au message de Tillich son acuité et sa radicalité.

La structure abyssale de l'Inconditionné le maintient à la fois comme présence et absence, manifestation et retrait. Mais là encore, le fait d'être saisi par l'Inconditionné comme préoccupation ultime doit être perçu au sens même du procès de l'histoire : il n'y a pas de révélation qui ne soit reçue par des existants concrets, dans leur culture, leur vie sociale. L'homme n'invente pas l'Inconditionné mais son devenir historique et sociétal n'en constitue pas moins le lieu même, c'est-à-dire la condition et la possibilité de désignation de l'Inconditionné. Et si l'on se réfère aux symboles religieux, particulièrement bibliques, on se rappellera la lente évolution de la Révélation dans la conscience historique du peuple d'Israël. Ce n'est pas l'Inconditionné qui nécessairement change, c'est en advenant à son humanité que l'homme s'ouvre à la saisie de l'Inconditionné. L'éthique, l'éthos, la façon dont l'homme habite le monde comme son monde devient le lieu, c'est-à-dire la condition et la possibilité, de la confession de l'Inconditionné. L'éthique n'est pas l'application ou le respect de règles anhistoriques mais bien le procès du devenir de l'homme, d'un homme responsable de s'inventer autonome ; l'éthique est alors la possibilité de la confession de l'Inconditionné dans le devenir, les risques, les incertitudes mais aussi les découvertes et les réussites de l'homme.

Sans cette restitution à l'histoire et donc à la culture, on verra émerger à nouveau, on le voit déjà, la tentation idolâtrique de solidifier, par présupposition, ce qui précisément n'est jamais définitivement donné. Théologie de la nature ou verticalisme biblique, naturalisme ou supranaturalisme, dogmatique a-temporelle, constitueraient alors les nouveaux refuges et les nouveaux ghettos, justifiant par là même le fixisme et la reproduction des institutions qui y trouvent leur légitimation.

La méthode de corrélation

Mais, dans le même temps, cette exception de l'histoire érige en vérité la juxtaposition d'un lieu privilégié, prétendument détenteur de sens, à côté d'un monde prétendu aveugle et démuni de sens. On connaît bien, trop bien, cette vieille ficelle de l'apologétique : le sens de l'homme et de l'histoire tombe sous la dénégation pour être comblé et transformé dans le sens plénier et déjà-là que proposerait la foi chrétienne. La conscience moderne s'est rebellée avec raison contre l'anti-humanisme de ce christianisme-là, revendiquant pour l'homme les risques et les chances de l'autonomie.

La méthode de corrélation dans une lecture mal comprise conçue sous cette juxtaposition et ce dualisme, risquerait de réintroduire le sens comme clôture en en refusant l'inévitable itération dans l'histoire. Il y aurait alors un pôle fixe, celui des réponses suggérées par la foi et indiquées par les symboles religieux, et un pôle mobile qui serait celui des questions posées par l'homme dans son histoire.

Les symboles religieux existent, l'écriture biblique existe, mais ils ne contiennent pas le sens comme une présence abritée et réelle, ils l'indiquent dans la kénose même de leur acte de signifier. Les symboles religieux, tout autant qu'à leur genèse, s'offrent à la « differrance », c'est-à-dire en fin de compte à la puissance énonciatrice de nouvelles écritures. Le christianisme n'est pas une religion du livre mais une religion de l'écriture puisque le sens ultime qui le traverse sans cesse s'y indique tout en s'y retirant. Aucun texte, aucune institution n'échappe à ce procès : il n'y a d'avènement de sens qu'à la faveur de l'histoire et le sens ne surgit que dans l'épiphanie de la différence.

Les symboles religieux ne constituent pas ce point fixe, immuable, offert à la répétition ; ils sont forgés dans une langue déterminée, recelant des représentations de l'homme historiquement datées. Leur seule répétition supposerait que le langage et l'histoire se soient un jour arrêtés, dans une sorte de paralysie du temps et de contraction de l'espace.

Certes l'herméneutique a déjà longuement et savamment réfléchi sur le passage d'une histoire à l'autre, d'une culture à l'autre. Mais l'herméneutique entend bien souvent accompagner et guider la transition du sens comme d'un sens déjà-là, déjà donné. Mais, sous le signe même des métamorphoses du langage, l'histoire se réduit à l'accident d'une substance, à une trame devenue folle et dont il convient de renouer sans cesse les fils discontinus. Autant dire alors que l'histoire, que le logos, l'aventure humaine sont sans raison et sans signification.

L'articulation tillichienne du logos universel et du logos concret de la foi chrétienne délivre la théologie de ce discours dualiste et pour autant impossible. C'est bien, en effet, par le logos, vérité et histoire, raison et culture, que l'homme peut recevoir la promesse qu'indiquent les symboles religieux par-delà comme grâce à leur contingence culturelle et historique. On pourrait évoquer ici les progrès que la culture, nommément les sciences historiques, les méthodes d'investigation critique et philosophique, l'histoire des civilisations, a procurés à une meilleure saisie des symboles chrétiens. De ce point de vue apparaît encore l'unité profonde, dans cette corrélation fondatrice de la vérité et de l'histoire, entre la religion et la culture, la théologie et la science.

Conclusion

Une théologie de la culture ? Oui, à condition que l'on veuille bien comprendre aussi que « de la culture » implique nécessairement un « à partir de la culture ». Théologie de la culture ? Oui, à condition que l'on envisage aussi la culture de la théologie, c'est-à-dire l'ensemble des conditionnements historiques qui en définissent le lieu et la possibilité. De ce point de vue, toute théologie est nécessairement contextuelle, c'est ce qui fait sa grandeur et sa fragilité.

Paul Tillich ne nous offre pas de recette toute faite, je crois qu'il nous laisse autant de questions que de réponses. Et des réponses qu'il nous a laissées, il n'aurait sans doute pas voulu qu'on en fît une nouvelle dogmatique ou un nouveau fondamentalisme. Quant à nous qui, en des lieux divers, admirons Tillich, notre responsabilité est à un double niveau : a) On peut discuter sur les raisons qui ont rendu et rendent encore la réception de Tillich quelque peu difficile. Mais le pire danger qui guette Tillich est sans doute la réduction de sa pensée à un simple rafraîchissement du langage religieux ou au lifting des formulations théologiques. Si le langage conceptuel, voir l'ontothéologie, auquel il a recours peuvent dépayser un lecteur contemporain, il reste encore à prendre toute la mesure des intuitions qui l'ont inspiré. De ce point de vue, le vrai débat avec Tillich ne fait que commencer.
b) Le second niveau où peut s'exercer notre responsabilité est qu'il convient maintenant de risquer Tillich, comme cela commence d'être tenté. Dans cette mise à l'épreuve, non de façon scolastique mais créatrice, Tillich restera un texte exceptionnel sans doute mais seulement un texte.

LA TRINITÉ SELON TILLICH

André GOUNELLE
Faculté de théologie protestante, Montpellier, France

Quand on parle de théologie de la culture, on pense d'abord aux dimensions ou implications religieuses que Tillich dégage de ses analyses du monde contemporain. Pourtant, la théologie de la culture concerne tout autant les doctrines chrétiennes fondamentales ; celles-ci constituent, en effet, des tentatives pour exprimer la substance évangélique dans des formes culturelles. Je traiterai sous cet angle de la Trinité. Dans un premier temps, j'examinerai le jugement que porte Tillich sur le dogme tel que les grands conciles l'ont formulé. Dans un second temps, je m'interrogerai sur la place de la Trinité dans le système de Tillich[1].

Le jugement de Tillich sur le dogme trinitaire

Dans ce dogme, Tillich distingue trois éléments. D'abord, une visée ou une intention qu'il approuve totalement. Ensuite, la concrétisation de cette visée dans une formule qui lui paraît appeler des réserves et des critiques. Enfin, l'utilisation, qu'il estime malheureuse et négative, du dogme dans l'histoire de la théologie et de l'Église. Voyons successivement ces trois éléments.

La visée

Pour Tillich, la définition du dogme trinitaire ne relève pas seulement d'une curiosité théorique ou d'un désir de savoir. Il ne s'agissait pas à l'origine d'une spéculation artificielle ou d'un jeu intellectuel gratuit, mais d'une tâche « existentiellement nécessaire », où se jouaient la vérité et l'équilibre de la foi chrétienne[2]. La distinction entre trois aspects de Dieu, écrit-il, a « un fondement dans la réalité [...] elle reflète quelque

---

[1] Abréviations utilisées en notes : *S.T., Systematic Theology,* Chicago, The University of Chicago Press, 3 vol., 1951, 1957, 1963 ; *H.P.C., Histoire de la pensée chrétienne,* Paris, Payot, 1970 ; *N.E.M.T.P., la Naissance de l'esprit moderne et la théologie protestante,* Paris, Cerf, 1972 (titre anglais : *Perspectives on 19th and 20th Century Protestant Theology*).

[2] *S.T.,* 2, pp. 140, 146 ; 3, p. 286. *Cf. N.E.M.T.P.,* p. 141.

chose qui est réel dans la nature du divin pour l'expérience religieuse[3] ».
Je reviendrai sur cette phrase dans la seconde partie. Le dogme répond
à une triple intention et vise trois objectifs :

a) Premièrement, il entend exprimer la tension entre l'ultime et le
concret qui structure l'existence croyante. L'homme a besoin de « figures » pour que Dieu prenne pour lui un visage et le touche concrètement.
Mais, il lui faut percevoir aussi que l'Ultime transcende toutes ses figures, sinon Dieu se fragmenterait en de multiples divinités, comme cela
se passe dans le polythéisme. La Trinité veut rendre compte à la fois de
l'unité dernière de Dieu, et de la diversité de ses manifestations. Elle associe
ce qu'il y a de juste dans le polythéisme (à savoir la pluralité des expériences de Dieu), et ce qu'a de vrai le monothéisme (à savoir qu'il y a
un seul vrai Dieu). Sous ce premier aspect, la question trinitaire se rencontre dans de nombreuses religions, et n'a rien de spécifiquement chrétien. « Le problème trinitaire, écrit Tillich, est une constante de l'histoire
des religions. Chaque type de monothéisme en est conscient et lui donne
une réponse implicite ou explicite[4]. »

b) Deuxièmement, le dogme trinitaire veut mettre en évidence que
la vie et l'amour caractérisent l'Ultime. Il ne forme pas un bloc monolithique inerte, toujours identique à lui-même, sans relation avec quoi que
ce soit. En Dieu existe une vie faite de différenciation et d'identification,
de sortie de soi et de retour à soi, de séparation et de réunion. La Trinité
souligne ce dynamisme de l'Être divin. « En son Fils, écrit Tillich, Dieu
se sépare de lui-même, et dans l'Esprit, il retrouve son unité. Il s'agit, bien
sûr, d'une façon symbolique de parler[5]. » Ce mouvement définit non seulement la vie, mais aussi l'amour, et il explique le chiffre de trois. Pour
exprimer la tension entre l'ultime et le concret, on aurait pu aussi bien
parler de deux que de quatre ou cinq pôles en Dieu. Mais la dialectique
ternaire de la vie et de l'amour, qui prend de multiples aspects, pousse
à concevoir une trinité plutôt qu'une dualité ou une quaternité. Dans cette
perspective, le dogme trinitaire n'est ni paradoxal, ni irrationnel ; il applique à Dieu le rythme et la structure qui constituent la vie et l'amour[6].

c) Troisièmement, l'action de Dieu nous atteint de trois manières
différentes : Dieu nous crée, Dieu nous sauve, Dieu nous transforme ou
nous sanctifie[7]. Le dogme trinitaire, tout en permettant de distinguer ces
trois opération divines, interdit de les séparer ou de les opposer. Le tripty-
que « création-salut-sanctification » explique également que le chiffre de

---

[3] *S.T.*, 3, p. 283.

[4] *S.T.*, 1, p. 228. Sur l'ensemble du paragraphe, voir *S.T.*, 1, pp. 221, 227-229 ; 3, pp. 283-284, 287.

[5] *Amour, Pouvoir et Justice,* Paris, P.U.F., 1964, p. 67. *Cf. S.T.*, 1, p. 282.

[6] *S.T.*, 1, p. 228 ; 2, p. 143 ; 3, pp. 284, 293. *H.P.C.*, pp. 61-62. *N.E.M.T.P.*, pp. 139-140. « Being and Love », Will HERBERG, *Four Existentialist Theologians,* Westport (Ct), Greenwood Press, 1958, p. 334.

[7] *S.T.*, 3, p. 283.

trois se soit imposé. Historiquement, la question « qui est Jésus ? » se trouve à l'origine de la réflexion trinitaire. Les conciles ont voulu souligner que c'est Dieu qui sauve, et non pas quelqu'un d'autre, un héros ou un demi-dieu. Ils ont condamné Arius parce que sa théologie risquait de dissocier le Créateur et le sauveur, voire de les dresser l'un contre l'autre[8]. Notons, cependant, que des trois visées du dogme trinitaire, deux sont indépendantes de la christologie et antérieures à elle. Pour expliquer la Trinité, il n'est pas nécessaire de partir de la christologie[9].

Tillich approuve totalement ces trois intentions du dogme trinitaire, qui, selon lui, correspondent à des exigences fondamentales de la foi chrétienne. Reste à savoir si la définition classique de ce dogme sert bien ses visées.

La définition

J'en arrive au second élément distingué par Tillich. Que penser des formules utilisées par les conciles ? Ici, l'appréciation va se faire plus critique.

Tillich s'accorde avec Harnack pour estimer que la définition trinitaire marque l'hellénisation de la foi chrétienne qui abandonne les notions bibliques pour adopter les catégories grecques. Harnack en concluait que Nicée-Constantinople avait déformé et trahi l'Évangile, en le traduisant dans une conceptualité qui lui était étrangère, qui lui convenait mal, et en l'intellectualisant à l'exès par le recours à des abstractions philosophiques. Tillich ne suit pas Harnack dans cette conclusion qui contredit le programme d'une théologie de la culture. Les chrétiens doivent s'exprimer dans le langage de leur époque, et tenir compte des modes de pensée dominants. C'est leur mission et leur tâche de témoins de l'Évangile. De plus, il ne faut pas taxer trop vite la pensée grecque d'intellectualisme ; elle répond à des préoccupations concrètes et vitales. Nous la jugeons spéculative parce que nous ne les percevons plus, mais, en fait, elle est aussi existentielle que la Bible.

Il fallait traduire l'Évangile dans les catégories grecques. On doit toutefois concéder à Harnack que cette traduction a eu des conséquences fâcheuses. La tension entre l'ultime et le concret, la vie intra-divine ont été formulées non pas en termes d'action et de mouvement, mais de substance et de nature (Tillich juge particulièrement inappropriée la notion de nature). Il en résulte une sorte de chosification, et les formules conciliaires rendent très mal compte du dynamisme divin[10]. Sur quatre points, Tillich les considère comme insuffisantes, insatisfaisantes, voire incohérentes :

---

[8] *S.T.*, 2, p. 144. *H.P.C.*, pp. 60-61, 90-91.

[9] *N.E.M.T.P.*, pp. 139-140. Dans *S.T.*, 1, p. 250, on trouve une position plus nuancée, avec la distinction entre les principes trinitaires et le dogme proprement dit. *Cf. S.T.*, 1, p. 286 ; 2, p. 143 ; 3, p. 285.

[10] *S.T.*, 2, pp. 142-143, 146-148 ; 3, pp. 286-287. *N.E.M.T.P.*, pp. 278-281.

1. Premièrement, la définition conciliaire n'arrive pas à articuler l'unité et la pluralité à l'intérieur de la Trinité. Elle fait surgir une question à la fois ridicule et irritante : comment un peut-il être trois, et trois peuvent-ils être un ? Une profonde intuition dégénère ainsi en une énigme logique, ou en une devinette insoluble. Dans le christianisme s'opposeront un courant nominaliste qui met l'accent sur la réalité des personnes, et qui s'oriente vers un tri-théisme, et un courant substantialiste qui vide de tout contenu la distinction entre les personnes, et s'oriente « vers un unitarisme. On dit souvent que la différence entre les trois personnes trinitaires tient à leur origine. Il y a engendrement du Fils, procession de l'Esprit, alors que le Père ne connaît ni engendrement ni procession. Tillich observe que les notions d'engendrement et de procession n'ont, dans ce contexte, aucune signification précise ; elles introduisent des distinctions purement verbales. Malgré ses intentions, la formule trinitaire n'arrive pas à tracer une voie entre le tri-théisme et l'unitarisme, ce qui lui enlève beaucoup de poids[11].

2. Deuxièmement, on constate une difficulté quant au statut du Père. Il est à la fois le fondement de la divinité, et l'une des personnes trinitaires. On voit en lui « la source de toute divinité et celle de chacune de ses manifestations ». On le situe à l'origine de deux autres personnes et, pourtant, on affirme qu'il existe entre elles une stricte égalité. Cette contradiction explique la tentative, combattue par Thomas d'Aquin et le Concile de Latran, de poser une quaternité : il y aurait la substance divine, fondement des personnes, et les trois personnes qui, alors, seraient vraiment sur le même plan. Solution mauvaise, certes, mais la définition classique reste incohérente[12].

3. Troisièmement, le dogme trinitaire pose des problèmes pour la christologie. Il ne permet pas la distinction entre le Christ et Jésus. Certes, la foi chrétienne voit en Jésus le Christ ; elle confesse que le Logos éternel se manifeste et se rend présent dans l'homme de Nazareth. Mais, précisément pour que ses affirmations aient sens, il faut pouvoir distinguer entre le Christ et Jésus, entre le Logos éternel et sa manifestation historique. Reprenant le thème de l'*extra calvinisticum*, Tillich écrit : « on ne peut pas attribuer au Logos lui-même la figure de Jésus de Nazareth. » Les formules de Nicée-Constantinople, et celles de Chalcédoine, que Tillich considère comme indissociables, favorisent la confusion entre christologie et jésus-logie, et poussent à faire de l'homme Jésus une idole. On passe très facilement du dogme trinitaire à une christologie superstitieuse[13].

---

[11] *S.T.*, 1, pp. 56, 228 ; 3, pp. 284-285, 289. *H.P.C.*, pp. 98-99.

[12] *H.P.C.*, p. 98.

[13] *S.T.*, 1, pp. 229-230 ; 2, pp. 143-144 ; 3, p. 290. *N.E.M.T.P.*, p. 140. *Cf.* A. GOUNELLE, « Conjonction et disjonction de Jésus et du Christ. Tillich entre l'*extra calvinisticum* et l'*infra lutheranum* », *Revue d'histoire et de philosophie religieuses,* 3, 1981.

4. La quatrième insuffisance concerne l'Esprit. Si le Père représente Dieu en tant que puissance ou pouvoir, si le Fils le représente en tant que sens, l'Esprit signifie l'union de la puissance et du sens. En attribuant à l'Esprit une personnalité propre, en le mettant à égalité avec le Père et le Fils comme troisième principe, on en fait une abstraction, on lui enlève tout contenu concret. D'où l'éclipse de l'Esprit dans le christianisme occidental. Tillich ne l'attribue pas, comme on le fait souvent, à la subordination de l'Esprit au Fils, mais au contraire à sa personnification qui empêche de saisir son lien avec le Père et le Fils[14].

À première vue, ce bilan paraît très dur. Quand on a dit que le dogme trinitaire ne réussit à bien rendre compte ni du Père, ni du Fils, ni de l'Esprit, ni de leurs relations, qu'en reste-il ? En réalité, Tillich atténue considérablement cette sévérité en soulignant que les conciles ont fait, malgré ces insuffisances, une œuvre extraordinairement utile et importante. Ils ont fait ressortir, dénoncé et écarté des déformations et des déviations qui menaçaient gravement la foi chrétienne, et qui l'auraient irrémédiablement altérée sans eux. Ainsi, l'arianisme, en faisant de Jésus un personnage céleste parmi d'autres, et non pas l'intervention décisive de Dieu, lui enlevait son caractère unique, et ouvrait le chemin pour permettre un retour au paganisme. Le dogme trinitaire a éliminé ce danger et quelques autres. Les refus qu'il exprime constituent « ce qu'il y a de vrai et de grand dans le Concile de Nicée ». Il a repoussé de mauvaises solutions, il n'en a pas donné une bonne, échec qu'il faut attribuer non pas à une défaillance des hommes, mais aux outils conceptuels dont ils disposaient. Je résumerai le jugement de Tillich sur la définition trinitaire en disant qu'il se montre négatif à l'égard de la partie positive des formules, et positif à l'égard de leur partie négative[15].

L'utilisation

Après la visée du dogme trinitaire, puis son expression, il nous faut voir maintenant la manière dont il a fonctionné dans l'histoire de la théologie et de l'Église. Au fil des siècles, on constate qu'une double évolution se produit. D'une part, le dogme a triomphé, et s'est très largement imposé. On y a vu un élément essentiel et obligatoire de la foi chrétienne, à tel point qu'aujourd'hui encore les chrétiens unitariens ne sont pas admis au Conseil œcuménique des Églises. Les autorités ecclésiastiques se sont employées à le protéger contre toute contestation, révision ou évolution. D'autre part, petit à petit, on a oublié la réflexion et l'expérience qui l'ont fait naître ; on n'a plus perçu les visées qui lui donnent sens. De ce fait, on a tenu pour fondamental non pas l'intention du dogme, mais son énoncé, ce qui a entraîné trois conséquences que Tillich juge fâcheuses et néfastes :

---

[14] *H.P.C.*, p. 98.
[15] *H.P.C.*, pp. 91-92, 97-98. *S.T.*, 2, pp. 139-140 ; 3, pp. 288-289.

1. Premièrement, dans ces conditions, le dogme n'aide plus à comprendre et à vivre la foi chrétienne. Sa victoire l'a vidé de son sens et a, en quelque sorte, tué sa vérité et sa raison d'être. « Il est devenu, écrit Tillich, exactement le contraire de ce qu'il était censé être à l'origine. Il avait été conçu pour permettre de comprendre que Jésus puisse être le Christ » ; on en a fait « un mystère sacré [...] déposé sur l'autel et adoré », inscrit « dans les icônes [...] dans les formules liturgiques et dans les hymnes [...] En revanche, il a perdu le pouvoir de faire comprendre qui est le Dieu vivant. » Il n'est plus l'expression d'une recherche authentique et d'une expérience spirituelle, mais une formule magique que l'on répète telle quelle, sans en percevoir le sens ni la pertinence[16].

2. Deuxièmement, nous avons vu que les définitions de Nicée-Constantinople et de Chalcédoine soulèvent de gros problèmes. Elles ne sont pas entièrement cohérentes ni satisfaisantes. Ce qu'elles disent ne rend pas très bien compte de ce qu'elles veulent dire. À partir du moment où elle se réfère aux textes des conciles plus qu'à leurs visées, où elle porte une grande attention à la littéralité des définitions aux dépens de leur intentionnalité, la théologie chrétienne prend forcément un visage absurde et irrationnel. Faute de pouvoir expliquer, elle fait appel au mystérieux et à l'incompréhensible. Le dogme trinitaire a donc contribué à la formation d'une théologie supra-naturaliste et autoritaire, qui se méfie du travail de l'intelligence et qui voit dans les questions critiques des contestations impies[17].

3. Troisièmement, les définitions conciliaires dépendent étroitement de leur contexte culturel. Il s'agit de textes situés et datés qu'on ne peut pas séparer du milieu où ils sont nés. La visée du dogme dépasse les circonstances historiques, mais pas sa formulation. J'ai dit que contre Harnack, Tillich soutient que les conciles ont eu raison d'helléniser le christianisme, parce qu'on doit toujours s'efforcer d'exprimer l'Évangile dans le langage de son époque. Cette même raison le conduit logiquement à affirmer, contre les conservateurs, qu'on ne doit pas reprendre et répéter les mêmes formules puisque la situation culturelle a changé. « Il est aussi faux, écrit-il, de rejeter une théologie parce qu'elle utilise de telles catégories que de vouloir obliger la théologie postérieure à utiliser les mêmes catégories. » Quand elle s'en tient aux énoncés de Nicée-Constantinople et de Chalcédoine, l'Église ne remplit pas sa mission[18].

Ainsi, en devenant loi d'Église, et en définissant l'orthodoxie théologique, la doctrine trinitaire a favorisé une foi superstitieuse, obscurantiste et mal adaptée. Les sociniens et les unitariens l'ont bien vu, mais, par contre, ils ont méconnu les raisons et les racines religieuses du dogme. La seule voie féconde consiste non pas à maintenir la lettre du dogme,

---

[16] *H.P.C.;* pp. 98-99. *S.T.,* 2, pp. 143-144 ; 3, pp. 291-292.

[17] *H.P.C.,* p. 98. *S.T.,* 3, p. 291 (*cf.* p. 285).

[18] *S.T.,* 3, pp. 287-291.

non pas à l'abandonner purement et simplement, mais à reprendre sa visée dans notre contexte, et à en trouver une nouvelle formulation. « Il faut, déclare Tillich, que la théologie protestante s'efforce de trouver des formes nouvelles par lesquelles la substance [...] du passé puisse être exprimée. » En ce sens, il réclame « une révision radicale de la doctrine trinitaire ». « Elle ne peut être ni rejetée ni acceptée dans sa forme traditionnelle. Elle doit être maintenue ouverte pour pouvoir remplir sa fonction originelle : exprimer par un large symbolisme l'auto-manifestation de la Vie divine à l'homme[19]. »

La situation de la Trinité dans la théologie de Tillich

Tillich porte donc sur le dogme trinitaire un jugement complexe et nuancé, qui se situe dans la perspective d'une théologie de la culture, et plus précisément de la relation entre la substance et la forme. Pour compléter cette analyse, je vais maintenant m'interroger sur ce que représente la Trinité dans la pensée de Tillich. J'examinerai successivement deux points : d'abord la place, ensuite le statut exact des affirmations trinitaires.

La place de la Trinité dans l'œuvre de Tillich

Tillich le signale lui-même[20], le thème de la Trinité est peu développé dans la *Théologie systématique*. Il occupe environ cinq pages dans le volume 1 (seconde partie), onze pages dans le volume 2 (troisième partie), qui portent plus sur Chalcédoine que sur Nicée-Constantinople, également onze pages dans le volume 3 (quatrième partie) ; l'ensemble de la *Théologie systématique* comporte à peu près 900 pages. De plus, les deux derniers passages mentionnés se présentent comme des parenthèses dans le développement de la pensée ; ils ne font pas partie de l'exposé proprement dit, mais ils constituent un excursus et un appendice, où Tillich explique que si sa christologie et sa pneumatologie ne reprennent pas les catégories et les formules classiques, elles répondent cependant aux mêmes intentions que celles qui ont conduit à l'élaboration du dogme aux IVe et Ve siècles. Nous avons affaire à des notes annexes qui ne sont pas strictement indispensables à la compréhension de la pensée de Tillich, mais qui la situent par rapport à la tradition.

Je sais bien que l'importance que revêt une doctrine pour un auteur ne se mesure pas seulement de manière statistique par le décompte des pages qui en traitent directement. Je n'ignore pas qu'on trouve dans les écrits de Tillich (mais pas dans la *Théologie systématique*) des allusions relativement nombreuses, encore que très brèves, à la Trinité. Il n'en

---

[19] *S.T.*, 2, p. 145 ; 3, pp. 292-294.
[20] *S.T.*, 3, p. 5.

demeure pas moins que la marginalité que je viens de signaler me paraît significative. On en trouve, je crois, l'explication dans des propos consacrés à Schleiermacher[21]. Tillich y reproche à Barth d'avoir commencé sa *Dogmatique* par la Trinité, de la poser comme l'*a priori* qui commande toute la réflexion postérieure. Par contre, il approuve Schleiermacher qui, dans *la Foi chrétienne*, en parle en fin de parcours, terminant l'exposé systématique de sa théologie par la Trinité. Elle ne constitue pas la clef qui ouvre la compréhension de l'ensemble de la foi chrétienne ; il faut chercher ailleurs, dans l'ensemble de la foi chrétienne, des clefs qui lui donnent sens et qui permettent de la comprendre. Elle n'est pas principe, mais conséquence. Ce n'est pas parce que Dieu est trinitaire qu'il est vivant et sauveur ; c'est l'expérience du Dieu vivant et sauveur que veut traduire la Trinité et, séparée de cette expérience première, elle perd sa vérité. De même, je ne crois pas qu'il soit juste de dire que Tillich développe une interprétation trinitaire de la vie ; je pense qu'à l'inverse le rythme et la structure de la vie lui permettent d'interpréter les affirmations trinitaires. Dans la théologie de Tillich, la Trinité ne joue pas un rôle déterminant ; elle est un élément déterminé.

La nature des affirmations trinitaires

On oppose souvent une interprétation économique de la Trinité, selon laquelle le dogme exprime l'expérience que nous avons de Dieu, la manière dont il nous rencontre et nous atteint, ce qu'il représente pour nous, et une interprétation ontologique selon laquelle le dogme définit l'essence de Dieu, et dit ce qu'il est en soi. Dans le premier cas, la vérité du dogme tient à son fonctionnement existentiel, dans le second cas elle réside dans sa conformité au réel. Selon Gustav Weigel, Tillich adopte la première interprétation. Il voit dans la Trinité « non pas un énoncé métaphysique concernant Dieu, mais seulement un énoncé phénoménologique sur la préoccupation ultime de l'homme[22]. » Ce qu'écrit ici Gustav Weigel s'appliquerait parfaitement à la position de Schleiermacher telle que la présente Tillich :

> En bon disciple de Calvin, Schleiermacher affirmait qu'on ne peut rien dire sur l'*essentia Dei*, sur ce qui est proprement l'essence de Dieu. Nous ne pouvons parler de lui que sur la base de la relation qu'il a avec nous [...] Cette position a des implications au niveau de la doctrine de la Trinité. Il ne peut pas y avoir de doctrine concernant une Trinité objective en tant qu'objet transcendant. La doctrine de la Trinité est l'expression la plus parfaite de la relation de l'homme avec Dieu. Chaque *persona* [...] représente une modalité particulière de la relation de Dieu à l'homme et au monde[23].

---

[21] *N.E.M.T.P.*, p. 141. *S.T.*, 3, p. 285.

[22] *Paul Tillich in Catholic Thought,* Chicago, The Priory Press, 1964, p. 8.

[23] *N.E.M.T.P.*, p. 139.

Pour ma part, je ne pense pas que Tillich se rallie purement et simplement à la position qu'il attribue ici à Schleiermacher. Tout en affirmant sa dette et sa dépendance à son égard, il lui reproche d'évacuer le caractère ontologique des affirmations christologiques et théologiques[24]. Je reviens sur la phrase de Tillich que j'ai citée en commençant : la doctrine trinitaire « reflète quelque chose qui est réel dans la nature du divin pour l'expérience religieuse ». Chaque terme doit en être pesé. Tillich ne dit pas que la doctrine exprime ou décrit, mais qu'elle reflète. Elle ne reflète pas la nature ou l'être de Dieu, mais « quelque chose qui est réel dans la nature du divin ». Il précise que ce quelque chose est réel « pour l'expérience religieuse », mais ajoute que cette réalité n'est pas seulement d'ordre subjectif. Il me semble qu'ici les interprétations économiques et ontologiques se combinent, se complètent, et aussi se relativisent ou se limitent l'une l'autre. Pour expliquer le statut que Tillich attribue au dogme trinitaire, comme à toute doctrine, je me servirai d'une image que j'emprunte à John A. T. Robinson. Dans son livre *Exploration de Dieu*[25], Robinson compare le travail du théologien à celui du géographe qui dresse une carte. Toute carte présente deux caractéristiques :

1. D'abord, elle figure une région ou un pays au prix d'une distorsion inévitable. En effet, elle représente un globe, ou une portion de globe sur une surface plane, ce qui entraîne une déformation. Son exactitude reste partielle et limitée. Elle reflète quelque chose qui est réel dans la nature, mais n'en donne pas une représentation parfaite. Il en va de même pour toute doctrine ; elle reflète la réalité divine avec un coefficient d'approximation et de distorsion qu'on ne peut pas éliminer.

2. Ensuite, on dresse une carte dans un but précis, pour un usage déterminé. Selon qu'on prépare un voyage en voiture, que l'on étudie l'économie ou la géologie d'une région, ou que l'on se préoccupe de sa défense militaire, on se servira de cartes différentes. Toutes se réfèrent à la même réalité, mais la figurent autrement. Elles répondent à des visées et à des situations différentes. Une carte a donc une valeur opératoire ; elle fonctionne bien pour certaines choses, pas pour d'autres. De même, la doctrine a une valeur opératoire relative ; elle rend des services dans un contexte précis, et ne conviendra pas dans un autre. Croire en une orthodoxie, c'est-à-dire à un dogme valable en tout temps, en tout lieu et pour tout homme, revient à s'illusionner sur la portée des propos que l'on tient et à les rendre faux en les séparant de la situation qui leur confère une vérité.

Le dogme trinitaire doit s'évaluer, par conséquent, selon deux critères. Le premier est l'adéquation au réel ; il se situe dans la ligne d'une interprétation ontologique. Selon Tillich, la doctrine de la Trinité exprime bien la vie et le dynamisme de Dieu ; par contre elle rend mal compte

---

[24] *S.T.*, 2, p. 150 ; 3, p. 285.

[25] Paris, Grasset, 1967.

de la dialectique de l'unité et de la pluralité, ainsi que du statut des trois « personnes ». La valeur opératoire constitue le second critère, qui se situe dans la perspective d'une interprétation économique. Tillich estime que si le dogme trinitaire a évité une dénaturation grave du message chrétien, en revanche il a étouffé une réflexion vivante, favorisé une spéculation artificielle, suscité un autoritarisme ecclésiatique et une fermeture doctrinale ; de plus, souvent il empêche de comprendre cela même qu'il veut expliquer. Ces deux critères nous acheminent vers la même conclusion : avec le dogme trinitaire, nous disposons d'une carte qui a rendu et qui rend des services, mais qui est médiocre et insuffisante. Elle détourne de mauvais chemins, mais n'en indique pas un qui soit bon.

Dans le protestantisme, une querelle a opposé et continue d'opposer les libéraux qui trouvent la Trinité absurde, non biblique et qui veulent l'éliminer, aux orthodoxes qui la considèrent comme fondamentale[26]. Aux premiers, Tillich accorde que leurs critiques sont justifiées, mais il leur fait remarquer que le dogme essaie de dire quelque chose d'essentiel, qu'il comporte un enjeu très important, et qu'on ne doit pas l'abandonner purement et simplement. Aux seconds, Tillich objecte que le dogme exprime très mal ce qu'il veut dire, que sa formulation est franchement mauvaise, et qu'il ne peut pas être maintenu tel quel sans de graves inconvénients. La théologie de la culture conjugue tradition et novation, en appelant à une réinterprétation qui transforme sans renier les énoncés classiques.

---

[26] *S.T.*, 2, pp. 145-146.

LA MÉTHODE CORRÉLATIVE
DANS LA CHRISTOLOGIE DE PAUL TILLICH
Une approche critique

*Jacques DOYON**
Faculté de théologie, Université de Sherbrooke

Dans cette présentation sommaire, je développerai d'abord quelques concepts fondamentaux de la systématique de Tillich, puis je ferai des remarques de nature critique sur ces concepts du point de vue de la dogmatique chrétienne. Cette façon de procéder aura l'avantage de nous faire entrer de plain-pied au cœur même de la pensée de Tillich et de fournir matière à une bonne discussion. Les concepts auxquels je me suis arrêté sont, dans l'ordre : 1° la méthode corrélative ; 2° la théonomie ; 3° le symbole ; 4° la Trinité ; 5° l'incarnation du Logos dans le Christ.

Je me bornerai, dans cette étude, à la présentation que fait Tillich de ces questions dans sa *Théologie systématique,* œuvre de maturité qui est, de son propre aveu, l'aboutissement de ses recherches antérieures et la réalisation de son projet le plus cher.

Tillich expliqué par lui-même

1° *La méthode corrélative*[1] en théologie, qu'on peut appeler aussi « apologétique » au sens étymologique du mot (discours par mode de réponse), consiste à mettre en rapport les questions existentielles que se pose l'homme d'aujourd'hui et l'homme de toujours, et les réponses qu'offre à ces questions la foi chrétienne. Au cœur du questionnement, la réponse est déjà présente et à l'œuvre selon la formule d'Augustin : « Je ne Te chercherais pas si je ne T'avais déjà trouvé[2]. » En

---

[*] Quelques semaines après le colloque, Jacques Doyon devait perdre la vie accidentellement. Notre regretté collègue était un théologien fort estimé au Québec. Cette communication, qu'il a préparée tout au cours de l'été 1986, fut son dernier texte.

[1] *Systematic Theology (S.T.),* Chicago, The University of Chicago Press, 1951, I, pp. 30-31, 59-60, 64-66 ; II, pp. 13-16. Dans ce dernier endroit, qui est son introduction à sa christologie, Tillich affirme que cette méthode n'est pas nouvelle, mais qu'elle est une condition essentielle de toute théologie.

[2] Cette affirmation d'Augustin est à la base de la définition que donne Tillich du salut comme apaisement de notre attente dans le « New Being » (*S.T.*, II, p. 165). Aussi : « The question of God is possible because an awareness of God is present in the question of God. This awareness precedes the question (*S.T.*, I, p. 206). » De même dans sa présentation de la source de la foi, dans *Dynamics of Faith*, New York, Harper and Row, 1957, p. 9.

effet, la conscience de ses limites est le signe qu'on se projette déjà au-delà, en désir. Or le désir de l'homme est infini, et seul l'infini en personne peut le combler[3].

Cette méthode a toujours été pratiquée en théologie. Elle en est une condition vitale. Une présentation des données de la foi sans référence aux questions existentielles propres à une époque est proprement insignifiante. La théologie en ce sens doit obéir à l'envoi en mission de l'Église, « pour faire des disciples de toutes les nations, jusqu'à la fin du monde ». Toute la théologie doit donc être « apologétique », réponse bien articulée au questionnement qui définit l'homme.

La culture, comme expression de l'homme en tant qu'esprit, « self-creation of life under the dimension of spirit[4] », autocréation de l'homme à travers un ensemble de symboles, fait donc partie essentiellement de la théologie. (La théologie peut être aussi considérée elle-même comme un produit culturel, en faisant partie des *Geist-Wissenschaften*.) Or parmi les produits culturels qui expriment l'homme, la réflexion philosophique constitue l'outil le plus approprié pour le théologien[5] à cause de sa parenté avec la parole de Dieu, et de sa nature même qui est de porter proprement et explicitement sur l'être en général, et sur l'existence humaine en particulier. Or la philosophie existentielle, qui met en lumière l'homme comme dialectique de fini et d'infini, est particulièrement bien ajustée à la foi chrétienne comme doctrine de salut.

Dans cette corrélation entre la parole humaine et la parole de Dieu, qui aura le haut du pavé et le dernier mot ? L'homme qui parle et qui prête sa parole à Dieu se laissera-t-il interpeller par Dieu, ou cherchera-t-il simplement à se faire confirmer par Lui dans ses propres préjugés, ses idéologies, ses utopies ? *L'autonomie* de la raison doit-elle être sauvegardée jusqu'au bout et ne jamais être sacrifiée à l'hétéronomie de la révélation ? La révélation est-elle nécessairement *hétéronomique* ? Y a-t-il une troisième voie possible, de nature à nous faire sortir de ce dilemme : la *théonomie* ?

2° *La théonomie*[6] est une forme de culture où Dieu est présent et agissant, mais pas au même titre que les lois de la raison, les catégories, le dynamisme créateur des causes intramondaines et historiques. Il est

---

[3] Cette thèse existentialiste forme la trame de fond de l'analyse phénoménologique que donne Tillich de l'existence, dans la IIIe partie de sa systématique : *S.T.*, II, pp. 19-78.

[4] Telle est la définition de la culture chez Tillich (*S.T.*, IV, pp. 57-68), à l'intérieur du processus vital en général qui marque toute la nature. Esprit signifie ici non seulement le *mens* (pensée) de l'homme, mais aussi l'inspiration créatrice, le cœur, la volonté libre, l'émotion qui soulève le penseur et le créateur d'œuvres artistiques de toutes sortes, à travers lesquelles il s'exprime comme sujet et non pur objet, et grâce auxquelles il s'affirme et progresse vers la pleine conscience de soi selon toutes ses possibilités indéfinies.

[5] *S.T.*, « Introduction générale », pp. 18-28.

[6] Cette trilogie dialectique (au sens hégélien) — autonomie, hétéronomie, théonomie, les deux premières étant antinomiques, et la troisième constituant leur *Aufhebung* — revient constamment, comme un leitmotiv. En particulier dans *S.T.*, I, pp. 147-150 ; III, pp. 249-268.

présent en tant que *Ground of Being,* source et fin de tout ce qui est et se développe. Il n'agit pas comme une loi supérieure aux autres lois, qui les invalide et les suspend, aussi bien dans la pensée (en philosophie, en science) que dans l'ordre moral, l'ordre juridique, ou l'ordre esthétique... L'homme religieux ne sait pas plus ni mieux que les autres, au nom de sa foi, ce qui est vrai, juste et beau, ce qui non seulement le dispenserait de devoir chercher comme tout le monde, mais lui conférerait un droit de juger, voire de condamner, le cas échéant, d'authentiques expressions culturelles de son époque.

Toutes ces expressions culturelles sont elles-mêmes rattachées, non de l'extérieur mais en vertu de leur nature profonde, à des idéaux (au sens platonicien et kantien) qui les transcendent. L'artiste crée dans la beauté, il est, au fond, un contemplatif du *Beau* absolu, qu'il essaie d'exprimer à travers ses œuvres pour ses contemporains. La forme est esthétique, mais le fond est religieux[7]. De même celui qui propose en toute « bonne volonté » un code éthique ou un code juridique, poursuit au fond un idéal de *Bonté* ou de *Justice* qui transcende les expressions particulières qu'il essaie d'en donner. Son entreprise est au fond de nature contemplative et religieuse. On pourrait dire la même chose du savant qui « va à la Vérité de toute son âme » (Platon), à travers une recherche jamais terminée.

Une telle culture est *théonomique* en ce sens qu'elle se nourrit en Dieu, qu'elle le cherche de toutes ses forces, qu'elle se laisse constamment juger par Lui, qu'elle a en Lui son terrain nourricier, son inspiration, sa finalité transcendante. La sincérité et la liberté de la recherche, sans *a priori* gratuits imposés de l'extérieur, sont des signes de cette théonomie, qui ne brime en rien l'autonomie de la raison, mais impose son respect le plus entier malgré des lenteurs, des tâtonnements, des erreurs inévitables. Dieu est présent par la médiation de la remise en question constante, de l'esprit de tolérance et d'ouverture à la contestation, au nom d'une fidélité plus grande à la Vérité, à la Bonté, à la Beauté. Les voix discordantes sont même bienvenues quand elles parlent au nom de l'Esprit, qui souffle où il veut et ne se laisse enfermer dans aucune forme définie. La culture théonomique est l'expression la plus adéquate du « cœur de l'homme toujours inquiet tant qu'il ne se repose en Dieu ».

L'autonomie absolutise les catégories humaines, jusqu'à idolâtrer la forme et, par conséquent, le créateur de la forme, détaché de la source qui inspire toute création. *L'hétéronomie* maintient l'homme dans « la minorité », c'est-à-dire dans « l'incapacité de se servir de son entendement sans être dirigé par les autres » (Kant). Cette hétéronomie imposée au nom de la foi aboutit fatalement au rejet de Dieu, et à une nouvelle

---

[7] « In theonomy cognitive reason does not develop authoritatively enforced doctrines [...] it seeks in everything true an expression of the truth which is of ultimate concern [*S.T.*, I, p. 149]. » « I have expressed this principle frequently in the statement that religion is the substance of culture, and culture the form of religion (*S.T.*, III, p. 248). »

autonomie plus dure que l'ancienne, parce que pleine d'agressivité revancharde. Seule la *théonomie* est de nature à réconcilier l'homme avec Dieu, c'est-à-dire avec la source féconde de sa créativité dans la Vérité, la Bonté, la Beauté.

3° *Symbole — Trinité — Incarnation du Logos dans le Christ*

Je regroupe ces trois éléments parce qu'ils sont intimement liés l'un à l'autre, et que les deux premiers (*symbole, Trinité*) sont abordés seulement pour permettre de mieux comprendre ce que je dirai sur le troisième (*Incarnation du Logos dans le Christ*).

Entre le *Ground of Being* absolument transcendant et ineffable — et tous les êtres finis, il n'y a pas de corrélation. Il y a l'abîme. Le fini renvoie à l'infini non comme une question précise à une réponse précise, toutes deux finies, mais comme le symbole évoque la réalité innommable et au-delà de toute pensée. La méthode corrélative met en relation des questions existentielles et des symboles religieux. Ces symboles religieux laissent intact le mystère de Dieu. Ce mystère est sensible à l'âme[8], il est la source de son *ultimate concern*[9], il éveille en elle une « passion infinie », il « attire et effraie » à la fois[10]. Tillich est un fils spirituel de Schleiermacher, Kierkegaard, Otto et, en général, des représentants de la théologie négative. Selon lui on approche Dieu davantage par la prière et le culte que par le langage[11]. Le sommet de l'union est de nature extatique et mystique, état où disparaît toute conscience de distance entre la Source trancendante de l'être et le sujet humain devenu entièrement transparent et abandonné (*Gelassenheit*) à cette Source qui se livre sans mesure à l'âme qui s'ouvre à elle pour la recevoir[12].

« Quand nous disons que Dieu est *l'infini, l'inconditionnel, l'être-en-soi,* nous parlons de façon rationnelle et extatique à la fois. Ces termes désignent précisément la frontière qui divise le symbolique du non-symbolique. Au-delà de cette ligne, tout énoncé est non symbolique (mais mystique). En deçà, il est symbolique, dans le sens du symbolique-religieux[13]. » Cet « en deçà » de l'extase qui est le symbole religieux n'est pas un langage pauvre. Au contraire c'est une façon plus parfaite d'exprimer la réalité transcendante, en fait la seule[14], puisque le

---

[8] Tillich reconnaît souvent sa dépendance par rapport à Schleiermacher, jusqu'à voir en lui son seul maître et la vraie source de sa pensée. Même si toute la théologie ne naît pas de l'expérience de l'esprit, puisqu'il faut aussi connaître la culture contemporaine, qui fournira le langage, les symboles, les questions, cette expérience est fondamentale (*S.T.*, I, pp. 42s.).

[9] *Ibid.* et *Dynamics of Faith*, chap. 1.

[10] *Ibid.* Tillich reprend l'essentiel des pensées de Schleirmacher et de Otto, tout en les critiquant.

[11] *S.T.*, III, pp. 118-128, 190-193.

[12] L'extase mystique authentique est la façon la plus appropriée pour l'homme d'accueillir en lui Dieu (*S.T.*, I, pp. 111-114, 126-127 ; III, pp. 112-120.

[13] *S.T.*, II, p. 10.

[14] *S.T.*, I, pp. 238-249 ; II, pp. 75-78, 108-113 ; *Dynamics of Faith*, pp. 41-54.

langage « informatif » des sciences exactes est inadéquat. Il laisse totalement échapper le mystère, pour ne décrire que des aspects incomplets et superficiels de la réalité. Une vérité partielle peut devenir trompeuse si elle devient exclusive et voile d'autres aspects du réel plus essentiels. La culture scientifique qui disqualifie dans la mentalité générale toute approche du réel dite « non scientifique » n'est-elle pas une énorme tromperie ?

Les principaux symboles utilisés pour parler de Dieu concernent ou bien sa vie intime ou bien sa relation au monde. Dans sa vie intime, il est, comme toute vie, *dynamisme* et *forme* inséparablement unis dans un *processus* inépuisable : telle est l'origine du symbole trinitaire : le *Père*, comme source abyssale de la vie divine, le *Logos,* comme forme organisationnelle de cette vie, et *l'Esprit* qui est l'union parfaite des deux premiers[15]. Le dyonisisme et l'apollonisme, la volonté de puissance et les lois de la raison, la colère et l'amour, la Toute-Puissance et la Miséricorde, sont inséparablement unis en Dieu selon un mode que l'on ne peut connaître. Dans sa relation au monde, le *Ground of Being* est perçu comme *Seigneur et Père,* pour évoquer sa transcendance et son immanence[16].

Christ est le symbole de l'homme parfait, c'est-à-dire de l'essence humaine, « qui partage les limites » et les contrariétés et même les ambiguïtés de l'existence historique, en butte aux souffrances, aux tentations, au rejet, à la mort, « sans être vaincu par elles », mais plutôt en les assumant et en les vainquant d'abord sur leur propre terrain, victoire qui devient manifeste dans la résurrection[17]. Les deux symboles les plus englobants du Christ, sont la *mort* et la *résurrection* : le premier renvoyant à la somme des limites et des adversités, y compris le rejet de Dieu dans l'anéantissement de l'être, et le second à la victoire sur les adversités par l'être-nouveau qui apparaît en Lui[18].

L'incarnation est un symbole dont le sens doit être précisé pour qu'on ne tombe pas dans l'absurdité. S'il signifie que Dieu, le *Ground of Being,* devient homme et chair, cela n'est pas un symbole paradoxal (contraire à l'opinion commune, surprenant, inattendu), mais c'est une absurdité insensée qui contredit la raison[19]. Ce qui transcende la raison ne doit pas la contredire.

Que signifie « Dieu (le Logos) devient homme » ?

On peut émettre trois hypothèses : ou bien (a) Dieu, comme Logos, *cesse d'être Dieu,* se vide de sa divinité pour devenir un pur homme,

---

[15] *S.T.*, I, pp. 249-253, et surtout III, pp. 283-296.

[16] *S.T.*, I, pp. 271-286.

[17] *S.T.*, II, pp. 159-165 et 118-138. « The paradox of the christian message is that in one personal life essential manhood has appeared under the conditions of existence without being conquered by them (*S.T.*, II, p. 94.). »

[18] *Ibid.*

[19] « The assertion that « God has become man » is not a paradoxical but a non-sensical statement (*S.T.*, II, p. 94 ; aussi pp. 149-150). »

comme chacun de nous. Cela contredirait le dogme chrétien et priverait le Christ de tout pouvoir de nous sauver. Ou bien (b) *Il devient homme sans cesser d'être Dieu...* ce qui, tout en reprenant le dogme ancien, serait selon Tillich une contradiction dans les termes. Devenir implique en effet qu'on cesse d'être ce qu'on était. On ne peut être en même temps le fini et l'infini. Pris au pied de la lettre, le dogme énoncerait donc une absurdité. Le rôle du dogme, selon Tillich, n'est pas de faire entrer dans la vérité, mais de « rejeter des erreurs au moyen de concepts inadéquats[20] ». Ou bien, troisième hypothèse, (c) le symbole Dieu, comme Logos, ne signifie pas la divinité elle-même, mais... *l'homme essentiel* qui, par nature, est uni à Dieu, comme il est uni à lui-même et est uni aux autres et au monde. L'union extatique originelle est brisée chez l'homme existentiel que nous sommes tous. Jésus est le seul chez qui l'existence historique n'a pas rompu l'union avec Dieu[21]. « In the personal life of Jesus essential manhood has appeared under the conditions of existence, without being conquered by them. » Il est donc, en tant qu'homme-Dieu, *le religieux par excellence, celui qui incarne l'homme essentiel,* cet idéal que nous aspirons tous à devenir[22]. Cette union à Dieu n'est pas de nature purement psychologique, elle est ontique et mystique, s'empresse d'ajouter Tillich, pour prendre ses distances d'avec Schleiermacher, dont il sait reproduire ici la pensée[23].

Toutes ces expressions concernant Dieu et le Christ sont symboliques parce qu'elles éveillent au mystère et l'évoquent dans l'âme et orientent vers l'union à Lui. C'est pourquoi elles nourrissent la prière et le culte[24]. Mais quand on parvient à jouir de la présence, dans l'extase mystique, qui n'est pas une pure émotion mais un « être-avec » de nature ontique plutôt que purement psychologique et subjective, le silence s'impose, la passivité de l'esprit, qui n'est pas vide mais débordante de vie, en fait la vie même de l'Esprit de Dieu dont le propre est de réunir, Lui qui est le « Lien vivant », ou plutôt Dieu Lui-même pour autant qu'Il est un dynamisme d'union et de réconciliation entre tout ce qui est divisé et même séparé. C'est pourquoi la christologie se développe naturellement en pneumatologie, pour que « Dieu soit finalement tout en tous », et que le monde devienne le Royaume de Dieu, par médiation de l'Église[25].

---

[20] *S.T.*, I, p. 32 ; III, p. 106.

[21] *S.T.*, II, p. 94 ; aussi p. 134.

[22] *Ibid.*, p. 150.

[23] *Ibid.*

[24] *S.T.*, II, pp. 108-113.

[25] *S.T.*, I, pp. 112-113.

Remarques critiques du point de vue de la dogmatique chrétienne

La méthode corrélative, telle qu'elle est comprise et pratiquée par Tillich, se propose d'éviter à tout prix le piège de l'hétéronomie supranaturaliste. La parole de Dieu ne doit donc pas être perçue comme une voix qui vient du ciel et qui juge et, le cas échéant, disqualifie les voix humaines, un clavier supérieur dont use le divin organiste, pour faire entendre une autre mélodie que celle que chantent la nature et l'esprit de l'homme dans ses œuvres culturelles. Ce piège est tellement évité chez Tillich que, me semble-t-il, Dieu ne dit plus rien d'autre que ce que découvre ou peut découvrir la raison. Les grands symboles religieux sont des façons de dire la profondeur de l'être que déjà une réflexion attentive et la sensibilité de l'âme à la présence du Transcendant peuvent dévoiler par elles-mêmes.

Nietzsche, dans un aphorisme, a qualifié le christianisme de « platonisme pour le peuple ». Si la révélation chrétienne ne dit au fond rien d'autre, sous un accoutrement symbolique, que le contenu mystérieux du sentiment religieux, de soi perceptible à toute âme attentive à sa propre profondeur, ne faut-il pas donner raison à Nietzsche ?

Selon Tillich, il est vrai, le propre du christianisme n'est pas simplement de donner une représentation symbolique de « la dialectique du fini et de l'infini » plus ou moins présente dans toutes les cultures et caractéristique en particulier de l'*Aufklärung*. Mais c'est que, en Christ, l'homme essentiel est apparu sans les conditions de l'existence (finie), sans être vaincu par elles[26] !

Même cela concédé, il me semble que Tillich sacrifie trop un des termes de la corrélation, à savoir la Parole de Dieu, à l'autre, à savoir la parole humaine, au point que « l'auditeur de la Parole de Dieu » n'apprend plus grand-chose à l'écouter, si ce n'est ce qu'il savait déjà plus ou moins. La Parole de Dieu n'est plus de soi et toujours interpellation et contestation, mais rappel de la dimension de profondeur, toujours présente au cœur de l'homme. Si Dieu nous parle, Il nous redit simplement que tout s'enracine en Lui et s'achemine vers Lui, que le monde et l'histoire sont une participation finie de l'Être, du Bien, du Vrai, du Beau sans limite, dont nous sommes encore séparés, mais que nous aspirons à retrouver, ce qui constituera notre « Être-nouveau » et notre béatitude. Le Christ est le premier des rachetés et des réconciliés, l'initiateur de la vie nouvelle, celui qui restitue à la nature humaine son être essentiel dont elle se sait aliénée, ce qui est la source principale de son angoisse. Il reste que son rôle ne consiste qu'à confirmer *a posteriori* des intuitions de la pensée philosophique, en particulier de la pensée existentielle, sur la dialectique du fini et de l'infini qui caractérise l'homme.

---

[26] *Ibid.*

Sans doute y a-t-il plus en nous que la pure raison, les émotions, la créativité : il y a aussi à l'œuvre l'Esprit du Christ qui nous enseigne de l'intérieur et préside Lui aussi à nos créations de tout ordre. La méthode corrélative tient compte de cela, et entend signaler les deux faces de notre être et de notre histoire : la face qui signale notre inquiétude et nos limites, et l'autre face, cachée mais inséparable de la première, qui indique la direction des réponses, et leur esquisse péniblement élaborée. C'est à cela que Tillich est plus attentif, en accord avec notre époque.

Il reste que la révélation comporte aussi une grande part de promesses explicites, qui doivent être reçues comme telles, et même servir de point de départ à notre réflexion sur le sens véritable de notre être et du monde. Non seulement la question éclaire la réponse, entendons la question existentielle et la réponse de l'espérance chrétienne, mais la libre parole de Dieu est elle aussi à l'origine d'une remise en question et d'une réinterprétation de notre existence et de notre histoire, selon le texte d'Isaïe : « Mes voies ne sont pas vos voies, ni mes pensées vos pensées. » L'interprétation existentielle et « signifiante » de la Parole de Dieu ne doit pas la réduire et l'écourter à la dimension de nos questionnements explicites, si amples et si urgents que soient ces derniers. « Il y a plus dans la Parole de Dieu que dans toute notre philosophie », plus en particulier que de purs symboles des grands idéaux de l'humanité ou du sentiment religieux (l'amour de Dieu, la Trinité et l'Incarnation au sens du dogme, l'adoption filiale, le sens de la souffrance, la résurrection de la chair, etc.).

Si Dieu qui parle à l'homme lui dit autre chose que ces idées générales ou que le sentiment intérieur, glisse-t-on automatiquement dans l'*hétéronomie* ? Y a-t-il place pour une *théonomie* où la Parole de Dieu se fait plus concrète, plus historique, plus contestataire et prophétique ? K. Rahner répond, me semble-t-il, à cette question d'une façon originale qui mérite d'être rappelée ici[27].

L'Esprit humain est ouvert sur Dieu comme sur la source de l'être, de son être propre et de tout, par le seul fait qu'il perçoit sa contingence, qui ne peut venir d'ailleurs que de la liberté transcendante. Mais l'homme est aussi un être historique. C'est dans l'histoire qu'il s'autoréalise, dans sa propre histoire dont il est vraiment l'auteur et dans laquelle il incarne librement les idéaux de son esprit. Je ne puis poursuivre le Bien en-soi qu'en choisissant des biens particuliers, je ne puis poursuivre la Vérité transcendante qu'en découvrant des vérités particulières. C'est donc dans mon histoire que je suis en droit de chercher la Parole de Dieu, ou de percevoir son silence. Si Dieu m'a fait ainsi, il convient qu'Il vienne à ma rencontre là même où se joue mon existence concrète, et non pas seulement au sommet de mon esprit dans son ouverture transcendantale sur l'Absolu.

---

[27] Je résumerai ici sa pensée dans *l'Homme à l'écoute du Verbe*, Paris, Mame, 1968, constamment reprise dans les écrits postérieurs.

La révélation de Dieu dans l'histoire convient donc aussi bien à l'homme qu'à Dieu. Là, Dieu peut bien me dire tout ce qu'Il veut et ce qu'Il juge utile pour moi, jusqu'à ses secrets les plus intimes, pour autant que je puisse les recevoir, et que le moyen qu'Il prend soit apte à exprimer son mystère. L'homme-Dieu est le lieu privilégié de cette révélation puisque l'homme, par nature, est l'image de Dieu la plus expressive. Rien de ce que Dieu dira de ce qu'Il est ne sera donc contraire à l'homme ; c'est plutôt l'homme le plus parfaitement homme et le plus accompli comme homme qui est par définition le meilleur véhicule possible de la révélation de Dieu. Que le Christ soit le sommet de la Révélation, « la Voie, la Vérité, la Vie » ne constitue donc pas une menace à notre autonomie, mais une chance, même si à première vue ce message peut paraître déconcertant pour l'état de la culture propre à une époque donnée. Il peut arriver, bien entendu, que certains hommes, porteurs de cette révélation, en profitent pour asservir leurs semblables, et même pour faire étouffer la raison, la culture, la créativité de l'esprit, au nom de leurs traditions trop humaines. Mais de soi cette révélation est plutôt libératrice par son exaltation de l'homme dans ses dynamismes essentiels. Jésus n'a-t-il pas été mis à mort comme un prophète contestataire jugé trop subversif par les chefs religieux de son époque, gardiens de traditions humaines ? N'a-t-il pas prôné l'amour contre le légalisme, le bon sens contre la casuistique, la fraternité universelle contre le nationalisme étroit et exclusif de l'étranger ? En le ressuscitant, Dieu ne lui a-t-il pas donné raison contre ses injustes accusateurs ? Notre époque, qui a exalté l'homme face à l'univers dont il est le sommet, au terme d'une évolution de la matière vers l'esprit étendue sur des milliards d'années, évolution qui se prolonge maintenant par une maîtrise de plus en plus parfaite de l'homme sur tout le cosmos et par un idéal de fraternité universelle, n'est-elle pas particulièrement bien disposée à recevoir une pareille révélation ? Tillich est jusqu'ici avec nous, mais, me semble-t-il, de façon moins affirmative que nous osons l'être, en raison de sa conception du symbole, qui a des conséquences sur sa christologie.

Symbole — Trinité — Incarnation

Le symbole religieux au sens de Tillich me semble englober plusieurs formes d'analogies classiques, sans distinction : (a) *l'analogie de proportionnalité propre*, (b) *l'analogie de pure attribution*, (c) *l'analogie métaphonique*[28]. Cette confusion entraîne des conséquences considérables sur toute sa pensée, en particulier sur son interprétation des dogmes fondamentaux de la *Trinité* et de *l'Incarnation*. C'est pourquoi je trouve indispensable de rappeler ces distinctions avant d'en faire l'application à ces dogmes.

---

[28] La doctrine de l'analogie sous ses différentes formes est présentée par Thomas d'Aquin dans la *Somme théologique*, I, q. 13, a. 5.

a) *L'analogie de proportionnalité propre* permet d'attribuer un même qualificatif à plusieurs sujets distincts, même si chacun d'eux entretient des rapports différents avec ce qualificatif commun. Ces différences peuvent être simplement de degré d'être, comme il arrive quand nous disons d'un fruit, d'un animal, d'une action humaine, d'une situation qu'ils sont « bons ». Elles peuvent être absolument radicales, comme il arrive quand on attribue la bonté aussi bien aux créatures qui participent de la bonté qu'au créateur Lui-même qui est la Bonté absolue et sans limites, source de toutes ces participations. Bien qu'ils appartiennent à des genres différents, les êtres créés ont tous un certain rapport à la Bonté, du fait qu'ils sont désirables dans leur ordre propre et qu'ils correspondent à un certain idéal qui s'ajuste à eux. On attribue la Bonté à Dieu selon ce genre d'analogie, pour autant qu'Il est Lui aussi tout à fait désirable, et parfaitement conforme à son idéal propre. Le rapport entre Dieu et sa propre Bonté est le plus étroit possible, et ne laisse place à aucun progrès : c'est un rapport d'identité ; par contre, chez tous les autres êtres une certaine distance est maintenue et un certain progrès possible entre leur état actuel et la bonté ou la perfection désirable.

b) *L'analogie de pure attribution*[29] est celle où l'on qualifie la cause, l'effet, le signe, le contenant, du même attribut qui appartient en propre à ce avec quoi ils sont en relation. Ainsi, exemple classique, le remède est dit sain non en vertu de sa propre santé (un remède n'est jamais sain en lui-même), mais uniquement parce qu'il a ce qu'il faut pour procurer la santé chez l'animal. Dieu est dit Bon selon ce mode d'analogie en tant qu'il cause la bonté du monde. En Dieu l'attribut de Bonté vise une qualité supérieure, apte à produire cet effet qu'on appelle proprement bonté dans les créatures, qualité que l'on se garde de nommer en elle-même.

c) Enfin l'analogique dite *métaphonique*[30] se distingue des deux premières du fait qu'elle exprime une ressemblance entre deux termes en désignant le premier pour le deuxième, même si cette substitution est, à première vue, tout à fait inacceptable et même choquante. On peut, par exemple, parler de Dieu comme d'un rocher ou appeler nuit la mort d'un vivant. Pour que ces attributions demeurent intelligibles, on doit trouver entre Dieu et le rocher, entre la mort et la nuit des points de ressemblance qui les justifient. Ainsi, entre Dieu et le rocher, il y a la solidité, qui qualifie aussi bien le rocher que la fidélité et la fiabilité divines ; entre la mort et la nuit, il y a le silence, la fin, l'obscurité et les craintes qu'elles soulèvent.

Le concept de symbole chez Tillich englobe ces trois formes d'analogie avec, me semble-t-il, une préférence pour les deux dernières, qui préservent davantage le mystère de Dieu[31]. C'est là une différence

---

[29] *Ibid.*

[30] *Ibid.*

[31] *S.T.*, I, pp. 238-240.

notable avec la théologie classique, en particulier avec la pensée thomiste, où l'analogie de proportionnalité propre est davantage présente.

Cette analogie de proportionnalité propre nous permet de faire des affirmations sur Dieu qui visent de véritables qualités divines[32], sans pour autant réduire ces qualités aux idées que nous nous en faisons. Ces qualités sont présentes en Dieu, mais selon un mode qui dépasse toutes nos conceptions. Ainsi, dire que Dieu est Bon, c'est dire quelque chose de vrai sur Dieu, en prenant bonté dans son sens propre, à savoir qu'il est la perfection absolue, au-delà de tout degré concevable et de tout désir. Évidemment l'attribution de la Bonté à Dieu selon une analogie de proportionnalité propre implique aussi une négation, plus importante même que l'affirmation : à savoir que Dieu n'est pas bon à la façon des créatures, qui sont toutes plus ou moins bonnes, tant dans leur ordre propre que comparées entre elles dans l'échelle des êtres. Dieu est la Bonté *absolue, transcendante, sans limite,* toutes expressions où la « puissance de la négation » est à l'œuvre. C'est pourquoi même Thomas d'Aquin concède que « de Dieu on sait mieux ce qu'Il n'est pas, que ce qu'Il est[33] », d'accord en cela lui aussi avec la tradition mystique qu'il connaissait très bien, surtout à travers le Pseudo-Denys[34].

Ce que dit Tillich sur la *Trinité* est dans la logique de sa conception du symbole religieux. Dire que Dieu est Père, Logos et Esprit, c'est attribuer à Dieu, sur un mode symbolique, des concepts qui sont valables chez les créatures vivantes ; ce n'est pas dire proprement ce qu'est Dieu en Lui-même, dans sa vie intime. Toute vie est dynamisme, forme et union des deux. Le symbole trinitaire est notre façon de dire le Mystère du Dieu *vivant.* Il ne permet pas d'affirmer sans plus qu'il y a en Dieu trois personnes distinctes dans une seule *ousia* ou nature. Tout au plus peut-on comprendre les expressions de Père, de Logos et d'Esprit comme trois façons de dire une même réalité, qui est le Mystère absolu, le *Ground of Being.*

Les symboles religieux chez Tillich répondent donc tout au plus à la définition de l'analogie d'attribution, et non pas à celle de l'analogie de proportionnalité propre. Ils visent Dieu comme cause et source permanente de tout, en lui attribuant des qualificatifs qui n'existent au sens propre que dans la créature. Cette forme d'analogie ne permet plus à la théologie de vraiment dire sur Dieu quelque chose de positif et de précis.

Le seul dogme recevable qui reste est, me semble-t-il : Dieu est le Tout-Autre et l'Au-delà absolu, l'Ineffable, la Source Transcendante de tout ce qui est. Toute autre formule est tout de suite taxée d'idolâtrique et, par conséquent, de démoniaque puisqu'elle prétend substituer à Dieu

---

[32] *Somme théologique*, I, q. 13, a. 5.

[33] *Somme théologique*, I, q. 12 et q. 13 ; *Commentaire sur les « Noms divins »*, n° 83.

[34] *Commentaire sur les « Noms divins »*.

Lui-même des pensées humaines, trop humaines[35]. Dieu est appelé Père, Fils et Esprit uniquement comme source de toute paternité, de toute filiation, de toute forme et expression logique, de tout dynamisme vital, de tout ce qui tient ensemble le monde et le pousse vers son accomplissement plénier. Quant à la formule qui l'explique en Lui-même dans son être intime, et lui permet de tout soutenir, elle demeure mystérieuse et cachée, comme la potion magique qui donne la santé, et de ce fait elle est appelée saine, par pure attribution extrinsèque, mais dont on ignore le secret.

Cette conception de la Trinité s'éloigne, me semble-t-il, du dogme chrétien, qui affirme que la Trinité économique, manifestée par la création attribuée au *Père,* par l'Incarnation propre au *Fils,* par la sanctification attribuée à l'*Esprit-Saint,* s'enracine elle-même dans la Trinité théologique, selon laquelle dans l'unité vitale et existentielle qui est propre à Dieu, il y a véritablement trois personnes distinctes : le Père, le Fils, l'Esprit. Un Amour, trois amants ; une Connaissance, trois connaissants ; un Dieu vivant, trois personnes partageant la même unité vitale : le Père qui engendre, le Fils qui est engendré, l'Esprit qui procède du Père et du Fils et qui est leur unique don de l'un à l'autre, le poids d'amour qui les relie éternellement[36].

La Trinité ne contredit pas l'unité en Dieu, mais l'implique et l'appelle. En effet la multiplicité concerne uniquement les personnes, essentiellement relationnelles, tandis que l'unité est affirmée pour tous les attributs absolus de la divinité. Or comme les personnes sont en relation entre elles (de connaissance et d'amour) de la meilleure façon possible, et que le propre de la relation est de relier et d'unir, la Trinité appelle l'unité et tend vers elle, comme il est dit de « la multitude des premiers chrétiens qui n'avaient qu'un cœur et qu'une âme (Act 4, 32) ». De même, inversement, la connaissance et l'amour parfaits sont des activités essentiellement altruistes, qui portent sur l'autre en tant qu'autre, dont ils recherchent le bien de toutes les façons possibles, sans vouloir d'aucune manière la fusion complète entre l'amant et l'aimé, ce qui entraînerait non pas la vie, mais la mort de l'être aimé. En Dieu, Unité et multiplicité, loin de se contredire, s'appellent donc mutuellement dans une plénitude de vie qui dépasse tout ce qu'on peut concevoir[37].

Ce langage, tout analogique qu'il soit, dit vraiment quelque chose de précis sur la vie intime de Dieu, à partir de l'expérience de la vie de l'esprit en nous, exercée à son sommet de perfection. Ce qu'elle dit n'épuise pas le mystère de Dieu, mais nous fait l'entrevoir, à la lumière

---

[35] *S.T.*, I, pp. 120, 128, 133.

[36] Là-dessus, voir le *De Trinitate* d'Augustin et l'interprétation qu'en donne Thomas d'Aquin, dans la *Somme théologique*, I, q. 27-44.

[37] Commentaire d'Augustin sur le passage « Dieu est Amour », de la 1ʳᵉ Épître de Jean 4,4 ; traité VII.

de ce que le Christ nous en a révélé. « Nul n'a jamais vu Dieu : le Fils unique, Lui qui est dans le sein du Père, Lui nous l'a fait connaître (Jn 1, 18). » Paul Tillich, au nom de son postulat de l'invalidité de tout discours humain pour parler proprement de Dieu, qui dans son mystère ne peut être approché valablement que dans l'extase mystique, où l'âme fusionne avec le Fond de l'Être, ne peut que rejeter cette théologie « positive ». Et c'est là, à notre avis, une limite importante de sa pensée.

Cela apparaît aussi dans la présentation que fait Tillich de *l'Incarnation*. Ce mystère, interprété selon la théologie traditionnelle, c'est-à-dire au moyen de l'analogie de proportionnalité propre, a un contenu beaucoup plus riche et plus nourrissant pour la foi et la vie chrétienne que ce que lui prête Tillich dans son interprétation symbolique. Nous affirmons en effet que le Verbe de Dieu, le Fils unique, la deuxième personne de la Trinité, devient homme, « se fait chair », assume une nature humaine, s'identifie à ce point avec Jésus que celui-ci est à la fois « mortel et immortel », « passible et impassible », « serviteur et Seigneur », « un seul et le même homme-Dieu ». Est-ce possible ? Tillich voyait une absurdité dans la formule : « Dieu devient homme », prise au pied de la lettre[38]. Devenir implique qu'on cesse d'être ce qu'on était, du moins selon l'expérience commune, dans l'ordre du fini.

La théologie classique ne se laissait pas museler par cette objection. L'expérience est source de vérité, mais parfois aussi d'erreur. Il faut voir si, de droit, il doit nécessairement en être comme ce que révèle l'expérience. Or devenir pour un être fini implique l'abandon de la forme contraire à celle qu'on prend en devenant : devient blanc ce qui cesse d'être d'une autre couleur. Mais ce qui n'est limité à aucune forme finie peut devenir sans rien perdre. D'ailleurs en devenant, il ne se limite pas non plus à ce qu'il devient, mais fait exister en lui une de ses possibilités sans pour autant s'appauvrir. La cause, par définition, est parfaite, et fait participer l'autre de sa perfection propre sans pour autant s'appauvrir, au contraire. La lumière qui éclaire plus de choses n'en devient pas moins lumineuse. Le fait de devenir l'autre sans devenir autre mais en restant pleinement soi-même est en continuité logique avec ces principes poussés à leur limite. Dieu, le parfait par excellence, devient l'autre, se fait homme, sans pour autant se vider de sa divinité, sans non plus rien rejeter de l'humanité qu'il assume, mais en faisant partager son existence propre et personnelle à une nature humaine particulière[39]. D'ailleurs n'y a-t-il pas en chacun de nous le mystère de la personne et du sujet qui nous permet de porter un nom propre et personnel, tout en partageant avec les autres hommes une même nature, définissable en termes à peu près

---

[38] « « God has become man » is not a paradoxical but a non-sensical statement », *S.T.*, II, pp. 94, 149.

[39] *Ibid.*

identiques chez tous. Ainsi dans le Christ, l'homme-Dieu, il y a une personne unique et indivisible dans deux natures distinctes et non confondues.

Là où Tillich parle de l'homme existentiel, uni à Dieu sans distance dans une extase non purement psychologique mais ontique, le dogme chrétien parle du Verbe de Dieu fait homme, d'une personne divine qui assume une nature humaine. L'habitation de l'Esprit de Dieu dans son âme humaine, dans une intimité constante et sans exemple, n'est pas la même chose que l'Incarnation ; c'est une conséquence en lui de la grâce de l'Union[40], qui est le fait de l'identité parfaite entre cet homme particulier et le Verbe même de Dieu, sans pour autant que soit niée ni abolie la nature humaine particulière de Jésus. L'incarnation est plus qu'un symbole entendu au sens d'une analogie de pure attribution, ou d'une simple métaphore ; elle est une affirmation qui dit de façon valable et intelligible la façon que Dieu a choisie de se révéler à nous : « Quand vint la plénitude du temps, Dieu envoya son Fils, né d'une femme, sujet de la loi [...] afin de nous conférer l'adoption filiale (Gal 4, 4). »

Les symboles de la *croix* et de la *résurrection* nous disent, selon Tillich, que l'union à Dieu de Jésus, l'homme idéal et essentiel, n'a pas été rompue même sous le coup des pires adversités représentées par la condamnation comme un maudit par la Loi de Dieu, le rejet de tous les siens, l'abandon par ses amis, et même par Dieu qui le laisse aller vers la mort sans intervenir en sa faveur malgré sa prière ; « c'est pourquoi Dieu l'a exalté » en le ressuscitant, rendant manifeste en lui son projet de sauver tous ceux qui imiteront la foi et la constance dont il a fait preuve. La croix comme symbole renvoie à l'obéissance du Christ, selon le passage de l'hymne aux Philippiens : « Il s'est fait obéissant jusqu'à la mort de la croix (Ph 2, 8). » Encore une *analogie d'attribution,* puisque ce qui est visé est d'un autre ordre que ce qui est exprimé : la croix supportée renvoie à l'obéissance du Fils qui est la cause intérieure de la patience de Jésus. De même la résurrection renvoie à l'amour de Dieu, cause de toute vie, en particulier de l'Être nouveau qui est désormais le partage de Jésus, et source de notre propre transformation « de ce corps de misère en un corps de gloire ». Ces symboles ne sont pas de pures métaphores. Ils expriment des réalités objectives : la première (la mort), historiquement vérifiable ; la seconde (la résurrection), non vérifiable parce que métahistorique, mais non moins authentique et objective comme donnée de foi. Le signifié visé n'est donc pas uniquement la cause des événements mais les événements eux-mêmes, et leur portée « pour nous ». Non seulement nous devons croire en l'Amour de Dieu, et « imiter son obéissance », mais nous avons aussi à « mourir avec Lui pour vivre de la vie nouvelle qui vient de Lui ».

---

[40] *Somme théologique*, III, q. 7.

Conclusion

Il y a dans la systématique de Tillich des ingrédients empruntés à l'exégèse, à l'histoire du dogme, à la théologie mystique, à la philosophie et aux sciences humaines en général, à sa propre expérience humaine et chrétienne. Les éléments déterminants me semblent être ceux qui ont été empruntés à la théologie mystique et à la philosophie existentielle. À partir d'eux, il détermine ses choix. Cela lui fait priviligier l'exégèse libérale (bultmannienne), et l'oriente vers une réinterprétation du dogme dans un sens existentiel. L'acceptation du dogme dans son sens traditionnel, une exégèse biblique qui « laisserait la Parole de Dieu dire à l'homme autre chose que ce qu'il peut découvrir par lui-même et en lui-même », lui semble une menace pour l'*autonomie* de la raison et de la culture. Cette menace s'appelle l'*hétéronomie* dont a trop souffert l'Occident chrétien au cours de son histoire passée et même plus récente. Faire pleinement confiance à l'homme, c'est reconnaître qu'il est capable de s'ouvrir aux sources de son être et de tout être, au *Ground of Being,* accessible à tout homme de bonne volonté et par conséquent à toute culture authentique. La théologie est un entre-deux entre le silence plein et peuplé de présence de l'extase mystique, et le tintamarre d'une culture matérialiste qui idolâtrie des réalités finies et passagères, qui ne peuvent que décevoir. L'*Ultimate concern* est Dieu seul, au-delà de toute parole et de tout symbole. La tâche majeure des théologiens est de dénoncer les idoles et d'enlever les obstacles à la contemplation silencieuse, qui seule apaise l'inquiétude infinie de l'âme. Telle est me semble-t-il la valeur actuelle et très positive de la théologie de Tillich.

C'est aussi et simultanément la limite de cette pensée. En disciple de Schleiermacher, et plus fondamentalement de la tradition luthérienne, il est très conscient de la Transcendance absolue de Dieu et, par conséquent, de l'invalidité radicale de toute pensée humaine pour l'exprimer adéquatement. Le salut appartient à celui qui met en Dieu sa confiance, qui réussit tant bien que mal à vaincre en lui l'angoisse du doute et de l'absurdité[41]. Les symboles de foi sont des créations culturelles qui soutiennent cette foi inconditionnelle, mais ne nous donnent aucune prise réelle sur Dieu, qui « habite une lumière inaccessible ». La frontière qui le sépare de Thomas d'Aquin, par exemple, et de K. Rahner est, au point de vue linguistique, celle qui sépare l'analogie de pure attribution de l'analogie de proportionnalité propre. Cette distinction est d'une grande importance, puisqu'elle sépare aussi les tenants d'une religion sans dogme, au sens positif du terme, et principalement mystique, d'une religion où l'homme est reconnu capable, avec le secours de la révélation, de dire sur Dieu, sur le Christ, sur l'homme et sur l'histoire en général, des paroles positives qui expriment véritablement la propre pensée de Dieu, même si ce n'est fait que selon un mode fini et toujours perfectible.

---

[41] *Dynamics of Faith*, pp. 16-22.

TILLICH'S CHRISTOLOGY IN THE LIGHT OF RELIGIOUS AND CULTURAL PLURALISM

Tom F. Driver
Union Theological Seminary, New York

Text

The bulk of this paper is an extended introduction to its final section, which will consist of commentary upon a rather curious passage of three paragraphs' length that is to be found in Tillich's *Systematic Theology*, II, pp. 95-96. To better orient the reader to my purpose, here is the passage in its entirety :

In discussing the character of the quest for and the expectation of the Christ, a question arises which has been carefully avoided by many traditional theologians, even though it is consciously or unconsciously alive for most contemporary people. It is the problem of how to understand the meaning of the symbol « Christ » in the light of the immensity of the universe, the heliocentric system of planets, the infinitely small part of the universe which man and his history constitute, and the possibility of other « worlds » in which divine self-manifestations may appear and be received. Such developments become especially important if one considers that biblical and related expectations envisaged the coming of the Messiah within a cosmic frame. The universe will be reborn into a new eon. The function of the bearer of the New Being is not only to save individuals and to transform man's historical existence but to renew the universe. And the assumption is that mankind and individual men are so dependent on the powers of the universe that salvation of the one without the other is unthinkable.

The basic answer to these questions is given in the concept of essential man appearing in a personal life under the conditions of existential estrangement. This restricts the expectation of the Christ to historical mankind. The man in whom essential man has appeared in existence represents human history ; more precisely, as its central event, he creates the meaning of human history. It is the eternal relation of God to man which is manifest in the Christ. At the same time, our basic answer leaves the universe open for possible divine manifestations in other areas or periods of being. Such possibilities cannot be denied. But they cannot be proved or disproved. Incarnation is unique for the special group in which it happens, but it is not unique in the sense that other singular incarnations for other unique worlds are excluded. Man cannot claim that the infinite has entered the finite to overcome its existential estrangement in mankind alone. Man cannot claim to occupy the only possible place for Incarnation. Although statements about other worlds and God's relation to them cannot be verified experientially, they are important because they help to interpret the meaning of terms like « mediator », « savior », « Incarnation », « the Messiah » and « the new eon ».

Perhaps one can go a step further. The interdependence of everything with everything else in the totality of being includes a participation of nature in history and demands a participation of the universe in salvation. Therefore, if there are non-human « worlds » in which existential estrangement is not only real — as it is in the whole universe — but in which there is also a type of awareness of this estrangement, such worlds cannot be without the operation of saving power within them. Otherwise self-destruction would be the inescapable consequence. The manifestation of saving power in one place implies that saving power is operating in all places. The expectation of the Messiah as the bearer of the New Being presupposes that « God loves the universe » even though in the appearance of the Christ he actualizes this love for historical man alone.

On final revelation

The invitation to participate in this colloquium has given me the opportunity to continue some explorations in christological thinking which I began in 1981 with the publication of *Christ in a Changing World*[1]. In that work I argued that a number of traditional christological assertions have, in the course of history, brought forth consequences impossible to defend from an ethical point of view. Being particularly concerned with the role christology has played in support of anti-Semitism, sexism, and racism, I suggested some new christological possibilities that are more open to human variety, to historical change, and to a renewal of Trinitarian motifs, wherein the Spirit of God might receive a more nearly adequate emphasis than it has hitherto enjoyed in Western theology.

Paul Tillich's christology has long fascinated and frustrated me. In two recent papers, I have already submitted it to some criticism, mainly on the point of its incompatibility with modern historical consciousness[2]. At present, I am concerned with christological doctrine in the light of the existence of other religions alongside Christianity. What shall we say of Tillich's christology when the relation of Christianity to other religions is at issue ? That is the question I wish to address.

[1] Tom F. DRIVER, *Christ in a Changing World : Toward an Ethical Christology*, New York, Crossroad, 1981.

[2] « A Critical Look at Tillich's Christology », presented to the North American Paul Tillich Society, Anaheim, CA, November, 1985 ; « Thinking about Theology and Historical Relativism », presented to the New Haven Theological Discussion Group, New Haven, CT, March, 1986. The second paper is a revision and amplification of the first.

Within the terms of Tillich's theological system, the question has two closely related aspects. One has to do with the « finality » of the revelation that has occurred in Jesus as the Christ, the other with its « universality ». Having elsewhere[3] offered a critique of the idea that the revelation granted in Christ Jesus should be regarded as final, I shall content myself with only a few remarks on this aspect of our subject.

To speak of a revelation as final can have two different meanings, First, it might mean that a certain revelation is the last in a chronological series, revelation's terminal instance, after which no others are to come. Second, to call a revelation final might imply quality rather than chronology, asserting that a particular revelation is unsurpassable. Whether or not any revelations follow it in time, there can be none which is more complete, more truthful, or greater in its salvific effect. In this sense, a revelation is final if it becomes the norm by which all other instances of revelation are to be evaluated.

Clearly the language of finality which Tillich uses to speak of the revelation made in Jesus as the Christ carries the second but not the first of these two meanings. Tillich has been an outspoken champion of the idea that revelation occurs throughout human history and experience. It is one of the oustanding features of his thought and surely one of the keys to his popularity as a theologian. His insistence that revelation can occur anywhere at any time led him to devote the first major part of the System to « Reason and Revelation », just as many years earlier it had led to his doctrine of *kairos*, according to which the eternal breaks into the temporal at points of history which are of its own choosing and of which the authentic Christian lives in expectation.

However, although history is dotted with many *kairoi*, Tillich insisted that there is only one Great *Kairos*, namely, the appearance of Jesus as the Christ. This event, contrary to all expectation before or since, actualized what Tillich calls New Being, and cannot be surpassed. In the Christ, « essential God-manhood » has come into history, has appeared under the conditions of existence with its essential being undistorted by existential estrangement. There can be nothing more complete, more truthful, or more effective of salvation than this unique instance of essential God-manhood actualized in time and space. It is the fulfillment of all expectations of salvation, and therefore, having once occurred, it is of all other revelations the abiding norm.

One of the problems this doctrine presented for Tillich was a version of the familiar « scandal of particularity ». How could a particular human being, conditioned historically and with finite limitations, not only point to but actually *be* the essence of God and humanity ? Tillich's ingenious answer was a variation upon Luther's theology of the cross. Jesus' essential God-manhood, we learn, consists precisely in his *not* making

---

[3] See *Christ in a Changing World*, esp. chapters 3 and 4.

for himself any claims based upon his particularity. Taking up the cross, he sacrifices himself as Jesus to himself as the Christ. That is, he sacrifices his particular human existence to his essence as God-manhood. The particularities of his existence lose all authority and interest in and of themselves except insofar as they foreshadow the message of the cross. The particularities of Jesus' life and teaching become, as Tillich says, « transparent », to that in him which is essential and divine. In Tillich's christological paradox, it is important that Jesus should have lived an actual, concrete life, but the importance of this turns out to be its becoming as nothing, its loss of itself in that which is essential and universal, which is the eternal and featureless unity of God and humanity.

The question of history

Tillich's particular way of understanding the theology of the cross actually serves to de-historicize it. The event of Jesus as the Christ loses its character as an empirical historical event and becomes mythical. This is evident when one considers that Tillich's so-called « Biblical picture of Jesus as the Christ », upon which he rests his argument, is a picture that is not subject to any kind of critical analysis, especially not an historical-critical examination of the texts. Rather, it is an imaginary composite generated by a believer's interpretation of the multitude of New Testament picturizations. As Tillich has argued the case, the event of Jesus as the Christ is unsurpassable as revelation because historical specificity has been set aside, save for the bare proclamation that the event did once upon a time occur. It is a revelation of emptiness or, if one prefers, of an absolute fullness, in which nothing particular survives. Hence, it is a revelation in purely formal terms. In point of logic, it is answerable not to anything empirical but rather to the idea of the Absolute.

One cannot say, however, that Tillich was unconcerned about history. On the contrary, it is one of his most persistent themes. Although some of us think that he did not write as well about history in the years of the *Systematic Theology* as when he was living through the crises Germany endured between 1912 and 1933, nevertheless he did continue to think about history, the subject to which he devoted the concluding part of his System.

In order to harmonize affirmation of the finality of revelation in Jesus as the Christ with a doctrine of history, Tillich invoked the concept of a « center » of history, which gave him a point both in and outside of history at which he might locate the final revelation. I shall not here analyze the problematic character of the concept of an historical center, since I have done that in the two papers mentioned earlier. It will suffice at the moment to point out how the concept enables Tillich to bring together the ideas of Christ's finality and his universality.

If one is going to hold that the revelation in Christ is unsurpassable, and if at the same time one is going to develop a theory of history, it becomes necessary to maintain that there is a single, unified history in which all of humanity participates. Such a view had been pioneered by Hegel, but Tillich was not happy with many of Hegel's conclusions and was especially unsympathetic with the progressivistic element in Hegel's historical concepts. His solution was to propose that history is constituted by a center — that is, a single point within history that gives to the entire history its meaning and purpose. Since the center of history is its foundation point (not its point of origin, to be sure, but rather its organizing principle), the center is the norm of history. Hence, it is the same thing to say that Christ is the center of history and that Christ is the final revelation. That is, it is the same thing as long as one maintains or assumes that history is one.

Tillich's assumption, nowhere, examined or defended by him as far as I know, is that all human history is one history and has but one center. However broad, winding, or seemingly disconnected the streams of history may be, their destiny, Tillich suggests, is to converge at a point which has, strange as it may seem, already occurred in time and is the normative center of the whole process. Historical events in the present age, he says at one point in the System, can be shown to be « maturing » toward that center of history which has already been established in Jesus as the Christ[4].

The contemporary situation and the disunity of history

Before turning to the passage in volume II that I want to examine in detail, I must say something about the human situation today as I interpret, for it is this which leads me to challenge Tillich's assumption concerning the unity of history. The two features of the contemporary world which seem to me most important are, on the one hand, its cultural and religious pluralism and, on the other, its inequities of wealth, power, poverty, and oppression. My view of the situation, like that of many of my contemporaries, differs from the view that was Tillich's. His analysis, primarily ontological in character, had to do with a « fallen » existence estranged from its essential ground, and with certain demonic consequences of that estrangement in the psychological, spiritual, and historical dimensions of life. The entire analysis is dependent upon an *a priori* assumption of unity as the logical starting point for the understanding of being and hence for such topics as human historical existence. From that point of view, diversity as such has no positive value, and social inequities are wrong not because of the needless suffering they produce but because of the disharmony they introduce into human society. Whereas

---

[4] *Systematic Theology*, III, p. 365.

in *The Socialist Decision*, written in 1932, Tillich had clearly seen that the « principle of harmony » is a bourgeois value, by the time he wrote the *Systematic Theology* in the fifties and sixties, ontological analysis, with its implied principle of harmonious unity had come to dominate his method.

Many of us who look for a different mode of analysis today do so because the historical events of our age have provided us with a less sanguine view of the Western theological and philosophical tradition than most members of Tillich's generation entertained. Although Tillich was well aware of the demonic forces that existed within Western tradition, as no sensitive survivor of the two World Wars and of Naziism could fail to be, it does not seem to have occurred to him that one source of that demonry was the Euro-American conviction that its own history, understood as a Christian history, bore within itself certain « final » norms of truth, reason, religious faith, and historical development which the entire human race was destined eventually to acknowledge. Culturally speaking, it has only been within the last twenty to twenty-five years, a period which, for the most part, Tillich did not live to see, that a different view has gained much acceptance ; and even today many powerful Western leaders do not see it, a tragic blindness which is the cause of much tumult in South Africa, Central America, Afghanistan, and other parts of the world.

The newer perspective to which I refer has resulted mainly from a changed political situation, in which the peoples of Asia, Africa, the Middle East, and the peoples of the southern hemisphere have emerged as actors upon the political scene in ways not known for many centuries past. Simultaneously, ethnic and cultural minorities within Europe and North America have asserted their independence of spirit, and sometimes their desire for political independence, in new and culturally decisive ways. Moreover, a feminist movement that is now world-wide has dramatized the ways in which not only women but also other groups have been, as it were, « read out » of history and are determined now to read themselves back in. But this can only be done by casting doubt upon the unity and normative character of Western history, which comes to be seen as an ideological construct working hand in hand with the program of domination that was carried out over several centuries by Western colonialism and patriarchy, in other words a program for the domination of the world by white men.

The contemporary reading of the situation to which I allude has intellectual as well as political roots. Most significant is the growing importance of the human sciences, especially cultural anthropology, social psychology, the sociology of knowledge, and the history of religions. All these are disciplines methodologically based upon appreciation of the relativity of context. They tend to emphasize not the constants but the variables in human constructs of order. They reveal the plurality of ways by which human beings have gained and maintained their humanity in the presence of diverse social, historical, geographic, and economic factors. Instead of proceeding from an *a priori* assumption of the unity of human nature or of history, these disciplines start from an assumption of plural origins and are therefore drawn to the study of the changes that occur when different human traditions encounter each other, engendering processes of cultural and religious exchange.

Both the diversity of traditions in which people exist and the deprivations which the vast majority of people suffer, often under conditions of an unspeakably oppressive nature, stand as refutation of all assumptions that the world is a unity. It may still be possible to mount arguments in favor of such unity, and obviously there are some ways — ecologically, for example — in which the world is undeniably one ; but the challenges I mention are such as to discredit any prior *assumption* of unity in matters cultural, religious, or historical.

The limits of universality

With these matters in mind, I turn to the passage from volume II of the *Systematic* already mentioned. It is chosen, one will note, because it is a point at which Tillich himself raises the question of the limits to which the universality of Jesus as the Christ may be subject.

I remember the shock with which I first encountered this passage more than thirty years ago. Although volume II had not yet been published, Tillich was giving class lectures on the basis of detailed notes for the christological part of the System, which he had mimeographed and distributed to the students. In those days, the idea of setting any limits upon the universality of Christ seemed to me both heretical and illogical. When volume II did appear, in 1957, the very year in which I myself began to teach theology, I read through it, marking various passages in red. Today when I turn to this one I find there in my own hand the word « disagree ».

The boundary upon which Tillich comes in his thinking about the scope of Christ's work is the frontier of the planet Earth. Sputnik had ascended into orbit not long before, and it was clear that soon it would be possible to escape the Earth's gravitational field altogether. Speculation about life on other planets and in other galaxies had long been popular and was becoming a matter of serious scientific discussion. Earthbound, yet contemplating the vastness of the heavens like a latter-day Pascal, Tillich asked :

> How to understand the meaning of the symbol « Christ » in the light of the immensity of the universe, the heliocentric system of planets, the infinitely small part of the universe which man and his history constitute, and the possibiliby of other « worlds » in which divine self-manifestations may appear and be received.

It is axiomatic here that the world is one, that it has but a single history, and that the subject of this history is man. That humanity consists of women as well as men is assumed, but is also assumed not to be of any theological or christological importance. Similarly any differences that may exist in human histories from one culture to another are assumed not to matter. The undeclared perspective is Western, and is assumed to be global. In short, Tillich gazes upon a world and a humanity within which there is no line of demarcation that has christological significance. Such a boundary does exist, but it is to be met only at the line which separates the earth and its inhabitants from the unknown realms beyond.

But, we may ask, why *that* boundary ? Why any at all ? This was the question in my mind when I came upon this passage long ago. Why should a claim for the universality of Christ acknowledge any limit whatsoever ? If the event of Jesus as the Christ is the center of all human history, and if this claim includes human beings who lived long before the Great *Kairos* and others who live and die in Africa, Asia, or anywhere else in the world without ever having acknowledged or even heard of Jesus as the Christ, why should beings in outer space, even at the distance of remote stars, be regarded any the different ?

Anticipating such queries, Tillich is categorical in his response :

> The basic answer to these questions is given in the concept of essential man appearing in a personal life under the conditions of existential estrangement. This restricts the expectation of the Christ to historical mankind [...] It is the eternal relation of God to *man* [emphasis added] which is manifest in the Christ.

The words show that for Tillich the universality of Jesus as the Christ is relative. It extends only to a certain sphere, one which is defined as « historical mankind ». When Tillich avows that what is manifest in the Christ is « the eternal relation of God to man », the term « man » is restrictive. It means, to man and man only. Here again, the existence of women is assumed, and furthermore assumed to be no challenge to the universality of man within the historical sphere which Tillich has in mind. The pervading logic, a familiar one in almost all christological discussion, is *pars pro toto*. « Man » stands for humanity and Christ stands for manhood (in essential unity with God) until the limit of the frame of reference is reached, which is here declared as « historical mankind ».

The reason Tillich limits the universality of Christ within the vast reaches of a mostly unknown universe lies, I now think, in a healthy and highly ethical intuition that it is important to acknowledge the otherness of the unknown. He realized that in point of fact we know nothing about any form of life beyond the planet, let alone any form of historical life, and he therefore made to that mystery a humble bow of theological respect : life « out there » lies beyond human history and is therefore entitled to its own dispensation, something which should be left to the providence of God.

However, once we have acknowledge that much, we have accepted a principle which may properly affect us closer to home. This was the entailment I did not want to wrestle with years ago and which it now seems imperative to face in light of the ethical importance which attaches to the cultural and religious pluralism of the known world. The issue is « otherness », which Tillich, still in his cosmic frame of mind, addresses as follows :

> Our basic answer leaves the universe open for possible divine manifestations in other areas or periods of being. [...] Incarnation is unique for the special group in which it happens, but it is not unique in the sense that other singular incarnations for other unique worlds are excluded. Man cannot claim that the infinite has entered the finite to overcome its existential estrangement in mankind alone. Man cannot claim to occupy the only possible place for Incarnation.

I ask now what would be the theological result if one were to perceive that, while it is ethically and theologically necessary for a Christian to acknowledge that there are divine dispensations other than the one which is centered upon Jesus of Nazareth, nevertheless to locate the boundary of otherness at the spatial frontier of planet Earth is an arbitrary decision. Should not the boundary, with more immediate existential and historical relevance, be located at the frontier between those human histories in which Jesus has been received as the Christ and those in which a different organizing principle has been decisive ? If so, the words just read might come to be re-worded as follows :

> Our basic answer leaves [the histories of the various peoples in the world] open for possible divine manifestations in areas or periods [other than the Christian]. [...] Incarnation is unique for the special group in which it happens, but it is not unique in the sense that other singular incarnations for other unique [histories] are excluded. [Christians] cannot claim that the infinite has entered the finite to overcome its existential estrangement in [Christian history] alone. [Christianity] cannot claim to occupy the only possible place for Incarnation.

By relegating the possibility of other incarnations to outer space, Tillich pushed it into a purely hypothetical realm. As he said : « Such possibilities cannot be denied. But they cannot be proved or disproved. » This meant that Tillich did not have to deal, or even to recommend that other Christians deal, with actual persons and traditions in which revelation has occurred quite separately from Christian history.

As is well known, Tillich was profoundly moved by his first and only visit to the Orient, which occurred late in life and provided opportunity for discussion with certain Buddhist intellectuals in Japan. Of even greater potential importance was his co-teaching a seminar with Mircea

Eliade at the University of Chicago, and it is this to which he refers in the lecture he gave at the very end of his life on the subject, « The Significance of the History of Religions for the Systematic Theologian[5] ».

In this lecture, Tillich attempted to adopt a position that would avoid, on the one side, the negative attitudes toward non-Christian religions that were characteristic of neo-orthodox theology while also avoiding, on the other side, what he called « a theology without theos », a theology devoted only to the secular. To do this, he proposed that theology accept five systematic presuppositions : 1) that revelatory experiences are universally human ; 2) that revelation is received by humanity in terms of its finite human situation ; 3) that « there is a revelatory process in which the limits of adaptation and the failures of distortion are subjected to criticism » ; 4) that « the sacred does not lie beside the secular, but it is its depth[6]. » The fifth assumption (actually the fourth in Tillich's arrangement) I quote in full :

> A fourth assumption is that there may be — and I stress this, there *may* be — a central event in the history of religions which unites the positive results of those critical developments in the history of religion in and under which revelatory experiences are going on — an event which, therefore, makes possible a concrete theology that has universalistic significance[7].

Notable here is the caution with which Tillich expresses himself. Although he is still hopeful that the history of religions will turn out to be *one* history with a central event, making possible a concrete theology of universal significance — in other words the establishment of the Christic norm as applicable to the total religious history of humankind — he does not assert this dogmatically. He states it as a possibility, not a known truth. Presumably, the existence of such a central, normative event would have to be demonstrated empirically, or perhaps would have to await verification in some future historical events which may or may not occur, such as, for example a convergence of the many religious histories of humanity into one stream.

Meanwhile, the histories are discreet and on numerous points incompatible[8]. Even an eliadian analysis, which stresses global similarities

---

[5] Paul Tillich, *The Future of Religions*, ed. by Jerald C. Brauer, New York, Harper and Row, 1966, pp. 80-94.

[6] *Ibid.*, p. 82.

[7] *Ibid.*, p. 81.

[8] I do not mean that the world's religions have not yet affected each other. On the contrary, they have had much more contact and produced much more borrowing one from another than is popularly recognized. The point is well emphasized by Wilfred Cantwell Smith in his *Towards a World Theology : Faith and the Comparative History of Religion*, Philadelphia, Westminster, 1981. One could make a strong argument that the history of religions is the history of syncretisms. Nonetheless, the influences that the religions have had upon one another has not reached the point at which one can speak of their histories as mere branches of the same thing. Their differences remain real, and the organizing principles of their histories are far from identical.

in religious symbols, must acknowledge this. Christians actually confronted with other religious traditions have three basic options open to them : 1) to maintain that no authentic revelation, and hence no salvation, occurs in them (*extra ecclesiam nulla salus*) ; 2) to allow, as Tillich puts it, that revelatory experiences are universally human but to insist that the hidden source and norm of all such experiences is Christ Jesus ; or 3) to regard other religious traditions as other dispensations, in which God performs revelatory and salvific work through media other than Christ, media that are, in their own terms of reference, sufficient.

The latter position, which is the one I am advocate, should not be interpreted to mean that there is no longer any need for Christian missions to non-Christians. There are many persons whose religious traditions have ceased to work for them, or who have become alienated from religion altogether, who exist in the world in a genuinely « lost » state, and for whom the Christian gospel is welcome good news. Christian mission should be reconceived so that its aim is not to proselytize among those whose religions are a vital part of their lives but rather to bear witness to the gospel for the sake of persons who are in genuine need of a way of salvation.

Furthermore, this position, often known as the affirmation of religious pluralism, does not mean that the several religions should have nothing to do with each other beyond polite mutual recognitions. Rather, it means that in acknowledging their different modes of authenticity they acknowledge that they have much to learn from each other. The reason that it is ethically necessary for persons, groups, and religions to allow for genuine otherness — the reason they ought to acknowledge limits to their universality — is to allow themselves to be challenged, interrogated, and informed by truth which is alien or unknown within their own horizons. Otherness is the precondition of moral criticism, cultural growth, and renewed experience of the holy.

Paraphrasing Tillich once more, we may suggest that « if there are [non-Christian traditions] in which existential estrangement is not only real — as it is in the whole universe — but in which there is also a type of awareness of this estrangement, such [traditions] cannot be without the operation of saving power within them ». Otherwise, Tillich says : « Self-destruction would be the inescapable consequence. » It is precisely the vitality of other religions, the fact that they do not manifest self-destructive tendencies any more than does Christianity that should lead us to recognize saving power within them and be willing to learn about modes of revelation other than those acknowledged in our own theological tradition.

« The manifestation of saving power in one place », Tillich concludes in the passage under surveillance, « implies that saving power is operating in all places. The expectation of the Messiah as the bearer of the New Being presupposes that « God loves the universe ». » This much I think any Christian theology is bound to say , but Tillich adds : « Even though in the appearance of the Christ [God] actualize this love for historical man alone. » Should we not amend, and say : « In the appearance of the Christ God has actualized the divine love for a particular election and a particular history within the world » ?

The frontiers that now exist between the religions may not remain as they are. We do not know what will emerge as a world theology or as a convergence of traditions in the future. We do know by faith that Christ is a gift divinely given to the churches, a gift which has established their histories. Faithful in this knowledge, we may open our minds to other gifts received in the course of other historical journeys. As Tillich himself has said : « The universality of a religious statement does not lie in an all-embracing abstraction which would destroy religion as such, but it lies in the depth of *every* concrete religion[9]. »

Let the last words on this occasion belong to Tillich. I cite them from his final lecture, already mentioned, in which Tillich movingly speaks of « a kind of an apologia yet also a self-accusation ». The *Systematic Theology*, he tells us had as its purpose « the discussion or the answering of questions coming from the scientific and philosophical criticism of Christianity ». He then adds :

> But perhaps we need a longer, more intensive period of interpenetration of systematic theological study and religious historical studies. Under such circumstances the structure of religious thought might develop in connection with another or different fragmentary manifestation of theonomy or of the Religion of the Concrete Spirit. This is my hope for the future of theology.

---

[9] *The Future of Religions*, p. 94. Emphasis added.

PAUL TILLICH'S INTERPRETATION OF JUDAISM AS AN INDICATION OF HIS UNDERSTANDING OF RELIGION AND CULTURE

Jack BOOZER
Emory University, Atlanta

On the matter of the relation between Christianity and Judaism, as was the case with many issues, Paul Tillich was brilliantly, incisively, and comprehensively convincing in analysis and, at the same time, abstractly categorical, hesitant, and unspecific as to how the demonry of antisemitism might be challenged and expurgated from Christianity and Western Culture. Even so, Tillich made specific and practical proposals toward better Jewish-Christian understanding which are not widely known and which suggest that for him there is no final separation between the abstract/ theoretical and the concrete/practical. Indeed, Tillich recognized the problem before most others did, both in *theory* and *praxis*, in his understanding of Christianity and Judaism, and in his courageous stand on behalf of the Jews and against the Nazi regime in Germany in 1933. It is well known that Tillich's unequivocal challenge to Nazism and his friendship with, and even sponsorship of, Jews in the intellectual life of Germany caused his suspension and finally his dismissal from his professorship at the University of Frankfurt in 1933. It is less well known that Tillich understood Jews and Judaism to be essential to saving Christianity as well as German and Western Culture from relapsing into a monolithic, pagan deification of one space, one leader, one nation, one blood/Volk, and one soil[1].

---

[1] « If the Christian has not the Jew in his back, he would, wherever he is, get lost » (Quoted by Paul Tillich from *Der Stern der Erlösung* by Franz Rosenzweig in « The Religious Relation Between Christianity and Judaism », to which he adds : « To this I fully agree. » Handwritten manuscript, no date, Harvard Archive). In another undated essay, « Protestantism and Antisemitism », Tillich describes a theological group which took as the topic for one of its sessions the question of a Christian mission to the Jews. Tillich was astonished at the number of those present who rejected any form of aggressive mission to the Jews. He attributed that partly to « the belief that the prophetic spirit of Judaism should be preserved apart from the Church as long as the Church is in danger of relapse into paganism » (*Cf.* Wilhelm and Marion PAUCK, *Paul Tillich*, New York, Harper and Row, 1976, p. 186, for details about the Discussion Group of the Younger Theological Thinkers). « Therefore we must stand united on the ground which is common to prophetic religion, Christianity and humanism. Let us try to save the fruits which may have ripened in the sad experiences of these days ; not the fruits of hate and separation, for these are poisoned fruits and will be of use only to those whom we are united to oppose. The fruit of this experience that must be preserved is the sense of a new and powerful community of peoples, races and creeds, transcending their differences and firm in their opposition to anti-Semitic, anti-Christian and anti-humanistic spirit. » (Paul TILLICH, « The Meaning of Anti-Semitism », *Radical Religion*, 4, 1 (Winter 1938), p. 36.)

Tillich was aware of the sociological, economic, and political aspects of what he called the *Judenfrage*, the « Jewish Question », but he regarded these as less significant and less fundamental than the religious/theological dimensions of the issue[2]. His most thorough discussion of the issue is in four lectures he was invited to give on « Die Judenfrage — ein christliches und ein deutsches Problem » in 1952 at the Deutsche Hochschule für Politik in Berlin. In these lectures it is clear that the Jewish question is inextricably connected with better known and seminal motifs in Tillich's thought : history, *Kairos*, the Protestant Principle, Theology of Culture, holiness, power, justice, and the kingdom of God. For Tillich, the Jewish question, rather than being of temporary and peripheral interest, is substantive and, as such, related to the answer to every major question about human existence. Tillich interprets the vocation of the Jews as that of embodying before all people the prophetic insight that God's covenant entails the dominance of time over space, suspending the finality of a natural and primordial identification with space.

It is impossible to overestimate the significance of time and history for Tillich, articulated in the early essay, « Historical and Non-historical Interpretations of History », and repeated throughout his work, permeating every aspect of his theology as the dominant quality. In a lecture in 1959, « My Changed Position About Zionism[3] » Tillich speaks of his basic understanding of the relation of Judaism, Christianity, and Zionism as resting on concepts which became crucial for him shortly after the First World War : History, space, and time. Perhaps it is not accidental that it was also during the early twenties that he acquired a group of Jewish friends who remained among the closest friends of his life[4]. However those friendships might have influenced his understanding of Judaism, Tillich came during that period to understand Judaism as pivotal for all humanity in the identification of time rather than space as the decisive

---

[2] « Die Judenfrage — ein christliches und ein deutsches Problem ». Paul TILLICH, *Gesammelte Werke (G.W.)*, III, Stuttgart, Evangelisches Verlagswerk, 1965, pp. 149-150. To be referred to as « Die Judenfrage » in subsequent notes.

[3] « Meine veränderte Stellung zum Zionismus », Vortrag beim christlich-jüdischen Kolloquium über « Israels Wiedergeburt im Mittleren Osten » in Chicago, am 21. 1. 1959. Paul TILLICH, *G. W.*, XIII, Stuttgart, Evangelisches Verlagswerk, 1972, p. 403. Subsequently referred to as « Meine veränderte Stellung ».

[4] « Meine veränderte Stellung », p. 403. Glenn D. Earley claims that Tillich's involvement in the religious, socialist *Kairos* Circle and his contacts with new Jewish friends, especially Adolf Löwe and Martin Buber, in the early 1920s marked a « turning point in Tillich's understanding of Judaism » because « the ideas developed during this period were a radical departure from what we know of Tillich's earlier understanding of Judaism and remained determinative in and characteristic of his interpretation of Judaism fot the rest of his life ». (Glenn D. EARLEY, « Paul Tillich and Judaism : Analysis of « The Jewish Question — a Christian and a German Problem », *Theonomy and Autonomy*, ed. by John Carey, Macon, Mercer University Press, 1984, p. 229. Earley's essay and his dissertation, *An Everlasting Conversation : Judaism in the Theology of Paul Tillich*, Philadelphia (PA), Temple University, 1984, are especially valuable resources on these issues.

existence-medium for human beings. As he put it : « I came to understand it as one of the most significant events in the entire history of religion that there was once a people who found through the power of the Holy that it was possible to sever the bond between space and the God of space[5]. »

Much of the criticism of Tillich has faulted his theology for the opposite tendency, that of subordinating history to ontology, the concrete to the universal, *Kairos* to Logos, and the Gospel to the System. A careful reading of his understanding of Judaism blunts much of that criticism but without removing it altogether, for Tillich may have defined Judaism in such universal, categorical terms that he obscures the concrete and historical quality of Judaism. Bernard Martin[6], Glenn D. Earley[7], and Albert H. Friedlander[8] have in different ways suggested as much. Both Tillich's claims and Jewish reservations about his interpretation of Judaism are important. In order to judge that issue more fairly, one must consider what Tillich is saying on the « Jewish question » in the 1952 lectures in Berlin and in other shorter essays.

Space and time

When Tillich comes to the religious and theological aspects of the « Jewish question », he sees the central issue as that of the relation between space and time. That relation, however, entails the polarities monotheism-polytheism, holiness-profaneness, and sacramental-prophetic in a way that is not obvious within a purely ontological consideration of these categories. Tillich sees the call of Abraham to leave Ur of the Chaldees to follow where God leads as symbolizing the founding event of the Jews as a people, the Exodus from Egypt. This means that the existence (*Dasein*) of the Jews is not in space, neither that of the Chaldees nor that of Egypt, but in leaving spatial security in response to a voice which beckons them into the ambiguity and uncertainty of existence in time with only the promise that the one who speaks will be their God and they will be God's people[9].

There is something qualitatively distinct about time which cannot be expressed in or reduced to spatial categories. Although Tillich recognizes that actual existence, over against possible existence, requires having space, having a place from which one can « see » other persons

---

[5] « Ich sehe eines der grössten Ereignisse der Religionsgeschichte darin, dass es einmal einem Volk, das sich in der Macht des Heiligen befand, möglich war, das Band zwischen dem Raum und dem Gott des Raumes zu zerschneiden. » (« Meine veränderte Stellung », p. 406).

[6] Bernard MARTIN, « Paul Tillich and Judaism », *Judaism*, 15 (1961), pp. 180-188.

[7] Glenn D. EARLEY, *op. cit.*

[8] Albert H. FRIEDLANDER, « A Final Conversation with Paul Tillich », *Out of the Whirlwind*, ed. by A. H. Friedlander, New York, Schocken Books, 1976, pp. 515-521.

[9] Paul TILLICH, « Die Judenfrage », p. 156.

and other things[10], he nevertheless emphasizes the meaning of Jewish existence as being in « bondage » to time. Three implications follow from this claim : 1) The realm of time is the realm of history. 2) The realm of time is the realm of monotheism. 3) The realm of time is the realm of justice (*Gerechtigkeit*)[11].

Time entails the new, that which is not determined. In this sense, the Jews introduced historical consciousness into human existence which was, until then, so predominantly contained within a spatial awareness. Even if the Egyptians and others spoke of time, they *spatialized* time, *spatialized* history, interpreting history as the story of events in space, not the transformation of consciousness in openness to the « new » with its unprecedented demands and promises. Until then, spatial life « used » time, consumed time, to assure that nothing new would happen to threaten the dependable security of space. Hence, spatial consciousness always repeats itself whereas history, genuine time-consciousness, never repeats itself (*Geschichte wiederholt sich nicht*). History as history is oriented to the future, not to the past, because history is irreversible. Spatial orientation bends time back into itself in a circular way, controlling temporal movement within the stability of space. Temporal orientation in real history suspends the dominant power of the past in favor of response to the word of the Holy One : « Behold, I am doing a new thing[12]. »

The realm of time is also that of monotheism over against polytheism which is predominantly spatial. Here Tillich turns the meaning of these terms away from the question of how many gods there are and emphasizes qualitative distinctions between polytheism and monotheism. Polytheism understands the gods in spatial terms as being alongside one another (*Nebeneinander*). Monotheism understands God as not determined by or limited to space. The God of time is One and not limited by another; hence, the Holy One of monotheism is Unconditional, the God of all spaces but confined to none.

> The gods of polytheism are gods bound to space. That is their power and that is their limit. It is not the number of gods that characterize polytheism but their being alongside one another [...] Polytheism is not essentially a plurality of gods, and monotheism does not mean that one god stands against and above many others. Polytheism means that the gods are bound to space, and monotheism means that God is bound to time. As long as the Jewish God stands as God of the Jewish nation against the gods of other

---

[10] *Ibid.*, p. 154.

[11] « Die Zeitlinie ist die Linie der Geschichte. » (« Die Judenfrage », p. 156.)

[12] Isaiah 43 : 16, 18-19, *Cf.* Paul Tillich's essay, « Behold, I am doing a New Thing », *The Shaking of the Foundations*, New York, Charles Scribner's Sons, 1948, pp. 173-186.

nations, the Jewish God is a polytheistic god limited to space like all other polytheistic gods even if the Jewish God is only one God[13].

Tillich sees clearly the way in which gods who are bound to specific spaces inevitably come into conflict with one another. Since a people's God is not Unconditional over that people, there is a drive to make the people's God Absolute and Unconditional over other gods. Hence, polytheism contains contradictory elements, one leading to the absoluteness of imperialism which justifies the taking-over of the spaces of lesser gods, and the other sustaining the awareness of the limited spatial domain of one god alongside the domains of other gods. For Tillich, then, it is quite understandable that the Romans as well as the National Socialists regarded Judaism as a threat to their Pantheon of gods. In one case the functions and spheres of the gods were divided and limited, subject to the comprehensive absoluteness of the Roman people and State. In the other case, the status and classes of « peoples » were determined by the « supermen », the « superpersons » of blood and soil who regarded themselves as absolute, using time to establish the universality of their space ; controlling all, divine and human, and subject to none, divine or human. « Deutschland über alles » and « Pax Romana » are expressions of peoples whose gods are bound to space. Jewish monotheism affirms time as the primary « location » of human existence, and in « time » God only is absolute, but absolute everywhere, relativizing the spaces where the Jews sojourned and settled, but calling them to venture forth, confident in the promise of a future in which God would provide their dwelling-place.

Tillich goes even further, however, and claims that the realm of time is the realm of justice. It is not clear that this third claim for the realm of time is implicit in the claims for history and monotheism, for neither the dominance of historical consciousness nor the priority of time over space in themselves provide moral limits to the course of history or assure the « righteousness », the non-capriciousness, of the God of time. As Tillich interprets Judaism, however, the concrete covenant which God made with the Jews entailed the power of one God within all time. God's righteousness is, therefore, universal, and God's demands of justice are applicable not only to the Jews but to all peoples throughout time. The moral universality of the requirement of justice through the presence of the Holy is spoken by the Prophets in such a way that the « Thou shalt be just » is internally related to the oneness of God. There is no way for

---

[13] « Die Götter des Polytheismus sind die raumgebundenen Götter. Das ist ihrer Macht, and das ist ihrer Grenze. Nicht die Vielzahl characterisiert den Polytheismus, sondern das Nebeneinander [...] Polytheismus ist nicht Vielheit von Göttern an und für sich, Monotheismus bedeutet nicht, dass ein Gott gegen die vielen steht. Sondern Polytheismus ist Gebundenheit an die Götter der Räume, und Monotheismus ist Gebundenheit an den Gott der Zeit. Solange der jüdische Gott als jüdischer Nationalgott gegen andere Nationalgötter steht, ist er ein raumgebundener polytheistischer Gott wie alle anderen, auch wenn er nur einer ist. » (« Die Judenfrage », pp. 154. 156-157.)

Israel to separate the God of time from the God who demands justice everywhere and from all, because the moral demand is present in the most primordial participation in the concrete, founding event. As over against the 'contention that Tillich imposes abstract, universal, philosophical/ethical categories upon Biblical religion, Tillich is clear and explicit on the side of concreteness. The prophet rests his demand not on the ground of an abstract moral law, a categorical imperative, but on the base of the covenant which God entered into in history with his people or on an event upon which the church is founded[14].

Tillich regards the interpretation of the covenant by Amos and the prophets as one of the most significant events in the history of humanity. Amos threatened Israel with destruction and severed the inextricable connection between God and the space which God had given Israel[15]. The relation between God and Israel is not a natural one nor is it a spatial one, but one entered into freedom through an event in history and entailing moral requirements the fulfillment of which qualify the future of the covenant. Israel can violate or break the covenant and God can punish or destroy Israel, perhaps even dissolving the covenant, in response to Israel's violation. This understanding of the covenant gives rise to an emphasis on loyalty to the law, the teaching, and the relation to God which have characterized Jewish existence for thousands of years. At the same time, however, this understanding has made possible a false claim to security and a perplexing dilemma ; a claim to privilege and land based on a divine promise rather than on a complex of historical factors, and a perplexing dilemma in the face of persecution, pogroms, and the Holocaust which within the conditional covenant theory must be interpreted in some fashion as God's response to the disobedience of the Jewish people. The killing of a million children in the Holocaust has forced many Jews to reinterpret the covenant because they found it beyond comprehension to attribute the murder of children to the transgression of their parents, their parents' parents, or any quantum of Jewish guilt[16].

Three important inferences are to be drawn from Tillich's understanding of the realm of time as being also the realm of universal justice.

1. The covenantal bond through which Israel seals her free acceptance of the righteousness of the one God includes the obligation to universalize the demands of justice, but the concrete enactment of the covenant is specifically communal and historical and not itself based on

---

[14] « Der Prophet erhebt seine Forderung nicht auf Grund eines abstrakten moralischen Gesetzes, sondern auf Grund des Bundes, den Gott mit dem Volk geschlossen hat, oder auf Grund des Geschehens, auf dem die Kirche ruht. » (« Die Judenfrage », p. 153.)

[15] « Es ist eines der grössten Ereignisse in der Geschichte der Menschheit, als Amos, der erste der grossen Propheten, Israel mit Zerstörung bedrohte und der Schnitt zwischen Gott und dem Raum, dem er zugeordnet war, machte. » (« Die Judenfrage », p. 157.)

[16] See, for example, Richard L. RUBENSTEIN, « Job and Auschwitz », *New Theology No. 8*, Martin E. MARTY and Dean G. PEERMAN, eds., New York, Macmillan, 1971, pp. 270-290, and David HARTMAN, *A Living Covenant*, New York, The Free Press, 1985, especially pp. 183-299.

a rationally-derived sense of universal moral responsibility. The living relation between God and Israel holds together divine blessing, divine power, divine righteousness, divine demands of justice, and human freedom and responsibility. Israel accepts her identity and vocation in covenant with the Holy God of time, saying, in effect : « So let it be for us ! » But the gift of God's favor and the demands of God's righteousness are not limited to the Jews, are not simply « for them ». Israel is called through the covenant to announce and embody the universality of God's oneness and God's righteousness throughout time and space, even if this announcement and embodiment are faithfully performed only by a remnant. The election of Israel does not enfranchise a claim for her own righteousness but proffers a self-understanding as a people that obligates her to call all people to acknowledge and serve the righteousness of God.

2. The demand for justice transcends every claim by states, rulers, priests, or other religious authorities. Every people, every nation, every leader, every priest, and every person stands under the requirement to do justice. « The God of authentic monotheism stands against every sacrally consecrated injustice[17] », whether that is of race, nation, soil, or class, and whether that injustice is done by military, political, economic, or religious power. Tillich sees the Jews, then, as a constant threat, a « thorn in the flesh » of every kind of absolutism, including that of the National Socialists and of the Christian Church. It was often said by the Nazis that the Jews « invented conscience », implying that conscience oriented to a power beyond that of the State was part of a Jewish conspiracy against all humanity. What the Nazis put in the place of conscience was the absoluteness of the ideology of *Ein Reich, Ein Volk, Ein Führer*, with the claim by the Attorney General that justice is what serves the interest of the German State[18].

3. The covenant in time contains both a creative and a critical dimension, providing a dialectical quality that characterizes God's relation to all of history. The covenant « forms » the identity of the Jewish people by ordering their actual existence in space and defining their social, economic, and political life. This form of communal life was understood sacrally and was nurtured by priestly and sacramental functions. At the same time, however, the covenant empowered and inspired the prophetic movement which « protested », called in question, every form of the sacramental which, while ordering the life of the people in space, tended to identify their sacral life in liturgy and teaching with God. The critical principle does not negate blood, soil, political power, and space. Indeed, Tillich is generally consistent in maintaining that space, and by implication, self-governance and power, are essential to existence. But the critical

---

[17] « Der Gott des echten Monotheismus steht gegen jede sakral geweihte Ungerechtigkeit. » (Die Judenfrage », p. 157.)

[18] Statement of Otto Thierack, the German Minister of Justice, October 13, 1942. Quoted in Richard L. RUBENSTEIN, *The Cunning of History*, New York, Harper and Row, 1975, p. 34.

dimension spoken by the prophets reasserted the Holy as Unconditional, uncontained by communal and national processes of self-realization. The prophet criticizes from within the covenant as a « spokesperson » (*Vertreter*) for the « will of God against the fixed, sacramental system of the priests, i.e., he proclaims the social implications of the command to love over against the mechanistic and socially indifferent acts of ritual piety[19] ».

Tillich saw an analogy between the prophetic/critical reform in Judaism and the Reformation in Germany in that both fought against a « magical » distortion of the presence of the Holy. Quite clearly, there is a relation between Judaism, as Tillich understood it, and themal categories which informed his theology, especially *Kairos*, the Protestant principle, the Church as « *Gestalt* of Grace », and the interpretation of history in Religious Socialism. *Kairos* he saw as uniting « creation and criticism[20] ». The Protestant principle is the continuous struggle in history against an idolatrous identification of specific historical actualities with the Holy[21]. Tillich's formative essays on the Church as a « *Gestalt* of Grace » predate the Second Vatican Council by four or five decades. His early essay on the « Formative Power of Protestantism » was, therefore, set against what he took as an authoritarian, objective, non-self-critical, absolute sacramentalism of Roman Catholicism, on the one side, and a superficial, empty secularism, on the other side.

The basic quality Tillich claimed for the Church, however much his picture of Catholicism needed later to be changed, is analogous to his claiming a dialectical tension between God's « Yes » and God's « No », between the reality of faith/grace and openness to the God who makes that possible, between the sacred and the secular. The Church is not Church if she does not « form » people, communities, and society in ways that are beyond the reach of purely human cunning and control. But the Church is not the Church, either, if she claims authority to speak unequivocally for God, the Holy, the Unconditional. In spite of its Catholic connotations, Tillich introduced the term, « *Gestalt* of Grace », to describe the Church because he regarded moral and rational forms of self-sufficient finitude in the dominant strains of liberalism as impoverished misrepresentations, but he insisted on this *Gestalt* as a Protestant form. « The presupposition of the formative power of Protestantism is the unity of protest

---

[19] « Er kritisiert nicht von aussen wie der Aufklärer, sondern er kritisiert von innen als der Vertreter des Willens Gottes gegen das priesterlich fixierte sakramentale System, z. B. : er verkündet die sozialen Folgerungen aus dem Liebesgebot gagenüber der mechanischen und sozial indifferenten Ausübung ritueller Frömmigkeit. » (« Die Judenfrage », pp. 152.)

[20] Paul TILLICH, *The Protestant Era*, Chicago, University of Chicago Press, 1948, p. xix.

[21] « It is obvious that the Protestant principle cannot admit any identification of grace with a visible reality, not even with the church on its visible side. » (Paul TILLICH, *The Protestant Era*, p. xx.)

and form in a Gestalt of grace[22]. » As he regarded the undialectical « no » to be as unproductive as the undialectical « yes », he also regarded « undialectical forming » activity to be as unproductive as « undialectical protest[23] ».

There are also parallel considerations between Tillich's emphasis on time over space and his involvement in Religious Socialism in the twenties and early thirties. In Religious Socialism Tillich discovered an interpretation of history with an « especially Protestant character[24] », which marked for him a break with philosophical idealism and theological transcendentalism, and, I might add, with churchy sacramentalism, of both the Catholic and Lutheran types. Tillich found in Religious Socialism that the multidimensional wholeness of individual and communal existence was taken seriously, that ideals of justice and corporate forms of grace and hope can be sustained without ecclesiastical arrogance and utopian abstractness. He learned from the fathers of continental religious socialism, especially that represented by the Blumhardts, that God may « speak for a time more powerfully through a nonreligious, and even anti-Christian movement... than through the Christian churches[25] ». For him, Religious Socialism represented not a church or sect, nor a political party, « but a spiritual power trying to be effective in as many parties as possible[26] ». Religious Socialism became for him the social-political-economic perspective through which the formative and critical dimensions of Christian understanding could be effective for both individuals and groups while avoiding the dogmatisms of Marxism, of liberalism, and of religion.

The effect of these convictions which took shape in the years after World War I, taken together, imply that for Tillich there is a relation between Judaism and the crisis of the West which is essential to discover or to recover if Western Culture is not to relapse tragically into a form of self-justifying and destructive paganism more pervasive and more dangerous than ever before. Judaism may well be more important than Christianity, in spite of Tillich's emphasis on New Being, to the future of Western Culture. In view of the cultural antisemitism and the religious antijudaism that have characterized our age, that would be a strange turn for Christendom, that the « Christian » West had banished the Jew, the only people with the religious-historical vision essential to the redemption of Christianity as well as of Western Culture. Tillich's discussion of

---

[22] Paul TILLICH, « The Formation Power of Protestantism », *The Protestant Era*, p. 210. Later statements in the *Systematic Theology* alter the definition of *Gestalt of Grace* to combine Catholic substance and Protestant principle, but the fundamental claim for the nature of the church remains the same. *Cf. Systematic Theology*, III, p. 245.

[23] *Cf.* Tillich's essay, « The Word of Religion », *The Protestant Era*, pp. 185-191.

[24] Paul TILLICH, *The Protestant Era*, p. xix.

[25] *Ibid.*

[26] *Ibid.*, p. xviii.

the Jewish-Christian relation is both concrete and crisp, taking account of the history of the relation, the primary and definitive qualities of Judaism and Christianity, and the problems and opportunities entailed in the future of the relation.

Antisemitism and antijudaism

Tillich makes a sharp distinction between antijudaism and antisemitism, although he finds antijudaism to be the soil of all antisemitism, and he certainly understands the mixing of antijudaism and antisemitism in the Nazi movement. The issue is an especially difficult one for the Churches because Christian-sponsored antijudaism predates and supports modern antisemitism, leading Tillich to be more optimistic about the Church's disavowal of antisemitism than about her overcoming antijudaism. Tillich's sense of concrete history leads him to see Catholicism and Protestantism differently in this regard, views he expressed in unpublished essays with interesting variations in title : « Catholicism and Antijudaism » and « Protestantism and Antisemitism ».

Antisemitism as Tillich understood it arose in the late nineteenth century in connection with race theories and effort to categorize different racial groups on the basis of physical, biological, psychological-dispositional characteristics. Other derogatory appraisals of Jews in earlier centuries by both secular and religious communities are properly to be designated as antijewish but not as antisemitic. Pagan antijudaism arises from resentment of Judaism, of the Jews' refusal of assimilation into a pagan, spatial « arrangement » ; because of Judaism's « exclusiveness, its universalism, its individualism, its negation of the spatial and visible character of the Divine, its absolute transcendentalism[27] ». Tillich quotes Tacitus as indicative of pagan antijudaism : « The Jews consider as profane whatever is held sacred by the Romans. Therefore they are accused of « hatred of humanity[28] ». »

Catholic Christian antijudaism, however, is quite different. « Catholic antijudaism is in its basic stratum a transsociological antagonism of two historical substances[29]. » The Church was not able to find religious/theological ground for being fully tolerant nor fully intolerant of Judaism. This ambiguity about the Jews is supported by Scripture and established as the position of the Church by the Church Fathers. Innocent III, the Fourth Lateran Council, and St. Thomas Aquinas in the 13th century solidify the ambiguous compromise which has prevailed until the 20th century. The Jews are to have perpetual « servant » status which includes restrictions on housing, occupation, and movement, and the requirement

---

[27] Paul TILLICH, « Catholicism and Antijudaism », Typescript, Harvard Archive, p. 4.

[28] *Ibid.*

[29] *Ibid.*, p. 2.

to wear an identifying badge, but, within these limitations, their lives were to be protected. Tillich acknowledges these and other forms of religious antijudaism in the total history of the Church, regarding them as a « tragic fault of the church[30] ».

Christian antijudaism has many causes and many elements, but its tenacious persistence arises from the central theme of Jewish guilt for the rejection and crucifixion of Jesus. Once that accusation gets set in the Scriptures, creeds, and pronouncements of the Church, it acquires, as it were, a life of its own, unaffected by facts that contradict it, and forming the attitudes of Christian people on the basis of a pre-judgment, a prejudice, unrelated to any normal understanding of guilt[31]. Tillich speaks often of passages in the Gospel of John which make the leaders of the Jews responsible for the death of Jesus in spite of the facts that Pilate, the Roman Procurator, was alone responsible for the judgment against Jesus and that no Jewish authorities had jurisdiction in matters of life and death. In the Gospel of John Pilate is a hero figure who does his utmost to save Jesus. He is seen as being powerless to save Jesus, but not guilty for Jesus' death. Guilt for the death of Jesus lies with the Jews and with the Jews alone[32]. Tillich also reminds us of a passage in the Book of Revelation which is particularly antijewish. « I know your tribulation and your poverty (but you are rich) and the slander of those who say that they are Jews and are not, but are a synagogue of Satan. » (Rev. 2:9, R.S.V.).

Justin Martyr shares the Johannine view of Jewish guilt and inserts the word, « under », in place of « by » in his statement to the Jews : « This very son of God was sacrificed under Pilate by your nation[33]. » This slight but significant change from « by Pontius Pilate » to « under Pontius Pilate » was incorporated into the Apostles Creed : « I believe [...] in Jesus Christ [...] who [...] suffered under Pontius Pilate, was crucified, dead, and buried. » Tillich spoke of his childish consciousness being « formed » (in catechetical instruction) by that Creed which makes the Jews guilty and Pilate innocent of the death of Jesus Christ.

---

[30] « Antijudaismus findet sich in der ganzen Kirchengeschichte und stellt eine tragische Schuld der Kirche dar. » (« Die Judenfrage », p. 134.)

[31] In the « Judenfrage », Lecture I, Tillich is careful to be clear about individual and collective guilt, knowing that he is speaking in Berlin to an audience which includes Jews and Germans. In his article, « Paul Tillich and Judaism : An analysis of « The Jewish Question — a Christian and German Problem » », Glenn D. Earley discusses the distinction Tillich makes between forms of guilt, especially focusing on the Holocaust. Earley's discussion is valuable in spite of unclarity in his description of Tillich's first and second forms of guilt.

[32] « Im Johannesevangelium erscheint Pilatus als der Skeptiker, der ebensowenig von der Botschaft Jesu wie von der Anklage der Juden überzeugt ist und darum alles versucht, um Jesus zu retten. Pilatus wirt als schwächlich hingestellt, als unfähig, dem Druck der Juden zu widerstehen, aber nicht als eigentlich schuldig. Die Schuld liegt bei den Juden, und bei ihnen allein. » (« Die Judenfrage », p. 135.)

[33] Quoted by Tillich in « Catholicism and Antijudaism », p. 5.

Overall, Tillich sees Catholic antijudaism as both religious/theological and political, opening the way for a fusion of clerical antijudaism and clerical antisemitism in the first half of the twentieth century. Tillich doubted that Catholicism could ever moderate its use of political power to sustain Christian truth, but neither could he see the Church ever in any way sanctioning antisemitism. The position of the medieval Church toward the Jews is still dominant in his view. The Jews are not to be eradicated (Fascist antisemitism) but are to be « secluded and protected » (Christian antijudaism). This view led Tillich to make caustic, cryptic, and I would say inaccurate statements such as the following : « Hitler as an antijudaistic Catholic Fascist could be accepted. Hitler as an antisemitic pagan Fascist could not be accepted[34]. » « Catholic antisemitism can be fought, Catholic antijudaism cannot[35]. » We must return to these statements when we look at the present and future prospects for Jewish-Christian understanding.

The record of Protestantism is no better and in many ways no different from that of Catholicism. The distinction between antisemitism and antijudaism is the same, and Tillich finds Protestant Christianity as guilty as Catholic Christianity for the development of antijudaism in the Church in the pre-Reformation centuries. The Protestant Churches had the opportunity, with theological foundation, to question whether being Christian necessarily entailed being antijewish, but the dominant Protestant groups occupied themselves so extensively with an emphasis on the Bible, especially on the Paul of *sola gratia, sola fidei*, that Paul's discussion of the Jews in Romans 9-11 and the Jewishness of much of Jesus' teaching in Mark, Matthew, and Luke were overlooked. Furthermore, the development of antisemitism in the nineteenth century and the turning of Church-sponsored antijudaism into State-sponsored antisemitism by the National Socialists presented Catholicism and Protestantism with the same challenge, to be met on the basis of their separate and independent resources.

Tillich finds antijewish elements in the instruction materials of Protestant Churches which repeat the deicide charge against the Jews, a charge that tends to justify continuous punishment for all of the Jewish people. He also finds it taught that God has withdrawn the favor of choosing the Jews and elected the followers of Christ in their stead as the True Israel. One modern statement particularly offended Tillich. After an introduction condemning antisemitism are these words : « We beseech every Christ honoring child to show kindness to the Jew and to pray for his salvation. » Further, the wish is expressed « that every Jew might share with us the blessing of eternal life through Jesus Christ our Lord ». This implies that « every Jew as long as he is a Jew is not included in salvation ».

---

[34] Paul Tillich, « Catholicism and Antijudaism », p. 3.

[35] *Ibid.*, p. 9.

Tillich regards this as a confirmation of antijudaism in the churches which « cannot be avoided as long as the individual salvation is made dependent on the faith in Jesus as the Christ[36] ». He sees the antijudaism reflected in these statements as absolutely absurd, especially the charge that all Jews in Jesus' time and all Jews since then are being collectively punished for rejecting and killing Jesus. Beyond the absurdity of the charge, Tillich regards the perpetuation of these antijewish (even antisemitic, in some cases) attitudes in the instructional materials of the Churches to be a continuing and tragic wrong (*Schuld*) in the Christian Church[37].

The similarity of antijewish attitudes nurtured in both Catholicism and Protestantism notwithstanding. Tillich finds Lutheranism to be peculiarly weak in resources to resist antisemitism. As causes of this weakness, Tillich mentions the following : 1) The doctrine of the Two Kingdoms which places responsibility for justice on the State, not the Church, the only limit being that the State cannot interfere with the Church's responsibility for maintaining pure doctrine. This means that there is no « universal divine law in politics ». As he put it, « Protestantism has no political ethics of its own. There is no guidance for politics in the Lutheran system[38]. » 2) Clergy have no authority in the secular realm. 3) Protestant preaching and position statements by the Church are not binding on the Church generally or on the conscience of individual Christians. Official statements by the Churches against antisemitism can exist at the same time with popular antisemitism among the people[39]. 4) « Lutheranism has no weapons for or against antisemitism[40]. »

Tillich sees a difference between German Protestantism and American Protestantism as to the prevalence of antisemitism. He understands American Protestantism as being less dependent on the Reformation in Europe and more dependent on sectarian and evangelistic movements than is German Protestantism. The sectarian/evangelical movements tend to be less vague about antisemitism. As an example he cites a statement of 24 denominations in the Greater New York Federation of Churches

---

[36] « Protestantism and Antisemitism », unpublished manuscript, Harvard Archive, p. 2.

[37] « Wir hatten in Amerika eine Kommission die die Textbücher für den Sonntagsunterricht auf Antijudaismus durchsehen sollte. Überall fanden sich antijudaistische und in manchen Fällen sogar antisemitische Aussagen. Das ist eine ständige tragische Schuld der christlichen Kirche. » (« Die Judenfrage », p. 137.)

[38] Paul TILLICH, « Protestantism and Antisemitism », p. 4.

[39] *Ibid.*, p. 7. Tillich thought this situation to be impossible in Catholicism. In spite of the organizational and administrative differences between Catholicism and Protestantism, it seems that Tillich exaggerates the limitations of Lutheran clergy in the civil realm (*Cf.* Niemöller, Bonhoeffer, and others) and of clerical control of the thoughts and actions of lay persons in Catholicism.

[40] *Ibid.*, p. 6.

in 1938 as unusually profound, demanding that Christian people guard « their hearts, their minds, their lips, their hands, their emotions, thoughts, words, and deeds... [from] the sin of antisemitism[41] ».

In unqualified praise of this statement for its perception of the deep roots of antisemitism and its clear condemnation of antisemitism as sinful, Tillich nevertheless sees an ambiguity in American Protestantism. On the one hand is the strong tradition of the « presence of the divine in the ground of every human soul[42] ». The Quakers typify those religious groups who have drawn the radical consequences of this view, i.e., the relative insignificance of confessional differences among Christians and between Christians and non-Christians. Their emphasis on the « inner light » in every person places the Christian « on equal footing » religiously with the Jew and with all other persons, cutting off the roots of antisemitism and antijudaism.

On the other hand, Protestant denominations in America have continued a « mission to the Jews » in some form in spite of forthright denials of that mission by Reinhold Niebuhr, Paul Tillich, and others and of considerable ambiguity about what form such a mission, if embraced, should take.

Even so, Tillich is sanguine about religion and antisemitism in America. He sees danger in the religious tolerance present in the United States if that tolerance is based only on a secular liberalism which is a weak, vestigial remnant of the Enlightenment or a romantic optimism in the spirit of what some would call Civil Religion. Tillich is acutely aware of the vulnerability of any movement, especially secular liberalism and romanticism, without the depth, courage, and conviction to resist the demonic force of « principalities and powers » intent on having their own way. He states that danger in clear awareness of the weakness of all groups in Germany against the Nazi movement in the 1930s.

> A kind of vacuum can develop into which a pagan type of antisemitism can penetrate, as it happened in Germany. Therefore the movement in Protestantism towards a secular Liberalism is a very ambiguous gift to the Jewish people. On the one hand it liberates them from the attacks of orthodox absolutism and the continuous creation of antijewish feeling by traditional antijudaism. On the other hand it exposes them to the brutal attacks of a secular antisemitism with a more or less « pagan » ideology[43].

If one makes the distinction between antijudaism and antisemitism which Tillich makes (and with which I agree), two questions confront the Christian community. 1) Is the tradition of antijudaism in Christianity a flaw, an aberration, even a heresy, in the history of Christianity, or is it an inextricable aspect of the foundational essence of Christianity ?

---

[41] *Ibid.*, p. 8.

[42] *Ibid.*, p. 9.

[43] *Ibid.*, p. 12.

2) How might the Christian community be an explicit and public power against the evil of antisemitism in all of its insidious dimensions ? Clearly, for Tillich, the answer to the first question is that antijudaism in the Christian community is a tragic fault, a contradiction to the reason, justice, and love imbibed and sustained by Christian faith. I would go beyond Tillich and suggest that antijudaism is a heresy in Christianity, so deeply rooted that radical theological, sociological, and ethical surgery are required to remove it. Counsel to President Nixon advised him in difficult times that there was a « cancer on the Presidency ». Antijudaism is a cancer in the body of Christianity, an imbalance, an internal growth gone wild, overthrowing the restraint of homeostatic forces, and this cancer will destroy the body of Christianity if it is not removed.

The second question is more complicated, but Tillich without being utopian is certainly not cynical about the prospects, and he points us toward ways in which the Christian community can become a more effective « power » against antijudaism and antisemitism, both in theory and practice.

Christianity and judaism: covenant, vocation, and the prospect of mutual confirmation

The previous discussion of space, time, and the covenant showed that Tillich regards Judaism as : 1) Unique in that Jews as a people, a Volk, even a nation, are such in their essence and existence through religion, the bonding of God and the Jewish people through a concrete event in history. This covenant implies universal, general categories, but cannot be dissolved into or contained by universal, general categories. 2) The vocation of the Jews within the covenant is to be a people of time, not of space, which entails a historical consciousness oriented to the future, radical monotheism, and obligation to God's justice (righteousness) which is valid for all time and for all space. 3) The prophets develop the definitive understanding of both the « blessing » and the « obligation » of the covenant bond. Amos interprets the covenant event as severing the blessing from the guarantee of spatial and political power and making it conditional upon fulfillment of the special demands of God's righteousness[44]. The fact that subsequent prophets express hope at least for a « remnant » of the people in no way softens the sharp critique of the prophets against Israel's and Judah's seeking their security in sacrifices, military power, the land, the City of Jerusalem, or even the Temple.

Tillich sees this covenant in time as one of the most significant events in all history, providing the basis for a critical principle which is presupposed by Christianity and is of crucial significance in the battle against idolatries or race, nation, class, soil, and religion constantly promoted

---

[44] Paul TILLICH, « Die Judenfrage », p. 161.

by paganism. Judaism introduced the critical principle into human consciousness and entails the « calling » to keep that principle alive in history against every claim to « divine right », to « righteous empire », to « special privilege », and to tangible, objectified sacralness in blood, land, liturgy, or nation.

In his 1952 lectures on the *Judenfrage*, Tillich was not altogether consistent about what this existence in time meant for the Jews in relation to space. He clearly acknowledged that space is essential for actual existence, that there is no actual existence without actual space. This would seem to imply that the issue about space and time is not « either space or time » but whether space controls time or time controls space. In the case of the Jews, however, Tillich abandons the dialectic between space and time and characterizes Jewish existence as wholly in time, the diaspora, exile, guest status in the space, on the soil of others. Every Jew has been driven out of a « given » space. The diaspora is depicted, therefore, not simply as a historical accident nor as punishment for the violation of the covenant, but as a concept/category (*Begriff*) which expresses the essence of Judaism. The diaspora is the fate (*Schicksal*) of the Jews[45].

Tillich saw two possible ways for ending the diaspora : assimilation and Zionism. Assimilation would mean surrendering the sense and vocation of a people, even the disappearance of the Jews as a people. Tillich doubts that assimilation is really possible and he is certain that it is not desirable for it would represent a distinct loss to the Jews and to Western Culture. In the case of the National Socialists, that would not have helped anyway because the Nazis defined Jewishness biologically and racially in terms of four generations of ancestors, not in terms of religion. Zionism represents the effort to end the diaspora by creating or reclaiming a space for the Jewish people. Tillich is dubious about the moral and religious legitimacy of both these ways of avoiding diaspora existence. He is particularly negative about Zionism because he sees the establishment of a Nation-State as leading inevitably to ideas and ideals of a « sacred space » which violates the insight of the Jewish prophets that every effort to identify the Kingdom of God with a nation must fail[46]. He doubts whether any Nation-State can be identified with or the fulfillment of a religious community. He also rejects any appeal to divine authority to justify the taking/retaking of this space for a State. These views lead him to oppose Zionism as being so vulnerable to spatial paganism that the movement is dangerous to the future of Judaism.

In this address in Chicago in 1959, however, Tillich describes how his mind had changed regarding Zionism. Through numerous conversations with Jewish friends and critics and further reflection, he came to

---

[45] « Für das Judentum ist Diaspora nicht ein geschichtlicher Zufall, sondern ein Begriff, der das Wesen des Juden selbst ausdrückt. » (« Die Judenfrage », p. 161.)

[46] *Ibid.*, p. 163.

realize the error of his categorically confining the Jews as a people to an existence in time without space no matter what is done to them in history. If they were called to be a people of time, a diaspora people without its own space, then with the loss of its homeland, its destiny was fulfilled : « Jews, the people of time without space ; Judaism, a warning to Christians about the sanctified injustice of religious nationalism and religious sacramentalism[47]. »

But Christian people disregarded the warning and treated those who called them to honor the demands of justice with the greatest injustice possible. The monstrous violation of the Jews in the Nazi period forced a reconsideration of the problem of space for the Jewish people. He was no longer able to deny space to a « people of time » if the Christian people of time had become pagan and refused to heed the prophetic criticism of sacramentalism and nationalism. The paganism in Christianity and in the culture convinced Tillich that as long as paganism (which he equated with sanctified injustice) exists, Jews should provide a protective bulwark (*Schutzwall*) for themselves and for all victims of injustice. To have the power to protect persons from injustice, space for a « people of time » is justified.

Tillich also came to realize that all Jews cannot embrace the demands of being a « people of time ». The ordinary Jew cannot embody the demands of justice, of monotheism, and of existence in time only. The ordinary Jew needs space to be able to exist in history. Tillich came to see his earlier insistence upon a prophetic role for every Jew to be a metaphysical error (*eine Art metaphysisches Unrecht*). With that changed view Tillich participated in the American Christian Palestine Committee and supported Israel's security as a Nation-State with all of the conflicts and injustices entailed in the use of power. But he did not regard the State of Israel as the « promised land », nor did he identify Israel with the fulfillment of the calling to be a « people of time ».

If Christianity as well as Western Culture needs Judaism to prevent a relapse into paganism, how did Tillich interpret the relation between Judaism and Christianity ? We have already seen that he regarded antijudaism as a tragedy and a sin in Christian history. We have also seen that the Jewish affirmation of time over space is crucial to any understanding of history or of human existence. Christianity arises within that Jewish understanding and confirms it as valid. In spite of prevailing antijewish attitudes in Christianity, Tillich understood Christian existence as in a positive, continuing relation with Judaism, which relation does not, however, obscure differences between Judaism and Christianity. Crucial indications of Tillich's thought about the relation between Christianity

---

[47] « Israel hat keine eigenständige geschichtliche Existenz mehr. Sein Schicksal scheint erfüllt Judentum, das Volk der Zeit ohne Raum, Judentum, eine Warnung für die Christen vor der heiligen Ungerechtigkeit religiösen Nationalismus und religiösen Sakramentalismus. » (« Meine veränderte Stellung », p. 406.)

and Judaism are found in his view on the issues of supercession, the status of Jesus Christ, and Christian mission to the Jews.

Does Christianity supercede Judaism ?

There is a view unfortunately held by many that Israel's refusal to accept Jesus as the Messiah caused God to withdraw his blessing from the Jews and to give it to the followers of Christ. On that view, the Christian community becomes heir to the promise, the true Israel, and the Jews are both rejected and condemned. Tillich forthrightly rejects this view as he did that of Marcion and others who attempted to transform Christianity into a Gnostic/synthetic religion by severing Christianity from its roots in Judaism and the Jewish Bible. Tillich, on the contrary, sees the Church as dependent for its integrity on the spirit of prophetic Judaism[48].

Tillich finds no antijudaism in Jesus and sees Christianity as « fulfilling », not setting aside, Judaism. His text for this view is Paul's Letter to the Romans 9-11, which he interprets to mean that God is provident over all history and that the Jews have a positive and continuing function until the Eschaton ends history as we know it now. This positive function of the Jews under God's blessing « does not cease as long as there is paganism in the world[49] ». Tillich is convinced that this is the answer to the Jewish question and that such a view contains nothing antijewish. The function which God has called the Jews to perform, rather than being superceded, is applicable to and critique of Christianity and of every other cultural and religious form. It would seem, then, as has been suggested, that the continuation of Judaism is more fundamental to the meaning of history than is Christianity because Judaism provides the historical consciousness, witness to the universality of God's justice, and the criterion for identifying, exposing, and rejecting idolatry and sanctified evil without which criterion Christianity could not exist.

Even so, there is a remnant of paternalism in Tillich's view. He claims that this answer to the Jewish question contains nothing antijewish because it involved the « no and yes of Christianity to Judaism in the Christian world[50] ». Tillich did not balance that statement with the opposite, which would have been consistent with many other claims he made, i.e. : « Judaism provides the no and yes to Christianity from the perspective of Judaism. »

However inconsistent or unprecise Tillich may have been in that particular regard, he clearly and completely rejects the view that Christianity terminates and supercedes Judaism in God's relation to history.

---

[48] Paul TILLICH, « Die Judenfrage », p. 139.

[49] *Ibid.*, p. 135.

[50] « Jedenfalls enthält diese Antwort nichts antijudaistisches. Sie ist das Nein und Ja des Christentums zum Judentum in der christlichen Welt. » (« Die Judenfrage », p. 135.)

The role of Jesus as the Christ

Tillich would never say that anyone's salvation depended upon acceptance of Jesus Christ as personal savior. That would make a new law out of the Gospel and place a condition upon the Unconditional, compromising the freedom of the grace and the love of God by requiring a human « work » to enable the grace to be manifest. It is unfortunate, therefore, that Paul's major influence in Christianity has been in terms of Christ marking the end of the law and of salvation depending entirely on faith/belief in Christ, not on what Martin Luther King, Jr. called the quality of one's character, or on the qualities Jesus emphasized in the parable of the sheep and the goats (Luke 25 : 31-41). Tillich rather emphasized God's as well as Paul's continuing care for the Jews reflected in Romans 9-11. He understood the Christ figure not in terms of a substitutionary atonement but as an embodiment of the compassion, righteousness, and power of God enabling persons to overcome despair, separation, cowardliness, loneliness, and estrangement; but without claiming that power finally for himself or offering his name as one before which the Hitlers, the Stalins, and other destroyers of the creation would shudder in their boots.

Tillich's many expriences with Christians and Jews led him to believe that genuine dialogue between Jews and Christians offered the best hope of preserving the most important qualities of Judaism and Christianity. This would require the Jew and the Christian to participate in and embody the depth of their traditions, but it would not require either to change to the other's faith in order to honor the demands of the One God, to stand courageously against evil and those who do it, and to sustain hope for the coming of the Kingdom of God. Perhaps it was because Christendom had become so permeated with paganism that it could not resist the monstrous paganism of the Nazis, perhaps it was because the use of the name of Christ had become idolatrous, but in the essay on Zionism, Tillich not only advocated dialogue between Christians and Jews but he also recommended that in such a dialogue, the statement, « Jesus is the Messiah », be abandoned along with all other statements which have been poisoned by idolatrous use. The strength of the « New Being in Christ » is to be carried in dialogue through a mutual confirmation, a reciprocal sharing, giving and taking, about the « forming » and the « critical » qualities nurtured by each faith in the face of massive neglect of and attacks upon God's preserving and saving righteousness in contemporary culture. Until the Messianic age arrives, following Christ means confirming the Jewishness of Jesus and his people, honoring the radical monotheism which both Jew and Christian confess, and sustaining the message of the Hebrew Prophets and Jesus through the creative and critical functions of the Protestant principle. Appropriating and internalizing the prophetic critique is essential to any true devotion to Jesus as the Christ.

Mission to the Jews

The question of a mission to the Jews is closely related to the role of Jesus as the Christ. Tillich never wavers about the presence of the New Being in Jesus as the Christ, however much he may emphasize different meanings implicit in that conviction. Regarding the mission to the Jews, however, he seems to change his mind significantly over the years. The one stable view which holds through all subsequent variations is the conviction that « a mission of conversion directed toward the Jews living in the Western world[51] » is unwarranted. For many Christians, if there is no mission of conversion toward the Jews, there is no Christian mission to the Jews. That does not follow for Tillich, however, although the mission to the Jews becomes for him, finally, a mission with the Jews and a mission on behalf of the Jews. I suggest, then, that the « mission to the Jews » for Tillich takes three forms through the years, which may be described as Active/Typological, Receptive/Existential, and Active/Collegial.

1. *Active/Typological*. At times Tillich manifests aspects of the antijudaism dominant in traditional Christianity in both personal attitude and theological perspective. For example, he understands John the Baptist to voice a radical attack upon a particularistic, space-bound, nationalistic tendency in Jewish history. Jesus is affirmed by the first Christians as one who continues and fulfills this prophetic tradition. The early Christians believed that through the Jesus event, Jewish space-bound nationalism was broken and the universal principles of monotheism and justice made manifest in a new age. Tillich finds the early Christians justified in making these claims in spite of the fact that claims for Jesus as the Messiah gave rise to a new spatial center, not on Mount Sinai or Mount Zion, but on Mount Golgotha[52].

In his dialogues at the University of California at Santa Barbara in 1963, Tillich reiterated the claim that Christianity became a world religion, « breaking through the narrow limits of one of the many Jewish sects and groups which then existed[53] ». Tillich goes further in this instance and claims, in spite of the Day of Atonement in Judaism, that there is a danger of « self-justification » on the basis of moral righteousness in Judaism which is not present in Christianity. Christianity emphasizes grace/forgiveness as the basis of all righteousness in the total life of Christians, setting itself apart from Judaism in a way that « should not be blurred[54] ».

---

[51] D. Mackenzie BROWN, *Ultimate Concern : Tillich in Dialogue*, New York, Harper and Row, 1965, p. 104.

[52] See « Die Judenfrage », pp. 157-158.

[53] D. Mackenzie BROWN, *op. cit.*, p. 103.

[54] *Ibid.*, p. 115.

In these statements, Tillich subordinates the dialectic to categorical statements, tending to obscure the universality of the vision of the prophets. That vision included monotheism, justice, and the presence of a sense of undeserved blessing in God's calling the Jews to be God's people and an awareness of the demands of righteousness. Here Tillich comes close to a typological characterization of Christianity and Judaism against his own warning in that regard that « typological thinking is unhistorical[55] ». Given the religious/theological as well as the historical/sociological situation after the Holocaust, I take Tillich's statements here more as occasional utterances or comments on history than as the basis for a Christian mission to the Jews, however much others might use these utterances to justify that mission.

2. *Receptive/Existential*. Tillich writes in several places about a discussion of the « mission to the Jews » which a group of American theologians held at one of their semi-annual meetings. That group doubted that such a mission was possible and reached no consensus on what that mission would be like if, in fact, there could be one.

> There was a tendency to confine the mission to those who had inwardly broken with Judaism and should therefore find a way to Christianity [...] I myself agreed with those theologians who said that an active missionary drive from the Christian side directed to believing Jews, is in most cases psychologically and sociologically impossible. What is possible, however, is a readiness on the part of Christians to receive Jews in such cases where the Jewish person had recognized his existential boundaries and then has raised the question about what lies beyond [...] This is not active but receptive mission to the Jews, and beyond this, I should not be willing to go[56].

In this statement Tillich has moved outside a typological and categorical approach, holding only that Christianity uses symbols which can provide « an answer to the inner conflict of Judaism[57] ». There is a recognition of different expectations and realizations within both Christianity and Judaism, but no claim that Christianity as such is superior to Judaism. The Christian shares the tensions and ambiguities of existence with Jews, is caring and compassionate toward the Jews (one would assume in a special way since the Holocaust), and responds with open frankness about answers to the human dilemma Christianity offers.

Tillich's statement that a Christian mission to the Jews is *in most cases* psychologically and sociologically impossible has caused some to criticize him for finding only psychological/sociological and no theological reasons for there being no legitimate Christian mission to the Jews. Tillich's statement is puzzling, to be sure, but the total context of the *Judenfrage*

---

[55] Paul TILLICH, « Die Judenfrage », p. 148.

[56] Paul TILLICH, « Die Judenfrage », pp. 138-139. Translation from *Jewish Social Studies*, 33, 4 (1971), p. 260.

[57] « In solchen Fällen kann der Christ zu zeigen versuchen, dass die christlichen Symbole eine Antwort auf die inneren Konflikte des Judentums geben können. » (« Die Judenfrage », p. 138.)

lectures suggests that for him there is no separation of psychological/ sociological from theological factors. If one remembers Tillich's high appraisal of Judaism as essential to the preservation of authentic Christianity and his designating antijudaism as a tragic Christian sin, one sees the theological confusion and guilt which create the psychological and sociological impossibility of a Christian mission to the Jews without at the same time acknowledging and affirming a Jewish mission to the Christians.

Perhaps, then, this second phase is transitional to an explicit, theologically-reasoned joint mission of Jews and Christian to a culture rampantly pagan and monstrously destructive.

3. *Active/Collegial*. Tillich's final answer to the question of a Christian mission to the Jews is that Christianity should accept the Jewish Bible « as an integral part of the Christian Bible » and the religion of the Jewish Bible as « an integral element in Christian existence[58] ». Further, Tillich sees Judaism as awakening and keeping alive a social conscience within Christianity, a conscience formed by openness to the « God of time, of creation, of justice, of redemption, the God of prophetic judgment and promise[59] ». These Jewish elements are important for two crucial reasons : to expose and remove pagan elements from Christianity and to place Christians in active and mutual collaboration with Jews in embodying the « forming » and « critical » dimensions of monotheism and justice, preserving the creation and the culture from further contamination by nationalism, racism, and idolatry. True Judaism is the only force Tillich sees as capable of preventing the relapse of Christianity and of the culture into sacralized injustice and destructiveness.

In the process of « give and take », of yes and no, between Christians and Jews within the formative and critical dimensions of Judaism and of Christianity, the internal mutuality of vocation turns the « mission » into a mission of Jews and Christians together against the principalities and powers of evil which make sport of holiness, justice, and truth, violate the goodness of the creation, and trivialize the most human dimensions of life.

This shared mission of Jews and Christians becomes more important and more authentic religiously, ethically, and politically than any so-called « Christian mission to the Jews ». Indeed, what has been described as a Christian mission to the Jews has become a Christian mission *for* the Jews and the Christian mission *with* the Jews.

---

[58] Paul Tillich, « Die Judenfrage », p. 168.
[59] *Ibid.*

The way of the future

In the 1952 lectures, Tillich indicates several steps the Christian community must take in relation to Judaism and acknowledges a difficult problem between Jews and Christians — whether or not the Messianic Age has come. But even on that crucial issue Tillich makes a proposal to avoid an ultimate impasse. His challenge to Christian communities may be stated in three admonitions.

1. The Church must accept the continued existence of Judaism as sustained by God's providence. In another undated and unpublished essay he writes :

> It has been said that Christianity has lost a good deal when in the early Church the Jewish-Christians ceased to exist. I would agree with this, because of the irreplacable function of the Jewish spirit. But, obviously, this spirit can be effective only if it comes from Jews whose existence as Jews must be presupposed [...] Therefore, if somebody wants the Jewish spirit in Christianity, he must want that there always are Jews[60].

With the rejection of the supercession claim, Tillich agrees with Martin Buber that « nothing has been withdrawn » from the Jews[61]. This radical reversal of the traditional interpretation of the relation between Christianity and Judaism entails several significant shifts in the self-understanding of Christians.

a) The Christian community must accept the Jewish scriptures as having their own continuing authority and integrity and not simply as preparation for Christianity.

b) Christianity must expunge all residual elements of Marcionism from her life and affirm the religion of the Jewish scriptures as integral to Christian existence — the God of time, of creation, of justice, of redemption, the God of prophetic promise and judgment.

c) Christianity must augment her traditional individualism with a Jewish emphasis on a social conscience and social righteousness. The Jewish prophets speak of nations, social classes and political forms. Individuals are what they are in relation to the forms of communal life. Leaving grain for the hungry is incumbent upon the entire community whether individuals feel compassion for the poor or not. God is concerned with social justice as well as with individual *eudaimonia*. The two cannot be separated. Judaism perpetually reminds the Church of that.

2. The Church must take responsibility on behalf of all Christianity to remove all traces of antijudaism from its scriptures, its history, and its contemporary life. This will require an intensive effort because of the

---

[60] Paul TILLICH, « The Religious Relation between Christianity and Judaism in the Future », Handwritten copy, Harvard Archive, pp. 4-5.

[61] Martin Buber's reply to Karl Ludwig Schmidt at a meeting of Christians and Jews, January 14, 1933. Quoted in *Disputation and Dialogue*, ed. by Frank Ephraim Talmage, New York, KTAV Publishing House, 1975, p. 246.

centuries of interpretation of Christianity as essentially antijewish. Accomplishing this will require a theological reorientation which places both Judaism and Christianity under the blessing and judgment of the one God. Following the theological reorientation, extensive revisions in the educational materials of the Church must be made. The piety of claiming absolute truth for salvation exclusively in a Law, that of Moses or of Christ, must be subjected to the critique of the Jewish Prophets. Should that have happened in the history of Christianity, Tillich believes that it would not have been possible for the national socialists or any other racists to coopt the Church in the effort to move antijudaism into genocidal antisemitism. The neglect of a prophetic critique in Christianity and in Judaism leaves both faiths open to deplorable perversion. The particular blindness such a neglect caused the Christian community obscured from it the radical dimensions of the challenge of National Socialism and of antisemitism, i.e. that antijudaism and antisemitism are also antichristian.

3. The Church must also apply the critique of the Hebrew prophets specifically to herself in relation to the use of power in Christendom. The history of the Church, especially in Europe in this century, suggests that the claim to hold the « keys to the kingdom » immunizes the Church from all social, moral, and religious criticism. Tillich sees this « triumphant » and infallible Church as without resources to combat the paganism within the Church and in the culture. Attentiveness to Judaism is critical to the Church's sensitivity to injustice in the world and to her own tendency to exaggerate and sacralize her own complicity in the violation of persons and the creation. Perhaps it is not really condescending for Tillich to say that Judaism performs a purifying and corrective function for Christianity as long as he has already made strong claims for the integrity and continuing validity of Judaism quite apart from Judaism's relation to Christianity.

Beyond these changes within the power of Christianity to make, Tillich sees also a difference that cannot be overcome — the Christian claim that Jesus is the Christ and the Jewish denial of Jesus as Messiah because he did not bring the Messianic Age. But even here where the difference cannot be overcome, it can be moderated. Both communities look to the past and to the future : the Jews to the covenant event in the past and to the coming of the Messiah in the future, the Christians to the Jesus event in the past and to the return of Christ in the future.

Both communities live between the times, and both communities must continue to be loyal to their founding event and to live in hope for the coming of the Kingdom of God until the end. Tillich urges Christians to show that in Christ a new being, a new reality, has actually appeared in history by banishing the « demonism of antisemitism » and by creating a « new community between Christianity and Judaism ». Tillich believes that hope for such a day is justified and he expresses that hope not in an argumentative, exclusivistic, or dogmatic way, but in a plain-tive, passionate, and indicative way. That is his last statement in the *Juden-frage* lectures[62].

Conclusion

At the beginning of this essay we noted that Tillich was both more incisive and more pioneering than other Christian theologians in relating theory to praxis and in exposing and reversing the antijudaism in tradi-tional Christianity. Standing almost alone on the latter issue[63] among leaders in Christian theology such as Friedrich Gogarten, Karl Barth, Gerhard Kittel, Paul Althaus, Emanuel Hirsch, Rudolf Bultmann, and even Bishop Dibelius, Tillich saw the traditional derogation of Jews and Judaism in Christianity to be a tragic flaw in Christianity[64]. We have seen, for ex-ample, how Tillich's effort to restore the integrity of Christianity led to a rejection of a Christian mission to the Jews and to a strong claim for Jewish/Christian collaboration in a mission *against* politically, economical-ly, and religiously sanctioned injustice in modern culture.

Tillich's position on these matters is hardly less than revolutionary and constructive. There are, however, vestigial remnants of the imposi-tion of abstract categories on concrete history which cause us now to question and go beyond Tillich's courageous and impressive thought and deeds. I mention four issues as illustrative of ways contemporary theologians must go beyond Tillich to be loyal to the basic insights of Tillich about history, time, Jewish-Christian relations and culture.

1. In his emphasis on time over space in the essays on « Kairos » (1922), « On the Idea of a Theology of Culture » (1919), and « Historical and Nonhistorical Interpretations of History : A Comparison » (1939), Tillich was clearly influenced by Judaism. Indeed, as early as 1933, in *The Socialist Decision*, he is explicit about time and Judaism in ways strik-ing for the time, but in ways which anticipate his lectures on the « Jewish Question » in 1952.

> The breaking of the myth of origin becomes evident, finally, in the proph-et's opposition to the priests. Positively this means that the independent character of time is recognized ; it means the *elevation of time above space* [...] The expectation of a « new heaven and a new earth » signifies the expectation of a reality that is not subject to the structure of being, that cannot be grasped ontologically. The old and the new being cannot be

---

[62] Paul TILLICH, « Die Judenfrage », p. 170.

[63] With the possible exception of Dietrich Bonhoeffer who came to his position without ex-tensive contacts with Jews or Judaism, but who nevertheless understood Christian theology in the 1930s to require that Christians defend the Jews. « Only he who cries out for the Jews may sing Gregorian chants. » (E. BETHGE, *Dietrich Bonhoeffer*, New York, Harper and Row, 1970, p. 512.

[64] See Robert P. ERICKSEN, *Theologians under Hitler*, New Haven, Yale University Press, 1985.

subsumed under the same concept of being. The new being is intrinsically unontological [...] Prophetism transforms the origin into the beginning of the historical process : the creation, which itself is pictured symbolically as an historical act [...] Polytheism is broken by the monotheism of the God who effects his will in history and of the community that serves as a bearer of history. This Judaism could become a « people without space » without perishing. It became a « people of time », overcoming the beside-each-otherness and against-each-otherness of the several spaces[65].

As illuminating as Tillich's interpretation continues to be, it is so highly selective of that which is the « essence » of Judaism and so idealistic/categorical about the vocation of the Jews that it betrays his own recognition that it is impossible to exist without space. Identifying Jewishness with the calling to be a « people without space » compromises the concreteness of Jewish existence and opens the possibility for an interpretation of the Unconditional and the Eschatological which carry transcendent meanings which never engage the specific dimensions of history which Tillich is otherwise most concerned to claim. The temporal category becomes, as it were, a transhistorical one, separate from the defining characteristic of existence, having a « place » or having a « space ».

Tillich's fundamental point about prophetism and Judaism requires the breaking of a « myth of origin » and the finality of a « myth of space ». It does not require, however, that Jews are called to be a people without space. It would be more observant of the many facets of Jewish life, including the promise of a land, if Judaism is understood as entailing the priority of time over space and the requirement that space be occupied and administered in accordance with God's righteousness. Such an understanding would also provide a positive basis in history for Judaism, a basis which sustains a founding as well as a formative event/relation in history *and* a sense of God's righteousness which always prevents the sacralization of space.

We must go beyond Tillich in this way not only to honor prophetic and other than prophetic aspects of Judaism but also to establish a positive theological justification for the existence of Judaism. It is not enough for Tillich to justify spatial existence for Jews in Israel and elsewhere because Jews are God's agents to challenge the paganism and sacralized unrighteousness among other people and in other religions. Nor is it adequate to justify the existence of Israel belatedly in 1959 because all Jews cannot accept the rigorous demands of being a « people without space ». Christianity has quite explicit theological ground for claiming, under God, the continued existence of Jews and Judaism as a particular kind of

---

[65] Paul TILLICH, *The Socialist Decision*, Washington, University Press of America, pp. 20-21 ; reprint of Harper and Row edition, 1977 ; original edition in German published by Alfred Protte, 1933.

« people with space » who use that space to order life and to give witness to the ends of the earth that God is one, is righteously demanding, and is merciful to all whom God has made.

2. It is difficult to fathom the diverse movements within the Roman Catholic Church today. It seems clear to a non-Catholic that Catholicism will not reverse Vatican II even if it is difficult to implement the « mood » of Vatican II in all of the affairs of the Church. Even so, Tillich's descriptions of Catholicism do not allow for movements in the Church about Jewish-Christian relations, about the nuclear threat and about the economic order in modern societies. His unduly caustic remark about antijudaism in the Catholic Church, for example, does not accurately reflect serious and informed efforts to redress the traditional antijudaism in the Church. Tillich's words were quoted above : « Catholic antisemitism can be fought, Catholic antijudaism cannot ».

It is too early to claim that antijudaism has been removed from Catholic Christianity and it is obligatory that Christians not minimize or excuse the harm to Jews caused by antijudaism in Christian history. At the same time, however, there are numbers of persons within Catholicism vigorously engaged in « combatting » antijudaism in the Church. Mentioning the names of Gregory Baum, Rosemary Ruether, Clemens Thoma, Franz Mussner, Michael B. McGarry, John Pawlikowsky, Johannes B. Metz, and Harry James Cargas is enough to suggest that Tillich's judgment in this regard was premature. Reversing the antijudaism in Christianity is a relatively new theological project throughout Christianity. One might welcome the fact that Tillich was wrong in this instance even if his emphasis on *kairos* and the predominance of time over space has stimulated many scholars within Catholicism to join the effort of others after the Holocaust in removing the « tragic fault » of antijudaism from the body of Christianity.

3. In his interpretation of the « prophetic principle » as well as the « Protestant principle », Tillich wants to claim both positive/forming qualities and negative/critical qualities. He is particularly concerned to emphasize that Protestantism is not simply a continuous « protest » against something. In the early essays, « The Protestant Principle and the Proletarian Situation » and « The Formative Power of Protestantism », he explicitly claims both a « yes » and a « no » for the Protestant principle.

> There is no « absolute » negation and there is no « absolute » protest [...] Negation, if it lives, is involved in affirmation ; and protest, if it lives is involved in form. This is also true of Protestantism. Its protest is dependent on its Gestalt, its form-negating and form-creating power, its « No » — however it may prevail — on its « yes ». Its « No » would fall into nothingness without the creativity of its « Yes ». This union of protest and creation we call « the Gestalt of grace[66]. »

---

[66] Paul Tillich, *The Protestant Era*, pp. 206-207.

As things develop in his subsequent writing, however, the Protestant principle becomes a predominantly cathartic, critical principle which exposes the idolatry and demonry of absolutist claims. By 1963 and the publication of Volume III of the *Systematic Theology*, Tillich speaks of the Protestant principle in a restricted way, as an element along with « Catholic substance », which with « Catholic substance » constitutes the concrete embodiment of the Spiritual Presence. Tillich does not limit the Protestant principle to any Church, not even the Churches of the Reformation, but he sees this principle as « the power which prevents profanization and demonization from destroying the Christian churches completely[67]. » In this instance the Protestant principle is not able to stand alone as if it contained both a « Yes » and a « No ». The Protestant principle « is not enough ; it needs the « Catholic substance », the concrete embodiment of the Spiritual Presence ; but it is the criterion of the demonization (and profanization) of such embodiment[68] ».

What is one to make of this difference ? How one resolves these apparently contradictory assertions affects how a prophetic critique is related to other aspects of Jewish existence and how the « Protestant principle » is related to « Catholic substance » in the definitive dimensions of Christian existence. The fundamental claim Tillich is making is that revelation or New Being or Spiritual Presence always contains creation *and* protest, formative power *and* critical power. The difficulty arises when creation claims to be beyond criticism or criticism claims all creativity within itself. This is manifest in Tillich's earlier views that come close to identifying all authentic Judaism with the prophetic spirit and all true Christianity with the « Protestant principle ». It is to his credit that he acknowledges « Catholic substance » along with the « Protestant principle » in the « *Gestalt* of grace » called Christianity. He seems not to have made a similar recognition of other than prophetic aspects in Judaism.

Tillich's main point is sound, that formative and critical elements are inextricably combined in the concrete, paradigmatic events of Judaism and of Christianity. Understanding and appropriating that important datum would be easier if Tillich had not identified the whole of Judaism with the prophetic spirit nor the whole of Christianity with the Protestant principle.

4. Moving more explicitly to the implications of Tillich's interpretation of Jews and Judaism for a theology of culture, we must affirm and go beyond Tillich's seminal statement in the 1936 essay, « On the Boundary ». « As the substance of culture is religion, so the form of religion is culture[69]. » This statement is of special significance in avoiding a dualism

---

[67] Paul TILLICH, *Systematic Theology*, III, Chicago, University of Chicago Press, 1963, p. 245.

[68] *Ibid.*, p. 265.

[69] Paul TILLICH, *The Interpretation of History*, New York, Charles Scribner's Sons, 1936, p. 50. « Religion is the substance of culture, culture is the form of religion. » (*Theology of Culture*, New York, Oxford University Press, 1959, p. 42.)

of religion and culture and in establishing the freedom of the Holy to sustain a relation to the creation beyond the limits placed by a separatist and exclusivistic « religious community ».

As important as this statement is to apply the presence of the Holy to both the « religious » and « secular » dimensions of culture, however, it remains a descriptive statement about the relation of religion to culture in any situation anywhere. It is not adequate to account for the dialectical, normative, qualitatively specific and concrete dimensions of particular religions. In the essays on Jews and Judaism, Tillich went beyond the general description of religion and culture and made specific claims about Judaism as a monotheistic religion in which time and history are dominant over space, and in which there are universal claims for God's blessing and God's righteousness. We have questioned the adequacy of Tillich's understanding of Judaism as a concrete historical religion primarily in terms of the prophetic spirit. That in no way changes the significance of the fact that Judaism, as well as Christianity and every other religion, acquires its normative significance through the specific obedience of a particular people to the specific God who enters their history as Holy, the Unconditional within the realm of the conditional.

It is the particular Jewish understanding of God, for example, which makes Judaism of universal significance as a bulwark against paganism, idolatry, and sanctified evil. The life-blood of religious faith is never merely descriptive. Indeed, it is upon the basis of specific Jewish and Christian insights that Tillich can make the descriptive claims about religion and culture. In his own words, Tillich went beyond the earlier descriptive statement in his appropriation of Jewish and Christian understandings of the Unconditional. He also showed how these specifically-imbibed faiths contained qualities of universal applicability. He did not, however, indicate how the different concrete religions could come to terms with one another when their understandings of God's righteous will and purpose were different if not contradictory. In that regard we are left by Tillich with an illuminating legacy but also with the unfinished task of increasing inter-religious understanding.

Tillich has set us on the way to a positive relation of religion to culture by emphasizing the dignity of all agents along with love, power, and justice. He has emphasized the predominance of time and history over space within a radical monotheism. He has also provided a strong corrective against idolatry. In so doing he has opened the possibility of religion's working out their differences alongside-one-another within one creation and one time rather than over-against-one-another in competition for supremacy in space. The call to go forward with that task in a post-Holocaust and post-Hiroshima world is one which comes both from Tillich and from culture today. A Tillichian way to honor Tillich on the centenary of his birth is to remember him by going beyond him and to go beyond him by remembering him as we give even more attention to praxis and to the concrete religions. As early as 1919, he provided a text for that effort : It is time that the theologian of culture also « lives on the basis of a definite concreteness, for *one can live* in concreteness ; but he is prepared at any time to change and enlarge this concreteness[70] ».

---

[70] Paul TILLICH, « On the Idea of a Theology of Culture », *What is Religion ?*, ed. by James Luther Adams, New York, Harper and Row, 1969, p. 178.

TILLICH'S THEOLOGY
IN CROSS-CULTURAL PERSPECTIVE

Peter SLATER
Trinity College, Toronto

In the context of discussions at the American Academy of Religion, « cross-cultural » usually means taking account of Asian or oriental, as well as traditionally western especially Christian, traditions, in the application of concepts and ideas. At some points in this paper, I shall refer to this broader perspective for the assessment of Tillich's abiding significance in theology. But I also include under the heading « cross-cultural » the perspectives of contemporary *Christian* theologians, whose milieu differs markedly from that which Tillich and his generation took for granted. I have in mind particularly feminist critics of the Christian tradition and third-world theologians, especially so-called liberation theologians writing out of Latin America. My thesis is that, in the light of these different perspectives, we have to admit that Tillich's ontological and theological categories are not universal, but relative and cultural-specific. What is of most abiding significance for subsequent theological reflection in his work, consequently, is often not what he himself considered to be universally valid. Rather the concrete example of his own response to his times and places, using the terms for analysis provided by his own Germanic culture, may be what will prove most important in the long run.

My interest in cross-cultural analysis dates from my years studying theology under Paul Tillich, while he was at Harvard. From him I imbibed a sense of what is « religious » which is far wider in scope than that which any given society officially considers religious. Indeed, his Protestant sense that the Church as such is suspect, not necessarily religious in the good sense, was one which meshed with my own experience. To look for expressions of ultimate concern in art and literature became for me an exciting and important way of doing theology. At the same time at Harvard, G. E. Wright, Frank Cross, and Krister Stendahl nurtured an interest in continental biblical studies, culminating in the work of Rudolf Bultmann and his serious critics. As one trained in the British philosophical school of linguistic analysis and its preoccupation with concepts and percepts, for me to look for the existential meaning of myth was a new challenge. Symbols, rather than concepts, seemed the more appropriate foci for religious reflection, once one ceased to expect from theology an eternally valid conceptual map of providence. Finally, from my father, Robert Lawson Slater, who was Tillich's colleague at Harvard, I acquired a strong conviction that contemporary theology must learn from our encounter with living exponents of the major world religions. In this, Tillich too was my father's pupil in the years 1958 to 1964. The whole schema of myths, symbols, and ultimate and penultimate concerns became for me a way into other traditions. These categories enabled the existential import of different traditions to break through the crust of essentialistic formulae encoded by the scholastics of succeeding generations, who once shaped our conception of the traditions.

While Tillich shared with Bultmann an early interest in appropriating Heidegger's existentialism for modern theology, Tillich unlike Bultmann, retained a firm conception of what is required for theology to be systematic[1]. We are by now all familiar with his adoption of « the method of correlation » as a way of doing justice to both our existential questions, in secular culture, and our foundational answers, grounded in revelation. Prior to his articulation of any method, even, Tillich had a firmer sense of the underlying structures of being and thought, than did Bultmann, as a result of his abiding interest in German Classical Idealism. Our editor, Jean Richard, has recently drawn our attention to the importance of Tillich's early work on Schelling for an appreciation of his position on other religions[2]. Those of us who went to Tillich's lectures with an initial bias against the fuzziness of German philosophy had our eyes opened to the richness of post-Kantian dialectics. Hegel we knew of, but now came to know in context, as the culmination of an extensive and varied movement of modern thought. Whereas, in his treatment of other moments in the history of western thought, Tillich seemed to us still to play fast and loose with the facts, for the sake of his particular theses, on the subject of his own Germanic background, we felt that we had in him an expert and perceptive guide, who provided a necessary corrective to the antimetaphysical and positivistic strains of contemporary philosophy in the English-speaking world.

So important was the rationalistic strand of classical idealism in the formation of Tillich's conception of religious thought that, I submit, the challenge of existentialism never really shook his delineation of the architectonic structures of any given religious situation[3]. His use of dialectical analysis enabled him to enter more deeply than most into the surd quality

---

[1] For introductions to Bultmann in English see the work of John MACQUARRIE, beginning with *An Existentialist Theology*, London, SCM Press, 1955. See also Schubert OGDEN, *Christ Without Myth*, New York, Harper and Row, 1961 and Robert W. FUNK, *Language, Hermeneutic and Word of God*, New York, Harper and Row, 1966.

[2] Jean RICHARD, « les Religions non chrétiennes et le christianisme dans la première dissertation de Tillich sur Schelling », *Studies in Religion/Sciences Religieuses*, 14, 4 (1985), pp. 415-434.

[3] See the critique of Tillich by Kenneth HAMILTON, *The System and the Gospel*, New York, Macmillan, 1963.

of existence articulated by the existentialists, particularly as this resonated with his identification with neoplatonic mysticism and aspects of Schelling's thought. But for him there was never any doubt that, *in the Godhead*, the demonic and the irrational are absorbed and transformed by the creative and redemptive « reason » of the Ground of Being.

Tillich did much to rehabilitate the concept of the demonic as a tool for cultural analysis[4]. But he remained a creature of his own culture in his assumption that non-being is logically secondary to being and existentially apprehended always as a threat, or occasion for anxiety[5]. Granted that our experience is ambiguous, with the absurd at least as powerful as the rational, nevertheless for Tillich, as for all the dialectical theologians of his generation, revelation transcends the limitations of human reasoning and opens for us enough glimpses of the eternal to allow theology to proceed. Consequently, in theology, Tillich remained an essentialist at heart. The shape of the theological answers might be modified by the apologetic needs of each new generation, but the overall pattern is constant. I shall return to this point when we compare Tillich's conception of theology with that of recent exponents of « contextual theology ». For now, let me add, in contradistinction from John Dourley's Jungian critique of Tillich, that for Tillich genuine revelation is never heteronomous. It is always theonomous, allowing both self *and other* a relative place in a larger whole than individual self-hood[6].

In his own account of his theological development, Tillich made much of his situation « on the boundary » of conflicting currents of European thought. This image fitted his espousal of dialectics and his dialogue with national socialists and communistic socialists in Germany after World War I[7]. For Tillich, a situation is primarily a *geistlich* spiritual-cultural situation, such as that of modern capitalistic society. Compared to most North Americans from the thirties through the fifties, Tillich was much more open to the critiques of this society leveled at it by European Marxists. But his own penchant was to move beyond critical philosophy, by means of revelation, to what he considered the deeper meaning of our cultural symbols, that is, their religious meaning. And for him, what gives meaning in any given situation is the eternal[8]. That this is so for theology is shown most explicitly by his discussion of the historical Jesus. To him, the theological significance of the Christ's humanity as the New Being

---

[4] On the demonic, see *The Interpretation of History*, transl. by N. A. Rasetzki and E. L. Talmey, New York, Charles Scribner's Sons, 1936, and throughout most of his other work.

[5] My reference is to Tillich's discussion in *The Courage to Be*, London, Collins, Fontana, 1952. See further my discussion in « Tillich on the Fall and the Temptation of Goodness », *Journal of Religion*, 65, 2 (April 1985), pp. 196-207.

[6] See the essay by John Dourley in this volume and his forthcoming book on Tillich and Jung.

[7] See the discussion of Hirsch by A. James REIMER in « The Theology of Barmen : Its Partisan-Political Dimension », *Toronto Journal of Theology*, 1, 2 (Fall 1985), pp. 155-174, and Ronald H. STONE, *Paul Tillich's Radical Social Thought*, Atlanta, John Knox, 1980.

[8] See STONE, *op. cit.*, pp. 51-52.

is that the human becomes, in Jesus alone, fully and finally, « transparent » to the divine. There is no suggestion here that the human complements the divine as an expression of creation which could not exist as such in eternity, classically conceived. The individual, even this individual, becomes for Tillich as for Hegel, as opposed to Kierkegaard, an instance of the universal. Granted that there is process as well as structure in the hegelian conception of universality, nevertheless, when the question of meaning is asked, the shape of the answer hinges on an appeal to abiding structures which supply the rationale for existing being at any given moment. The *kairos* is contrasted with chronos, to be sure, in a way that seems to make certain moments essential. But the point of the concept is to draw theology away from both archeology and teleogy, in order to focus on the eternal present now[9].

When we consider contemporary articulations of « contextual » theology, we begin to appreciate the difference in how the content of the moment may be regarded in theology. For Tillich, the overriding concern is to avoid the temptation of idolatry. Despite his interest in art and emphasis on symbols, there is no fully developed sense of iconography grounded in the doctrine of the incarnation[10]. The importance of a symbol is that it points beyond itself. Unlike arbitrary signs, symbols such as parenthood « participate » in the being of that which they symbolize. But the being, the reality, transcends the symbol in a way that makes even the most sacramental of symbols more a vehicle for the divine than a true image of it. That the divine might choose to be identified with temporal things is not taken really seriously. The theological interest of any given historical situation or character is its grounding in Being itself, not its existential, fleeting experienced quality as such. Here the mystical strain of Tillich's thought predominates and his loyalty to Augustine shows through. For Augustine creation is good as such, but only in a secondary sense. The truly « real » or self-sufficient good is God. Against this metaphysical background, as Robert Scharlemann has reminded us, the symbol of symbols, for Tillich, was the Cross of Christ. For there the humanity was negated in the service of the divine. The idea that, through the Incarnation, the divinely transcendent ground reaches us through the particularities of distinctive historical moments, never receives the same weight as that given to the moment of negation on the Cross[11].

As is now generally recognized, theologians such as Barth and Tillich, who led the Christian Churches' critique of Nazism and the cult of Hitler, were negatively influenced by their reactions to nationalistic colleagues

---

[9] See H. Richard Niebuhr's Introduction to Paul Tillich, *The Religious Situation*, New York, World Publishing Co., 1967, pp. 17-20.

[10] On the contrast between iconography and iconolatry see Raimundo PANIKKAR, *The Trinity and the Religious Experience of Man*, New York, Orbis, 1973, pp. 11-19.

[11] See the essay by Scharlemann in this volume.

such as Emanuel Hirsch[12]. Where the latter found God's appointed emissaries in a particular race and people, the former insisted on tying the Fall so closely to creation that nothing can be read of theological significance from the orders of creation as such. By comparison with Barth, Tillich sought a middle ground with respect to God's actions in history, particularly political history. But this middle ground was prophetic and dialectical, not priestly and sacramental. This meant that he could identify a specific pattern of events as *kairos* for our time. He could see in his own emigration to the U.S.A. the hand of providence. His reasons for voting socialist were theological. His estimate of the proletariat was not simply a matter of social economics. But he could never *unreservedly* endorse any finite moment or entity as fully revelatory of God's will on earth. The *kairoi* of subsequent generations are such because they fit the mold of Jesus' coming[13]. And his moment was fully revelatory precisely because, as we have remarked, Jesus' humanity was fully « transparent » of the power of divinity. Thus, whenever Tillich came close to endorsing anything specific or particular as « God with us », he veered off towards the universal and general. Politically, this meant that he could never be effective : to every ringing Yes — every call to action in the name of the Absolute — would be applied a dialectical No — a caution against excess or overstatement[14]. The result was good theology, but not the stuff that political rallies are made of. Had he been present to urge on the French Revolution, for instance, one can imagine that he might have cried : « Aux armes, citoyens... mais soigneusement ! »

In this connection, let me mention that in 1970, as Chairman of the Department of Religion at Sir George, I was invited to join Temple Emmanuel in Montreal in honouring Emile Fackenheim. It was the time of the FLQ crisis. Laporte had been murdered. Cross was still kidnapped. I attempted to apply a Tillichian dialectic to the situation, asking to what we might say Yes, and to what we must say No. Insofar as the kidnappers were acting in the cause of the striking Lapalme workers, I suggested, Tillich might say that they were on the side of the angels. But to their use of murderous violence he would surely say No. Since there was an almost complete news blackout about the situation, some reporters picked up the story and sent it out under the headline « Religion professor declares FLQ on side of angels ». A week or so later, from far away in northern Quebec, I received a handwritten note suggesting that the angels in question must be « mauvais anges ». Of course, Tillich's concern generally was to offer an analysis of politics, not to be a practical politician. But to those who are willing to take sides and take action, in the moment, such analyses seem highly impractical.

---

[12] Concerning Barth, I owe this insight to a public lecture by G. Widengren.

[13] See Ronald STONE, *op. cit.*, pp. 88-89.

[14] This point was made first in my hearing by Eberhard Amelung in Tillich's graduate seminar at Harvard.

In all his political commentaries, Tillich was consistent with his theological tradition. The Lutheran theology of the Cross was for him more foundational than any occasional modification of the Protestant Principle by reference to Catholic substance. The priorities of being, delineated by theology on the basis of revelation, remained firmly in eternity. His experience of two world wars and their aftermath in Germany, as well as his Schellingian sense of the demonic in history, meant that he could never for long entertain a hierarchical historical order, wherein an institution such as the papacy, or its secular equivalent in a theonomous political order, could be said to be wholly and unequivocally, even for a moment, on the side of what is just and true and good. By contrast, Catholic liberation theologians working out of Latin America, such as Juan Luis Segundo, seem much more able to articulate an immanental, politically concrete version of the biblical imagery of the Kingdom, with which to validate specific actions in God's name at particular moments in time. Metaphysically, such liberation theologians may seem, from a Tillichian perspective, to be playing with fire. But theologically, it may be argued that their theology of history is closer in spirit to the biblical tradition of Israel and the Incarnation than the neoplatonic strand in Tillich could allow.

What cross-cultural analysis has taught us, since Tillich's time, is that it was precisely in those aspects of his theology which he considered above the particularities of history — his anthropology and his ontology — that he was in fact most subject to the relativities of his particular culture. The anthropological point has been made by his feminist critics, particularly with reference to his concepts of sin and the Fall[15]. The ontological point emerges when we take our knowledge of Asian traditions further than his brief experiences of dialogue with Zen masters allowed him to go. Concerning the latter, as Fred Streng has remarked, Tillich was never able seriously to entertain the metaphysical priority of emptiness or absolute nothingness, in reaction to which finite being taken beyond its single moment in time can be construed as grasping after inappropriate permanence[16]. We might want with Tillich to opt for the western tradition of emphasis on personal being, grounded in the Christian doctrine of the Trinity. But we cannot, as Tillich did, imagine that this preference represents a metaphysically neutral and universal conception of being, somehow exempt from the relativities of historical conceptuality. We should not, at this point, be misled by dialectical mention of the abyss and mēontic non-being in Tillich's thought. These may be part of the

---

[15] See Judith PLASKOW, *Sex, Sin and Grace*, Washington, University Press of America, 1980, discussing both Tillich and Reinhold Niebuhr.

[16] See Frederick J. Streng's comparison of Tillich with Chun-i T'ang and Keiji Nishitani, « Three Religious Ontological Claims », ed. by Peter Slater and Donald Weibe, *Traditions in Contact and Change*, Selected Proceedings of the XIVth Congress, International Association for the History of Religions, Waterloo, Wilfrid Laurier University Press, 1983, pp. 249-266.

dynamic of existence but can never, in themselves, symbolize bliss and liberation. For Tillich non-being must always be overcome, whereas for Buddhists, even Mahayana Buddhists, it is the urge to make being permanent which must be overcome.

The contrast between Tillich's conception of theology and more recent attempts at « contextual » theology has often been made by reference to Tillich's « method of correlation ». Instead of the context raising questions for traditional theology to answer, the suggestion runs, we should in theology be *raising questions*, against the prevailing answers assumed in the existing context[17]. In terms of story-telling, the distinctive religious form in the New Testament is not myth but parable — parable not in the sense of moralizing homily but in the sense of a story of everyday situations (not « once upon a time »), for instance, the Good Samaritan — calling in question the mythologically reinforced *status quo*[18]. With reference to Tillich's interest in political theology, the contrast may be highlighted by reference to current discussion of what is called « the preferential option for the poor ». Whereas the earlier socialists in theology tended to romanticize the proletariat as bearers of a universal message, the preferential option for the poor turns attention to our very concrete present, as the point of current theological concern. The question is not, « Which group in our time is most transparent of the eternal meaning of life ? » but « Which group is the one to which good news in our time most needs to be directed ? » With this shift in emphasis, incidentally, the Marxist conundrum concerning attempts to transcend history while in history is seen to be, not utopian, as Tillich charged, but a residual expression of the same classic urge to delineate, not just the truth for our time, but the truth for all time. It is the failure to distinguish these, the temptation to mistake what is temporally valid for something eternally so, which beguiles theologians and antitheologians alike.

As Douglas Hall points out, the emphasis on questions for the present time, in contextualizing theology, does not necessarily lead to relativism but to a deepening appreciation of the theological significance of history. We understand our time and place by relating it to the ongoing patterns of theological questions and answers handed on to us from previous times and places[19]. What « narrative theology » adds, in this connection, is a sense of the identity of God as the one who promises good news in each time and place where the disadvantaged are to be found[20]. The *pattern* of the promise is constant, though the expression

---

[17] See Douglas John HALL, « On Contextuality in Christian Theology », *Toronto Journal of Theology*, 1, 1 (Spring 1985), pp. 3-16.

[18] The contrast between myth and parable is central to the work of John Dominic CROSSAN, *The Dark Interval*, Niles (IL), Argus, 1975.

[19] See HALL, *op. cit.*, pp. 4-6.

[20] On narrative theology and for a critique of foundationalism in theology, see Ronald F. THIEMANN, *Revelation and Theology*, Notre Dame (IN), University of Notre Dame Press, 1985, chap. 6 : « The Promising God : The Gospel as Narrated Promise ».

and content differ. Liberation theology adds to this the insights of what is called « christology from below[21] ». This christology sees in Jesus, not the perfect transparency through which eternal divine power may be expressed, but the continuing contemporary sign of the identification of God's cause with that of concrete groups of suffering humanity.

A liberating, narrative theology picks up the story of rejection and oppression from one generation to the next, in a way that draws attention to basic human needs here and now, in the name of the creator of the here and now. The bearers of this message are not führers who lift the masses above their time and place, but those who leave their advantaged positions to serve the masses in their place. For example, if we contrast Hitler and Jimmy Jones of Jonestown with Jesus and Martin Luther King Junior, or Benigno Aquino, we see that the former drew followers to themselves in such a way that, when they died, they felt that their followers had nothing to live for. Suicide must follow. But the latter drew followers to their cause, not themselves as such, so that when they were slain, their cause was carried forward with even greater strength[22]. The former identified a part of humanity with the whole meaning of life. The latter saw the meaning of life to be God's concern for all of humanity. Their identification with God's creatures was not idolatrous but divinely inspired. The theological consequence of this inclusive vision is indeed transformation, but a transformation of conventional conceptions of privilege and power, in response to the question of the goodness of creation.

In this context, Christian theologians need to take seriously what has been called the *second* Reformation. The first was the Protestant protest against Roman triumphalism in ecclesiology. The second is the nineteenth century critique of *Protestant* triumphalism in biblically oriented theologies, which claim for specific, historical creeds a universality that denies their contextuality in very specific bodies of meaning[23]. Too many Protestants have applied to their own findings in theology the quality of eternity which they deny to Roman claims for the papacy.

Tillich's conception of systematic theology nevertheless has something to offer those who find in narrative and liberation theologies a more faithful witness to the biblical tradition. For these latter theologies as yet offer little in the way of criteria for selecting the stories to be told and the options to be exercised. A truly systematic theology relates the great biblical themes — of creation, fall, redemption, new life in community and judgement — to the parts of the story which go before and

---

[21] For « christology from below », see Jon SOBRINO, *Christology at the Crossroads*, New York, Orbis, 1978.

[22] On the example of Martin Luther King Junior, see my discussion in *Transcendence and the Sacred*, ed. by Alan M. Olson and Leroy S. Rouner, Notre Dame (IN), University of Notre Dame Press, 1981, chap. 2, pp. 52-55.

[23] My colleague Eugene Fairweather makes this point in his lecture with reference to the Oxford Movement in Britain.

after, to develop a sense of an ending which transcends the present. The *reason* for such systematic coherence in theology is not, however, to be tied to any particular metaphysical articulation of divine being or theory of dialectics. It has rather to do with the constancy of the divine promise and the universality or ecumenicity of the divine concern, which *both* priests *and* prophets proclaim in their respective modes of religious existence. Tillich's example is important to us precisely because he *was* a man of his times, who showed in life and thought what it meant to struggle with the ambiguities of the tradition, in moments of personal and national crisis. We are true to his spirit, and I would say *the* Spirit, when we try in our own terms, to articulate a timely word for our culture, as he did for his. Since our context is much more explicitly cross-cultural than his, this means that we have to be open to conceptions of divine power in terms of emptiness and reciprocity, and to conceptions of incarnate leadership in terms of mutuality and mission more, than he appeared to be. We cannot simply take the letter of his systematic schema and build from there. For we live on a different boundary, called to find words, not for all time, but which in *our* time will spell out the good news among us.

THE SIGNIFICANCE OF TILLICH'S EPISTEMOLOGY FOR CROSS-CULTURAL RELIGIOUS TRUTH

Mary Ann STENGER
University of Louisville, Kentucky

The issues of religious truth become more complex when they are considered cross-culturally and inter-religiously. The situation of religious pluralism within cultures and across cultures raises anew the issues of relativism and subjectivism in religious truth. In both early and later writings, Paul Tillich dealt with the problems of relativism and subjectivism by offering a qualified relativism in relation to the Unconditioned or ultimate. It is the purpose of this essay to discuss to what extent Tillich's theory of normative knowledge, his critique of idolatry, and his understanding of the ultimate can be helpful in dealing with present issues of cross-cultural religious truth.

Raising the issues

Our situation of religious pluralism makes us more aware of the role of personal and cultural perspectives on our understanding of religious truth. In a monistic situation of one established religion, it may be easier to assume and assert universal religious truth for all persons. But in the midst of religious pluralism, we recognize our religious differences as culturally and individually rooted and therefore not likely to pass away. Such awareness raises the question of how we can talk about religious truth at all in light of such diversity.

Most thinkers dealing with the impact of religious pluralism agree that we cannot ignore individual and cultural perspectives if we are concerned with the *persons* who hold beliefs and not just the abstract beliefs themselves[1]. But if religious persons and cultures in all their diversity are

---

[1] In *Towards a World Theology* (Philadelphia, The Westminster Press, 1981), Smith states : « No statement involving persons is valid, I propose, unless theoretically its validity can be verified both by the persons involved and by critical observers not involved [p. 60]. » Also see : Wilfred Cantwell SMITH, *Questions of Religious Truth*, London, Victor Gallancz, 1967, pp. 71, 81, 94-95. Similarly, John Hick speaks of religious traditions constituting religious *cultures*, « each with its own unique history and ethos » and each creating « human beings in its own image ». (John HICK, « Religious Pluralism », *The World's Religious Traditions ; Current Perspectives in Religious Studies*, ed. by Frank Whaling, Edinburgh, T. & T. Clark Ltd., 1984, p. 149.

to be taken seriously, then how can we advance beyond religious subjectivism or epistemological relativism ? How can our understanding of religious knowledge and truth take account of individual and cultural perspectives and still avoid pure subjectivism and pure relativism ?

A second epistemological issue that is crucial to cross-cultural religious truth is the difficulty in judging among conflicting religious truth claims. This difficulty relates to conflicts that arise from change and development *within* as well as *across* religious traditions and cultures. Changing historical situations raise critiques of formerly accepted truths. For example, in our modern period the awareness of racism and sexism of Third World injustices stimulates new theologies and religious truth claims which threaten long-standing religious dogma. Consequently, we need an understanding of religious knowledge and truth which can take account of change and offer a way of dealing with conflicts.

A closely related question involves developing criteria of religious truth which can be cross-cultural. What sort of process of knowledge and judgement is necessary for developing cross-cultural criteria in the situation of religious pluralism ? Is it even possible to have a criterion of religious truth which is not tied to a particular personal, cultural, and religious perspective ? Some thinkers have offered rational and moral evaluation while others have been concerned with the positive or negative effect of religious traditions on human lives as possible criteria[2]. But the influence of individual and cultural perspectives can affect the understanding of morality, rationality, and humanizing effects as well as the application of these criteria. These questions of cross-cultural criteria are not easy to answer, but they are important to consider since criteria are important in avoiding the disintegration of religious knowledge into pure relativism.

A third issue addresses the relationship between ultimacy and the apparent diversity of religious truth. The claim of ultimacy is important in avoiding a pure relativism and in making theological statements. But we need to ask how ultimacy relates to the plurality of religions and what that diversity implies about the nature and characteristics of ultimacy. Some thinkers such as Wilfred Cantwell Smith and John Hick have suggested one transcendent or divine Reality underlying the diversity of religious traditions. But even they have become increasingly more abstract

---

[2] Peter BERGER, *The Heretical Imperative*, (London, Collins, 1980) suggests rational evaluation in relation to personal decision ; John Hick suggests rational and moral evaluation of religious phenomena (« On Grading Religions ») ; Gordon KAUFMAN, *The Theological Imagination* (Philadelphia, The Westminster Press, 1981) offers contribution to humanization as a cross-cultural criterion ; Wilfred Cantwell SMITH, *Towards a World Theology* suggests helping to build a world community ; Ninian SMART, *Worldviews* (New York, Charles Scribner's Sons, 1983) offers a test based on the degree of helping those who are threatened by poverty, humiliation, etc. For more discussion of the criteria suggested by Berger, Kaufman, Hick, and Smart, see my discussion in « The Problem of Cross-cultural Criteria of Religious Truths » to be published in *Modern Theology* (July, 1987 — tentative date).

and less definite in their descriptions of that one ultimate as they have attempted to take account of some Eastern understandings of Emptiness or Nothingness[3]. Clearly, one's understanding of the nature of ultimacy will greatly affect one's judgments of religious truth, and thus an epistemology adequate to religious pluralism must take account of that relationship.

These three issues, then, form the context for my discussion of Tillich's epistemology. Although our awareness of the impact of religious pluralism has increased since Tillich's time, we find many points in his epistemology that address similar problems of subjectivism and relativism. Both Tillich's early and later discussions offer a theory of normative knowledge for a dynamic religious situation, which can be applied to the cross-cultural issues raised here.

Tillich's theory of normative knowledge

In the *System of Sciences*[4] and « Kairos and Logos[5] » Tillich offers a theory of normative knowledge which takes account of the knower as a creative, decision-making person in a particular historical situation. Underlying this theory is Tillich's view of reality as dynamic, i.e. changing qualitatively as well as quantitatively[6]. This means that normative knowledge, including religious truth, changes in relationship to the individual knower and the historical situation.

Producing normative knowledge involves developing norms of meaning which are created through a process of deciding on basic principles and making them concrete for a particular historical situation. The norm of a system of meaning helps to direct the system toward unconditioned meaning or what is universally valid[7]. The knowing subject is faced with the needs and questions of that situation as well as with varying past normative systems and present competing normative systems. In a

---

[3] In *Towards a World Theology*, Wilfred Cantwell Smith often expresses a personalist understanding of God but he also suggests the more generic term of « transcendence » as more congenial to a variety of traditions (p. 184). Hick moved from the word « God » to « the Real » in an effort to include both personal and non-personal understandings (« The Theology of Religious Pluralism », *Theology*, 86 (Sept., 1983), p. 337).

[4] Paul TILLICH, *Das System der Wissenschaften nach Gegenständen und Methoden* (1923), *Gesammelte Werke* (G. W.), I, pp. 109-293. This has been translated into English : *The System of Sciences according to Objects*, transl. by Paul Wiebe, Lewisburg, Bucknell University Press, 1981. Throughout this essay, references will be to the German text in the form of (SdW, page number).

[5] *ID.*, « Kairos und Logos », *G. W.*, IV, Stuttgart, Evangelisches Verlagswerk, 1961, pp. 43-76.

[6] *ID.*, SdW, pp. 123, 134, and « Kairos und Logos », pp. 46-47, 65-66, 76. This view of reality as dynamic underlies his ontology as well as epistemology. Not only our perception of reality changes but reality itself (*S.T.*, I, p. 78).

[7] *ID.*, SdW, 217. Also see « The Philosophy of Religion », *What Is Religion ?*, ed. by James Luther Adams, New York, Harper and Row, 1969, pp. 57-58, where Tillich discusses the demand to fulfill the unconditioned meaning.

creative response to that situation and to the demand toward unconditioned meaning and truth, the subject considers past norms and then forms
or accepts a principle to use for the present situation. This decision is
the beginning of the formation of the norm for the system of meaning
that is emerging.

This normative decision involves a basic underlying decision with
respect to the Unconditioned that includes one's fundamental interpretation of reality expressed through ordinary decisions of knowledge[8]. The
knowing subject is both addressed by and directed toward the
Unconditioned[9]. As a knowing subject, a person is aware of the possibility of truth and the demand to present it through one's knowledge and
systems of meaning. If the person does not follow up on possibilities for
truth, then that decision is basically against the Unconditioned. If the subject follows the demand toward truth, the response is for the Unconditioned.

Such a process of normative knowledge can be seen in the recent
efforts to deal with religious pluralism. We can legitimately speak about
the present situation of religious pluralism demanding a response from
religious thinkers. To persevere in traditional dogmatic claims which ignore the possibility of truth in diverse religions and cultures is to turn
away from the demands of the moment, to turn away from the demand
of unconditioned meaning which as unconditioned is not tied to one
culture and tradition.

Formal response to religious pluralism generally follows the pattern
of decision, judgment, and the positing of a new norm and system of
meaning that Tillich has suggested in his epistemology. Religious thinkers
such as John Hick or Wilfred Cantwell Smith try to be open to truth in
non-Christian traditions but also see the importance of judgments of
religious knowledge and truth. They consider past attempts to deal with
non-Christian traditions, such as dogmatic exclusivism, judge those attempts in relation to the present situation, and work to develop new normative approaches which are open to a variety of expressions of ultimate
truth. But this openness to truth in diverse persons and traditions raises
concern about religious subjectivism and epistemological relativism.

Although Tillich's theory of knowledge emphasizes the participation of the subject in knowledge, he is not advocating subjectivism because
he also emphasizes the importance of the historical situation and the demand toward the Unconditioned. Also, the decisions of knowledge reflect
consideration of past systems, principles, and material in relation to the
present situation ; thus, these decisions are very involved in the arena

---

[8] *Id.*, « Kairos und Logos », pp. 50, 52, 56. James Luther Adams says that Tillich makes such
religious decision (toward the Unconditioned) the « presupposition of all decision » (*Paul
Tillich's Philosophy of Culture, Science, and Religion*, New York, Schocken Books, 1965,
p. 207).

[9] *Ibid.*, p. 55.

of public discussion beyond the individual subject. The truth of the newly posited normative knowledge will also be judged by other thinkers in relation to the historical situation and the demand toward the Unconditioned, just as now the efforts of John Hick and Wilfred Cantwell Smith are evaluated by other scholars dealing with religious pluralism.

Moreover, the dynamic element in Tillich's epistemology allows for ongoing judgment of normative systems and new creative efforts to meet new situations. There is always relation to the past but also a respect for the future, that what is posited now may need changing as people and history change. This same dynamic process suggests that conflicting norms would be dealt with through the development of a new norm which attempts to pull the elements of truth from each of the conflicting norms in relation to the present situation. For example, present Christian thinkers dealing with religious pluralism have had to evaluate the position of « no salvation apart from Christ » as well as positions which are open to truth in all religious traditions. The truth and value in both positions has to be taken seriously and judged in relation to the present and the demand for ultimate truth[10].

Tillich's process of the formation of norms is expressed in his discussion of the process of experiential verification in the *Systematic Theology*[11]. In experiential verification one is usually dealing with aspects of life which cannot be calculated, easily controlled, or repeated — characteristics that apply to most human experiences. Experiential verification occurs *within* the life process itself and therefore is affected by many historical-cultural and personal factors.

Tillich speaks of three steps which we repeat over and over again in the life process, with differing contents and situations. The first step is a preliminary affirmation or judgment on the basis of experience. As a result of more experience or changing historical situation, there is a negation or qualification of the first affirmation. The third step is a final affirmation which reaches a deeper level of truth or reality than the preliminary affirmation[12]. But in the life process, the final affirmation may become a preliminary affirmation, as the dialectical process of affirming truth continues. At each third step or final stage, the truth affirmed holds for that stage of the life process but it may be negated at another stage.

---

[10] The use of Tillich's approach for dealing with conflicting norms is somewhat similar to Gadamer's discussion of the fusion of horizons of meaning (*Truth and Method*, New York, Seabury Press, 1975). For Gadamer, the ongoing hermeneutical process involves awareness of foremeanings and prejudices in relationship to specific material and encounter and play with meanings, resulting in the fusion of horizons. This can be applied to conflicting norms which can interact with our foremeanings and hopefully result in a better understanding of differences or even a transcending of those differences through a fusion of different horizons of meaning.

[11] Paul TILLICH, *S.T.*, I, Chicago, The University of Chicago Press, 1951, 1957, 1963, pp. 100-105. Throughout this essay, references to this work will be in the form of (*S.T.*, volume number, page number).

[12] *S.T.*, I, p. 101.

In forming a norm, one is asserting what is and ought to be the norm for a particular situation. In dealing with past norms and with present conflicts, the process of preliminary affirmation, negation, and final affirmation will be repeated many times. The norm is tested by its effectiveness within the situation for which it was written and for future situations. The more that a past norm is contained in a new norm, the more truth it is judged to have for the past and the present.

This process can be seen in the ongoing discussion of truth in diverse religious traditions. For example, Karl Rahner's proposal of « anonymous Christianity » was an attempt to maintain the truth of salvation in Christ with an appreciation for truth and value in non-Christian religious traditions[13]. Today, thinkers such as Hick or John Cobb reject the implicit paternalism of such a position as invalid for the present situation of inter-religious dialogue.

Or we can apply the process to two conflicting religious claims — the understanding of the ultimate as impersonal vs. the understanding of the ultimate as personal. Since we do not have an absolute standpoint from which to judge the truth of such claims, we can only consider the claims from our own personal and historical situation. But as we gain more understanding of the claims, we can come to appreciate truth and value in each position and work to develop an understanding of ultimacy which can function for both rather than excluding one. In such development, there will be ongoing affirmation, qualification, and new affirmation. Both John Hick with his term of the Real and Wilfred Cantwell Smith with his term of transcendence have attempted such development beyond the usual concept of God although both still have some Western overtones in their characterizations of ultimacy[14]. But the process followed is a process of verification in relation to expanded understandings and changing religious situations.

Since this ongoing process of verification is relative to the particular historical-cultural situation, we still can ask whether there can be any verification or a criterion of truth which transcends such relativity to the situation. Tillich makes some effort at answering this in his analysis of the truth of symbols.

The critique of idolatry

In « The Religious Symbol », Tillich presents four characteristics of religious symbols which can be treated as criteria[15]. On the subjective

---

[13] Karl RAHNER, « Christianity and the Non-Christian Religions », *Theological Investigations*, 5, London, Darton, Longman and Todd, 1966, pp. 115-134.

[14] John HICK, « The Theology of Religious Pluralism », *Theology*, 86 (Sept., 1983), p. 338. Wilfred Cantwell SMITH, *Towards a World Theology*, pp. 183-194.

[15] Paul TILLICH, « The Religious Symbol », transl. by James Luther Adams, *Journal of Liberal Religion*, 2 (Summer, 1940), pp. 13-14.

side, Tillich points to the importance of response and acceptance. A religious symbol should make the Unconditioned perceptible to people so that there is communication and response[16]. Also, the symbol should be accepted by people as an appropriate and adequate symbol. On the objective side, a religious symbol should point beyond itself to the Unconditioned and be able to really express the Unconditioned. But we need to consider whether there is a criterion which can determine whether the ultimate or Unconditioned is really expressed.

In « Symbol and Knowledge », Tillich says that the criterion for every religious symbol is « the unconditioned character of the unconditioned over against any symbol in which a conditioned, finite, exhaustible reality is made the expression of our ultimate concern[17] ». Tillich expresses this criterion more fully in his critique of idolatry which rejects any absolutization of the finite symbol itself. In *Dynamics of Faith* the criterion against idolatry is stated paradoxically : « The criterion of the truth of faith, therefore, is that it implies an element of self-negation. That symbol is most adequate which expresses not only the ultimate but also its own lack of ultimacy[18]. » Or, Tillich speaks of a yes and no judgment which recognizes that religious symbols can express the Unconditioned (yes) but that the expression itself is limited and can never fully express the Unconditioned or ultimate (no).

If a religious expression or finite object is taken as absolute in itself, then Tillich would call it idolatrous or demonic[19]. Idolatrous and demonic expressions are destructive to persons because they lead to a loss of the self to the object of idolatrous faith[20]. The self commits to the object of faith as ultimate and therefore life is disrupted when the object is seen as less than ultimate. This can be seen somewhat in the effects of questioning dogmatic exclusivism in relation to non-Christian religions. Ordinary thinking and understanding is disrupted and altered as one questions the exclusivity of Christian claims. Some may reject the claim while others may adapt it ; still others try to keep the loyalty and also accept other views. Thinkers may ask whether the claim is absolute or perhaps itself idolatrous as a claim for one finite religious form and understanding.

For Tillich, the symbol which satisfies the paradoxical criterion against idolatry is the Cross of the Christ[21]. Because it contains both the yes and the no (the yes of the glorified, risen Lord and the no of the

---

[16] ID., *Dynamics of Faith*, New York, Harper and Row, 1957, p. 96.

[17] ID., « Symbol and Knowledge », *Journal of Liberal Religion*, 2, 4 (1941), p. 204.

[18] ID., *Dynamics of Faith*, p. 97.

[19] ID., *S.T.*, I, p. 134.

[20] *Ibid.*, p. 12.

[21] *Ibid.*, p. 97.

self-sacrifice on the cross), the event of the crucified Jesus as the Christ is the criterion of the truths of all faiths for Tillich[22].

This centrality of the Cross raises several issues for our topic of cross-cultural religious truth. Is Tillich merely asserting the central Christian symbol of the Cross as the criterion of all religious truth ? If so, that would not be helpful in dealing with non-Christian religious truth. Does the Cross itself then become an idolatrous symbol as the criterion of religious truth ?

In *Reflection and Doubt in the Thought of Paul Tillich*[23], Robert Scharlemann analyzes the significance of the Cross in terms of affirmation and negation to show its non-relative truth. He argues that to say that Jesus is not the Christ affirms that he is because in dying on the Cross, in negating himself as the Christ, Jesus is the Christ[24]. To deny Jesus as the Christ is to point to his self-negation which is simultaneously his being the Christ. By including both its affirmation and denial within itself, Scharlemann argues that the event of Jesus as the Christ anticipates all possible perspectives toward it and thereby overcomes the relativism of individual perspectives and situations.

But even such an understanding of the Cross and Jesus as the Christ would be seen as too closely tied to the Christian perspective to deal fully with non-Christian religious truth. I would like to suggest that Tillich's use of paradox in his critique of idolatry may be more helpful than his specific discussion of the Cross in developing a cross-cultural criterion of religious truth. The Cross expresses the paradox but so do several other ideas which Tillich uses, both in his earlier and later works. The paradoxical criterion of the yes and no judgment is not necessarily tied to the event of Jesus as the Christ although that event fulfills the criterion. Rather, the criterion against idolatry is tied to the nature of the ultimate or Unconditioned.

In « The Conquest of the Concept of Religion in the Philosophy of Religion », Tillich distinguishes between paradox as a function of the subject (such as the logical paradox of the unity of A and non-A) and paradox grounded in the object (where the Unconditional becomes an object)[25]. The Unconditional is beyond the split between subject and object, but when a statement is made about the unconditional, it is brought into the subject-object relation. Therefore, every statement about the Unconditional has the form of paradox since the statement both expresses and does not express the Unconditional[26]. In the *Systematic Theology* Tilllich expresses this paradox of the religious symbol in this way : « Every

---

[22] *Ibid.*, pp. 97-98.

[23] Robert P. SCHARLEMANN, *Reflection and Doubt in the Thought of Paul Tillich*, New Haven, Yale University Press, 1969.

[24] *Ibid.*, pp. 177-181.

[25] Paul TILLICH, « The Conquest of the Concept of Religion in the Philosophy of Religion », *What Is Religion ?*, p. 122.

[26] *Ibid.*, p. 123.

religious symbol negates itself in its literal meaning, but it affirms itself in its self-transcending meaning[27]. » This religious paradox grounded in the ultimate or unconditioned is always present in the unity of the conditioned and Unconditioned. As such, it is not tied to any particular unity or expression but is found across cultures and religious traditions[28].

This religious paradox used as a criterion is the basis of Tillich's critique of idolatry. Although Tillich sees the criterion as met in the symbol of the Cross, it does not need to be tied to that symbol. The paradoxical form and content in relation to the Unconditioned can provide a more universal critique against idolatry.

I would like to suggest that the paradoxical *form* can provide one part of a criterion for cross-cultural religious truth — that the paradoxical form be maintained and not be lost in an idolatry of the finite. This criterion of form or critique of idolatry may be the easiest to apply both within one's religious tradition as well as to other religious traditions. Because all religious expression of the ultimate is through the finite, the paradoxical form should be maintained to protect the ultimate from identification with the finite itself[29]. For example, where finite characteristics of an expression are absolutized (such as maleness, cultural form, artistic form, etc.), then there is idolatry which can be critiqued. Or again, where the ultimate is identified with a finite person or movement, negating transcendence, then there is idolatry which needs to be critiqued.

But Tillich's paradoxical *content* provides a further criterion, that the paradoxical relationship of finite and ultimate is part of the content. This content relates to the negation of ultimacy affirming that ultimacy ; in other words, the affirmation is assumed and not destroyed by negation, and negation is not destroyed by affirmation, such as the relationship of absolute meaning and meaninglessness. Scharlemann's discussion of the certainty residing in the No implying the Yes and being taken into the Yes so that either a Yes or No stance affirms the Yes is an example of the significance of paradoxical content as distinct from form. Even this criterion of content need not be tied to a specific understanding of

---

[27] *S.T.*, II, p. 9.

[28] Tillich himself uses several other expressions of this religious paradox besides the Cross : an epistemological understanding of the « Protestant Principle », that there can be no visible realization of the holy in the context of existence, and all existence is ambiguous over against the Unconditioned (« Kairos und Logos », p. 75) ; absolute faith in relation to doubt, that when a person despairs of any meaning, he/she is implicitly affirming meaning (*The Courage To Be*, New Haven, Yale University Press, 1952, pp. 171-190). As the ground of being, the « God beyond the God of theism » is the God or the unconditioned which is there (affirmation) when all else is lost in doubt and meaninglessness (i.e. in negation) (*Ibid.*, p. 190).

[29] For fuller discussion of the application of the use of paradox and the critique of idolatry, see my discussions in « The Significance of Paradox for Theological Verification : Difficulties and Possibilities », *International Journal for Philosophy of Religion*, 14 (1983), pp. 171-182, and « Male over Female and Female Over Male : A Critique of Idolatry », to be published in *Soundings*, 1987.

the ultimate nor to specific religious or cultural forms of expression, but it is more closely tied to the Cross of Christ than the critique of idolatry based on paradoxical *form*.

Tillich's critique of idolatry is not just based in a speculative, conceptual understanding of ultimacy but rather on his intuition or experience of the revelation of the ultimate as unconditioned, the limit which nothing conditioned can reach[30]. This experience is expressed as the revelation of the ambiguity of all knowledge in relation to the unconditioned, as a guardian standpoint of the Unconditioned. Because of the centrality of Tillich's understanding of the Unconditioned to his critique of idolatry, we now turn to that topic in Tillich's thought.

The understanding of the ultimate

There is an important relationship between the judgment of religious truth, including the judgment of idolatry, and one's understanding of ultimacy. In Tillich's early writings, he most often uses the term « Unconditioned » while in later writings, he uses other terms, such as ground of being, power of being, being-itself, and ultimate, to express ultimacy, but the concern for the paradoxical relation of the ultimate to finite things expressed in his critique of idolatry continues throughout his career.

In Tillich's earlier writings he uses the term « the Unconditioned » for the ultimate which is presupposed by and conditions and supports all meaning, being and value[31]. The « Unconditioned » is neither another order of reality nor a part of finite conditioned reality but rather is that which qualifies finite reality as its ground or depth. The Unconditioned in its purity cannot be proved or concretely seen since that would make it a conditioned reality, but it can be dealt with by showing that it is *the* meaning which founds all realizations of meaning[32]. Paradoxically, the Unconditioned cannot be objectified and still be unconditioned, and yet it can only be grasped in the forms and symbols of conditioned things[33]. Tillich also expresses this by describing the unconditional as a quality rather than a being[34]. The unconditioned quality is encountered in reality as that which drives humans to do what is right and good and to search for and try to reach the truth.

James Luther Adams distinguishes three meanings of « the Unconditioned » in Tillich's early writings : 1) a negative limiting concept,

---

[30] Paul TILLICH, « Kairos und Logos », p. 74.

[31] See James Luther ADAMS, *Paul Tillich's Philosophy of Culture, Science, and Religion,* p. 37.

[32] SdW, p. 253.

[33] *Ibid.,* p. 254. Also see TILLICH, « The Conquest of the Concept of Religion [...] », pp. 122-123, 138.

[34] *ID.,* « Kairos », *The Protestant Era,* Chicago, University of Chicago Press, 1948, p. 32, footnote 1.

distinguishing the Unconditioned from the conditioned and qualifying all finite reality, 2) a positive meaning pointing to the paradoxical participation or manifestation of the Unconditioned in the finite, conditioned order, and 3) a concept of value where the Unconditioned is manifest as a demand in various norms of truth, logic and morality[35]. In all of these the Unconditioned is not a static quality but a dynamic *qualifying* of the conditioned.

The ultimate or Unconditioned is presupposed as the ground of all truth and knowledge — as unconditioned meaning and unconditioned truth and also as the demand for knowledge to be directed toward unconditioned meaning and truth. But the limit concept of experiencing and knowing and yet not fully experiencing and knowing, maintaining the distinction between unconditioned and conditioned is also there. As source and ground, there is a relationship of ontological participation between the unconditioned and conditioned, finite beings which applies to human knowledge and truth as well as other dimensions of experience. But there is also the important qualitative distinction between the conditioned and the unconditioned which forms the basis of the limit dimension of the ultimate.

The positive meanings of the unconditioned, especially in relationship to ontological participation of the infinite in the finite, raises the question of the relationship between the unconditioned and God. Tillich is not totally clear on this point and seems to fluctuate between saying that the unconditioned is God and saying that the two should not be identified[36]. His doctrine of symbols supplies a key to bringing together the unconditioned and God. In « The Religious Symbol », he suggests that the word « God » has a double meaning :

> It connotes the unconditioned transcendent, the ultimate, and also an object somehow endowed with qualities and actions. The first is not figurative

---

[35] James Luther ADAMS, *Paul Tillich's Philosophy of Culture* [...], pp. 44-45, 48-49.

[36] For example, in « Two Types of Philosophy of Religion », *Theology of Culture,* London, Oxford University Press, 1959, p. 24, Tillich says : « God is unconditioned, that makes him God ; but the « unconditional » is not God. » Yet the opposite view is expressed in « Church and Culture », *Interpretation of History,* New York, Charles Scribner's Sons, 1936, p. 222 : « We can therefore speak of the unconditioned simultaneously as basis of meaning and abyss of meaning (*Sinngrund und –abgrund*). We call this object of the silent belief in the ultimate meaningfulness, this basis and abyss of all meaning which surpasses all that is conceivable, *God.* »

In « The Problem of Theological method », *The Journal of Religion,* 27 (January, 1947), pp. 16-26, Tillich again suggests that it is wrong to call the transcendent ultimate or the Unconditioned « God » : « There is, however, one point (which is only a point, without length or breadth) in which medium and content are identical, because in this point subject and object are identical : it is the awareness of the ultimate itself, the *esse ipsum,* which transcends the difference between subject and object and lies, as the presupposition of all doubts, beyond doubt ; it is the *veritas ipsa,* as Augustine has called it. It is wrong to call this point « God » (as the ontological argument does), but it is necessary to call it « that in us which makes it impossible for us to escape God ». It is the presence of the element of « ultimacy » in the structure of our existence, the basis of religious experience [p. 23]. »

or symbolic, but is rather in the strictest sense what it is said to be. The second, however, is really symbolic, figurative. It is the second that is the object envisaged by the religious consciousness[37].

When Tillich says that God cannot be identified with the Unconditioned, he is understanding God as the object of religious consciousness who is endowed with qualities and actions. But when he identifies God and the Unconditioned, he is pointing to the unconditioned, transcendent meaning of God as the non-symbolic meaning. In Volume I of the *Systematic Theology* he argues for the one non-symbolic statement about God, that « God is being-itself or the absolute[38] ». But even this resolution is complicated by Tillich's later statement that « everything we say about God is symbolic[39] » and the identification of being-itself (or the unconditional) and God as the point where the symbolic and non-symbolic come together[40].

This discussion is important for the situation of religious pluralism since the distinction between a personal and impersonal ultimate is often identified as a major difference between Western and Eastern religions. Tillich's discussion of the relationship of symbolic and non-symbolic suggests a possible way of bringing those diverse views together. Following Tillich, personality would be seen as a symbolic understanding of the ultimate, connected with the positive content side, and the impersonal ultimate or being-itself would be the positive content on the impersonal side. Tillich's statement of a point of identity of the two provides a point of resolution between the personal and the impersonal. But even this point may suggest too much positive content for some understandings of ultimacy.

In our concern for cross-cultural religious truth, we must also deal with the understanding of ultimacy which emphasizes emptiness and nothingness. It may be that Tillich's own discussion of the ultimate as the power of being in relation to non-being may provide similarities in content to some Eastern understanding of the relationship of Reality and nothingness. Langdon Gilkey has suggested that Tillich uses both being-itself and non-being in this understanding of the ultimate and that this may have significance for dialogue with non-Christian traditions, such as the contemporary Kyoto School of Buddhism[41]. (It may be that the

---

[37] *Id.*, « The Religious Symbol », p. 27.

[38] *S.T.*, I, p. 239.

[39] *S.T.*, II, p. 9.

[40] *Ibid.*, p. 10. For a fuller discussion of the underlying basis for Tillich's distinction between the symbolic and the non-symbolic, see Robert SCHARLEMANN, « The Scope of Systematics : An Analysis of Tillich's Two Systems », *The Journal of Religion*, 48 (April, 1968), pp. 136-149.

[41] Langdon GILKEY, « The Theology of Paul Tillich : The Symbol of « God » », Principal lecture delivered for a seminar on « The Thought of Paul Tillich : Celebrating the Centenary of His Birth », Hope College, Holland, Michigan, June 9, 1986.

difference is that these Buddhists stress the negative emptiness or nothingness aspect more while Tillich emphasizes the positive being side more.)

In attempting to discuss ultimacy cross-culturally, I suggest that the limit/demand side of Tillich's concept of the ultimate could function as a formal demand and limit on finite religious truth apart from Tillich's positive content for the ultimate. This more formal ultimacy would then not be tied to a particular understanding of the ultimate and would therefore be more applicable to diverse views of ultimacy from various religious traditions. If the formal aspect is emphasized rather than the substantive, then emptiness or nothingness as ultimacy could be included without adopting specific understandings of the relationship of emptiness to being, etc., and thus can have more universal applicability in cross-cultural discussions and studies.

If we focus on the formal limit and demand of ultimacy, we can also retain Tillich's critique of idolatry and the role of paradox in that critique. This allows the possibility of using the critique of idolatry as a criterion of religious truth cross-culturally. In emphasizing the formal/demand understanding of ultimacy and not the positive content and in focussing on the critique of idolatry without the emphasis on paradoxical content of the Cross, we are moving away somewhat from Tillich's own understandings. I am asking for a philosophical use of these aspects of Tillich's thought, with a bracketing of the religious dimension that accompanies them in his thought. For cross-cultural philosophy of religion, we need some formal concepts which can be applicable to the diverse religious understandings and expressions. However, in inter-religious dialogue as *religious* discussion, the positive content side of ultimacy and the paradoxical content of the Cross will be more significant.

Concluding comments

We can see that Tillich's description of the process for developing a creative norm can be helpful in developing an epistemology for cross-cultural philosophy of religion. First, his approach takes the individual person and cultural situation seriously and allows for those unique elements as part of the normative system of knowledge that is formed. The knowing subject is determined by past experiences, knowledge, religious-cultural background, psychological and intellectual activity, the use of reason, and the present situation. But these determinate factors are coupled with freedom and creativity in the normative decisions of knowledge and truth. The person as a decision-maker in a particular situation which demands free, creative response accurately describes today's religious thinkers who are trying to respond to the religious pluralism within and across cultures and traditions.

Secondly, Tillich takes seriously the relationship of the thinker to the past, as well as the present situation and direction toward the future. Many thinkers dealing with this area today recognize the importance of religious roots and therefore attempt to build on those roots rather than destroy them while still being open to truth in other religious traditions.

Thirdly, the dialectical character of the process of forming normative knowledge and of judging experiential truth suggests a way for dealing with conflicting truth claims and for continually developing and refining our religious understandings in relation to diverse religious viewpoints and traditions.

Tillich's epistemological position accepts a historical relativism in relation to changing situations and a theological relativism of the finite in relation to the ultimate. But Tillich also offers a criterion of religious truth which helps his position to avoid a pure relativism. Specifically, his critique of idolatry and the use of paradox within that critique suggest a criterion for religious truth which is not tied to a particular culture or tradition. This critique has significance for the issue of truth in terms of pointing to the idolatrous identification of the finite with the ultimate but also significance *ethically* since idolatry can have destructive consequences for individuals. Although Tillich's critique of idolatry and his understanding of paradox may have originated out of his understanding of the symbol of the Cross, the critique itself and the use of paradox do not need to be tied to that Christian symbol and can be applied cross-culturally.

Finally, Tillich's limit/demand understanding of the unconditioned can be used in a formal understanding of ultimacy which need not be connected with a particular substantive understanding of ultimacy. Although for Tillich, the limit/demand could not be totally separated from the substantive understanding, the formal view of ultimacy can be useful for us in looking at diverse understandings of ultimacy. It may also be possible that Tillich's substantive understanding of the power of being continually overcoming non-being may show similarities with some Eastern understandings of the relationship between reality and nothingness.

These cross-cultural applications of Tillich's ideas are primarily directed toward philosophy of religion rather than directly toward inter-religious dialogue. When one moves from the more formal level of philosophical analysis to the personal, religious level of inter-religious dialogue, the specific content of the Cross and of the ultimate becomes much more important. I see the philosophical concerns as preliminary to the more content-oriented dialogue.

Tillich's own opportunities brought him in contact with some Eastern religious traditions and suggested to him the need for revision and further reflection on the relationship of the diverse religious traditions to one another. In that same spirit and with a sense of the ongoing development of normative knowledge, we can pull the truth from Tillich's own epistemology in attempting to develop an approach for religious pluralism today. We continue to accept his openness to the demands of the situation and to the unconditioned, and in light of his own critique and use of paradox suggest the development of a perspective which is not as tied to the Cross and Christianity.

MÉTHODE DE CORRÉLATION
ET ANTHROPOLOGIE TRANSCENDANTALE
PAUL TILLICH ET KARL RAHNER

Gilles LANGEVIN
Faculté de théologie, Université Laval

On ne peut pas ne pas être frappé par la parenté des méthodes qu'ont mises en œuvre Paul Tillich et Karl Rahner : méthode de corrélation, d'une part, anthropologie transcendantale, d'autre part. Dans l'un et l'autre cas, la réflexion part de la question que l'homme s'apparaît être à lui-même et montre dans la révélation divine la réponse à cette question. « La méthode de corrélation, écrit Tillich, analyse la situation humaine d'où les questions existentielles ont surgi et elle démontre que les symboles du message chrétien sont la réponse à ces questions[1]. » Rahner écrit, de son côté : « Cette question que l'homme *est*, et qu'il n'a pas seulement, doit être considérée comme condition de possibilité pour que soit entendue la réponse chrétienne[2]. »

D'autre part, les systèmes auxquels les deux théologiens aboutissent sont profondément différents ; ils semblent même opposés. Chez Tillich, philosophie et théologie restent séparées comme les deux foyers d'une ellipse : s'il n'y a pas de conflit, il n'y a pas de synthèse non plus entre la question et la réponse qui se rencontrent dans l'expérience religieuse. Chez Rahner, à l'opposé, théologie naturelle et théologie de la Révélation se relaient pour engendrer une spirale : il y a gratuité sans extrinsécisme, ou synthèse authentique dans la liberté et l'amour. Paradoxalement, le dualisme qu'aperçoit Tillich dans la théologie classique semble avoir changé de camp !

D'où provient cette disparité entre des systèmes qui ont le même point de départ ? D'une identification différente de la question et de la réponse, l'idée qu'on se fait de l'être humain et de la révélation divine n'étant pas la même chez Tillich et chez Rahner ? Ou bien le jeu du rapport formel entre la question et la réponse s'effectuerait-il de façon spéciale, compte tenu des réalités particulières qu'il réunit ? En ce dernier

---

[1] Paul TILLICH, *Systematic Theology*, vol. I, Chicago, The University of Chicago Press, 1951, p. 62.

[2] Karl RAHNER, *Grundkurs des Glaubens, Einführung in den Begriff des Christentums*, Freiburg im Breisgau, Verlag Herder KG, 1976, pp. 22-23 ; trad. fr. Gwendoline Jarczyk, *Traité fondamental de la foi*, Paris, Le Centurion, 1983, p. 23.

cas, les méthodes seraient déjà orientées par les systèmes qu'elles sont censées construire ou, en tout cas, par les intuitions qui engendrent les systèmes ?

Cette dernière question n'embarrasserait guère nos auteurs, qui parlent, chacun à sa façon, de la circularité de la méthode et du système. Tillich écrit :

> La méthode et le système se déterminent mutuellement, [...] Une méthode n'est pas un « filet indifférent » dans lequel on prendrait la réalité ; elle fait partie de la réalité elle-même. Sous un aspect au moins, la description d'une méthode est la description d'un aspect décisif de l'objet auquel la méthode s'applique. La relation de connaissance révèle, elle-même, quelque chose à propos de l'objet, comme à propos du sujet. La relation de connaissance en physique révèle le caractère mathématique des objets situés dans l'espace (et le temps) [...] En théologie, cette relation révèle le caractère existentiel et transcendant du fondement des objets de l'espace et du temps. Aussi nulle méthode ne peut-elle être développée sans une connaissance préalable de l'objet auquel elle s'applique[3].

Pour Rahner, d'autre part, si « la question crée la condition de l'écoute effective, c'est la réponse seulement qui ramène la question à sa réalité réflexive propre (*Selbstgegebenheit*). Ce cercle est essentiel[4] ».

Ces observations nous autorisent à étudier la méthode de corrélation et l'analyse transcendantale en étant attentifs aux données que l'une et l'autre démarches empruntent aux systèmes théologiques de Paul Tillich et de Karl Rahner. Cette enquête nous permettra ensuite de comparer de manière explicite les deux méthodes théologiques.

Tillich, ou la méthode de corrélation

« La méthode de corrélation explique le contenu de la foi chrétienne par le moyen de questions existentielles et de réponses théologiques en mutuelle interdépendance[5]. » La théologie à laquelle elle donne naissance, « écrite d'un point de vue apologétique et construite, d'un bout à l'autre, en corrélation avec la philosophie[6] », répond aux questions de la « situation » dans la puissance du message éternel et avec les moyens que la situation fournit[7].

La corrélation joue à un triple niveau. Il y a la correspondance de diverses séries de données, ainsi qu'en présentent des tableaux statistiques ; la théologie met en rapport ici les symboles religieux avec leurs

---

[3] Paul TILLICH, *op. cit.*, p. 60.

[4] Karl RAHNER, *op. cit.*, p. 23 ; trad., p. 24.

[5] Paul TILLICH, *op. cit.*, p. 60.

[6] *Ibid.*, p. vii.

[7] *Ibid.*, p. 6.

référents. Il y a l'interdépendance logique des concepts, ceux qui désignent l'humain et ceux qui portent sur le divin, au cœur des mêmes propositions. L'interdépendance qui occupe davantage le théologien a trait au réel lui-même, dont elle réunit les éléments en des ensembles structurés. De fait, la théologie met en corrélation la préoccupation ultime de l'homme et cela même dont il se préoccupe, les deux réalités s'unissant dans l'expérience religieuse[8].

Il n'y a pas d'atteinte, en cette comparaison, précise Tillich, à la transcendance de Dieu : si Dieu, en sa nature abyssale, est totalement indépendant de l'homme, il dépend, en son automanifestation, de la manière dont l'homme l'accueille[9].

Le rapport divino-humain est encore corrélation sous l'aspect cognitif qu'il présente. Parlant de manière symbolique, on peut dire que Dieu répond aux questions de l'homme et que l'homme les pose sous l'action des réponses de Dieu. La théologie formule les questions impliquées dans l'existence humaine et, guidée en cela par les questions de l'existence humaine, elle formule les réponses qui sont impliquées par l'automanifestation de Dieu. Il y a là un cercle qui amène l'homme à un point où question et réponse ne sont pas séparées. Ce point n'est pas à situer dans le temps. Il appartient à l'être essentiel de l'homme, à l'unité que forme sa finitude avec l'infini où la création l'a mis et dont il a été séparé. Il y a un symptôme de l'unité essentielle et de la séparation existentielle de l'homme fini et de son infinitude : c'est l'aptitude à poser des questions sur l'infini. Le fait que l'homme doit poser des questions sur l'infini révèle qu'il en est séparé[10].

La situation qui intéresse le théologien, ce n'est pas les conditions psychologiques et sociologiques d'une époque donnée, mais l'interprétation que les hommes fournissent de leur existence dans les diverses manifestations de la culture : science, art, économie, politique, éthique. L'interprétation créatrice que l'homme donne de son existence est une entreprise continue, sous la diversité des conditions « objectives » de l'histoire[11]. Quant aux réponses du message chrétien, elles sont contenues dans les événements de révélation sur lesquels le christianisme est fondé. Ces réponses, la théologie les reçoit de ses sources (Bible, histoire de l'Église, histoire de la religion et de la culture), en une expérience de type mystique (identification de la préoccupation ultime avec l'Évangile chrétien), interprétée par une norme que la communauté chrétienne aperçoit, à chaque époque, dans la Bible (en notre temps d'aliénation et de désarroi, le Nouvel Être paru en Jésus, le Christ).

---

[8] *Ibid.*, pp. 60-61.

[9] *Ibid.*, p. 61.

[10] *Ibid.*

[11] *Ibid.*, pp. 3-4.

« Il y a unité, écrit Tillich, de l'indépendance et de la dépendance mutuelle de ces deux facteurs, la situation et le message[12]. » Indépendance, pour autant qu'aucun des facteurs n'est altéré par l'autre[13] et qu'on ne peut faire dériver un élément de l'autre. Ainsi, il y a une inaptitude foncière de l'homme à rejoindre Dieu à partir des ressources humaines[14]. Quant à l'interdépendance, elle ne s'explique qu'à l'intérieur du « cercle théologique ». Ainsi, l'élément matériel des questions provient de l'existence humaine, mais la forme est déterminée par le système théologique entier et les réponses qu'il comporte. D'autre part, la forme des réponses théologiques n'est pas indépendante de la forme des questions. « Si la théologie donne pour réponse « le Christ » à la question de l'aliénation de l'homme, elle le fait de manière différente selon qu'elle s'adresse aux conflits existentiels du légalisme juif, au désespoir existentiel du scepticisme grec ou à la menace de nihilisme qui s'exprime dans la littérature, l'art et la psychologie du XXᵉ siècle[15]. »

La méthode de corrélation dont on vient de décrire les éléments et le fonctionnement présente deux caractères majeurs : elle est existentielle et elle est transcendante. *Existentielle*, parce que c'est l'intégralité de l'homme qui est en cause. Les réponses impliquées dans les événements de la Révélation n'ont de sens que par rapport à la totalité de notre existence.

> Seuls ceux qui ont éprouvé le choc de la précarité de la vie, l'angoisse où l'on prend conscience de sa finitude, la menace du néant peuvent comprendre ce que signifie la notion de Dieu. Seuls ceux qui ont fait l'expérience des ambiguïtés tragiques de notre existence historique et qui ont totalement mis en cause le sens de l'existence peuvent comprendre ce que signifie le symbole du Royaume de Dieu[16].

C'est que l'homme, avant la formulation de toute question, est question pour lui-même. « Être humain, cela signifie poser la question de son être propre et vivre sous l'action des réponses données à cette question. Corrélativement, être humain, c'est recevoir des réponses à la question de son être même et poser des questions sous l'action des réponses que l'on reçoit[17]. »

L'homme est d'abord sujet, c'est-à-dire présence indépassable, tout entière engagée dans la moindre de ses opérations spirituelles. S'il est une partie du monde, l'homme s'est aussi rendu compte qu'il est un étranger dans le monde des objets. Incapable de dépasser à son propre sujet un certain niveau d'analyse scientifique, il s'est aperçu qu'il est lui-même

---

[12] ID., *Systematic Theology*, vol. II, Chicago, The University of Chicago Press, 1957, pp. 13-16.

[13] ID., *S.T.*, I, p. 8.

[14] ID., *S.T.*, II, p. 13.

[15] *Ibid.*, pp. 15-16.

[16] ID., *S.T.*, I, pp. 61-62.

[17] *Ibid.*, p. 62.

la porte qui ouvre sur des niveaux plus profonds de réalité, qu'il a dans son existence propre la seule voie d'accès à l'existence elle-même[18].

L'aspect de *transcendance* que présente la pratique de la théologie lui vient de ce qu'il y a, au point de départ, une sorte d'« expérience mystique », « l'expérience de quelque chose d'ultime, quant à la valeur et à l'être, dont on a l'intuition. Il y a un point d'identité entre le sujet qui vit l'expérience et la réalité ultime qui se montre dans l'expérience religieuse ou dans l'expérience du monde saisi comme religieux[19]. » Quelque chose est perçu, qui transcende le clivage du sujet et de l'objet.

À cet *a priori* mystique, le théologien associe le contenu du message chrétien. Tandis que le philosophe de la religion essaie de rester dans l'ordre du général et de l'abstrait, le théologien, de façon consciente et délibérée, passe au spécifique et au concret[20]. « Est théologien celui qui reconnaît dans le contenu du cercle théologique sa préoccupation ultime[21] », celui pour qui s'identifient préoccupation ultime et acceptation du message chrétien[22]. En toute théologie qui se veut scientifique, convergent l'expérience individuelle de l'ultime, une appréciation venue de la tradition chrétienne et une option personnelle[23].

Pour juger de la valeur et de l'originalité de sa méthode de corrélation, Tillich compare cette démarche aux trois manières dont on a historiquement cherché à mettre en relation contenu de la foi et existence spirituelle de l'homme. La méthode de corrélation n'a rien à voir, d'abord, avec la manière « surnaturaliste », dont le docétisme et le monophysisme sont, aux yeux de Tillich, les cas typiques. Pour cette manière, le message tient lieu de situation ; il la supplante. Un ensemble de vérités révélées s'impose d'emblée, sans être appelé ou attendu ; le contenu de la foi n'a pas à être reçu ou accueilli. C'est une situation artificielle où le donné révélé fait figure de corps étranger.

À l'inverse, la théologie naturaliste ou humaniste fait dériver le message chrétien de la situation. Il n'y a pas d'écart entre la situation existentielle de l'homme et l'essence même de cet homme. Pas de place pour l'aliénation ou pour la contradiction intime dans la situation de l'homme.

Plus subtilement, estime Tillich, la solution dualiste déduit une réponse à partir de la forme de la question. Une structure surnaturelle se dresse sur une infrastructure naturelle. Cette méthode voit bien que, en dépit de la distance infinie qui les sépare, il doit y avoir une relation positive entre l'esprit de l'homme et celui de Dieu. Mais elle tâche d'exprimer cette relation par un corpus de vérité théologique accessible aux seuls

---

[18] *Ibid.*

[19] *Ibid.*, p. 9.

[20] *Ibid.*

[21] *Ibid.*, p. 10.

[22] *Ibid.*, p. 11.

[23] *Ibid.*, p. 8.

efforts de l'homme. Les soi-disant preuves de l'existence de Dieu sont ici prises à partie. Ces arguments vaudraient dans la mesure où ils attestent la finitude de l'homme et la question qu'elle implique. Ils sont faux pour autant qu'ils déduisent une réponse à partir de la forme de la question. Mélange de vérité et d'erreur qui explique les débats séculaires au sujet de la théologie naturelle. La méthode de corrélation résout l'énigme en ramenant la théologie naturelle à l'analyse de l'existence et la théologie surnaturelle aux réponses qui sont apportées aux questions de l'existence[24].

La méthode transcendantale de Karl Rahner

Adoptant une perspective presque préphilosophique, Rahner estime qu'il y a problématique transcendantale au moment et dans la mesure où l'on s'interroge sur les conditions de possibilité, chez le sujet connaissant, de la connaissance d'un objet particulier. C'est que tout acte de connaissance met en jeu non seulement cela qui est connu, mais aussi celui qui connaît. L'interdépendance mutuelle de la subjectivité *a priori* et de l'objet du savoir (et de la liberté) signifie que la connaissance des conditions *a priori* de la connaissance chez le sujet est forcément aussi un élément de la connaissance effective de l'objet lui-même. Cette affirmation vaut non seulement pour la nature de l'objet en sa nécessité métaphysique, mais aussi pour les conditions historiques concrètes qui affectent cet objet de savoir, facteurs qui ne relèvent justement pas d'une nécessité intrinsèque. Ainsi donc une connaissance qui porte sur le sujet connaissant est-elle de soi révélatrice de la structure métaphysique de l'objet lui-même[25]. Les structures du sujet impliquent et énoncent quelque chose sur l'objet, le mode, la méthode et les limites de l'acte de connaître[26].

La théologie peut être dite transcendantale quand elle se sert des instruments de la philosophie transcendantale et quand elle prend pour thèmes, plus explicitement qu'auparavant et pas seulement de manière générale (comme on le fait en théologie fondamentale), les conditions *a priori* chez le croyant de la connaissance des vérités importantes de la foi. La théologie est transcendantale, comme l'est la philosophie, parce qu'elle ne saisit rien que par rapport au tout de la réalité et de la vérité, et donc par rapport à Dieu, source et fin de tout, et parce que le sujet connaissant n'est pas seulement un élément matériel de ce tout, mais le

---

[24] *Ibid.*, pp. 65-66.

[25] Karl Rahner, « Überlegungen zur Methode der Theologie », *Schriften zur Theologie*, Band IX, Einsiedeln, Benziger Verlag, 1970, pp. 98-99 ; nous traduisons.

[26] Id., « Theologie und Anthropologie », *Schriften zur Theologie*, Band VIII, Einsiedeln, Benziger Verlag, 1967, pp. 44-45 ; trad. fr. Robert Givord, « Théologie et anthropologie », *Écrits théologiques*, vol. XI, Bruges, Desclée de Brouwer/Mame, 1970, pp. 192-193.

support nécessaire du tout. La théologie est transcendantale parce que Dieu est l'horizon absolu de la transcendantalité de l'homme.

Philosophie et théologie sont donc ici étroitement unies :

> Il importe, en premier lieu, écrit Rahner, de réfléchir sur l'homme comme question universelle à lui-même posée, et donc de philosopher au sens le plus propre. Cette question que l'homme *est*, et qu'il n'*a* pas seulement, doit être considérée comme condition de possibilité pour que soit entendue la réponse chrétienne. En second lieu, les conditions transcendantales et historiques de la possibilité de la Révélation exigent une réflexion sous la forme et dans les limites où cela est possible au premier niveau de réflexion, c'est-à-dire là où la considération du *contenu* du dogme chrétien doit susciter la confiance dans le *fait* même que Dieu a parlé de sorte que soit perçue l'articulation entre question et réponse, entre philosophie et théologie. Enfin, l'énoncé fondamental du christianisme — l'autocommunication de Dieu à sa créature — est à prendre en considération comme réponse à la question qu'est l'homme. C'est ainsi qu'il convient de se livrer à la théologie. Ces trois moments se conditionnent réciproquement et forment par là-même une unité — naturellement, une unité différenciée. La question crée la condition de l'écoute effective, mais c'est seulement la réponse qui ramène à la question en son autoréalité (*Selbstgegebenheit*) réflexive. Ce cercle est essentiel, et il ne s'agit pas de le dissoudre en ce traité fondamental, mais de le prendre en compte en tant que tel[27].

Cette méthode de l'anthropologie transcendantale s'impose d'abord, estime Rahner, parce que la théologie s'intéresse au salut du sujet comme tel, transcendantal « par nature ». En effet, la théologie porte sur le salut de l'homme, c'est-à-dire sur la communication que Dieu fait de lui-même à l'être humain, et sur rien d'autre, à strictement parler. Cette communication de Dieu à sa créature n'a de sens que par rapport à l'ouverture sur l'infini qui caractérise l'homme en sa qualité de sujet, donc en cette transcendantalité indépassable, porteuse de toute activité spirituelle de l'homme. La grâce vient radicaliser cette transcendantalité, l'ouvrir à l'intimité même de Dieu ; elle ne se situe pas en marge de cette transcendantalité[28].

Que la pratique de l'anthropologie transcendantale soit nécessaire en théologie, cela tient également au régime moderne de la vie de l'esprit. Depuis Descartes, l'homme n'est pas considéré comme un élément entre autres d'un cosmos de choses ou d'objets : l'homme est un sujet, il est porte sur le monde antérieurement au fait qu'il est un élément de ce monde. L'homme est une réalité en amont de laquelle il ne saurait se placer ; il ne se perçoit qu'à sa propre lumière. L'homme est présence à soi et remise à soi personnelle dans la conscience de soi et dans la liberté[29].

---

[27] ID., *Grundkurs des Glaubens* [...], pp. 22-23 ; trad., pp. 23-24.

[28] ID., « Transcendantal Theology », *Sacramentum Mundi*, vol. VI, New York, Herder and Herder, 1970, p. 287 ; nous traduisons.

[29] ID., *Grundkurns des Glaubens* [...], p. 124 ; trad., p. 141.

La méthode transcendantale répond enfin aux requêtes les plus légitimes de l'apologétique. Le fait même d'une révélation aura peine à vaincre les doutes de nos contemporains si la théologie ne s'ingénie pas à montrer le caractère croyable du contenu de la révélation. Aussi s'impose-t-il de déceler les étroites correspondances qu'il y a entre le contenu des propositions dogmatiques et les structures de l'esprit qui l'accueille.

Deux réalités s'imposent à l'anthropologie transcendantale comme les deux pôles de son activité : d'une part, l'ouverture au mystère même de Dieu chez une nature qui se définit par son illimitation ; d'autre part, la priorité de l'autocommunication de Dieu à sa créature sur la causalité qui suscite des êtres en face de lui. C'est d'ailleurs en cette seconde réalité, qui présente un caractère d'initiative radicale comme tout ce qui est divin, que s'enracine la puissance obédientielle de l'homme à l'égard du mystère de Dieu.

Rahner a souvent exposé, en des formules maintenant célèbres et qui portent sa marque, comment l'homme est naturellement ouverture sur le mystère de Dieu, comment il est naturellement à l'écoute du Verbe.

Cette nature indéfinissable de l'homme, dont la limite — la « définition » — est la référence sans limite au mystère infini de la plénitude, parvient tout simplement, si Dieu en fait sa *propre* réalité, là où elle tendait constamment de par son essence même. C'est le sens même de cette nature [...] d'être abandonnée, livrée, ne pouvant s'accomplir et se posséder qu'en se perdant, sans pourtant s'y dissoudre, dans l'incompréhensibilité. Cela se réalise à un degré insurpassable et au sens le plus radical là où cette nature, qui se livre alors au mystère de la plénitude, se dessaisit à ce point d'elle-même qu'elle devient Dieu. Puisque l'homme n'est que dans la mesure où il s'abandonne, l'incarnation de Dieu se présente donc comme le cas suprême et unique de l'achèvement essentiel de l'humaine réalité. Si l'on comprend ce que signifie la puissance obédientielle par rapport à l'union hypostatique, au fait, pour la nature humaine, d'être assumée par la personne du Verbe de Dieu, on sait aussi que cette puissance n'est pas un pouvoir particulier à côté d'autres possibilités de l'être de l'homme, mais qu'elle est en fait identique à l'être de l'homme [...] Dieu a assumé une nature humaine parce que celle-ci est, dans son essence même, ouverte et assumable, parce que seule (à la différence des êtres non transcendants, objets de définition), elle peut exister dans un total dessaisissement de soi [...] En définitive, l'homme n'a pas le choix : il se considère lui-même finalement comme un simple vide, qu'on sonde pour constater avec le rire cynique du damné que rien ne s'y trouve ; ou bien (puisqu'il n'est certainement pas, lui-même, la plénitude qui puisse se reposer paisiblement en elle-même) il est saisi par l'infini et devient ainsi ce qu'il est : celui qui ne se sonde pas, parce que l'infini ne peut être franchi que dans un mouvement vers l'incompréhensible plénitude de Dieu[30].

[30] ID., « Zur Theologie der Menschwerdung », *Schriften zur Theologie*, Band IV, Einsiedeln, Benziger Verlag, 1960, pp. 141-144 ; trad. fr. Gaëtan Daoust, « Réflexions théologiques sur l'Incarnation », *Écrits théologiques*, vol. III, Bruges, Desclée de Brouwer, 1963, pp. 86-89.

Cette capacité d'accueillir Dieu, en quoi l'homme se définit, suppose naturellement que Dieu puisse se donner à sa créature, s'unir à elle « sans confusion ni changement ». Comment ne pas voir que cette possibilité pour Dieu de se donner dépasse souverainement l'activité créatrice, par laquelle il suscite ce qui n'est pas lui ? Il y a une antériorité du don sous mode de causalité formelle dont toute causalité efficiente apparaît comme un mode dérivé et déficient. L'éminence de cette autocommunication, comme d'ailleurs son caractère de source par rapport à l'activité créatrice, ne la rend pas nécessaire : cette autocommunication ne peut pas ne pas relever, chez celui qui est plénitude, de la liberté et de l'amour. Que la connaissance de cette possibilité dépende effectivement de la révélation divine qui en a été faite n'enlève pas sa rigueur à l'analyse anthropologique. C'est le cas par excellence où la réponse éclaire sur la profondeur de la question !

> Déjà, dans la transcendance comme telle, l'Être absolu est le support et le constituant le plus intime de ce mouvement transcendantal qui mène à lui, et pas seulement un ce-vers-quoi extérieurement permanent et le but extérieur d'un mouvement. Ce ce-vers-quoi n'est pas ce moment du mouvement transcendantal pour la raison qu'il aurait en lui seul sa subsistance et son sens, mais, en tant même qu'il est le plus intérieur, il demeure aussi l'au-delà absolu et intangible de ce mouvement transcendantal[31].

> Selon l'ordre concret que nous rencontrons dans notre expérience transcendantale — interprétée par la Révélation chrétienne — la créature spirituelle est posée d'entrée de jeu comme destinataire possible d'une telle autocommunication divine. L'essence spirituelle de l'homme est d'entrée de jeu posée par un acte de création du fait que Dieu veut se communiquer lui-même : la puissance créatrice efficiente de Dieu devient efficace parce que Dieu veut faire don de lui-même par amour [...] Le vide de la créature transcendantale, dans l'ordre qui seul est réel, existe *parce que* la plénitude de Dieu crée ce vide *pour* se communiquer lui-même à lui [...] Dans l'ordre concret, l'homme est lui-même parce qu'il n'est pas lui-même, et parce que ce qu'il est lui-même, irrécusablement et inamissiblement, lui est donné comme présupposition et condition de possibilité pour ce qui, en toute vérité, lui est remis en propre dans l'amour absolu, libre, échappant à toute exigence : Dieu en son autocommunication[32].

La comparaison des deux méthodes théologiques

Les deux méthodes que nous venons d'analyser, si apparentées à première vue, présentent des différences fondamentales, tant au point de vue formel — l'angle sous lequel on considère la réalité — qu'au point de vue des données objectives qui conditionnent les méthodes.

---

[31] ID., *Grundkurs des Glaubens* [...], p. 128 ; trad., p. 145.

[32] *Ibid.*, pp. 129-130 ; trad., pp. 147-148 ; voir aussi « Zur Theologie der Menschwerdung [...] », pp. 145-155 ; trad., pp. 90-101.

Tandis que la méthode de corrélation s'en tient fermenent à la distinction formelle de la question et de la réponse, c'est-à-dire ici de la situation humaine et du message de Dieu, l'anthropologie transcendantale de Rahner établit des liens, dès le point de départ, entre la question et la réponse : la puissance obédientielle de la créature intelligente à l'égard du mystère du Dieu et, d'autre part, la priorité de la causalité formelle de Dieu, se donnant comme perfection de sa créature, sur l'activité proprement créatrice. La gratuité et la nouveauté du message, de même que la liberté et la transcendance de l'Absolu, seraient compromises pour Tillich si la question comportait déjà quelques indications sur la réponse de Dieu, ou si le message permettait d'interpréter la situation. La théologie serait alors tautologie, pense Tillich. Pour Rahner, une réponse qui ne serait pas effectivement appelée par la question ne pourrait être la perfection ou l'achèvement du sujet dont la condition de créature et la vocation théologale relèvent d'un même Seigneur. L'absence de synthèse serait, pour Rahner, insurmontable incohérence.

La méthode de corrélation, dirons-nous en second lieu, a un caractère avant tout existentiel et phénoménologique. Elle est analyse de la situation effectivement vécue ; elle est surtout l'interprétation que l'homme donne de son existence en ses diverses expressions. Elle est quête de sens à propos des créations de l'art, de la science, de la vie sociale et de la religion. L'anthropologie transcendantale, quant à elle, a un caractère résolument métaphysique. Elle recherche les structures de l'esprit qui appellent le message de Dieu et que le message effectivement offert permet, après coup, de détecter avec plus de sûreté. Elle est en quête des présupposés de la Révélation qui font corps avec le sujet, ceux qui révèlent l'être même du sujet plus qu'ils ne décrivent ses réalisations.

Plus profondément, les méthodes impliquent des vues différentes sur le réel. Si la méthode de corrélation garde le caractère formel de la question et de la réponse, c'est qu'il y a hétérogénéité ou indépendance de la situation et du message. L'engagement ou l'option du théologien chrétien se joue dans une figure unique, l'ellipse, nous dit Tillich, mais les deux foyers de cette figure sont bien distincts. La théonomie réconcilie les désirs d'autonomie et les exigences de l'hétéronomie selon les lois de la dialectique, c'est-à-dire en les dépassant plus qu'en les intégrant ou les harmonisant.

Pour l'anthropologie transcendantale, il y a, au contraire, parenté profonde et continuité entre l'ouverture de l'esprit créé et le don que Dieu fait de son intimité. Communication qui n'est pas à penser, sur le mode panthéiste ou gnostique, comme un processus naturel de diffusion de Dieu, mais comme un geste de liberté et de gratuité, étant donné que Dieu pourrait se réserver et jouir de la béatitude en lui seul[33]. Liaison qui ne présente, d'autre part, rien d'extrinsèque ou de fortuit, puisque c'est

---

[33] ID., *Grundkurs des Glaubens* [...], p. 130 ; trad., p. 148.

dans le rapport sans médiation avec Dieu que l'esprit créé trouve son achèvement. La parenté de Dieu et de l'esprit créé est même si profonde, écrit Rahner, que l'introspection ne saurait apercevoir que, dorénavant, dans la foi, l'esprit est accordé immédiatement au Transcendant lui-même, et non pas au seul transcendantal[34]. La figure géométrique qui s'impose ici, si l'on veut trouver un pendant à l'ellipse de Tillich, c'est le cercle ou, mieux, la spirale ; un seul pôle commande la vie de l'esprit, en son régime naturel comme en son régime théologal : l'Absolu, sur lequel l'esprit est naturellement en prise, même si c'est par voie de déduction, et l'Absolu qui se donne dans la foi comme le terme immédiat de l'activité de l'esprit. Aussi la rencontre du désir humain et du don de Dieu est-elle proprement synthèse, union que la causalité formelle permet, de la manière la moins inadéquate, de se représenter[35].

Conclusion

Quelle conclusion tirer de cette confrontation ? De quels apports méthode de corrélation et anthropologie transcendantale sont-elles capables et de quelles limites sont-elles grevées par rapport à la réflexion sur la foi chrétienne ?

Tillich met en pleine lumière la transcendance d'un Dieu parfaitement libre en face de sa création. Le message chrétien, en son contenu, est pleinement indépendant de la situation de l'homme et des questions qu'elle comporte. D'autre part, la méthode de Tillich implique un dualisme qui s'accorde mal, pensons-nous, avec l'unité du sujet humain comme avec la cohérence du plan de Dieu sur le monde. *Ni conflit, ni synthèse* des données. Cela ne laisse-t-il pas un écart, infranchissable, à la vérité, entre la situation humaine et le message qui la rencontre ?

Ce que Rahner souligne avec force, lui, c'est l'antériorité des dispositions divines par rapport à la question de l'homme. « La créature spirituelle est posée d'entrée de jeu comme destinataire possible de l'autocommunication divine[36]. » Plus généralement encore, Rahner affirme que « causalité effective et créatrice de Dieu n'est à penser au fond que comme une modalité ou un mode déficient de cette possibilité absolue et prodigieuse de Dieu qui tient en ce que lui — l'*Agapè* en personne, le sujet absolument heureux et accompli en lui-même — peut, justement pour cette raison, se communiquer lui-même à un autre[37] ». Rahner montre aussi la possibilité, même en un âge postcritique, d'une théologie qui allie

---

[34] *Ibid.*, pp. 135-139 ; trad., pp. 154-158.

[35] *Ibid.*, pp. 127-128 ; trad., pp. 144-145.

[36] *Ibid.*, p. 129 ; trad., p. 147.

[37] *Ibid.*, p. 128 ; trad., p. 146.

gratuité et synthèse. La trancendantalité de l'homme, quand elle est radicalisée par la grâce de Dieu, est exaucée en ses aspirations les plus fondamentales.

Notre appréciation se démarque du jugement de Barth sur la théologie de Tillich, pour autant que la réflexion ne saurait — au moins implicitement — commencer que par la question qu'est l'homme pour lui-même. Notre conclusion se rapproche de celle de Barth pour autant que, avec Rahner, nous trouvons dans la réponse la meilleure intelligence qui se puisse présentement avoir de la question elle-même.

> Les réponses de la théologie, écrit Barth, ne devraient-elles pas être regardées comme plus importantes que les questions philosophiques et comme essentiellement supérieures ? S'il en était ainsi, le mouvement question-réponse devrait partir non pas d'un sujet philosophiquement interprété pour s'orienter vers un objet « divin », mais, au contraire, d'un objet compris théologiquement (comme le vrai sujet) pour redescendre vers le sujet humain. Le mouvement irait donc de l'Esprit vers la vie et du Royaume de Dieu vers l'histoire. Ce procédé, en fait, ne détruirait pas le concept de corrélation, mais, probablement, lui conférerait le sens biblique d'« alliance »[38].

---

[38] Karl BARTH, « An Introductory Report by Karl Barth » (1963), Alexander J. MCKELWAY, *The Systematic Theology of Paul Tillich, A Review and Analysis*, London, Butterworth Press, 1964, p. 13.

LE DÉPASSEMENT DU CONCEPT DE RELIGION CHEZ PAUL TILLICH ET CHEZ KARL BARTH

Marc Dumas
Faculté de théologie, Université Laval

Paul Tillich et Karl Barth sont nés tous les deux en 1886. Karl Barth vit le jour le 10 mai à Bâle, en Suisse, et devint l'un des théologiens protestants les plus importants depuis Schleiermacher. Paul Tillich est né le 20 août en Allemagne. Il devint lui aussi l'un des plus grands théologiens du XXᵉ siècle. Aujourd'hui, cent ans plus tard, l'occasion nous est donnée de réfléchir sur le travail et l'œuvre monumentale de ces deux théologiens, que l'on a souvent opposés de façon radicale.

Qu'ils soient nés tous les deux la même année pourrait laisser croire qu'ils ont reçu les mêmes influences scolaires, qu'ils ont vécu les mêmes tragédies et qu'ils adoptent par conséquent des comportements similaires et des positions théologiques communes. Un coup d'œil dans leurs biographies respectives[1] suffit à illustrer les différences ; la confession, la formation théologique reçue, l'engagement politique et enfin leur *Sitz im Leben* à la fin de la guerre diffèrent considérablement.

La théologie du XIXᵉ siècle conduit à un cul-de-sac, à une voie sans issue. Les prédécesseurs de Barth et de Tillich, sous l'influence de l'optimisme historique engendré par l'idéalisme[2], s'étaient alors efforcés de réaliser une harmonie humano-divine entre la foi et la pensée, entre la religion et la culture, bref entre Dieu et le monde. Or les jeunes théologiens perçoivent l'urgence d'opérer un tournant en théologie, de rechercher un nouveau fondement théologique, afin de le substituer aux conceptions trop humaines de la théologie libérale.

Barth prend vivement conscience de l'impossibilité de partir d'un présupposé humain pour faire de la théologie. La vérité divine est première et elle demeure indéductible. Son point de départ réside dans le fait que Dieu a parlé, que cette Parole se trouve dans la Bible et qu'il faut la prendre au sérieux. Le théologien est ici un étudiant et un enseignant de la Parole de Dieu.

---

[1] *Cf.* Wilhelm et Marion Pauck, *Paul Tillich, His Life and Thought*, vol. I : *Life*, New York, Harper and Row, 1976. Eberhard Jüngel, *Barth-Studien*, Oekumenische Theologie, Band 9, Zürich/Köln, Benziger Verlag, 1982.

[2] Heinz Zahrnt, *Die Sache mit Gott : Die protestantische Theologie im 20. Jahrhundert*, 6ᵉ éd., München, Dtv, 1984, pp. 17-18.

Tillich s'en prend aussi à une théologie réductrice et accommoda-
trice. Pour lui aussi, il faut partir de Dieu. Le point de départ de Tillich
n'est pas substantiellement différent, comme l'indique une lettre de septembre 1921 :

> J'ai [...] eu plusieurs inspirations sur les choses religieuses et philosophi-
> ques. Il m'est clairement apparu pourquoi notre philosophie de la religion
> n'a pas de succès : c'est qu'elle sort dès le début de notre conscience qui
> est sans Dieu ; elle ne peut naturellement jamais parvenir à Dieu, car Dieu
> n'est jamais un complément ou le second, mais toujours le premier, sans
> quoi son essence est supprimée. J'ai mis ces idées dans un article « Die Über-
> windung des Religionsbegriffes »[3].

L'essentiel sera donc pour eux de proclamer la primauté de la divinité de Dieu, la non-relativisation de l'Absolu et l'échec des tentatives
humaines de construire un chemin vers Dieu. C'est par l'étude du concept de religion chez Barth et chez Tillich que nous voulons montrer d'une
part, les débuts de ces programmes théologiques ambitieux et, d'autre
part, les points de convergences et de divergences entre Barth et Tillich.
La « religion » semble la grande responsable de la situation inacceptable
en théologie. Faut-il l'éliminer ? Mais l'homme peut-il éliminer la religion ?
N'est-il pas fondamentalement religieux ? Barth et Tillich ont entrepris
une analyse critique de la religion. Ils ont tous les deux essayé de détruire
la fausse idée de la religion, celle qui menace Dieu. Barth évite le terme
de « religion ». Chez Tillich, au contraire, après lui avoir donné un sens
nouveau, celle-ci devient un concept fondamental dans son œuvre.

Barth et Tillich, parce qu'ils sont engagés pour le même combat,
peuvent-ils effectivement former cette communauté spirituelle qu'affirmait Tillich en 1922 ? N'y a-t-il pas un même souci, une même aspiration, un même projet théologique ? Pourquoi aboutit-on alors à la confrontation décisive de 1923 ? Que rejette le théologien suisse dans les
propos de son collègue allemand et vice versa ? Je me limite ici aux débuts
de la carrière théologique de Barth et de Tillich, au texte du *Römerbrief*
dans sa seconde édition pour le premier et à ceux du début de la théologie de la culture pour le second.

Dans un premier point, je présenterai la critique du concept de religion chez Barth et chez Tillich. Puis, j'indiquerai leur effort respectif pour
dépasser le concept de religion. Enfin, je pourrai proposer quelques remarques qui nous permettront de mieux discerner jusqu'à quel point Barth
et Tillich se rencontrent et s'opposent.

---

[3] Werner Schüßler, « Die Berliner Jahre (1919-1924) », *Paul Tillich : Sein Werk*, R. Albrecht
et W. Schüßler, édit., Düsseldorf, Patmos Verlag, 1986, p. 42.

Critique du concept de religion

Chez Barth

Au cours des années 10, Barth constate les erreurs de la théologie libérale et du socialisme. La première tend à exercer une relativisation historique de la Révélation, et le second prétend être une incarnation du Royaume de Dieu[4]. Barth critique la religion dans la mesure où, étant un concept anthropologiquement déterminé, elle s'oppose au Royaume de Dieu. Le socialisme n'est pour lui qu'un reflet humain du Royaume de Dieu, car celui-ci ne peut être identifié avec le Royaume. Des différences fondamentales s'accentuent et de nouvelles relations entre Dieu et le monde prennent une forme originale : le monde est monde et Dieu, Dieu. La théologie libérale ne distinguait plus le monde de Dieu. Ses efforts pour combiner la Révélation divine à l'histoire humaine et pour intégrer le christianisme au monde provoquent la perte de l'essence du christianisme.

En 1919, Barth publie la première édition du commentaire de l'*Épître aux Romains*. Il y présente non pas une doctrine religieuse et philosophique, mais plutôt le message de Dieu ; il veut proclamer que Dieu est Dieu. À la suite de la seconde édition du *Römerbrief* en 1922, Barth est le pilier central d'un nouveau mouvement théologique. Ce groupe s'oppose aux positions conciliantes de ceux qui essaient d'objectiver l'inobjectivabilité de Dieu et contre ceux qui expriment maladroitement l'inexprimable. Les théologiens dialectiques espèrent mieux re-penser (*nach-denken*) l'acte de Dieu, la Révélation en Jésus-Christ, la manifestation vivifiante de Dieu qui sauve l'homme de la mort et du péché.

Dans la théologie barthienne, les termes « religion » et « religieux » apparaissent tout d'abord comme des expressions négatives qui s'opposent à l'Évangile, à la Révélation et au Royaume de Dieu[5]. La religion témoigne de la confusion du divin et de l'humain ; Dieu est humanisé et l'homme divinisé.

> Nous nous imaginons ainsi savoir ce que nous énonçons quand nous disons « Dieu ». Nous lui assignons la place la plus haute dans notre monde. Ce faisant, nous le plaçons délibérément sur une seule et même ligne avec les choses et avec nous. Nous nous imaginons qu'il « a besoin de quelqu'un » et nous croyons pouvoir ordonner nos rapports avec lui comme nous ordonnons d'autres rapports[6].

La religion témoigne encore de la prétention humaine de construire des voies vers Dieu.

---

[4] E. Jüngel, *op. cit.*, pp. 29-36.

[5] B. E. BENKTSON, *Christus und die Religion. Der Religionsbegriff bei Barth, Bonhoeffer und Tillich*, Stuttgart, Calwer Verlag, 1967, p. 17.

[6] Karl BARTH, *l'Épître aux Romains*, trad. Pierre Jundt, Genève, Labor et Fides, 1972, p. 49.

> C'est une illusion libérale et sentimentale qu'on se fait à soi-même que de penser que des voies directes, partant, par exemple, de la nature et de l'histoire, de l'art et de la morale, de la science ou même de la religion, aboutissent à l'impossible possibilité de Dieu[7].

Barth s'oppose ici à un christianisme réduit à la culture ou encore placé sur le même rang que celle-ci. Dans la religion, l'homme parle et prend la place de Dieu ; l'homme s'approprie un pouvoir et une prétention au lieu d'accueillir le don de Dieu. La religion ne reflète donc pas la Révélation divine, mais plutôt l'entreprise humaine ; elle ne surgit pas de Dieu, mais de l'homme.

La dénonciation radicale de Barth, excluant les essais de rapprochement entre l'homme et Dieu, souligne l'incapacité de l'homme d'atteindre Dieu et la distance qui l'en sépare. En ce sens, le thème de la religion chez Barth n'est pas entièrement négatif. La religion peut montrer l'insuffisance humaine, indiquer l'origine divine de la Révélation et devenir un moyen d'inviter à une ouverture sur le transcendant, sur la réalité du *Ganz Andere*.

Que l'homme puisse saisir la limite et l'échec de la possibilité religieuse constitue donc l'aspect positif de la religion.

> La réalité de la religion, c'est la lutte, le scandale, le péché et la mort, le diable et l'enfer. Elle ne dégage absolument pas l'homme de l'ensemble des problèmes de la culpabilité et du destin ; au contraire, et à plus forte raison, elle l'y engage. Elle ne lui fournit aucune solution de sa question vitale ; au contraire, elle mue l'homme en une énigme absolument insoluble pour lui-même. Elle n'est ni son salut, ni la découverte de celui-ci ; au contraire, elle est la découverte de ce qu'il n'est pas sauvé[8].

Conscient de l'insuffisance de la possibilité religieuse humaine, Barth croit que la religion, exerçant la même fonction que la loi par rapport à l'Évangile chez saint Paul, peut devenir un reflet de la Révélation, qu'elle peut indiquer un au-delà de la religion, l'initiative divine, l'impossible possibilité de la foi en Jésus-Christ. La loi ouvre les yeux sur la possibilité du Christ, possibilité qui dépasse celles des hommes et qui provient de Dieu. L'homme ne détermine pas la condition de son salut : le Christ[9].

Résumons la critique barthienne de la religion. En réaction contre une confusion de Dieu et de l'homme, contre une religion trop humaine qui ne témoigne plus de la Révélation divine, contre une utilisation fonctionnelle de l'absolu (au niveau logique, esthétique, éthique ou expérimentiel), Barth définit la limite, le sens et la réalité de la religion ; tout humaine, elle peut dénoncer l'infortune et le mirage de la religion pour laisser miroiter la possibilité divine de l'homme, la grâce.

---

[7] *Ibid.*, p. 324.

[8] *Ibid.*, p. 250.

[9] *Cf. ibid.*, p. 274.

Chez Tillich

En 1919, dans sa conférence « Sur l'idée d'une théologie de la culture », Tillich décrit l'esquisse d'un programme théologique. Il constate d'abord l'état des relations entre la théologie et la philosophie, entre la religion et la culture, puis il y décrit les rapports qu'elles devraient entretenir entre elles. C'est la thèse d'une théologie de la culture. Tillich critique les essais de ses prédécesseurs, qui situent la religion dans une sphère particulière de l'esprit, qui la réduisent, soit à une fonction théorique, soit à une fonction pratique ou bien encore qui l'identifient avec le sentiment.

Trois ans plus tard, une autre conférence devant la même Kant Gesellschaft, intitulée « le Dépassement du concept de religion en philosophie de la religion », développe en détail la critique tillichienne du concept de religion. La religion s'objecte à une compréhension relativisante de l'absolu et à une dissolution de l'inconditionné dans le conditionné. Le concept de religion objectivise la religion, Dieu et la Révélation[10]. Ceux-ci ont perdu leur caractère d'inconditionnalité parce qu'ils ont été fondés sur le conditionné. On a déduit la certitude de Dieu à partir de celle du moi. La réalité de Dieu se perd, lorsqu'on part du monde pour atteindre Dieu. Il devient un corrélat du monde. La religion en tant que fonction d'inconditionnalité est anéantie, quand elle est réduite à une fonction de l'esprit humain. La religion se trouve alors à côté des autres fonctions et elle se cherche une place parmi elles. Finalement, le développement de l'histoire de la religion et de la culture assimile la Révélation. Bref, le concept de religion opère une réduction de l'inconditionné ; à cause de lui l'inconditionné repose sur le conditionné, ce qui signifie qu'il est détruit.

Ces constatations désastreuses pour l'inconditionné, engendrées par le concept de religion, décrivent l'aspect destructeur de ce dernier, mais ne le définissent pas explicitement. Dans la seconde partie de cette conférence, Tillich raconte l'histoire de ce concept en philosophie de la religion ; il en décrit la genèse, l'évolution et, espère-t-il, le déclin.

Dans la période dite rationnelle, on ouvre la voie à la domination inconsciente du concept de religion, c'est-à-dire à la rationalisation de la religion. L'éclatement de l'antique fusion nature-surnature produit une objectivation de la nature et une émancipation du monde par rapport au divin : « Il devient possible d'élaborer un concept du monde sans concept de Dieu[11]. » Le monde et, avec Descartes, le moi apparaissent comme la mesure fondamentale et le centre à partir duquel tout sera déduit. Tout est alors inversé : Dieu se conçoit à partir du monde ou du

---

[10] *Cf.* « Die Überwindung des Religionsbegriffs in der Religionsphilosophie » (1922), *G.W.*, I, pp. 368-370 ; trad. Marc Dumas dans *Religion et Culture : écrits du premier enseignement (1919-1926)*, à paraître aux Éd. du Cerf/Presses de l'Université Laval, 1987.

[11] *Ibid.*, p. 371 ; trad., p. 88.

moi, la religion perd son caractère d'inconditionnalité, la Révélation est réduite au processus de la raison et de l'histoire. Bref, le fondant devient le fondé ; l'inconditionné repose sur le conditionné.

La seconde période, la période critique, « est celle de la domination consciente du concept de religion[12] », où apparaissent en plein jour les conséquences d'une telle rationalisation de Dieu et de la religion. Dieu est réduit au monde ; la religion se dissout dans la culture, la Révélation, dans l'histoire de la culture. Dans l'arène du conditionné, l'inconditionné est anéanti.

Quant à la troisième, la période intuitive, Tillich la décrit comme étant le début de l'écroulement de la domination du concept de religion :

> Elle commence avec le tournant du siècle, non seulement avec la philoso-phie phénoménologique au sens strict, mais par le mouvement général de la vie de l'esprit qui s'écarte de la conception objective et technique du monde pour en adopter une autre originaire et intuitive[13].

Cette période, parce qu'elle est en voie de développement, se laisse dif-ficilement circonscrire. Tillich perçoit cependant dans certains travaux contemporains de philosophes des traces de cette nouvelle situation. Il se voit lui-même comme un artisan de cette période en pleine gestation. Mais finalement qu'est-ce que critique Tillich ? Contre quelle compré-hension de la religion, la religion s'objecte-t-elle ?

Le concept de religion destructeur ne serait-il pas celui qui quitte la foi en l'inconditionnalité de Dieu, celui qui accepte de fonder l'absolu autrement que par l'absolu lui-même ? Ne serait-ce pas une conséquence d'un *Aufklärung* désirant tout éclairer à la lumière de la raison[14] ? Dans cet effort humain de limiter, de définir et de construire, on relativise l'essentiel de la foi, on n'accueille plus la radicalité de la Révélation, mais on la critique, la catégorise et la rationalise. Dieu devient alors un dieu de la raison appelé à justifier les constructions rationalistes de l'homme. La religion contre laquelle réagit Tillich, c'est celle qui ne témoigne plus de l'inconditionné, c'est celle qui n'apporte pas le salut[15], c'est celle qui n'a plus Dieu comme fondement, c'est celle qui part du relatif et qui espère à partir de là se frayer un chemin jusqu'à Dieu. La fausse religion fait de Dieu un objet d'étude ; elle identifie la religion avec les phénomènes cul-turels ; elle réduit la Révélation à un processus historique. Elle utilise alors Dieu pour consolider ses projets, pour justifier par exemple un principe

---

[12] *Ibid.*

[13] *Ibid.*, p. 375 ; trad., p. 93.

[14] *Cf.* Jean RICHARD, « La question de Dieu chez Paul Tillich aux débuts de la théologie dialecti-que », *Urgence de la philosophie*, publié sous la direction de Thomas de Koninck et Lucien Morin, Québec, Presses de l'Université Laval, 1986, pp. 505-525.

[15] « Die Überwindung [...] », p. 370 ; trad., p. 87.

éthique. Elle aliène alors l'homme et sa société, car elle se sert de la Révélation pour sanctifier une histoire particulière, pour la glorifier et l'absolutiser.

Résumons la critique tillichienne de la religion : l'erreur fondamentale, selon lui, consiste à partir de l'homme et du monde et non de Dieu, de la raison et non de la foi, du conditionné et non de l'inconditionné. Le projet tillichien se propose par conséquent d'établir le vrai rapport entre le conditionné et l'inconditionné, entre la culture et la religion, c'est-à-dire un rapport qui respecte d'une part l'autonomie de la culture et, d'autre part, l'absoluité de l'absolu.

Effort de dépassement du concept de religion

L'analyse ci-dessus nous a permis de conclure que Barth et Tillich critiquent une certaine compréhension de la religion qui relativise l'absolu. Chez Barth, la religion a perdu sa capacité d'être un reflet du Royaume de Dieu ; l'homme religieux dans son désir de posséder un dieu, corrompt la relation originelle établie avec et par Dieu. Une telle religion « n'a pas Dieu, parce que Dieu ne s'y est pas donné[16] ». Les deux théologiens s'efforcent de proposer une solution théologique qui affirme primordialement l'absoluité de Dieu. De quelles façons s'y prennent-ils pour dépasser ce concept de religion ? Voilà ce que nous devons maintenant expliquer.

Chez Barth

La thèse barthienne d'un dépassement de la religion se trouve dans la seconde édition de l'*Épître aux Romains*. Elle est le fruit de certaines prises de conscience personnelles, d'influences de théologiens et de philosophes et d'une clé herméneutique nouvelle pour comprendre la Bible. En effet, la méthode historico-critique se borne à décrire ce qui se trouve dans la Bible[17]. Selon Barth, cette méthode ne suffit pas pour expliquer et pour comprendre le message de Dieu. Sans renier son utilité, Barth la dépasse parce qu'il cherche à saisir l'esprit qui se trouve dans et au-delà de la lettre. La Bible n'est pas un recueil de pensées humaines sur Dieu, mais plutôt ce que Dieu nous dit et ce qu'il a entrepris avec l'homme. Dieu a parlé et sa Parole se trouve dans la Bible. L'apôtre Paul doit être pris au sérieux. Il a comme mission de transmettre le message de salut de Dieu, la vérité de Dieu.

> Donc pas un message religieux, pas de communications et d'indications sur la divinité ou sur la divinisation de l'homme, mais bien un message venant d'un Dieu qui est tout autre, de qui l'homme, en tant qu'homme, ne saura, ni n'aura jamais rien, et de qui, pour cette raison même, lui vient le salut. Donc, pas un objet destiné à être compris directement, à être saisi

---

[16] *Ibid.*

[17] *Cf. l'Épître aux Romains*, p. 14.

une fois pour toutes parmi des objets, mais au contraire la Parole qui est l'origine de toutes choses [...]. Donc pas d'expériences vécues, pas d'expériences pratiques et pas de sentiments, fussent-ils d'un rang très élevé, mais bien une connaissance objective, simple[18].

Puisque les essais entrepris par l'homme de se rapprocher de Dieu ne manifestent que la vanité humaine et le vide de Dieu, Barth emploie toutes les tournures possibles pour prononcer la distance, la diastase, la différence entre Dieu et l'homme. Ce type de relation lui paraît le seul possible dans ce cas. Dieu est au ciel et l'homme sur la terre. Barth est conscient des différences à souligner entre le Royaume de Dieu et les faits terrestres de notre vie[19]. Cette distance entre Dieu et l'homme, entre le Royaume et les réalités mondaines, trouve son appui systématique dans la thèse kierkegaardienne de la différence qualitative du temps et de l'éternité. L'impossible pour les hommes est alors possible pour Dieu. La catégorie de « l'impossible possibilité » s'oppose à la théologie libérale. Elle exprime la façon de comprendre le rapport entre Dieu et les réalités mondaines. Il n'y a pas de compromis ou de synthèse possible entre l'impossibilité humaine et la possibilité divine. La Révélation de Dieu est la crise du monde. Dieu comme « Tout-Autre » juge l'homme et son monde ; il le place sous la ligne de mort. L'Acte de Dieu est le message de salut, la descente de la grâce sur l'homme, la manifestation et la connaissance du plan divin en Jésus-Christ.

Le *Römerbrief* de Barth ne se soucie pas de garantir l'existence de Dieu ; il proclame que Dieu est Dieu. Cet axiome barthien a la fonction de souligner la différence absolue de Dieu devant tout ce qui n'est pas Dieu. La religion comme les autres expressions mondaines demeure une donnée du monde. Mais bien qu'elle soit sous la ligne de mort, la religion peut devenir un signe renvoyant à ce qui la dépasse éternellement. Elle peut alors inviter à la foi et appeler à la reconnaissance de Dieu[20].

Chez Tillich

L'objection principale de Tillich contre le concept de religion, c'est qu'il opère une rationalisation de Dieu, de la Révélation et de la religion. Or cette rationalisation se révèle fatale, parce qu'elle entraîne la perte de leur caractère absolu ; le concept de religion fonde l'inconditionné sur le conditionné. Tillich s'oppose donc à toute coordination ou juxtaposition de la religion et de la culture. La relation idéale devrait permettre d'une part de conserver le caractère absolu de la religion et, d'autre part, d'affirmer le caractère autonome des fonctions culturelles. Mais quel est-il le rapport idéal entre religion et culture ? Que devient la religion chez Tillich ? Voilà ce qui nous intéresse ici.

---

[18] *Ibid.*, p. 36.

[19] *Cf. Barth-Studien*, pp. 74s.

[20] *Cf. l'Épître aux Romains*, p. 127.

Afin de dépasser le caractère destructeur du concept de religion, Tillich subordonne ce concept au concept d'inconditionné. « L'inconditionné n'est pas objet, il n'est pas non plus sujet, mais il est le présupposé de toute opposition possible du sujet et de l'objet[21]. » L'inconditionné semble l'expression consacrée pour exprimer l'au-delà du monde, Dieu en tant que *Ganz Andere*. Pour rendre justice à l'inconditionné, pour éviter toute juxtaposition et toute dissolution dans le conditionné, le philosophe de la religion doit saisir l'inconditionné non pas au-dessus ou à côté, mais à travers le conditionné. Nous pourrions dire que l'inexprimable emploie la forme du paradoxe pour s'exprimer. La simple identification du conditionné avec l'inconditionné serait une erreur ; le conditionné médiatise et manifeste l'inconditionné. L'homme ne peut exprimer Dieu que de façon paradoxale avec les formes du conditionné, qui doivent être alors en même temps affirmées et niées. La forme brisée sera donc le moyen d'exprimer l'inconditionné, afin de souligner sa transcendance et de lui éviter toute objectivation.

Chez Tillich, le couple religion-culture ne se trouve pas sur le même plan comme le voit Karl Barth dans son *Römerbrief*. La religion et la culture entretiennent le même type de rapport que le *Gehalt* et la *Form*. Le contenu emprunte une forme pour s'exprimer et cette dernière a besoin de contenu. Elle est insignifiante lorsqu'elle ne médiatise aucun contenu. « La culture est la forme d'expression de la religion et la religion est le contenu de la culture[22]. » La polarité fondamentale du *Gehalt* et de la *Form* explique donc le rapport vertical et dialectique entre la religion et la culture. De même qu'un contenu fondamental s'exprime dans une forme brisée — la forme ne pouvant jamais très bien contenir le contenu substantiel —, de même la religion, en tant que fonction d'inconditionnalité, s'exprime paradoxalement dans les formes de la culture.

Dans ce rapport idéal entre la religion et la culture, la religion vivifie, inspire ; elle est le surgissement de l'inconditionné à travers les formes. Plus un contenu d'inconditionnalité s'exprime à travers un acte créateur ou une manifestation culturelle, bref à travers une forme, plus l'acte pourra être dit religieux. À l'inverse, plus l'acte culturel est orienté sur la forme, plus il pourra être qualifié de profane. Tout acte est substantiellement en rapport avec son fondement, mais quant à l'intention, tout acte ne témoigne pas de sa source.

La vraie religion est « orientation vers l'inconditionné ». Ni la science, ni l'éthique, ni le sentiment ne sont religion. La conscience de l'homme peut percevoir un contenu religieux ; elle peut faire une « expérience de l'absolu, c'est-à-dire l'expérience de la réalité absolue sur la base de

---

[21] « Die Überwindung [...] », p. 378 ; trad., p. 97.
[22] *Philosophie de la religion*, trad. F. Ouellet, Genève, Labor et Fides, 1971, p. 68.

l'expérience du néant absolu[23] ». La religion est « l'orientation vers la réalité existant inconditionnellement comme le fondement et l'abysse de
toutes positions particulières et de leur unité[24]. » La religion est la dimension verticale dans la culture, qui lui permet de recevoir l'irruption de
l'inconditionné ; la religion est la dimension de profondeur de la culture.

Barth et Tillich: communauté spirituelle ou confrontation ?

Nous venons de voir les essais respectifs de Barth et de Tillich pour
dépasser une fausse religion et pour proclamer l'absoluité de Dieu. En
conclusion, j'aimerais faire quelques remarques qui pourraient nous permettre de mieux saisir la relation Barth-Tillich.

C'est tout d'abord dans l'analyse de la situation théologique de la
fin du XXᵉ siècle, que nous pouvons le mieux percevoir l'existence
d'une communauté spirituelle entre Barth et Tillich. Bien qu'ils soient
issus de tendances théologiques distinctes, ils ont tous les deux conscience
de l'erreur réductionniste : la théologie ne parle plus de Dieu mais de
l'homme. Elle se centre sur les questions de l'histoire et son dynamisme
ne repose plus sur les affirmations du christianisme, mais bien plutôt sur
une confiance aveugle pour le progrès culturel. Le point de départ n'est
plus l'absolu, mais l'homme et le monde.

Ce qui pour les autres semble évident et sans problème l'est beaucoup moins pour Barth et Tillich. Pour Barth,

> Nous devons en tant que théologiens parler de Dieu. Mais nous sommes
> des hommes et nous ne pouvons pas comme tel en parler. Nous devons
> reconnaître (*wissen*) les deux faits, celui de notre devoir et celui de notre
> non-pouvoir et avec cela rendre gloire à Dieu[25].

Voilà l'embarras dans lequel le théologien se retrouve et le défi qu'il a
à relever. Ce devoir et ce non-pouvoir reçoivent une première réponse
par l'écrit du *Römerbrief*. Par ailleurs, Zahrnt décrit comme suit ce qui
a été pour Tillich le problème fondamental à résoudre :

> Comment la réalité de la révélation se rapporte-t-elle à celle que nous con-
> naissons et expérimentons, la foi à la pensée, la prière au travail, la religion
> à la culture, bref Dieu au monde ? Comment pouvons-nous vivre et témoi-
> gner de la réalité de Dieu dans celle du monde, de sorte que la réalité divine
> n'apparaisse pas comme une loi étrangère nous contraignant de l'extérieur

---

[23] « Über die Idee einer Theologie der Kultur » (1919), *G.W.*, IX, p. 18, trad. Nicole Grondin
dans *Religion et culture : écrits du premier enseignement (1919-1926)*, à paraître aux Éd.
du Cerf/Presses de l'Université Laval, 1987.

[24] *Philosophie de la religion*, p. 58.

[25] « Das Wort Gottes als Aufgabe der Theologie » (1922), *Das Wort Gottes und die Theologie,
Gesammelte Vorträge*, I, München, Chr. Kaiser Verlag, 1924, p. 158 ; nous traduisons.

ou d'en haut, mais qu'elle apparaisse comme quelque chose qui nous concerne ultimement et immédiatement et qui se réalise au milieu de nous[26] ?

La modification radicale du rapport Dieu-monde laisse apparaître un second point commun entre Barth et Tillich. En 1922, Tillich se réjouit d'être arrivé en philosophie de la religion à la même conviction que les hommes de la Parole religieuse. Le « oui inconditionnel à l'inconditionné » est l'affirmation radicale de la divinité de Dieu. Les dernières lignes de la conférence sur « le Dépassement du concept de religion » confirment cette position :

> La philosophie de la religion peut être telle (philosophie de la religion) seulement si elle se soustrait à la domination du concept de religion [...], si elle reconnaît que ce n'est pas la religion mais Dieu qui est le commencement, la fin et le centre de toutes choses, et que toute religion et toute philosophie de la religion perdent Dieu, si elles quittent le sol de la parole : *Impossibile est, sine deo discere deum.* Dieu est connu seulement par Dieu[27].

En dépit de ce projet commun d'affirmer la divinité de Dieu, il nous faut cependant souligner deux points fondamentaux de divergences entre Barth et Tillich. Il s'agit de leurs conceptions différentes du rapport fini-infini[28] et de ses conséquences pour leur compréhension de la religion.

Barth adopte la devise de Calvin : *Finitum non capax infiniti.* Le fini ne peut pas saisir l'infini, pas plus que le temps l'éternité. Cette expression devient la pierre angulaire de toute la théologie barthienne. Elle permet de distinguer entre les impossibilités humaines et mondaines et la possible impossibilité divine. Dieu est au ciel et l'homme sur la terre. L'homme et son monde sont placés sous la ligne de mort, sous le signe du jugement et de la négation. Cette position condamne conséquemment le compromis libéral avec la culture. Elle nie la possibilité d'un point de contact entre le monde et Dieu. Il n'y a donc aucun point d'ancrage mondain ; sans avant, sans après, la manifestation divine sera comme un clin d'œil dans lequel Dieu seul agit[29].

Tillich adopte la position contraire à celle de Barth : *Finitum capax infiniti.* Le fini a la capacité de l'infini pour autant que le fini a la possibilité de témoigner de l'infini. Cela ne signifie pas cependant confondre le fini et l'infini. Le conditionné est médium de l'inconditionné et non pas inconditionné lui-même. La présence de l'infini au cœur du fini permet à Tillich de développer sa théologie de la culture. Tillich ne se méfie

---

[26] Heinz ZAHRNT, *Die Sache mit Gott* [...], p. 327 ; nous traduisons.

[27] « Die Überwindung [...] », p. 388 ; trad., p. 109.

[28] *Cf.* Jean RICHARD, « Théologie et philosophie dans l'évolution de Paul Tillich », *Laval théologique et philosophique*, 42, 2 (juin 1986), Québec, Presses de l'Université Laval, p. 207, note 112.

[29] *Cf.* E. JÜNGEL, *Barth-Studien*, p. 81.

pas de l'homme et de son univers culturel, car à travers ceux-ci peut apparaître le contenu de l'inconditionné. Le traducteur québécois de la *Philosophie de la religion* écrit :

> La conception de la religion que Tillich a développée ici est essentiellement une affirmation de l'existence d'un point de contact entre l'homme et la réalité ultime, de la possibilité que possède l'homme de reconnaître l'inconditionné, à travers les diverses créations qui sont des symboles de l'inconditionné[30].

Remarquons enfin la différence quant à l'utilisation et à la valorisation du terme « religion » chez les deux auteurs. Chez Barth, la religion garde toujours son sens restreint et concret ; elle est cette religion ambiguë qui prend place à côté des autres fonctions culturelles. Le jeune Barth reconnaît à certaines réalités historiques dont la religion, une valeur de signe et de symptôme du Royaume de Dieu. La religion n'est pas essentielle mais plutôt un réflexe humain devant l'événement fondamental et vital du Royaume de Dieu (*Grund- und Lebenstatsache*)[31]. Jüngel écrit à ce sujet :

> Dans une certaine proximité avec Schleiemacher, Barth comprend sous le terme religion, le sentiment religieux (*fromme Gefühl*) en des individus chez qui ce sentiment donne naissance à une morale particulière et un culte particulier. Barth ne conteste pas qu'il ait atteint ici et là à certains moments une certaine pureté et sublimité. Mais le même sentiment existe aussi dans les faiblesses, les rêveries et les franches erreurs de l'homme religieux. Il est l'étroite religion, déterminée anthropologiquement et à cause de cela, toujours une religion ambiguë, que Barth situe au niveau des représentations (*Spiegelungen*) et des symptômes du Royaume de Dieu[32].

En somme, le dépassement barthien de la religion s'effectue vraiment lorsqu'on substitue la foi, la Révélation et la grâce à la religion. Ces expressions marquent la négation et la contradiction de tout ce que nous pourrions avoir ou être, afin de recevoir d'en haut une humanité nouvelle et d'accueillir l'impossible possibilité de Dieu.

Par contre, chez Tillich, le dépassement de la religion s'appelle toujours religion. La religion ne perd son sens restreint que pour acquérir un sens nouveau, plus large et plus profond. La religion n'est plus alors une fonction culturelle à côté des autres ; elle est la fonction d'inconditionnalité. Elle n'est plus située au niveau des formes culturelles ; elle constitue plutôt leur racine essentielle. Ce n'est plus une forme culturelle parmi d'autres ; c'est le contenu (*Gehalt*) qui remplit toutes les formes. Le terme traditionnel « religion » acquiert ainsi un sens paradoxal : il est la religion au-dessus de la religion.

---

[30] *Philosophie de la religion*, p. VII.
[31] E. JÜNGEL, *Barth-Studien*, p. 110 ; nous traduisons.
[32] *Ibid.*

LE REFUS DE LA CONCILIATION COMBLANTE
Karl Barth et le rapport foi, religion, culture

Élisabeth J. LACELLE
Département des sciences religieuses, Université d'Ottawa

C'est parce que K. Barth refusait toute théologie qui se présentait comme un effort de conciliation entre les discours religieux et culturels et celui de la foi qu'il maintenait des réserves, plus qu'un refus d'ailleurs, devant l'œuvre de P. Tillich. Cette proposition peut s'appuyer sur les ouvrages qu'il a publiés entre les années 1950 et 1968, notamment le quatrième volume de la *Dogmatique*. Sa façon de concevoir le rapport entre la foi, la religion et la culture (la religion étant pour lui effet de culture) doit être étudiée dans ce contexte. L'analyse perspicace et nuancée de A. Dumas en 1946[1] démontre une connaissance de l'œuvre de K. Barth de cette période. L'étude de J.-P. Gabus en 1969 reflète davantage l'ensemble de l'œuvre[2]. Pourtant une dimension de la pensée barthienne mérite encore d'être davantage exposée si l'on veut comprendre un peu mieux et sous un autre angle, la difficulté de la rencontre entre K. Barth et P. Tillich, tous les deux préoccupés de rendre compte de la Parole de Dieu en Jésus Christ comme un événement de réconciliation entre Dieu et l'humanité et de celle-ci dans sa dimension historique et cosmique. Tous les deux auront aussi marqué profondément la théologie contemporaine.

Il convient de rappeler que K. Barth reconnaissait dans l'œuvre de P. Tillich une théologie plus cohérente avec le témoignage néotestamentaire que ne l'avaient réussi les théologies du XIXᵉ siècle, dont celle de F. Schleiermacher. Pourtant, et J.-P. Gabus le note avec raison, il appréhendait dans cette pensée une théologie paradisiaque (d'avant la chute) ou achevée (télescopant l'entre-les-temps) ou archétypale (posant un archétype de la réconciliation), qui, poussée à sa limite, pouvait oblitérer la différence entre Dieu et l'humanité[3]. Un tel projet théologique allait selon lui à l'encontre du réalisme et de l'historicité, constituants de l'objet de la théologie chrétienne, non seulement sur le plan de son contenu — l'histoire de la révélation comme événement de Parole entre Dieu

---

[1] *Cf.* « Théologie et humanisme », *Hommage et reconnaissance*, Recueil de travaux publiés à l'occasion du 60ᵉ anniversaire de K. Barth, Neuchâtel, Delachaux-Niestlé, 1946, pp. 125-207.

[2] *Cf. Introduction à la théologie de la culture de P. Tillich*, Paris, P.U.F., 1969.

[3] *Ibid.*, pp. 230s.

630   *ÉLISABETH LACELLE*

et l'humanité en Jésus Christ et se déployant entre-les-temps sous la mouvance de l'Esprit — mais aussi sur celui de son mode de connaissance
et, conséquemment, de son traitement épistémologique comme de sa formulation conceptuelle.

À mesure qu'il développait sa christologie (christo*logie*), K. Barth
s'appliquait à forger une conceptualisation apte à rendre compte de ce
qu'il considérait comme l'unique objet-sujet de la théologie[4]. C'est ainsi
que dans le quatrième volume de la *Dogmatique*, il met en place d'une
façon plus cohérente que jamais une formulation qu'il qualifie de dynamologique (*dynamologisch*). Il y est amené à s'exprimer sur l'humanité
en existence cosmique et culturelle, en acte de parole culturelle et, telle
quelle, en événement possible de Parole de Dieu sous une forme historique et intramondaine. Sa quête d'une formulation apte à traduire l'événement de la Parole faite chair en Jésus Christ *hic*, comme il l'avait exprimé
à P. Tillich, l'avait conduit jusque-là. Et il lui semblait y avoir apporté
assez de labeur au cours de ces années pour regretter que P. Tillich et
R. Niebuhr aient continué, selon lui, à le prendre « comme quelqu'un qui
avait dormi depuis 1920[5] ».

À ce propos J.-P. Gabus remarque : « Il ne repousse pas l'idée d'un
rapport [...] et même d'un dialogue » entre foi et culture, « prudent et
limité ». Non seulement K. Barth ne repousse pas cette idée, mais il cherche à articuler ce dialogue conceptuellement. Qu'il l'ait gardé prudent
et limité est sans doute vrai, mais cela reste encore à mesurer. Son effort
de formulation est loin d'avoir reçu un traitement approfondi et rigou-
reux. Il met en place, il est vrai, des catégories conceptuelles déroutan-
tes pour une logique linéaire telle que celle des sciences humaines de
son temps, y compris la philosophie, et aussi de la théologie philosophique ou anthropologique ou psychologique ou sociologique ou autre. C'est
sans doute là pourtant que le « génie » barthien s'affirme et se tient en
avance, en même temps qu'en position d'origine, sur le parcours de la
tradition théologique chrétienne. Il peut même y ouvrir des avenues pour
effectuer des projets scientifiques postmodernes.

Le génialement naïf de K. Barth a été de chercher à produire un discours qui rende compte rationnellement de l'originalité, la complexité,
la dynamique ontologique et noétique d'un événement de Parole inséré
dans l'histoire, qui y est toujours actif tout en la transcendant, qui s'y
manifeste sous une forme et avec des effets qui lui soient propres, à la
façon d'une rupture radicale en même temps que d'une correspondance
radicale dans l'histoire humaine, qui ouvre celle-ci à un nouveau (*novum*
évangélique) tout aussi radical : le nouveau de Dieu comme révélateur

---

[4] C. O'Grady qualifie la théologie de K. Barth de *Reflexionstheologie* ; *cf. A Survey of the Theology of Karl Barth,* New York, Corpus Papers, 1970, p. 17. Il m'apparaît plus juste de la qualifier de *Reflexionschristologie*.

[5] Lettre à C. W. Kegley, 9 juillet 1960 ; *cf.* E. Busch, *Karl Barth. His Life from Letters and
Autobiographical Texts,* Philadelphia, Fortress Press, 1976, p. 437.

de l'authenticité intégrale humaine. Ce fut aussi de développer ce discours de l'intérieur de l'événement, en épousant sa dynamique, plutôt
que par une approche qui lui soit extérieure.

K. Barth est-il alors passé de la chaire universitaire à celle de la prédication, comme l'interrogeait A. Harnack dès 1920 ? S'est-il lié à une théologie kérygmatique, prophétique, par opposition à une théologie apologétique ou philosophique ? Ou, comme le suggère plus récemment E.
Jüngel, a-t-il produit une théologie évangélique par opposition à une théologie philosophique[6] ? Se serait-il gardé en acte théologique premier de
confession de foi plutôt qu'en acte second réflexif sur cette confession ?
Je propose ici que K. Barth a produit une théologie en acte second, formulée selon une rationalité seconde par rapport à celle de la confession
de foi ; non pas toutefois selon la rationalité propre à la théologie philosophique comme celle de P. Tillich.

Dans le deuxième tome du quatrième volume de la *Dogmatique*
apparaît une théologie de forme rationnelle narrative, celle de la *saga*.
Puis dans le troisième tome, cette forme se développe en une autre, celle
du *drama*. C'est toujours la formulation dynamologique qui tâche de se
tenir dans le mouvement de l'événement de Parole dont elle cherche à
rendre compte. L'analogie de la relation soutenue par une ontologie relationnelle se déploie en analogie de l'histoire et de la parole entre Dieu
et l'humanité, entre l'humanité et le cosmos. Le dialogue que propose
K. Barth entre la foi et la culture passe par cette vision. Les concepts de
foi et de culture eux-mêmes entrent en dynamique de parole de foi ou
croyante et parole de culture ou culturée. Pour apprécier ce dialogue et
la conceptualité qui le soutient, il faut mettre entre parenthèses la conceptualisation théologico-philosophique, du moins le temps de laisser
s'exposer cette conceptualisation dramatique. La remarque de E. Jüngel
que dans l'œuvre de K. Barth les genres littéraires sont décisifs au point
qu'ils mériteraient qu'on leur consacre une recherche scientifique est tout
à fait juste[7].

Des catégories conceptuelles déroutantes

Une option méthodologique a guidé K. Barth : l'objet d'une science
en détermine non seulement le contenu, mais aussi l'approche scientifique et la formulation, et par conséquent tout le trajet épistémologique,
et non l'inverse. Cette décision intellectuelle, il la tenait de ce qu'il considérait comme l'originalité de l'œuvre théologique, mais aussi de sa conception de la science. En effet, pour lui, la théologie est une science —

---

[6] E. JÜNGEL, *Dieu, Mystère du monde*, t. I-II, coll. Cogitatio fidei, n°s 116-117, Paris, Cerf, 1983 ;
cf. l'intéressante étude de J. RICHARD, « Théologie évangélique et théologie philosophique »,
Science et Esprit, XXXVIII,1 (1986), pp. 5-30.

[7] E. JÜNGEL, *Karl Barth. A Theological Legacy*, Philadelphia, The Westminster Press, 1986,
pp. 13-14.

n'est qu'une science, a-t-il rappelé à maintes reprises. En cela, elle ne peut pas prétendre à quelque supériorité par rapport au mode humain de la connaissance. Par ailleurs, de ce fait même, à cause de son objet, elle peut porter une protestation contre un concept général et acquis de la connaissance scientifique comme celui des sciences modernes par exemple, méthode et formulation. Puisque le propre de la science est de rendre compte de la façon la plus véridique possible de son objet, la théologie peut indiquer à ce concept général un concept particulier, à la condition toutefois que son propre projet s'élabore en se tenant à son objet propre. K. Barth retenait la leçon si longuement méditée de E. Kant sur les possibilités de la raison. Il a ainsi choisi en toute connaissance de cause, le *Fides quaerens intellectum* d'Anselme de Cantorbéry, même si son œuvre théologique allait s'aventurer, par sa formulation et sa méthode, bien ailleurs que dans l'espace intellectuel anselmien.

Comment osait-il entreprendre une tâche aussi hasardeuse, qui allait l'isoler encore plus des écoles théologiques de son temps ? Il savait qu'il mettait en jeu une « conversion » des catégories théologico-philosophiques liées aux systèmes idéalistes et positivistes, existentialistes aussi (quoi qu'il se soit tenu plus près de ceux-ci). C'était selon lui la seule façon de rendre compte du « réalisme évangélique » ; celui-ci appelait une traduction conceptuelle spécifique, à cause de sa référence non pas à une vérité abstraite, mathématique ou philosophique ou même dogmatique, mais à une Personne toujours vivante et en acte de Parole dans l'histoire humaine, toujours venant en rencontre (*in seinem kommen*) avec des personnes vivantes et les interpellant à la racine de leur existence concrète[8]. Ce « réalisme évangélique » devait résister à toute conceptualisation « chosifiante », « réifiante », à toute « nostrification » qui réduirait l'objet-sujet de la théologie ou le nierait en ce qui le constitue comme tel[9]. La théologie ne parle pas *sur*, mais *avec*. Ce qui manifeste et alors se fait connaître dans l'événement de réconciliation entre Dieu et l'humanité en Jésus Christ, c'est « le libre rapport entre Dieu et l'humanité » non *in se*, mais tel que manifesté et se manifestant en Jésus Christ, le Réconciliateur toujours actif dans l'histoire[10].

Dans cette perspective, l'objectivité (*Gegenständlichkeit*) de Dieu, sans doute mieux traduite par « objectité », est celle d'un vis-à-vis irréductible à l'humanité et en même temps se posant dans sa rencontre avec elle et se donnant à sa connaissance, non objet *in se* relié à un autre objet *in se*, ou pour le dire autrement, non telle une entité en corrélation avec une autre. De même, l'objectivité de l'humanité, son « objectité », est celle

---

[8] K. Barth expose ce problème dès 1929 dans « Schicksal und Idee in der Theologie », *Zwischen den Zeiten*, Heft 7, Munich, Chr. Kaiser, 1929, pp. 309-348.

[9] Par nostrification, K. Barth entend le discours individuel généralisé et marqué d'une sorte de domestication de l'objet étudié.

[10] E. BUSCH, « Un Magnificat perpétuel. Remarques sur la Dogmatique de K. Barth », Karl BARTH, *Dogmatique. Index général et textes choisis*, Genève, Labor et Fides, 1980, p. 36.

d'un vis-à-vis en mouvement relationnel de vie (*Lebensbewegung*), non celle d'une entité en corrélation avec une autre. C'est pour formuler conceptuellement cette correspondance (*Entsprechung*) radicalement nouvelle par rapport au réseau des correspondances intermondaines que K. Barth a élaboré une ontologie relationnelle plutôt qu'essentielle, des catégories événementielles plutôt que substantielles, dynamologiques, plutôt que statiques, un discours métaphorique plutôt que strictement métonymique. Il forgeait — pétrissait, peut-on dire — ainsi des concepts qui allaient fournir une base rationnelle spécifique à une théologie narrative[11] puis dramatique[12]. Réalisait-il le rêve qu'il avait eu à Locarno en 1951, de la « dialectique subtile » qui lui restait à formuler ?

Lorsque dans le deuxième tome du quatrième volume il traite de la Personne de Jésus Christ véritablement humaine, il le fait en posant le Dieu véritable et l'Humain véritable en acte de correspondance. Cet événement de correspondance est pour lui l'*Analogans* de tout événement de Parole de la réconciliation entre Dieu et l'humanité dans l'histoire. Il opère alors d'une façon décisive la traversée des concepts essentialistes et statiques en concepts existentiels, relationnels et dynamologiques. Ainsi, il écarte certaines notions christologiques traditionnelles liées à un mode de penser essentialiste comme celles qui sont sous-jacentes à *unitas* et *unitio*, pour reprendre, et les charger à nouveau de leur contenu dynamique, les concepts tout aussi traditionnels d'*unio* et de *communio*. Il fait de même pour les concepts de « nature » dans sa discussion sur les rapports entre « la nature divine » et « la nature humaine ». Cette transformation conceptuelle l'amène à formuler des propositions audacieuses pour exprimer la correspondance productrice de l'événement de la Parole entre Dieu et l'humanité, entre celle-ci et Dieu :

> En effet, l'homme (humanité en cette instance concrète et singulière) ne se trouve pas simplement en marge ou même tout à fait en dehors de cet événement ; avec Dieu lui-même et à la place qui lui revient, il en est le centre[13].

Et encore celle-ci : « Dans son humanité nous avons affaire, exactement comme dans sa divinité, à la *prima veritas*[14]. »

K. Barth établit ainsi une conceptualité rationnelle apte à situer des instances interlocutrices en vis-à-vis de correspondance. En Jésus Christ, Dieu et l'humanité vivante en cet homme Jésus de Nazareth (et à partir de lui en tout être humain qui l'accueille dans la foi) entrent dans un mouvement de correspondance communionnelle, d'interaction et d'interrelation, et alors de participation réciproque inouïe, quoique les termes ne

---

[11] De *saga* ; cf. *Dogmatique*, IV, 2, 1.

[12] De *drama* ; *ibid.*, IV, 3, 1.

[13] *Dogmatique*, IV, 2, 1, Genève, Labor et Fides, 1966, p. 8. La parenthèse est de l'auteure de cet article.

[14] *Ibid.*, pp. 35-37.

soient pas interchangeables, chacun gardant son identité irréductible. Ces instances interlocutrices co-participent, co-opèrent, co-bénéficient (le réalisme du *die gegenseitige* Teilnahme und Teilhabe[15]) ; et cela, dans la liberté de Dieu comme de celle, graciée, du partenaire humain. C'est ainsi que s'accomplit la réconciliation :

> En tant qu'il vit, tout homme appartient au domaine de l'activité de la vie de Jésus-Christ, et qu'il le sache ou non, la question suivante se trouve tranchée : Dieu ne veut pas accomplir l'action personnelle qui marque sa vie autrement qu'avec lui, de même que chaque être humain ne peut vivre autrement qu'avec Dieu. Peu importe la forme que prend la vie commune entre Dieu et l'homme, une chose est acquise parce que Jésus-Christ vit (comme le témoignage biblique de son histoire permet de le reconnaître) : c'est que le lien entre Dieu et nous autres, les hommes, le lien entre Dieu et tout homme existe, et qu'il est indissoluble[16].

L'existence du Vivant qu'est Jésus Christ est constituée dans la correspondance Dieu-Humanité ; elle n'est pas la confirmation ou une sorte de révélation abstraite et figée d'un état de fait ontologique. Cette existence dans la correspondance est créatrice d'une existence humaine nouvelle possible pour tout être humain. C'est la bonne nouvelle de Dieu et de son « Royaume » pour l'histoire humaine :

> C'est cette vie de la grâce, dans sa puissance de réconciliation que Jésus Christ vit. Elle est comme l'acte même de son existence. Le témoignage rendu par l'Écriture au sujet d'une telle histoire est, dans sa teneur concrète et particulière, le témoignage en la vie de ce sujet qui réconcilie avec Dieu le monde et tout homme dans le monde. Et parce que la vie de ce sujet possède ce sens, cette direction et cette force, le témoignage qui en est rendu est une bonne nouvelle[17].

C'est tout le sens de l'échange qu'est la réconciliation (*katallagè*) entre Dieu et l'humanité en acte de correspondance qui libère celle-ci, la réconcilie à son identité humaine et co-humaine, historique et cosmique, dans le mouvement même (le *zugleich*) de sa réconciliation avec Dieu. Cette correspondance connote une participation réciproque et communionnelle déjà décrite et que nous pouvons qualifier de partenariat inouï. K. Barth parle d'une réalisation commune (*gemeinsame Verwirklichung*) entre Dieu et l'humanité « dans un seul et même mouvement vers ce but, bien qu'il soit déterminé par deux facteurs différents[18] ». Certains commentateurs ont qualifié de dialectique dialogique cette étape de sa formulation théologique.

---

[15] *Ibid.*, pp. 64s.

[16] *Dogmatique*, IV, 3, 1, Genève, Labor et Fides, 1972, pp. 42-43.

[17] *Ibid.*, pp. 44, 81.

[18] *Dogmatique*, IV, 2, 1, pp. 120-121.

Dans le troisième tome du quatrième volume, K. Barth étend l'application de l'*Analogans* christologique à la production de la parole culturelle en tant que porteuse d'une possible Parole de Dieu. Le discours culturel ou sur la culture est donc envisagé lui aussi d'abord comme un événement possible de parole, de correspondance entre des réalités interlocutrices, et non comme un discours *in se* ou sur des entités en corrélation. La parole culturelle est formulée en termes de correspondance avec la parole humaine dans la foi, en acte de correspondance elle-même avec la Parole de Dieu en Jésus Christ.

Parole culturelle en correspondance avec la parole croyante

Comment traduire ce rapport entre la parole humaine culturelle et son discours (les sciences humaines par exemple, ou un phénomène politique) et la parole humaine dans la foi et son discours (la théologie par exemple, ou un enseignement magistériel) ? Dans le troisième tome du quatrième volume, K. Barth distingue trois niveaux de la parole humaine en correspondance dans la foi avec la Parole fondatrice en Jésus Christ : 1) celle de la période apostolique dont témoigne le Nouveau Testament qu'il qualifie de prophético-apostolique (*prophetisch-apostolische Denkform*[19]) ; 2) celle de la période postapostolique vécue par la communauté croyante, l'Église, au long de son histoire « prophético-apostolique » ; 3) celle d'« apôtres et prophètes profanes » issus du monde où vit et croît la communauté comme « corps historique et concret de Jésus Christ[20] ».

Cette troisième catégorie de parole établie sur le fait de l'universalité de l'événement de la Parole en Jésus Christ est elle aussi formulée comme un événement de correspondance (et non un état de corrélation) entre des instances interlocutrices, cette fois entre le cosmos intelligible, se disant à partir de sa réalité créée par Dieu tout comme de celle cultivée par l'activité humaine, et l'humanité intelligente, religieuse y comprise. Lorsque de cette correspondance « dialogique » surgit une parole de l'humanité sur elle-même et selon ses lois propres, et que cette parole devient en correspondance avec une parole humaine dans la foi, elle peut être saisie comme « une parabole du royaume des cieux[21] », elle peut participer à l'événement de la parole de la réconciliation dans l'histoire humaine, tout en gardant son identité de parole culturelle, précisément à cause de cette identité irréductible de parole culturelle. K. Barth ne récupère pas ici l'argument de la théologie naturelle fondé sur l'analogie de l'être.

---

[19] *Dogmatique*, IV, 3, 1, pp. 99-101. C'est ce prophétique-apostolique qui, selon K. Barth, est « l'élément canonique du canon lui-même ».

[20] *Ibid.*, pp. 104-105, 123.

[21] *Ibid.*, p. 135.

La question alors se pose : comment s'accomplit cette correspondance ? K. Barth introduit à ce point un lieu de passage décisif (*krisis*) entre les deux paroles. C'est celui de l'énigme (*die Rätselgestalt*) qui est au creux de toute parole humaine sur elle-même, son lieu de mystère propre. Pour K. Barth, ce lieu de l'énigme dans la profondeur de l'existence créée n'est pas un lieu de « ténèbres qui engloutissent tout », mais un lieu de relation et de correspondance possible, inouï. Et c'est celui de l'Esprit au creux de toute parole humaine en événement possible de Parole de Dieu. C'est là l'espace de tension (*die Spannung*) où se joue la crise ultime de la parole humaine, l'éclosion possible de la parole culturelle en une parole de foi, en événement de Parole de Dieu issue de l'existence humaine cosmique et, telle quelle, offerte à l'Église tout comme à la gérance humaine de la société et de l'univers. Il peut advenir ici « une surprenante suspension » de l'existence culturelle et de sa parole qu'il qualifie de profane (*Profanität*)²² pour la distinguer de la parole biblique et de la parole ecclésiale :

> Elles (ces paroles issues du monde) le deviennent (paroles « prophético-apostoliques ») et le sont dans leur relation — même temporairement invisible, mais présupposée et implicite — avec Jésus-Christ tout entier, avec sa prophétie dans sa totalité, ce qui veut dire : à condition qu'elles renvoient indirectement à sa prophétie et que celle-ci se fasse connaître indirectement par elles²³.

Ainsi des paroles humaines particulières peuvent devenir des « signes et attestations » de l'autorévélation de Dieu en Jésus Christ de l'intérieur de l'histoire humaine culturelle. Parmi les critères de discernement de telles paroles, K. Barth retient : 1) leur rapport avec le témoignage de l'Écriture ; 2) leur rapport avec la confession de l'Église selon sa tradition prophético-apostolique ; 3) les fruits qu'elles portent là où elles sont proférées ; 4) leur signification vitale pour la communauté croyante et son ministère de réconciliation à la suite de Jésus Christ. Il prend soin de souligner toutefois que ce rapport n'est pas nécessairement celui d'une coïncidence textuelle et littérale avec l'Écriture ou la tradition dogmatique par exemple. Il s'agit plutôt, selon lui, de paroles en consonance avec la Parole qui est toujours vivante dans la communauté.

Il reconnaît que de telles paroles peuvent faire apparaître un nouveau (*novum*) qui est déjà là et latent dans la communauté mais qui a pu être oublié ou non vu ; ou encore, elles peuvent marquer l'urgence d'un contenu ou l'autre du message de la bonne nouvelle du salut en Jésus Christ. Il se peut aussi qu'elles appellent « à réviser les normes que la communauté tient de sa tradition » ou qu'elles interpellent celle-ci à reformuler ces normes pour reprendre sa route avec Jésus Christ, dans une

---

²² *Ibid.*, pp. 126, 132.

²³ *Ibid.*, p. 133. Les parenthèses sont de l'auteure.

« connaissance meilleure et responsable » de la parole de la réconciliation. Par exemple, une parole qui appelle à la repentance en édifiant et
qui, en cela, garde ou remet en mouvement de réconciliation ne peut
être qu'une parole véridique et vitale pour la communauté. Celle-ci doit
donc se maintenir à l'écoute de telles paroles et en acte de correspondance à la Parole de Dieu qu'elles peuvent porter : « Dans la mesure où
elles sont des paroles vraies, elles sont de libres communications qui viennent du Seigneur lui-même[24]. » K. Barth ne craint pas de les qualifier de
« commentaires de l'Écriture Sainte », « source première et authentique
de la connaissance de toute vie chrétienne », « correctifs de la
tradition[25] ».

Il souligne en même temps le caractère sporadique et circonstan-
ciel de leur signification pour la communauté. Ainsi, des paroles ont pu
atteindre celle-ci dans le passé, qui perdent leur signification décisive dans
l'aujourd'hui de la foi. Il est possible qu'au nom même de son authenticité évangélique la communauté doive prêter attention plutôt à des paroles
contemporaines. Ces paroles culturelles devenant en acte de Parole de
Dieu ne peuvent donc pas prendre le caractère de normes absolues, et
la communauté n'y est pas liée de la même manière qu'elle l'est à la parole
issue de la tradition prophético-apostolique fondée sur le témoignage des
premiers disciples et apôtres, elle-même fondée sur l'Unique Parole de
Dieu en Jésus Christ.

Alors que la conceptualisation dynamologique aboutissait dans le
deuxième tome du quatrième volume à une formulation théologique narrative, elle soutient une formulation de type dramatique dans le troisième.
Une théologie comme celle de P. Tillich a cherché à maintenir le contenu dramatique dont il est question ici, et cela K. Barth le reconnaissait ; mais sa formulation théologico-philosophique apparaissait à K. Barth
encore trop comme une conciliation comblante entre le discours culturel et celui de la foi. Pour le K. Barth des années 50, le caractère dramatique de l'événement était un constituant essentiel de la cohérence scientifique de la théologie, non seulement quant au contenu mais aussi quant
à la formulation, la méthode, l'ensemble du trajet épistémologique. Autrement c'est ce *hic* de la Parole qui prend chair dans l'humanité historique
qui est en jeu.

Non seulement K. Barth articule-t-il un rapport entre foi et culture
(religion comme production culturelle), mais il rend possible une cohérence rationnelle comme explication de ce rapport, non à n'importe quel
prix de la rationalité toutefois. Les instances interlocutrices ici résistent
à toute conciliation comblante entre les termes, d'une part parce qu'il
leur est laissé de s'affirmer à partir de leur propre lieu de parole (au lieu

---

[24] *Ibid.*, p. 140.
[25] *ID.*

de l'énigme et de l'Esprit) et cela comme condition de leur correspondance ; d'autre part, parce qu'elles sont situées en instances de correspondance ouverte à une parole qui peut toujours advenir à nouveau dans l'histoire comme événement de la Parole de Dieu. On peut remarquer qu'au cours de l'année où il termine la rédaction de ce troisième tome du quatrième volume, en 1959, K. Barth donnait au printemps un séminaire sur la méthode de P. Tillich et un autre sur sa propre méthode à l'été[26].

L'ensemble de sa propre existence théologique reflète cette vision de correspondance dramatique entre des paroles venant de lieux divers, même là où son œuvre est la plus dogmatique. Lorsqu'on lui demande s'il a un principe christologique conducteur il répond : « Je n'ai aucun principe christologique. Je cherche plutôt à m'orienter, pour chaque question théologique et d'une certaine manière *ab ovo*, non à partir de quelque dogme christologique, mais à partir de Jésus Christ lui-même[27]. » Cela ne signifie pas qu'il néglige la tradition mais qu'il la considère elle aussi comme un témoin en correspondance, à partir elle aussi de son propre lieu de normativité : la Parole de Dieu en Jésus Christ. Ainsi peuvent entrer en mouvement de correspondance même des témoignages ecclésiaux qui à certaines époques de l'histoire de l'Église ont pu être déclarés hérétiques.

On sait aussi combien K. Barth a décrit son existence théologique comme une correspondance dans la foi avec la vie de l'Église et de l'humanité de son époque :

> Mes écrits ne résultent pas seulement de mes études, mais d'un long et difficile combat avec moi-même, avec les problèmes du monde et de la vie. Ainsi, pour être compris, ils doivent être lus non seulement avec un intérêt théorique, mais également en s'efforçant de prendre part à l'écoute pratique qui m'a guidé pendant toutes ces années[28].

K. Barth se tenait toujours dramatiquement en existence théologique, c'est-à-dire interpellé et en position de réponse aussi« vertement » si on peut dire, à la fin qu'aux débuts de cette existence, en présent eschatologique : « Seigneur, à 73 ans en être encore au début[29]. » C'est toute cette intensité d'ailleurs qui jaillit dans son humour, son goût du jeu, ses émerveillements, ses oui et ses non et les moments de réconciliation qu'ils ont suscités[30].

---

[26] E. Busch, *op. cit.*, p. 438.

[27] Lettre à B. Gherardini, le 24 mai 1952 ; *cf.* E. Busch, *op. cit.*, p. 30.

[28] Lettre à N. N., le 31 oct. 1962 ; *cf.* E. Busch, *op. cit.*, p. 13.

[29] E. Jüngel, *Karl Barth. A Theological Legacy*, p. 27.

[30] Voir la fine analyse du rapport entre l'œuvre dogmatique, son langage, l'humour de K. Barth et ses interventions politiques, de P. Lehmann, « The Ant and the Emperor », *How Karl Barth changed my mind*, D. K. McKim, édit., Grand Rapids, W.B. Eerdmans, 1986, pp. 36-46.

Les implications déconcertantes d'une théologie dramatique

Son périple théologique a conduit K. Barth jusqu'à la mise en place d'une théologie de type dramatique. Cet aboutissement se préparait depuis ses premiers ouvrages dès le moment où il optait pour une théologie de la Parole de Dieu telle qu'elle se manifeste en Jésus Christ. C'est une œuvre de rationalité qu'il entreprenait. C'était pour lui une option de foi mais aussi une option scientifique fondamentale. Il a ainsi mis en place une conceptualisation apte à fournir un support à une théologie narrative, puis dramatique. L'événement de la Parole de Dieu vint à être formulé avec une cohérence rationnelle qui pouvait rendre compte de la correspondance salvifique entre la Parole de Dieu et la parole humaine, entre la parole culturelle et la parole croyante, en les exposant comme des instances interlocutrices, interreliées et interactives, se livrant mutuellement dans la liberté propre à chacune et s'identifiant comme sujets irréductibles l'un à l'autre. En advenant ainsi en correspondance au lieu de l'énigme de la parole humaine et dans l'Esprit de la Parole de Dieu, aucune proposition générale comblante ne peut en rendre compte. Toute proposition historique et contextuelle est marquée par la dimension événementielle de cette correspondance où l'esprit humain en quête d'identité véridique passe par l'énigme puis par la crise ultime de l'Esprit. Bien plutôt qu'une sorte de principe ontologique totalisateur ou systématisateur, la réconciliation comme Parole entre Dieu et l'humanité devient le centre d'éclatement de tout système intellectuel, fût-il la plus convaincante des christologies, et une urgence de chercher toujours à nouveau la réalité et la signification de cet événement de salut. Tout schéma intellectuel, fût-il dogmatique, est en effet convoqué, dramatiquement, au lieu de la correspondance dans l'Esprit[31].

Ce qui retient K. Barth devant l'œuvre de P. Tillich, ce ne sont pas les affirmations sur Dieu comme fondement de l'être ou pouvoir d'être, même si sa vision théologique l'amène bien ailleurs comme nous venons de le voir ; mais ce qu'il y voit encore d'oblitération possible de la différence fondatrice irréductible qui permet la correspondance événementielle possible entre Dieu et l'humanité. Il décelait dans la pensée de P. Tillich une humanité solitaire, sans vis-à-vis ultime, réel, qui la situe en acte de parole ultimement véridique parce qu'elle est toujours ouverte à un avenir, celui qui est anticipé dans la résurrection de Jésus Christ et lié à cette correspondance dramatique entre Dieu et l'humanité en chaque présent de l'histoire humaine individuelle et collective. C'était là pour lui les implications de la réalité et de la signification du *Hic Verbum caro factum* inscrit sur le portique de l'église de la Nativité à Bethléem.

---

[31] *Dogmatique*, IV, 3, 1, p. 109. K. Barth est ainsi réticent à ce qu'il qualifie de « théologies du *et* ».

K. Barth a voulu tenir l'œuvre théologique non seulement le plus près possible de son objet quant à son contenu mais aussi quant à sa formulation, sa méthode, tout au long du trajet épistémologique. C'était le défi de tenir des intenables, de réconcilier des irréconciliables selon les voies humaines de la raison raisonnante : 1) la dimension mystérique de Dieu et de sa Parole, Unique en Jésus Christ, avec une humanité porteuse elle aussi de mystère au lieu de son énigme, mais en exigence de certitude rationnelle à la mesure de ses acquis de la raison ; 2) la dimension historique en route et fragmentaire en ce sens, de la science théologique, au service de l'événement toujours actif de la Parole de Dieu comme salut pour l'humanité, et les inévitables contraintes institutionnelles, universitaires (des écoles) tout autant qu'ecclésiastiques (interprétations magistérielles circonstancielles rendues absolues) qui peuvent mettre en jeu la loyauté théologique ultime en compromettant la liberté de la foi évangélique. La dimension pneumatologique de l'existence chrétienne qu'il a cherché à expliciter tout en étant conscient de l'inachevé de sa formulation, de même que l'expression prophétique avec sa logique d'événement de Parole lui paraissaient des éléments constitutifs de l'œuvre théologique tout autant dans sa formulation que dans son contenu. Il pourchassait dans son œuvre comme dans les autres tout relativisme réducteur du paradoxe évangélique et de l'événement de grâce qu'il annonce pour l'histoire humaine, du don originaire de Dieu et de celui de l'humanité en événement de grâce que cette correspondance inouïe entre Dieu et l'humanité atteste en s'accomplissant. On sait combien pour lui la théologie devait être moins parole de l'heure que parole pour l'heure[32].

Sa dernière phrase écrite n'a-t-elle pas été « Dieu n'est pas le Dieu des morts, mais des vivants » ? Il renvoyait une fois de plus à toute l'histoire encore possible entre Dieu et l'humanité, à la dramatique de la correspondance productrice de parole véridique pour l'histoire humaine. Il se peut que le texte (le script) de la *Dogmatique* soit plus ou moins satisfaisant en ce temps-ci de la tradition théologique. Ce n'est pas K. Barth qui s'en surprendrait, lui qui a choisi de toujours recommencer à partir du commencement et qui a vécu de la sorte. Mais son aventure intellectuelle dans la foi de garder l'œuvre théologique au lieu de la correspondance événementielle dramatique qu'appelle son objet-sujet ne peut-elle pas interpeller la science théologique aujourd'hui ? Ne peut-elle pas interpeller également les sciences humaines qui, désenchantées de la

---

[32] E. BUSCH, *op. cit.*, p. 13.

séduction rationaliste des sciences modernes, cherchent aujourd'hui des voies de rationalité davantage intégrantes de la complexité en acte de vivre de l'être humain et de son univers cosmique[33] ?

---

[33] Pour une vision récente de la dimension créatrice de l'œuvre théologique de K. Barth en rapport avec les recherches scientifiques de cette fin de xxᵉ siècle, *cf.* T.-F. TORRANCE, « My interaction with Karl Barth », *How Karl Barth* [...] pp. 52-64 : « That is to say, Barth was already working out in theological inquiry the kind of advance in thinking that physicists were still hoping to acheive in relativity and quantum theory, in bridging the gap between the particle and the field and thus unifying their understanding of the corpuscular and undulator theories of light [...] K. Barth had in fact been operating with a form of dynamic field theory in theology similar to that which scientists had developed in their attempt to grasp the objective dynamic intelligibilities in the created universe [p. 59]. »

TABLE DES MATIÈRES

DEUXIÈME PARTIE

LA THÉOLOGIE DE LA CULTURE

CINQUIÈME PARTIE

LA THÉOLOGIE ET LA SITUATION CULTURELLE

Cet ouvrage a été composé
en caractères Garamond par
l'atelier Mono-Lino inc.,
de Québec, en octobre 1987

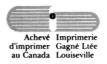

Achevé   Imprimerie
d'imprimer Gagné Ltée
au Canada Louiseville

DATE DUE

HIGHSMITH   # 45220